예기역주 5

禮記譯註 5

예기역주禮記譯註 5

초판 1쇄 인쇄 2024년 4월 21일
초판 1쇄 발행 2024년 4월 25일

지은이 / 정현鄭玄 주注, 진호陳澔 집설集說
옮긴이 / 이봉규
인　쇄 / 북토리

펴낸곳 / 도서출판 동과서
경기 고양시 일산서구 송파로 151번길 24
등록번호 / 1996년 제22 - 405호
D.K.S. Publishing Co.
24, Songpa-ro 151 beon-gil, Ilsanseo-gu,
Goyang-si, Gyeonggi-do, Korea

전화 / (02)333-7533
팩스 / (02)6280-2353

값 45,000원

ISBN 978-89-6525-164-4 (94140)
978-89-6525-159-0 (세트)

잘못된 책은 교환해 드립니다.

예기역주 5

禮記譯註 5

정현鄭玄 주注 / 진호陳澔 집설集說

이봉규 옮김

동과서

옮긴이 이봉규 :

서울대학교 대학원에서 석사 및 박사학위를 받았으며, 현재 인하대 철학과 교수로 재직 중이다. 조선시대 사상 및 예학에 대한 연구를 진행하고 있다. 저서로 『조선시대 충청지역의 예학과 교육』(공저), 『다산 정약용 연구』(공저)가 있으며, 역서로 『정체전중변』(공역), 『다산의 경학세계』(공역)가 있다. 「규범의 근거로서 혈연적 연대와 신분의 구분에 대한 고대유가의 인식」, 「조선후기 예송의 철학적 함의」, 「명청조와의 비교를 통해 본 조선시대 『가례』 연구의 특색과 연구방향」, 「인륜: 쟁탈성 해소를 위한 유교적 구성」, 「이황의 『가례』 연구와 전승」 등의 논문이 있다.

예기역주 서문

본『예기역주』는 김용천, 박례경, 이봉규, 이원택, 장동우 다섯 사람이 권근權近(1352~1409)의『예기천견록禮記淺見錄』을 역주하면서 함께『예기』에 대한 연구와 역주를 진행하여 이룬 결과이다.『예기천견록』은 이색李穡(1328~1396)의 유업을 이어받아 권근이 원대元代 학자 진호陳澔의『예기집설禮記集說』을 바탕으로 이룬 주석서이다. 본 연구팀은 조선시대 내내『예기집설대전禮記集說大全』이『예기』의 대표적 주석서로 사용되었던 것을 고려하여, 경문 배치를『예기집설대전』의 체제에 의거해서 구성하였다. 다만「대학」과「중용」은『예기집설』에 없어 주희朱熹의『대학장구大學章句』와『중용장구中庸章句』를 새로 번역하여 넣었다. 그리고 십삼경주소본『예기정의禮記正義』가운데 정현鄭玄의 주注를 뽑아서 진호의 집설 앞에 배치하여 함께 완역하였다. 정현의 주는 한대漢代 예학 해석의 집성이라고 할 수 있고, 진호의 집설은 주자학의 입장에서 송대宋代 예설을 수렴한 것이라고 할 수 있다. 따라서 독자는 본『예기역주』를 통해서『예기』와 관련한 한대와 송대의 두 대표적 주석을 만나게 될 것이다.

역주에 참여한 다섯 사람의『예기』에 대한 공동 강독과 역주, 연구는『예기천견록』의 번역을 시작했던 2001년 이전으로 거슬러 올라간다. 다섯 사람 모두 학위 과정에서부터 삼례三禮와 예제禮制에 대한 연구에 종사해왔다. 김용천은 역사학 전공자로 한대 예학을 중심으로 중국 예제를 연구해왔다. 박례경은 철학 전공자로 『예기』에 대한 경학적 연구로 박사학위를 취득하였고, 중국과 한국의 예제와 예학 일반을 연구해왔다. 이봉규는 철학 전공자로 예설의 철학적 기반과 조선시대 예제에 대하여 연구해왔다. 이원택은 정치학 전공자로 조선 후기 예송을 중심으로 예설과 예제의 정치학적 맥락을 연구해왔다. 장동우는 철학 전공자로 조선 후기 예학의 변화와 조선시대 가례에 대하여 연구해왔다. 『예기』에 대한 공동 연구와 역주는 다섯 사람이 예학 관련 전공자로 성장하는 큰 바탕이 되었다.

다섯 사람은 함께 연구하는 과정에서, 한국연구재단의 지원을 받아 『의례儀禮』를 완역하여 2012년 8책의 『의례역주儀禮譯註』를 출간하였다. 그리고 『주례主禮』에 대한 역주를 김용천과 박례경 박사가 함께 진행하여 매년 『주례역주周禮譯註』가 순차적으로 출간되고 있다. 반면, 가장 먼저 역주를 시작한 『예기역주』는 이렇게 늦게야 독자에게 모습을 보이게 되었다. 늦게나마 출간하게 되어 만감이 교차하지만, 그 원인은 게으른 교열 때문으로 그 당사자의 한 사람으로서 사과드리지 않을 수 없다.

『예기역주』를 완역하는 동안 다섯 사람의 지식이 너무 부족하여 주변의 도움을 받지 않을 수 없었다. 『예기역주』 자체는 외부 지원 없이 다섯 사람의 공동 노력으로 이루어졌지만, 『예기천견록』 역주에 힘껏 지원해준 청명문화재단의 도움이 없었다면 어쩌면 이삭만 피고 결실을 맺지 못했을 것이다. 재단을 설립하신 청명 선생님과 재단에 깊은 감사를 드린다. 김유철 교수와 함께 『이십오사』의 『예악지』를 연구, 정리하고 역주하였던 김선민, 문정희, 방향숙, 최진묵, 홍승현 박사 이하 여러 선생님들로부터 중국 예학과 예제에 대한 무수한 정보들을 배울 수 있었다. 복식과 관련해서는 단국대 최연우 교수의 눈에 보일 듯한 설명이 또한 시야를 넓혀주었다. 장동우 교수의 주도로 올해 사업이 마무리된 『가례대전』 연구팀, 한재훈, 전성건, 김

윤정, 정현정, 박윤미, 차서연, 남경한, 김진우 선생님을 비롯해 여러 동학들의 지적을 통해 교정되었다. 이외에도 우리의 지식을 넓혀준 언급하지 못한 선생님들이 많다. 진심으로 감사드린다.

관혼상제를 비롯한 여러 예제와 세부 의절에 대하여 다양한 이야기가 『예기』에 담겨 있다. 대목마다 인류가 여러 환경에서 삶을 가꾸어갔던 곡절이 퇴적되어 있다. 청명 선생님은 당신을 매장하지 말라고 유언하셨고, 제자들은 그대로 따랐다. 그러나 기억하는 사람들에게 그리워하는 마음은 매장하던 시대의 사람들이 가졌던 것 못지않다. 그리워하는 마음을 어떻게 담아낼 것인가 하는 것은 우리가 빚어내는 방식에 달려 있다. 『예기』는 동아시아에서 인류가 빚어냈던 천고의 문양들로 우리를 안내해준다. 부디 독자가 그 문양을 완색하고 활용할 수 있기를 바란다.

번역은 생각보다 오역이 많다. 저술은 정보가 잘못되어도 맞지 않는 주장이라고 생각하면 되지만, 오역은 독자에게 오해를 야기한다. 그래서 번역은 끝이 나도 마음이 편치 않은 일이다. 여러 사람의 도움이 있었어도, 『예기역주』의 오역은 오로지 각 권을 맡은 역자의 책임이다. 단지 다섯 사람은 지적을 받고 고쳐서 더 나아지게 하리라는 마음을 늘 겸손하게 일관하겠다.

역자를 대표해

2024년 3월 1일

이봉규 삼가 적는다.

차례

예기역주 5

예기역주 1

예기역주 2

예기역주 3

예기역주 4

일러두기

○ 본 『예기역주』는 진호陳澔의 『예기집설禮記集說』을 완역하고, 정현鄭玄의 주註를 완역하여 부가한 것이다. 체제는 『예기집설』의 경문, 정현의 주, 진호의 집설의 순으로 배치하였다. 아울러 『예기집설』에 없는 『대학大學』과 『중용中庸』 두 편은 주희의 『장구章句』와 정현의 주를 마찬가지 체제로 구성하여 부가하였다.

○ 본 번역의 주대본으로 『예기집설』은 보경문화사에서 1984년 영인한 『예기집설대전禮記集說大全』을, 정현의 주는 북경대학교 출판부에서 2000년 간행한 십삼경주소(정리본) 『예기정의禮記正義』를, 『대학장구』와 『중용장구』는 보경문화사에서 1990년 영인한 『대학大學·중용中庸 부언해附諺解』*를 사용하였다. 보조 대본으로 사고전서四庫全書를 이용하였다.

○ 본 번역의 권차卷次는 『예기집설대전』에 따라 30권 49편의 체제로 되어 있다.

○ 본 번역에서는 『예기집설대전』이 구분한 장차章次에 따라 일련번호를 붙였다. 예컨대, 번역문과 본문의 첫머리에 '【교특생 62】'로 되어 있는 것은 『예기집설대전』 「교특생」의 62번째 장이라는 뜻이다.

○ 『집설』에 성씨姓氏만으로 인용된 제유諸儒에 대한 정보를 제공하기 위해 「예기집설대전범례禮記集說大全凡例」를 책머리에 번역하여 실었고, 인용문이 사고전서四庫全書에서 분명하게 확인된 경우에는 괄호 속에 성명을 기입하였다.

○ 번역에서 경전이나 제자서 등을 인용한 경우에는 인용문을 번역하고 괄호 안에 원문을 수록하였다.

○ 각주에 수록된 도상 자료는 송宋 섭숭의聶崇義의 『삼례도三禮圖』, 청淸 『흠정의례의소欽定儀禮義疏』 「예기도禮器圖」, 청淸 황이주黃以周의 『예서통고禮書通考』, 1998년 강소고적출판사江蘇古籍出版社에서 간행한 전현錢玄의 『삼례사전三禮辭典』 등에서 해당 도상을 찾아 수록하였다.

○ 용어의 번역은 가독성을 높이기 위해 가능한 우리말로 번역하고 원문 용어를 병기하는 것을 원칙으로 하였다.

* 영조의 1758년 서문이 있는 내각장본을 경신년(1860, 1920)에 간행한 판본이다.

예기역주 권25

방기 제30
坊記

정현의 『예기목록』에서 말한다. "「방기坊記」라고 제목을 붙인 것은 육예六藝의 취지가 사람들의 잘못을 미리 방지하는 것임을 기록하였기 때문이다. 이 편은 유향劉向의 『별록別錄』에서는 「통론通論」에 속해 있다."

鄭『目錄』云: "名「坊記」者, 以其記六藝之義, 所以坊人之失者也. 此於『別錄』屬「通論」."

【방기 1】

공자가 말하였다. "군자의 도는 비유하자면 제방과 같아, 백성들이 부족한 부분을 방지한다. 크게 제방을 쌓아도 백성들은 오히려 그것을 넘어선다. 그러므로 군자는 예禮로써 덕을 지키고 형벌로써 음란함을 방지하며 명命으로써 욕망을 막는다."

子言之. "君子之道, 辟則坊與, 坊民之所不足者也.① 大爲之坊, 民猶踰之.② 故君子禮以坊德, 刑以坊淫, 命以坊欲."③

鄭注 ① '백성들이 부족한 부분'(民所不足)은 인의仁義의 도를 가리킨다. 도를 잃으면 멋대로 하여 온갖 악행을 범하게 된다. '民所不足', 謂仁義之道也. 失道則放辟邪侈也.

② 금령을 엄하게 해도 그치게 할 수 없는데 하물며 금지하지 않는다면 어떻겠는가? 言嚴其禁, 尙不能止, 況不禁乎?

③ '명命'은 교령敎令(교화를 위해 내리는 명령)이다. '命', 謂敎令.

集說 '벽辟'은 비유하다로 읽는다. '방坊'은 방지한다는 뜻과 같다. 군자는 도道로써 백성들의 잘못을 방지하는데 이는 물이 흐르는 것을 제방으로 막는 것과 같다. ○ 응씨應氏(응용應鏞[1])는 말한다. "천리와 인욕은 서로 소장消長 관계에 있다. 인욕이 번성하여 남음이 있으면 천리는 소멸하여 부족하게 된다. 예는 그 부족한 것을 방지하고 그 남는 것을 통제한다. 본성의 선함은 덕과 예를 행하여 지키면서 그 근원을 기른다. 정욕의 동탕은 무거운 형벌을 행하여 방지하면서 그 유폐流弊를 차단하니, 성인이 백성들을 방비하는 장치가 지극하다. 그러나 사람의 욕망은 끝이 없어 방비하고 금지한다고 해서 다 막을 수 있는 것이 아니다. 성인은 이 때문에 명命(명령)의 설을 세웠다. 명命은 하늘로부터 나오며 각각 한계가 있어 결코 넘어설 수 없다. 하늘의 명령은 사람의 힘으로는 시행하지 못하지만, 이것으로 막으면 분수를 벗어나 추구하는 자들은 막히고, 부러워 탐내는 자들이 그쳐, 욕망을 멋대로 추구할 수 없게 된다." '辟', 讀爲譬, '坊'與防同. 言君子以道防民之失, 猶以隄防遏水之流也. ○ 應氏曰: "理欲相爲消長. 人欲熾盛而有餘, 則天理消滅而不足. 禮則防其所不足, 而制其所有餘焉. 性之善, 爲德禮以防之而養其源. 情之蕩, 爲淫刑以防之而遏其流, 聖人防民之具至矣. 然人之欲無窮, 而非防閑之所能盡也. 聖人於是而有命之說焉. 命出於天, 各有分限, 而截然不可踰也. 天之命令, 人力莫施, 以是防之, 則覬覦者塞, 羨慕者止, 而欲不得肆矣."

【방기 2】

공자가 말하였다. "소인은 가난하면 막히고 부유하면 교만하다. 막히면 도적질하고 교만하면 어지럽힌다. 예禮는 사람의 정情에 따라 절도節度와 문채文采를 세워서 백성의 제방으로 삼는 것이다. 따라서 성인은 부귀를 절제시킬 때, 백성들에게 부유하더라도 교만하지 못할 정도로 하며, 가난해도 곤궁하여 막히는 데 이르지는 않게 하며, 귀하더라도 윗사람에 대해 욕심 부리지 못하게 한다. 따라서 분란은 점점 더 사라지게 된다."

子云: "小人貧斯約, 富斯驕. 約斯盜, 驕斯亂.① 禮者, 因人之情而爲之節文, 以爲民坊者也. 故聖人之制富貴也, 使民富不足以驕, 貧不至於約, 貴不慊於上. 故亂益亡."②

鄭注 ① '약約'은 막힌다는 뜻과 같다. '約', 猶窮也.

② 여기에서 '절문節文'은 농자農者에는 전지田地에 차등이 있고 사士에게는 작명爵命의 등급이 있는 것을 가리킨다. '겸慊'은 유감을 가지고 만족하지 않는 모습이다. '겸慊'이 혐嫌으로 되어 있기도 하다. 此'節文'者, 謂農有田里之差, 士有爵命之級. '慊', 恨不滿之貌也. '慊'或爲嫌.

集說 방씨方氏는 말한다. "소인은 도道에 의지하여 가난을 편안히 여기는 바가 없기에 가난하게 되면 막히게 되고, 덕으로 부유함을 지키는 바가 없기에 부유하게 되면 교만하게 된다. 막힌 자는 마음대로 할 수 없게 되면 다른 사람의 것을 탐내는 마음을 가진다. 그러므로 막히면 도적질하게 된다. 교만한 자는 겸손할 수 없으면 윗사람을 범하려는 마음을 가진다. 그러므로 교만하면 어지럽히게 된다. 무릇 이 모두는 사람의 정情이다. 예禮

는 그 정情을 따라 절도節度와 문채文采를 세우는 것이다. 부유한 자가 여유가 있다고 남을 업신여기지 않으며, 가난한 자가 부족하다고 자신을 막히게 하지 않으며, 존귀한 자가 윗자리에 있다고 재화에 끝없이 욕심을 부리지 않는 것은 모두 예가 있기 때문이다. '가家의 재산은 백승百乘을 넘지 않게 한다'[2]는 것은 부富를 제약하여 교만하지 않게 하는 것이다. '한 사내가 100무畝의 토지를 받게 한 것'[3]은 가난을 통제하여 막히지 않게 하려는 것이다. '얼음을 채취하는 집안에서는 소와 양을 기르지 않는다'[4]는 것은 신분의 귀함을 제약하여 욕심 부리지 않게 하려는 것이다." 方氏曰: "小人無道以安貧, 故貧斯約, 無德以守富, 故富斯驕. 約者不獲恣, 則有羨彼之志. 故約斯盜. 驕者不能遜, 則有犯上之心. 故驕斯亂. 凡此皆人之情也. 而禮則因而爲之節文. 富者不以有餘而慢於人, 貧者不以不足而窮其身, 貴者不以在上而慊於物, 皆由有禮故也. 若'家富不過百乘', 所以制富而不使之驕也. '一夫受田百畝', 所以制貧而不使之約也. '伐冰之家, 不畜牛羊', 所以制貴而不使之慊也."

【방기 3】

공자가 말하였다. "가난하면서도 악樂을 좋아하고, 부유하면서도 예를 좋아하며, 식구가 많고 번성하면서 편안한 경우는 세상에 드물다. 『시詩』에 '백성들이 정치의 혼란에 궁박해져, 괴롭고 해가 되는 행동을 거리낌 없이 하네'라고 하였다. 그 때문에 국가의 규모를 제약하여 천승千乘을 넘지 않게 하고, 도성都城은 백치百雉를 넘지 않게 하며, 가家의 재산은 백승百乘을 넘지 않게 한다. 이것으로 백성들을 악행을 못하게 방지해도, 제후들은 여전히 배반을 하는 경우가 있다."

子云: "貧而好樂, 富而好禮, 衆而以寧者, 天下其幾矣.① 『詩』云, '民之貪亂, 寧爲荼毒.'② 故制國不過千乘, 都成不過百雉, 家富不過百乘. 以此坊民, 諸侯猶有畔者."③

鄭注 ① 이와 같은 사람이 적다는 말이다. '영寧'은 편안하다는 뜻이다. 규모가 큰 집안과 식구가 많은 집안은 항상 분란을 일으키는 일이 많다. 言如此者寡也. '寧', 安也. 大族衆家, 恒多作亂.

② 백성들 가운데 분란을 부추겨 행하는 사람은 해악이 되는 행동을 편안하게 여긴다는 말로, 그들을 미워하는 것이다. 言民之貪爲亂者, 安其荼毒之行, 惡之也.

③ 옛날 사방 10리가 되는 지역을 단위로 그 가운데 64정井에서 병거兵車 1승乘을 징발하였다. 이것이 병부兵賦의 법이다. 대국大國은 천승의 병거를 징발한다. '치雉'는 도량형의 명칭이다. 높이 한 길(丈), 길이 세 길이 '치雉'이다. 백치는 길이가 삼백 길, 사방 500보의 크기다. 자子와 남男의 성곽은 사방 5리다. '백치百雉'라고 한 것은 큰 도읍으로 국도國都의 1/3이다. 古者方十里, 其中六十四井出兵車一乘. 此兵賦之法也. 成國之賦千乘. '雉', 度名也. 高一丈長三丈爲'雉'. 百雉爲長三百丈, 方五百步. 子男之城方五里. '百雉'者此謂大都, 三國之一.

集說 '많으면서도 편안하다'는 것은 가족이 많고 번성하면서 분란으로 재앙을 초래하지 않음을 가리킨다. '세상에 드물다'라는 말은 이 세 가지는 많이 볼 수 없음을 뜻한다. '『시詩』'는 「대아大雅 · 상유桑柔」이다. '탐貪'은 궁곤窮困하다는 뜻과 같다. '도荼'는 씀바귀이다. '독毒'은 독충이다. 여왕厲王을 풍자하면서 '백성들은 고통 받고 정치는 어지러워 혼란으로 망하기를 바라

므로 오히려 괴롭고 해가 되는 행동을 하여 서로 침탈하고 포악하게 굴면서 구제하지 않는 것이다'라고 말한 것이다. '천승千乘'은 제후의 나라이다. 그 영토가 병거兵車 천 대를 낼 수 있는 규모다. '도성都城'은 경과 대부의 도성都城 또는 읍성邑城이다. '치雉'는 도량형의 명칭이다. 높이 한 길(丈), 길이 세 길이 '치雉'이다. '가家의 재산'은 경과 대부의 재산을 말한다. '백승을 넘지 않는다'는 것은 채지采地에서 징발하는 병거가 이 수를 넘을 수 없다는 것이다. ○ 석량왕씨石梁王氏는 말한다. "가난하면서도 예를 좋아한다고 하여 '호好' 한 자를 더 첨가하였는데, 아마도 공자의 말은 아닌 듯하다."

'衆而以寧', 謂家族衆盛, 而不以悖亂致禍敗也. '天下其幾', 言此三者不多見也. '『詩』', 「大雅·桑柔」之篇. '貪', 猶約也. '荼', 苦菜也. '毒', 螫蟲也. 刺厲王, 言'民苦政亂, 欲其亂亡, 故寧爲荼苦毒螫之行, 以相侵暴而不之恤'也. '千乘', 諸侯之國. 其地可出兵車千乘也. '都城', 卿·大夫都邑之城也. '雉', 度名也. 高一丈長三丈爲一'雉'. '家富', 卿大夫之富也. '不過百乘', 其采地所出之兵車不得過此數也. ○ 石梁王氏曰: "貧而好樂, 添一'好'字, 恐非孔子語."

【방기 4】

공자가 말하였다. "예란 의심스러운 것을 밝혀주고 숨겨져 있는 것을 드러내 분별해주어 백성들의 제방이 되는 것이다. 따라서 신분에 등급이 있고 의복에 구별이 있고 조정에 지위의 구별이 있으면, 백성들이 겸양하는 바가 있다."

子云: "夫禮者, 所以章疑別微, 以爲民坊者也. 故貴賤有等, 衣服有別, 朝廷有位, 則民有所讓."

鄭注 '위位'는 조정에서의 지위다. '位', 朝位也.

集說 '의疑'는 의혹을 가지고 있어 결정하지 못하는 것이다. '미微'는 숨겨져 있어 분명하지 않은 것이다. 오직 예禮만이 명확하게 드러내고 분별할 수 있다. '疑'者, 惑而未決. '微'者, 隱而不明. 惟禮足以章明之, 分別之也.

【방기 5】

공자가 말하였다. "하늘에 두 개의 태양이 없고, 땅에 두 명의 왕이 없으며, 집안에 두 명의 주인이 없고, 존귀한 대상에 두 명이 윗사람이 없는 것은 백성들에게 군주와 신하의 구별을 보이려는 것이다. 『춘추春秋』에서 초楚나라와 월越나라 왕의 상喪을 일컫지 않았다. 예禮에 따르면, 군君은 천天이라 칭하지 않고, 대부大夫는 군君이라 칭하지 않는데, 이는 백성들을 미혹시킬까 염려해서이다. 『시詩』에 '저 합단盍旦을 보라, 사람들은 그 새를 오히려 미워한다'라고 하였다." 공자가 말하였다. "군주는 동성同姓인 사람과 함께 수레를 타지 않고, 이성異姓인 사람과 함께 수레를 탈 때는 같은 복장을 하지 않는다. 이는 혐의를 만들지 않음을 백성들에게 보이는 것이다. 이것으로 백성들을 막아도 그들 가운데는 여전히 동성同姓으로서 군君을 시해하는 자가 있다."

子云: "天無二日, 土無二王, 家無二主, 尊無二上, 示民有君臣之別也. 『春秋』不稱楚·越之王喪. 禮君不稱天, 大夫不稱君, 恐民之惑也.① 『詩』云, '相彼盍旦, 尚猶患之.'"② 子云: "君不與同姓同車, 與異姓同車不同服. 示民不嫌也. 以此坊民, 民猶得同姓以弑其君."③

鄭注 ① 초나라와 월나라의 군주는 참람하게 스스로 왕이라 칭하였으나 (『춘추』에서) 그 상喪을 말하지 않았다는 것은 '장葬'이라 기록하지 않았음을 가리킨다. 『춘추공양전』에 "오나라와 초나라의 군주에 대하여 '장葬'이라 기록하지 않은 것은 참람된 칭호를 피하는 것이다"[5]라고 하였다. 신하는 군주를 천天으로 여겨, 천자天子를 천왕天王이라 칭하기는 하지만, 제후를 칭할 때 천공天公이라고 하지 않는다. 이는 왕王이라는 혐의를 피하기 위해서이다. 대부로서 신하가 있는 자를 칭할 때 '주主'라 하고 '군君'이라 하지 않는 것은 제후라는 혐의를 피하기 위해서이다. 이런 것들은 모두 백성들을 미혹시켜 누가 존귀한지를 모르게 하기 때문이다. 『주례』에 "주인主의 친구의 원수는 종부곤제從父昆弟의 원수와 같이 대한다"[6]라고 하였다. 楚·越之君, 僭號稱王, 不稱其喪, 謂不書'葬'也. 『春秋傳』曰: "吳·楚之君不書'葬', 辟其僭號也." 臣者天君, 稱天子爲天王, 稱諸侯不言天公. 辟王也. 大夫有臣者稱之曰'主', 不言'君', 辟諸侯也. 此者皆爲使民疑惑, 不知孰者尊也. 『周禮』曰: "主友之讎, 視從父昆弟."

② '합단盍旦'은 밤에 울면서 새벽을 찾는 새로서 얻을 수 없는 바를 구하는 것이다. 사람들은 오히려 그 새가 낮과 밤을 뒤바꾸고 어둠과 밝음을 어지럽히려는 것을 미워한다. 하물며 신이 군주를 참칭僭稱하여 얻을 수 없는 것을 구하면서 상하의 지위를 어지럽히고 사람들을 미혹시키는 것은 어떻겠는가! '盍旦', 夜鳴求旦之鳥也, 求不可得也. 人猶惡其欲反晝夜而亂晦明. 況於臣之僭君, 求不可得之類, 亂上下惑衆也!

③ '동성同姓'은 선왕先王과 선공先公의 자손으로 계승(繼及)[7]의 도리가 있는 사람을 가리킨다. 이런 경우가 아니라면 혐의가 없다. 수레를 모는 자(僕)

와 거우車右는 항상 조복朝服을 하지만 군주는 일에 따라 달리하고, 오직 군중軍中에 있을 때만 같은 복장을 한다. '同姓'者, 謂先王·先公子孫, 有繼及之道者也. 其非此則無嫌也. 僕右恒朝服, 君則各以時事, 唯在軍同服爾.

集說 '초나라와 월나라 왕의 상喪'을 졸卒이라 쓰고 장葬이라 쓰지 않은 것은 오랑캐로 여긴 것이다. 군주를 천天이라고 칭하지 않는 것은 천자라는 혐의를 피하는 것이다. 대부의 경우 군君이라 칭하지 않고 주主라고 칭하는 것은 국군이라는 혐의를 피하는 것이다. '『시詩』'는 일시逸詩이다. '합단盍旦'은 밤에 울면서 새벽을 찾는 새이다. '환患'은 미워한다는 뜻과 같다. 저 합단이 한밤에 울어대면서 새벽을 찾는 것은 밤을 거꾸로 돌려 낮을 삼으려는 것으로 구해서는 안 되는 것을 구하는 것이다. 사람들이 그것도 오히려 미워하는데, 신하가 되어 자신의 윗사람을 범하려고 하는 경우는 어떠하겠는가? '수레를 함께하지 않는다'는 것은 피해를 멀리하려는 것이다. 찬시簒弑의 화난禍難은 항상 동성同姓에 의해 발생한다. 그러므로 이성異姓과 함께 수레를 타는 경우에는 혐의를 두지 않는다. '楚·越之王喪', 書卒不書葬, 夷之也. 君不稱天, 避天子也. 大夫不稱君而稱主, 避國君也. '『詩』', 逸詩也. '盍旦', 夜鳴求旦之鳥. '患', 猶惡也. 言視彼盍旦之夜鳴以求曉, 是欲反夜作晝, 求所不當求者. 人尙且惡之, 況人臣而求犯其上乎? '不同車', 遠害也. 簒弑之禍, 常起於同姓. 故與異姓同車則不嫌.

【방기 6】

공자가 말하였다. "군자가 귀貴함을 사양하고 천賤함을 사양하지 않으며, 부유함을 사양하고 가난함을 사양하지 않으면, 분란이 더욱 감소된다. 그 때문에 군자는 봉록(食)이 자기의 재덕才德보다 높게 하기보다는 오히려 재덕이 봉록보다 높게 한다."

子云: "君子辭貴不辭賤, 辭富不辭貧, 則亂益亡.① 故君子與其使食浮於人也, 寧使人浮於食."②

鄭注 ① '망亡'은 없어지다의 뜻이다. '亡', 無也.

② '식食'은 봉록俸祿이다. 위에 있는 것을 '부浮'라고 한다. 봉록이 자기의 능력보다 많으면 탐욕에 가깝고, 자기의 능력이 복록보다 나으면 청렴에 가깝다. '食', 謂祿也. 在上曰'浮'. 祿勝己則近貪, 己勝祿則近廉.

集說 '식食'은 봉록俸祿이다. '부浮'는 위에 있는 것이다. 재덕은 박한데 받는 봉록이 후하면 이는 봉록이 사람보다 위에 있는 것이다. '食', 祿也. '浮', 在上也. 才德薄而受祿厚, 是食浮於人也.

【방기 7】

공자가 말하였다. "한 잔의 술과 한 그릇의 고기도, 사양해서 나쁜 것을 받으면, 백성들은 오히려 나이를 침범하여 행한다. 연석燕席의 자리도 양보해서 아랫자리에 앉으면, 백성들은 오히려 신분을 침범하여 행한다. 조정의 지위도 양보해서 낮은 자리로 가면, 백성들은 오히려 군주를 침범하여 행한다. 『시詩』「소아小雅·각궁角弓」에 '백성들 가운데 선량하지 않은 사람들, 서로 상대방을 일방으로 원망하네. 술잔 받을 때 사양하는 의절 어기었다가 자신이 망치는 지경에 이른다네'라고 하였다." 공자가 말하였다. "군자가 남을 귀하게 대하고 자신은 천하게 대하며, 남을 앞세우고 자신은 뒤로 하면, 백성들에게 양보하는 기풍이 일어난다. 그러므로 다른 사람의 군주를 일컬을 때에는 '군君'이라 말하고 자신의 군주를 일컬을 때에는 과군寡君이라고 말한다."

子云: "觴酒豆肉, 讓而受惡, 民猶犯齒. 衽席之上, 讓而坐下, 民猶犯貴. 朝廷之位, 讓而就賤, 民猶犯君.① 『詩』云, '民之無良, 相怨一方. 受爵不讓, 至于已斯亡.'"② 子云: "君子貴人而賤己, 先人而後己, 則民作讓. 故稱人之君曰'君', 自稱其君曰寡君."③

鄭注 ① '범犯'은 어긋나게 범하다(僭)와 같은 뜻이다. '치齒'는 나이다. 예禮에 따르면 60이상의 노인에게는 음식을 더해준다. '귀貴'는 신분이 다른 사람이다. '犯', 猶僭也. '齒', 年也. 禮六十以上, 籩豆有加. '貴', 秩異者.

② '양良'은 착하다는 뜻이다. 선하지 않은 사람은 멀리서 서로 원망하기를 잘하고 작록爵祿을 탐하여 얻기를 좋아하고 양보하지 않아 자기를 망치는 데까지 이른다는 말이다. '良', 善也. 言無善之人, 善遙相怨, 貪爵祿, 好得無讓, 以至亡己.

③ '과군寡君'은 덕이 부족한 군주라고 말하는 것과 같으니 겸손하게 말하는 것이다. '寡君', 猶言少德之君, 言之謙.

集說 '『시詩』'는 「소아小雅·각궁角弓」이다. '작爵'은 술잔이다. 엄씨嚴氏는 "형제가 몇 잔 술 때문에 죄를 얻어 원망한 경우가 있어, 여기에서 공평한 마음을 가져야 한다는 논의를 하여 풀어준 것으로, 그 뜻은 '평범한 사람 가운데 선량하지 않은 자는 서로 원망할 때는 각각 하나의 치우친 입장만을 고집하고 서로간의 잘잘못을 두루 참작하지 못한다. 그러므로 윗사람을

원망할 줄만 알고 자신의 과실은 생각하지도 않는다. 그러나 그 단서는 매우 세세한 것이어서 단지 잔을 받을 때 겸손해야 하는 예절을 잃는 데 그치기도 하지만 어떤 때에는 자신의 몸을 망치는 데까지 이르니 또한 유념할 필요가 있다'고 하는 것이다." ○ 방씨方氏는 말한다. "예에 따르면 60이상의 노인에게는 음식을 더해준다. 그 때문에 술과 고기의 경우는 나이를 침범하여 행한 것으로 말하였다. 삼명三命의 경우는 나이를 따지지 않고 존귀한 이의 동쪽 자리를 차지한다. 그러므로 자리의 경우는 신분을 침범하여 행한 것으로 말하였다. 친족은 군주를 친척으로 대하지 못한다. 그러므로 조정의 경우에는 군주를 침범하여 행한 것으로 말하였다." '『詩』', 「小雅·角弓」之篇. '爵' 酒器也. 嚴氏云: "兄弟有因杯酒得罪而怨者. 此爲持平之論以解之, 言'凡人之不善者, 其相怨, 各執一偏, 而不能參彼己之曲直. 故但知怨其上, 而不思己過. 然其端甚微, 或止因受爵失辭遜之節, 而或至於亡其身, 亦可念'矣." ○ 方氏曰: "禮六十以上, 籩豆有加. 故酒肉以犯齒言. 三命不齒, 席于尊東. 故衽席以犯貴言. 族人不得戚君位. 故朝廷以犯君言."

【방기 8】

공자가 말하였다. "이록利祿이 있을 때 죽은 이에게 먼저 주고 살아있는 이에게 나중에 주면 백성들이 배반하지 않는다. 나라일로 외국에 나가 죽은 이에게 먼저 주고 국내에 살아있는 이에게 나중에 주면 백성들에게 큰일을 맡길 수 있다. 『시詩』「패풍邶風·연연燕燕」에 '선군을 생각하여 과인을 권면하고 잊지 않네'라고 하였다. 이러한 도리로 백성들을 막아도 백성들은 오히려 죽은 이를 배반하고,

죽은 이의 가족들은 고할 곳이 없다고 부르짖는다."

子云: "利祿先死者而後生者, 則民不偝. 先亡者而後存者, 則民可以託.① 『詩』云, '先君之思, 以畜寡人.'② 以此坊民, 民猶偝死而號無告."③

鄭注 ① 죽은 이를 배신하지 않으면 살아있는 이들이 믿음을 견지한다는 말이다. 言不偷於死亡, 則於生存信.

② 이는 위衛나라 부인夫人 정강定姜의 시이다. 정강은 자식이 없어 서자庶子인 간衎을 세웠는데 이가 헌공獻公이다. '축畜'은 효孝의 뜻이다. 헌공이 정강에게 무례하게 대하자 정강이 시를 지어 헌공은 선군 정공을 생각하여 자신에게 효도해야 한다고 말한 것이다. 此衛夫人定姜之詩也. 定姜無子, 立庶子衎, 是爲獻公. '畜', 孝也. 獻公無禮於定姜, 定姜作詩, 言獻公當思先君定公, 以孝於寡人.

③ 죽은 이가 배신을 당하자 그 집안의 노약자들이 울부짖고 원망한다는 것이다. '고할 곳이 없다'는 것은 도리가 없다는 뜻이다. 死者見偝, 其家之老弱, 號呼稱冤. '無所告', 無理也.

集說 '『시詩』'는 「패풍邶風·연연燕燕」이다. '축畜'이 『시詩』에는 '욱勖'으로 되어 있는데 권면한다는 뜻이다. 장강莊姜은 돌아가는 첩 대규戴嬀가 선군先君인 장공莊公을 생각하면서 부도婦道로 과인에게 권면하였음을 말하였다. '과인寡人'은 장강 자신을 가리킨다. 여기서는 '욱勖'을 '휵畜'으로 쓴 것은 나를 마음에 받아들이고 보양해주면서 잊지 않았음을 말한다. 이것이 죽은 이를 배반하지 않고 살아있는 이를 잊지 않는 뜻이다. ○ 소疏에서 말한다. "이익과 재부 영화로운 복록에 관련된 일의 경우, 가령 죽은 이와 살아있는 이가 모두 함께 받는 것이 합당하다면, 군주는 죽은 이에게 먼저 주고 뒤에 산자에게 준다. 이러한 도리로 백성들을 교화하면 백성들은 모두 죽

은 이를 배신하지 않을 것이다. '죽었다'(亡)는 것은 자신의 나라일로 외국에 나갔다가 죽은 경우를 가리키고 '살아있다'(存)는 것은 국내에 있는 경우를 가리킨다. 군주는 이록利祿이 있을 때 외국에서 죽은 이에게 먼저 준 뒤에 국내에 살아 있는 이에게 준다. 이러한 도리로 백성들을 교화하면 백성들 모두가 인후仁厚하게 되고 큰일을 서로 의탁을 할 수 있게 된다. '백성들은 오히려 죽은 이를 배반하고, 죽은 이의 가족들은 고할 곳이 없다고 부르짖는다'는 것은 백성들 사이에서도 죽은 이를 배반하여 버리고 살아 있는 노약자들이 호소할 곳이 없다고 부르짖는다는 말이다." '『詩』', 「邶風·燕燕」之篇. '畜'『詩』作'勖', 勉也. 莊姜言歸妾戴嬀思念先君莊公, 以婦道勖勉寡人. '寡人', 莊姜自謂. 此以'勖'爲'畜'者, 言能容畜我於心而不忘. 是不偝死忘生之意也. ○ 疏曰: "財利榮祿之事, 假令死之與生並合俱得, 君上則先與死者, 後與生者. 以此化民, 則民皆不偝於死者. '亡'謂身爲國事而出亡在外, '存'謂存在國內者. 君有利祿, 先與在外亡者, 而後與國內存者. 以此化民, 民皆仁厚, 可以大事相付託也. '偝死而號無告'者, 言民偝棄死者, 其生者老弱, 號呼無所控告也."

【방기 9】

공자가 말하였다. "국가를 다스리는 자가 사람을 귀하게 여기고 봉록을 천시하면, 백성들에게 겸양하는 기풍이 진작될 것이다. 기예를 높이고 재물(車)을 천시하면, 백성들에게 기예를 익히려는 기풍이 일어날 것이다. 그 때문에 군자는 말을 간약簡約하게 하고, 소인은 말을 앞세운다."

子云: "有國家者, 貴人而賤祿, 則民興讓. 尙技而賤車, 則民興藝.① 故君子約言, 小人先言."②

鄭注 ① 군주가 덕이 뛰어난 자(賢者)와 기예가 뛰어난 자(能者)를 높이고 귀하게 여기며, 봉록을 주고 수레와 복식을 하사함에 인색하지 않으면 겸양하는 도리가 진작된다. 덕이 뛰어난 자와 기예가 뛰어난 자에 대해 사람들이 복종한다. '기技'는 기예와 같은 뜻이다. 言人君貴尙賢者·能者, 而不吝於班祿賜車服, 則讓道興. 賢者·能者, 人所服也. '技', 猶藝也.

② 사람은 덕을 숭상하고 말을 숭상하지 않는다는 말이다. '약約'과 '선先'은 호언互言이다. 군자는 간약簡約하지만 소인은 번다하다. 소인은 앞서고자 하지만 군자는 뒤에 서고자 한다. 『역易』에 "군자는 선대 사람들의 말과 과거의 자취를 많이 알아 그로써 자신의 덕을 기른다"[8]라고 하였다. 言人尙德不尙言也. '約'與'先', 互言爾. 君子約則小人多矣. 小人先則君子後矣. 『易』曰: "君子以多識前言往行, 以畜其德."

集說 '귀인貴人'은 덕이 있는 사람을 귀하게 여긴다는 뜻이다. 군주가 덕이 있는 사람을 귀하게 여기고 작록을 하사함에 인색하지 않을 수 있으면 백성들 사이에 선한 이에게 겸양하는 기풍이 진작된다. 능력이 있는 자를 높이고 거마車馬를 하사함에 인색하지 않으면 백성들은 기예를 익히는 일에 분발한다. '봉록을 천시하고' '수레를 천시하는' 것은 봉록과 기물을 천시하는 것이 아니다. 현자를 귀하게 여기고 능력 있는 자를 높여 응당 주어야 할 것에 인색하지 않는 것일 뿐이다. 독자들은 글 때문에 의미를 해쳐서는 안 될 것이다. '말하는 것에 부끄러움이 없다면 실천하는 것이 어려울 것'[9]이므로 군자의 말은 항상 간약簡約하다[10]. 소인은 말을 앞세우고 실천은 뒤에 하므로 말과 행동을 반드시 서로 살펴보는 것은 아니다. 정씨鄭氏(정현鄭玄)는 말한다. "'약約'과 '선先'은 호언互言이다. 군자는 간약簡約하지만 소

인은 번다하다. 소인은 앞서고자 하지만 군자는 뒤에 서고자 한다." '貴人', 貴有德之人也. 言君能貴有德者, 而不吝於班祿, 則民興於讓善. 尙有能者, 而不吝於賜車, 則民興於習藝. '賤祿'·'賤車', 非輕祿器也. 特以貴賢尙能, 而不吝於所當與耳. 讀者不以辭害意可也. '言之不怍, 則爲之也難', 故君子之言常約. 小人則先言而後行, 不必其言行之相顧也. 鄭氏曰: "'約'與'先', 互言. 君子約則小人多矣. 小人先則君子後矣."

【방기 10】

공자가 말하였다. "윗사람이 백성들의 말을 들어 취하면 아래 백성들은 위에서 시행한 것을 하늘처럼 여긴다. 윗사람이 백성들의 말을 들어 취하지 않으면, 백성들은 윗사람을 침범한다. 아래 백성들이 위에서 시행하는 것을 하늘처럼 여기지 않으면, 변란이 생긴다. 그 때문에 군자가 믿음과 겸양으로 백성에게 임하면 백성들의 보답하는 예가 무겁다. 『시詩』「대아大雅·판板」에 '선민先民의 말이 있으니, 꼴을 베고 나무하는 백성(芻蕘)에게 자문한다고 하였네'라고 하였다."

子云: "上酌民言, 則下天上施. 上不酌民言, 則犯也. 下不天上施, 則亂也.① 故君子信讓以涖百姓, 則民之報禮重. 『詩』云, '先民有言, 詢于芻蕘.'"②

鄭注 ① '작酌'은 취한다는 뜻과 같다. 백성들의 말을 듣고 정치와 교화를 행하면 민심을 얻는다. 민심을 얻으면 은택이 더해지는 것에 대해 백성들은 하늘처럼 받는다. 이는 존숭됨을 말한다. '酌', 猶取也. 取衆民之言以爲政敎, 則

得民心. 得民心, 則恩澤所加, 民受之如天矣. 言其尊.

② '리涖'는 임하다의 뜻이다. '보답하는 예가 무겁다'는 것은 군주의 어려움을 위해 기꺼이 죽을 수 있음을 말하는 것과 같다. '涖', 臨也. '報禮重'者, 猶言能死其難.

③ '선민先民'은 상고시대의 군주이다. '순詢'은 도모하다는 뜻이다. '꼴을 베고 땔감을 마련하는 일'은 백성의 일이다. 옛날의 인군들이 정교政教를 행할 때는 반드시 서민들에게 자문을 한 뒤에 하였음을 말한다. '先民', 謂上古之君也. '詢', 謀也. '芻蕘', 下民之事也. 言古之人君將有政教, 必謀之於庶民, 乃施之.

集說 '윗사람이 백성들의 말을 들어 취한다'는 것은 인군이 정교를 시행하려 할 때 반드시 여론의 가부를 헤아리고 참작하는 것을 가리킨다. 이와 같이 하면 정교政教로 주어지는 것들에 대해 백성들은 하늘이 내려준 것처럼 높이고 떠받든다. 그렇게 하지 않으면 백성들은 반드시 어기고 침범하게 된다. 백성들이 위에서 시행하는 것을 하늘처럼 여기지 않는다면 어기고 태만히 하는 변란이 일어난다. '믿으면' 백성들이 속이지 않으며, '겸양하면' 자기만 옳다고 하지 않을 것이다. 이러한 태도로 백성에게 임한다면 백성들이 윗사람에게 친애하고 어른들을 위해 목숨을 바치지 않을 수 있겠는가? 그 때문에 '백성들이 보답하는 예가 무겁다'고 한 것이다. '『시詩』'는 「대아大雅 · 판板」이다. '꼴을 베고 나무하는 사람에게 묻는다'는 것은 꼴을 모으고 땔감을 모으는 천한 사람에게 묻는다는 말이다. 이 시를 인용하여 '백성들의 말을 들어 취한다'는 의미를 밝힌 것이다. '上酌民言', 謂人君將施政教, 必斟酌參挹乎輿論之可否. 如此則政教所加, 民尊戴之, 如天所降下者矣. 否則民必違犯也. 民不天上之所施, 則悖慢之亂作矣. '信'則不欺於民, '讓'則不恃乎己. 以此臨民, 民得不親其上 · 死其長乎? 故曰'民之報禮重也'. '『詩』', 「大雅 · 板」之篇. '詢于芻蕘', 問于取草取薪之賤者也. 引此以明'酌民言'之意.

【방기 11】

공자가 말하였다. "선善은 남에게 돌리고 허물은 자신의 탓으로 돌리면, 백성들은 다투지 않는다. 선을 남에게 돌리고 허물은 자신의 탓으로 돌리면, 원망은 점점 더 없어진다. 『시詩』「위풍衛風·맹氓」에 '거북점을 치고 시초점을 쳐도, 점괘에 흉조와 허물이 된다는 말이 없네'라고 하였다."

子云: "善則稱人, 過則稱己, 則民不爭. 善則稱人, 過則稱己, 則怨益亡. 『詩』云, '爾卜爾筮, 履無咎言.'"

鄭注 '이爾'는 너라는 뜻이다. '리履'는 예禮이다. 네가 점을 친 뒤에 나와 함께 예를 행하면 허물이 되거나 악한 말이 없을 것이라는 말이다. 잘못은 내게 있으니, 상대의 허물은 적다는 말이다. '爾', 女也. '履', 禮也. 言女鄉卜筮, 然後與我爲禮, 則無咎惡之言矣. 言惡在已, 彼過淺.

集說 '『시詩』'는 「위풍衛風·맹氓」이다. '리履'는 『시詩』에 의거하여 '체體'가 되어 한다. 이는 거북점을 치고 시초점을 쳐서 물어도 점괘의 내용이 모두 흉조나 허물이 되는 말이 없음을 가리킨다. '허물이 없다'는 것으로 다투지 않고 원망하지 않는다는 의미를 밝힌 것이다. ○ 석량왕씨石梁王氏는 말한다. "정현鄭玄은 『시詩』의 전箋에서 '체體'를 점괘의 내용(體)으로 보았는데, 이곳에서는 어찌하여 '이履'자로 왜곡해서 해석하는 잘못을 범하는가?" '『詩』', 「衛風·氓」之篇. '履'當依『詩』作'體'. 謂卜之於龜, 筮之於蓍, 其卦兆之體, 皆無凶咎之辭也. 以'無咎'明不爭不怨之意. ○ 石梁王氏曰: "鄭箋『詩』, 旣以'體'爲卦兆之體, 何故於此曲附'履'字之訛?"

【방기 12】

공자가 말하였다. "선은 남에게 돌리고 허물은 자신의 탓으로 하면, 백성들은 선을 양보한다. 『시詩』「대아大雅·문왕유성文王有聲」에 '거북점을 쳐서 살핀 이는 무왕이니, 호읍에 도읍을 정하고자 도모하였네. 거북이 바른 것으로 여기니, 무왕이 완성하였네'라고 하였다."

子云: "善則稱人, 過則稱己, 則民讓善. 『詩』云, '考卜惟王, 度是鎬京. 惟龜正之, 武王成之.'"

鄭注 '도度'는 도모하다의 뜻이다. '호경鎬京'은 호읍鎬邑의 궁실宮室이다. 무왕이 궁실을 이 호읍에 정하려고 도모하였는데, 거북점이 길조를 내서 바른 것으로 여겼고, 무왕은 축성하여 완성하였음을 말한다. 이는 신하들이 군주에게 아름다움을 돌린 것이다. '度', 謀也. '鎬京', 鎬宮也. 言武王卜而謀居此鎬邑, 龜則出吉兆正之, 武王築成之. 此臣歸美於君.

集說 '『시詩』'는 「대아大雅·문왕유성文王有聲」이다. 거북점을 쳐서 살핀 이가 무왕임을 말한다. 호경鎬京의 궁실을 도모한 것은 대개 무왕의 의지에 이미 정해져 있었다. 길흉에 대하여 거북점으로 올바른 바를 취하였는데, 거북점 또한 무왕의 뜻에 부응하여 따랐다. 이에 드디어 거북점을 바른 것으로 판단하고 이 도성을 완성하였다. 이는 무왕이 자신의 공으로 돌리지 않고 거북에게 양보한 것이다. 그 때문에 이 시를 인용하여 선을 양보한 것의 증거로 삼은 것이다. 그러나 이 두 구절에서 인용한 시의 의도는 맥락으로 볼 때 모두 잘 들어맞지 않는다. '『詩』', 「大雅·文王有聲」之篇. 言稽考龜卜者, 武王也. 謀度鎬京之居, 蓋武王之志已先定矣. 及以吉凶取正於龜, 而龜亦協從武王. 遂以龜爲正, 而成此都焉. 是武王不自以爲功, 而讓之龜卜也. 故引以爲讓善之證.

然此兩節所引詩意, 義皆不甚協.

【방기 13】

공자가 말하였다. "잘한 일이면 군주에게 칭찬을 돌리고 잘못된 일은 자신에게 허물을 돌리다면, 백성들에게 충성하는 기풍이 진작될 것이다. 「군진君陳」에 '너에게 좋은 꾀와 방책이 있으면 안으로 들어가 너의 군주에게 고하고, 너는 밖에서 따라 행하며 '이 꾀와 방책은 우리 군주의 덕에서 나온 것이니, 아, 훌륭하고 밝게 빛나도다!'라고 한다'라고 하였다."

子云: "善則稱君, 過則稱己, 則民作忠. 「君陳」曰, '爾有嘉謀嘉猷, 入告爾君于內, 女乃順之于外曰, '此謀此猷, 惟我君之德. 於乎! 是惟良顯哉!'""

鄭注 '군진君陳'은 주공의 아들로 백금伯禽의 아우이다. 「군진」이란 제목의 편은 『서書』에 있으나 현재 그 문장은 망실되었다. '가嘉'는 선하다의 뜻이다. '유猷'는 도道이다. '아, 훌륭하고 밝게 빛나도다!'라는 것은 군주의 덕을 찬미한 것이다. '君陳', 蓋周公之子, 伯禽弟也. 名篇在『尙書』, 今亡. '嘉', 善也. '猷', 道也. '於乎! 是惟良顯哉!', 美君之德.

集說 '「군진君陳」'은 「주서周書」에 있는 편이지만 현재 『서書』의 문장과는 다소 다르다. 그것을 인용하여 '잘한 일이면 군주에게 칭찬을 돌린다'는 것의 의미를 실증한 것이다. '「君陳」', 「周書」, 與今書文小異. 引以證'善則稱君'之義.

【방기 14】

공자가 말하였다. "잘한 일이면 부모에게 칭찬을 돌리고 허물은 자기에 돌린다면, 백성들에게 효도하는 기풍이 진작될 것이다. 『서書』 「태서大誓」에 '내가 주紂를 이긴다면 그것은 나의 무공武功 때문이 아니라 우리 문왕이 덕이 있기 때문이다. 주紂가 나를 이긴다면 그것은 우리 문왕에게 죄가 있어서가 아니라 나 소자小子가 선량하지 않기 때문이다'라고 하였다."

子云: "善則稱親, 過則稱己, 則民作孝. 「大誓」曰, '予克紂, 非予武, 惟朕文考無罪. 紂克予, 非朕文考有罪, 惟予小子無良.'"

鄭注 '「태서大誓」'는 『서書』의 편명이다. '극克'은 이긴다는 뜻이다. '나의 무공武功이 아니다'라는 것은 나의 무공 때문이 아니라는 것이다. '문고文考'는 문왕이다. '죄가 없다'는 것은 곧 덕이 있다는 말이다. '선량함이 없다'는 것은 공적이나 잘한 일이 없다는 뜻이다. 이는 무왕이 주紂를 토벌하겠다고 대중에게 맹서한 글이다. 현재의 「태서」에는 이 문장이 없으니, 그 편이 흩어져 없어졌기 때문이다. '「大誓」', 『尙書』篇名也. '克', 勝也. '非予武', 非我武功也. '文考', 文王也. '無罪', 則言有德也. '無良', 無功善也. 此武王誓衆以伐紂之辭也. 今「大誓」無此章, 則其篇散亡.

集說 '「태서」'는 『주서』의 편명인데 그것을 인용하여 '잘한 일이면 부모에게 칭찬을 돌린다'는 말의 의미를 실증한 것이다. '「泰誓」', 『周書』, 引以證'善則稱親'之義.

【방기 15】

공자가 말하였다. "군자는 부모의 잘못은 잊어버리고 아름다움은 공경한다. 『논어論語』에 '삼 년 동안 부모의 도를 고치지 않으면 효자라 할 만하다'라고 하였다. 고종高宗은 '(부친의 상喪에) 삼 년 동안 말을 하지 않았고, (상을 마치고) 말을 하자 백성들이 기뻐하였다'라고 하였다."

子云: "君子弛其親之過而敬其美.① 『論語』曰, '三年無改於父之道, 可謂孝矣.'② 高宗云, '三年其惟不言, 言乃讙.'"③

鄭注 ① '이弛'는 버리고 잊는다는 뜻이다. 효자는 부모의 잘못을 기억하지 않는다. '弛', 猶棄忘也. 孝子不藏記父母之過.

② 자기가 선하다고 부모의 허물을 논박하지 않는다. 不以己善駁親之過.

③ '고종高宗'은 은나라 왕인 무정武丁으로, 편이 『서書』에 있다.11) '삼 년 동안 말하지 않았다'는 것은 아버지 소을小乙의 상喪 때이다. '환讙'은 환歡이어야 한다. 발음 때문에 잘못된 것이다. 그가 말을 하자 세상 사람들이 기뻐하였다는 것은 그의 정교政教를 좋아하였다는 것을 말한다. '高宗', 殷王武丁也, 名篇在『尙書』. '三年不言', 有父小乙喪之時也. '讙'當爲歡. 聲之誤也. 其旣言, 天下皆歡喜, 樂其政教也.

集說 '이弛'는 버리고 잊는다는 뜻이다. '삼 년 동안 말하지 않았다'는 것은 『서書』「열명說命」편에 보인다. '환讙'자가 현재 「주서周書」「무일無逸」편에는 '옹雍'으로 되어 있다. '환讙'은 '환歡'과 같은 뜻으로 천하 사람들이 기뻐함을 말한다. 이 조목에서 『논어』를 인용한 부분은 근사하지만, 『서書』를 인용한 부분은 의미가 합치되지 않는다. ○ 석량왕씨石梁王氏는 말한다.

"이미 '공자가 말하였다'고 하고 다시 '『논어』에서 말하였다'고 인용하고 있으니, 공자 자신의 말일 리가 없다. 이를 통해 후대의 사람들이 말한 것임을 알 수 있다. 게다가 공자가 말을 하면서 단락마다 인용하여 실증하기를 이와 같이 똑같은 방식으로 하였을 리도 없다." '弛', 猶棄忘也. '三年不言'見『商書』「說命」篇. '讙'今『周書』「無逸」篇作'雍'. '讙'與'歡'同, 言天下喜悅之也. 此條引『論語』近之, 引『書』義不協. ○ 石梁王氏曰: "旣有'子云', 又引'『論語』曰', 不應孔子自言. 因知皆後人爲之. 且不應孔子發言段段引證如此齊同."

【방기 16】

공자가 말하였다. "명령을 따르면서 화내는 안색을 하지 않고, 은미하게 간언하는 데 게을리하지 않고, 힘이 들더라도 원망하지 않으면 효孝라고 할 만하다. 『시詩』「대아大雅·기취旣醉」에 '효자는 효도하는 마음 빠트리거나 멈추는 때가 없네'라고 하였다."

子云: "從命不忿, 微諫不倦, 勞而不怨, 可謂孝矣.① 『詩』云, '孝子不匱.'"②

鄭注 ① '은미하게 간언하는 데 게을리하지 않는다'는 것은 자식은 부모에 대하여 온화하고 순종하려고 애쓰며 논쟁하지 않는다는 뜻이다. 『논어』에 "부모를 섬길 때는 은미하게 간하고, 따르지 않는 뜻을 보이면, 또한 공경하고 어기지 않는다"12)라고 하였다. 「내칙」(29)에 "부모에게 잘못이 있으면 태도를 공손히 하고 얼굴빛을 온화하게 하며 목소리를 부드럽게 하여 간언한다. 간언이 만약 받아들여지지 않는다면 더욱 공경하고 효도하여 기뻐하시면 다시 간언한다"라고 하였다. 이것은 '게을리하지 않는다'는 뜻이다. '微諫

不倦'者, 子於父母, 尙和順, 不用鄂鄂. 『論語』曰: "事父母幾諫, 見志不從, 又敬不違." 「內則」曰: "父母有過, 下氣怡色柔聲以諫. 諫若不入, 起敬起孝, 說則復諫." 此所謂'不倦'.

② '궤匱'는 빠뜨리다의 뜻이다. 효자는 효도하는 마음을 빠뜨리거나 멈추는 때가 없다. '匱', 乏也. 孝子無乏止之時.

集說 '명령을 따르면서 화내지 않는다'는 것은 부모의 명령을 받아들일 때 화내는 안색을 해서는 안 된다는 말이다. 아마도 다른 일로 화가 났다가 얼굴색이 아직 가라앉지 않은 것이다. 일설에는 '분忿'은 '태怠'(게으르다)여야 한다고 하는데 역시 통한다. '『시詩』'는 「대아大雅 · 기취既醉」이다. 효자가 부모를 섬김에 효도하는 마음을 빠뜨리거나 멈추는 때가 없음을 말한다. '從命不忿'謂承受父母命令之時, 不可有忿戾之色. 蓋或以他事致忿, 而其色未平也. 一說, '忿'當作'怠', 亦通. '『詩』', 「大雅 · 既醉」之篇. 言孝子事親, 無乏止之時.

【방기 17】

공자가 말하였다. "부모의 친족들과 화목하면 효孝라 할 만하다. 그러므로 군자는 화목하게 지내는 것을 통해 친족을 화합시킨다. 『시詩』「소아小雅 · 각궁角弓」에 '이 착한 형제들 관대하고 여유가 있네. 착하지 않은 형제들 서로가 번갈아 피해를 입히네'라고 하였다."

子云: "睦於父母之黨, 可謂孝矣.① 故君子因睦以合族.② 『詩』云, '此令兄弟, 綽綽有裕. 不令兄弟, 交相爲瘉.'"③

鄭注 ① '목睦'은 두텁다는 뜻이다. '당黨'은 친족이라는 뜻과 같다. '睦', 厚也. '黨', 猶親也.

② '친족을 화합시킨다'는 말은 족인들과 연회하고 족인들과 식사하는 것을

말한다. '合族', 謂與族人燕與族人食.

③ '령令'은 선하다는 뜻이다. '작작綽綽'은 너그러운 모습니다. '교交'는 번갈아의 뜻이다. '유瘉'는 병이다. '令', 善也. '綽綽', 寬容貌也. '交', 猶'更'. '瘉', 病也.

集說 '화목함을 통해서 친족을 화합시킨다'는 것은 종족들이 모여 연회를 갖고 식사하는 예를 행하고 이를 통해 화목한 정情을 이룬다는 말이다. '『시詩』'는 「소아小雅 · 각궁角弓」이다. '령令'은 선하다는 뜻이다. '작작綽綽'은 너그러운 모습니다. '유瘉'는 병이다. '因睦以合族'謂會聚宗族爲燕食之禮, 因以致其和睦之情也. '『詩』', 「小雅 · 角弓」之篇. '令', 善也. '綽綽', 寬容之貌. '瘉', 病也.

【방기 18】

공자가 말하였다. "아버지의 집우執友에 대하여, 그분의 수레를 탈 수는 있지만 그분의 옷을 입을 수는 없다. 군자는 이로써 효를 확대한다." 공자가 말하였다. "소인들도 모두 부모를 봉양할 수 있다. 군자가 공경하지 않는다면 소인의 봉양과 어떻게 구별하겠는가?" 공자가 말하였다. "부모와 자식은 지위를 같이하지 않는다. 이는 공경하는 마음을 두터이 하는 것이다. 『서書』에 '군주가 군주답지 못하면 선조를 욕되게 한다'고 하였다."

子云: "於父之執, 可以乘其車, 不可以衣其衣. 君子以廣孝也."① 子云: "小人皆能養其親. 君子不敬, 何以辨?"② 子云: "父子不同位. 以厚敬也.③ 『書』云, '厥辟不辟, 忝厥祖.'"④

鄭注 ① '아버지의 집우執友'란 아버지와 뜻을 고수하는 바가 같은 분이

다. '그 수레에 탈 수는 있다'는 것은 수레는 몸에 비해 조금 멀기 때문이다. 이는 현재 자기와 지위가 같음을 말한다. '父之執', 與父執志同者也. '可以乘其車', 車於身差遠也. 謂今與己位等.

② '변辨'은 구별하다의 뜻이다. '辨', 別也.

③ 지위를 같이하면 신분이 대등해지고 서로 설만褻慢하는 것이 된다. 同位, 尊卑等, 爲其相褻.

④ '궐厥'은 '그'라는 뜻이다. '벽辟'은 군주이다. '첨忝'은 욕되게 하다의 뜻이다. 군주의 역할을 함에 군주답지 못하고 신하와 서로 설만褻慢하게 지내면 곧 선조를 욕되게 하는 것이다. 군주와 아버지의 도리는 존엄해야 한다. '厥', '其'也. '辟', 君也. '忝', 辱也. 爲君不君, 與臣子相褻, 則辱先祖矣. 君父之道, 宜尊嚴.

集說 '아버지의 집우執友'란 아버지와 뜻을 고수함이 같은 분이다. 수레는 함께 타고 옷은 혼자 입는 것이므로 수레는 타도 되지만, 옷은 같이 입으면 안 된다. '효를 넓힌다'는 것은 공경하기를 아버지에게 하였던 것처럼 한다는 것으로 또한 '선을 준다'[13)]는 뜻이다. '변辨'은 구별하다의 뜻이다. 지위가 같으면 존비가 같으니 이는 공경하지 않는 것이다. 따라서 '지위를 같이하지 않는다'는 것은 부모를 공경하는 도리를 두터이 하는 것이다. '『서書』'는 「상서商書 · 태갑太甲」이다. 현존 『서書』의 문장에는 위 구절의 '궐厥'자가 없다. 군주가 군주답지 못하고 신하들과 설만하게 지내면 선조를 욕되게 하는 것임을 말한다. 이로써 아버지가 자신을 높이지 않고 비천한 자와 지위를 같이하는 것은 또한 선조를 욕되게 하는 것임을 깨우쳐준 것이다. '父之執', 與父執志同者也. 車所同衣所獨, 故車可乘, 衣不可衣. '廣孝', 謂敬之同於父, 亦'錫類'之義也. '辨', 別也. 同位, 則尊卑相等, 是不敬也. 故'不同位'者, 所以厚敬親之道. '『書』', 「商書 · 太甲」篇. 今『書』文無上'厥'字. 言君不君, 而與臣相褻, 則辱其先祖. 以喩父不自尊, 而與卑者同位, 亦爲忝祖也.

【방기 19】

공자가 말하였다. "부모가 계시면 자신을 노인이라 부르지 않고, 효는 말하지만 자慈는 언급하지 않는다. 규문閨門 안에서는 즐거워하는 모습을 하고 탄식하는 소리를 내지 않는다. 군자가 이를 통해 백성들을 막는데도 백성들은 오히려 효도하는 일에는 박하고 자애하는 일에는 두텁다."

子云: "父母在不稱老, 言孝不言慈. 閨門之內戲而不歎. 君子以此坊民, 民猶薄於孝而厚於慈."

鄭注 효는 위로 행하는 것으로 자애를 말하면 아래로 흐른다는 혐의를 받게 된다. '희戲'는 어린아이들이 말하고 웃는 것이다. 맹자는 "순舜은 나이 오십이 되어서도 어린아이와 같은 마음을 잃지 않았다"[14]라고 하였다. '탄歎'은 근심하고 걱정하는 소리를 내는 것을 말한다. 孝上施, 言慈則嫌下流也. '戲', 謂孺子言笑者也. 孟子曰: "舜年五十而不失其孺子之心." '歎', 謂有憂戚之聲也.

集說 「곡례상曲禮上」(38)에 "평상시 말할 때 자신을 노老(노인)라고 칭하지 않는다"고 한 것이 이것과 의미가 같다. '효孝'는 부모를 섬기는 것이고 '자慈'는 자식을 기르는 것이다. '효를 말하고 자를 말하지 않는다'는 것은 자식에게는 후하고 부모에게는 박할까 염려해서이다. 사람에게 장난을 해서 즐겁게 만드는 것이 '희戲'(즐거움)이다. 사람에게 느끼게 하여 슬프게 만드는 것이 '탄歎'(탄식)이다. '규문閨門의 안'이란 부모의 곁을 가리킨다. '즐거워하면서 탄식하지 않는다'는 것은 오로지 즐거워하는 것에 힘쓰는 것이 아니다. 이는 어린아이와 같은 행동거지도 더러 부모를 즐겁게 할 수 있어 오히려 괜찮다고 할 수 있음을 말한다. 한탄하는 소리는 부모의 마음을 아

프게 하므로 하지 않는 것이다. 「曲禮」云: "恒言不稱老", 與此意同. '孝'所以事親, '慈'所以畜子. '言孝不言慈'者, 慮其厚於子而薄於親故也. 可以娛人而使之樂者, '戲'也. 可以感人而使之傷者, '歎'也. '閨門之內', 謂父母之側. '戲而不歎', 非專事於戲也. 謂爲孺子之容止, 或足以娛親, 猶云可爾. 恨歎之聲則傷親, 故不爲也.

【방기 20】

공자가 말하였다. "백성들의 우두머리(長民)가 조정에서 노인을 공경하면 백성들에게 효도하는 기풍이 진작된다." 공자가 말하였다. "제사에 시尸가 있는 것과 종묘에 신주가 있는 것은 백성들에게 높이고 섬기는 바가 있음을 보이는 것이다. 종묘宗廟를 정비하고 제사의 일을 공경하는 것은 백성들에 뒤쫓아 효를 계승하는 것(追孝)을 가르치는 것이다. 이것으로 백성들을 막아도 백성들은 오히려 부모를 잊는다."

子云: "長民者, 朝廷敬老則民作孝."① 子云: "祭祀之有尸也, 宗廟之有主也, 示民有事也. 修宗廟, 敬祀事, 敎民追孝也.② 以此坊民, 民猶忘其親."

鄭注 ① '백성들의 우두머리'는 천자와 제후를 가리킨다. '長民', 謂天子·諸侯也.

② '섬기는 바가 있다'는 것은 높이고 섬기는 바가 있다는 뜻이다. '有事', 有所尊事.

集說 방씨方氏는 말한다. "부모가 돌아가셨기 때문에 시尸를 세워 부모가 살아 계실 때를 형상한다. 신혼神魂이 사라졌으므로 신주를 만들어 신혼이

존재함을 나타낸다. 경經에 '돌아간 분 섬기기를 살아있는 분 섬기 듯하며, 없어진 분 섬기기를 계신 분 섬기 듯한다'[15]라고 하였다. 이는 백성들에게 섬기는 바가 있음을 보여주려는 것이다. '추효追孝'는 「제통祭統」(3)에서 '다 못한 봉양을 좇아서 행하여 효를 이어가는 것'이라고 한 말과 같은 뜻이다." 方氏曰: "爲親之死, 故爲尸以象其生. 爲神之亡, 故爲主以寓其存. 經曰, '事死如事生, 事亡如事存.' 此所以言示民有事也. '追孝', 與「祭統」言'追養繼孝'同義."

【방기 21】

공자가 말하였다. "공경을 나타낼 때는 제기祭器를 사용한다. 그러므로 군자는 검박하다고 해서 예禮를 폐하지 않으며, 문식함이 화려하다고 해서 예를 무시하지 않는다. 그러므로 음식을 대접하는 예에서 주인이 직접 음식을 접대하면 손님은 고수레를 한다. 주인이 몸소 음식을 접대하지 않으면, 손님은 고수레를 하지 않는다. 그러므로 군자는 예가 들어 있지 않으면, 맛있는 성찬일지라도 먹지 않는다. 『역易』에 '동쪽이웃에서 소를 잡은 것이 서쪽 이웃에서 약제禴祭[16]를 지내고 그 복을 받은 것만 못하다'라고 하였다. 『시詩』에 '술로 이미 취하고 덕으로 이미 배부르네'라고 하였다. 이것으로 백성들에게 보여도 백성들은 오히려 이익을 다투고 의義를 잊는다."
子云: "敬則用祭器.① 故君子不以菲廢禮, 不以美沒禮.② 故食禮, 主人親饋, 則客祭. 主人不親饋, 則客不祭. 故君子苟無禮, 雖美, 不食焉. 『易』曰, '東隣殺牛, 不如西隣之禴祭, 寔[17]受其福.' ③ 『詩』云, '旣醉以酒, 旣飽以德.'④ 以此示民, 民猶爭利而忘義."

鄭注 ① '제기祭器'는 변籩·두豆·궤簋·형鉶 등의 부류이다. 빈객에 대해 공경하는 일이 있으면 사용한다는 것은 음식을 올리는 것을 말한다. 반盤·우盂 등은 연기燕器(평상시 사용하는 그릇)이다. '祭器', 籩豆簋鉶之屬也. 有敬事於賓客則用之, 謂饗食也. 盤·盂之屬爲燕器.

② 그 검박함이 예에 미치지 못한다고 해서 예를 행하지 않아서도 안 되며 그 화려함이 예보다 넘친다고 해서 예를 무시해서도 안 된다. 예는 공경을 위주로 하며, 예를 폐지하고 무시하는 것은 공경하지 않는 것이다. 言不可以其薄不及禮而不行禮, 亦不可以其美過禮而去禮. 禮主敬, 廢滅之, 是不敬.

③ '동쪽 이웃'은 주紂 임금의 왕성 안이다. '서쪽 이웃'은 문왕의 왕성 안이다. 이 글은 『역易』「기제旣濟」괘에 실려 있다. 「기제」는 이離괘가 아래 있고 감坎괘가 위에 있는 모양인데, 이離는 소가 되고 감坎은 돼지가 된다. 서쪽 이웃의 약제禴祭에서는 돼지를 사용하는 것이다.[18] 소를 죽여 흉하기 보다는 돼지를 죽여 복을 받는 것이 낫다는 것을 말하는데, 사치하고 태만하기 보다는 검약하고 공경하는 것이 나음을 비유한 것이다. 『춘추좌씨전』에 "서직이 향기로운 것 아니요, 밝은 덕이 향기롭네"라고 하였는데, 옳은 말이다. '東隣', 謂紂國中也. '西隣', 謂文王國中也. 此辭在「旣濟」. 「旣濟」, 離下坎上, 離爲牛, 坎爲豕. 西隣禴祭則用豕與. 言殺牛而凶, 不如殺豕受福, 喩奢而慢不如儉而敬也. 『春秋傳』曰: "黍稷非馨, 明德惟馨", 信矣.

④ 군자가 연향을 베푸는 것은 술과 음식을 위해서만이 아니라, 또한 연향을 통해 위의威儀(위엄스런 몸가짐)를 살피고 덕의 아름다움을 익힘을 말한다. 言君子饗燕, 非專爲酒肴, 亦以觀威儀, 講德美.

集說 '변籩', '두豆', '궤簋', '형鉶' 등은 모두 제기祭器로 빈객에게 사용하여 공경함을 표현한다. 남루하고 소박하다고 예를 폐하는 것이나 문식이 넘친다고 예를 무시하는 것은 모두 공경하는 태도가 될 수 없다. '주인이 몸소

음식대접을 하는 것'은 손님을 공경하는 것이다. 손님이 그 음식으로 고수레를 하는 것은 주인을 공경하는 것이다. '『역』'은 「기제旣濟」괘 구오九五의 효사이다. '약禴'은 검박하다는 뜻이다. '『시詩』'는 「대아大雅·기취旣醉」이다. ○ 방씨方氏(방각方慤)[19]는 말한다. "음식은 이로움이 있는 곳이요, 예는 의義가 나오는 곳이므로 '이익을 다투어 의를 잊는다'고 말한 것이다."

'籩'·'豆'·'簋'·'鉶'之屬, 皆祭器, 用之賓客, 以寓敬也. 非薄而廢禮, 與過文而沒禮, 皆不得爲敬. '主人親饋', 是敬客也. 客祭其饌, 是敬主也. '『易』', 「旣濟」九五爻辭. '禴', 薄也. '『詩』', 「大雅·旣醉」之篇. ○ 方氏曰: "食者, 利之所存, 禮則義之所出, 故言'爭利以忘義'."

【방기 22】

공자가 말하였다. "7일 동안 산재散齊하고 3일 동안 치제致齊[20]를 하며, 한 사람을 받들어 시尸로 삼고, 시 앞을 지날 때는 잰걸음으로 지나가는 것은 공경함을 가르치는 것이다. 예주醴酒가 방에 있고 제주醍酒가 당에 있으며 징주澄酒가 당 아래 있는 것은 백성들에게 맛을 탐하지 않음을 보이는 것이다. 시尸는 세 번 마시고 중빈은 한 번 마시는 것은 백성들에게 위와 아래의 등급이 있음을 보이는 것이다. 술과 고기를 통해 종족들을 모으는 것은 백성들에게 화목함을 가르치려는 것이다. 그러므로 당 위에서는 방안을 살펴보고 당 아래서는 당 위를 살펴본다. 『시詩』에 '예에 따른 몸가짐 법도에 맞고, 웃고 말하는 소리 모두 도리에 마땅하네'라고 하였다."

子云: "七日戒, 三日齊, 承一人焉以爲尸, 過之者趨走, 以敎敬也.① 醴酒在室, 醍酒在堂, 澄酒在下, 示民不淫也.② 尸飮三, 衆賓飮一, 示民有上下也.③ 因其酒肉, 聚其宗族, 以敎民睦也.④ 故堂上觀乎室, 堂下觀乎上.⑤ 『詩』云, '禮儀卒度, 笑語卒獲.'"⑥

鄭注 ① '계戒'는 산재散齊를 가리킨다. '승承'은 섬긴다는 말과 같다. '戒', 謂散齊也. '承', 猶事也.

② '음淫'은 탐한다는 뜻과 같다. '징주澄酒'는 청주淸酒이다. 세 가지 술은 질質을 숭상하고 맛을 숭상하지 않는다. '淫', 猶貪也. '澄酒', 淸酒也. 三酒尙質, 不尙味.

③ '위와 아래'는 존비尊卑의 뜻과 같다. 주인主人과 주부主婦와 상빈上賓이 시尸에게 술을 올린 뒤에, 주인은 내려와 잔을 씻어 빈에게 술을 올린다. '上下', 猶尊卑也. 主人·主婦·上賓獻尸, 乃後主人降, 洗爵獻賓.

④ 제사에는 술과 고기가 있음을 말한다. 소昭의 항렬에 속하는 사람들과 목穆의 항렬에 속하는 사람들이 모두 이르러 술을 따르고 올리는데, 모두 제육을 올린다. 言祭有酒肉. 群昭群穆皆至而獻醻之, 咸有薦俎.

⑤ 제사를 드릴 때 엄숙하고 공경하는 행동거지를 가리킨다. 謂祭時肅敬之威儀也.

⑥ '졸卒'은 모두의 뜻이다. '획獲'은 얻는다는 뜻이다. 묘廟 안에 있는 사람들이 예에 맞는 위의威儀를 잃지 않아 모두 절도에 맞음을 기뻐하는 것을 말한다. '卒', 盡也. '獲', 得也. 言在廟中者, 不失其禮儀, 皆歡喜得其節也.

集說 '승承'은 받들고 섬기는 것이다. '예제醴齊'·'체제醍齊'21)·'징주澄酒'의 이 세 가지 술을 맛이 담박한 것은 위에 놓고 맛이 진한 것은 아래에 놓아 담박한 것을 귀하게 여기고 진한 것을 천하게 여기는데 이는 백성들에게 맛있는 것을 탐하지 않음을 보이는 것이다. '시尸가 세 번 마신다'는

것은 주인과 주부와 빈장賓長(빈의 우두머리)이 각각 한 번씩 올리는 것이다. 그런 뒤에 주인이 빈에게 잔을 올리는데 이것이 '중빈衆賓이 한 번 마신다'는 것이다. 신분이 높은 이는 술을 많이 받고 낮은 이가 적게 받는 것은 백성들에게 위와 아래의 등급을 보이는 것이다. 제례의 말미에 소목의 순서에 따라 서로 잔을 권하는데 이는 화목한 도리로 백성들을 가르치는 것이다. 당위에 있는 사람은 방안의 예의를 살펴보고 당 아래 있는 사람도 당위의 예의를 살펴보니 그 모습에 엄숙하지 않는 사람이 있겠는가? '『시詩』'는 「소아小雅·초자楚茨」이다. '졸卒'은 모두라는 뜻이다. 예를 실행하는 몸가짐이 모두 법도에 맞고 웃고 말하는 것이 그 마땅함을 다 얻었다는 말이다. '承', 奉事之也. '醴齊'·'醍齊'·'澄酒'此三酒, 味薄者在上, 味厚者在下, 貴薄而賤厚, 是示民以不貪淫於味也. '尸飮三', 主人·主婦·賓長各一獻也. 然後主人獻賓, 是'衆賓飮一'也. 尊上者得酒多, 卑下者少, 是示民以上下之等也. 祭禮之末, 序昭穆相獻酬, 此以和睦之道教民也. 堂上者觀室中之禮儀, 堂下者又觀堂上之禮儀, 其容有不肅者乎? '『詩』', 「小雅·楚茨」之篇. '卒', 盡也. 言禮儀盡合於法度, 笑語盡得其宜也.

【방기 23】

공자가 말하였다. "빈을 맞이하는 예는 나아갈 때마다 겸양을 표시하고, 상례는 진행될 때마다 조금씩 멀어진다. 중류中霤(방 중앙)에서 목욕을 시키고, 창 밑에서 반함飯含[22)]을 하고, 방안에서 소렴小斂을 하고, 조계阼階(동쪽계단)에서 대렴大斂을 하고, 객의 자리에서 빈殯을 하고, 뜰에서 선조를 알현하고(祖), 묘에서 장례를 행하는 것은 멀어짐을 보이는 것이다. 은나라 사람들은 광壙(무덤)에서 조문하고 주나라 사람들은 집에서 조문을 하니 백성들에게 배반하지 않음을 보이는 것이다." 공자가 말하였다. "죽음은 백성들이 삶을 마치는 일이다. 나는 주나라의 예를 따를 것이다. 이것으로 백성들을 막아도 제후들 사이에는 제후가 죽어도 장례를 치르지 않는 자가 여전히 있다."

子云: "賓禮每進以讓, 喪禮每加以遠. 浴於中霤, 飯於牖下, 小斂於戶內, 大斂於阼, 殯於客位, 祖於庭, 葬於墓, 所以示遠也.① 殷人弔於壙, 周人弔於家, 示民不偝也."② 子云: "死, 民之卒事也. 吾從周.③ 以此坊民, 諸侯猶有薨而不葬者."

鄭注 ① 멀어지게 하는 것은 공경함을 더 높이는 것이다. '조阼'는 '당堂'으로 되어 있기도 하다. 遠之, 所以崇敬也. '阼'或爲'堂'.

② 장례가 끝나면 슬퍼하면서 곡哭을 하고 용踊을 하는데, 이때 조문을 한다. 旣葬, 哀而哭踊, 於是弔之.

③ 주나라 상례喪禮가 더욱 완비되었다. 周於送死尤備.

集說 손님은 밖에서 들어오니 그 예가 겸양하지 않을 수 없다. 상喪은 안에서 나가니 그 예가 멀어지지 않을 수 없다. 나아가고 더하는 것이 모두 점차적으로 진행되니 예를 극진히 하는 도리다. 장의 첫머리에서는 빈례賓禮와 상례喪禮를 함께 말하였다가 아래에서 상례만을 말한 것은 상례를 중요하게 여겨 말한 것이다. 그 밖의 설은 「단궁상檀弓上」(68)에 보인다. 賓自外而入, 其禮不可以不讓. 喪自內而出, 其禮不容於不遠. 其進・其加皆以漸, 致禮之道也. 章首賓・喪並言, 下獨言喪禮者, 重卒葬而言. 餘說見「檀弓」.

【방기 24】

공자가 말하였다. "객의 계단으로 올라가고 손님의 자리에서 조문을 받는 것은 백성들에게 뒤좇아 효를 계승함을 가르치는 것이다. 상례를 다 마치기 전에는 스스로 군주라 칭하지 않는 것은 백성들에게 다투지 않음을 보이는 것이다. 그 때문에 『노춘추魯春秋』에 진나라의 상사喪事를 기록하면서 '군주의 아들 해제奚齊와 군주 탁을 시해하였다'라고 하였다. 이것으로 백성들을 막아도 자식들이 여전히 그의 아버지를 시해하는 일이 생긴다."

子云: "升自客階, 受弔於賓位, 敎民追孝也.① 未沒喪不稱君, 示民不爭也. 故『魯春秋』記晉喪, 曰: '殺其君之子奚齊及其君卓.'② 以此坊民, 子猶有弒其父者."③

鄭注 ① 반곡反哭 때를 가리킨다. 장례을 마쳤으나 여전히 조계로 다니지 않는 것은 아버지의 지위에 차마 오르지 못하는 것이다. 謂反哭時也. 旣葬矣, 猶不由阼階, 不忍卽父位也.

② '몰沒'은 마친다는 뜻이다. 『춘추전』에 "제후는 그의 봉토 안에서 (자신을) 삼 년 동안 아들이라고 칭한다"23)라고 하였다. 신하들의 경우는 해를 넘기면 군주라고 부른다. '해제奚齊'와 '탁자卓子'는 모두 헌공獻公의 아들이다. 헌공이 죽고 그 해에 해제가 시해되었으며 다음해에 탁자가 시해되었다. '沒', 終也. 『春秋傳』曰: "諸侯於其封內, 三年稱子." 至其臣子, 踰年則謂之君矣. '奚齊'與'卓子', 皆獻公之子也. 獻公卒, 其年奚齊殺, 明年而卓子殺矣.

③ '아버지를 시해하는 것'은 자식으로 처신하지 않는 것이 심한 것이다. '弒父', 不子之甚.

集說 노나라 희공僖公 9년에 진후晉侯인 궤제詭諸가 사망하였다. 겨울에 이극里克이 군주의 아들인 해제를 시해하였다. 10년에 이극이 군주인 탁자를 시해하였다.[24] ○ 방씨方氏는 말한다. "객의 계단으로 오르고 주인의 계단으로 올라가지 못하며, 손님의 자리에서 조문을 받고 주인의 자리에 감히 머물지 못하는 것은 아버지의 존귀함을 피하고 자식으로서의 효를 다하려는 것이다. 아버지가 이미 돌아가셨음에도 여전히 주인의 계단으로 차마 오르지 못하고 그 자리에 머물지 않으므로 '백성들에게 뒤좇아 효를 계승함을 가르친다'라고 한 것이다. 군주의 지위에 오르고도 군주라는 호칭을 감히 사용하지 않으니 사양하는 마음을 진정으로 알 수 있다. 그 때문에 '백성들에게 다투지 않음을 보이는 것이다'라고 한 것이다. 魯僖公九年, 晉侯詭諸卒. 冬里克弑其君之子奚齊. 十年里克弑其君卓子. ○ 方氏曰: "升自客階, 而不敢由於主人之階, 受弔於賓位, 而不敢居於主人之位, 所以避父之尊, 盡爲子之孝而已. 父既往而猶未忍升其階・居其位焉, 故曰'敎民追孝也'. 居君之位, 而未敢稱君之號, 則推讓之心, 固可見矣. 故曰'示民不爭也'.

【방기 25】

공자가 말하였다. "효로 군주를 섬기고 공경함으로 어른을 섬기는 것은 백성들에게 배반하지 않음(不貳)[25]을 보이는 것이다. 그러므로 군주의 아들은 군주가 생존해 있으면 벼슬을 하려고 도모하지 않는다. 오직 점을 치는 날에만 군주의 이貳로 일컫는다."

子云: "孝以事君, 弟以事長, 示民不貳也. 故君子有君不謀仕. 唯卜之日稱二君."

鄭注 '불이不貳'는 존자尊者에 대하여 부이副貳(보필하는 신하)로 자처하지 않는 것이다. '부이로 자처한다'는 것은 정鄭나라 공숙단共叔段 같은 경우를 가리킨다. '군주의 자식에게 군주가 있다'라는 것은 군주의 자식에게 아버지가 살아 계신 경우를 가리킨다. '벼슬하려고 도모하지 않는다'는 것은 정권을 잡는 것이 너무 더디다고 여기는 것으로 혐의를 받기 때문이다. '점치는 날'은 군주가 일이 있어 점을 치는 것을 가리킨다. '이二'는 '이貳' 자여야 한다. 오직 점을 칠 때만 점치는 말에 '군주의 이貳 아무개'라고 할 수 있다. 진나라 혜공이 진秦에 잡히자 자신의 대부에게 돌아가 택하여 군주를 세우도록 명하면서 '이貳 어圉를 점을 쳐라'라고 하였다. '不貳', 不自貳於尊者也. '自貳', 謂若鄭叔段者也. '君子有君', 謂君之子父在者也. '不謀仕', 嫌遲爲政也. '卜之日', 謂君有故而爲之卜也. '二'當爲'貳'. 唯卜之時, 辭得曰'君之貳某'爾. 晉惠公獲於秦, 命其大夫歸擇立君曰: '其卜貳圉也.'

集說 아버지를 섬기는 도리를 미루어 군주를 섬기고, 형을 섬기는 도리를 미루어 어른을 섬기는 것은 성실함이 지극한 것이니 어찌 감히 윗사람에 대하여 부이副貳로 자처하는 마음을 가지겠는가? 자신의 군주에게 부이副貳로 처신하고 싶어 하는 것은 존자와 서로 맞먹는 것이다. 그러므로 '백성들에게 이貳로 처신하지 않음을 보이는 것이다'라고 하였다. '군자君子'는 인군의 자식이다. '군주가 있다'는 것은 군주가 생존해 있다는 것이다. '벼슬하려 하지 않는다'는 것은 정치를 하는데 서두른다는 혐의를 피하기 위해서이다. 세자는 다른 일의 경우에는 모두 군주의 이貳라고 칭할 수 없지만, 오직 거북점을 치는 일에서 어쩌다 군주에게 유고가 생겨 자신이 대행을 할 때는 스스로 '군주의 이貳 아무개'라고 칭한다. 『춘추좌씨전』에서 '이貳 어圉를 거북점으로 묻는다'[26]라고 한 것이 바로 군주의 이貳를 가리킨다. 그러므로 정현은 그것을 인용하여 '이二는 이貳자여야 한다'고 하였다. 推事

父之道以事君, 推事兄之道以事長, 皆誠實之至, 豈敢有副貳其上之心乎? 欲貳其君, 是與尊者相敵矣. 故云'示民不貳也'. '君子', 人君之子也. '有君', 君在也. '不謀仕', 嫌欲急於爲政也. 世子他事皆不得稱君貳, 唯命龜之事, 或君有故而己代之, 則自稱曰'君之貳某'. 『左傳』'卜貳圉', 正謂君之貳. 故鄭引之云'二當爲貳'也.

【방기 26】

아버지를 위해 삼년상을 하고 군주를 위해 삼년상을 하는 것은 백성들에게 군주의 존귀함에 대하여 의심하지 않음을 보이는 것이다.
喪父三年, 喪君三年, 示民不疑也.

鄭注 군주의 존귀함에 대하여 의심하지 않는 것이다. 군주와는 혈연관계가 없어 혈연에 대한 친함이 없으므로 복을 무겁게 하지 않으면 지극한 존귀함이 분명히 드러나지 않는다. 不疑於君之尊也. 君無骨肉之親, 不重其服, 至尊不明.

集說 소疏에서 말한다. "군주와는 혈연관계가 없어 혈연에 대한 친함이 없으므로 복을 무겁게 하지 않으면 백성들은 군주가 존귀하지 않다고 의심한다. 이제 아버지의 상과 같이 하는 것은 백성들에게 군주의 존귀함에 대하여 의심하지 않음을 보이는 것이다." 疏曰: "君無骨肉之親, 若不爲重服, 民則疑君不尊. 今與喪父同, 示民不疑於君之尊也."

【방기 27】

부모가 생존해 계시면 자신의 몸을 함부로 마음대로 하지 않으며,

재물을 사적으로 소유하지 않는데, 이는 백성들에게 위와 아래가 있음을 보이는 것이다.
父母在, 不敢有其身, 不敢私其財, 示民有上下也.

鄭注 몸과 재물은 모두 부모에 의해 통제되어야 한다. '유有'는 마음대로 한다는 것과 같다. 身及財皆當統於父母也. '有', 猶專也.

集說 「곡례상曲禮上」(46)에서 "자식은 부모가 생존해 계시면, 친구에게 죽음으로 맹세하지 않고, 사적인 재산을 소유하지 않는다"는 말과 의미가 같다. '위와 아래가 있다'는 것은 신분이 낮은 자는 신분이 높은 자에 의해 통제되어야 한다는 것을 가리킨다. 與「曲禮」"不許友以死, 不有私財"意同. '有上下', 謂卑當統於尊也.

【방기 28】

그러므로 천자는 사해 안에서는 객으로 처신하는 예가 없어 감히 누구도 천자에 대해 주인이 되지 못한다. 그러므로 군주가 신하를 방문하면 조계로 올라가고 당에 자리하는데, 이는 백성들에게 자신의 가정을 함부로 마음대로 하지 못함을 보이는 것이다. 부모가 살아 계시면 다른 사람에게 물건을 줄 때 수레와 말까지 주지는 못하는데 이는 재산을 감히 마음대로 하지 못함을 보이는 것이다. 이러한 것으로 백성들을 막아도 백성들은 오히려 부모를 잊고 군주를 배반한다.

故天子四海之內無客禮, 莫敢爲主焉. 故君適其臣, 升自阼階, 卽位於堂, 示民不敢有其室也.① 父母在, 饋獻不及車馬, 示民不敢專也.② 以此坊民, 民猶忘其親而貳其君."

鄭注 ① 신하 역시 군주에 의해 통제된다. 臣亦統於君.

② 수레와 말은 집안의 물건 가운데 중요한 것이다. 車馬, 家物之重者.

集說 「곡례상曲禮上」(35)에 "삼명三命으로 임명되어도 수레와 말은 받지 않는다. 그러므로 려閭, 당黨, 주州, 향鄕에서는 효성스러움을 칭찬한다"고 하였다. 이상의 네 구절은 모두 군주를 섬기고 부모를 섬기는 도리를 밝히고 있으므로 총결하여 '부모를 잊고 군주에 대해 배반한다'고 한 것이다. 「曲禮」云: "三賜不及車馬. 故州·閭·鄕·黨稱其孝." 以上四節, 皆明事君事親之道, 故總結之曰: '忘其親而貳其君.'

【방기 29】

공자가 말하였다. "상견례를 폐백보다 먼저 하는 것은 백성들이 일을 먼저 하고 봉록을 받는 것을 뒤에 하도록 하려는 것이다. 폐백을 먼저 행하고 예를 뒤에 하면, 백성들은 이익을 탐한다. 사양하는 의절이 없이 정情을 곧바로 행하면, 백성들은 다투게 된다. 그러므로 군자는 예에 따라 폐백을 선사하더라도 자신이 만날 수 없었다면 선사한 폐백을 받지 않는다. 『역』에 '갈지도 않고 수확하며, 개간하지도 않고 개간된 밭을 얻으려는 것이니, 흉하다'라고 하였다. 이것으로 백성을 막아도 백성들은 오히려 봉록을 귀하게 여기고 일하는 것을 천하게 여긴다."

子云: "禮之先幣帛也, 欲民之先事而後祿也.① 先財而後禮, 則民利.② 無辭而行情, 則民爭.③ 故君子於有饋者, 弗能見, 則不視其饋.④ 『易』曰, '不耕穫, 不菑畬, 凶.'⑤ 以此坊民, 民猶貴祿而賤行."⑥

鄭注 ① 이 예는 가지고 간 폐백으로 만나는 것이다. 상견례相見禮를 마치면, 폐백幣帛을 전하여 우호를 다진다. 혹자는 "예는 치사致辭를 한 뒤에 폐백을 올린다"라고 하였다. 此禮謂所執之贄以見者也. 旣相見, 乃奉幣帛以修好也. 或云: "禮之先辭而後幣帛."

② '재財'는 폐백이다. '이利'는 탐한다는 뜻과 같다. '財', 幣帛也. '利', 猶貪也.

③ '사辭'는 사양하는 것이다. '정情'은 이욕利欲을 위주로 하는 것이다. '辭', 辭讓也. '情', 主利欲也.

④ '궤饋'는 보낸다는 뜻이다. '만날 수 없다'는 것은 질병이 있음을 가리킨다. '보지 않는다'(不視)는 것은 받지 않는다는 뜻과 같다. '饋', 遺也. '不能見', 謂有疾也. '不視', 猶不內也.

⑤ 반드시 먼저 파종한 뒤에야 수확을 얻을 수 있다는 말이다. 먼저 1년을 개간을 해야 2년 개간한 전지를 얻을 수 있는 것과 같아서 아무 일 하지 않고 이익을 얻을 수 있겠는가? 한 해 개간한 전지를 '치菑'라 하고, 두 해 개간한 전지를 '여畬'라 하고 세 해 개간한 전지를 '신전新田'이라 한다. 言必先種之乃得穫. 若先菑乃得畬也, 安有無事而取利者乎? 田一歲曰'菑', 二歲曰'畬', 三歲曰'新田'.

⑥ '행行'은 일의 뜻이다. 봉록 받는 것에 힘쓰고 일하는 것에는 힘쓰지 않

음을 말한다. '行', 猶事也. 言務得其祿, 不務其事.

集說 '예가 폐백보다 앞선다'는 것은 먼저 상견례를 행하고 뒤에 폐백을 가지고 우호의 정을 전한다는 말이다. 이는 백성들에게 먼저 일을 맡아 한 뒤 봉록을 받는 뜻을 가르치려는 것이다. 만일 폐백(財)을 행하는 것을 먼저 하고 예를 뒤에 행한다면 백성들은 반드시 재물의 이익을 탐할 것이다. '무사無辭'는 사양하는 의절이 없다는 뜻이다. '정情을 행한다'는 것은 곧바로 자기의 정情을 행한다는 것이다. 예가 소략하고 이익이 행해지면, 백성들 사이에 쟁탈 현상이 생기지 않을 수 없다. 다른 사람이 나에게 폐백을 선사한 것이 예에 맞는데, 자신이 다른 일이 있거나 또는 병 때문에 만날 수 없으면 선사한 것을 받지 않는다. '본다'는 것은 받는다는 뜻과 같다. 이는 대개 자신이 예를 갖추지 않고서 감히 다른 사람의 예禮를 맞지 않는 것이다. '『역易』'은 「무망无妄」괘 육이六二의 효사이다. 현재의 글에는 '흉凶' 자가 없다. 밭은 1년 개간하면 치菑라 하고, 2년 개간하면 여畬라 한다. '갈지도 않고 수확하며, 개간하지도 않고 개간된 밭을 얻으려는 것'은 신하가 공도 없으면서 군주의 봉록을 받는 것을 비유한 것이다. 그것을 인용하여 예는 실행하지 않으면서 이익만 탐하는 것을 실증하였다. '禮之先幣帛', 謂先行相見之禮, 後用幣帛以致其情也. 此是欲敎民以先任事而後得祿之義. 若先用財而後行禮, 則民必貪於財利矣. '無辭', 無辭讓之節也. '行情', 直行己情也. 禮略而利行, 民不能無爭奪矣. 人有饋遺於己禮也, 己或以他故, 或以疾病, 不能出見於人, 則不視其饋. '視', 猶納也. 此蓋不敢以無禮而當人之禮. '『易』', 「无妄」六二爻辭. 今文無'凶'字. 田一歲曰菑, 三歲曰畬. '不耕而穫, 不菑而畬', 以喩人臣無功而食君之祿. 引之以證不行禮而貪利也.

【방기 30】

공자가 말하였다. “군자는 이익을 다 취하지 않고 백성들을 위해 남겨둔다. 『시詩』에 ‘저쪽에는 남겨진 볏단 있고, 이곳에는 거두지 않은 이삭이 있으니, 과부의 이익이 되네’라고 하였다. 그러므로 군자는 벼슬을 하면 농사를 짓지 않고, 사냥을 하면 고기를 잡지 않고, 사계절의 음식을 먹을 때는 진미를 구하려 애쓰지 않고, 대부大夫는 양을 잡아 가죽으로 자리를 만들지 않고, 사士는 개를 잡아 가죽으로 자리를 만들지 않는다. 『시詩』에 ‘순무와 메꽃을 뜯을 때 뿌리까지 캐지 않네. 덕이 성대하다는 소문 실제와 어긋남이 없으니 그대와 함께 생사를 같이하리’라고 하였다. 이것으로 백성들을 막아도 백성들은 여전히 의리義理를 망각하고 이익을 다투다 몸을 망친다.”

子云: “君子不盡利, 以遺民.① 『詩』云, ‘彼有遺秉, 此有不斂穧, 伊寡婦之利.’② 故君子仕則不稼, 田則不漁, 食時不力珍, 大夫不坐羊, 士不坐犬.③ 『詩』云, ‘采葑采菲, 無以下體. 德音莫違, 及爾同死.’④ 以此坊民, 民猶忘義而爭利, 以亡其身.”

鄭注 ① 백성들과 이익을 다투지 않는 것이다. 不與民爭利也.

② 거두어가고 남은 것이 있어 줍는 것이 이익이 됨을 말한다. 言穫者之遺餘, 捃拾所以爲利.

③ ‘먹을 때’란 네 계절에 나는 반찬을 먹는다는 말이다. ‘역力’은 힘쓴다는 뜻과 같다. 천자 제후의 경우에는 항상 맛있는 먹을거리를 준비해둔다. 옛날에 희생을 잡으면 고기는 먹고 가죽으로는 자리를 만들었다. ‘개와 양으

로 자리를 만들지 않는다'는 것은 일 없이 죽이지 않는다는 것이다. '食時', 謂食四時之膳也. '力', 猶務也. 天子諸侯有秩膳. 古者殺牲, 食其肉, 坐其皮. '不坐犬·羊', 是不無故殺之.

④ '봉葑'은 순무이다. 진陳나라와 송宋나라 지역에서는 봉葑이라 불렀다. '비菲'는 메꽃의 종류이다. '하체下體'는 뿌리를 가리킨다. 순무와 메꽃과 같은 채소를 뜯는 경우에는 잎을 채취하면 먹을 수 있다. 그 뿌리가 좋다고 함께 캐지도 않고, 또 그 뿌리가 쓰다고 버리지 않는다. 함께 캐는 것은 이익을 몽땅 취하는 것이다. 이 시에서 옛날에는 친했지만 지금은 소원해진 이가 '사람의 교제는 순무와 메꽃을 뜯을 때처럼 하나의 좋은 점을 취하면 된다. 군자는 한 사람에게서 모든 것이 갖추어지기를 요구하지 않는다. 그렇게 할 수 있으므로 군자는 유덕하고 아름다운 말이 좋은 소문과 어긋나지 않으니, 내가 그대와 함께 죽기를 바란다'라고 말한 것이다. 『논어』에 "옛 친구는 큰 문제가 아니면 버리지 않는다"라고 하였다. 葑, 蔓菁也. 陳宋之間謂之葑. '菲', 當類也. '下體'謂其根也. 采葑菲之菜者, 采其葉而可食. 無以其根美則幷取之, 苦則棄之. 幷取之, 是盡利也. 此詩故親今疏者, 言'人之交, 當如采葑采菲, 取一善而已. 君子不求備於一人. 能如此, 則德美之音不離令名, 我願與女同死'矣. 『論語』曰: "故舊無大故, 則不棄也."

集說 '『시詩』'는 「대아·대전大田」이다. '병秉'은 벼를 묶어서 잡는 것이다. '재穧'는 펼쳐놓고 묶지는 않은 것이다. 저곳에는 남겨놓은 볏단이 있고 이곳에는 거두지 않은 이삭이 있어, 농사를 지을 수 없는 과부들이 그것을 취하여 이익을 본다는 뜻이다. '이伊'는 어조사이다. 현재의 시와는 뒤섞여 같지 않다. '벼슬을 하면 농사를 짓지 않는다'는 것은 봉록이 농사를 짓는 것을 대신할 수 있기 때문이다. '사냥을 하면 고기를 잡지 않는다'는 것은 금수가 있으면 다시 물고기를 취해서는 안 된다는 말이다. '먹을 때'는 네

계절의 반찬을 먹는다는 것이다. '진미에 힘쓰지 않는다'는 것은 맛있는 찬을 구하기 위해 힘을 쓰지 않는다는 말이다. '좌양坐羊'과 좌견坐犬'은 잡아서 고기는 먹고 가죽으로 자리를 만든다는 것이다. 모두 이익을 다 취하지 않는다는 말이다. '『시詩』'는 「패풍邶風 · 곡풍谷風」이다. '봉葑'은 순무로 채소이다. '비菲'도 채소의 이름이다. 『시詩』의 의미는 여기에서 인용된 의미와 다르다. 시의 뜻은 '순무와 비와 같이 항상 먹을 수 있는 채소들을 땅 가까이 누렇게 썩은 줄기와 잎 때문에 윗부분까지 버리고 뜯지 않아서는 안 된다. 이는 마치 부부 사이에 작은 잘못을 이유로 선한 부분까지 버려서는 안 되는 것과 같다'는 말이다. 여기서는 이 시를 인용하여 '이익을 다 취하지 않는다'는 비유로 보고, '순무와 메꽃과 같은 채소를 뜯을 때는 잎을 뜯어야 하고, 뿌리가 좋다고 뿌리까지 함께 캐지 말아야 하니, 그와 같이 하면 군주의 성덕盛德에 대한 명성이 멀리 전파됨에 실제와 어긋나는 바가 없을 것이고, 사람들은 모두 윗사람을 친애하고 윗사람을 위해 목숨을 바칠 것이다'라는 뜻으로 말하였다. 『시詩』에서는 '너와 함께 죽으리!'라는 부분을 '해로偕老'하는 것으로 보았다. '『詩』', 「小雅 · 大田」之篇. '秉', 禾之束爲把者. '穧', 鋪而未束者. 言彼處有遺餘之秉把, 此處有不收斂之鋪穧, 寡婦之不能耕者取之以爲利耳. '伊', 語辭. 與今詩文顚倒不同. '仕則不稼', 祿足以代耕也. '田則不漁', 有禽獸不可再取魚鱉也. '食時', 食四時之膳也. '不力珍', 不更用力務求珍羞也. '坐羊' · '坐犬', 殺食而坐其皮也. 皆言不盡利之道. '『詩』', 「北[27]風 · 谷風」之篇. '葑', 蔓菁, 菜也. '菲', 亦菜名. 『詩』之意與此所引之意不同. 詩意謂'如葑菲常食之菜, 不可以其近地黃腐之莖葉, 遂棄其上而不采. 猶夫婦之間, 亦不當以小過而棄其善.' 此引以爲'不盡利'之喻者, 謂'采葑菲者, 但當采取其葉, 不可以其根本之美而幷取之, 如此則人君盛德之聲遠播無有違之者, 而人皆知親其上死其長'矣. 『詩』則以'及爾同死!'爲'偕老'也.

【방기 31】

공자가 말하였다. "예는 백성들의 탐욕을 막고 백성들의 구별을 밝혀 백성들에게 혐의가 없도록 하여 기강을 삼는 것이다. 그 때문에 남녀가 매파가 없으면 교제하지 않고 폐백이 없으면 서로 만나지 않는 것은 남녀 간에 구별이 없을까 염려해서이다. 『시詩』에 '도끼자루를 벨 때는 어떻게 하나? 도끼가 없으면 안 되네. 아내를 얻을 때는 어떻게 할까? 매파가 없으면 할 수 없지. 삼을 심을 때는 어떻게 하나? 종행으로 밭을 갈아야 하지. 아내를 얻을 때는 어떻게 하나? 반드시 부모에게 고해야 한다네'라고 하였다. 이것으로 백성들을 막아도 백성들은 여전히 스스로 몸을 바치는 경우가 있다."

子云: "夫禮坊民所淫, 章民之別, 使民無嫌, 以爲民紀者也.① 故男女無媒不交, 無幣不相見, 恐男女之無別也.② 『詩』云, '伐柯如之何? 匪斧不克. 取妻如之何? 匪媒不得. 蓺麻如之何? 橫從其畝. 取妻如之何? 必告父母.'③ 以此坊民, 民猶有自獻其身.[28]④"

鄭注 ① '음淫'은 탐한다는 뜻과 같다. '장章' 밝힌다는 뜻이다. '혐嫌'은 혐의嫌疑이다. '淫', 猶貪也. '章', 明也. '嫌', 嫌疑也.

② 남녀의 만남을 중요하게 여기는 것은 금수와 멀리 구별하고자 하기 때문이다. 폐백이 있으면 반드시 매파가 있지만, 매파가 있다고 해서 반드시 폐백이 있는 것은 아니다. 중춘仲春에 남녀가 만날 때는 폐백을 기다릴 필요가 없다. 重男女之會, 所以遠別之於禽獸也. 有幣者必有媒, 有媒者不必有幣. 仲春之月, 會男女之時, 不必待幣.

③ '도끼자루를 벤다'(伐柯)는 것은 나무를 베어 도끼자루를 만든다는 뜻이다. '극克'은 할 수 있다는 뜻이다. '예蓺'는 심는다는 뜻과 같다. '횡종橫從'은

횡으로 밭을 간다는 뜻이다. '아내를 취하는 방법은 반드시 매파가 있어야 하는데 도끼자루를 벨 때 반드시 도끼가 있어야 하는 것과 같다. 아내를 취할 때는 반드시 부모에게 고해야 하는데 삼을 심을 때 먼저 그 밭을 갈아야 하는 것과 같다'고 말한 것이다. '伐柯', 伐木以爲柯也. '克', 能也. '蓺', 猶樹也. '橫從', 橫行治其田也. 言'取妻之法, 必有媒, 如伐柯之必須斧也. 取妻之道, 必告父母, 如樹麻當先易治其田.'

④ '헌獻'은 바친다는 뜻과 같다. '獻', 猶進也.

集說 '장章'은 밝힌다는 뜻이다. '혐의가 없다'는 것은 혐의를 살 만한 행동이 없다는 뜻이다. 『시詩』는 「제풍齊風·남산南山」이다. 현재의 『시詩』에는 '땔나무를 꺾을 때는 어떻게 할까?'라고 되어 있고 「빈풍豳風·벌가伐柯」에는 '도끼자루를 벨 때는 어떻게 할까? 도끼가 없으면 할 수 없네'라고 되어 있다. '극克'은 할 수 있다는 뜻이다. '횡종기묘橫從其畝'는 종횡으로 밭을 갈고 수리한다는 말이다. '자헌기신自獻其身'은 여자가 스스로 남자에게 몸을 바치는 것을 말한다. '이차방민以此坊民'이하 11자는 구본에는 '『시詩』운'(『詩』云) 위에 있다. 이제 유추해 보건데 인용된 시 아래 있어야 한다. '章', 明也. '無嫌', 無可嫌之行也. '『詩』', 「齊風·南山」之篇. 今『詩』作'析薪如之何?', 而「豳風·伐柯」篇言'伐柯如何? 匪斧不克'. '克', 能也. '橫從其畝', 言從橫耕治其田畝也. '自獻其身', 謂女自進其身於男子也. '以此坊民'以下十一字, 舊本在'『詩』云'之上. 今以類推之, 當在所引詩下.

【방기 32】

공자가 말하였다. "아내를 취할 때 동성同姓을 취하지 않는 것은 구별을 두터이 하는 것이다. 그러므로 첩을 살 때 성姓을 모르면 점을 친다. 이것으로 백성들을 막아도 『노춘추魯春秋』에는 오히려 부인의 성을 빼고 '오吳'라고 하고, 그녀가 죽자 '맹자가 졸하였다'고 기록하였다."

子云: "取妻不取同姓, 以厚別也.① 故買妾不知其姓, 則卜之.② 以此坊民, 『魯春秋』猶去夫人之姓曰'吳', 其死曰'孟子卒'."③

鄭注 ① '후厚'는 두텁다는 뜻과 같다. '厚', 猶遠也.

② 첩에 대하여 산다고 말한 것은 첩은 천하여 여러 물건과 같은 것으로 여기기 때문이다. 사서인의 첩 가운데 항상 범용凡庸한 사람이 많아서 자기의 성姓을 모르는 경우가 있다. 妾言買者, 以其賤, 同之於衆物也. 士庶之妾, 恒多凡庸, 有不知其姓者.

③ '오吳'는 태백太白의 후예로서 노나라와 동성이다. 소공이 부인으로 맞았는데 '희姬'를 빼고 '오吳'라고 불렀다. 그녀가 죽자 또한 '맹자가 죽었다'라고 간략하게 말하고 '부인 모씨가 죽었다'고 쓰지 않았다. '맹자孟子'는 아마도 그녀의 별칭인 듯하다. '吳', 大伯之後, 魯同姓也. 昭公取焉, 去'姬'曰'吳'而已. 至其死, 亦略云'孟子卒', 不書'夫人某氏薨'. '孟子'蓋其且字.

集說 '구별을 두터이 한다'(厚別)는 말은 구별을 두는 예를 두텁게 행한다는 말이다. '점을 친다'는 것은 길흉을 점친다는 뜻이다. '오吳'는 태백太白의 후예로서 노나라와 동성이다. 소공이 오나라의 여자를 아내로 맞은 것은 또한 『논어』에 보인다.29) '厚別', 厚其有別之禮也. '卜之', 卜其吉凶也. '吳', 太伯之後, 魯同姓也. 昭公取吳女, 又見『論語』.

【방기 33】

공자가 말하였다. "예에 따르면, 제사가 아니면 남녀가 술잔을 서로 권하지 않는다. 이것으로 백성들을 막아도 양후陽侯는 오히려 무후繆侯를 죽이고 무후의 부인을 빼앗았다. 그러므로 대향大饗의 예에서 부인의 예를 폐지하였다."

子云: "禮, 非祭, 男女不交爵.① 以此坊民, 陽侯猶殺繆侯而竊其夫人.② 故大饗廢夫人之禮."③

鄭注 ① '잔을 서로 권한다'는 것은 서로 술잔을 올린다는 말이다. '交爵', 謂相獻酢.

② 동성同姓이다. 부인의 미색을 탐하여 군주를 시해하고 군주의 자리에 오르는 데까지 이른 것이다. 그 나라에 대해서는 듣지 못하였다. 同姓也. 以貪夫人之色, 至殺君而立. 其國未聞.

③ '대향大饗'은 조회 온 제후를 대접하는 것이다. 부인夫人의 예는 다른 사람에게 섭행攝行(대신 행함)하게 시킨다. '大饗', 饗諸侯來朝者也. 夫人之禮, 使人攝.

集說 '양후陽侯'와 '무후繆侯'는 두 군주의 시호이다. 정현鄭玄은 "그 나라에 대해서는 듣지 못하였다"고 하였다. ○ 방씨方氏는 말한다. "'대향大饗'이란 두 군주가 상견례 할 때 행하는 향례饗禮이다. 양후陽侯의 사건 때문에 부인의 예를 폐지하였다면, 양후 이전에는 본래 부인이 대향에 참석하여 잔을 서로 권하는 예가 있었을 것이다. 그런데 '제사가 아니면 잔을 주고받지 않는다'고 말한 것에 대하여 선유先儒는 '동성이라면 몸소 잔을 올리고, 이성이라면 섭행攝行하게 시킨다. 여기서 잔을 서로 권하지 않는다는 것은 이성의 국군을 대접하는 경우를 가리킨다'[30]라고 하였다." ○ 석량왕씨石梁王

氏는 말한다. "양후와 무후가 똑같이 제후라면 '살殺'은 글자 뜻 그대로 읽어야 한다. 정현이 이미 '그 나라에 대해서는 들은 것이 없다'고 하였는데 어떻게 양후가 군주를 시해하였다고 단정할 수 있겠는가?" '陽侯'·'繆侯', 兩君之謚也. 鄭云: "其國未聞." ○ 方氏曰: "'大饗'者, 兩君相見之饗也. 因陽侯之事而廢夫人之禮, 則陽侯以前, 夫人固與乎大饗, 而有交爵之禮矣. 乃云'非祭, 不交爵'者, 先儒謂'同姓則親獻, 異姓則使人攝. 此云不交爵, 謂饗異姓國君耳.'" ○ 石梁王氏曰: "陽侯·繆侯旣同是侯, 則'殺'字當如字讀. 鄭旣'未聞其國', 何以知陽侯爲弑君?"

【방기 34】

공자가 말하였다. "과부의 자식일 경우 두드러진 재주를 보여주지 않으면 벗으로 사귀지 않는 것은 군자가 혐의를 피하여 멀리하는 것이다. 그러므로 친구 사이에 교제할 때 주인이 없으면 큰일이 아니고서는 문안으로 들어가지 않는다. 이것으로 백성들을 막아도 백성들은 오히려 덕德보다 색色을 더욱 좋아한다."

子云: "寡婦之子, 不有見焉, 則弗友也, 君子以辟遠也.① 故朋友之交, 主人不在, 不有大故, 則不入其門.② 以此坊民, 民猶以色厚於德."

鄭注 ① '유현有見'은 그의 재주와 기예를 보여준다는 말이다. 뜻을 같이 하는 사람이 '벗'(友)이다. '有見', 謂睹其才藝也. 同志爲'友'.

② '큰일'은 상사喪事나 질병이다. '大故', 喪·病.

集說 과부의 자식에 관해서는 「곡례상曲禮上」(104)에 보인다. '멀리 피한다'는 것은 혐의를 피하기 위해 멀리한다는 것이다. 寡婦之子, 見「曲禮」. '避

遠'者, 以避嫌, 故遠之也.

【방기 35】

공자가 말하였다. "덕 좋아하기를 색 좋아하듯 한다."

子云: "好德如好色."

鄭注 이 구절은 부족한 듯하다. 『논어』에 "덕 좋아하기를 색 좋아하듯 하는 사람을 아직 보지 못하였다"[31]라고 하였다. 당시 사람들이 색을 매우 좋아하고 덕을 덜 좋아하는 것을 미워한 것이다. 此句似不足. 『論語』曰: "未見好德如好色." 疾時人厚於色之甚而薄於德也.

集說 정현鄭玄은 말한다. "이 구절은 부족한 듯하다." 鄭云: "此句似不足."

【방기 36】

(공자가 말하였다.) "제후는 국내에서 부인을 취하지 않는다. 그러므로 군자는 여색을 멀리하는 것으로 백성들의 기강을 삼는다. 그러므로 남녀가 물건을 주고받을 때는 직접 주고받지 않고, 부인의 말을 몰 때는 왼손을 앞으로 내밀고, 고모와 자매, 딸 가운데 시집을 갔다 돌아온 경우 남자는 그들과 자리를 함께하여 앉지 않고, 과부는 밤에 곡哭하지 않고, 여인의 질병에 문병을 할 때는 병의 차도만 묻고 무슨 병인지 묻지 않는다. 이것으로 백성들을 막아도

백성들은 여전히 음란에 빠지고 방종해서 자신의 짝이 아닌 사람을 범한다."

"諸侯不下漁色.① 故君子遠色, 以爲民紀. 故男女授受不親,② 御婦人, 則進左手,③ 姑·姊妹女子子已嫁而反, 男子不與同席而坐,④ 寡婦不夜哭,⑤ 婦人疾, 問之, 不問其疾.⑥ 以此坊民, 民猶淫泆而亂於族."⑦

鄭注 ① 국내에서 맞아들이지 않음을 가리킨다. 국내에서 맞아들이는 것은 '아래로 여색을 포획한다'는 것이다. 혼례는 처음에 납채納采를 행하는데, 이는 신부가 될 수 있다고 채택함을 의미한다. 국군이 국내에서 부인을 맞이하는 것은 물고기를 포획하는 모양과 같아 그물에 걸린 것을 전부 취하는 것으로 택하는 바가 없는 것이다. 謂不內取於國中也. 內取國中爲'下漁色'. 昏禮始納采, 謂采擇其可者也. 國君而內取, 象捕魚然, 中網取之, 是無所擇.

② '몸소 하지 않는다'는 것은 손으로 서로 주지 않는다는 말이다. 「내칙內則」(22)에 "제사가 아니고 상사喪事가 아니면, 기물을 주고받지 않는다. 주고받을 때는 여자는 광주리로 받는다. 광주리가 없다면 모두가 앉아서 지면에 놓은 뒤에 취한다"라고 하였다. '不親'者, 不以手相與也. 「內則」曰: "非祭非喪, 不相授器. 其相授, 則女受以篚. 其無篚, 則皆坐奠之, 而後取之."

③ 말을 모는 사람은 오른쪽에 있는데 왼손을 앞으로 하면 몸이 부인과 약간 등지는 형태가 된다. 御者在右, 前左手, 則身微背之.

④ 여자는 10살이 되면 밖으로 나가지 않는다. 시집을 가거나 성인이 되면 나갈 수 있다. 그래도 남자와 자리를 함께하여 앉지 않으니 혐의의 소지를 멀리하여 구별하는 것이다. 女子十年而不出也. 嫁及成人, 可以出矣. 猶不與男子共席而坐, 遠別.

⑤ 남이 끌어주기를 바란다고 혐의하기 때문이다. 嫌思人道.

⑥ 유혹한다는 혐의 때문에 소략하게 하는 것이다. 병의 차도만 묻는다. 嫌媚, 略之也. 問增損而已.

⑦ '난족亂族'은 짝이 아닌 사람을 범한다는 뜻이다. '亂族', 犯非妃匹也.

集說 제후는 국내에서 부인을 취하지 않는다. 만약 아래로 본국의 경·대부·사의 여식가운데서 취하면, 어부가 물고기를 잡는 것과 같아서 탐욕스런 마음으로 구하는 것이다. 그러므로 '여색을 포획한다'고 하였다. 여색에 빠지면 기강이 해이지고, 백성들의 혼례도 물들어 폐해진다. 그러므로 여색을 멀리하는 것은 백성들의 기강을 세워 여색 때문에 예를 폐하고 윤상倫常을 어지럽히지 않게 하려는 것이다. 나머지는 앞에 보인다. 諸侯不內娶. 若下娶本國卿大夫士之女, 則是如漁者之於魚, 但以貪欲之心求之也. 故云'漁色'. 荒於色, 則紀綱弛, 民之昏禮, 亦化之而廢. 故遠色者, 所以立民之紀, 使不以色而廢禮亂常也. 餘並見前.

【방기 37】

공자가 말하였다. "혼례에 사위가 친영親迎을 가 장인과 장모를 뵈면, 장인과 장모는 딸을 받들어 바쳐서 사위에게 건네주고, 부도婦道에 어긋나지 않을까 염려한다. 이것으로 백성들을 막아도 신부 중에는 이르지 않는 사람이 있다."

子云: "昏禮壻親迎, 見於舅姑, 舅姑承子以授壻, 恐事之違也.① 以此坊民, 婦猶有不至者."②

鄭注 ① '구고舅姑'는 아내의 부모이다. 아내의 아버지가 외구外舅이고 아내의 어머니가 외고外姑이다. 아버지는 딸에게 훈계하기를 '밤낮으로 명을

어기지 말라'고 하고, 어머니는 딸을 훈계하기를 '집안일을 어기지 말라'고 한다. '舅姑', 妻之父母也. 妻之父爲外舅, 妻之母爲外姑. 父戒女曰: '夙夜無違命', 母戒女曰: '毋違宮事.'

② '이르지 못한다'는 것은 남편을 친애하고 시부모에게 효도하는 것을 하지 않음을 말한다. 『춘추공양전』, 성공成公 9년 조에 보면, 봄 삼월에 백희伯姬가 송宋나라로 시집을 갔는데, 여름 5월에 계손행보季孫行父가 송나라로 가서 여식(伯姬)을 인도하였다. 이때 송나라 공공共公은 친영을 하지 않았는데, 아마도 혼사에 문제가 있어 몸소 인도하였던 듯하다.[32] '不至', 不親夫以孝舅姑也. 『春秋』「成公九年」春二月, 伯姬歸於宋, 夏五月季孫行父如宋致女. 是時宋共公不親迎, 恐其有違而致之也.

集說 '구고舅姑'는 아내의 부모이다. '승承'은 받들어서 바친다는 뜻이다. '자子'는 딸이다. 『논어』의 주에 "전송하여 건넨다"고 하였다. 『의례』「사혼례士昏禮 · 기記」에 아버지가 딸에게 경계하면서 "항상 명을 어기지 말라"고 하고, 어머니가 딸을 경계하기를 "부녀자의 일을 어기지 말라"고 하였다. 모두가 일이 어긋날까 염려한 것이다. 말세에 예가 무너졌으므로 남자가 움직여도 여자가 뒤따르지 않는 경우도 있고, 친영을 해도 여자가 오지 않는 경우도 있었던 것이다. ○ 성씨成氏는 말한다. "부인은 남편의 부모를 구고舅姑라고 부르고, 남편도 아내의 부모를 구고舅姑라 부르는데, 다만 '외外'자를 붙인다. 부부는 한 몸이기 때문에 부모에 대하여 서로 공경한 것이다." '舅姑', 女之父母也. '承', 進也. '子', 女也. 『論語』註云: "送與之也". 『儀禮』父戒女曰: "夙夜無違命", 母戒女曰: "無違宮事." 皆恐事之違也. 末世禮壞, 故有男行而女不隨者, 亦有親迎而女不至者. ○ 成氏曰: "婦人謂夫之父母曰舅姑, 男子亦謂妻之父母曰舅姑, 但加'外'字耳. 夫婦齊體, 父母互相敬也."

역주

1) 응용 : 衛湜의 『禮記集說』 「凡例」에는 金華 출신으로 字가 子和이고 『纂義』 20권을 지었다고 소개되어 있다.

2) 가의 ~ 한다 : 이 말은 「坊記」(3)에 나온다.

3) 한 사내가 ~ 한 것 : 관련 내용은 『맹자』 「梁惠王上」, 「萬章下」 등에 보인다.

4) 얼음을 ~ 않는다 : 이 말은 「大學」(64)에 나온다.

5) 오나라와 ~ 것이다 : 『춘추공양전』, 宣公 18년 조에 "갑술일에 楚子 旅가 사망하였다. 그런데 '葬'이라고 기록하지 않았는가? 오나라와 초나라의 군주에 대하여 '葬'이라고 기록하지 않은 것은 그 칭호를 피하는 것이다"(甲戌, 楚子旅卒. 何以不書'葬'? 吳楚之君不書'葬', 辟其號也)라고 하였다.

6) 주인의 ~ 대한다 : 이 말은 『주례』 「地官·調人」에 나온다.

7) 계승 : '繼'는 부자 사이로 이어지는 것을, '及' 형제 사이로 이어지는 것을 의미한다.

8) 군자는 ~ 기른다 : 이 말은 『역』 「大畜」괘의 象傳에 나온다.

9) 말하는 ~ 어려울 것 : 이 말은 『논어』 「憲問」에 나온다.

10) 간약하다 : 불필요하게 말을 많이 하지 않고 지킬 말만 한다는 뜻이다.

11) 편이 ~ 있다 : 위 경문에서 '其惟不言'은 「說命」에, '言乃讙'은 「無逸」에 나온다. 공영달의 소에 따르면, 정현은 고문상서를 보지 못하였기 때문에 그가 편명이 있다고 말한 뜻은 「無逸」이나 「說命」을 가리키는 것이 아니라 「尙書序」에서 '高宗之訓'이라고 한 말이 들어 있는 「高宗肜日」을 가리켜 말한 것이라고 한다.

12) 부모를 ~ 않는다 : 이 말은 『논어』 「里仁」에 나온다.

13) 선을 준다 : 『詩』 「大雅·旣醉」에 "효자는 효도하는 마음 빠뜨리고 멈출 때 없으니, 길이 너에게 善을 주리라"(孝子不匱, 永錫爾類)라고 하였다.

14) 순은 ~ 않았다 : 이 말은 현존 『맹자』에는 나오지 않고, 정현의 인용에서 처음 나타난다.

15) 돌아간 ~ 듯한다 : 이 말은 「中庸」(19-5)에 나온다.

16) 약제 : 계절마다 지내는 時祭의 일종으로 봄 또는 여름에 지내는 제사를 말하는데, 사시 제사 가운데 검박하게 지내는 형태이다. 「郊特牲」(5)의 集說; 『三禮辭典』, 575쪽, '礿' 항목 참조.

17) 寔 : 현행본 『역』에는 '實'로 되어 있다.

18) 서쪽 ~ 것이다 : 八卦의 방위에서 先天의 방식을 따르면 坎이 서쪽이 되고 離가 동쪽이 된다. 坎의 象에 돼지가 들어 있으므로 곧 서쪽 이웃의 禴祭에 돼지를 희생으로 사용하였다고 해석한 것이다.

19) 방각 : 자는 性夫. 重和 元年(1118) 진사에 급제하였다. 禮部侍郎을 지냈다. 저서에 『禮記集解』가 있다.

20) 제사를 드리기 전에 미리 7일 동안 재계하는 것을 散齊라고 하고, 散齊 뒤에 다시 3일 동안 재계하는 것을 致齊라고 한다. 관련 내용은 「祭義」(2) 등에 보인다.

21) 예제·체제 : 五齊에 속하는 두 가지 술이다. 오제는 泛齊·醴齊·盎齊·緹齊·沈齊를 가리킨다. 범제는 즙이 매우 적어서 찌꺼기가 둥둥 떠 있고, 예제는 즙이 조금 많아지기는 했지만 즙이 지게미 안에 있어서 즙과 찌꺼기가 반반씩이고, 앙제는 즙과 찌꺼기가 반반씩이지만 즙의 색깔이 파르스름하게 푸른빛이 도는 흰색이고, 체제는 즙이 찌꺼기보다 많아지고 즙의 색깔이 주황빛이고, 침제는 찌꺼기가 아래로 가라앉고 즙이 위로 뜬 맑은 술이다. 술맛은 범제가 가장 열고 침제가 가장 강하며, 술을 주조하는 시간은 범제가 가장 짧고 침제가 가장 길다. 이 다섯 가지 술은 청탁의 정도 차이는 있지만 모두 아직 찌꺼기가 걸러지지 않은 술이다. 「禮運」(10) 참조.

22) 반함 : 생쌀과 조개 등을 死者의 입에 넣어 아름답게 장식하는 의절이다. 「檀弓上」(68) 참조.

23) 제후는 ~ 칭한다 : 이 말은 『춘추공양전』, 文公 9年 조에 나온다.

24) 노나라 ~ 시해하였다 : 관련 내용은 『춘추공양전』, 僖公 9年 조에 "겨울에 晉나라 里克이 군주의 아들인 奚齊를 시해하였다"(冬, 晉里克弑其君之子奚齊)라고 하였고, 僖公 10년 조에 "晉나라 里克이 그의 군주 卓子를 시해하였다"(晉里克弑其君卓子)라고 하였다.

25) 배반하지 않음 : 정현은 副貳, 곧 보필하는 부관 또는 이인자로 자처한다는 의미로 '貳'를 해석하였다. 그리고 副貳로 처신하는 것은 곧 군주와 맞먹으려는 마음을 가지고 이반함을 뜻하는 것으로 해석하고, 鄭나라 共叔段의 처신을 사례로 들었다. 공영달이 소와 진호의 집설도 정현의 설과 같은 입장으로 보인다. 共叔段의 사례에 대하여 楊伯峻은 '貳'를 양쪽에 마음을 주면서 이반 하는 마음을 가지는 것을 의미한다고 보고 '두 마음을 품는다' 또는 '이반하는 마음을 품는다'로 해석하였다. 본 번역에서는 의역을 취하여 '貳'를 배반한다 또는 이반하다는 뜻으로 해석하였다. 楊伯峻, 『春秋左傳注』(中華書局, 1990), 「隱公元年」, '旣而大叔命西鄙·北鄙貳於己. 公子呂曰: 國不堪貳, 君將若之何?'에 대한 해석 참조.

26) 이 어를 ~ 묻는다 : 이 말은 『춘추좌씨전』, 僖公 15년 조 傳에 나온다.

27) 邶 : 『禮記大全』과 『陳氏禮記集說』에 '衛'로 되어 있으나, 『毛詩』에 따라 邶로 고친다.

28) 以此坊民, 民猶有自獻其身: 『禮記注疏』에는 '『詩』云' 위에 있으나 대전본에 따라 위치를 바꾼다.

29) 소공이 ~ 보인다 : 吳와 魯는 동성으로 姬氏이다. 昭公이 吳나라에서 부인을 맞이하면서 동성임을 감추기 위하여 姬孟子라고 하지 않고 吳孟子라고 말하였고, 사망하였을 때에도 '夫人姬氏薨'이라고 하지 않고 '孟子卒'이라고 하였음을 말한다. 관련 내용은 『논어』「述而」에 보인다.

30) 동성이라면 ~ 가리킨다 : 이 설명은 공영달의 소에 보인다.

31) 덕 ~ 못하였다 : 이 말은 『논어』「子罕」에 나온다.

32) 『춘추공양전』 ~ 듯하다 : 관련 내용은 『춘추공양전』, 成公 9년 조에 보인다.

예기역주 권25

중용 제31
中庸

정현의 『예기목록』에서 말한다. "「중용中庸」이라고 한 것은 중화中和가 쓰임이 됨을 기록하였기 때문이다. '용庸'은 쓰임을 뜻한다. 공자의 손자인 자사子思 급伋이 지어서, 거룩한 할아버지(공자를 가리킴)의 덕을 밝혔다. 이 편은 유향劉向의 『별록別錄』에서는 「통론通論」에 속해 있다."

鄭『目錄』云: "名曰「中庸」者, 以其記中和之爲用也. '庸', 用也. 孔子之孫子思伋作之, 以昭明聖祖之德. 此於『別錄』屬「通論」."

'중中'은 치우치지 않고 의지하지 않으며, 지나치거나 모자라지 않음을 가리키는 말이다. '용庸'은 평상시를 뜻한다. ○ 정자程子가 말하였다. "치우치지 않는 것을 '중中'이라고 하고, 바꾸지 않는 것을 '용庸'이라고 한다. '중中'은 세상의 바른 도리고, '용庸'은 세상의 확고부동한 이치다."[1] 이 편은 "공자 문하에서 전수한 심법心法이다."[2] 자사子思가 오래되어 어긋날까 염려해서 글로 기술하여 맹자에게 전하였다. 그 글은 "처음에 하나인 리理를 말하였고, 중간에 온갖 일로 분산시켜 놓았고, 끝에 다시 하나인 리理로 통합하였다."[3] "풀어놓으면 육합六合을 채우고 거두어 두면 은밀한 데에 물러나 감추어져 있으니"[4] 그 맛이 무궁하여, 모두가 실질적인 공부(實學)다. 독서를 잘 하는 이가 완색하여 얻음이 있으면, 평생 사용해도 다 쓸 수 없는 바가 있다.

'中'者, 不偏不倚無過不及之名. '庸', 平常也. ○ 子程子曰: "不偏之謂'中', 不易之謂

'庸'. '中'者, 天下之正道; '庸'者, 天下之定理." 此篇乃"孔門傳授心法." 子思恐其久而差也, 故筆之於書, 以授孟子. 其書"始言一理, 中散爲萬事, 末復合爲一理." "放之則彌六合, 卷之則退藏於密", 其味無窮, 皆實學也. 善讀者玩索而有得焉, 則終身用之, 有不能盡者矣.

중용장구 서문(中庸章句序)

「중용」은 무엇 때문에 지은 것인가? 자사子思께서 도학道學이 그 전수를 잃을 것을 우려하여 지었다. 대개 상고시대 성신聖神[5])께서 하늘을 이어받아 법도를 세울 때부터 도통의 전수는 전해져오는 바가 있었다. 경전에 보이는 사례로 "진실로 그 중도를 잡으라"라고 한 말은 요가 순에게 전수한 것이요, "인심은 위태롭고, 도심은 은미하니, 정밀히 살피고 전일하게 집중하여야 진실로 그 중도를 잡는다"라고 한 말은 순이 우에게 전수한 것이다. 요의 한 마디 말로도 지극하고 완벽하다. 그런데 순이 다시 세 마디 말을 더 추가했던 것은 요의 한 마디 말이 반드시 그와 같이 순이 말한 대로 행한 뒤에야 거의 가깝게 실현할 수 있음을 밝힌 것이다. 「中庸」何爲而作也? 子思子憂道學之失其傳而作也. 蓋自上古聖神繼天立極, 而道統之傳有自來矣. 其見於經, 則"允執厥中"者, 堯之所以授舜也; "人心惟危, 道心惟微, 惟精惟一, 允執厥中"者, 舜之所以授禹也. 堯之一言, 至矣盡矣. 而舜復益之以三言者, 則所以明夫堯之一言, 必如是而後, 可庶幾也.

대개 논한 적이 있지만, 마음이 허령虛靈하면서 지각知覺함[6])은 똑같다. 그런데 마음에 인심人心과 도심道心의 차이가 있다고 말하는 것은 지각이 어떤 경우는 형기形氣라는 개별적 조건에서 일어나고 어떤 경우는 성명性命이라는 바른 조건에서 근원하여 지각되는 내용이 같지 않고, 그 때문에 어떤 경우는 위태롭고 불안하고 어떤 경우는 은미하여 알아차리기 어렵기 때문이다. 그러나 사람이라면 이 몸이 없을 수 없다. 그러므로 뛰어난 지혜를 타고났다고 해도 인심人心이 없을 수 없다. 또한 사람이라면 이 본성(性)이 없을 수 없다. 그러므로 매우 어리석은 사람이라도 도심道心이 없을 수 없다. 두 마음이 방촌의 마음속에서 뒤섞여 있는데 그들을 다스리는 법을 모르면 위태로운 인심은 더욱 위험하게 날뛰고, 은미한 도심은 더욱 안 보여서 공정한 천리가 마침내 저 사적인 인욕人欲을 이겨낼 수 없게 된다. 蓋嘗論之, 心之虛靈知覺, 一而已矣. 而以爲有人心道心之異者, 則以其或生於形氣之私, 或原於性命之正, 而所以爲知覺者不同, 是以或危殆而不安, 或微妙而難見耳. 然人莫不有是形. 故雖上智, 不能無人心; 亦莫不有是性. 故雖下愚, 不能無道心. 二者雜於方寸之間, 而不知所以治之, 則危者愈危, 微者愈微, 而天理之公, 卒無以勝夫人欲之私矣.

정밀하게 살피면 두 가지 마음 사이를 자세히 분간해서 뒤섞지 않는다. 전일하게 집중하면 그 본심의 올바름을 고수하여 벗어나지 않는다. 이렇게 하는 것에 힘써 잠시의 끊어짐도 없이 반드시 도심이 항상 한 몸의 주관자가 되고 인심은 매번 도심에게서 명령을 듣게 하면 위태로웠던 인심은 안정되고 은미하였던 도심은 드러나서 움직이거나 머물러 있거나 또는 말을 하거나 행동을 하거나 어떤 상황에서도 지나치거나 모자라는 어긋남이 자연히 없게 될 것이다. 요와 순과 우는 천하의 위대한 성인으로, 천하를 서로 전해주었던 것은 천하의 중대한 일이었다. 천하의 위대한 성인으로 천하의 중대한 일을 행하는데 그 전수하고 전해 받을 때 정성을 다해 일러주고 경계한 것이 불과 이와 같다. 그러니 천하의 이치가 여기에서 어찌 더 추가할 것이 있겠는가? 精則察夫二者之間而不雜也. 一則守其本心之正而不離也. 從事於斯, 無少間斷, 必使道心常爲一身之主, 而人心每聽命焉, 則危者安, 微者著, 而動靜云爲, 自無過不及之差矣. 夫堯舜禹, 天下之大聖也, 以天下相傳, 天下之大事也. 以天下之大聖, 行天下之大事, 而其授受之際, 丁寧告戒, 不過如此. 則天下之理, 豈有以加於此哉?

이때 이래로 성인과 성인이 서로 이어받았다. 성탕, 문왕과 무왕이 군주가 되고, 고요皐陶, 이윤伊尹, 부열傅說, 주공周公, 소공召公이 신하가 되었을 때에는 모두 이것으로 도통의 전수에 접하였다. 우리 공자는 그 지위를 얻지는 못하였지만 지난 성인을 계승하여 후학을 열어준 것에서 그 공로가 요와 순보다 오히려 뛰어난 점이 있다. 그러나 공자의 때에 직접 접하여 알았던 이들 중에 안회顔回와 증삼曾參의 전수가 그 종지를 얻었다. 증삼의 학문이 전수된 지 2대째 이르러 공자의 손자 자사를 다시 얻었으나, 성인과 시대가 멀어져 이단이 일어났다. 자사는 시간이 오래되면 오래될수록 그 참된 것을 더욱 잃을 것을 염려하였다. 그리하여 요순 이래로 서로 전수하던 취지를 미루어 생각하고 평소 부모와 스승으로부터 들었던 말들에 비추어 따져보면서, 서로 풀고 엮어 이 책을 지어서 후대의 학자들에게 가르침을 주었다. 대개 그 걱정한 것이 깊었기 때문에 그 말이 절실하였고, 그 생각함이 심원하였기 때문에 그 설명이 자상하였다. 책에서 "하늘이 부여하였다"고 한 말과 "본성을 따른다"고 한 것은 도심을 가리킨다. "선함을 택한다"고 한 말과 "단단히 잡는다"고 한 말은 정밀하게 살피고 전일하게 집중하는 것을 뜻한다. "군자는 때에 맞게 중용을 견지한다"

고 한 말은 "중도를 잡는다"는 것을 뜻한다. 시대가 서로 떨어진 것이 천년이 넘지만 그 말이 다르지 않은 것이 마치 부절을 합하는 것과 같다. 역대로 전대 성인의 글에서 뽑아볼 때, 근간을 제시하면서 심연을 열어 보여줌이 이처럼 분명하고 또 완벽한 글은 이제껏 없었다.

自是以來, 聖聖相承. 若成湯文武之爲君, 皐陶伊傅周召之爲臣, 旣皆以此而接夫道統之傳. 若吾夫子, 則雖不得其位, 而所以繼往聖開來學, 其功反有賢於堯舜者. 然當是時, 見而知之者, 惟顔氏曾氏之傳得其宗. 及曾氏之再傳, 而復得夫子之孫子思, 則去聖遠而異端起矣. 子思懼夫愈久而愈失其眞也. 於是推本堯舜以來相傳之意, 質以平日所聞父師之言, 更互演繹, 作爲此書, 以詔後之學者. 蓋其憂之也深, 故其言之也切, 其慮之也遠, 故其說之也詳. 其曰"天命"·"率性", 則道心之謂也. 其曰"擇善"·"固執", 則精一之謂也. 其曰"君子時中", 則執中之謂也. 世之相後, 千有餘年, 而其言之不異, 如合符節. 歷選前聖之書, 所以提挈綱維, 開示蘊奧, 未有若是之明且盡者也.

이 자사로부터 또 전수한 지 2대째에 이르러 맹자를 얻었다. 맹자는 이 책을 미루어 밝혀서 선대 성인의 도통을 이었지만, 그가 죽자 드디어 그 도통의 전수도 잃어버렸다. 따라서 우리 도가 의거하는 바가 언어와 문자 속에 전해지는 수준을 벗어나지 못하였고 이단의 주장들이 날이 갈수록 새로워지고 성행하였다. 도교와 불교의 무리들이 세상의 나오자, 이들은 이치와 더욱 흡사하여 참된 것을 크게 어지럽혔다. 그러나 다행히 이 책이 없어지지 않은 탓에 정호程顥, 정이程頤 선생 형제들이 세상에 나오자 상고할 바를 가지고 천년동안 전수되지 않았던 실마리를 이을 수 있었고, 의거할 바를 가지고 저 도교와 불교가 옳은 것처럼 보이는 잘못을 배척할 수 있었다. 대개 자사의 공이 그 점에서 위대한 것이지만, 정호, 정이 선생이 없었다면 어느 누구도 『중용』의 말을 따라서 자사의 취지를 알 수 없었을 것이다. 自是而又再傳以得孟氏. 爲能推明是書, 以承先聖之統, 及其沒而遂失其傳焉. 則吾道之所寄, 不越乎言語文字之間, 而異端之說, 日新月盛. 以至於老佛之徒出, 則彌近理而大亂眞矣. 然而尙幸此書之不泯, 故程夫子兄弟者出, 得有所考以續夫千載不傳之緖, 得有所據以斥夫二家似是之非. 蓋子思之功於是爲大, 而微程夫子, 則亦莫能因其語而得其心也.

아쉽게도 그들이 설명해놓은 것들은 전하지 않고, 무릇 석씨石氏가 모아서 수록해놓은 것[7]도 겨우 두 선생의 문인이 기록한 것들에서 나온 것이다. 그래서 기본적인 뜻은 밝혀져 있지만 행간의 세밀한 뜻은 분석되지 않았다. 그 문인 자신이 설명해놓은 부분에 이르면 비록 제법 자세하여 밝혀주는 바가 많기는 해도 스승의 설과 배치되고 도교와 불교에 빠진 것도 또한 있다. 내가 젊어서부터 전해 받아 읽으면서 혼자 의문을 가졌는데, 몰두해서 반복하여 읽기를 여러 해 계속하면서 언젠가 어렴풋이 그 핵심을 얻은 것 같았다. 그러고 나서 여러 설들을 모아 절충하여 『중용장구』 한 책으로 편정해두고 뒤에 오는 군자를 기다렸다. 그런데 한 두 뜻을 같이하는 동료가 다시 석씨의 책을 가져다 그 번쇄하고 혼란스런 부분을 산절하여 『중용집략中庸輯略』으로 이름을 붙이고, 또한 일찍이 여러 설들에 대하여 채택여부를 논한 뜻을 기록하여 별도로 『중용혹문』으로 묶어서 뒤에 붙여놓았다. 그러자 이 책의 뜻이 마디마디 분석되고 해명되어 맥락이 관통하여, 상세하고 간략한 부분이 서로 맥락이 이어지고, 거시적인 부분과 세부적인 부분이 모두 포괄되었다. 그리하여 여러 설의 차이와 타당성 여부에 대하여 자세하게 드러내 통해서 각각 그들의 취지를 다 밝힐 수 있었다. 비록 도통의 전수와 관련해서는 함부로 의견을 세우지 못하지만, 처음 학문에 들어서는 학자들이 혹 이 책에서 취한다면 또한 아마도 멀리 가고 높이 오르는 데 약간이나마 도움은 될 것이다. 惜乎, 其所以爲說者不傳, 而凡石氏之所輯錄, 僅出於其門人之所記. 是以大義雖明, 而微言未析. 至其門人所自爲說, 則雖頗詳盡而多所發明, 然倍其師說而淫於老佛者, 亦有之矣. 熹自蚤歲, 卽嘗受讀而竊疑之, 沈潛反復, 蓋亦有年, 一旦恍然, 似有以得其要領者. 然後乃敢會衆說而折其衷, 旣爲定著章句一篇, 以俟後之君子. 而一二同志, 復取石氏書, 刪其繁亂, 名以輯略, 且記所嘗論辯取舍之意, 別爲或問, 以附其後. 然後此書之旨, 支分節解, 脉絡貫通, 詳略相因, 巨細畢擧. 而凡諸說之同異得失, 亦得以曲暢旁通, 而各極其趣. 雖於道統之傳, 不敢妄議, 然初學之士, 或有取焉, 則亦庶乎行遠升高之一助云爾.

순희淳熙 기유己酉(1189)년 봄 삼월 무신일에 신안新安 사람 주희가 글머리에 쓰다. 淳熙己酉春三月戊申, 新安朱熹序.

【중용 1-1】

천명을 가리켜 성性이라고 말하고, 성性에 따르는 것을 가리켜 도道라고 말하고, 도道를 수양하는 것을 가리켜 교敎라고 한다.
天命之謂性, 率性之謂道, 脩道之謂敎.

鄭注 '천명天命'은 하늘이 명한 바 사람을 낳는 것을 말하니, 이것을 성명性命이라고 한다. 목木의 신은 인仁이고, 금金의 신은 의義이고, 화火의 신은

예禮이고, 수水의 신은 신信이고, 토土의 신은 지知다. 『효경설孝經說』에 "성性은 태어날 때 바탕으로 삼는 명命이요, 사람이 품수받는 한도이다. '솔率'은 따른다는 뜻이다. 성을 따라서 행하는 것 이것을 '도道'라고 한다. '수脩'는 다스린다는 뜻이다. 다스려서 넓히고 사람들이 본받는 것 이것을 '교敎'(가르침)라고 한다. '天命', 謂天所命生人者也, 是謂性命. 木神則仁, 金神則義, 火神則禮, 水神則信, 土神則知. 『孝經說』曰"性者, 生之質命, 人所禀受度也." '率', 循也. 循性行之, 是謂'道'. '脩', 治也. 治而廣之, 人放倣之, 是曰'敎'

章句 '명命'은 명령한다는 뜻과 같다. '성性'은 곧 리理다. 하늘이 음양陰陽과 오행五行으로 변화하여 만물을 산출(化生)할 때, 기氣가 형形을 이루면, 리理가 또한 거기에 부여되어 있어, 마치 명령하는 것과 같다. 이 과정에서 사람과 다른 개체들이 생겨날 때, 각 개체가 그 부여된 리를 얻는 것에 따라, 그 리로 건순健順과 오상五常의 덕을 삼는데, 이른바 성性이다. '솔率'은 따른다는 뜻이다. '도道'는 길과 같은 뜻이다. 사람과 다른 개체들은 각기 자신의 성性이 자연스럽게 그러함을 따른다. 따라서 매일 생활하며 일에 응하고 외물에 접하는 과정에서, 모든 개체는 각기 실행해야 하는 길이 있지 않음이 없다. 이것이 이른바 도道이다. '수脩'는 차등과 절도를 주는 것이다. 성性과 도道는 같지만, 기를 품수받는 것은 더러 차이가 있기 때문에 지나치거나 못 미치는 어긋남이 없을 수 없다. 성인聖人이 사람과 개체가 실행해야 하는 것에 따라 차등과 절도를 세워 세상에서 법으로 삼았다. 따라서 '교敎'라고 부른 것으로 예악禮樂과 형정刑政(금령과 정령)의 종류가 그것이다. 대개 사람들이 자신에게 성性이 있음을 알지만 그 성이 하늘에서 나온 것임을 모르고, 일마다 도道가 있음을 알지만 그 도가 성性에서 나온 것임을 모르고, 성인이 교敎를 세웠음을 알지만 그 교敎가 내가 본래 가지고 있는 것을 따라서 재정裁定한 것임을 모른다. 그러므로 자사子思가 여기

서 가장 먼저 제시하여 밝힌 것이니 동중서董仲舒가 "도의 큰 근본은 하늘에서 나왔다"[8]라고 한 말이 또한 이 뜻이다. '命', 猶令也. '性', 卽理也. 天以陰陽五行, 化生萬物, 氣以成形而理亦賦焉, 猶命令也. 於是人物之生, 因各得其所賦之理, 以爲健順五常之德, 所謂性也. '率', 循也. '道', 猶路也. 人物各循其性之自然. 則其日用事物之間, 莫不各有當行之路. 是則所謂道也. '脩', 品節之也. 性·道雖同, 而氣稟或異, 故不能無過不及之差. 聖人因人物之所當行者而品節之, 以爲法於天下. 則謂之'敎', 若禮樂刑政之屬是也. 蓋人知己之有性, 而不知其出於天; 知事之有道, 而不知其由於性; 知聖人之有敎, 而不知其因吾之所固有者裁之也. 故子思於此首發明之, 而董子所謂"道之大原出於天", 亦此意也.

【중용 1-2】

도道라는 것은 잠시도 떨어질 수 없다. 떨어질 수 있다면 도가 아니다. 그러므로 군자는 그 남이 보지 못하는 곳에서 조심하고 남이 듣지 못하는 곳에서 두려워한다.

道也者, 不可須臾離也.① 可離, 非道也. 是故, 君子戒愼乎其所不睹, 恐懼乎其所不聞.②

鄭注 ① '도道'는 도로와 같은 뜻이다. 나가고 들어오거나 움직일 때 도를 따라서 한다. 도를 벗어나서 무엇을 따라서 할 것인가? '道', 猶道路也. 出入動作由之. 離之惡乎從也?

② 소인은 한가하게 거처할 때 선하지 않은 짓을 행하여, 하지 않는 짓이 없다. 군자는 그렇지 않다. 비록 보아도 사람이 없고 들어도 소리가 없더라도, 오히려 경계하고 조심하며 두려워하면서 자신을 가다듬어 바르게 한

다. 이것이 잠시도 도에서 벗어나지 않는 것이다. 小人閒居爲不善, 無所不至也. 君子則不然. 雖視之無人聽之無聲, 猶戒愼恐懼自脩正. 是其不須臾離道.

章句 '도道'는 매일 일상에서 사태에 응하고 외물과 접촉하는 사이에서 실행해야 하는 리理로서 모두 성의 덕德이며 마음에 구비되어 있다. 어떤 개체이든 지니고 있지 않음이 없고 어느 때이든 그러하지 않은 경우가 없어, 잠시도 떨어질 수 없는 이유이다. 만일 도가 떨어질 수 있다면 어떻게 '성을 따른다'는 말이 있겠는가? 그러므로 군자의 마음은 항상 공경하고 두려워하는 마음을 견지하여, 비록 남이 보거나 듣지 않아도 또한 함부로 소홀히 하지 않아서, 천리天理의 본 모습을 견지하여 잠시라도 도가 자신에서 떨어지지 않게 하는 것이다. '道'者, 日用事物當行之理, 皆性之德而具於心. 無物不有, 無時不然, 所以不可須臾離也. 若其可離, 則豈'率性'之謂哉? 是以君子之心常存敬畏, 雖不見聞, 亦不敢忽, 所以存天理之本然, 而不使離於須臾之頃也.

【중용 1-3】

어떠한 것도 숨겨져 있는 것보다 더 잘 보이는 것이 없고, 어떤 것도 은미한 것보다 더 잘 드러나는 것은 없다. 그러므로 군자는 그 홀로 있을 때 조심한다.

莫見乎隱, 莫顯乎微. 故君子愼其獨也.

鄭注 '신독愼獨'은 한가하게 거처할 때 지내는 것을 조심하는 것이다. 소인은 숨겨진 것에 대하여, 행동하고 말하는 사이 스스로 보이지 않고 들리지 않는다고 생각하면 반드시 자신의 욕구를 다한다. 만일 엿보고 엿듣는 자가 있으면, 이것은 드러남이 여러 사람들 가운데서 한 것보다 더 심한

것이 된다. '愼獨'者, 愼其閒居之所爲. 小人於隱者, 動作言語, 自以爲不見睹不見聞, 則必肆盡其情也. 若有佔聽之者, 是爲顯見甚於衆人之中爲之.

章句 '감추어져 있다'(隱)는 어두운 곳이다. '은미하다'(微)는 미세한 일이다. '홀로 있을 때'(獨)는 남은 모르고 자신 혼자 알고 있는 때이다. 어둠 속의 미세한 일이 형태가 아직 드러나 있지 않아도 기미가 이미 작동하여 남은 모르지만 자신은 홀로 알아차리면, 세상의 일에서 드러나 보이고 환하게 뚜렷한 것이 이것보다 더한 경우가 없다. 그러므로 군자는 항상 경계하고 두려워하여 여기에서 더욱 조심하는 노력을 가한다. 인욕이 싹트려 할 때에 막아서 미세한 상태에서 은밀히 자라나 도道에서 멀어지는 지경에 이르지 않게 하는 것이다. '隱', 暗處也. '微', 細事也. '獨'者, 人所不知而己所獨知之地也. 言幽暗之中, 細微之事, 跡雖未形, 而幾則已動, 人雖不知而己獨知之, 則是天下之事, 無有著見明顯而過於此者. 是以君子旣常戒懼, 而於此尤加謹焉. 所以遏人欲於將萌, 而不使其潛滋暗長於隱微之中, 以至離道之遠也.

【중용 1-4】

기뻐하고, 분노하고, 슬퍼하고, 즐거워함이 아직 일어나지 않은 것을 중中이라고 한다. 일어나서 모두 절도에 맞은 것을 화和라고 한다. 중中은 세상의 큰 근본이다. 화和는 세상에서 통용되는 도이다.
喜怒哀樂之未發謂之中. 發而皆中節謂之和. 中也者, 天下之大本也; 和也者, 天下之達道也.

鄭注 중中이 큰 근본이 되는 이유는 기뻐하고 분노하고 슬퍼하고 즐거워함을 품고 있어 예가 그것으로부터 생겨나고 정교政敎가 그것으로부터 나

오기 때문이다. 中爲大本者, 以其含喜怒哀樂, 禮之所由生, 政敎自此出也.

章句 '기뻐하고, 분노하고, 슬퍼하고, 즐거워함'은 정情이다. 그 정이 아직 일어나지 않았을 때는 곧 성性으로 치우치거나 의지함이 없기 때문에 '중中'(중정함)이라고 한다. '일어나서 모두 절도에 맞은 것'은 정이 올바른 것이다. 어긋난 바가 없기 때문에 '화和'(조화로움)라고 한다. '큰 근본'(大本)은 하늘이 부여한 성性으로 세상의 모든 리理가 여기에서 나오니 도道의 체體이다. '통용되는 도'(達道)는 성性을 따르는 것을 말한다. 세상에서 옛날이나 지금이나 함께 따르는 것이니 도道의 용用이다. 이 구절은 성性과 정情의 덕을 말하여 '도는 잠시도 떨어질 수 없다'는 뜻을 밝힌 것이다. '喜怒哀樂', 情也. 其未發則性也, 無所偏倚, 故謂之'中'. '發皆中節', 情之正也. 無所乖戾, 故謂之'和'. '大本'者, 天命之性, 天下之理皆由此出, 道之體也. '達道'者, 循性之謂. 天下古今之所共由, 道之用也. 此言性情之德, 以明'道不可離'之意.

【중용 1-5】

중中(중정함)과 화和(조화로움)을 미루어 다 발휘하면 천지가 제 자리에 있고, 만물이 화육된다.

致中和, 天地位焉, 萬物育焉.

鄭注 '치致'는 행함이 지극한 것이다. '위位'는 바르다는 뜻과 같다. '육育'은 낳는다, 자란다는 뜻이다. '致', 行之至也. '位', 猶正也. '育', 生也長也.

章句 '치致'는 미루어 다 발휘한다는 뜻이다. '위位'는 자기 자리에서 안정되어 있다는 뜻이다. '육育'은 그 생명을 이룬다는 뜻이다. 경계하고 두려워하며 단속하는 것으로부터 시작하여 아무런 일이 없을 때에 치우침이 없어

그 지킴이 잘못되지 않는 데 이르면, 그 중정함을 다 발휘하고 천지는 제 자리에서 안정된다. 홀로 알 때 조심하며 정밀하게 살피는 것으로부터 시작하여 외물에 응접함에 조금의 잘못됨도 없어 어디를 가도 합당하지 않음이 없는 데 이르면, 그 조화로움을 다 발휘하여 만물이 화육된다. 대개 천지와 만물은 내 한 몸에 근본을 두고 있기 때문에, 내 마음이 바르면 천지의 마음도 또한 바르고, 내 기가 순응하면 천지의 기도 또한 순응한다. 그러므로 그 효험이 이와 같은 상태에 이른다. 이것은 학문의 지극한 효과이자 성인聖人이 잘 할 수 있는 것이어서 처음부터 외부에 의지함이 있는 것이 아니지만, 도道를 수양하는 가르침이 또한 그 속에 있다. 이것은 한 번은 체가 되고 한 번은 용이 됨이 비록 동動(일이 있음)과 정靜(일이 없음)의 차이가 있지만, 그러나 반드시 그 체體가 확립된 뒤에 용用이 행해질 수 있으므로 그 실제는 또한 두 가지 일이 아니다. 그러므로 여기에서 합쳐 말해서 위 문장의 뜻을 끝맺은 것이다. ○ 이상은 제1장이다. 자사子思가 전해 받은 뜻을 조술하여 글로서 드러내 제시하였는데, 첫머리에서 도의 큰 근본이 하늘에서 나와 바꿀 수 없지만, 실제로는 체가 나에게 갖추어져 있어 도로부터 떨어질 수 없음을 밝혔다. 그 다음으로 존양存養과 성찰省察의 요체를 말하였고, 마지막으로 성신聖神의 공업과 교화의 지극함을 말하였다. 그것은 대개 배우는 이가 여기에서 자신에게 돌이켜 찾아서 스스로 얻어 외부 유혹의 사사로움을 제거하고 그 본래의 선함을 확충하기를 바라기 때문이니, 양시楊時[9]가 "「중용」 한 편의 체요體要(핵심)"라고 말한 것이 그것이다. 그 아래 10장은 대개 자사子思가 공자의 말을 인용하여 이 장의 뜻을 종결한 것이다. '致', 推而極之也. '位'者, 安其所也. '育'者, 遂其生也. 自戒懼而約之, 以至於至靜之中無所偏倚而其守不失, 則極其中而天地位矣; 自謹獨而精之, 以至於應物之處無少差謬而無適不然, 則極其和而萬物育矣. 蓋天地萬物本吾一體, 吾之心正, 則天地之心亦正矣; 吾之氣順, 則天地之氣亦順矣. 故其效驗至於如此. 此學問之極功, 聖人

之能事, 初非有待於外, 而修道之敎, 亦在其中矣. 是其一體一用, 雖有動靜之殊, 然必其體立而後用有以行, 則其實亦非有兩事也. 故於此合而言之, 以結上文之意. ○右第一章. 子思述所傳之意以立言, 首明道之本原出於天而不可易, 其實體備於己而不可離. 次言存養省察之要, 終言聖神功化之極. 蓋欲學者於此反求諸身而自得之, 以去夫外誘之私而充其本然之善, 楊氏所謂"一篇之體要"是也. 其下十章蓋子思引夫子之言, 以終此章之義.

【중용 2-1】

중니仲尼(공자의 자)가 말하였다. "군자는 중용中庸을 견지하는데, 소인은 중용과 반대로 한다."

仲尼曰: "君子中庸, 小人反中庸."

章句 '중용中庸'은 치우치거나 기울지 않고 지나치거나 모자람이 없으면서 평소 항상 그렇게 하는 도리니, 곧 하늘이 명령하는 것으로 마땅히 그러해야 하는바 정미精微함[10] 극치다. 오직 군자가 체회할 수 있는 이가 되고 소인은 이와 반대로 한다. '中庸'者, 不偏不倚無過不及而平常之理, 乃天命所當然精微之極致也. 唯君子爲能體之, 小人反是.

【중용 2-2】

(중니仲尼가 말하였다.) "군자가 중용을 행함에는 군자가 되어 상황에 따라 합당하게 하고, 소인이 중용을 행함에는 소인이 되어 피하

고 꺼리는 바가 없다."
"君子之中庸也, 君子而時中; 小人之中庸也, 小人而無忌憚也."

鄭注 '용庸'은 항상된다는 뜻이다. 중中을 사용하여 항상됨이 되는 것이 도道이다. '중용과 반대로 한다'(反中庸者)는 것은 행하는 바가 중용이 아니지만 스스로 중용이라고 여기는 것이다. '군자가 되어 상황에 따라 합당하게 한다'(君子而時中)는 것은 그 용모동작이 군자이고 또 상황에 따라 그 합당함에 맞게 절제하는 것이다. '소인이 되어 피하고 꺼리는 바가 없다'(小人而無忌憚)는 것은 그 용모동작이 소인이고 또 두려워하고 어려워함이 없는 것으로 항상 행하는 바를 삼는 것, 이것이 '중용과 반대로 함'이다. '庸', 常也. 用中爲常, 道也. '反中庸者', 所行非中庸, 然亦自以爲中庸也. '君子而時中'者, 其容貌君子, 而又時節其中也. '小人而無忌憚', 其容貌小人, 又以無畏難爲常行, 是其'反中庸'也.

章句 왕숙王肅의 판본에는 "小人之反中庸也"로 되어 있고, 정자도 또한 그렇게 여겼다. 이제 그것에 따른다. 군자가 중용을 견지하는 이가 되는 이유는 군자의 덕을 지니고 또 때에 따라서 중정함에 머무를 수 있기 때문이다. 소인이 중용과 반대로 하는 것은 소인의 마음을 지니고 또 꺼리는 바가 없기 때문이다. 대개 중정함(中)은 고정된 형태가 없고 때에 따라 그 가운데 있으니, 이것은 평상적인 도리다. 군자는 그것이 나에게 있음을 알기 때문에 남이 보지 못하는 때에 경계하고 조심하고 남이 듣지 못하는 때에 두려워하고 염려하여, 어느 때고 중정하지 않음이 없다. 그러나 소인은 이러한 도리가 있음을 모르기 때문에 욕심을 멋대로 부려 행동을 망령되게 하여 기피하고 꺼리는 바가 없다. ○ 이상은 제 2장이다. 이 장 아래로 10장은 모두 중용을 논하여 첫 장의 뜻을 풀이한 것인데, 문장상으로는 비록 연결되지 않아도 의미상으로는 실로 서로 이어진다. '화和'를 바꾸어서 '용

庸'이라고 말한 것에 대하여, 유씨游氏는 "성정性情으로 말할 때는 '중화中和'라고 말하고, 덕행德行으로 말할 때는 '중용中庸'(중정하고 평상적임)이라고 말한다"라고 한 말이 그것이다. 그러나 '중용中庸'의 '중中'은 실제로는 '중화中和'(중정하고 조화로움)의 뜻을 겸하고 있다. 王肅本作"小人之反中庸也", 程子亦以爲然. 今從之. 君子之所以爲中庸者, 以其有君子之德, 而又能隨時以處中也. 小人之所以反中庸者, 以其有小人之心, 而又無所忌憚也. 蓋中無定體, 隨時而在, 是乃平常之理也. 君子知其在我, 故能戒謹不睹, 恐懼不聞, 而無時不中. 小人不知有此, 則肆欲妄行而無所忌憚矣. ○ 右第二章. 此下十章皆論中庸以釋首章之義, 文雖不屬, 而意實相承也. 變'和'言'庸'者, 游氏曰"以性情言之則曰中和, 以德行言之則曰中庸", 是也. 然'中庸'之'中'實兼中和之義.

【중용 3】

공자가 말하였다. "중용中庸은 지극하다. 백성들 가운데 중용을 잘 하는 이가 드문 것이 오래되었다."

子曰: "中庸其至矣乎. 民鮮能久矣."

鄭注 '선鮮'은 드물다는 뜻이다. 중용中庸이 도가 됨은 지극히 아름답지만 돌아보면 사람들 가운데 오래 행할 수 있는 이가 드문 것을 말한다. '鮮', 罕也. 言中庸爲道至美, 顧人罕能久行.

章句 지나치면 중정함을 잃고 모자라면 지극하지가 못하다. 그러므로 오직 중용中庸의 덕이 지극함이 된다. 그러나 또한 사람들이 함께 얻어 타고난 것으로 애당초 어려운 일이 없지만, 시대의 교화가 쇠퇴하여 백성들이 일어나 행하지 않기 때문에 잘 하는 이가 드문 것이 오래되었다. 『논어』에

는 '능能'자가 없다. ○ 이상은 제 3장이다. 過則失中, 不及則未至. 故惟中庸之德爲至. 然亦人所同得初無難事, 但世教衰, 民不興行, 故鮮能之今已久矣. 『論語』無'能'字. ○ 右第三章.

【중용 4-1】

공자가 말하였다. "도道가 행해지지 않는 것에 대해서 내가 안다. 지혜로운 이는 지나치게 행하고 어리석은 이는 모자라게 행한다. 도가 밝혀지지 않는 것에 대해서 내가 안다. 현능한 이는 지나치게 행하고 부족한 이는 모자라게 행한다."

子曰: "道之不行也, 我知之矣. 知者過之, 愚者不及也. 道之不明也, 我知之矣. 賢者過之, 不肖者不及也."

章句 '도道'는 마땅히 그러해야 하는 천리天理로, 중정함(中)일 뿐이다. 지혜로운 이와 어리석은 이, 현능한 이와 부족한 이가 지나치거나 모자라는 것은 태어날 때 품수받은 것에 차이가 있어 그 중정함을 잃은 것이다. 지혜로운 이는 지식이 과도하여 도를 행할 만한 것이 못된다고 여기고, 부족한 이는 아는 데에 이르지 못하고 또 행하는 방법을 알지 못한다. 이것이 도가 항상 행해지지 않는 이유이다. 현능한 이는 행하는 것이 지나쳐서 도를 알만 한 것이 못된다고 여기고 어리석은 이는 행하는 데에 이르지 못하고 또 아는 방법을 찾지 않는다. 이것이 도가 항상 밝혀지지 않는 이유이다. '道'者, 天理之當然, 中而已矣. 知愚・賢不肖之過不及, 則生稟之異而失其中也. 知者知之過, 旣以道爲不足行, 愚者不及知, 又不知所以行. 此道之所以常不行也. 賢者行之過, 旣以道爲不足知, 不肖者不及行, 又不求所以知. 此道之所以常不明也.

【중용 4-2】

(공자가 말하였다.) "사람 가운데 마시고 먹지 않는 사람이 없지만, 맛을 잘 아는 이는 드물다."

"人莫不飮食也, 鮮能知味也."

鄭注 그 맛을 아는 사람이 드물다는 것은 어리석은 이가 미치지 못하는 것을 말한다. 지나치거나 모자람은 도가 행해지지 않게 만든다. 오직 예禮에 따르는 자가 그 합당함(中)을 할 수 있다. 罕知其味, 謂愚者所以不及也. 過與不及, 使道不行. 唯禮能爲之中.

章句 도가 떨어져 지낼 수 없음을 사람들은 스스로 살피지 않는다. 그러므로 지나치거나 모자라는 폐단이 생기는 것이다. ○ 이상은 제 4장이다. 道不可離人自不察. 是以有過不及之弊. ○ 右第四章.

【중용 5】

공자가 말하였다. "도道가 행해지지 않는구나."

子曰: "道其不行矣夫."

鄭注 밝은 군주가 가르쳐줌이 없음을 가슴아파한 것이다. 閔無明君敎之.

章句 밝혀지지 않았기 때문에 행해지지 않는 것이다. ○ 이상은 제 5장이다. 이 장은 위 장을 이어받아 도가 행해지지 않는 단서를 들어서 아래 장의 취지를 이끌었다. 由不明故不行. ○ 右第五章. 此章承上章而擧其不行之端, 以起下章之意.

【중용 6】

공자가 말하였다. "순舜은 크게 지혜로운 사람일 것이다. 순은 묻기를 좋아하며 비근한 말을 살피기를 좋아하였고, 악함을 숨기고 선함을 드러내고, 그 양쪽 끝을 잡고 백성들에게 그 합당한 것을 사용하였다. 이것으로 순이 되었던 것이다."

子曰: "舜其大知也與. 舜好問而好察邇言, 隱惡而揚善, 執其兩端, 用其中於民. 其斯以爲舜乎."

鄭注 '이邇'는 가깝다는 뜻이다. 비근한 말이지만 선하면, 쉽게 나아가고 또 살펴서 행하는 것이다. '양쪽 끝'(兩端)은 지나친 것과 모자란 것이다. '백성에게 그 합당한 것을 사용한다'(用其中於民)는 것은 현능한 사람과 부족한 사람이 모두 실행할 수 있는 것이다. '사斯'는 이것의 뜻이다. 그 덕이 이와 같기에 순舜이라고 불리었으니, 순舜이란 말은 충만하다는 뜻이다. '邇', 近也. 近言而善, 易以進, 又[11]察而行之也. '兩端', 過與不及也. '用其中於民', 賢與不肖皆能行之也. '斯', 此也. 其德如此, 乃號爲舜, 舜之言充也.

章句 순舜이 크게 지혜로운 사람이 되는 이유는 자신을 기준으로 사용하지 않고 남에게서 취하기 때문이다. '가까운 말'(邇言)은 하찮고 비근한 말을 뜻하는데, 그럼에도 반드시 살피면 선함을 빠뜨리지 않음을 알 수 있다. 그러나 그 말에 선하지 않은 것은 숨겨 드러내지 않고, 그 선한 것은 드러내서 은폐시키지 않아, 그 넓고 밝은 것이 또한 이와 같으면, 누가 선함으로써 즐겁게 고하지 않겠는가? '양쪽의 극단'(兩端)은 여러 의논이 같지 않은 극단을 말한다. 대개 사물에는 모두 양쪽의 극단이 있으니, 작은 것과 큰 것, 후한 것과 박한 것 등의 부류와 같다. 선함 가운데에서도 또 그 양쪽 극단을

잡고 헤아려서 중도를 채택한 뒤에 사용하면, 그 채택하는 것이 세밀해지고 행하는 것이 지극해진다. 그러나 내가 저울질하고 헤아리는 것이 정밀하고 적절하여 어긋나지 않은 것이 아니면 어떻게 여기에 함께 할 수 있겠는가? 이것이 앎이 지나치거나 모자람이 없고 도가 행해지는 이유이다. ○ 이상은 제 6장이다. 舜之所以爲大知者, 以其不自用而取諸人也. '邇言'者, 淺近之言, 猶必察焉, 其無遺善可知. 然於其言之未善者則隱而不宣, 其善者則播而不匿, 其廣大光明又如此, 則人孰不樂告以善哉? '兩端', 謂衆論不同之極致. 蓋凡物皆有兩端, 如小大厚薄之類. 於善之中, 又執其兩端, 而量度以取中, 然後用之, 則其擇之審而行之至矣. 然非在我之權度精切不差, 何以與此? 此知之所以無過不及而道之所以行也. ○ 右第六章.

【중용 7】

공자가 말하였다. "사람들은 모두 나는 지혜롭다고 하지만, 몰아서 그물과 덫과 함정 속으로 들여보내도 아무도 피할 줄 모른다. 또한 사람들은 나는 지혜롭다고 하지만, 중용中庸을 택해도 한 달을 견지하지 못한다."

子曰: "人皆曰予知, 驅而納諸罟擭陷阱之中, 而莫之知辟也. 人皆曰予知, 擇乎中庸, 而不能期月守也."

鄭注 '여予'는 나를 뜻한다. 무릇 사람들이 스스로 지혜가 있다고 말하지만 남이 함정에 빠지게 해도 피할 줄 모름을 말한다. 스스로는 중용을 택해서 한다고 하지만 또한 오래 행하지 못하는 것은 실제로는 어리석고 또 항상됨이 없음을 뜻한다. '予', 我也. 言凡人自謂有知, 人使之入罟, 不知辟也. 自謂擇中庸而爲之, 亦不能久行, 言其實愚又無恒.

章句 '고罟'는 그물이다. '화擭'는 덫이다. '함정陷阱'은 구덩이다. 모두 짐승을 엄습하여 취하는 수단이다. '중용을 택한다'(擇乎中庸)는 것은 여러 이치를 변별하여 이른바 중용을 찾는다는 뜻으로, 곧 위 장의 묻기를 좋아하여 중도를 택하는 일이다. '한 달'(期月)은 꽉 채운 한 달이다. 재앙인 줄 알면서도 피할 줄 모르는 것으로 중용을 택할 수 있어도 견지하지 못하는 것을 비유하여, 모두 지혜가 될 수 없음을 말하였다. ○ 이상은 제 7장이다. 위 장의 크게 지혜로운 이를 이어받아 말하면서, 또한 밝혀지지 않은 단서를 들어서 아래 장을 이끌었다. '罟', 網也. '擭', 機檻也. '陷阱', 坑坎也. 皆所以掩取禽獸者也. '擇乎中庸', 辨別衆理, 以求所謂中庸, 卽上章好問用中之事也. '期月', 匝一月也. 言知禍而不知避, 以況能擇而不能守, 皆不得爲知也. ○ 右第七章. 承上章大知而言, 又擧不明之端, 以起下章也.

【중용 8】

공자가 말하였다. "안회의 사람됨은 중용中庸을 택하고, 한 가지 선함을 얻으면 안아서 가슴에 품고 놓지 않는다."

子曰: "回之爲人也, 擇乎中庸, 得一善則拳拳服膺而弗失之矣."

鄭注 '권권拳拳'은 받들어 지니는 모습이다. '拳拳', 奉持之貌.

章句 '회回'는 공자 제자 안연顔淵[12)]의 이름이다. '권권拳拳'은 받들어 지니고 있는 모습이다. '복服'은 붙인다는 뜻과 같다. '응膺'은 가슴이다. 받들어 지녀서 가슴에 품고 있는 것이니 잘 견지함을 말한다. 안자顔子는 대개 참되게 알기 때문에 이와 같이 잘 채택하고 잘 견지할 수 있는 것이다. 이것이 행동함에 지나치거나 모자람이 없는 이유이고 도가 밝혀지는 이유이

다. ○ 이상은 제 8장이다. '回', 孔子弟子顔淵名. '拳拳', 奉持之貌. '服', 猶著也. '膺', 胸也. 奉持而著之心胸之間, 言能守也. 顔子蓋眞知之, 故能擇能守如此. 此行之所以無過不及, 而道之所以明也. ○ 右第八章.

【중용 9-1】

공자가 말하였다. "천하와 국가는 고르게 할 수 있다. 작명과 봉록은 사양할 수 있고 흰 칼날은 밟을 수 있다. (그러나) 중용中庸은 잘 하기가 어렵다."

子曰: "天下國家可均也. 爵祿可辭也, 白刃可蹈也. 中庸不可能也."

鄭注 중용中庸이 하기 어려운 것 중에도 어려운 것임을 말한다. 言中庸難爲之難.

章句 '균均'은 평탄해지도록 다스리는 것이다. 세 가지는 또한 지혜(知)와 어짊(仁)과 용기(勇)의 일로, 세상에서 매우 어려운 일이다. 그러나 모두 한 가지에 달려 있기 때문에 자질이 근사하고 역량이 힘쓸 만한 사람이면 모두 잘 해낼 수 있다. 중용中庸에 이르러서는 비록 쉽게 할 수 있는 것 같지만 의리가 정밀하고 어짊이 순숙하여 한 치의 사사로운 인욕이 없는 사람이 아니면 미칠 수 없다. 세 가지 일은 어려우면서도 쉽고, 중용中庸은 쉬우면서도 어렵다. 이것이 백성들이 잘 하는 이가 드문 이유이다. ○ 이상은 제 9장이다. 또한 위 장을 이어받아 아래 장을 이끌었다. '均', 平治也. 三者亦知仁勇之事, 天下之至難也. 然皆倚於一偏, 故資之近而力能勉者, 皆足以能之. 至於中庸, 雖若易能, 然非義精仁熟而無一毫人欲之私者, 不能及也. 三者難而易, 中庸易而難. 此民之所以鮮能也. ○ 右第九章. 亦承上章以起下章.

【중용 10-1】

자로子路가 강함에 대하여 질문하였다.

子路問强.

鄭注 '강함'(强)은 용기 있는 사람이 좋아하는 것이다. '强', 勇者所好也.

章句 '자로子路'는 공자의 제자 중유仲由이다. 자로는 용기를 좋아하므로 강함에 대하여 질문한 것이다. '子路', 孔子弟子仲由也. 子路好勇, 故問强.

【중용 10-2】

공자가 말하였다. "남방의 강함인가, 북방의 강함인가, 아니면 너의 강함인가?"

子曰: "南方之强與, 北方之强與, 抑而强與?"

鄭注 세 가지가 강함이 되는 소이가 다름을 말한다. '억抑'은 어사이다. '이而'의 뜻은 너로, 중국中國(중앙의 나라)을 가리킨다. 言三者所以爲强者異也. '抑', 辭也. '而'之言, 女也, 謂中國也.

章句 '억抑'은 어사이다. '이而'는 너의 뜻이다. '抑', 語辭. '而', 汝也.

【중용 10-3】

(공자가 말하였다.) "관대하고 온유한 태도로 가르치고 무도한 것

에 대하여 보복하지 않음은 남방의 강함인데, 군주가 그렇게 처신한다."

"寬柔以敎, 不報無道, 南方之强也, 君子居之."

鄭注 남방은 여유롭고 관대함을 강함으로 삼는다. '무도한 것에 대하여 보복하지 않는다'(不報無道)는 것은 어긋나게 대들어도 교정하지 않음을 말한다. 南方以舒緩爲强. '不報無道', 謂犯而不校也.

章句 '관대하고 온유함으로 가르친다'(寬柔以敎)는 것은 용납하고 순종하는 자세로 남이 모자란 것을 가르침을 말한다. '무도한 이에게 보복하지 않는다'는 것은 비정상적으로 거스르는 일이 닥쳐도 그대로 수용하고 보복하지 않는 것을 말한다. 남방은 풍토와 기운이 부드럽고 약하여 포용하고 참는 힘이 남을 능가하는 것으로 강함을 삼는다. 군자의 도이다. '寬柔以敎', 謂含容巽順, 以誨人之不及也. '不報無道', 謂橫逆之來, 直受之而不報也. 南方風氣柔弱, 故以含忍之力勝人爲强. 君子之道也.

【중용 10-4】

(공자가 말하였다.) "무기와 갑옷을 자리로 깔고 앉고, 죽어도 싫어하지 않는 것은 북방의 강함이니, 강한 사람이 그렇게 처신한다."

"衽金革, 死而不厭, 北方之强也, 而强者居之."

鄭注 '임衽'은 자리와 같은 뜻이다. 북방은 굳세고 사나운 것으로 강함을 삼는다. '衽', 猶席也. 北方以剛猛爲强.

章句 '임衽'은 자리다. '금金'은 무기 종류이다 '혁革'은 갑옷 종류이다. 북방의 풍토와 기운은 강하고 굳세기 때문에, 과단성 있게 행동하는 힘이 남을 능가한 것으로 강함을 삼는다. 강한 사람의 일이다. '衽', 席也. '金', 戈兵之屬. '革', 甲胄之屬. 北方風氣剛勁, 故以果敢之力勝人爲强. 强者之事也.

【중용 10-5】

(공자가 말하였다.) "그러므로 군자는 조화로우면서 한쪽으로 빠지지 않으니 강하도다 굳셈이여, 중도에 입각하여 치우치지 않으니 강하도다 굳셈이여, 나라에 도가 있으면 영달하지 못하였을 때 지키던 것을 바꾸지 않으니 강하도다 굳셈이여, 나라에 도가 없으면 죽음에 이르더라도 평소 지키던 바를 바꾸지 않으니 강하도다 굳셈이여."

"故君子和而不流, 强哉矯; 中立而不倚, 强哉矯; 國有道, 不變塞焉, 强哉矯; 國無道, 至死不變, 强哉矯."

鄭注 이 구절은 '아니면 너의 강함'의 강함을 가리킨다. '류流'는 옮겨간다는 뜻이다. '색塞'은 충실하다는 뜻이다. 나라에 도가 있으면 변해서 시세를 좇아가지 않고, 나라에 도가 없으면 변해서 해害를 피하지 않아서, 도가 있거나 없거나 간에 한결같다. '교矯'는 강한 모양이다. '색塞'은 어떤 본에서는 '색色'으로 되어 있다. 此, '抑女之强'也. '流', 猶移也. '塞', 猶實也. 國有道, 不變以趨時; 國無道, 不變以辟害, 有道無道一也. '矯', 强貌. '塞'或爲'色'.

章句 이 네 가지는 네가 마땅히 강해야 하는 바이다. '교矯'는 강한 모양이다. 『시詩』에 "굳세고 굳센 용맹한 신하"(矯矯虎臣)[13]라고 한 말이 그것이

다. '의倚'는 치우쳐 어긋남을 뜻한다. '새塞'는 아직 영달하지 못하였음을 뜻한다. 나라에 도가 있을 때는 영달하지 못하였을 때 견지하던 자세를 바꾸지 않고, 나라에 도가 없을 때에는 평소 견지하던 자세를 바꾸지 않는 것이다. 이것이 이른바 "중용中庸은 잘 하기가 어렵다"(【중용 9-1】)는 경우이니, 스스로 사사로운 인욕을 극복함이 있지 않으면 중용을 채택해서 지킬 수 없다. 군자의 강함에 어느 것이 이것보다 더 크겠는가? 공자가 이것으로 자로에게 알려준 것은 자로의 혈기가 강한 것을 억제시키고 덕의德義에 대한 용기로 나아가게 하기 위함이다. ○ 이상은 제 10장이다. 此四者汝之所當强也. '矯', 强貌. 『詩』曰"矯矯虎臣", 是也. '倚', 偏著也. '塞', 未達也. 國有道, 不變未達之所守; 國無道, 不變平生之所守也. 此則所謂"中庸之不可能"者, 非有以自勝其人欲之私, 不能擇而守也. 君子之强, 孰大於是? 夫子以是告子路者, 所以抑其血氣之剛, 而進之以德義之勇也. ○ 右第十章.

【중용 11-1】

공자가 말하였다. "은밀하고 치우친 것을 탐구하고 괴이한 일을 행하면 후세에 일컬음이 있지만, 나는 그런 것을 하지 않는다."
子曰: "素隱行怪, 後世有述焉, 吾弗爲之矣."

鄭注 '소素'는 "성을 공격할 때는 그 향하는 곳을 공격한다"14)라고 할 때의 향한다(傃)와 같이 읽는다. '소傃'는 향한다는 뜻과 같다. 해를 피해 몸을 숨기기를 지향하면서, 어긋나고 속이는 짓을 행하여 후세의 명성을 날조하는 것을 말한다. '그런 것을 하지 않는다'(弗爲之矣)는 것은 수치로 여기는 것이다. '素', 讀如"攻城攻其所傃"之'傃'. '傃', 猶鄕也. 言方鄕辟害隱身, 而行佹譎以作

後世名也. '弗爲之矣', 恥之也.

章句 '소素'는 『한서』에 따르면 '색索'으로 되어야 하니, 글자가 잘못된 것이다. '색은행괴索隱行怪'는 은밀하고 치우친 이치를 깊이 탐구하여 속임이 있는 기이한 행위를 지나치게 하는 것이다. 그러나 세상을 속이고 이름을 훔치기에 충분하기 때문에 후세에 혹 일컬어 말하는 경우가 있다. 이것은 앎이 지나쳐 선함을 채택하지 못하고, 행동이 지나쳐 그 중용을 사용하지 못하는 것이니, 강해서는 안 되는데 강한 것이다. 성인聖人이 어찌 그것을 하겠는가? '素', 按『漢書』當作'索', 蓋字之誤也. '索隱行怪', 言深求隱僻之理, 而過爲詭異之行也. 然以其足以欺世而盜名, 故後世或有稱述之者. 此知之過而不擇乎善, 行之過而不用其中, 不當强而强者也. 聖人豈爲之哉?

【중용 11-2】

(공자가 말하였다.) "군자가 도를 준수하여 행하다가 중도에 그만두는데, 난 그만둘 수 없다."

"君子遵道而行, 半途而廢, 吾弗能已矣."

鄭注 '폐廢'는 그만두고 그친다는 뜻과 같다. '그만둘 수 없다'(弗能已矣)는 것은 도를 실천하는 데 분주하게 힘쓰고, 당시 사람들이 몸을 숨기고 속임수를 행하는 짓을 하지 않는 것이다. '廢', 猶罷止也. '弗能已矣', 汲汲行道, 不爲時人之隱行.

章句 '도를 따라서 행한다'(遵道而行)는 것은 선함을 잘 택하는 것이다. '중도에 폐한다'(半塗而廢)는 것은 힘이 부족한 것이다. 이것은 앎이 비록 중용에 미치기에 충분하지만 행동에서 미치지 못함이 있는 것이니, 강해야 마

땅한데 강하지 못한 경우이다. '이已'는 멈춘다는 뜻이다. 성인은 여기에서 억지로 노력하여 함부로 폐하지 않는 것이 아니라, 대개 지극히 진실함이 중단됨이 없어 자연히 그만둘 수 없는 바가 있는 것이다. '遵道而行', 則能擇乎善矣; '半塗而廢', 則力之不足也. 此其知雖足以及之而行有不逮, 當强而不强者也. '已', 止也. 聖人於此非勉焉而不敢廢, 蓋至誠無息, 自有所不能止也.

【중용 11-3】

(공자가 말하였다.) "군자는 중용中庸에 의지하고, 세상을 피해 숨어살면서 인정받지 않아도 후회하지 않는데, 오직 성자聖者가 잘 한다."

"君子依乎中庸, 遯世不見知而不悔, 唯聖者能之."

鄭注 숨어 사는 것은 이와 같이 해야 함을 말한다. 오직 순이 이와 같이 할 수 있었다. 言隱者當如此也. 唯舜爲能如此.

章句 은밀하고 치우친 것을 탐구하고 괴이한 일을 행하는 것을 하지 않는다면 중용中庸에 의거하는 것이다. 중도에 그만두지 못하니, 그러므로 세상을 피해 숨어 살면서 인정받지 못해도 후회하지 않는 것이다. 이것은 중용中庸이 덕德을 이룬 것이요, 지혜를 다하고, 인仁이 지극하여 용기에 의지하지 않아도 여유로운 것이니, 바로 우리 공자가 하는 일임에도 오히려 자처하지 않았다. 그래서 '오직 성자聖者가 잘 한다'라고 말하였던 것이다. ○ 이상은 제 11장이다. 자사子思가 공자의 말을 인용하여 1장의 뜻을 밝힌 것은 여기까지다. 대개 이 편의 대지는 지혜, 어짊, 용기 등 세 통용되는 덕(達德)으로 도에 들어가는 문으로 삼고 있다. 그러므로 이 편의 처음에

곧 순舜, 안연顏淵, 자로子路의 일로 밝혔으니 순은 지혜이고, 안연은 어진 것이고, 자로는 용기이다. 세 가지 가운데 하나만 폐하여도 도에 나아가 덕을 이룰 수 없다. 나머지는 제 20장에 보인다. 不爲索隱行怪, 則依乎中庸而已. 不能半塗而廢, 是以遯世不見知而不悔也. 此中庸之成德, 知之盡仁之至, 不賴勇而裕如者, 正吾夫子之事, 而猶不自居也. 故曰"唯聖者能之"而已. ○ 右第十一章. 子思所引夫子之言以明首章之義者止此. 蓋此篇大旨以知仁勇三達德爲入道之門. 故於篇首卽以大舜・顏淵・子路之事明之, 舜知也, 顏淵仁也, 子路勇也. 三者廢其一, 則無以造道而成德矣. 餘見第二十章.

【중용 12-1】

(자사가 말하였다.) "군자의 도는 광대하면서도 은미하다."

"君子之道, 費而隱."

鄭注 숨을 수 있는 절의節義를 말한다. '비費'는 어긋난다는 뜻이다. 도가 어긋나지 않으면 벼슬한다. 言可隱之節也. '費', 猶佹也. 道不費則仕.

章句 '비費'는 용用이 광대함을 뜻한다. '은隱'은 체體가 은미함을 뜻한다. '費', 用之廣也. '隱', 體之微也.

【중용 12-2】

(자사가 말하였다.) "어리석은 부부도 더불어 알 수 있지만, 그 지극함에 이르면 성인聖人도 또한 알지 못하는 바가 있다. 부족한 부

부도 실행할 수 있지만, 그 지극함에 이르면 성인도 또한 잘 하지 못하는 바가 있다. 천지天地가 크지만 사람은 여전히 아쉬워하는 바가 있다. 그러므로 군자가 큰 것을 말하면 세상의 어느 누구도 그것을 싣지 못하고, 작은 것을 말하면 세상의 어느 누구도 깨뜨리지 못한다."

"夫婦之愚, 可以與知焉, 及其至也, 雖聖人, 亦有所不知焉. 夫婦之不肖, 可以能行焉, 及其至也, 雖聖人, 亦有所不能焉.① 天地之大也, 人猶有所憾.② 故君子語大, 天下莫能載焉; 語小, 天下莫能破焉."③

鄭注 ① '여與'는 "찬자贊者도 모두 참여한다"15)라고 할 때의 '참여한다'(與)로 읽는다. 보통의 남편과 아내가 어리석지만 또한 아는 바를 가지는데 함께 참여할 수 있고 행하는 바를 가질 수 있다. 그 아는 것과 행하는 것의 지극함을 가지고 말하면, 성인도 그와 같이 할 수 없음이 있다. 순舜이 비근한 말을 살피기를 좋아한 것은 이 때문이다. '與', 讀爲"贊者皆與"之'與'. 言匹夫匹婦愚耳, 亦可以其與有所知, 可以其能有所行者. 以其知行之極也, 聖人有不能如此. 舜好察邇言, 由此故.

② '감憾'은 아쉬워한다는 뜻이다. 천지는 지극히 커서 덮고 싣지 않는 것이 없지만, 사람들은 오히려 아쉬워하는 바가 있다. 하물며 성인이 다 갖출 수 있는 것에 대해서는 어떠하겠는가? '憾', 恨也. 天地至大, 無不覆載, 人尙有所恨焉. 況於聖人能盡備之乎?

③ '어語'는 설명한다는 뜻과 같다. 설명한 바가 큰일은 선왕의 도를 가리킨다. 설명한 바가 작은 일은 어리석고 부족한 남편과 아내도 알고 행하는 것을 말한다. 성인은 겸해서 행하는 것을 다한다. '語', 猶說也. 所說大事, 謂先

王之道也. 所說小事, 謂若愚不肖夫婦之知行也. 聖人盡兼行.

章句 군자의 도는 가까이는 부부가 집에서 거주하는 사이로부터 멀게는 성인聖人과 천지도 포괄할 수 없는 데에 이르러 크기로는 밖이 없고 작기로는 안이 없으니, 광대하다고 할 만하다. 그러나 그 도리가 그러한 소이所以는 은미해서 아무도 보지 못한다. 대개 알 수 있고 할 수 있는 것은 도道 가운데 한 가지 일이고, 그 지극함에 이르러 성인聖人도 알지 못하고 잘 할 수 없는 것은 전체全體를 들어서 말한 것으로 성인도 본래 다 포괄할 수 없는 것이 있다. 후씨侯氏는 말한다. "성인聖人이 알지 못하는 바는 공자가 예를 질문한 것[16]과 관직을 질문한 것과 같은 부류이고, 잘 하지 못하는 바는 공자가 천자의 지위를 얻지 못한 것과 요와 순이 널리 베푸는 것을 어렵게 여긴 것[17]과 같은 부류이다." 내가 생각건대, 사람이 천지에 대하여 아쉽게 여기는 바는 덮어주고 실어주며 낳고 성사시키는 것에서 치우침이 있는 것과, 춥고 더우며 재이가 있고 상서가 있는 것이 바름을 얻지 못한 것과 같은 부류이다. 君子之道, 近自夫婦居室之間, 遠而至於聖人天地之所不能盡, 其大無外, 其小無內, 可謂費矣. 然其理之所以然, 則隱而莫之見也. 蓋可知可能者, 道中之一事, 及其至而聖人不知不能, 則擧全體而言, 聖人固有所不能盡也. 侯氏曰: "聖人所不知, 如孔子問禮·問官之類; 所不能如, 孔子不得位·堯舜病博施之類." 愚謂人所憾於天地, 如覆載生成之偏及寒暑災祥之不得其正者.

【중용 12-3】

(자사가 말하였다.) "『시詩』에 '솔개가 날아 하늘에 이르고, 물고기가 연못에서 뛰어 오른다'라고 하였으니, 위와 아래로 밝게 드러남

을 말한다."

"『詩』云: '鳶飛戾天, 魚躍于淵', 言其上下察也."

鄭注 '찰察'은 드러난다는 뜻이다. 성인의 덕은 하늘에 이르러 솔개가 날아서 하늘에 이르고, 땅에 이르러 물고기가 못에서 뛰어 오르니, 이것이 그 덕이 하늘과 땅에 드러나 밝은 것이다. '察', 猶著也. 言聖人之德, 至於天則鳶飛戾天; 至於地則魚躍于淵, 是其著明於天地也.

章句 '『시詩』'는 「대아大雅 · 한록寒麓」이다. '연鳶'은 솔개 종류이다. '려戾'는 이른다는 뜻이다. '찰察'은 드러난다는 뜻이다. 자사子思가 이 시를 인용하여 화육化育이 두루 행해져 위와 아래로 밝게 드러나 어느 것도 이 리理의 용用이 아님이 없음을 밝혔으니 이른바 '광대하다'(費)는 것이다. 그러나 그러한 소이所以는 눈으로 보고 귀로 듣는 것으로 미칠 바가 아니니 이른바 '은미하다'(隱)는 것이다. 그러므로 정자程子가 "이 한 구절은 자사子思가 긴절하게 사람을 위하는 곳으로, 생동하게 깨어 있는 곳"이라고 하였던 것이니, 독자는 잘 생각해볼 것이다. '『詩』', 「大雅 · 寒麓」之篇. '鳶', 鴟類. '戾', 至也. '察', 著也. 子思引此詩, 以明化育流行, 上下昭著, 莫非此理之用, 所謂'費'也. 然其所以然者, 則非見聞所及, 所謂'隱'也. 故程子曰: "此一節, 子思喫緊爲人處, 活潑潑地", 讀者其致思焉.

【중용 12-4】

(자사가 말하였다.) "군자의 도는 부부夫婦에게서 시작되지만, 그 지극함에 이르면 천지에 밝게 드러난다."

"君子之道, 造端乎夫婦, 及其至也, 察乎天地."

鄭注 '부부夫婦'는 보통의 남편과 보통의 아내가 아는 것과 행하는 것을 말한다. '夫婦', 謂匹夫匹婦之所知所行.

章句 위 문장을 끝맺은 것이다. ○ 이상은 제 12장이다. 자사子思의 말로, 대개 제1장의 도는 떨어져 있을 수 없다는 것의 뜻을 거듭 밝혔고, 이 장 아래 8장은 공자의 말을 순서 없이 인용해서 제1장의 뜻을 밝혔다. 結上文. ○ 右第二十章. 子思之言, 蓋以申明首章道不可離之意也, 其下八章雜引孔子之言以明之.

【중용 13-1】

공자가 말하였다. "도道가 사람에게서 멀리 있지 않으니, 사람이 도를 행하면서 사람을 멀리하면, 도라고 할 수 없다."

子曰: "道不遠人, 人之爲道而遠人, 不可以爲道."

鄭注 도道는 곧 사람에게서 멀리 있지 않지만 사람이 실행하지 못함을 말한다. 言道卽不遠於人, 人不能行也.

章句 '도道'는 본성을 따르는 것일 뿐으로, 본래 대중이 알 수 있고 행할 수 있는 것이다. 그러므로 항상 사람에게서 멀리 있지 않다. 만약 도를 행한다는 자가 그 비근함을 싫어해서 행하기에 충분치 않다고 여기고 도리어 높고 멀리 있는 실행하기 어려운 일을 힘써 한다면, 도를 행하기 위한 것이 아니니다. '道'者, 率性而已, 固衆人之所能知能行者也. 故常不遠於人. 若爲道者厭其卑近, 以爲不足爲, 而反務爲高遠難行之事, 則非所以爲道矣.

【중용 13-2】

(공자가 말하였다.) "『시詩』에 '도끼자루를 베네, 도끼자루를 베네, 그 법도가 멀리 있지 않다네'라고 하였는데, 도끼자루를 잡고 도끼자루를 베면서, 흘겨서 살펴보며 법도가 멀리 있다고 여긴다. 그러므로 군자는 사람으로 사람을 다스려서 상대가 고치면 그만둔다."

"『詩』云'伐柯伐柯, 其則不遠', 執柯以伐柯, 睨而視之, 猶以爲遠.① 故君子以人治人, 改而止."②

鄭注 ① '칙則'은 법도이다. 도끼자루를 들고 나무를 채벌하여 도끼자루를 삼고자 할 때, 가까이 (들고 있는) 도끼자루로 크기의 법도를 삼으니 이 법도가 사람에게서 멀리 있지 않는데, 사람들은 오히려 멀리 있다고 여기는 것을 말한다. 도를 실행함에 멀리 있다고 여겨서는 안 됨을 밝혔다. '則', 法也. 言持柯以伐木, 將以爲柯, 近以柯爲尺寸之法, 此法不遠人, 人尙遠之. 明爲道不可以遠.

② 사람이 죄와 잘못이 있으면 군자는 사람의 도리로서 다스리고, 그 사람이 고치면 그치고 용서하며, 사람이 할 수 없는 것으로 요구하지 않는다. 言人有罪過, 君子以人道治之, 其人改則止赦之, 不責以人所不能也.

章句 '『시詩』'는 「빈풍豳風 · 벌가伐柯」이다. '가柯'는 도끼자루이다. '칙則'은 법도이다. '예睨'는 흘겨서 본다는 뜻이다. 사람들이 도끼자루를 잡고 나무를 채벌하여 도끼자루를 만드는 경우, 그 도끼자루의 길고 짧은 법도가 이 (잡고 있는) 도끼자루에 있지만, 오히려 저것과 이것의 구별을 둔다. 그러므로 채벌하는 이가 나무를 살펴보고 법도가 멀리 있다고 여긴다. 만약 사람으로 사람을 다스리면, 사람이 되는 도리는 각자 해당자의 몸에 있어,

애당초 상대와 나의 구별이 없다. 그러므로 군자가 다른 사람을 다스릴 때는 그 사람의 도리를 가지고 도로 그 사람의 몸을 다스려서 그 사람이 고치면 곧 그만두고 다스리지 않는다. 대개 그 사람이 알 수 있고 행할 수 있는 것으로 책려하는 것이니, 사람에게서 멀리 있는 것을 도道로 삼기를 바라는 것이 아니다. 장자張子(장재張載)가 "대중의 시야로 남에게 기대하면 쉽게 따른다"18)라고 한 말이 그것이다. '『詩』', 「豳風 · 伐柯」之篇. '柯', 斧柄. '則', 法也. '睨', 邪視也. 言人執柯伐木以爲柯者, 彼柯長短之法在此柯耳, 然猶有彼此之別. 故伐者視之猶以爲遠也. 若以人治人, 則所以爲人之道各在當人之身, 初無彼此之別. 故君子之治人也, 卽以其人之道, 還治其人之身, 其人能改, 卽止不治. 蓋責之以其所能知能行, 非欲其遠人以爲道也. 張子所謂"以衆人望人, 則易從", 是也.

【중용 13-3】

(공자가 말하였다.) "충서忠恕는 도道에서 멀지 않으니, 자신에게 시행하여 바라지 않으면 또한 남에게도 시행하지 말아야 한다."
"忠恕違道不遠, 施諸己而不願, 亦勿施於人."

鄭注 '위違'는 떨어져 있다는 뜻이다. '違', 猶去也.

章句 자신의 마음을 다하는 것이 '충忠'이고, 자신의 경우를 미루어 남에게 미치는 것이 '서恕'이다. '위違'는 떨어져 있다는 뜻이다. 『춘추좌씨전』의 "제齊나라 군대가 곡穀땅에서 7리 떨어져 있다"(齊師違穀七里)고 할 때의 '떨어져 있다(違)'는 말과 같다. 이쪽에서 저쪽까지 서로 떨어진 것이 멀지 않음을 말하는 것이요, 등지고 떠나감을 말하는 것이 아니다. '도道'는 곧 "사

람에게서 멀리 있지 않다"는 것이 그것이다. '자신에게 시행하여 바라지 않으면 또한 남에게도 시행하지 말아야 한다'는 것이 충서忠恕의 일이다. 자신의 마음으로 다른 사람의 마음을 헤아려보면 같지 않은 적이 없다. 따라서 도道가 사람에게서 멀리 있지 않음을 알 수 있다. 그러므로 자신이 바라지 않는 바를 다른 사람에게 시행하지 말아야 하니, 사람에게서 멀리 있지 않은 것으로 도道를 삼는 일이다. 장자張子가 "자신을 소중히 여기는 마음으로 남을 소중히 여기면 인仁을 다 행한다"[19]라고 한 말이 그것이다. 盡己之心爲'忠', 推己及人爲'恕'. '違', 去也. 如『春秋傳』"齊師違穀七里"之'違'. 言自此至彼相去不遠, 非背而去之之謂也. '道', 卽其"不遠人"者是也. '施諸己而不願, 亦勿施於人', 忠恕之事也. 以己之心度人之心, 未嘗不同. 則道之不遠於人者可見. 故己之所不欲, 則勿以施於人, 亦不遠人以爲道之事. 張子所謂"以愛己之心愛人, 則盡仁", 是也.

【중용 13-4】

(공자가 말하였다.) "군자의 도道가 네 가지인데 구丘(공자의 이름)는 한 가지도 아직 잘 하지 못한다. 자식에게 요구하는 것으로 아버지를 섬기는 것인데 아직 잘 하지 못하고, 신하에게 요구하는 것으로 임금을 섬기는 것인데 아직 잘 하지 못하고, 아우에게 요구하는 것으로 형을 섬기는 것인데 아직 잘 하지 못하고, 친구에게 요구하는 것으로 친구에게 먼저 베푸는 것인데 아직 잘 하지 못한다. 평소의 덕을 실천하고 평소의 말을 조심하여, 부족한 바가 있으면 감히 힘쓰지 않음이 없고 남음이 있으면 감히 다하지 않으면서, 말할 때에는 행동을 돌아보고 행동할 때에는 말을 돌아본다. 군자가 어찌

독실하지 않겠는가?"

"君子之道四, 丘未能一焉: 所求乎子以事父, 未能也; 所求乎臣以事君, 未能也; 所求乎弟以事兄, 未能也; 所求乎朋友先施之, 未能也.① 庸德之行, 庸言之謹, 有所不足不敢不勉, 有餘不敢盡, 言顧行行顧言.② 君子胡不慥慥爾?③"

鄭注 ① 성인임에도 나는 잘 못한다고 말하는 것은 일반 사람들이 응당 힘써서 중단함이 없어야 함을 밝힌 것이다. 聖人而曰我未能, 明人當勉之無已. ② '용庸'은 항상된다는 뜻과 같다. 덕은 항상 행하고 말은 항상 조심하는 것을 말한다. 성인이 실행함은 실로 일반 사람들을 능가하지만 '남음이 있으면 감히 다하지 않고' 항상 사람들의 법도가 되니, 예를 따르는 것이다. '庸', 猶常也. 言德常行也, 言常謹也. 聖人之行實過於人, '有餘不敢盡', 常爲人法, 從禮也. ③ '군자君子'는 여러 현인을 가리킨다. '조조慥慥'는 견지함이 독실하고 말과 행동이 서로 일치하는 모습을 뜻한다. '君子', 謂衆賢也. '慥慥', 守實言行相應之貌.

章句 '구求'는 요구한다는 뜻과 같다. 도가 사람에게서 멀리 있지 않으니 무릇 자신이 남에게 요구하는 것이 모두 도에서 마땅히 그렇게 해야 하는 것이다. 그러므로 돌이켜서 자신에게 요구하고 자신을 수양한다. '용庸'은 평상의 뜻이다. '실천한다'(行)는 그 실제를 실천하는 것이다. '조심한다'(謹)는 것은 해도 되는 것을 채택하는 것이다. 덕이 부족해도 힘써 노력하면 실천은 더욱 힘이 붙고, 할 말이 넘쳐나도 더듬듯이 적게 말하면 조심함이 더욱 지극해진다. 조심하는 것이 지극해지면 말할 때 행동을 돌아보게 되고, 행동에 힘이 붙으면 행동할 때 말을 돌아보게 된다. '조조慥慥'는 독실한 모습이다. 군자가 말과 행동을 이와 같이 하는데 어찌 독실하지 않겠는가 하

고 말하는 것으로 찬미하는 것이다. 무릇 이런 것은 사람에게서 멀리 있지 않은 것으로 도를 삼는 일이다. 장자張子가 "남에게 요구하는 마음으로 자신에게 요구하면, 도를 다한다"[20]라고 한 말이 그것이다. ○ 이상은 제 13장이다. '도가 사람에게서 멀리 있지 않은 것'은 부부도 할 수 있는 것이요, '구丘는 아직 한 가지도 잘 하지 못한다'는 것은 성인聖人도 잘 하지 못하는 바로, 모두 '광대함'에 해당한다. 그러나 그러한 소이所以에는 지극히 은미한 바가 있다. 아래 장은 이 장을 따른다. '求', 猶責也. 道不遠人, 凡己之所以責人者, 皆道之所當然也. 故反之以自責而自修焉. '庸', 平常也. '行'者, 踐其實. '謹'者, 擇其可. 德不足而勉, 則行益力; 言有餘而訒, 則謹益至. 謹之至, 則言顧行矣; 行之力, 則行顧言矣. '慥慥', 篤實貌. 言君子之言行如此, 豈不慥慥乎, 讚美之也. 凡此皆不遠人以爲道之事. 張子所謂"以責人之心責己, 則盡道", 是也. ○ 右第十三章. '道不遠人'者, 夫婦所能; '丘未能一'者, 聖人所不能, 皆'費'也. 而其所以然者, 則至隱存焉. 下章放此.

【중용 14-1】

(자사가 말하였다.) "군자는 현재 자신의 자리에 따라서 행하고 그 밖의 것을 바라지 않는다."

"君子素其位而行, 不願乎其外."

章句 '소素'는 현재라는 뜻과 같다. 군자는 단지 현재 머무르고 있는 자리에 따라서 해야 할 바를 할 뿐 그 외의 것을 흠모하는 마음을 가지지 않음을 말한다. '素', 猶見在也. 言君子但因見在所居之位, 而爲其所當爲, 無慕乎其外之心也.

【중용 14-2】

(자사가 말하였다.) "현재 부귀하면 부귀한 가운데에서 행하고, 현재 빈천하면 빈천한 가운데에서 행하고, 현재 이적夷狄에 있으면 이적 가운데에서 행하고, 현재 환난患難에 처해 있으면 환난 가운데에서 행하니, 군자는 어디를 가도 자기 자신을 얻지 않음이 없다."

"素富貴, 行乎富貴; 素貧賤, 行乎貧賤; 素夷狄, 行乎夷狄; 素患難, 行乎患難, 君子無入而不自得焉."

鄭注 '소素'는 모두 향한다(傃)로 읽어야 한다. '그 밖의 것을 바라지 않는다'(不願乎其外)는 것은 생각함이 자신의 지위를 벗어나지 않음을 뜻한다. '자신을 얻는다'(自得)는 것은 향하는 바에 그 도를 잃지 않음을 말한다. '素', 皆讀爲'傃'. '不願乎其外', 謂思不出其位也. '自得', 謂所鄉不失其道.

章句 이 구절은 현재 그 자리에 따라서 행함을 말한다. 此言素其位而行也.

【중용 14-3】

(자사가 말하였다.) "윗자리에 있으면서 아래 사람을 능멸하지 않고, 아래 자리에 있으면서 윗사람을 끌어내지 않고, 자신을 바르게 하면서 남에게 요구하지 않으니, 원망을 사는 일이 없다. 위로 하늘을 원망하지 않고, 아래로 남을 원망하지 않는다."

"在上位不陵下, 在下位不援上,① 正己而不求於人, 則無怨. 上不怨天, 下不尤人."②

鄭注 ① '원援'은 끌어와서 버티는 것이다. '援', 謂牽持之也.

② '원망함이 없다'(無怨)는 것은 남이 자신을 원망함이 없는 것이다. 『논어』 「위령공衛靈公」에 "군자는 자신에게서 찾고, 소인은 남에게서 찾는다"[21]라고 하였다. '無怨', 人無怨之者也. 『論語』曰: "君子求諸己, 小人求諸人."

章句 이 구절은 '그 밖의 것을 바라지 않음'을 말한다. 此言'不願乎其外'也.

【중용 14-4】

(자사가 말하였다.) "그러므로 군자는 평탄한 바에 머무르면서 천명을 기다리고, 소인은 험난한 것을 행하면서 요행을 바란다."

"故君子居易以俟命, 小人行險以徼幸."

鄭注 '이易'는 평안하다는 뜻과 같다. '천명을 기다린다'(俟命)는 것은 하늘이 맡기고 명하는 것을 따른다는 뜻이다. '험險'은 비정상적이고 속이는 방식을 말한다. '易', 猶平安也. '俟命', 聽天任命也. '險', 謂傾危之道.

章句 '이易'는 평탄한 곳을 말한다. '평탄한 바에 머무른다'(居易)는 것은 현재의 자리에 따라서 행하는 것이다. '천명을 기다린다'(俟命)는 것은 밖의 것을 바라지 않는 것이다. '요徼'는 찾는다는 뜻이다. '행幸'은 얻는 것이 부당한데 얻는 것을 말한다. '易', 平地也. '居易', 素位而行也. '俟命', 不願乎外也. '徼', 求也. '幸', 謂所不當得而得者.

【중용 14-5】

(자사가 말하였다.) "공자가 말하였다. '활쏘기는 군자와 닮은 점이 있다. 과녁의 정곡正鵠에서 빗나가면, 돌이켜서 자신에게서 그 원인을 찾는다.'"

"子曰: '射有似乎君子. 失諸正鵠, 反求諸其身.'"

鄭注 돌이켜 자기 자신에서 그 원인을 찾음은 남을 원망하지 않는 것이다. 베에 그려놓은 것을 '정正'이라고 하고, 가죽에 붙여놓은 것을 '곡鵠'이라고 한다. 反求於其身, 不以怨人. 畫布曰'正', 棲皮曰'鵠'.

章句 베에 그려놓은 것을 '정正'이라고 하고, 가죽에 붙여놓은 것을 '곡鵠'이라고 하는데, 모두 과녁의 중앙을 뜻하며, 활쏘기의 표적이다. 자사子思가 이 공자의 말을 인용하여 위 문장의 뜻을 끝맺었다. ○ 이상은 제 14장이다. 자사子思의 말이다. 무릇 장의 첫머리에 '공자가 말하였다'(子曰)는 말이 없는 경우는 이 장의 경우를 따른다. 畫布曰'正', 棲皮曰'鵠', 皆侯之中, 射之的也. 子思引此孔子之言, 以結上文之意. ○ 右第十四章. 子思之言也. 凡章首無'子曰'字者放此.

【중용 15-1】

(자사가 말하였다.) "군자의 도는 비유하면 먼 길을 갈 때 반드시 가까운 곳으로부터 가는 것과 같고, 비유하면 높은 곳에 오를 때 반드시 낮은 곳에서부터 오르는 것과 같다."

"君子之道, 辟如行遠必自邇, 辟如登高必自卑."

鄭注 '자自'는 ~로부터라는 뜻이다. '이邇'는 가깝다는 뜻이다. 행하는 것은 가깝고 낮은 곳에서 시작하여 점차 높고 먼 곳에까지 이른다. '自', 從也. '邇', 近也. 行之以近者卑者始, 以漸致之高遠.

章句 '비辟(비유하다)와 '비譬'(비유하다)는 뜻이 같다. '辟'·'譬'同.

【중용 15-2】

(자사가 말하였다.) "『시詩』에 말한다. '아내가 화합하여 금슬琴瑟을 타듯하고, 형제들 이미 화합하여 화락하며 또한 즐겁네. 너의 집안을 좋게 하고 너의 아내와 자손들 즐겁게 하네.'"

"『詩』曰: '妻子好合, 如鼓瑟琴, 兄弟旣翕, 和樂且耽. 宜爾室家, 樂爾妻帑.'"

鄭注 금琴과 슬瑟은 소리가 서로 호응하여 조화롭다. '흡翕'은 화합한다는 뜻이다. '담耽'은 또한 즐겁다는 뜻이다. 옛사람들은 자손을 '노帑'라고 불렀다. 이 『시』는 집안을 화목하게 하는 도가 가까운 것에서 시작함을 말한다. 琴·瑟聲相應和也. '翕', 合也. '耽', 亦樂也. 古者謂子孫曰'帑'. 此『詩』言和室家之道, 自近者始.

章句 '『시詩』'는 「소아小雅·상체常棣」이다. '금슬을 탄다'(鼓瑟琴)는 것은 조화로움을 뜻한다. '흡翕'은 또한 화합한다는 뜻이다. '담耽'은 또한 즐겁다는 뜻이다. '노帑'는 자손의 뜻이다. '『詩』', 「小雅·常棣」之篇. '鼓瑟琴', 和也. '翕', 亦合也. '耽', 亦樂也. '帑', 子孫也.

【중용 15-3】

(자사가 말하였다.) "공자가 말하였다. '부모가 편안하고 즐거울 것이다.'"

"子曰: '父母其順矣乎.'"

鄭注 그 가르침과 명령이 행해져서 집안을 화순하게 함을 말한다. 謂其敎令行, 使室家順.

章句 공자가 이 시를 외워 칭찬하기를 '처자에게 잘 화합하고 형제에게 좋게 하기를 이와 같이 하면, 부모는 편안하고 즐거워한다'고 말하였다. 자사子思가 『시』와 이 공자의 말을 인용하여 먼 길을 갈 때 반드시 가까운 곳으로부터 가고, 높은 곳에 오를 때 반드시 낮은 곳에서부터 오르는 것의 취지를 밝혔다. ○ 이상은 제 15장이다. 夫子誦此詩而讚之, 曰'人能和於妻子, 宜於兄弟如此, 則父母其安樂之矣.' 子思引『詩』及此語, 以明行遠自邇登高自卑之意. ○ 右第十五章.

【중용 16-1】

공자가 말하였다. "귀신이 덕이 됨은 성대하다."

子曰: "鬼神之爲德, 其盛矣乎."

章句 정자程子가 말하였다. "귀신은 천지의 작용이요, 조화造化의 자취이다." 장자張子가 말하였다. "귀신은 음과 양 두 기의 본래적인 속성(良能)이다." 내가 생각건대, 음과 양 두 기로서 말하면 귀신의 귀鬼는 음기의 영활

한 부분이요, 신神은 양기의 영활한 부분이다. 동일한 기로서 말하면 이르러서 펼치는 것이 신神이 되고, 돌이켜서 되돌아가는 것이 귀鬼가 되는데 실제로는 같은 것이다. '덕이 된다'(爲德)는 것은 '성정性情', '공효功效'(기능과 효과)라고 말하는 것과 같다. 程子曰: "鬼神, 天地之功用, 而造化之迹也." 張子曰: "鬼神者, 二氣之良能也." 愚謂以二氣言, 則鬼者陰之靈也, 神者陽之靈也; 以一氣言, 則至而伸者爲神, 反而歸者爲鬼, 其實一物而已. '爲德', 猶言'性情'·'功效'.

【중용 16-2】

(공자가 말하였다.) "보아도 보이지 않고, 들어도 들리지 않지만, 사물의 체가 되어 (주관하고) 사물이 이탈할 수 없다."

"視之而弗見, 聽之而弗聞, 體物而不可遺."

鄭注 '체體'는 낳는다는 뜻과 같다. '가可'는 것(所)의 뜻이다. 빠뜨리는 것이 있지 않다는 것은 만물이 귀신의 기로 생양生養되지 않음이 없음을 말한다. '體', 猶生也. '可', 猶所也. 不有所遺, 言萬物無不以鬼神之氣生也.

章句 귀신은 형체도 소리도 없지만, 사물이 생겨나고 소멸함은 음과 양의 기가 합해지고 흩어짐이 하는 것이 아님이 없다. 이것이 사물의 체가 되고 사물이 이탈하지 못하는 것이다. '체물體物'(물의 체가 되어 주관함)이라고 말한 것은 『역易』에서 '간사幹事'(일을 주관함)라고 말한 것과 같다. 鬼神無形與聲, 然物之終始, 莫非陰陽合散之所爲. 是其爲物之體而物之所不能遺也. 其言'體物', 猶『易』所謂'幹事'.

【중용 16-3】

(공자가 말하였다.) "천하 사람들이 재계하고 정결히 하여 제복을 갖추어 입고 제사를 지내 받들게 하는데, 유동하고 충만함이 그 위에 있는 듯하고, 그 곁에 있는 듯하다."

"使天下之人, 齊明盛服, 以承祭祀, 洋洋乎如在其上, 如在其左右."

鄭注 '명明'은 깨끗하다는 뜻과 같다. '양양洋洋'은 사람이 그 어렴풋한 모습을 떠올리고 그리워하는 것이다. '明', 猶潔也. '洋洋', 人想思其傍僾之貌.

章句 '재齊'(재계한다)의 뜻은 같게 한다는 것이다. 같지 않은 것을 같게 하여 그 한결같은 상태에 이르게 하는 것이다. '명明'은 깨끗하다는 뜻이다. '양양洋洋'은 유동하고 충만하다는 뜻이다. 사람들이 공경하고 받들게 하여 드러나 보임이 밝게 나타나는 것이 이와 같으니, 곧 '사물의 체가 되어 (주관하고) 사물이 이탈할 수 없는 것'의 징험이다. 공자가 "그 기는 위로 발양하여 밝게 빛나고, 피어오르며 오싹하게 처연하다. 이것은 온갖 사물의 정精이요, 신神이 드러난 것이다"[22]라고 말한 것이 바로 이것을 가리킨다. '齊'之爲言, 齊也. 所以齊不齊而致其齊也. '明', 猶潔也. '洋洋', 流動充滿之意. 能使人畏敬奉承, 而發見昭著如此, 乃其"體物而不可遺"之驗也. 孔子曰: "其氣發揚于上, 爲昭明焄蒿悽愴. 此百物之精也神之著也", 正謂此爾.

【중용 16-4】

(공자가 말하였다.) "『시詩』에 '귀신이 이름에, 헤아릴 수 없거늘,

하물며 싫어해서 되겠는가?'라고 하였다."
"『詩』曰: '神之格思, 不可度思, 矧可射思?'"

鄭注 '격格'은 와서 이른다는 뜻이다. '신矧'은 하물며의 뜻이다. '역射'은 싫어한다는 뜻이다. '사思'는 모두 소리를 돕는 말이다. 신이 와서 이름에 그 형상을 추측하여 알 수 없어, 공경함을 다하여 섬길 뿐이니 하물며 싫어하고 소홀히 해서 되겠는가라고 말하는 것이다. '格', 來也. '矧', 況也. '射', 厭也. '思', 皆聲之助. 言神之來, 其形象不可億度而知, 事之盡敬而已, 況可厭倦乎.

章句 '『시詩』'는 「대아大雅 · 억抑」이다. '격格'은 이른다는 뜻이다. '신矧'은 하물며의 뜻이다. '역射'은 싫어한다는 뜻이다. 싫어하고 나태하면서 공경하지 않음을 말한다. '사思'는 어사語辭이다. '『詩』', 「大雅 · 抑」之篇. '格', 來也. '矧', 況也. '射', 厭也. 言厭怠而不敬也. '思', 語辭.

【중용 16-5】
(공자가 말하였다.) "대저 은미한 것이 드러남과 진실함을 가릴 수 없음이 이와 같다."
"夫微之顯 · 誠之不可揜如此夫."

鄭注 귀신은 형상이 없지만 드러나고, 말을 하지 않아도 진실함을 말한다. 言神無形而著, 不言而誠.

章句 '성誠'은 진실하여 속임이 없는 것을 가리킨다. 음과 양의 기가 합해졌다가 흩어짐에 실제가 아닌 것이 없다. 그러므로 그것이 발현됨을 가릴

수 없는 것이 이와 같다. ○ 이상은 제 16장이다. 보이지 않고 들리지 않는 것은 은미함이요, 사물의 체가 되어 있는 것 같음은 또한 광대함이다. 이 장 앞의 3장은 광대함의 작은 사례로 말하였고, 이 장 뒤의 3장은 광대함의 큰 사례로 말하였고, 이 1장은 광대함과 은미함을 겸하고 크고 작은 것을 포괄하여 말하였다. '誠'者, 眞實無妄之謂. 陰陽合散無非實者. 故其發見之不可揜如此. ○ 右第十六章. 不見不聞, 隱也; 體物如在, 則亦費矣. 此前三章以其費之小者而言, 此後三章以其費之大者而言, 此一章兼費隱包大小而言.

【중용 17-1】

공자가 말하였다. "순舜은 크게 효도한 분일 것이다. 덕德으로는 성인이 되었고, 존귀함으로는 천자가 되었고, 부유함으로는 사해 안을 가졌고, 종묘에서 제사를 올렸고, 자손이 보전하였다."

子曰: "舜其大孝也與. 德爲聖人, 尊爲天子, 富有四海之內, 宗廟饗之, 子孫保之."

鄭注 '보保'는 편안하다는 뜻이다. '保', 安也.

章句 '자손子孫'은 우사虞思와 진호공陳胡公[23]의 부류를 가리킨다. '子孫', 謂虞思·陳胡公之屬.

【중용 17-2】

(공자가 말하였다.) "그러므로 큰 덕을 갖춘 이는 반드시 그 지위를

얻고, 반드시 그 봉록을 얻고, 반드시 그 명성을 얻고, 반드시 그 수명을 얻는다."

"故大德必得其位, 必得其祿, 必得其名, 必得其壽."

鄭注 '명名'은 아름다운 명성이다. '名', 令聞也.

章句 순舜은 나이가 110세를 살았다. 舜年百有十歲.

【중용 17-3】

(공자가 말하였다.) "그러므로 하늘이 만물을 낳을 때, 반드시 그 재질을 따라서 두텁게 하였다. 그러므로 심어진 것은 북돋아주고 기울어진 것은 뒤엎는다."

"故天之生物, 必因其材而篤焉.① 故栽者培之, 傾者覆之."②

鄭注 ① '재材'는 그 바탕이 되는 성질을 가리킨다. '독篤'은 두텁다는 뜻이다. 선한 사람은 하늘이 그 복을 두텁게 해주고, 악한 사람은 하늘이 그 해를 두텁게 해주니, 모두 그 근본을 따라서 하는 것이다. '材', 謂其質性也. '篤', 厚也. 言善者天厚其福, 惡者天厚其毒, 皆由其本而爲之.

② '재栽'는 "문왕이 처음 지식을 가질 때"(文王初載)[24]의 '지식을 가진다'(載)로 읽는다. '재栽'는 심는다는 뜻과 같다. '배培'는 더한다는 뜻이다. 지금 사람들은 초목을 심는 것을 지칭하여 '재栽'라고 하고, 담장을 쌓으면서 축판을 세우는 것을 '재栽'라고 부른다. '재栽'는 어떤 판본에는 '자玆'로 되어

있다. '복覆'은 쓰러진다(무너진다)는 뜻이다. '栽', 讀如"文王初載"之載. '栽', 猶殖也. '培', 益也. 今時人名草木之植曰栽, 築墻立板亦曰栽. '栽'或爲'玆'. '覆', 敗也.

章句 '재才'는 재질을 뜻한다. '독篤'은 두텁다는 뜻이다. '재栽'는 심는다는 뜻이다. 기가 이르러 자라는 것이 '북돋음'(培)이 되고, 기가 돌아가 흩어지면 '뒤엎음'(覆)이 된다. '才', 質也. '篤', 厚也. '栽', 植也. 氣至而滋息爲'培', 氣反而遊散則'覆'.

【중용 17-4】

(공자가 말하였다.) "『시詩』에 '즐거운 군자여, 드러나고 드러나는 아름다운 덕이로다. 백성에게 합당하고 관원官員에게 합당하니, 하늘에서 녹祿을 받도다. 보호하여 명하니, 하늘로부터 거듭거듭 하네'라고 하였다."

"『詩』曰: '嘉樂君子, 憲憲令德. 宜民宜人, 受祿于天. 保佑命之, 自天申之.'"

章句 '『시詩』'는 「대아大雅 · 가락假樂」이다. '가假'는 이 시에 따라 '가嘉'로 되어야 한다. '헌憲'은 이 시에 따라 '현顯'이 되어야 한다. '신申'은 거듭한다는 뜻이다. '『詩』', 「大雅 · 假樂」之篇. '假'當依此作'嘉'. '憲'當依詩作'顯'. '申', 重也.

【중용 17-5】

(공자가 말하였다.) "그러므로 큰 덕을 갖춘 이는 반드시 천명을

받는다."
"故大德者必受命."

鄭注 '헌헌憲憲'은 왕성한 모양이다. '보保'는 편안하다는 뜻이다. '우佑'는 돕는다는 뜻이다. '憲憲', 興盛之貌. '保', 安也. '佑', 助也.

章句 '천명을 받는다'(受命)는 것은 천명을 받아 천자가 된다는 뜻이다. ○ 이상은 제 17장이다. 이 장은 평소의 행실을 항상되게 함으로부터 미루어서 그 지극함을 다한 것이니 도의 용用이 넓음을 보인 것인데, 그러한 소이는 체體로서 은미하다. 뒤의 2장도 또한 이러한 뜻이다. '受命'者受天命爲天子也. ○ 右第十七章. 此由庸行之常, 推之以極其至, 見道之用廣也, 而其所以然者, 則爲體微矣. 後二章亦此意.

【중용 18-1】

공자가 말하였다. "우환이 없는 사람은 오직 문왕일 것이다. 왕계王季를 아버지로 두었고, 무왕武王을 자식으로 두었으니, 아버지가 시작하고, 아들이 계승하였다."
子曰: "無憂者, 其惟文王乎. 以王季爲父, 以武王爲子, 父作之, 子述之."

鄭注 성인이 법도를 세우는 것으로 큰일을 삼았는데, 자식이 그것을 잘 이어받아 이루니 무엇을 걱정하겠는가? 요堯와 순舜의 부자 사이에는 흉포하고 완악한 아들이 있었고, 우禹와 탕湯의 부자 사이에는 아름다운 명성을

지닌 아들이 적었으니, 부자가 서로 이룬 경우로는 오직 문왕文王이 있다. 聖人以立法度爲大事, 子能述成之, 則何憂乎? 堯舜之父子, 則有凶頑, 禹湯之父子, 則寡令聞, 父子相成, 唯有文王.

章句 이 구절은 주 문왕의 일을 말하였다. 『서書』「무성武成」에서는 "왕계王季가 왕실의 사업에 힘썼다"라고 하였는데, 대개 그 시작한 것을 말하니, 또한 공적을 쌓고 인仁을 축적한 일이다. 此言文王之事. 『書』言"王季其勤王家", 蓋其所作, 亦積功累仁之事也.

【중용 18-2】

(공자가 말하였다.) "무왕武王이 태왕太王, 왕계王季, 문왕文王이 시작해놓은 유업遺業을 이어받아 한 번 군사를 일으켜 천하를 차지하니, 자신은 천하의 드러난 명성을 실추하지 않았고, 존귀하기로는 천자가 되었고, 부유하기로는 사해 안을 차지하였고, 종묘에서 제사를 올렸고, 자손이 보전하였다."

"武王纘太王 · 王季 · 文王之緒, 壹戎衣而有天下, 身不失天下之顯名, 尊爲天子, 富有四海之內, 宗廟饗之, 子孫保之."

鄭注 '찬纘'은 계승한다는 뜻이다. '서緖'는 사업을 뜻한다. '융戎'은 군사를 뜻한다. '의衣'는 '은殷'과 같이 읽으니, 발음으로 인한 착오이다. 제나라 사람들이 '은殷'을 발음할 때 소리가 '의衣'와 같다. 우虞 · 하夏 · 상商 · 주周의 성씨가 많다. 오늘날 성씨 중에 의衣씨가 있는데 은나라의 혈통일 것이다. '일융의壹戎殷'는 한 번 군사를 움직여 은을 정벌하였다는 뜻이다. '纘', 繼也. '緖', 業也. '戎', 兵也. '衣', 讀如殷, 聲之誤也. 齊人言'殷', 聲如'衣'. 虞 · 夏 · 商 · 周,

氏者多矣. 今姓有衣者, 殷之冑與. '壹戎殷'者, 壹用兵伐殷也.

章句 이 구절은 주 무왕의 일을 말하였다. '찬纘'은 계승한다는 뜻이다. '태왕大王'은 왕계王季의 아버지다. 『서書』에 "태왕이 왕자의 자취에 기초를 닦았다"25)라고 하였고, 『시詩』에 "태왕에 이르러 실로 상商을 멸하는 일을 시작하였다"26)라고 하였으니, 일단의 일이다. '융의戎衣'는 갑옷 종류이다. '일융의壹戎衣'는 『서書』 「무성武成」의 문장으로 한 번 갑옷을 입고 주紂를 정벌하였음을 말한다. 此言武王之事. '纘', 繼也. '大王', 王季之父也. 『書』云"大王肇基王迹", 『詩』云"至于大王, 實始翦商", 緖業也. '戎衣', 甲冑之屬. '壹戎衣', 「武成」文, 言壹著戎衣以伐紂也.

【중용 18-3】

(공자가 말하였다.) "무왕武王이 노년에 천명을 받았고, 주공周公이 문왕과 무왕의 덕을 이루고, 태왕大王과 왕계王季를 추존하여 왕으로 높이고, 위로 선공先公에게 천자의 예로 제사하였다. 이 예는 제후·대부·사 그리고 서인까지 행하였다. 아버지가 대부이고 자식이 사이면 장례는 대부의 예로서 행하고 제사는 사의 예로서 지낸다. 아버지가 사이고 자식이 대부이면, 장례는 사의 예로서 행하고 제사는 대부의 예로서 지낸다. 기년복의 상喪은 대부까지 행한다. 삼년복의 상은 천자까지 행한다. 부모의 상은 신분에 상관없이 한결같이 행한다."

"武王末受命, 周公成文武之德, 追王大王·王季, 上祀先公以天子之禮. 斯禮也達乎諸侯·大夫及士·庶人. 父爲大夫, 子爲士, 葬以大夫, 祭以士. 父爲士, 子爲大夫, 葬以士, 祭以大夫. 期之喪, 達乎大夫. 三年之喪, 達乎天子. 父母之喪, 無貴賤一也."

鄭注 '말末'은 노년과 같은 뜻이다. '태왕과 왕계를 추존하여 왕으로 높임'(追王大王·王季)은 왕자王者의 자취가 시작되었기 때문이다. '선공先公'은 조감組紺 이상 후직后稷에 이르는 선조들이다. '이 예는 제후, 대부, 사 그리고 서인까지 행하였다'(斯禮達於諸侯·大夫·士·庶人)는 장례를 지낼 때는 죽은 이의 지위를 따라 하고, 제사를 지낼 때는 살아 있는 이의 봉록을 기준으로 삼는 것을 가리킨다. 대부는 대부의 예로 장례를 지내고 사는 사의 예로 장례를 지내므로, '추존하여 왕으로 높였다'는 것은 개장한 것이다. '기년복의 상喪은 대부까지 행한다'(期之喪達於大夫)는 것은 방계 친족으로 강복하여 대공복을 하는 경우를 가리킨다. 정통正統의 기년복[27]은 천자와 제후도 오히려 강복하지 않는다. 대부가 강복하는 경우의 상복에 대해서 천자와 제후는 상복을 끊고 하지 않는데, 신하로 삼지 않는 이에 대해서는 상복을 한다. 장례와 제사를 이어받아 기년복과 삼년복을 설명한 것은 자식이 부모를 섬김은 효로써 하고 신분에 따라 변경하지 않음을 밝힌 것이다. '末', 猶老也. '追王大王·王季'者, 以王迹起焉. '先公', 組紺以上至后稷也. '斯禮達於諸侯·大夫·士·庶人'者, 謂葬之從死者之爵, 祭之用生者之祿也. 言大夫葬以大夫, 士葬以士, 則'追王'者, 改葬之矣. '期之喪達於大夫'者, 謂旁親所降在大功者. 其正統之期, 天子諸侯猶不降也. 大夫所降, 天子諸侯絶之不爲服, 所不臣乃服之也. 承葬·祭說期·三年之喪者, 明子事父以孝, 不用其尊卑變.

章句 이 구절은 주공周公의 일을 말하였다. '끝'(末)은 노년이라는 뜻과 같다. '추존하여 왕으로 높인다'(追王)는 것은 대개 문왕과 무왕의 뜻을 미루어 왕자王者의 자취가 일어난 바에까지 미친 것이다. '선공先公'은 조감組紺[28] 이상 후직后稷에까지 이르는 선조들이다. '위로 선공先公에게 천자의

예로 제사를 드린다'는 것은 또한 태왕大王과 왕계王季의 뜻을 미루어 끝없는 데에까지 미치는 것이다. 예법禮法으로 제정하여 천하에 적용할 때, 장례에는 죽은 이의 작명을 기준으로 사용하고, 제사에는 산 이의 봉록을 기준으로 사용하게 하고, 상복에서 기년복 이하에 대하여 제후는 끊어서 거상하지 않게 하고 대부는 강복으로 거상하게 하고, 부모의 상을 당하였을 때에는 상하 모든 계층이 거상하는 것을 함께 하게 하는 것은 자신을 미루어 남에게 미치는 것이다. ○ 이상은 제 18장이다. 此言周公之事. '末', 猶老也. '追王', 蓋推文武之意, 以及乎王迹之所起也. '先公', 組紺以上至后稷也. '上祀先公以天子之禮', 又推大王·王季之意, 以及於無窮也. 制爲禮法, 以及天下, 使葬用死者之爵, 祭用生者之祿, 喪服自期以下, 諸侯絶, 大夫降, 而父母之喪, 上下同之, 推己以及人也. ○ 右第十八章.

【중용 19-1】

공자가 말하였다. "무왕武王과 주공周公은 사람들이 공통으로 인정하는 효일 것이다."

子曰: "武王·周公, 其達孝矣乎."

章句 '달達', 통한다는 뜻이다. 위 장을 이어받아 말하였다. 무왕武王과 주공周公의 효는 곧 천하 사람들이 공통으로 말하는 효이니, 『맹자』에서 "사람들이 공통으로 인정하는 존귀한 것"(達尊)29)이라고 말한 것과 같다. '達', 通也. 承上章而言. 武王·周公之孝, 乃天下之人通謂之孝, 猶『孟子』之言"達尊"也.

【중용 19-2】

(공자가 말하였다.) "대저 효는 남의 뜻을 잘 이어받고 남의 일을 잘 본받는 것이다."

"夫孝者, 善繼人之志, 善述人之事者也."

章句 위 장에서 무왕이 태왕大王, 왕계王季, 문왕文王이 시작해놓은 유업을 이어받아 천하를 차지하였고, 주공이 문왕과 무왕의 덕을 이루어 그 선조를 추숭하였음을 말하였는데, 이것이 뜻을 이어받고 사업을 본받는 것의 중대한 일이다. 아래 문장에서는 또한 제정한 제사의 예가 상하에 통용됨을 가지고 말하였다. 上章言武王纘大王・王季・文王之緖以有天下, 而周公成文武之德, 以追崇其先祖, 此繼志述事之大者也. 下文又以其所制祭祀之禮通于上下者言之.

【중용 19-3】

(공자가 말하였다.) "봄과 가을로 그 조묘祖廟를 수리하고, 그 종기宗器를 진열하고, 그 의복을 진설하고, 그 계절에 따른 음식을 올린다."

"春秋修其祖廟, 陳其宗器, 設其裳衣, 薦其時食."

鄭注 '수脩'는 청소한다는 뜻이다. '종기宗器'는 제기를 뜻한다. '의복'(裳衣)은 선조가 남긴 의복이다. 그 옷을 진설하면 당연히 시尸에게 준다. '시식時食'은 사계절에 지내는 시제이다. '脩', 謂埽糞也. '宗器', 祭器也. '裳衣', 先祖之遺衣服也. 設之當以授尸也. '時食', 四時祭也.

章句 '조묘祖廟'(선조의 사당)는 천자 7묘, 제후가 5묘, 대부가 3묘, 적사適

士[30]가 2묘, 관사官師[31]가 1묘이다. '종기宗器'(종묘의 기물)는 선세에 보관하던 귀중한 기물이다. 예컨대 주나라의 적도赤刀(보검), 대훈大訓(가르침을 기록한 것), 천구天球(옥의 일종), 하도河圖(황하에서 나온 그림)[32] 등의 종류이다. '의복'(裳衣)은 선조가 남겨놓은 의복으로, 제사를 지낼 때 진설하여 시尸에게 준다. '시식時食'(계절에 따른 음식)은 사계절의 음식에는 각각 그 계절에 따른 음식이 있는데, 예를 들면 "봄에는 양과 돼지를 사용하는데 소의 비계를 다려 조미한다"[33]는 부류가 그것이다. '祖廟', 天子七, 諸侯五, 大夫三, 適士二, 官師一. '宗器', 先世所藏之重器. 若周之赤刀・大訓・天球・河圖之屬也. '裳衣', 先祖之遺衣服, 祭則設之以授尸也. '時食', 四時之食各有其物, 如"春行羔豚膳膏香"之類, 是也.

【중용 19-4】

(공자가 말하였다.) "종묘宗廟의 예는 소목의 서열을 세우려는 것이다. 작명의 서열을 세우는 것은 신분의 귀천을 변별하려는 것이다. 일에 서열을 세우는 것은 능력을 변별하려는 것이다. 여수旅酬(여러 사람이 서로 잔을 권하는 예)에서 아랫사람이 윗사람에게 술을 따라 올리는 것은 예가 아랫사람에게까지 미치게 하려는 것이다. 연례燕禮에서 모발의 색으로 서열을 삼는 것은 나이로 서열을 삼으려는 것이다." "宗廟之禮, 所以序昭穆也. 序爵, 所以辨貴賤也. 序事, 所以辨賢也. 旅酬下爲上, 所以逮賤也. 燕毛, 所以序齒也."

鄭注 '서序'는 차서의 뜻과 같다. '작명'(爵)은 공公・경卿・대부大夫・사士를 가리킨다. '일'(事)은 제수를 올리는 일을 말한다. '그것으로써 능력을 변별한다'는 것은 그 일로 잘하는 바를 변별하는 것으로, 사도司徒는 "소를

올리고", 종백宗伯은 "닭 희생을 바치는" 것과 같다.[34] 「문왕세자」(38)에 "종묘宗廟에서 작위의 높고 낮음을 가지고 위치를 정하는 것은 덕을 숭상하기 위함이다. 종인宗人이 일을 맡길 때 직분을 기준으로 삼는 것은 현자를 존중하기 위함이다"라고 하였다. '여수旅酬에서 아랫사람이 윗사람에게 술을 따라 올린다'(旅酬下爲上)는 것은 특생궤사特牲饋食의 예[35]에서 빈賓 가운데 어린 사람과 형제의 자식이 각각 잔을 그 연장자에게 올리는 것과 같은 경우이다. '아래 사람에게 미치게 한다'(逮賤)는 것은 종묘에서는 일을 맡는 것으로 영예를 삼는 것이다. '연燕'은 제사를 마치고 연회를 여는 것이다. 연회에서 머리의 색으로 좌석의 서열을 삼는 것은 제사를 지낼 때는 신분이 높은 이를 높임을 위주로 하고, 연회에 이르러 친한 이를 친애하는 것을 위주로 하는 것이다. '치齒'는 또한 나이를 뜻한다. '序', 猶次也. '爵', 謂公·卿·大夫·士也. '事', 謂薦羞也. '以辨賢'者, 以其事別所能也, 若司徒"羞牛", 宗伯"共雞牲"矣. 「文王世子」曰: "宗廟之中以爵爲位, 崇德也. 宗人授事以官, 尊賢也." '旅酬下爲上'者, 謂若特牲饋食之禮, 賓弟子·兄弟之子, 各擧觶於其長也. '逮賤'者, 宗廟之中, 以有事爲榮也. '燕', 謂旣祭而燕也. 燕以髮色爲坐, 祭時尊尊也, 至燕親親也. '齒', 亦年也.

章句 종묘宗廟의 순서는 왼쪽이 소昭가 되고 오른쪽이 목穆이 되며, 자손도 또한 그렇게 순서를 삼는다. 태묘太廟(종묘)에 일이 있으면, 자손과 형제들, 그리고 소昭와 목穆에 드는 여러 후손들이 모두 모이는데 그 윤서倫序를 잃지 않는다. '작명'(爵)은 공公, 후侯, 경卿, 대부大夫이다. '사事'는 종축宗祝[36]과 유사가 담당하는 일이다. '여旅'는 여러 사람이라는 뜻이다. '수酬'는 마시게 권하는 것이다. 여러 사람이 서로 잔을 권하는(旅酬) 예에서 빈賓 중의 어린 사람들과 형제의 자제들이 각각 윗사람에게 잔을 올리고 나서 여럿이 서로 잔을 돌린다. 대개 종묘宗廟에서는 일을 맡는 것이 영예로우므로 지위가 낮은 사람에게까지 미쳐서 자신의 공경하는 마음을 펴게 해주는

것이다. '연례는 머리의 색을 기준으로 삼는다'(燕毛)는 것은 제사가 끝나고 연례燕禮를 행하는데 머리의 색으로 어른과 젊은이를 구별하여 좌석의 서열을 삼는다. '치齒'는 나이를 뜻한다. 宗廟之次, 左爲昭右爲穆, 而子孫亦以爲序. 有事於太廟, 則子姓兄弟·群昭群穆, 咸在而不失其倫焉. '爵', 公侯卿大夫也. '事', 宗祝有司之職事也. '旅', 衆也. '酬', 導飮也. 旅酬之禮, 賓弟子·兄弟之子, 各擧觶於其長而衆相酬. 蓋宗廟之中, 以有事爲榮, 故逮及賤者, 使亦得以申其敬也. '燕毛', 祭畢而燕, 則以毛髮之色別長幼, 爲坐次也. '齒', 年數也.

【중용 19-5】

(공자가 말하였다.) "그 자리를 밟고, 그 예를 행하고, 그 음악을 연주하고, 그 분이 높이던 이를 공경하고, 그 분이 친애하던 이를 친애하고, 막 돌아가신 분을 섬기기를 살아계신 분을 모시듯하고, (장례를 지내서) 안 계신 분을 섬기기를 계신 분을 모시듯하는 것은 효가 지극한 것이다."

"踐其位, 行其禮, 奏其樂, 敬其所尊, 愛其所親, 事死如事生, 事亡如事存, 孝之至也."

鄭注 '천踐'은 오른다는 뜻과 같다. '그'(其)는 그 선조를 뜻한다. '천踐'이 어떤 본에서는 '찬纘'(잇는다)으로 되어 있다. '踐', 猶升也. '其'者, 其先祖也. '踐'或爲'纘'.

章句 '천踐'은 밟는다는 뜻이다. '그'(其)는 선왕을 가리킨다. '높이던 이'와 '친애하던 이'는 선왕의 선조, 선왕의 자손, 선왕의 신민臣民을 가리킨다. 처음 사망하였을 때는 '사망하였다'(死)라고 하고,[37] 장례葬禮를 마치면 "(계

시던 곳에) 돌아오니 안 계신다"[38]라고 말한다. 모두 선왕을 가리킨다. 이 구절은 위 문장의 두 구절을 끝맺은 것으로, 모두 뜻을 이어받고 일을 본받는 뜻이다. '踐', 猶履也. '其', 指先王也. '所尊'·'所親', 先王之祖考·子孫·臣庶也. 始死謂之死, 旣葬則曰"反而亡焉", 皆指先王也. 此結上文兩節, 皆繼志述事之意也.

【중용 19-6】

(공자가 말하였다.) "교郊와 사社의 예는 상제上帝를 섬기는 것이다. 종묘의 예는 그 선조를 제사하는 것이다. 교郊와 사社의 예, 그리고 체禘와 상嘗의 뜻에 밝으면, 나라를 다스리는 것이 손바닥에서 보는 것과 같을 것이다."

"郊·社之禮, 所以事上帝也. 宗廟之禮, 所以祀乎其先也.① 明乎郊社之禮·禘嘗之義, 治國其如示諸掌乎."②

鄭注 ① '사社'는 대지의 신에게 제사를 지내는 것이다. 후토后土(대지의 신)를 말하지 않은 것은 그 말을 생략한 것이다. '社', 祭地神. 不言后土者, 省文. ② '치示'는 "황하의 물가에 둔다"고 할 때의 '치寘'로 읽으니, 둔다는 뜻이다. 물건이 손바닥 안에 있으면 지혜롭고 힘 있는 자가 되기 쉽다. 작위의 차서를 세우고 현능을 변별하는 것과 높은 이를 존경이고 친한 이를 친애하는 것은 나라를 다스리는 요체이다. '示', 讀如"寘諸河干"之'寘', '寘', 置也. 物而在掌中, 易爲知力者也. 序爵辨賢·尊尊親親, 治國之要.

章句 교郊에서는 하늘에 제사하고, 사社에서는 땅에 제사한다. 후토后土(땅의 신)를 말하지 않은 것은 생략한 문장이기 때문이다. '체禘'는 천자가 종묘에서 지내는 큰 제사로서 태조太祖의 소자출所自出(태조가 그로부터 나온

바 곧 시조를 말함)을 추모하여 태묘太廟에서 제사하면서 태조太祖를 소자출에 배향한다. '상嘗'은 가을에 지내는 시제이다. 사시 모두 제사를 지내는데 그 한 사례를 들어 말하였다. 예禮에는 반드시 뜻(義)이 있으니, 상대시켜 들어서 말한 호문互文이다. '시示'는 본다는 뜻과 같다. '손바닥에서 본다'(視諸掌)는 것은 알기 쉬움을 말한다. 이 구절은 『논어』와 문장과 뜻이 대체로 같고, 기록에 자세하고 간략한 차이만 있다.[39] ○ 이상은 제 19장이다. 郊祭天, 社祭地. 不言后土者, 省文也. '禘', 天子宗廟之大祭, 追祭太祖之所自出於太廟, 而以太祖配之也. '嘗', 秋祭也. 四時皆祭, 擧其一耳. 禮必有義, 對擧之互文也. '示', 與視同. '視諸掌', 言易見也. 此與『論語』文意大同小異, 記有詳略耳. ○ 右第十九章.

【중용 20-1】

애공哀公이 정치에 대하여 물었다.

哀公問政.

章句 '애공哀公'은 노나라 국군으로 이름은 장蔣이다. '哀公', 魯君, 名蔣.

【중용 20-2】

공자가 말하였다. "문왕과 무왕의 정치가 방책方策에 실려 있으니, 그 사람이 있으면 그 정치가 행해지고, 그 사람이 없으면 그 정치도 없어진다."

子曰: "文武之政布在方策, 其人存則其政擧, 其人亡則其政息."

鄭注 '방方'은 판版(글을 기록하는 판)이다. '책策'은 간책簡冊이다. '식息'은 소멸한다는 뜻과 같다. '方', 版也. '策', 簡也. '息', 猶滅也.

章句 '방方'은 판版[40]이다. '책策'은 죽간(簡)이다. '식息'은 없어진다는 뜻이다. 그러한 군주와 그러한 신하가 있으면, 그러한 정치가 있다. '方', 版也. '策', 簡也. '息', 猶滅也. 有是君有是臣, 則有是政矣.

【중용 20-3】

(공자가 말하였다.) "사람의 도는 정치에서 빠르게 나타나고, 땅의 도는 나무에서 빠르게 나타나니, 대저 정치란 부들과 갈대이다."

"人道敏政, 地道敏樹,① 夫政也者蒲盧也."②

鄭注 ① '민敏'은 힘쓴다는 뜻이다. '수樹'는 초목을 키우는 것을 말한다. 사람에게 정치가 없는 것은 땅에 초목이 없는 것과 같다. '민敏'이 어떤 본에서는 '모謀'로 되어 있다. '敏', 猶勉也. '樹', 謂殖草木也. 人之無政, 若地無草木矣. '敏'或爲'謀'.

② '포로蒲盧'는 나나니벌로, 땅에 사는 벌을 말한다. 『시詩』에 "명령螟蛉이 새끼를 낳으니, 나나니벌이 업어가네"[41]라고 하였는데, '명령螟蛉'은 뽕나무 벌레이다. 나나니벌이 뽕나무 벌레의 새끼를 취하여 가서 변화시키고 자란 것을 자신의 새끼로 삼는다. 정치를 백성에 행하는 것은 나나니벌이 뽕나무 벌레에 대하여 하는 것과 같은 것이다. '蒲盧', 蜾蠃, 謂土蜂也. 『詩』曰 "螟蛉有子, 蜾蠃負之", '螟蛉', 桑蟲也. 蒲盧取桑蟲之子, 去而變化之, 以成爲己子. 政之於百姓, 若蒲盧之於桑蟲然.

章句 '민敏'은 빠르다는 뜻이다. '포로蒲盧'는 심괄沈括[42]이 '포위蒲葦'(부들과 갈대)라고 보았는데,[43] 옳다. 사람에 따라 정치가 세워져 이루어지는 것은 토양에 따라 나무가 심어져 자라는 것과 같아 그 이루어짐이 빠르다. 그런데 부들과 갈대는 싹이 쉽게 나는 식물로 그 이루어짐이 더욱 빠르다. 사람이 있으면 정치가 수립되어 행해지는 것이 이와 같이 용이함을 말하였다. '敏', 速也. '蒲盧', 沈括以爲'蒲葦', 是也. 以人立政, 猶以地種樹, 其成速矣. 而蒲葦又易生之物, 其成尤速也. 言人存政擧, 其易如此.

【중용 20-4】

(공자가 말하였다.) "그러므로 정치는 사람에게 달려 있고, 인재를 얻음은 자신의 수양된 정도로 하는 것이니, 도로써 자신을 수양하고 인仁으로써 도道를 닦는다."

"故爲政在人,① 取人以身, 修身以道, 修道以仁."②

鄭注 ① 현능한 이를 얻는 데 달려 있다는 것이다. 在於得賢人也.

② '인재를 얻음은 자신의 수양된 정도로 한다'(取人以身)는 것은 명철한 군주라야 인재를 얻을 수 있음을 말한다. '取人以身', 言明君乃能得人.

章句 이 구절은 위 문장 "사람의 도는 정치에서 빠르게 나타난다"(20-3)는 것을 이어받아 말하였다. '정치는 사람에게 달려 있다'(爲政在人)는 것은 『공자가어孔子家語』에 "정치는 인재를 얻는 것에 달려 있다"(爲政在於得人)[44]로 되어 있는데, 말하는 뜻이 더욱 완전하다. '인재'(人)는 현능한 신하를 가리킨다. '자신'(身)은 군주 자신을 가리킨다. '도道'는 세상에서 통용되는 도이

다. '인仁'은 천지가 만물을 낳는 마음으로 사람이 얻어서 태어나는 것으로, 이른바 "원元은 선함의 우두머리다"[45]라고 하는 것이다. 인군이 정치를 하는 것은 사람을 얻는 것에 달려 있는데, 사람을 얻는 법도는 또한 자신을 수양하는 것에 있기 때문에, 그 자신을 어질게 할 수만 있으면 군주와 신하가 나오고 정치가 수립되어 행해지지 않음이 없음을 말하였다. 此承上文"人道敏政"而言也. '爲政在人'『家語』作"爲政在於得人", 語意尤備. '人', 謂賢臣. '身', 指君身. '道'者, 天下之達道. '仁'者, 天地生物之心而人得以生者, 所謂"元者善之長"也. 言人君爲政在於得人, 而取人之則又在修身, 能仁其身, 則有君有臣而政無不擧矣.

【중용 20-5】

(공자가 말하였다.) "인仁은 사람이니, 친한 이를 친애함이 큰 것이 된다. 의義는 합당함이니 현능한 이를 존중하는 것이 큰 것이 된다. 친한 이를 친애함에 차등을 두고 현능한 이를 존중함에 차등을 둠은 예가 생겨나는 바이다."

"仁者人也, 親親爲大. 義者宜也, 尊賢爲大. 親親之殺, 尊賢之等, 禮所生也."

鄭注 '인야人也'는 "서로 친애하고 공경한다"(相人偶)[46]라고 할 때의 '인人'(친애한다)으로 읽는다. 친애하는 뜻을 담아서 서로 위로한다는 말이다. '人也', 讀如"相人偶"之'人'. 以人意相存問之言.

章句 '사람'(人)은 사람의 자기 몸을 가리켜서 말한 것이다. 몸에 이러한 생生의 리理를 갖추고 있어 저절로 가슴아파하고 자애慈愛하는 정의情意를 가지는 것이니, 깊게 체회하고 느껴보면 알 수 있다. '의宜'는 사리를 분별하여

사태마다 각각 합당한 바가 있게 하는 것이다. '예禮'는 이 두 가지를 절도가 있게 하고 아름답게 하는 것일 뿐이다. '人', 指人身而言. 具此生理, 自然便有惻怛慈愛之意, 深體味之, 可見. '宜'者, 分別事理, 各有所宜也. '禮', 則節文斯二者而已.

【중용 20-6】

(공자가 말하였다.) "아래 자리에 있으면서 위로부터 신임을 받지 못하면, 백성을 얻어서 다스릴 수 없다."

"在下位, 不獲乎上, 民不可得而治矣."

鄭注 이 구절은 그 속한 것이 아래에 있으니, 탈루된 것을 배치할 때 착오로 중복해서 거듭 여기에 놓인 것이다. 此句其屬在下, 著脫誤重在此.

章句 정씨鄭氏(정현鄭玄)는 말한다. "이 구절은 아래에 배치되어 있는데, 잘못되어 여기에 중복해서 배치된 것이다." 鄭氏曰: "此句在下, 誤重在此."

【중용 20-7】

(공자가 말하였다.) "그러므로 군자는 자기 몸을 수양하지 않으면 안 된다. 자기 몸을 수양하고자 생각하였으면 부모를 섬기지 않으면 안 된다. 부모를 섬기고자 생각하였으면 사람을 알지 않으면 안 된다. 사람을 알고자 생각하였으면 하늘을 알지 않으면 안 된다."

"故君子不可以不修身. 思修身, 不可以不事親. 思事親, 不可以不知人. 思知人, 不可以不知天."

鄭注 몸을 수양하면 효를 알고, 효를 알면 사람을 알고, 사람을 알면 곧 뛰어나고 모자람을 알고, 뛰어나고 모자람을 알면 천명이 보호하고 돕는 바를 알게 됨을 말한다. 言脩身乃知孝, 知孝乃知人, 知人乃知賢不肖, 知賢不肖乃知天命所保佑.

章句 정치는 사람에게 달려 있고, 사람을 얻는 것은 자신의 수양된 정도로 하는 것이니 따라서 자기 몸을 수양하지 않으면 안 된다. 도로써 자신을 수양하고, 인仁으로써 도道를 닦는 것이니 따라서 자기 몸을 수양하고자 생각하였으면 부모를 섬기지 않으면 안 된다. 친한 이를 친애하는 인仁을 다하고 싶으면, 반드시 현능한 이를 존중하는 의義를 따라야 하니 따라서 또한 사람을 알아야 한다. 친한 이를 친애하는 것에 차등을 두고, 현능한 이를 존중하는 것에 차등을 두는 것은 모두 천리이니 따라서 또한 하늘을 알아야 한다. 爲政在人, 取人以身, 故不可以不修身. 修身以道, 修道以仁, 故思修身, 不可以不事親. 欲盡親親之仁, 必由尊賢之義, 故又當知人. 親親之殺・尊賢之等, 皆天理也, 故又當知天.

【중용 20-8】

(공자가 말하였다.) “세상의 달도達道가 다섯 가지요, 그것을 실행하는 수단이 세 가지다. 군신君臣, 부자父子, 부부夫婦, 형제(昆弟), 붕우의 사귐, 다섯 가지는 천하의 달도達道이다. 지知(지혜)・인仁(어짊)・용勇(용기) 세 가지는 천하의 달덕達德이다. 그것을 실행하는 수단은 하나이다.”

“天下之達道五, 所以行之者三. 曰君臣也・父子也・夫婦也・昆弟也・朋友之交也五者, 天下之達道也. 知・仁・勇三者, 天下之達德也. 所以行之者一也."

鄭注 '달達'은 항상 행한다는 뜻으로 모든 왕들이 변경하지 않는 것이다. '達'者, 常行, 百王所不變也.

章句 '달도達道'는 모든 곳에서 그리고 모든 시대에 함께 따르는 길이다. 곧 『서書』 「고요모皐陶謨」에서 "오전五典"이라고 말한 것이요, 『맹자』 「등문공상滕文公上」에서 이른바 "아버지와 자식 사이에는 친함이 있고, 군주와 신하 사이에는 의義가 있고, 남편과 아내 사이에는 구별이 있고, 어른과 젊은이 사이에는 차례가 있고, 친구 사이에는 믿음이 있다"라고 한 말이 그것이다. '지知'(지혜)는 이것을 아는 것이요, '인仁'(어짊)은 이것을 몸에 체행體行하는 것이요, '용勇'(용기)은 이것에 힘쓰는 것이다. '달덕達德'이라고 말한 것은 모든 곳에서 모든 시대에 함께 얻는 이치이기 때문이다. '하나'(一)는 곧 진실함(誠)이다. 달도達道는 사람들이 함께 따르는 바이지만, 이 세 가지 덕이 없으면 실행할 방도가 없다. '달덕達德'은 사람들이 똑같이 얻는 것이지만, 조금이라도 진실하지 못함이 있으면 인욕人欲이 끼어들어 덕德은 그 덕이 아니게 된다. 정자程子가 "성誠이란 단지 이 세 가지를 진실하게 하는 것이다. 세 가지 이외에 다시 별도로 성誠은 없다"[47]라고 하였다. '達道'者, 天下古今所共由之路. 即『書』所謂"五典", 『孟子』所謂"父子有親, 君臣有義, 夫婦有別, 長幼有序, 朋友有信", 是也. '知', 所以知此也, '仁', 所以體此也, '勇', 所以强此也. 謂之'達德'者, 天下古今所同得之理也. '一', 則誠而已矣. 達道, 雖人所共由, 然無是三德, 則無以行之. '達德', 雖人所同得, 然一有不誠, 則人欲間之, 而德非其德矣. 程子曰: "所謂誠者, 止是誠實此三者. 三者之外, 更別無誠."

【중용 20-9】

(공자가 말하였다.) "어떤 이는 태어나면서 알고, 어떤 이는 배워서 알고, 어떤 이는 곤란을 겪고서 알지만, 그 앎에 이름은 똑같다. 어떤 이는 편안해서 실행하고, 어떤 이는 이롭게 여겨 행하고, 어떤 이는 억지로 실행하지만, 그 결과를 이룸은 똑같다."

"或生而知之, 或學而知之, 或困而知之, 及其知之一也.① 或安而行之, 或利而行之, 或勉强而行之, 及其成功一也."②

鄭注 ① '곤란을 겪고서 안다'(困而知之)는 것은 장성한 뒤 예의의 일을 보고, 자신이 그 일에 임하였으나 부족함이 있어 곧 비로소 배워서 아는 것을 말한다. 이것은 '달도達道'이다. '困而知之', 謂長而見禮義之事, 己臨之而有不足, 乃始學而知之. 此'達道'也.

② '이롭게 여긴다'(利)는 것은 아름다운 명성을 욕심내는 것이다. '억지로 한다'(勉强)는 것은 남보다 못한 것을 부끄럽게 여긴다는 뜻이다. '利', 謂貪榮名也. '勉强', 恥不若人.

章句 '안다'(知之)는 것에서 아는 내용과 '행한다'는 것에서 실행하는 내용은 달도達道를 가리킨다. 그 역할분담으로 말하면, 알게 하는 것은 지知요, 실행하게 하는 것은 인仁이요, 앎이 공을 이룸에 이르러 똑같아지게 하는 것은 용勇이다. 그 등급으로 말하면, 태어나면서부터 알아서 편안하여 실행하는 것은 지知요, 배워서 알고 이롭다고 생각하여 실행하는 것은 인仁이요, 곤란을 겪어서 알고 억지로 실행하는 것은 용勇이다. 대개 사람의 본성이 선하지 않음이 없지만 기품에 같지 않은 점이 있기 때문에 도道를 아는 것에 빠르고 늦음이 있고, 도를 실행함에 쉽게 하고 어렵게 함이 있다. 그

러나 스스로 힘써 쉬지 않을 수 있으면 그 이르는 것은 똑같다. 여씨呂氏(여대림呂大臨)는 말한다. "들어가는 길은 다르지만, 이르는 경지는 같으니 이것이 중용中庸이 되는 이유이다. 태어나면서부터 알고 편안하게 행하는 자질을 바래서 거의 미칠 수 없는 어려운 것을 행하거나, 곤란을 겪으면서 알고 억지로 실행하는 것을 가볍게 치부하여 (행하지 않고 성인의 경지는) 이룰 수 없다고 말하는 경우들, 이것은 도가 밝혀지지 않고 실행되지 않는 이유이다." '知之'者之所知, '行之'者之所行, 謂達道也. 以其分而言, 則所以知者知也, 所以行者仁也, 所以至於知之成功而一者勇也. 以其等而言, 則生知安行者知也, 學知利行者仁也, 困知勉行者勇也. 蓋人性雖無不善, 而氣稟有不同者, 故聞道有蚤莫, 行道有難易. 然能自强不息, 則其至一也. 呂氏曰: "所入之塗雖異, 而所至之域則同, 此所以爲中庸. 若乃企生知安行之資, 爲不可幾及, 輕困知勉行, 謂不能有成, 此道之所以不明不行也."

【중용 20-10】

(공자가 말하였다.) "(공자가 말하였다.) 배우기를 좋아하는 것은 지知(지혜로움)에 가깝고, 힘써 실행하는 것은 인仁(어짊)에 가깝고, 부끄러움을 아는 것은 용勇(용감함)에 가깝다."

"(子曰) 好學近乎知, 力行近乎仁, 知恥近乎勇."

章句 '자왈子曰'(공자가 말하였다) 두 글자는 쓸데없이 부연된 문장이다. 이 구절은 달덕達德에 아직 미치지 못하였지만 덕에 들어가는 것으로 추구하는 것의 일을 말하였다. 위 문장의 세 가지 아는 것은 지知가 되고, 세 가지 실행하는 것은 인仁이 되는 것과 통관해서 보면, 여기서 세 가지 가까운 것은 용勇에 버금가는 것이다. 여대림呂大臨은 말한다. "어리석은 자는 자신을 옳

다고 여겨 구하지 않고, 자신을 사적으로 일삼는 자는 인욕을 따르다 되돌아오는 것을 잊고, 나약한 자는 남의 아래가 되는 것을 달게 여겨 사양하지 않는다. 따라서 배우기를 좋아함은 지知가 아니지만 어리석음을 깨뜨리기에 충분하고, 힘써 실행함은 인仁은 아니지만 사사로움을 깨뜨리기에 충분하고, 부끄러움을 아는 것은 용勇은 아니지만, 나약한 이를 일으켜 세우기에 충분하다." '子曰'二字, 衍文. 此言未及乎達德而求以入德之事. 通上文三知爲知, 三行爲仁, 則此三近者, 勇之次也. 呂氏曰: "愚者自是而不求, 自私者徇人欲而忘返, 懦者甘爲人下而不辭. 故好學非知, 然足以破愚; 力行非仁, 然足以忘私; 知恥非勇, 然足以起懦."

【중용 20-11】

(공자가 말하였다.) "이 세 가지를 알면, 자기 자신을 수양하는 소이所以를 안다. 자기 몸을 수양하는 소이를 알면 남을 다스리는 소이를 안다. 남을 다스리는 소이를 알면 천하국가를 다스리는 소이를 안다."

"知斯三者, 則知所以修身. 知所以修身, 則知所以治人. 知所以治人, 則知所以治天下國家矣."

鄭注 지혜로움(知)이 있고 어짊(仁)이 있고 용감함(勇)이 있으면 곧 자신을 수양할 줄 알아서, 자신을 수양하는 것은 이 세 가지를 기반으로 삼음을 말한다. 言有知有仁有勇, 乃知脩身, 則脩身以此三者爲基.

章句 '이 세 가지'는 세 가지 가까운 것을 가리켜 말한 것이다. '남'(人)은 자신과 상대하여 지칭한 것이다. '천하국가天下國家'는 곧 남을 다 포괄한 것이다. 이것을 말하여 위 문장의 "자기 자신을 수양하는 것"의 뜻을 끝맺

고, 아래 문장의 "구경九經"의 단서를 열었다. '斯三'者, 指三近而言. '人'者, 對己之稱. '天下國家', 則盡乎人矣. 言此以結上文"修身"之意, 起下文"九經"之端也.

【중용 20-12】

(공자가 말하였다.) "무릇 천하국가를 다스림에는 구경九經(9가지 기본법도)가 있다. 자신을 수양하는 것이요, 현능한 이를 존중하는 것이요, 친한 이를 친애하는 것이요, 대신을 공경하는 것이요, 여러 신하들을 자기 몸처럼 보는 것이요, 서민庶民(여러 백성)을 자애하는 것이요, 백공百工(여러 공인)을 오게 하는 것이요, 먼 지역의 사람을 안무하는 것이요, 제후를 회유懷柔하는 것이다."

"凡爲天下國家有九經. 曰修身也, 尊賢也, 親親也, 敬大臣也, 體群臣也, 子庶民也, 來百工也, 柔遠人也, 懷諸侯也."

鄭注 '체體'는 접하여 받아들인다는 뜻과 같다. '자子'는 자애한다는 뜻과 같다. '먼 지역의 사람'(遠人)은 번국蕃國[48]의 제후를 가리킨다. '體', 猶接納也. '子', 猶愛也. '遠人', 蕃國之諸侯也.

章句 '경經'은 항상된 것이다. '체體'는 자신이 그 처지에 있다고 가정하고서 그 마음을 살피는 것을 말한다. '자子'는 부모가 그 자식을 자애하는 것과 같이 함을 말한다. '먼 지역의 사람을 안무한다'(柔遠人)는 것은 이른바 "빈객과 여행객을 잊지 않는다"[49]는 것이다. 이 구절은 구경九經(9가지 기본법도)의 절목을 나열한 것이다. 여씨呂氏(여대림呂大臨)는 말한다. "천하국가의 근본은 자신에게 있다. 그러므로 자신을 수양하는 것이 구경九經의 근본이

된다. 그러나 반드시 스승을 가까이 하고 벗을 얻은 뒤에 자신을 수양하는 도가 진보한다. 그러므로 현능한 이를 존중하는 것이 그 다음이 된다. 도가 진보하는 것은 자신의 집안보다 앞서는 것이 없다. 그러므로 친한 이를 친애하는 것이 그 다음이 된다. 집안으로부터 말미암아 조정에 미치므로 대신을 공경하고 여러 신하를 자기 몸처럼 이해하는 것이 그 다음이 된다. 조정으로부터 말미암아 그 나라에 미치므로 서민庶民(여러 백성)을 자애하고 백공百工(여러 공인)을 오게 하는 것이 그 다음이 된다. 그 나라로부터 말미암아 천하에 미치므로 먼 지역의 사람들을 안무하고 제후를 회유하는 것이 그 다음이 된다. 이것이 구경九經의 순서이다. 여러 신하들을 보기를 내 몸처럼 하고, 백성을 대하기를 내 자식을 대하는 것처럼 하는 것, 이것은 신하를 대하는 것과 백성을 대하는 것의 구별이다." '經', 常也. '體', 謂設以身處其地而察其心也. '子', 如父母之愛其子也. '柔遠人', 所謂"無忘賓旅"者也. 此列九經之目也. 呂氏曰: "天下國家之本在身. 故修身爲九經之本. 然必親師取友, 然後修身之道進. 故尊賢次之. 道之所進, 莫先其家. 故親親次之. 由家以及朝廷, 故敬大臣體群臣次之. 由朝廷以及其國, 故子庶民來百工次之. 由其國以及天下, 故柔遠人懷諸侯次之. 此九經之序也. 視群臣猶吾四體, 視百姓猶吾子, 此視臣視民之別也."

【중용 20-13】

(공자가 말하였다.) "자기 몸을 수양하면 도가 세워지고, 현능한 이를 존중하면 미혹되지 않고, 친한 이를 친애하면 백숙부와 형제가 원망하지 않고, 대신을 공경하면 현혹되지 않고, 여러 신하들을 자기 몸처럼 여기면 사士들이 보답하는 예가 무겁고, 서민庶民을 자애

하면 백성들이 권면勸勉하고, 백공을 오게 하면 재화와 기물이 풍족하고, 먼 지역의 사람을 안무하면 사방에서 귀부하고, 제후를 회유하면 천하가 외경한다."

"修身則道立, 尊賢則不惑, 親親則諸父昆弟不怨, 敬大臣則不眩, 體群臣則士之報禮重, 子庶民則百姓勸, 來百工則財用足, 柔遠人則四方歸之, 懷諸侯則天下畏之."

鄭注 '미혹되지 않는다'(不惑)는 것은 도모하는 이가 뛰어난 것이다. '현혹되지 않는다'(不眩)는 맡은 일이 분명한 것이다. '不惑', 謀者良也. '不眩', 所任明也.

章句 이 구절은 구경九經의 효과를 말하였다. '도가 세워진다'(道立)는 것은 도가 자신에게 이루어져 백성들의 본보기가 될 수 있음을 말하니, 이른바 "천자가 그 표준이 있는 것을 세운다"[50]는 말이 그것이다. '미혹되지 않는다'는 것은 리理에서 의혹을 가지지 않음을 말한다. '현혹되지 않는다'는 것은 일에서 현혹되지 않음을 말한다. '대신大臣을 공경하면' 신임함이 전일해져 미천한 신하가 이간질할 수 없기 때문에 일에 임해서 현혹되지 않는다. '백공百工을 오게 하면' 사업을 교류하고 물자를 교역하여 농인과 상인이 서로 의지하여 이용하기 때문에 재화와 기물이 풍족하다. '먼 지역의 사람을 안무하면' 천하의 여행객이 모두 기뻐하여 그 길로 나오기를 원하기 때문에 사방에서 귀부한다. '제후를 회유하면' 덕이 시행되는 것이 확대되고 권위가 행해지는 것이 넓어지기 때문에 '천하 사람들이 외경한다'고 말한 것이다. 此言九經之效也. '道立', 謂道成於己而可爲民表, 所謂"皇建其有極"是也. '不惑', 謂不疑於理. '不眩', 謂不迷於事. '敬大臣', 則信任專而小臣不得以間之, 故臨事而不眩也. '來百工', 則通功易事, 農末相資, 故財用足. '柔遠人', 則天下之旅皆悅而願出於其塗, 故四方歸. '懷諸侯', 則德之所施者博, 而威之所制者廣矣, 故曰'天下畏之.'

【중용 20-14】

(공자가 말하였다.) "재계하고 정결히 하여 제복을 갖추어 입고 예가 아니면 거동하지 않는 것은 자기 몸을 수양하는 방법이다. 참언을 제거하고 여색을 멀리하며 재화를 천하게 덕을 귀하게 여기는 것은 현능한 이를 장려하는 방법이다. 그 지위를 높이고 그 봉록을 무겁게 하여 좋아하고 싫어하는 것을 함께 하는 것은 친애하는 이를 친애함을 장려하는 방법이다. 관속이 많아 심부름을 시키기에 충분함은 대신을 장려하는 방법이다. 신임하기를 진심으로 하고 봉록을 무겁게 하는 것은 사士를 장려하는 방법이다. 일을 시키는 것을 시기에 맞게 하고 세금을 거두기를 적게 하는 것은 백성을 장려하는 방법이다. 날마다 살펴보고 달마다 시험해서 봉록을 일에 맞게 하는 것은 백공百工을 장려하는 방법이다. 가는 이를 전송하고 오는 이를 영접하고 잘하는 이를 칭찬하고 잘 못하는 이를 긍휼히 여기는 것은 먼 지역의 사람을 안무하는 방법이다. 끊어진 세대를 이어주고 없어진 나라를 세워주고, 어지러운 나라를 다스리고 위태로운 나라를 지탱해주고, 조회朝會와 빙문聘問을 시기에 맞게 하고, 보내는 것은 후하게 하고 오는 것은 가볍게 함은 제후를 회유하는 방법이다."

"齊明盛服, 非禮不動, 所以修身也. 去讒遠色, 賤貨而貴德, 所以勸賢也. 尊其位重其祿, 同其好惡, 所以勸親親也. 官盛任使, 所以勸大臣也. 忠信重祿, 所以勸士也. 時使薄斂, 所以勸百姓也. 日省月試, 旣廩稱事, 所以勸百工也. 送往迎來, 嘉善而矜不能, 所以柔遠人也. 繼絶世擧廢國, 治亂持危, 朝聘以時, 厚往而薄來, 所以懷諸侯也."

鄭注 '좋아하고 싫어하는 것을 함께 한다'(同其好惡)는 것은 좋아하고 싫어하는 것을 남과 다르게 가지지 않는 것이다. 동성의 친족에 대해서 (혈연에 따른) 은恩이 같지 않아도, 의義은 반드시 같다. 그 봉록과 지위를 높이고 무겁게 하는 것이 존귀하게 대우하는 방법이며 꼭 관직을 줄 필요는 없다. 관직은 사적으로 다루어서는 안 된다. '관속이 많아 심부름을 시키기에 충분하다'(官盛任使)는 것은 대신들은 모두 속관이 맡아서 하는 바가 있어 자잘한 일을 직접 하지 않는다. '충신중록忠信重祿'은 충직하고 신실한 이가 있으면 그 봉록을 무겁게 해주는 것이다. '시사時使'는 시기에 맞추어 일을 시키는 것이다. '날마다 살펴보고 달마다 시험한다'(日省月試)는 것은 그 성과를 이룸을 살피고 대조하는 것이다. '희旣'는 '희餼'(양식)로 읽는다. '희름餼廩'은 봉급이다. 고인槀人의 직무에 "그 일의 성과를 계산하고 그 활과 쇠뇌를 살펴서 그 봉록을 높이고 낮춘다"51)라고 하였다. '同其好惡', 不特有所好惡. 於同姓, 雖恩不同, 義必同也. 尊重其祿位, 所以貴之, 不必授以官守. 天官不可私也. '官盛任使', 大臣皆有屬官所任使, 不親小事也. '忠信重祿', 有忠信者, 重其祿也. '時使', 使之以時. '日省月試', 考校其成功也. '旣', 讀爲'餼'. '餼廩', 稍食也. 槀人職曰: "乘其事, 考其弓弩, 以下上其食."

章句 이 구절은 구경九經의 일을 말하였다. '관성임사官盛任使'는 관속이 많아 심부름을 시키기에 충분한 것이다. 대개 대신은 자잘한 일들은 직접 해서는 안 되기 때문에 넉넉하게 두는 것이 이와 같다. '신임하기를 진심으로 하고 봉록을 무겁게 한다'(忠信重祿)는 것은 응대함이 진실하고 길러줌이 두터운 것을 말한다. 대개 자신이 그들의 처지가 되어 자기 몸처럼 살펴서 그들이 윗사람에게 의지해 있음을 아는 것이 이와 같다. '희旣'는 '희餼'(봉

록)로 읽어야 한다. '희름餼稟(봉록)'은 봉급이다. '칭사稱事'는 예컨대 『주례』 고인槀人의 직무에 "그 활과 쇠뇌를 조사하여, 그 봉록을 높이고 낮춘다"52) 라고 한 말이 그것이다. 손님이 가면 그를 위해서 부절을 주어 전송하고, 손님이 찾아오면 물자를 풍부하게 하여 맞이한다. '조朝'는 제후가 천자를 알현하는 것이다. '빙聘'은 제후가 대부를 시켜서 와서 선물을 바치는 것이다. 「왕제王制」(24)에 "해마다 소빙小聘의 예를 행하고, 3년마다 대빙大聘의 예를 행하며, 5년마다 조회朝會의 예를 직접 가서 행한다"라고 하였다. '보내는 것은 후하게 하고 오는 것은 가볍게 한다'(厚往薄來)는 것은 연회를 베풀고 선물을 하사하는 것은 후하고, 공물을 바치는 것은 가벼움을 말한다. 此言九經之事也. '官盛任使'謂官屬衆盛, 足任使令也. 蓋大臣不當親細事, 故所以優之者如此. '忠信重祿', 謂待之誠而養之厚. 蓋以身體之, 而知其所賴乎上者如此也. '旣', 讀曰'餼'. '餼稟', 稍食也. '稱事', 如『周禮』槀人職曰"考其弓弩, 以上下其食", 是也. 往則爲之授節以送之, 來則豊其委積以迎之. '朝', 謂諸侯見於天子. '聘', 謂諸侯使大夫來獻. 「王制」: "比年一小聘, 三年一大聘, 五年一朝." '厚往薄來', 謂燕賜厚而納貢薄.

【중용 20-15】

(공자가 말하였다.) "무릇 천하국가를 다스리는 방법에는 구경九經이 있는데, 실행하는 방법은 한 가지다."

"凡爲天下國家有九經, 所以行之者一也."

章句 '한 가지'(一)는 진실함이다. 한 경우라도 진실하지 않음이 있으면, 이 9가지가 모두 빈 말이 되고 만다. 이 구절은 구경九經의 실질이다. '一'者, 誠也. 一有不誠, 則是九者皆爲虛文矣. 此九經之實也.

【중용 20-16】

(공자가 말하였다.) "모든 일은 미리 정하면 확립되고, 미리 정하지 못하면 폐해진다. 말은 미리 정하면 좌초하지 않고, 일은 미리 정하면 곤란을 당하지 않고, 행동은 미리 정하면 병통이 없고, 길은 미리 정하면 막히지 않는다."

"凡事豫則立, 不豫則廢. 言前定則不跲, 事前定則不困, 行前定則不疚, 道前定則不窮."

鄭注 '한 가지'(一)는 미리 정해야 함을 말한다. '겁跲'은 좌초한다는 뜻이다. '구疚'는 병통의 뜻이다. 다른 사람이 그에게 병통을 주지 못한다. '一', 謂當豫也. '跲', 躓也. '疚', 病也. 人不能病之.

章句 '모든 일'은 달도達道, 달덕達德 그리고 구경九經의 종류를 가리킨다. '예豫'는 미리 정한다는 뜻이다. '겁跲'은 좌초한다는 뜻이다. '구疚'는 병통의 뜻이다. 이 구절은 위 문장을 이어받아 모든 일에서 모두 진실함을 먼저 확립하고자 함을 말하였으니, 예컨대 아래 문장에서 미루어 말한 것이 그것이다. '凡事', 指達道·達德·九經之屬. '豫', 素定也. '跲', 躓也. '疚', 病也. 此承上文, 言凡事皆欲先立乎誠, 如下文所推是也.

【중용 20-17】

(공자가 말하였다.) "아래 자리에 있으면서 윗사람으로부터 신임을 받지 못하면, 백성을 얻어서 다스릴 수가 없다. 윗사람에게 신임을

받는 것에는 방법이 있다. 붕우로부터 신뢰를 받지 못하면, 윗사람에게 신임을 받지 못한다. 붕우로부터 신임을 받는 것에는 방법이 있다. 부모에게 순조롭게 받아들여지지 못하면, 붕우로부터 신뢰를 받지 못한다. 부모에게 순조롭게 받아들여지는 것에는 방법이 있다. 자신에게 돌이켜 봄에 진실하지 못하면, 부모에게 순조롭게 받아들여지지 않는다. 자신을 진실하게 하는 것에는 방법이 있다. 선함에 밝지 못하면, 자기 자신에서 진실하지 못하게 된다."

"在下位, 不獲乎上, 民不可得而治矣.① 獲乎上有道. 不信乎朋友, 不獲乎上矣. 信乎朋友有道. 不順乎親, 不信乎朋友矣. 順乎親有道. 反諸身不誠, 不順乎親矣. 誠身有道. 不明乎善, 不誠乎身矣."②

鄭注 ① '획獲'은 얻는다는 뜻이다. 신하가 군주에게 신임을 받지 못하면 자리에 머물러 백성을 다스릴 수 없음을 말한다. '獲', 得也. 言臣不得於君, 則不得居位治民.

② 선함이 선함으로 되는 것을 알면 진실함을 행할 수 있다. 言知善之爲善, 乃能行誠.

章句 이 구절은 또한 아래 자리에 있는 경우를 미루어 미리 정하는 것의 뜻을 말하였다. '자신에게 돌이켜 봄에 진실하지 않다'는 것은 자신에게 돌이켜 봄에 견지하거나 발출하는 것이 아직 진실하여 망령됨이 없게 하지 못함을 말한다. '선함에 밝지 못하다'는 것은 사람의 마음에서 하늘이 부여해 준 본래의 모습을 살펴 지선至善이 있는 곳을 참되게 아는 것을 잘 해내지 못함을 말한다. 此又以在下位者, 抽言素定之意. '反諸身不誠', 謂反求諸身, 而所存所發未能眞實而無妄也. '不明乎善', 謂不能察於人心天命之本然, 而眞知至善之所在也.

【중용 20-18】

(공자가 말하였다.) "진실함(誠)은 하늘의 도이다. 진실하게 함(誠之)은 사람의 도이다. 진실한 이는 노력하지 않아도 들어맞고 생각하지 않아도 합당하여 여유롭게 도에 맞으니 성인聖人이다. 진실하게 하는 이는 선함을 택하여 단단히 견지하는 이다."

"誠者天之道也. 誠之者人之道也. 誠者, 不勉而中, 不思而得, 從容中道, 聖人也. 誠之者, 擇善而固執之者也."

鄭注 '진실한 것'(誠者)은 천성으로 타고난 것이고, '진실하게 하는 것'은 배워서 진실하게 하는 것임을 말한다. 자신을 진실하게 하는 것을 이어서 지극한 진실을 크게 이룸이 있음을 설명한 것이다. 言'誠者', 天性也; '誠之者', 學而誠之者也. 因誠身說有大至誠.

章句 이 구절은 위 문장 "자신을 진실하게 함"을 이어받아서 말하였다. '진실함'(誠)은 진실하여 망령됨이 없는 것을 말하며, 천리天理의 본래 모습이다. '진실하게 함'은 진실하여 망령됨이 없기를 잘 하지 못하지만 그 진실하여 망령됨이 없고자 하는 것을 말하며, 사람이 하는 일에서는 마땅히 그러해야 하는 바이다. 성인의 덕은 혼연히 천리 그대로여서 진실하여 망령됨이 없고 생각하거나 노력하지 않아도 자연히 도에 합당하니, 또한 하늘의 도이다. 아직 성인의 상태에 이르지 못하면 인욕의 사사로움이 없을 수 없어서 그 덕이 됨 역시 모두 진실할 수는 없다. 따라서 생각하지 않아도 합당하게 되지는 못하여 반드시 선한 것을 택한 뒤에 선함에 밝을 수 있고, 노력하지 않아도 들어맞게 되지는 못하여 반드시 단단히 견지한 뒤에 자신을 진실하게 할 수 있다. 이것이 이른바 '사람의 도'이다. '생각하지

않아도 합당하다'(不思而得)는 것은 태어나면서부터 아는 것이다. '노력하지 않아도 들어맞는다'(不勉而中)는 것은 편안하여 행하는 것이다. '선함을 택한다'(擇善)는 것은 배워서 아는 것 이하의 일이다. '단단히 견지한다'(固執)는 것은 이롭게 여겨 실행하는 것 이하의 일이다. 此承上文"誠身"而言. '誠'者, 眞實無妄之謂, 天理之本然也. '誠之'者, 未能眞實無妄而欲其眞實無妄之謂, 人事之當然也. 聖人之德, 渾然天理, 眞實無妄, 不待思勉而從容中道, 則亦天之道也. 未至於聖, 則不能無人欲之私, 而其爲德不能皆實. 故未能不思而得, 則必擇善然後可以明善; 未能不勉而中, 則必固執而後可以誠身. 此則所謂'人之道'也. '不思而得', 生知也; '不勉而中', 安行也; '擇善', 學知以下之事; '固執', 利行以下之事也.

【중용 20-19】

(공자가 말하였다.) "널리 배우고, 자세히 질문하고, 신중히 생각하고, 명확하게 변석하고, 독실하게 실행한다."

"博學之, 審問之, 愼思之, 明辨之, 篤行之."

章句 이 구절은 진실하게 하는 것의 절목이다. '배움'(學)·'질문함'(問)·'생각함'(思)·'변석함'(辨) 등은 선한 것을 택하여 지혜가 되는 방법으로, 배워서 아는 것이다. '독실하게 실행함'(篤行)은 단단히 견지하여 인仁이 되는 방법으로 이롭게 여겨 행하는 것이다. 정자程子는 말한다. "다섯 가지 가운데 한 가지라도 폐하면 학문이 아니다." 此誠之之目也. '學'·'問'·'思'·'辨', 所以擇善而爲知, 學而知也. '篤行', 所以固執而爲仁, 利而行也. 程子曰: "五者廢其一, 非學也."

【중용 20-20】

(공자가 말하였다.) "배우지 않음이 있을지언정, 배워서 능하지 못하였으면 그만두지 않는다. 질문하지 않음이 있을지언정, 질문해서 알지 못하였으면 그만두지 않는다. 생각하지 않음이 있을지언정, 생각해서 얻지 못하였으면 그만두지 않는다. 변석하지 않음이 있을지언정, 변석해서 명확하지 않으면 그만두지 않는다. 실행하지 않음이 있을지언정 실행해서 독실하지 못하면 그만두지 않는다. 남이 한 번에 잘하면 나는 백 번을 하고, 남이 열 번에 잘하면 나는 천 번을 한다."

"有弗學, 學之弗能, 弗措也. 有弗問, 問之弗知, 弗措也. 有弗思, 思之弗得, 弗措也. 有弗辨, 辨之弗明, 弗措也. 有弗行, 行之弗篤, 弗措也. 人一能之, 己百之; 人十能之, 己千之."

章句 군자의 학문은 하지 않으면 그만이지만, 하였다 하면 반드시 이루고자 한다. 그러므로 항상 그 노력을 백배로 한다. 이것은 곤란을 경험하고서 알고, 강제로 실행하는 경우로 용勇의 일이다. 君子之學, 不爲則已, 爲則必要其成. 故常百倍其功. 此困而知・勉而行者也, 勇之事也.

【중용 20-21】

(공자가 말하였다.) "정말로 이 방법을 잘 해내면, 어리석은 이도 반드시 명철해지고, 유약한 이도 반드시 강해진다."

"果能此道矣, 雖愚必明, 雖柔必强."

鄭注 이 구절은 사람들이 자신을 진실하게 하는 것을 배우기를 권한 것이다. '과果'는 결연하게 한다는 뜻과 같다. 此勸人學誠其身也. '果', 猶決也.

章句 '명철함'(明)은 선함을 택한 결과요, '강함'(强)은 단단히 견지한 효과이다. 여씨呂氏(여대림呂大臨)는 말한다. "군자가 배우는 것은 기질을 변화시킬 수 있기 위해서다. 덕이 기질을 이겨내면, 어리석은 이는 명철함으로 나아갈 수 있고 유약한 이는 강함으로 나아갈 수 있다. 그러나 덕이 기질을 이겨내지 못하면, 학문에 뜻을 두어도 또한 어리석은 이는 명철하지 못하고 유약한 이는 서지 못한다. 대개 똑같이 선하면서 악함이 없는 것은 본성으로, 사람이 동일한 바이다. 어둡거나 밝거나 강하거나 약하거나 하여 기품이 같지 않은 것은 기질(才)로서, 사람이 다른 바이다. '진실하게 함'은 그 동일한 바로 돌아가게 하고 그 다른 바를 변화시키는 방법이다. 대저 좋지 않은 기질을 가져, 변하여 좋게 되기를 추구할 때는 그 노력을 백배로 하지 않으면 이룰 수 없다. 이제 지리멸렬한 공부를 하다말다 하면서 그 좋지 않는 기질을 변화시키다가 안 되면 하늘로부터 받은 기질이 좋지 않아서 그러니 공부로 변화시킬 수 있는 것이 아니라고 하는데, 이것은 자신을 버리는 데 과감한 것이니 어질지 않음이 심한 것이다." ○ 이상은 제20장이다. 이 구절은 공자의 말을 인용하여 순舜, 문왕文王, 무왕, 주공이 시작해놓은 일을 계승해서, 그 전한 바가 일치하고 내용을 들어서 말하면 또한 이와 같을 뿐임을 밝힌 것이다. 대개 광대함과 은미함을 포괄하고, 큰 것과 작은 것을 겸해서 제 12장의 뜻을 종결한 것이다. 제 20장 안에서 진실함(誠)을 설명한 것이 처음으로 상세하니, 이른바 진실함(誠)은 이 『중용』의 핵심(樞紐)이다. 또한 살피건대, 『공자가어孔子家語』에도 이 장을 싣고

있는데 그 문장이 더욱 상세하여, "결과를 이룸은 같다"는 구절 아래 "공이 말하였다. '선생의 말은 아름답고 완전하다. 과인은 실로 본래부터 그것을 이루기에 부족하다'"라는 구절이 있다. 그러므로 그 아래 다시 "공자가 말하였다"(子曰)로서 대답하는 말을 시작한 것이다. 이제 『중용』에는 이 질문이 없고 그저 "공자가 말하였다"(子曰)는 두 글자만 있으니, 대개 자사子思가 그 번잡한 부분을 삭제하여 책에 붙여두면서 삭제가 다 되지 않은 부분이 있었던 것이다. 이제 부연된 문장이 되어야 옳다. "널리 배운다" 이하의 문장이 『공자가어』에는 없다. 『공자가어』에 빠진 문장이 있는 것으로 생각된다. 아니면 이 구절이 혹 자사子思가 보충해 넣은 말일 것이다. '明'者, 擇善之功; '强'者, 固執之效. 呂氏曰: "君子所以學者, 爲能變化氣質而已. 德勝氣質, 則愚者可進於明, 柔者可進於强; 不能勝之, 則雖有志於學, 亦愚不能明, 柔不能立而已矣. 蓋均善而無惡者, 性也, 人所同也. 昏明强弱之稟不齊者, 才也, 人所異也. 誠之者, 所以反其同而變其異也. 夫以不美之質, 求變而美, 非百倍其功, 不足以致之. 今以鹵莽滅裂之學, 或作或輟, 以變其不美之質, 及不能變, 則曰天質不美, 非學所能變, 是果於自棄, 其爲不仁甚矣." ○ 右第二十章. 此引孔子之言, 以繼大舜文武周公之緖, 明其所傳之一致, 擧而措之, 亦猶是爾. 蓋包費隱兼小大, 以終十二章之意. 章內語誠始詳, 而所謂誠者, 實此篇之樞紐也. 又按, 『孔子家語』亦載此章, 而其文尤詳, "成功一也"之下, 有"公曰'子之言, 美矣至矣. 寡人實固不足以成之也.'" 故其下復以"子曰"起答辭. 今無此問辭, 而猶有"子曰"二字, 蓋子思刪其繁文, 以附于篇, 而所刪有不盡者. 今當爲衍文也. "博學之"以下, 『家語』無之. 意彼有闕文. 抑此或子思所補也歟.

【중용 21】

타고난 진실함으로부터 인해 밝게 아는 것을 성性이라고 하고, 밝게 아는 것으로 인해 진실하게 되는 것을 교敎라고 한다. 진실하면 밝게 알고 밝게 알면 진실해진다.
自誠明謂之性, 自明誠謂之教. 誠則明矣, 明則誠矣.

鄭注 '자自'는 말미암는다는 뜻이다. 지극히 진실함으로 말미암아 밝은 덕이 있는 것, 이것은 성인이 천성으로 타고난 것이고, 밝은 덕으로부터 말미암아 지극히 진실함이 있는 것, 이것은 현인이 배우서 이루는 것이다. 지극히 진실함이 있으면 반드시 밝은 덕이 있고, 밝은 덕이 있으면 반드시 지극히 진실함이 있다. '自', 由也. 由至誠而有明德, 是聖人之性者也, 由明德而有至誠, 是賢人學以成之也. 有至誠則必有明德, 有明德則必有至誠.

章句 '자自'는 말미암는다는 뜻이다. 덕이 진실하지 않음이 없고 밝게 아는 것이 명철하지 않음이 없는 것은 성인의 덕이며 본성으로 타고나서 지니는 것이니 하늘의 도이다. 먼저 선함에 대하여 밝게 알고 그런 뒤에 그 선함을 진실하게 할 수 있는 것은 현인賢人의 학문이며 가르침으로 말미암아 들어가는 것이니 사람의 도이다. 진실하면 밝게 알지 못함이 없고, 밝게 알면 진실함에 이를 수 있다. ○ 이상은 제 21장이다. 자사가 위 장에서 공자가 말한 천도天道와 인도人道의 뜻을 이어받아 말을 한 것이다. 이 장 이하 12장은 모두 자사의 말이며 이 21장의 뜻을 반복하여 미루어 밝혔다. '自', 由也. 德無不實而明無不照者, 聖人之德, 所性而有者也, 天道也. 先明乎善, 而後能實其善者, 賢人之學, 由教而入者也, 人道也. 誠則無不明矣, 明則可以至於誠矣. ○ 右第二十一章. 子思承上章夫子天道人道之意而立言也. 自此以下十二章, 皆子思之言, 以反覆推明此章之意.

【중용 22】

(자사가 말하였다.) "오직 천하에 지극히 진실한 이가 그 성을 다할 수 있다. 그 성을 다할 수 있으면 다른 사람의 성도 다할 수 있다. 다른 사람의 성을 다할 수 있으면, 사물의 성도 다할 수 있다. 사물의 성을 다할 수 있으면, 천지가 화육化育하는 것을 도울 수 있다. 천지가 화육하는 것을 도울 수 있으면 천지와 더불어 셋이 될 수 있다."

"惟天下至誠, 爲能盡其性; 能盡其性, 則能盡人之性; 能盡人之性, 則能盡物之性; 能盡物之性, 則可以贊天地之化育; 可以贊天地之化育, 則可以與天地參矣."

鄭注 '성을 다한다'(盡性)는 것은 도리에 순응함이 그 합당한 바를 잃지 않게 함을 말한다. '찬贊'은 돕는다는 뜻이다. '육育'은 화생化生한다는 뜻이다. 천지의 화생을 돕는다는 것은 성인이 천명을 받아 왕의 지위에서 태평太平을 이룸을 말한다. '盡性'者, 謂順理之使不失其所也. '贊', 助也. '育', 生也. 助天地之化生, 謂聖人受命在王位致太平.

章句 '천하의 지극히 진실한 이'(天下至誠)는 성인의 덕이 진실하여 천하에 더할 것이 없음을 말한다. '그 성性을 다한다'(盡其性)는 것은 덕이 진실하지 않음이 없기 때문에 인욕의 사사로움이 없고, 천명이 나에게 있음을 살피고 따라서, 큰일이나 자잘한 일이나 정미한 일이나 거친 일이나 조금도 다하지 않음이 없는 것이다. 다른 사람과 사물의 성이 또한 나의 성이다. 다만 부여받은 형기가 같지 않아 차이가 있을 뿐이다. '다할 수 있다'는 것은 아는 것이 밝지 않음이 없어 대처하는 것이 합당하지 않음이 없음을 말한

다. '찬贊'은 돕는다는 뜻과 같다. '여천지삼與天地參'은 천지와 더불어 나란히 서서 셋이 됨을 말한다. 이 장은 진실함으로부터 말미암아 밝게 아는 것의 일이다. ○ 이상은 제 22장이다. 천도天道를 말하였다. '天下至誠', 謂聖人之德之實, 天下莫能加也. '盡其性'者, 德無不實, 故無人欲之私, 而天命之在我者, 察之由之, 巨細精粗, 無毫髮之不盡也. 人物之性, 亦我之性. 但以所賦形氣不同而有異耳. 能盡之者, 謂知之無不明而處之無不當也. '贊', 猶助也. '與天地參', 謂與天地並立而爲三也. 此自誠而明者之事也. ○ 右第二十二章. 言天道也.

【중용 23】

(자사가 말하였다.) "그 다음은 한 쪽을 미루어 다하는 것이다. 한 쪽에서 진실함을 가질 수 있어, 진실하면 밖으로 나타나고, 밖으로 나타나면 현저해지고, 현저해지면 밝아지고, 밝아지면 감동시키고, 감동시키면 변하고, 변하면 교화된다. 오직 천하에 지극히 진실한 이가 교화시킬 수 있다."

"其次致曲. 曲能有誠, 誠則形, 形則著, 著則明, 明則動, 動則變, 變則化. 唯天下至誠爲能化."

鄭注 '그 다음'(其次)은 "밝게 아는 것으로 인해 진실하게 되는 것"([중용 21], "自明誠")을 말한다. '치致'는 이른다는 뜻이다. '곡曲'은 소소한 일이라는 뜻과 같다. 성을 다하지 못하지만 의義가 있는 것에 지극히 진실함이 있는 것이다. '나타난다'(形)는 것은 사람들이 그 성과를 보는 것이다. 성性을 다하는 진실함은 남이 볼 수 없다. '현저하다'(著)는 것은 나타남이 큰 것이다. '밝다'(明)는 것은 현저함이 두드러진 것이다. '감동시킨다'(動)는 것은 다른

사람의 마음을 감동시킨다는 뜻이다. '변한다'(變)는 것은 악을 선으로 고치는 것이다. 변하는 것이 오래되면 동화되어 선함을 성性으로 삼게 된다. '其次', 謂"自明誠"者也. '致', 至也. '曲', 猶小小之事也. 不能盡性, 而有至誠於有義焉而已. '形', 謂人見其功也. 盡性之誠, 人不能見也. '著', 形之大者也. '明', 著之顯者也. '動', 動人心也. '變', 改惡爲善也. 變之久, 則化而性善也.

章句 '그 다음'은 대현大賢 이하 무릇 진실함에 지극하지 못함이 있는 이들을 함께 포함하여 말한다. '치致'는 미루어 다한다는 뜻이다. '곡曲'은 한 쪽이다. '나타남'(形)은 속에서 쌓여 밖으로 드러난 것이요, '현저함'(著)은 거기에 또한 더욱 드러난 것이요, '밝음'(明)은 또한 광휘光輝가 발산하는 성대함이 있는 것이다. '감동함'(動)은 진실함이 사물을 감동시킬 수 있는 것이다. '변함'(變)은 사물이 그에 따라서 변하는 것이다. '교화됨'(化)은 그렇게 되는 이유를 알아차리지 못함이 있는 것이다. 대개 사람의 성性은 같지 않음이 없지만 기氣는 차이가 있다. 그러므로 오직 성인이 그 성의 온전한 체體를 들어서 다할 수 있다. 그 다음은 반드시 그 선한 단서가 나타나 드러난 부분으로부터 세밀히 미루어 다해서 각각 그 지극한 데로 나아간다. 한 쪽에 미루어 다하지 않음이 없으면, 덕이 진실하지 않음이 없게 되고, 드러나 현저해지고 감동시켜 변하는 일을 절로 멈출 수 없다. 쌓여서 교화시키는 데에 이르게 되면 그 지극히 진실함의 신묘함은 성인과 또한 차이가 없게 된다. ○ 이상은 제 23장이다. 인도人道를 말하였다. '其次', 通大賢以下凡誠有未至者而言也. '致', 推致也. '曲', 一偏也. '形'者, 積中而發外, '著', 則又加顯矣, '明', 則又有光輝發越之盛也. '動'者, 誠能動物. '變'者, 物從而變. '化', 則有不知其所以然者. 蓋人之性無不同, 而氣則有異. 故惟聖人能擧其性之全體而盡之. 其次則必自其善端發見之篇而悉推致之, 以各造其極也. 曲無不致, 則德無不實, 而形著動變之功自不能已. 積而至於能化, 則其至誠之妙, 亦不異於聖人矣. ○ 右第二十三章. 言人道也.

【중용 24】

(자사가 말하였다.) "지극히 진실한 것의 도는 사태를 미리 알 수 있다. 국가가 흥할 때에는 반드시 상서가 있고, 국가가 망할 때는 반드시 재이가 있어, 시초점과 거북점에 나타나고 사체四體에 드러난다. 화와 복이 장차 이를 때, 선함도 반드시 먼저 알고 불선함도 반드시 먼저 안다. 그러므로 지극히 진실함은 귀신과 같다."

"至誠之道, 可以前知. 國家將興, 必有禎祥; 國家將亡, 必有妖孽, 見乎蓍龜, 動乎四體. 禍福將至, 善必先知之, 不善必先知之. 故至誠如神."

鄭注 '미리 알 수 있다'(可以前知)는 것은 하늘이 지극히 진실한 이를 속이지 않음을 말한다. '전前'은 또한 미리라는 뜻이다. 상서로운 징조와 요사스런 징조, 시초점과 거북점은 그 때에 소인과 어리석은 군주가 있어도, 모두 지극히 진실함으로 알 수 있는 이를 위하여 나타난다. '사체四體'는 거북의 네 다리를 뜻한다. 봄 점에는 뒤 왼쪽 다리를, 여름 점은 앞 왼쪽 다리를, 가을 점은 앞 오른쪽 다리를, 겨울 점은 뒤 오른쪽 다리를 사용한다. '可以前知'者, 言天不欺至誠者也. '前', 亦先也. 禎祥·妖孽, 蓍龜之占, 雖其時有小人愚主, 皆爲至誠能知者出也. '四體', 謂龜之四足. 春占後左, 夏占前左, 秋占前右, 冬占後右.

章句 '상서'(禎祥)는 복의 조짐이다. '재이'(妖孽)는 화의 조짐이다. '산가지'(蓍)는 시초점을 치는 수단이다. '거북'(龜)은 거북점을 치는 수단이다. '사체四體'는 동작을 하고 용모로 의절을 나타내는 사이를 말한다. 예컨대, 옥을 들 때 높고 낮은 정도에 따라 그 얼굴을 굽히고 쳐드는 종류이다. 무릇 이러한 것들은 리理가 먼저 나타나는 것이다. 그러나 오직 진실함이 지극하여 조금의 사사로움과 거짓도 생각하고 보는 사이에 남아 있지 않은 이가 그 기

미를 살필 수 있다. '신神'은 귀신이다. ○ 이상은 제 24장이다. 천도天道를 말하였다. '禎祥'者, 福之兆. '妖孼'者, 禍之萌. '蓍', 所以筮. '龜', 所以卜. '四體', 謂動作威儀之間. 如執玉高卑, 其容俯仰之類. 凡此皆理之先見者也. 然唯誠之至極, 而無一毫私僞留於心目之間者, 乃能有以察其幾焉. '神', 謂鬼神. ○ 右第二十四章. 言天道也.

【중용 25-1】

(자사가 말하였다.) "진실함(誠)은 (사물이) 자연적으로 이루고, 도道는 (사람이) 스스로 행한다."

"誠者自成也, 而道自道也."

鄭注 사람이 지극히 진실함이 있으면 자신을 이루고, 도예道藝(지식과 기술)가 있으면, 스스로 통달함을 말한다. 言人能至誠, 所以自成也; 有道藝, 所以自道達.

章句 진실함은 사물이 자연히 이루는 소이所以이고, 도道는 사람이 스스로 행해야 하는 것이다. '진실함'(誠)은 마음으로 말한 것으로 근본(本)이 되고, '도道'는 리理로 말한 것으로 용用이 된다. 言誠者物之所以自成, 而道者人之所當自行也. '誠', 以心言, 本也, '道', 以理言, 用也.

【중용 25-2】

(자사가 말하였다.) "진실함(誠)은 사물의 처음과 끝이다. 진실하지 않으면 사물이 없다. 그러므로 군자는 진실함을 귀중하게 여긴다."

"誠者物之終始. 不誠無物.① 是故君子誠之爲貴."②

鄭注 ① '물物'은 만물을 뜻하고, 또한 일을 뜻한다. 대인大人이 진실함이 없으면 만물이 생장하지 못하고, 소인이 진실함이 없으면 일이 성사되지 못한다. '物', 萬物也, 亦事也. 大人無誠, 萬物不生; 小人無誠, 則事不成.

② 지극히 진실함을 귀중하게 여김을 말한다. 言貴至誠.

章句 천하의 사물은 모두 진실한 리理가 하는 것이다. 그러므로 반드시 이 리를 얻은 뒤에 이 사물이 있다. 얻은 리가 소진하면 이 사물도 또한 소진하여 없다. 그러므로 사람의 마음에 조금이라도 진실하지 않음이 있으면 비록 하는 바가 있어도 함이 없는 것과 같으니 군자는 반드시 진실함을 귀중하게 여긴다. 대개 사람의 마음은 진실하지 않음이 없을 수 있고서 자연히 이룰 수 있는 바가 되고, 나에게 있는 도道도 실행되지 않음이 없게 된다. 天下之物, 皆實理之所爲. 故必得是理, 然後有是物. 所得之理旣盡, 則是物亦盡而無有矣. 故人之心一有不實, 則雖有所爲, 亦如無有, 而君子必以誠爲貴也. 蓋人之心能無不實, 乃爲有以自成, 而道之在我者, 亦無不行矣.

【중용 25-3】

(자사가 말하였다.) "진실함(誠)은 자연히 자신을 이룰 뿐 아니라 사물을 이루는 소이所以다. 자신을 이루는 것은 인仁(어짊)이요, 사물을 이루는 것은 지知(지혜로움)이다. 성性의 덕德이요 밖과 안을 합치시키는 도道이다. 그러므로 때에 따라 행할 때의 합당함이다."

"誠者, 非自成己而已也, 所以成物也. 成己, 仁也; 成物, 知也. 性之德也, 合外內之道也.① 故時措之宜也.②"

鄭注 ① 지극히 진실함으로 자신을 이루면 인仁의 도가 세워지고, 지극히 진실함으로 사물을 이루면 지혜가 더욱 넓어진다. 이것은 다섯 가지 성性이 덕德이 되는 이유이며, 밖과 안이 의지하여 합치되는 바이다. '밖과 안'은 위와 아래라고 하는 것과 같다. 以至誠成己, 則仁道立; 以至誠成物, 則知彌博. 此五性之所以爲德也, 外內所須而合也. '外內', 猶上下.

② '때에 따라 행한다'(時措)는 것은 그 때를 얻어 사용함을 말한다. '時措', 言得其時而用也.

章句 진실함은 자신을 이루는 것이지만 자신을 이룰 수 있으면 자연히 사물에 미치고 도가 또한 사물에서 행해진다. 인仁은 체體가 보전되어 있는 것이요, 지知는 용用이 발현되는 것으로 이들은 모두 내 성性이 본래부터 지니고 있어 안과 밖의 차이가 없다. 나에게 얻어지면 일에서 나타나는 것이 때에 따라 행하여도 모두 그 합당함을 얻는다. ○ 이상은 제 25자이다. 인도人道를 말하였다. 誠雖所以成己, 然旣有以自成, 則自然及物, 而道亦行於彼矣. 仁者體之存, 知者用之發, 是皆吾性之固有, 而無內外之殊. 旣得於己, 則見於事者, 以時措之, 而皆得其宜也. ○ 右第二十五章. 言人道也.

【중용 26-1】

(자사가 말하였다.) "그러므로 지극히 진실함은 쉼이 없다."

"故至誠無息."

章句 이미 가식이 없기 때문에 자연히 중단됨이 없다. 旣無虛假, 自無間斷.

【중용 26-2】

(자사가 말하였다.) "쉬지 않으면 오래 하고 오래 하면 징험徵驗이 된다."

"不息則久, 久則徵."

章句 '오래다'(久)는 것은 항상 마음에 있는 것이다. '징험된다'(徵)는 것은 밖으로 징험된다는 뜻이다. '久', 常於中也. '徵', 驗於外也.

【중용 26-3】

(자사가 말하였다.) "징험되면 유원悠遠(멀리 퍼짐)하고 유원하면, 넓고 두텁고, 넓고 두터우면 높고 밝다."

"徵則悠遠, 悠遠則博厚, 博厚則高明."

鄭注 '징徵'은 효험과 같은 뜻이다. 이 구절은 지극히 진실함의 덕이 이미 사방에 드러나서 그 높고 두터움이 날로 넓어지고 커짐을 말한다. '징徵'은 어떤 본에서는 '철徹'로 되어 있다. '徵', 猶效驗也. 此言至誠之德旣著於四方, 其高厚日以廣大也. '徵'或爲'徹'.

章句 이 구절은 모두 밖으로 징험되는 것을 가지고 말하였다. 정현鄭玄이 이른바 "지극히 진실한 것의 덕은 사방에 밝게 드러난다"라고 한 말이 그것이다. 안에 보전되어 있는 것이 오래 지속되면 밖에 징험되는 것이 더욱 유원悠遠해져 끝이 없게 된다. 유원하기 때문에 쌓이는 것도 넓고 보편적이며 깊고 두텁다. 넓고 두텁기 때문에 그 발현되는 것이 높고 크고 빛나

고 밝다. 此皆以其驗於外者言之. 鄭氏所謂"至誠之德, 著於四方"者, 是也. 存諸中者旣久, 則驗於外者益悠遠而無窮矣. 悠遠故其積也廣博而深厚. 博厚故其發也高大而光明.

【중용 26-4】

(자사가 말하였다.) "넓고 두터운 것은 사물을 싣는 소이所以요, 높고 밝은 것은 사물을 덮는 소이所以요, 유구悠久(오래 지속함)함은 사물을 이루는 소이所以다."

"博厚, 所以載物也, 高明, 所以覆物也, 悠久, 所以成物也."

章句 '유구悠久'(오래 지속함)는 곧 유원悠遠의 뜻이니 안과 밖을 겸하여 말한 것이다. 본래 유원함으로 높고 두터움에 이르지만, 높고 두터우면 또한 오래 지속한다. 이 구절은 성인聖人이 천지와 용用을 함께 함을 말하였다. '悠久', 卽悠遠, 兼內外而言之也. 本以悠遠致高厚, 而高厚又悠久也. 此言聖人與天地同用.

【중용 26-5】

(자사가 말하였다.) "넓고 두터운 것은 땅과 짝하고, 높고 밝은 것은 하늘과 짝하며, 오래 지속하여 끝이 없다."

"博厚配地, 高明配天, 悠久無疆."

鄭注 '오래 지속한다'(悠久)고 뒤에 말한 것은 지극히 진실함의 덕이 이미 넓고 두터우며 높고 밝은 것이 하늘과 짝하였으니, 또한 오래오래 행하기

를 바란 것이다. 後言'悠久'者, 言至誠之德旣至博厚高明配乎天地, 又欲其長久行之.

章句 이 구절은 성인이 천지와 체體를 같이 함을 말하였다. 此言聖人與天地同體.

【중용 26-6】

(자사가 말하였다.) "이와 같은 이는 드러내지 않아도 드러나고 감동시키지 않아도 변하고 함이 없어도 이루어진다."

"如此者, 不見而章, 不動而變, 無爲而成."

章句 '현見'은 보여준다는 뜻과 같다. '드러내지 않아도 드러난다'(不見而章)는 것은 땅과 짝하는 것으로 말한 것이다. '감동시키지 않아도 변한다'(不動而變)는 것은 하늘과 짝하는 것으로 말한 것이다. '함이 없어도 이루어진다'(無爲而成)는 것은 끝이 없는 것으로 말한 것이다. '見', 猶示也. '不見而章', 以配地而言也. '不動而變', 以配天而言也. '無爲而成', 以無疆而言也.

【중용 26-7】

(자사가 말하였다.) "천지의 도는 한 마디 말로 다할 수 있다. 그 물건 됨이 두 가지로 하지 않으니, 사물을 낳음에 예측하지 못한다."

"天地之道, 可一言而盡也.① 其爲物不貳, 則其生物不測.②"

鄭注 ① 그 덕으로 교화함이 천지와 유사함은 한 마디로 다할 수 있으니 핵심은 지극히 진실함에 있음을 말한다. 言其德化與天地相似, 可一言而盡, 要在至誠.

② 지극히 진실함은 두 가지로 하는 법이 없어 곧 만물을 낳음에 무수히 많을 수 있음을 말한다. 言至誠無貳, 乃能生萬物多無數也.

章句 이 구절 이하는 다시 천지天地를 들어 "지극한 진실함은 쉼이 없다"는 것의 효과와 작용을 말하였다. '천지의 도는 한 마디 말로 다할 수 있다'는 것은 진실함(誠)을 말하는 것에 지나지 않는다. '두 가지로 하지 않음'(不貳)은 진실한 소이다. 진실하기 때문에 쉬지 않고, 사물을 낳음이 많음에 그러한 소이를 누구도 알아채지 못함이 있다. 此以下復以天地, 明"至誠無息"之功用. '天地之道, 可一言而盡', 不過曰誠而已. '不貳', 所以誠也. 誠故不息, 而生物之多, 有莫知其所以然者.

【중용 26-8】

(자사가 말하였다.) "천지의 도는 넓고 두텁고, 높고 밝고, 멀고 장구하다."

"天地之道, 博也厚也, 高也明也, 悠也久也."

鄭注 이 구절은 드러나 보이고 공효功效를 이룸을 말한다. 此言其著見成功也.

章句 천지의 도는 진실하고 하나 되어 두 가지로 하지 않기 때문에, 각각 그 성대함을 다하여 아래 문장의 사물을 낳는 결과를 가질 수 있다. 言天地之道誠一不貳, 故能各極其盛, 而有下文生物之功.

【중용 26-9】

(자사가 말하였다.) "이제 하늘은 이 조금 밝은 것들이 많이 모인 것이지만 그 끝이 없음에 이르면, 해와 달, 별이 거기에 매달려 있고 만물이 덮인다. 이제 땅은 한 줌의 흙이 많이 모인 것이지만 그 광대하고 두터움에 이르면, 높은 화산華山을 실어도 무겁지 않고 황하와 바다를 거두어도 새지 않으며 만물이 실린다. 이제 산은 한 개 작은 돌이 많이 모인 것이지만 그 광대함에 이르면, 초목이 거기에서 생겨나고 짐승들이 거기에 살고 보배로운 보물이 거기에서 나온다. 이제 물은 한 국자의 물이 많이 모인 것이지만 그 헤아릴 수 없음에 이르면, 원타黿鼉(자라와 악어) · 교룡蛟龍 · 어별魚鱉(물고기와 자라)이 생겨나고, 재화가 번성한다."

"今夫天, 斯昭昭之多, 及其無窮也, 日月星辰繫焉, 萬物覆焉. 今夫地, 一撮土之多, 及其廣厚, 載華嶽而不重, 振河海而不洩, 萬物載焉. 今夫山, 一券石之多, 及其廣大, 草木生之, 禽獸居之, 寶藏興焉. 今夫水, 一勺之多, 及其不測, **黿鼉** · 蛟龍 · 魚鼈生焉, 貨財殖焉."

鄭注 이 구절은 하늘이 높고 밝은 것이 본래 조금 밝은 것에서 생겼고, 땅이 넓고 두터운 것이 한 줌의 작은 흙에서 시작하였고, 산이 넓고 큰 것이 본래 작은 돌에서 시작하였고, 물이 헤아릴 수 없이 큰 것은 본래 한 국자의 물에서 말미암은 것이어서, 모두 적은 것을 합하여 많은 것을 이루고 작은 것에서 큰 것에 이른 것이니, 지극히 진실함도 또한 이와 같음을 말한다. '소소昭昭'는 '경경耿耿'(깜박거림)이라고 하는 말과 같으며, 조금 밝

은 것이다. '진振'은 거둔다는 뜻과 같다. '권卷'은 자잘하다는 뜻과 같다. 此言天之高明, 本生昭昭; 地之博厚, 本起撮土; 山之廣大, 本起卷石; 水之不測, 本由一勺, 皆合少成多, 自小致大,53) 爲至誠者, 亦如此乎. '昭昭', 猶耿耿, 小明也. '振', 猶收也. '卷', 猶區也.

章句 '소소昭昭'는 경경耿耿(깜박거림)과 같은 뜻으로 조금 밝다는 뜻이다. 이것은 그 한 곳을 가리켜서 말한 것이다. '그 끝이 없음에 이르면'(及其無窮)은 제 12장 "그 지극함에 이르면"의 뜻과 같으며, 대개 전체를 들어서 말한 것이다. '진振'은 거둔다는 뜻이다. '권券'은 자잘하다는 뜻이다. 이 네 조목은 모두 두 가지로 하지 않고 쉬지 않음으로부터 성대함에 이르러 사물을 낳는 것의 뜻을 밝혔다. 그러나 하늘, 땅, 산, 강은 실제로는 쌓은 뒤에 커진 것이 아니다. 독자는 문장을 가지고 취지를 곡해하지 않는 것이 좋다. '昭昭', 猶耿耿, 小明也. 此指其一處而言之. '及其無窮', 猶十二章"及其至也"之意, 蓋擧全體而言也. '振', 收也. '券', 區也. 此四條皆以發明由其不貳不息, 以致盛大而能生物之意. 然天地山川, 實非由積累而後大. 讀者不以辭害意可也.

【중용 26-10】

(자사가 말하였다.) "『시詩』에 '하늘의 명령이여, 아 심원하여 그침이 없다'라고 하였는데 대개 하늘이 하늘이 되는 소이所以를 말한 것이요, '아, 어찌 현저顯著하지 않겠는가? 문왕文王의 덕이 순일함이여!'라고 하였는데, 대개 문왕이 문왕이 되는 소이가 순일하고 또 그침이 없음에 있음을 말한 것이다."

"『詩』云'維天之命, 於穆不已', 蓋曰天之所以爲天也, '於乎不顯?

文王之德之純', 蓋曰文王之所以爲文也, 純亦不已."

鄭注 하늘이 하늘이 되고, 문왕이 문文(덕으로 빛남)이 되는 이유는 모두 운행함에 그침이 없고 실행함에 중단함이 없는 것에 말미암은 것으로, 하늘과 땅과 물을 말한 것과 같다. 『역』에 "군자는 그럼으로써 덕을 조심한다"(君子以愼德)[54]라고 하였는데, 작은 것을 쌓아서 높고 큰 것을 이룸이 이것이다. 天所以爲天, 文王所以爲文, 皆由行之無已, 爲之不止, 如天地山川之云也. 『易』曰"君子以愼德", 積小以成高大是與.

章句 '『시詩』'는 「주송周頌 · 유천지명維天之命」이다. '오於'는 감탄하는 말이다. '목穆'은 심원하다는 뜻이다. '불현不顯'은 '어찌 현저하지 않겠는가!'라고 말하는 것과 같다. '순純'은 순수하고 잡되지 않은 것이다. 이 시를 인용하여 "지극히 진실함은 쉼이 없다"는 뜻을 밝혔다. 정자程子는 말한다. "천도는 그침이 없는데, 문왕이 천도에 대하여 순일함 역시 그침이 없었다. 순일하면 두 가지로 함이 없고 잡박함이 없다. 그치지 않으면 중단되거나 앞과 뒤의 차이가 없다." ○ 이상은 제 26장이다. 천도를 말하였다. '『詩』', 「周頌 · 維天之命」篇. '於', 歎辭. '穆', 深遠也. '不顯', 猶言'豈不顯'也. '純', 純一不雜也. 引此以明"至誠無息"之意. 程子曰: "天道不已, 文王純於天道亦不已. 純則無二無雜. 不已則無間斷先後." ○ 右第二十六章. 言天道也.

【중용 27-1】

(자사가 말하였다.) "위대하다, 성인의 도여."

"大哉, 聖人之道."

章句 아래 문장의 두 구절을 포함하여 말하였다. 包下文兩節而言.

【중용 27-2】

(자사가 말하였다.) "성대하구나, 만물을 발육하고, 높이 하늘 끝까지 다하였다."

"洋洋乎, 發育萬物, 峻極于天."

鄭注 '육育'은 낳는다는 뜻이다. '준峻'은 높고 크다는 뜻이다. '育', 生也. '峻', 高大也.

章句 '준峻'은 높고 크다는 뜻이다. 이 구절은 도는 최대의 크기를 다하여 (더 이상) 밖이 없음을 말하였다. '峻', 高大也. 此言道之極於至大而無外也.

【중용 27-3】

(자사가 말하였다.) "넉넉하고 넉넉하게 성대하구나, 예의禮儀(근간이 되는 예)가 삼백 가지요, 위의威儀(세부적인 예)가 삼천 가지다."

"優優大哉, 禮儀三百, 威儀三千."

章句 '우우優優'는 충분하여 여유가 있다는 뜻이다. '예의禮儀'는 경례經禮(근간이 되는 예)이다. '위의威儀'는 곡례曲禮(세부적인 예)이다. 이 구절은 도가 가장 작은 것에 들어가 틈이 없음을 말한다. '優優', 充足有餘之意. '禮儀', 經禮也. '威儀', 曲禮也. 此言道之入於至小而無間也.

【중용 27-4】

(자사가 말하였다.) "그 사람을 기다린 이후 행해진다."

"待其人而後行."

章句 위 두 구절을 전부 끝맺은 것이다. 總結上兩節.

【중용 27-5】

(자사가 말하였다.) "그러므로 '지극한 덕이 아니면 지극한 도가 모이지 않는다'라고 말한다."

"故曰: '苟不至德, 至道不凝焉.'"

鄭注 정치를 하는 것은 사람에게 달려 있어, 정치가 예로부터 나옴을 말한다. '응凝'은 이룬다는 뜻과 같다. 言爲政在人, 政由禮也. '凝', 猶成也.

章句 '지극한 덕'은 그 사람을 가리킨다. '지극한 도'는 위 두 구절을 가리켜 말한 것이다. '응凝'은 모인다, 이룬다는 뜻이다. '至德', 謂其人. '至道', 指上兩節而言. '凝', 聚也, 成也.

【중용 27-6】

(자사가 말하였다.) "그러므로 군자는 덕성을 높이면서도 묻고 배우는 것을 따른다. 넓고 큼에 이르면서도 정밀하고 은미함을 다한

다. 높고 밝음을 다하면서도 중용中庸을 따른다. 옛것을 익히면서 새로운 것을 알고, 두터움을 독실하게 하여 예를 숭상한다."
"故君子尊德性而道問學. 致廣大而盡精微. 極高明而道中庸. 溫故而知新, 敦厚以崇禮."

鄭注 '덕성德性'은 성이 지극히 진실한 것을 말한다. '도道'는 말미암는다는 뜻과 같다. '문학問學'은 배움이 진실한 것을 뜻한다. '넓고 크다'(廣大)는 것은 넓고 두텁다(博厚)와 같은 뜻이다. '온溫'은 "심온燖溫"(따뜻하게 하여 데운다)의 '온溫'(데운다)로 읽는다. 이전에 배워서 익숙한 데, 뒤에 때에 따라 익히는 것을 '온溫'(익힌다)이라고 하는 것을 말한다. '德性', 謂性至誠者. '道', 猶由也. '問學', 學誠者也. '廣大', 猶博厚也. '溫', 讀如"燖溫"之'溫'. 謂故學之孰矣, 後時習之謂之'溫'.

章句 '높인다'(尊)는 것은 공경하고 받들어 행한다는 뜻이다. '덕성德性'은 내가 하늘에서 받은 바른 리理이다. '도道'는 따른다는 뜻이다. '온溫'은 따뜻하게 데운다고 할 때의 데운다는 뜻이다. 이전에 배우고 다시 때에 따라 익히는 것을 말한다. '돈敦'은 두터움을 더한다는 뜻이다. '덕성을 높임'(尊德性)은 마음을 보전하여 도체의 큼을 다하는 방법이다. '묻고 배움을 따름'(道問學)은 앎을 미루어 다하여 도체의 세밀함을 다하는 방법이다. 두 가지는 덕을 수양하고 도를 응취하는 커다란 단서이다. 조금의 사사로운 뜻으로 자신을 가리지 않고, 조금의 사사로운 욕망으로 자신을 얽매지 않고, 그 이미 알고 있는 것에 푹 젖어 지내고 그 이미 잘 해내는 것에 두터이 독실하게 하는 것, 이것들은 모두 존심存心(마음을 보전하여 견지함)에 속한다. 리理를 변석함에는 조그만 어긋남도 있지 않게 하고, 일을 처리함에는 지나치거나 모자라는 그르침이 있지 않게 하고, 리의理義(예의 본지)에 대해서는

미처 모르던 것을 날마다 알아가고, 절문節文(예로 나타내는 의절)에 대해서는 미처 조심하지 못했던 것을 날마다 조심하는 것, 이것들은 모두 치지致知(앎을 미루어 극진히 함)에 속한다. 대개 존심存心이 아니면 치지致知를 할 수 없지만, 존심存心은 또한 치지致知를 하지 않을 수 없다. 그러므로 이 다섯 구절은 크고 작은 것이 서로 바탕이 되고 처음과 끝이 서로 호응하니, 성현이 보여준 덕에 들어가는 방법들 가운데 이것보다 더 자세한 것이 없다. 배우는 이들은 마음을 다해야 한다. '尊'者, 恭敬奉持之意. '德性'者, 吾所受於天之正理. '道', 由也. '溫', 猶燖溫之溫. 謂故學之矣, 復時習之也. '敦', 加厚也. '尊德性', 所以存心而極乎道體之大也. '道問學', 所以致知而盡乎道體之細也. 二者修德凝道之大端也. 不以一毫私意自蔽, 不以一毫私欲自累, 涵泳乎其所已知, 敦篤乎其所已能, 此皆存心之屬也. 析理則不使有毫釐之差, 處事則不使有過不及之謬, 理義則日知其所未知, 節文則日謹其所未謹, 此皆致知之屬也. 蓋非存心, 無以致知, 而存心者又不可以不致知. 故此五句大小相資, 首尾相應, 聖賢所示入德之方, 莫詳於此, 學者宜盡心焉.

【중용 27-7】

(자사가 말하였다.) "그러므로 윗자리에 있으면 교만하지 않고 아래가 되어서는 배반하지 않는다. 나라에 도가 있으면 그 말이 흥기하기에 충분하고, 나라에 도가 없으면 그 침묵함이 포용되기에 충분하다. 『시詩』에 '밝고 또 지혜로워, 그 자신을 보전한다'라고 하였는데, 이것을 가리키는 것이리라."

"是故居上不驕, 爲下不倍. 國有道, 其言足以興; 國無道, 其默足以容.① 『詩』曰'旣明且哲, 以保其身', 其此之謂與.②"

鄭注 ① '흥기한다'(興)는 것은 출사하여 자리에 있는 것을 말한다. '興', 謂起在位也.

② '보전한다'(保)는 것은 안전하게 한다는 뜻이다. '保', 安也.

章句 '흥興'은 출사하여 자리에 있는 것을 말한다. '『시詩』'는 「대아大雅 · 증민烝民」이다. ○ 이상은 제 27장이다. 인도人道를 말하였다. '興', 謂興起在位也. '『詩』', 「大雅 · 烝民」之篇. ○ 右第二十七章. 言人道也.

【중용 28-1】

공자가 말하였다. "어리석으면서 자신의 방법을 쓰기를 좋아하고, 비천하면서 스스로 마음대로 하기를 좋아하고, 오늘날에 살면서 옛날의 도를 회복하는 것, 이와 같은 이는 재앙이 그 몸에 미치는 자이다."

子曰: "愚而好自用, 賤而好自專, 生乎今之世, 反古之道, 如此者, 烖及其身者也."

鄭注 '옛날의 도를 회복한다'(反古之道)는 것은 한 통로만 아는 사람은 오늘날 왕이 새로 수립한 정치가 따를 만하다는 것을 알지 못함을 말한다. '反古之道', 謂曉一孔之人, 不知今王之新政可從.

章句 이상은 공자의 말로서 자사가 인용引用하였다. '반反'은 회복하다는 뜻이다. 以上孔子之言, 子思引之. '反', 復也.

【중용 28-2】

(자사가 말하였다.) "천자가 아니면 예禮를 의논하지 않고, 등급을 제정하지 않고, 문文을 고정考定하지 않는다."

"非天子, 不議禮, 不制度, 不考文."

鄭注 이들은 천하 사람들이 함께 행하는 것으로 천자가 곧 하나로 통일할 수 있다. '예禮'는 사람들이 따라서 행하는 바이다. '도度'는 국國과 가家의 건축과 수레 제도이다. '문文'은 문자의 명칭이다. 此天下所共行, 天子乃能一之也. '禮', 謂人所服行也. '度', 國·家宮室及車輿也. '文', 書名也.

章句 이 구절 이하는 자사子思의 말이다. '예禮'는 혈연이 가깝고 먼 사이와 신분이 높고 낮은 사이에 서로 교류하는 몸체(體)이다. '도度'는 등급규정이다. '문文'은 문자의 명칭이다. 此以下子思之言. '禮', 親疎·貴賤相接之體也. '度', 品制. '文', 書名.

【중용 28-3】

(자사가 말하였다.) "오늘날 천하에서 수레는 궤적을 똑같이 하고, 글은 문자를 똑같이 사용하고, 행위는 서열을 똑같이 한다."

"今天下, 車同軌, 書同文, 行同倫."

鄭注 '오늘날'(今)은 공자가 당시를 말한 것이다. '今', 孔子謂其時.

章句 '오늘날'은 자사가 스스로 당시를 말한 것이다. '궤軌'는 수레바퀴 궤적의 도수이다. '륜倫'은 서열의 근간이다. 세 가지가 모두 같음은 천하가

통統(기준)을 하나로 하였음을 말한다. '今', 子思自謂當時也. '軌', 轍迹之度. '倫', 次序之體. 三者皆同, 言天下一統也.

【중용 28-4】

(자사가 말하였다.) "비록 그 지위를 가졌어도 그 덕이 없으면 함부로 예악을 제정하지 못한다. 비록 그 덕을 가졌어도 그 지위에 있지 않으면 또한 함부로 예악을 제정하지 못한다."

"雖有其位, 苟無其德, 不敢作禮樂焉. 雖有其德, 苟無其位, 亦不敢作禮樂焉."

鄭注 예악을 제정하는 것은 반드시 성인이 천자의 지위에 있을 경우임을 말한 것이다. 言作禮樂者, 必聖人在天子之位.

章句 정씨鄭氏(정현鄭玄)는 말한다. "예악을 제정하는 것은 반드시 성인이 천자의 지위에 있을 경우임을 말한 것이다." 鄭氏曰: "言作禮樂者, 必聖人在天子之位."

【중용 28-5】

(자사가 말하였다.) "공자가 말하였다. '내가 하夏나라의 예를 설명할 수 있지만, 기杞는 고증하기에 부족하다. 내가 은殷나라의 예를 배웠으니 송宋이 보전하고 있다. 내가 주周나라의 예를 배웠는데,

오늘날 사용하고 있으니 나는 주周나라의 예를 따른다.'"

"子曰: '吾說夏禮, 杞不足徵也. 吾學殷禮, 有宋存焉. 吾學周禮, 今用之, 吾從周.'"

鄭注 '징徵'은 밝힌다는 뜻과 같다. 내가 하나라의 예를 설명할 수 있지만, 다만 기杞나라의 군주가 그것을 함께 밝히기에 부족하다. '주周나라의 예를 따른다'(吾從周)는 것은 오늘날의 도를 행하는 것이다. '徵', 猶明也. 吾能說夏禮, 顧杞之君不足與明之也. '吾從周', 行今之道.

章句 이 구절은 또한 공자의 말을 인용하였다. '기杞'는 하夏나라의 후예이다. '징徵'은 고증한다는 뜻이다 '송宋'은 은殷나라의 후예이다. 삼대의 예를 공자가 모두 배운 적이 있어 그 취지를 설명할 수 있지만, 하夏나라의 예는 이미 고증할 수 없고, 은나라의 예는 남아 있지만 또한 당시의 법제가 아니며, 오직 주周나라의 예가 당시 군주의 제도로서 현재 행해지는 바이고 공자가 천자의 지위를 얻지 못한 이상 주나라의 예를 따를 뿐이었다. ○ 이상은 제 28장이다. 위 장의 "아래가 되어서는 배반하지 않는다"는 구절을 이어받아서 말한 것이니, 또한 인도人道이다. 此又引孔子之言. '杞', 夏之後. '徵', 證也. '宋', 殷之後. 三代之禮, 孔子皆嘗學之而能言其意, 但夏禮旣不可考證, 殷禮雖存, 又非當世之法, 惟周禮乃時王之制, 今日所用, 孔子旣不得位, 則從周而已. ○ 右第二十八章. 承上章"爲下不倍"而言, 亦人道也.

【중용 29-1】

(자사가 말하였다.) "천하에서 왕이 되어 다스림에는 세 가지 중요

한 것이 있으니, 허물을 적게 할 것이다."
"王天下有三重焉, 其寡過矣乎."

鄭注 '세 가지 중요한 것'(三重)은 삼왕三王[55]의 예이다. '三重', 三王之禮.

章句 여씨呂氏는 말한다. "'세 가지 중요한 것'(三重)은 예를 의정議定하는 것, 도수度數를 제정하는 것, 문자를 고정考定하는 것을 말한다. 오직 천자가 얻어서 행하면, 나라마다 정사를 달리하지 않고, 집안마다 풍속을 달리하지 않아 사람들이 허물을 적게 할 수 있다." 呂氏曰: "'三重', 謂議禮·制度·考文. 惟天子得以行之, 則國不異政, 家不殊俗, 而人得寡過矣."

【중용 29-2】

(자사가 말하였다.) "위에 있는 경우는 비록 좋지만, 고증되는 것이 없다. 고증됨이 없으면 믿지 않고, 믿지 않으면 백성이 따르지 않는다. 아래에 있는 경우 비록 잘 알지만 존귀하지 않다. 존귀하지 않으면 믿지 않고, 믿지 않으면 백성이 따르지 않는다."
"上焉者, 雖善, 無徵. 無徵, 不信; 不信, 民弗從. 下焉者, 雖善, 不尊. 不尊, 不信; 不信, 民弗從."

鄭注 '위'(上)는 군주를 가리킨다. 군주가 선함을 선하게 여겨도 밝게 고증하는 것이 없으면 그 선함을 믿지 않는다. '아래'(下)는 신하를 가리킨다. 신하가 비록 선함을 선하게 여겨도 군주를 존중하지 않으면 그 선함을 믿지 않는다. '징徵'은 어떤 본에서는 '증證'으로 되어 있다. '上', 謂君也. 君雖善善, 無

明徵, 則其善不信也. '下', 謂臣也. 臣雖善善, 而不尊君, 則其善亦不信也. '徵'或爲'證'.

章句 '위에 있는 것'(上焉者)은 당시의 군주 이전 시대로 가령 하夏와 은殷나라의 예가 비록 좋지만 모두 고증할 수 없는 것과 같은 것이다. '아래에 있는 것'(下焉者)은 성인이 아래에 있는 것으로 가령 공자가 비록 예禮에 대하여 잘 알지만 존귀한 지위에 있지 않은 것과 같은 것이다. '上焉者', 謂時王以前, 如夏商之禮雖善, 而皆不可考. '下焉者', 謂聖人在下, 如孔子雖善於禮, 而不在尊位也.

【중용 29-3】

(자사가 말하였다.) "그러므로 군자의 도는 자신에게 근본을 두고, 백성들에게서 징험하고, 삼왕三王에서 고증하여도 어긋나지 않고, 천지에 세워도 어긋나지 않고, 귀신에게 질정하여도 의심이 없고, 백세 뒤에 성인聖人을 기다려도 의혹되지 않는다."

"故君子之道, 本諸身, 徵諸庶民, 考諸三王而不謬, 建諸天地而不悖, 質諸鬼神而無疑, 百世以俟聖人而不惑."

章句 이 구절의 '군자君子'는 천하에 왕이 되어 다스리는 자를 가리켜 말하는 것이다. 그 '도道'는 곧 예를 의정議定하고, 도수를 제정하고, 문자를 고정考定하는 일이다. '자신에게 근본을 둔다'(本諸身)는 것은 그 덕을 가지는 것이다. '백성에게서 징험한다'(徵諸庶民)는 것은 믿고 따름을 징험하는 것이다. '건建'은 세운다는 뜻이다. 이쪽에서 세워 저쪽에서 징험하는 것이다. '천지天地'는 도道를 뜻한다. '귀신鬼神'은 조화의 자취이다. '백세 뒤에 성인을 기다려도 의혹되지 않는다'는 것은 이른바 "성인이 다시 나와도 내 말을 바꾸지 않는다"[56]는 말이다. 此'君子'指王天下者而言. 其'道'卽議禮制度考

文之事也. '本諸身', 有其德也. '徵諸庶民', 驗其所信從也. '建', 立也. 立於此而參於彼也. '天地'者, 道也. '鬼神'者, 造化之迹也. '百世以俟聖人而不惑', 所謂"聖人復起不易吾言"者也.

【중용 29-4】

(자사가 말하였다.) "'귀신에게 질정하여도 의심이 없음'은 하늘을 아는 것이다. '백세 뒤에 성인을 기다려도 의혹되지 않음'은 사람을 아는 것이다."

"'質諸鬼神而無疑', 知天也. '百世以俟聖而不惑', 知人也."

鄭注 '하늘은 안다'(知天)와 '사람을 안다'(知人)는 것은 그 도道를 아는 것이다. '귀신鬼神'은 천지를 따르는 것이다. 『주역』에 "그러므로 귀신의 정상情狀을 알아, 천지와 서로 닮았다"[57]라고 하였다. 성인이 본받아 백세가 도를 함께한다. '징徵'은 어떤 본에서는 '증證'으로 되어 있다. '知天'·'知人', 謂知其道也. '鬼神', 從天地者也. 『易』曰: "故知鬼神之情狀, 與天地相似." 聖人則之, 百世同道. '徵'或爲'證'.

章句 '하늘은 안다'(知天)와 '사람을 안다'(知人)는 것은 그 리理를 아는 것이다. '知天'·'知人', 知其理也.

【중용 29-5】

(자사가 말하였다.) "그러므로 군자가 움직이면 대대로 천하의 도

가 되고, 행동하면 대대로 천하의 법도(法)가 되고, 말을 하면 대대로 천하의 준칙(則)이 되고, 멀리 있으면 우러러 바라봄이 있고, 가까이 있으면 싫어하지 않는다."

"是故君子動而世爲天下道, 行而世爲天下法, 言而世爲天下則, 遠之則有望, 近之則不厭."

鄭注 그 법도를 사용함에, 생각하고 그리워하기를 그가 장차 올 것처럼 하는 것이다. 用其法度, 想思若其將來也.

章句 '움직인다'(動)는 것은 말과 행동을 겸해서 말한 것이다. '도道'는 법法과 칙則을 겸해서 말한 것이다. '법法'은 법도法度(제도)이다. '칙則'은 준칙準則(행위 지침)이다. '動', 兼言行而言. '道', 兼法則而言. '法', 法度也. '則', 準則也.

【중용 29-6】

(자사가 말하였다.) "『시詩』에 '저 쪽에서도 미워함이 없고, 이쪽에서도 싫어함이 없네. 밤낮으로 잘 하여 영예로움을 길이 다할 것이네'라고 하였다. 군자 가운데 이와 같이 하지 않고 일찍이 천하에서 영예를 얻은 이가 없었다."

"『詩』曰: '在彼無惡, 在此無射. 庶幾夙夜, 以永終譽.' 君子未有不如此而蚤有譽於天下者."

鄭注 '역射'은 싫증을 낸다는 뜻이다. '영永'은 오래 지속한다는 뜻이다. '射', 厭也. '永', 長也.

章句 ‘『시詩』’는 「주송周頌·진로振鷺」이다. ‘역射’은 싫어한다는 뜻이다. 이른바 ‘이것’이라고 한 것은 “자신에게 근본을 둔다” 이하 여섯 가지 일을 가리켜 말한 것이다. ○ 이상은 제 29장이다. 위 장(27-7)의 “윗자리에 있으면 교만하지 않음”을 이어받아 말한 것으로, 또한 인도人道이다. ‘『詩』’, 「周頌·振鷺」之篇. ‘射’, 厭也. 所謂‘此’者, 指“本諸身”以下六事而言. ○ 右第二十九章. 承上章“居上不驕”而言, 亦人道也.

【중용 30-1】

(자사가 말하였다.) “중니仲尼는 요와 순을 본받아 실천하였고, 문왕과 무왕을 본받아 법도로 삼았고, 위로는 천시天時(하늘의 때)를 본받고, 아래로는 수토水土(물과 흙)를 따랐다.”

“仲尼祖述堯舜, 憲章文武, 上律天時, 下襲水土.”

鄭注 이 구절은 『춘추』의 의리로 공자의 덕을 말한 것이다. 공자가 “내 뜻은 『춘추』에 있고, 행한 것은 『효경』에 있다”[58]라고 하였으니 두 경經이 그것을 밝히기에 본래 충분하다. 공자는 요와 순의 도를 조술하여 『춘추』를 편찬하였는데, 문왕과 무왕의 법도를 기준으로 삼아 판단하였다. 『춘추공양전春秋公羊傳』에서 말하기를, “군자는 무엇 때문에 『춘추』를 편찬하였는가? 어지러운 세상을 다스려 올바른 데로 되돌리는 것에 『춘추』보다 더 가까운 것이 없다. 아마도 군자가 요순의 도를 즐겨 논하여 말하였던 것인가? 끝내 또한 즐겁지 않았겠는가, 요순은 (후일) 군자(공자)가 있을 것을 알았으니”[59]라고 하였다. 또 말하기를, “이 사자嗣子는 문왕文王의 몸을 이어받았고, 문왕의 법도를 지켰다. 문왕의 법을 구함이 없이 구하였다. 그러

므로 기록하여 기롱한 것이다"[60]라고 하였다. 또 말하기를, "왕도를 행할 자는 누구를 가리키는가? 문왕을 말한다"[61]라고 하였다. 이것은 공자가 요와 순, 문왕과 무왕의 성대한 덕을 함께 포괄하면서 『춘추』로서 그것을 드러내어 후대의 성인을 기다린 것이다. '율律'은 조술한다는 뜻이다. '천시天時(하늘의 때)를 조술한다'는 것은 년도로 편차함에 사시四時가 갖추어진 것을 말한다. '습襲'은 따른다는 뜻이다. '수토水土를 따른다'는 것은 여러 나라의 일과 산천의 차이를 기술하였음을 말한다. 此以『春秋』之義, 說孔子之德. 孔子曰"吾志在『春秋』, 行在『孝經』", 二經固足以明之. 孔子祖述堯舜之道而制『春秋』, 而斷以文王武王之法度. 『春秋傳』曰: "君子曷爲爲『春秋』? 撥亂世, 反諸正, 莫近諸『春秋』. 其諸君子樂道堯舜之道與? 末不亦樂乎, 堯舜之知君子也." 又曰: "是子也繼文王之體, 守文王之法度. 文王之法, 無求而求. 故譏之也." 又曰: "王者孰謂? 謂文王也." 此孔子兼包堯舜·文武之盛德, 而著之『春秋』以俟後聖者也. '律', 述也. '述天時', 謂編年四時具也. '襲', 因也. '因水土', 謂記諸夏之事·山川之異.

章句 '조술祖述'(본받아 실천함)은 멀리 그 도를 근원으로 받드는 것이다. '헌장憲章'(본받아 법도로 삼음)은 가까이 그 법을 지키는 것이요, '천시天時(하늘의 때)를 본받는다'는 것은 하늘의 저절로 그러한 운행을 본받는다는 뜻이요, '수토水土를 따른다'는 것은 그 일정한 리理를 따른다는 뜻으로, 모두 안과 밖을 겸하고 본과 말을 포괄하여 말한 것이다. '祖述'者, 遠宗其道. '憲章'者, 近守其法; '律天時'者, 法其自然之運; '襲水土'者, 因其一定之理, 皆兼內外該本末而言也.

【중용 30-2】

(자사가 말하였다.) "비유하면, 천지가 지탱해주고 실어주지 않음

이 없고 덮어주고 가려주지 않음이 없는 것과 같다. 비유하면, 사계절이 번갈아 운행하고 해와 달이 번갈아 밝은 것과 같다."
"辟如天地之無不持載, 無不覆幬. 辟如四時之錯行, 如日月之代明."

章句 '착錯'은 번갈아 돌아가면서 한다는 뜻과 같다. 이 구절은 성인의 덕을 말하였다. '錯', 猶迭也. 此言聖人之德.

【중용 30-3】

(자사가 말하였다.) "만물이 함께 자라도 서로 지장을 주지 않고, 도가 함께 행해져도 서로 어긋나지 않는다. 작은 덕은 개울을 이루어 흐르고, 큰 덕은 교화를 독실하고 두텁게 하니 이것이 천지가 큰 것이 되는 소이다."
"萬物竝育而不相害, 道竝行而不相悖. 小德川流, 大德敦化, 此天地之所以爲大也."

鄭注 성인이 제정하고 지음에 그 덕이 천지와 짝하는 것이 이와 같아서, 오직 다섯 가지 시작함이 서로 맞을 수 있었다. '도幬'는 또한 덮는다는 뜻이다. '작은 덕은 개울을 이루어 흐른다'(小德川流)는 것은 점차로 스며들어 싹이 나는 것으로 제후를 비유한 것이다. '큰 덕은 교화를 독실하고 두텁게 한다'(大德敦化)는 것은 만물을 두터이 생장시키는 것이니, 천자를 비유한 것이다. '도幬'는 어떤 본에서는 '도燾'로 되어 있다. 聖人制作, 其德配天地如此, 唯五始可以當焉. '幬', 亦覆也. '小德川流', 浸潤萌芽, 喩諸侯也. '大德敦化', 厚生萬物,

喻天子也. ‘幬’, 或作‘燾’.

章句 ‘패悖’는 어긋난다는 뜻과 같다. 하늘이 덮어주고 땅이 실어줌에, 만물이 함께 그 사이에서 자라도 서로 지장을 주지 않고, 사계절이 번갈아 운행하고 그리고 해와 달이 교대로 밝아도 서로 어긋나지 않는다. 지장을 주지 않고 어긋나지 않는 소이所以는 작은 덕이 개울을 이루어 흐르는 것이요, 함께 자라고 함께 행해지는 소이所以는 큰 덕이 교화를 두텁게 하는 것이다. 작은 덕은 전체全體가 나뉜 것이요, 큰 덕은 온갖 다른 것들의 근본이다. ‘개울을 이루어 흐른다’는 것은 개울이 흐르는 것과 같아서, 맥락이 분명하면서 흘러감이 쉬지 않는 것이다. ‘교화를 두텁게 한다’는 것은 그 교화를 독실하고 두텁게 하여 근본이 성대해서 (사물이) 나오는 것이 무궁한 것이다. 이 구절은 천지의 도를 말하여, 위 문장에서 비유를 취한 뜻을 드러냈다. ○ 이상은 제 30장이다. 천도天道를 말하였다. ‘悖’, 猶背也. 天覆地載, 萬物並育於其間而不相害, 四時日月錯行代明而不相悖. 所以不害不悖者, 小德之川流; 所以並育並行者, 大德之敦化. 小德者, 全體之分; 大德者, 萬殊之本. ‘川流’者, 如川之流, 脈絡分明而往不息也. ‘敦化’者, 敦厚其化, 根本盛大而出無窮也. 此言天地之道, 以見上文取譬之意也. ○ 右第三十章. 言天道也.

【중용 31-1】

(자사가 말하였다.) “오직 천하의 지극히 성인된 이가 총명하고 지혜로움은 그로써 아랫사람에게 임함을 가지기에 충분하다. 관대하고 여유 있으면서 온유함은 그로써 포용함을 가지기에 충분하다. 분발하여 굳셈은 그로써 견지함을 가지기에 충분하다. 엄숙하고

장중하면서 합당하고 바름은 그로써 공경함을 가지기에 충분하다. 문장文章과 조리條理가 있고 상세하고 밝게 변석함은 그로써 구별함을 가지기에 충분하다."

"唯天下至聖, 爲能聰明睿知, 足以有臨也; 寬裕溫柔, 足以有容也; 發强剛毅, 足以有執也; 齊莊中正, 足以有敬也; 文理密察, 足以有別也."

鄭注 덕이 이와 같지 않으면 천하에 임금이 될 수 없음을 말한 것이다. 대개 공자가 그런 덕을 가졌으면서도 그 명命을 가지지 못한 것을 애석하게 여긴 것이다. 言德不如此, 不可以君天下也. 蓋傷孔子有其德而無其命.

章句 '총명하고 지혜로움'(聰明睿知)은 태어나면서부터 아는 재질이다. '임臨'은 윗자리에 있으면서 아랫사람에게 임하는 것을 말한다. 그 아래 네 가지는 곧 인仁, 의義, 예禮, 지智의 덕이다. '문文'은 문장文章(제도와 문채가 있음)이다. '리理'는 조리條理(맥락과 질서가 있음)이다. '밀密'은 상세하다는 뜻이다. '찰察'은 밝게 변석한다는 뜻이다. '聰明睿知', 生知之質. '臨', 謂居上而臨下也. 其下四者, 乃仁義禮智之德. '文', 文章也. '理', 條理也. '密', 詳細也. '察', 明辨也.

【중용 31-2】

(자사가 말하였다.) "(안으로) 두루 포괄하고 광활하면서 깊고 근본이 있어 때로 (밖으로) 나타난다."

"溥博淵泉, 而時出也."

章句 '보박溥博'은 두루 포괄하면서 광활하다는 뜻이다. '연천淵泉'은 정숙하고 깊으면서 근본이 있다는 뜻이다. '출出'은 나타난다는 뜻이다. 다섯 가지 덕이 안에서 쌓여 때로 밖으로 나타남을 말한다. '溥博', 周徧而廣濶也. '淵泉', 靜深而有本也. '出', 發見也. 言五者之德, 充積於中而以時發見於外.

【중용 31-3】

(자사가 말하였다.) "두루 포괄하는 것은 하늘과 같고, 깊고 근본이 있는 것은 깊은 못과 같아서, 나타나면 백성들이 공경하지 않음이 없고, 말을 하면 백성들이 믿지 않음이 없고, 실행하면 백성들이 기뻐하지 않음이 없다."

"溥博如天, 淵泉如淵, 見而民莫不敬, 言而民莫不信, 行而民莫不說."

章句 그 채워 쌓음이 성대함을 다하여 나타남이 합당함에 맞음을 말한다. 言其充積極其盛, 而發見當其可也.

【중용 31-4】

(자사가 말하였다.) "그러므로 명성이 중국에 가득차고 번어서 만맥蠻貊(오랑캐 지역)에 미치고, 배와 수레가 이르는 곳에 사람이 힘이 닿는 곳에 하늘이 덮고 있는 곳에 땅이 싣고 있는 곳에 해와 달이

비추는 곳에 서리와 이슬이 떨어지는 곳에 무릇 혈기血氣를 가진 것은 어느 것이나 존중하면서 친애하지 않음이 없다. 그러므로 하늘에 짝한다고 말한다."

"是以聲名洋溢乎中國, 施及蠻貊, 舟車所至, 人力所通, 天之所覆, 地之所載, 日月所照, 霜露所隊, 凡有血氣者, 莫不尊親. 故曰配天."

鄭注 '하늘과 같다'(如天)는 것은 그 운행하고 비춤이 중단되지 않음을 취한 것이다. '깊은 못과 같다'(如淵)는 것은 그 맑고 깊음이 헤아릴 수 없음을 취한 것이다. '존친尊親'은 존중하면서 친애한다는 뜻이다. '如天', 取其運照不已也. '如淵', 取其清深不測也. '尊親', 尊而親之.

章句 '배와 수레가 이르는 곳' 이하는 대개 끝까지 다해서 말한 것이다. '하늘에 짝한다'(配天)는 것은 그 덕이 미치는 바가 넓고 큼이 하늘과 같음을 말한다. ○ 이상은 제 31장이다. 위 장을 이어받아서 작은 덕이 개울을 이루어 흐름을 말하였으니, 또한 천도天道이다. '舟車所至'以下 蓋極言之. '配天', 言其德之所及廣大如天也. ○ 右第三十一章. 承上章而言小德之川流, 亦天道也.

【중용 32-1】

(자사가 말하였다.) "오직 천하의 지극히 진실한 이가 천하의 대경大經(근간이 되는 강령)을 경륜經綸하고, 천하의 대본大本(본성)을 세우고, 천지의 화육化育(교화하여 기름)을 아니, 대저 어찌 의지하는 바가 있겠는가?"

"唯天下至誠, 爲能經綸天下之大經, 立天下之大本, 知天地之化育,① 夫焉有所倚?"

鄭注 ① '지극히 진실함'(至誠)은 성이 지극히 진실한 것으로 공자를 말한다. '대경大經'(근간이 되는 강령)은 육예六藝를 말하며, 『춘추春秋』를 가리킨다. '대본大本'은 『효경孝經』을 말한다. '至誠', 性至誠, 謂孔子也. '大經', 謂六藝, 而指『春秋』也. '大本', 『孝經』也.

章句 '경륜經綸'은 모두 실을 다루는 일이다. '경經'은 그 실마리를 손질하여 나누는 것이고, '륜綸'은 종류대로 구분하여 합하는 것이다. '경經'은 항상됨이다. '대경大經'은 다섯 가지 인륜人倫이다. '대본大本'은 본성으로 삼는 전체全體이다. 오직 성인의 덕이 지극히 진실하고 망령됨이 없기 때문에, 인륜人倫에서 각각 그러해야 하는 실제를 다하여 모두 천하 후세의 법이 될 수 있으니, 이른바 경륜한다는 것이다. 본성으로 삼는 전체全體에서 인욕의 거짓이 조금도 섞임이 없어 천하의 도리가 천 가지 만 가지로 다양하게 변화하는 것이 모두 여기에서 나오니, 이른바 세운다는 것이다. 천지의 화육化育에 대해서도 또한 지극히 진실하여 망령됨이 없는 이는 말없이 계합함이 있으니 비단 보고 들어서 아는 것만이 아니다. 이들은 모두 지극히 진실하여 망령됨이 없는 것의 저절로 그러한 효과와 발용이니, 어찌 외물에 의지한 뒤에야 그렇게 할 수 것이 있겠는가? '經綸', 皆治絲之事. '經'者理其緖而分之, '綸'者比其類而合之也. '經', 常也. '大經'者, 五品之人倫. '大本'者, 所性之全體也. 惟聖人之德, 極誠無妄, 故於人倫, 各盡其當然之實, 而皆可以爲天下後世法, 所謂經綸之也. 其於所性之全體, 無一毫人欲之僞以雜之, 而天下之道千變萬化, 皆由此出, 所謂立之也. 其於天地之化育, 則亦其極誠無妄者有默契焉, 非但聞見之知而已. 此皆至誠無妄自然之功用, 夫豈有所倚著於物而後能哉?

【중용 32-2】

(자사가 말하였다.) "간절하고 지극하구나, 그 어짊(仁)이여, 조용하고 깊구나, 그 못이 됨이여, 넓고 크구나, 그 하늘이 됨이여."
"肫肫其仁, 淵淵其淵, 浩浩其天."

鄭注 '어찌 의지하는 바가 있겠는가?'(安有所倚)라는 것은 치우치고 의지함이 없으나 사람마다 스스로 덕을 받음이 더 후하여 편파적인 것처럼 생각함을 말한다. '준준肫肫'은 "너를 가르치기를 간절하고 정성스럽게 한다"(誨爾忳忳)[62]의 '돈돈忳忳'(간절하고 정성스럽다)으로 읽는다. '돈忳'은 간절하고 정성스런 모양이다. '준준肫肫'이 어떤 본에서는 '순순純純'으로 되어 있다. '安有所倚', 言無所偏倚也, 而人人自以被德尤厚, 似偏頗者. '肫肫', 讀如"誨爾忳忳"之'忳忳'. '忳', 懇誠貌也. '肫肫'或爲'純純'.

章句 '준준肫肫'은 간절하고 지극한 모습을 뜻하며, 경륜하는 것으로 말한 것이다. '연연淵淵'은 조용하고 깊은 모습으로, 근본을 세우는 것으로 말한 것이다. '호호浩浩'는 광대한 모습으로 변화의 이치를 아는 것으로 말한 것이다. '그 못'과 '그 하늘'이라 하였으니, 단지 그와 같을 뿐만이 아닌 것이다. '肫肫', 懇至貌, 以經綸而言也. '淵淵', 靜深貌, 以立本而言也. '浩浩', 廣大貌, 以知化而言也. '其淵''其天', 則非特如之而已.

【중용 32-3】

(자사가 말하였다.) "만일 실제로 총명하고 뛰어나고 지혜로움이 하

늘의 덕(天德)에 이르지 않으면, 그 누가 그것을 능히 알아보겠는가?"
"苟不固聰明聖知達天德者, 其孰能知之?"

鄭注 오직 성인만이 곧 성인을 알 수 있음을 말한다. 『춘추공양전』에 "끝내 또한 즐겁지 않은가, 요순이 군자를 알았으니"[63]라고 하였다. 일반 사람은 알지 못함을 밝힌 것이다. 言唯聖人乃能知聖人也. 『春秋傳』曰: "末不亦樂乎, 堯舜之知君子." 明凡人不知.

章句 '고固'는 실제로의 뜻과 같다. 정씨鄭氏(정현鄭玄)는 말한다. "오직 성인만이 성인을 알아본다." ○ 이상은 제 32장이다. 위 장을 이어받아 큰 덕이 교화를 독실하고 두텁게 함을 말하였으니, 또한 천도이다. 전장에서는 지극한 성인됨의 덕德을 말하였고, 이 장에서는 지극히 진실함의 도道를 말하였다. 그러나 지극히 진실함의 도는 지극히 성인됨이 아니면 알 수 없고, 지극히 성인됨의 덕은 지극히 진실함이 아니면 할 수 없으니 또한 서로 다른 두 가지 것이 아니다. 이 『중용』에서 성인 천도의 극치를 말함은 이 구절에 이르러 더 더할 것이 없다. '固', 猶實也. 鄭氏曰: "唯聖人能知聖人也. ○ 右第三十二章. 承上章而言大德之敦化, 亦天道也. 前章言至聖之德, 此章言至誠之道. 然至誠之道, 非至聖, 不能知; 至聖之德, 非至誠, 不能爲, 則亦非二物矣. 此篇言聖人天道之極致, 至此而無以加矣.

【중용 33-1】

(자사가 말하였다.) "『시詩』에 '금의錦衣(수를 놓은 화려한 옷)를 중의中衣(안에 입는 옷)로 입고 홑옷을 겉에 더하였다'라고 하였으니, 문채

가 밖으로 현저하게 나타남을 싫어한 것이다. 그러므로 군자의 도는 보이지 않지만 날로 문채 나고 소인의 도는 뚜렷이 보이지만 날로 없어진다. 군자의 도는 담박하면서 싫지 않고, 간소하지만 문채 나고, 따뜻하면서 조리가 있으며, 멀리 있는 것이 가까운 것에서 시작함을 알고, 큰 바람이 작게 일어나는 것에서 시작함을 알고, 은미한 것이 도리어 현저하게 드러남을 알아, 더불어서 덕에 들어갈 수 있다."

"『詩』曰'衣錦尙絅', 惡其文之著也. 故君子之道, 闇然而日章, 小人之道, 的然而日亡.① 君子之道, 淡而不厭, 簡而文, 溫而理, 知遠之近, 知風之自, 知微之顯, 可與入德矣.②"

鄭注 ① 군자는 심원하여 알기 어렵고 소인은 천근하여 알기 쉬우니, 사람들이 공자를 알아보지 못하는 것은 공자가 심원해서 그런 것임을 말한다. 홑옷이 '경絅'이다. 수를 놓은 옷이 아름다운데 군자가 홑옷으로 겉에 입는 것은 그 문채 나고 빛나는 것이 드러남이 소인과 유사하기 때문이다. 言君子深遠難知, 小人淺近易知, 人所以不知孔子, 以其深遠. 禪爲'絅'. 錦衣之美而君子以絅表之, 爲其文章露見似小人也.

② '담淡'은 그 맛이 담박한 듯함을 말한다. '간소하지만 문채난다'(簡而文)와 '따뜻하면서 조리가 있다'(溫而理)는 것은 "간요하면서도 분별함이 있다"(簡而辨)64)와 "곧으면서도 따뜻하다"(直而溫)65)와 같은 말이다. '부터 나온다'(自)는 것은 말미암아 나오는 곳을 말한다. 세 '안다'(知)는 것은 말은 모두 말단을 보고 근본을 살피며 끄트머리를 보고 단서를 앎을 말한다. '덕에 들어간다'(入德)는 말은 성인의 덕에 들어감을 말한다. '淡', 其味似薄也. '簡而文'·'溫而理', 猶"簡而辨"·"直而溫"也. '自', 謂所從來也. 三'知'者, 皆言其睹末察本, 探端知緒也.

'入德', 入聖人之德.

章句 앞장에서 성인의 덕이 그 성대함을 다하였음을 말하였다. 이 구절에서 다시 하학下學이 마음을 세우기 시작하는 것으로부터 말하였고, 아래 문장에서 또한 미루어 그 다함에 이르렀다. '『시詩』'는 「국풍國風」 가운데 「위풍衛風」의 「석인碩人」과 「정풍鄭風」의 「봉丰」으로, 거기에서는 모두 "의금경의衣錦褧衣"로 되어 있다. '경褧'과 '경絅'은 같으며 홑옷을 뜻한다. '상尙'은 더한다는 뜻이다. 옛날 배우는 이들은 자신의 완성을 추구하였다. 그러므로 그 마음을 세움이 이와 같다. 홑옷을 겉에 더하니 보이지 않고, 금의錦衣(수놓은 화려한 옷)을 중의中衣(안에 입는 옷)로 입으니 날로 문채 나는 실질이 있다. '담박함'(淡), '간소함'(簡), '온화함'(溫)은 홑옷을 겉에 더해 입은 것이요, 싫어하지 않으면서 문채가 나고 조리가 있는 것은 금의錦衣가 안에서 아름다운 것이다. 소인의 이와 반대로 하므로 겉으로 드러내지만 받쳐서 이어줄 실질이 없다. 그러므로 뚜렷이 보이지만 날로 없어진다. '먼 곳은 가까운 곳에서부터 함'(遠之近)은 저쪽에서 나타나는 것이 이쪽으로부터 말미암는 것을 말한다. '큰 바람도 작은 바람에서부터 시작한다'(風之自)는 것은 밖으로 현저하게 드러남이 안에 근본하는 것을 말한다. '은미한 것이 도리어 현저하게 나타남이 됨'(微之顯)은 안에 있는 것이 밖으로 드러남을 말한다. 자신의 완성을 추구하는 마음이 있고 또 이러한 세 가지를 알면 조심할 바를 알아서 덕에 들어갈 수 있다. 그러므로 아래 문장에서 『시詩』를 인용하여 밖으로 드러나지 않지만 자신 혼자 알고 있을 때 조심하는 것(謹獨)의 일을 말하였다. 前章言聖人之德, 極其盛矣. 此復自下學立心之始言之, 而下文又推之, 以至其極也. '『詩』', 「國風・衛碩人・鄭之丰」, 皆作"衣錦褧衣". '褧'・'絅'同, 襌衣也. '尙', 加也. 古之學者爲己. 故其立心如此. 尙絅, 故闇然; 衣錦, 故有日章之實. '淡'・'簡'・'溫', 絅之襲於外也, 不厭而文且理焉, 錦之美在中也. 小人反是, 則暴

於外而無實以繼之. 是以的然而日亡也. '遠之近', 見於彼者由於此也. '風之自', 著乎外者本乎內也. '微之顯', 有諸內者形諸外也. 有爲己之心, 而又知此三者, 則知所謹而可入德矣. 故下文引『詩』言謹獨之事.

【중용 33-2】

(자사가 말하였다.) "『시詩』에 '가라앉아 비록 엎드려 있지만, 또한 (드러나 보임이) 매우 환하다'라고 하였다. 그러므로 군자는 안으로 반성하여 병통이 없고 생각하는 뜻에 악함이 없다. 군자에서 미칠 수 없는 부분은 오직 다른 사람이 보지 못하는 곳이다."

"『詩』云: '潛雖伏矣, 亦孔之昭.' 故君子內省不疚, 無惡於志.① 君子之所不可及者, 其唯人之所不見乎."

鄭注 ① '공孔'은 매우라는 뜻이다. '소昭'는 밝다는 뜻이다. 성인이 비록 숨어 지내지만 그 덕은 매우 밝음을 말한다. '구疚'는 병이다. 군자가 자신을 돌아보아 자신에게 허물과 병통이 없으면, 비록 세상을 못 만나도 자신의 지절志節에 흠결이 되거나 지장이 됨이 없다. '孔', 甚也. '昭', 明也. 言聖人雖隱居, 其德亦甚明矣. '疚', 病也. 君子自省, 身無愆病, 雖不遇世, 亦無損害於己志.

章句 '『시詩』'는 「소아小雅 · 정월正月」이다. 위 문장을 이어받아 "숨겨진 것보다 더 잘 보이는 것이 없고, 은미한 것보다 더 잘 드러나는 것이 없음"을 말하였다. '구疚'는 병통이다. '생각하는 뜻에 악함이 없다'(無惡於志)는 "마음에 부끄러움이 없다"라고 말하는 것과 같다. 이 구절은 군자가 혼자 알고 있을 때 조심하는 것의 일이다. '『詩』', 「小雅 · 正月」之篇. 承上文言"莫見乎隱, 莫顯乎微"也. '疚', 病也. '無惡於志', 猶言"無愧於心". 此君子謹獨之事也.

【중용 33-3】

(자사가 말하였다.) "『시詩』에 '네가 방에 있을 때를 보니, 옥루屋漏에서도 여전히 부끄럽지 않다'라고 하였다. 그러므로 군자는 행동하지 않아도 공경하고, 말을 하지 않아도 신실하다."

"『詩』云: '相在爾室, 尙不愧于屋漏.'① 故君子不動而敬, 不言而信."

鄭注 ① 군자가 숨어 지내도 군자의 의용儀容과 덕을 잃지 않음을 말한다. '상相'은 본다는 뜻이다. 방의 서북쪽 구석을 '옥루屋漏'라고 부른다. '네가 방에 있을 때를 본다'(視女在室)는 것은 혼자 거처할 때를 말한다. '옥루屋漏에서도 여전히 부끄럽지 않다'(猶不愧于屋漏)에서 옥루屋漏는 사람이 있지 않은 것이다. 하물며 사람이 있을 때는 어떻겠는가? 言君子雖隱居, 不失其君子之容德也. '相', 視也. 室西北隅謂之'屋漏'. '視女在室', 獨居耳. '猶不愧于屋漏', 屋漏非有人也. 況有人乎?

章句 '『시詩』'는 「대아大雅 · 억抑」이다. '상相'은 본다는 뜻이다. '옥루屋漏'는 방 안의 서북쪽 구석이다. 위 문장을 이어받아 또 군자가 경계하고 두려워함이 그렇지 않은 때가 없음을 말하였다. 말하거나 행동한 뒤까지 기다리지 않아도 공경하고 신실하다면, 그 자신의 완성을 추구하는 노력이 더욱 치밀함을 더한 것이다. 그러므로 아래 문장에서 『시』를 인용하여 그 효과를 함께 말하였다. '『詩』', 「大雅 · 抑」之篇. '相', 視也. '屋漏', 室西北隅也. 承上文又言君子之戒謹恐懼, 無時不然. 不待言動而後敬信, 則其爲己之功, 益加密矣. 故下文引『詩』幷言其效.

【중용 33-4】

(자사가 말하였다.) "『시詩』에 '나아가 신명에 이름에 말이 없는데, 때에 다툼이 없네'라고 하였다. 그러므로 군자는 상을 내리지 않아도 백성들이 권면하고, 화를 내지 않아도 백성들이 작두와 도끼보다 더 두려워한다."

"『詩』曰: '奏假無言, 時靡有爭.'① 是故君子不賞而民勸, 不怒而民威於鈇鉞."

鄭注 ① '가假'는 크다는 뜻이다. 이것은 송頌(기리는 말)이다. 종묘宗廟에서 대악大樂(규모를 모두 갖춘 성대한 음악)을 바치는데, 사람들이 모두 엄숙하고 공경하여 지조와 덕을 갖추었는데 말하는 이 없음은 시절이 태평하여 화합하고 다투는 바가 없기 때문임을 말한다. '假', 大也. 此頌也. 言奏大樂於宗廟之中, 人皆肅敬, 金聲玉色, 無有言者, 以時大平, 和合無所爭也.

章句 '『시詩』'는 「상송商頌·열조烈祖」이다. '주奏'는 나아간다는 뜻이다. 위 문장을 이어받아 이어서 그 효과에 미친 것으로, 나아가서 감발하여 신명에게 이르는 사이에 그 진실함과 공경함을 다하여 말을 하고 설명함이 없어도 사람들이 저절로 감화됨을 말한 것이다. '위威'는 두려워한다는 뜻이다. '부鈇'는 작은 작두이다. '월鉞'은 도끼이다. '『詩』', 「商頌·烈祖」之篇. '奏', 進也. 承上文而遂及其效, 言進而感格於神明之際, 極其誠敬, 無有言說而人自化之也. '威', 畏也. '鈇', 莝斫刀也. '鉞', 斧也.

【중용 33-5】

(자사가 말하였다.) "『시詩』에 '어찌 현저하게 드러나지 않겠는가, 덕이여, 모든 제후들이 본받네'라고 하였다. 그러므로 군자가 공경함을 두텁게 함에 천하가 평안해진다."

"『詩』曰: '不顯惟德, 百辟其刑之.'① 是故君子篤恭而天下平."

鄭注 ① '불현不顯(드러나지 않는가)'은 드러남을 말한다. '벽辟'은 국군國君을 뜻한다. 이것은 기리는 말이다. '드러나지 않는가, 문왕의 덕이여, 모든 국군들이 빠짐없이 본받도다'라고 하였으니 제후들이 본받는 것이다. '不顯', 言顯也. '辟', 君也. 此頌也. 言不顯乎, 文王之德, 百君盡刑之, 謂[66]諸侯法之也.

章句 '『시詩』'는 「주송周頌·열문烈文」이다. '불현不顯'은 설명이 제 26장에 보이는데, 이 구절에서 가져와 인용하여 깊고 아득히 멀다는 뜻으로 삼았다. 위 문장을 이어받아 천자가 현저하게 드러나지 않음이 없는 덕을 가지고 있어 제후가 본받으면, 그 덕이 더욱 깊어지고 그 효과가 더욱 원대해짐을 말하였다. '독篤'은 두텁다는 뜻이다. '독공篤恭'은 공경함이 현저하게 드러나지 않음이 없음을 말한다. '두텁게 공경하여 천하가 평안해진다'는 것은 곧 성인의 지극한 덕이 깊고 은미하여 저절로 그렇게 되는 호응이요, 중용의 지극한 효험이다. '『詩』', 「周頌·烈文」之篇. '不顯', 說見二十六章, 此借引以爲幽深玄遠之意. 承上文言天子有不顯之德, 而諸侯法之, 則其德愈深而效愈遠矣. '篤', 厚也. '篤恭', 言不顯其敬也. '篤恭而天下平', 乃聖人至德淵微自然之應, 中庸之極功也.

【중용 33-6】

(자사가 말하였다.) “『시詩』에 ‘내가 밝은 덕을 품고 있어, 큰 소리를 내어 형색으로 드러냄을 하지 않는다’라고 하였다. 공자가 말하였다. ‘소리를 내고 형색으로 드러냄은 백성을 교화시키는 방식에서 말단적인 것이다.’ 『시詩』에 ‘덕은 가볍기가 털과 같다’라고 하였는데, 털이란 말도 오히려 비교함이 있는 것이니 ‘하늘의 일이여, 소리도 냄새도 없구나’라고 함이 지극하다.”

“『詩』云: ‘予懷明德, 不大聲以色.’① 子曰: ‘聲色之於以化民, 末也.’ 『詩』云‘德輶如毛’,② 毛猶有倫, ‘上天之載, 無聲無臭’, 至矣.③”

鄭注 ① ‘여予’는 나를 뜻한다. ‘회懷’는 돌아간다는 뜻이다. 내가 밝은 덕을 지닌 이에게 돌아가는 것은 그가 큰 소리를 내며 관용이 없는 사나운 기색으로 나를 위압하지 않기 때문임을 말한다. ‘予’, 我也. ‘懷’, 歸也. 言我歸有明德者, 以其不大聲爲嚴厲之色以威我也.

② ‘유輶’는 가볍다는 뜻이다. 백성을 교화하는 것은 덕으로 해야 마땅하니 덕은 들어서 사용하기가 쉬워 그 가볍기가 털과 같음을 말한다. ‘輶’, 輕也. 言化民當以德, 德之易擧而用, 其輕如毛耳.

③ ‘륜倫’은 비교한다는 뜻과 같다. ‘재載’는 ‘재栽’(재배하다)로 읽으니, 만물을 낳음을 말한다. 털이 비록 가볍기는 하나, 그래도 비교하는 바가 있는 것이고, 비교하는 바가 있으면 무게가 있는 것이다. 상천上天이 만물을 낳음에 인간이 그 소리를 들음이 없고 그 냄새와 기미를 알지 못함은 백성을 교화하는 덕이 신명(神)처럼 맑고 밝아서 한없이 깊고 끝없이 넓기 때문이니, 그런 뒤에 훌륭하게 된다는 것을 말한다. ‘倫’, 猶比也. ‘載’, 讀曰‘栽’, 謂生物也.

言毛雖輕, 尙有所比, 有所比則有重. 上天之造生萬物, 人無聞其聲音, 亦無知其臭氣者, 化民之德, 淸明如神, 淵淵浩浩, 然後善.

章句 '『시詩』'는 「대아大雅 · 황의皇矣」이다. 인용하여 위 문장에서 이른바 "어찌 현저하게 드러나지 않겠는가?" 하는 덕德이 바로 큰 소리를 내서 형색으로 드러내지 않기 때문임을 밝혔다. 또한 공자의 말을 인용하여 소리 내어 형색으로 나타냄은 백성을 교화하는데 말단적인 일로 삼았다. 이제 다만 크게 소리 내지 않는다고 말하고 말면, 여전히 소리내고 형색으로 드러내는 것이 남아 있는 것이다. 이것은 현저하게 드러나지 않음이 없는 것의 묘리를 형용하기에 부족하여, 「증민烝民」 시에서 "덕은 가볍기가 털과 같다"라고 한 말이 거의 형용할 수 있는 것이 됨보다 못하다. 그러나 또한 스스로 생각하기를 털이라고 말하면 여전히 비교할 수 있는 것이 있게 되어, 이것 또한 그 묘리를 다 드러내지 못하니, 「문왕文王」 시에서 말한 바 "하늘의 일이여, 소리도 냄새도 없구나"라고 한 뒤에 현저하게 드러나지 않음이 없음이 지극하게 되는 것만 못하다. 대개 소리와 냄새는 기氣만 있고 형태는 없어 사물 가운데 가장 미세하고 묘한 것이지만, 시에서 오히려 그런 것이 없다고 말하였기 때문에, 오직 이것이 현저하게 드러나지 않음이 없음과 공경함을 두텁게 함의 신묘한 효용을 형용할 수 있는 것이요, 이 덕 이외에 별도로 세 가지 단계를 가진 뒤에 지극함이 되는 것은 아니다.

○ 이상은 제 33장이다. 자사子思가 이전 장에서 "극치極致"를 말한 것을 끌어와 돌이켜 그 근본을 찾아서, 다시 하학下學이 자신의 완성을 추구하여 홀로 알 때를 조심하는 일로부터 미루어 말하면서 "공경함을 두텁게 함에 천하가 평안해지는" 성대함에 순차적으로 이르고, 또 그 묘리를 찬탄하여 "소리도 없고 냄새도 없다"는 표현에 이른 뒤에 그쳤다. 대개 『중용』 한 책의 핵심을 들어서 요약하여 말한 것으로, 그 반복하여 정성스럽게 사람

들에게 보이는 뜻이 지극히 깊고 절실하다. 배우는 이들이 마음을 다하지 않을 수 있겠는가? ‘『詩』’, 「大雅 · 皇矣」之篇. 引之以明上文所謂“不顯”之德者, 正以其不大聲與色也. 又引孔子之言, 以爲聲色乃化民之末務. 今但言不大之而已, 則猶有聲色者存. 是未足以形容不顯之妙, 不若「烝民」之詩所言“德輶如毛”, 則庶乎可以形容矣. 而又自以爲謂之毛, 則猶有可比者, 是亦未盡其妙, 不若「文王」之詩所言“上天之載, 無聲無臭”, 然後乃爲不顯之至耳. 蓋聲臭有氣無形, 在物最爲微妙, 而猶曰無之, 故惟此可以形容不顯篤恭之妙, 非此德之外又別有是三等, 然後爲至也. ○ 右第三十三章. 子思引前章“極致”之言, 反求其本, 復自下學爲己謹獨之事, 推而言之, 以馴致乎“篤恭而天下平”之盛, 又贊其妙, 至於“無聲無臭”而後已焉. 蓋擧一篇之要而約言之, 其反復丁寧示人之意, 至深切矣. 學者其可不盡心乎?

역주

1) 치우치지 ~ 이치다 : 이 말은 『二程遺書』 권7에 나온다.

2) 공자 ~ 심법이다 : 『二程外書』 권11, 「時氏本拾遺」에 "伊川先生嘗言: '『中庸』乃孔門傳授心法'"라고 하였다.

3) 처음에 ~ 통합하였다 : 이 말은 『二程遺書』 권14에 나온다.

4) 풀어놓으면 ~ 있으니 : 이 말은 『二程遺書』 권11에 나온다.

5) 성신 : 성스럽고 신령한 존재라는 의미로 帝王과 聖人을 칭송하여 일컫는 말이다.

6) 허령하면서 지각함 : '虛靈'의 '虛'는 마음이 구체적 형태로 고정되어 있지 않음을 뜻하고, '靈'은 언제든 활동 가능함을 뜻한다. '知覺'은 마음의 실제적인 인지와 반응을 뜻한다. 주희는 외물과 응접하지 않을 때에도 마음은 허령하여 응대할 수 있는 상태가 되어 있고, 외물에 감촉하면 인지와 반응하는 활동을 한다고 생각한다.

7) 석씨가 ~ 것 : 石氏는 石𡼏을 가리킨다. 호는 克齋이고 新昌 출신이다. 1145년(紹興 15) 진사가 되어, 관직은 太常主簿까지 올랐으며, 뒤에 주희도 부임하였던 知南康軍을 역임한 바 있다. 석씨가 집록한 것은 『中庸集解』를 가리킨다. 周敦頤·二程·張載를 비롯하여 呂大臨·謝良佐·游酢·楊時·侯仲良·尹焞 등의 「중용」에 대한 설을 모아 수록하고 『中庸集解』로 명명하였다. 주희는 1173년(乾道 癸巳) 이 책에 서문을 쓰고 수록의 상세함에 대하여 높이 평가하였다. 주희는 「중용장구서」에서 밝히고 있듯이, 이 책을 다시 산정하여 『中庸輯略』으로 명명하였다. 『중용집략』에는 石𡼏의 서문을 그대로 두었다. 이 책은 뒤에 잊혔다가 明 嘉靖 연간에 呂信卿이 唐順之로부터 송본을 구해 간각하여 다시 알려졌다. 현재 이 판본과 더불어 『朱子遺書』본과 四庫全書본이 전해진다. 『四庫題要』 참조.

8) 도의 ~ 나왔다 : 이 말은 『한서』 「董仲舒傳」에 나오는 말이다.

9) 양시 : 1053~1135. 자는 中立, 호는 龜山, 시호는 文靖으로 南劍州 사람이다. 程子에게 배웠으며 고종 때 龍圖閣直學士에 이르렀다. 벼슬에서 물러난 뒤 만년에 龜山에 은거하니 학자들이 龜山先生이라 불렀다.

10) 정미함 : 『중용장구』 27장에 "넓고 큼에 이르면서도 정밀하고 은미함을 다한다"(致廣大而盡精微)라고 하였다.

11) 又 : 十三經註疏整理本 『禮記正義』에는 '人'으로 되어 있고, 표점은 "易以進人, 察而行之也"이다.

12) 안연 : BC 521~BC 481. 성은 顔, 이름은 回, 字는 子淵이다. 春秋 말기 魯나라 曲阜(현재 山東) 출신이다. 十四세에 문하에 들어가 평생 공자를 스승으로 모셨다. 공자는 안회의 '好學'과 '仁'을 칭찬하였으며, 후대에 공자의 가장 뛰어난 제자로 인정되었다. 안회는 평생 가난하게 살면서도 학문과 신념의 추구를 바꾸지 않아, 공자가 생활의 어려움 속에서도 "그 즐거움을 바꾸지 않았다"(不改其樂)고 높이 평가하였다. 宋代 이래 유

학자들은 그 즐거움을 학문과 수양의 차원에서 재해석하여, 유교의 공부를 통해 도달해야 할 한 지평으로 삼았다.

13) 굳세고 ~ 신하 : 이 말은 『詩』 「魯頌·泮水」에 나온다.

14) 성을 ~ 공격한다 : 공영달의 소에 따르면, 이 구절은 『司馬法』에 나온다고 한다.

15) 찬자도 ~ 참여한다 : 이 말은 『의례』 「士冠禮」에 나온다. 贊者는 관례에 참여하여 일을 도운 주인측의 유사들을 가리킨다. 사관례가 끝나면 주인은 賓에게 사례를 하는데, 이 때 주인 측의 贊者들은 衆賓이 되어 함께 참여함을 말한다.

16) 공자가 ~ 질문한 것 : 葬地로 가던 중에 日蝕을 만나자 노담이 상여를 멈추고 일식이 끝나기를 기다리도록 한 것에 대해 공자가 그 이유를 물은 것이다. 관련 내용은 『예기』 「曾子問」(57, 60)에 나온다.

17) 요와 순이 ~ 여긴 것 : 이 말은 『논어』 「雍也」에 나오는 말이다. "자공이 '만일 백성에게 은혜를 널리 베풀어 많은 사람을 구제한다면 어떠합니까. 仁하다고 할 만합니까?'라고 묻자, 공자가 '어찌 인을 일삼는 데에만 그치겠는가. 반드시 성인일 것이다. 요순도 오히려 부족하게 여기셨을 것이다'라고 하였다."(子貢曰: 如有博施於民而能濟衆, 何如? 可謂仁乎? 子曰: 何事於仁, 必也聖乎! 堯舜其猶病諸)

18) 대중의 ~ 따른다 : 이 말은 장재의 『正蒙』 「大心」에 나온다.

19) 자신을 ~ 행한다 : 이 말은 장재의 『正蒙』 「大心」에 나온다.

20) 남에게 ~ 다한다 : 이 말은 장재의 『正蒙』 「大心」에 나온다.

21) 군자는 ~ 찾는다 : 이 말은 『논어』, 「衛靈公」에 나온다.

22) 그 기는 ~ 것이다 : 이 말은 「祭義」(22)에 나온다.

23) 우사와 진호공 : 虞思는 舜의 아들 商均의 後嗣로 商(현재 陝西省 商縣)에 분봉되었다. 서주 초기에 우사의 후예인 遏父(遰父, 閼父라고도 불림)가 周의 陶正이 되었고, 周文王이 장녀 太姬를 遏父의 아들 滿의 아내가 되게 하였다. 周武王은 滿을 陳에 분봉하여 陳國을 세우고 舜의 제사를 받들게 하였다. 滿이 죽자 주나라에서 胡公의 시호를 내려주었다. 관련 내용은 『춘추좌씨전』 哀公 원년조, 襄公 25년조 등에 보인다.

24) 문왕이 ~ 가질 때 : 이 말은 『詩』 「大雅·大明」에 나온다. 정현의 주석에 "'載'는 지식을 가진다는 뜻이다"(載, 識)라고 하였다.

25) 태왕이 ~ 닦았다 : 이 말은 『書』 「武成」에 나온다.

26) 태왕에 ~ 시작하였다 : 이 말은 『詩』 「魯頌·閟宮」에 나온다.

27) 정통의 기년복 : '正統'은 적통을 계승하는 직계존비속의 자손을 말한다. 곧 嫡長子·嫡孫·嫡曾孫 등 계통을 잇는 자손이 사망하였을 경우 천자와 제후도 기년복을 하는 경우를 말한다.

28) 조감 : 公叔祖類, 公祖, 祖紺諸盩라고도 불린다. 亞圉의 아들로 周族을 통솔하다가 아들 古公亶父에게 전해주었다. 『사기』 「周本紀」에 "亞圉卒, 子公叔祖類立. 公叔祖類卒, 子古公亶父立"라고 하였고, 해당 부분 『史記索隱』에 "世本云: '太公組紺諸盩.' 三代世表稱

叔類, 凡四名.' 皇甫謐云: '公祖, 一名祖紺諸盩, 字叔類, 號曰太公也'"라고 하였다.

29) 사람들이 ~ 준귀한 것 : 『맹자』「公孫丑下」에 "天下에 사람들이 공통으로 인정하는 존귀한 것 셋이 있으니 작명이 하나요, 나이가 하나요, 덕이 하나다"(天下有達尊三, 爵一齒一德一)라고 하였다.

30) 적사 : 上士로서 고대 관직의 품계 가운데 하나다. 적사는 2廟와 1壇을 둘 수 있다. 자세한 내용은 「祭法」(9) 참조.

31) 관사 : 中士·下士·庶士·府史 등 낮은 품계의 관리를 가리키며, 1廟를 둘 수 있다. 자세한 내용은 「祭法」(9) 참조.

32) 적도·대훈·천구·하도 : 이들 명칭은 『書』「顧命」에 나온다.

33) 봄에는 ~ 조미한다 : 이 말은 『주례』「天官·庖人」에 나온다.

34) 사도는 ~ 같다 : 『주례』「地官·司徒」 鄉師의 직무에 "큰 제사에서 소 희생을 올리고 어린 띠풀을 바친다"(大祭祀, 羞牛牲共茅蒩)라고 하였고, 「春官·宗伯」 鷄人의 직무에 "닭 희생을 바치는데 그 빛깔을 변별하는 것을 담당한다"(掌共雞牲辨其物)라고 하였다. 司徒는 후대 戶部에 해당하는 관부를 대표하고, 宗伯은 禮部에 해당하는 관부를 대표하는 장관으로 周의 六卿에 속한다. 여기서는 해당 관부를 대신 지칭한 것이다.

35) 특생궤사의 예 : 『의례』「特牲饋食禮」는 大夫와 士가 정기적으로 선조에게 제사하는 의절을 기술하였는데, 이 가운데 旅酬를 행하는 의절도 포함하였다. '特牲'은 한 종류의 희생을 사용함을 뜻한다. 士의 제사에서는 돼지를 희생으로 사용한다. '饋食'는 음식을 대접하는 것을 뜻한다. '食'은 밥을 뜻하는데, 음식 가운데 중심이 되기 때문이다. 旅酬는 제사 등 본 의식을 마친 뒤 宴會를 열어 친목을 도모할 때 참석자들이 술을 서로 권하는 의절이다.

36) 종축 : 宗祝은 宗伯과 太祝을 합한 말이다. 宗伯은 종묘의 제사 등 예를 담당한 관원이고, 太祝은 祈禱에 관한 일을 담당하는 관원을 뜻한다. 宗祝은 일반적으로 제사에 참여하여 진행을 주관하는 관원을 통칭하여 가리킨다.

37) 처음 ~ 하고 : 사망하는 것에 대하여, 「檀弓上」(40)에 "군자는 종終(마친다)이라 하고 소인은 사死(죽는다)라고 한다"(君子曰終, 小人曰死)라고 하였다.

38) 돌아오니 안 계신다 : 이 말은 「檀弓下」(40)에 나온다.

39) 이 구절은 ~ 있다 : 『논어』「八佾」에 "혹자가 체 제사의 내용을 묻자, 공자가 '모르겠다. 그 내용을 아는 자는 천하를 다스림에 있어 여기에다 올려놓고 보는 것과 같을 것이다'라고는 그 손바닥을 가리켰다"(或問禘之說, 子曰: '不知也. 知其說者之於天下也, 其如示諸斯乎!' 指其掌')라고 하였다.

40) 판 : 글씨를 쓰기 위해 만든 木板·木簡을 가리키며, '牘'이라고도 한다.

41) 명령이 ~ 업어가네 : 이 말은 『詩』「小雅·小宛」에 나온다.

42) 심괄 : 宋 神宗 때 사람으로 天文·方志·律曆·音樂·醫藥·卜算 등에 정통하여 『夢溪筆談』 등을 저술하였다.

43) 심괄이 ~ 보았는데 : 沈括은 『夢溪筆談』 권3, 「辨證」에서 "포로에 대해 설자는 나나니

벌이라고 보았는데 아마도 그렇지 않는 듯하다. 포로는 바로 포위다.(蒲蘆, 說者以爲蜾蠃, 疑不然. 蒲蘆卽蒲葦耳)"라고 하였다.

44) 정치는 ~ 달려 있다 : 『孔子家語』 권4, 「六本」에 나오는 말이다.

45) 원은 ~ 우두머리다 : 이 말은 『주역』 「乾 · 文言」에 나온다.

46) 서로 ~ 공경한다 : '人偶'는 賈誼의 『新書』 권4, 「匈奴」에 보이는 말이다. 사람이 짝이 되어 서로 보존해주고 사랑해준다는 뜻이다. 사람은 혼자 있으면 짝이 없게 되고, 짝이 되면 서로 친애한다.

47) 성이란 ~ 없다 : 이 말은 『二程遺書』 권2, 「元豐已未呂與叔東見二先生語」에 나온다.

48) 번국 : 『周禮』 「秋官 · 大行人」에 "구주 밖을 번국이라고 한다"(九州之外, 謂之蕃國)라고 하였다. 곧 중국 밖의 나라를 통칭한다. 후대에는 제후국을 지칭하는 의미로도 널리 사용되었다. 여기서는 전자의 뜻이다.

49) 빈객과 ~ 않는다 : 이 말은 『맹자』 「告子下」에 나온다.

50) 천자가 ~ 세운다 : 이 말은 『書』 「洪範」에 나온다.

51) 그 일의 ~ 낮춘다 : 이 말은 『주례』 「夏官 · 槀人」에 나온다.

52) 그 활과 ~ 낮춘다 : 이 말은 『주례』 「地官 · 槀人」에 나온다.

53) 合少成多, 自小致大 : 이 부분은 '言天地山川積小致大'로 되어 있는 본들도 있다. 본문은 이학근 교감기에 따랐다. 『禮記正義』(十三經註疏本 제15책) 1697쪽 주 2) 참조.

54) 군자는 ~ 조심한다 : 『易』 「升卦」 象辭에 "군자는 덕을 조심하여, 작은 것을 쌓아서 높고 큼을 이룬다"(君子愼德, 積小以高大)라고 하였다. 현행본 『역』에는 '以'가 없다.

55) 삼왕 : 공영달 소에 의하면 여기서 三王은 하 · 은 · 주 삼대를 가리킨다.

56) 성인이 ~ 않는다 : 이 말은 『맹자』 「滕文公下」에 나온다.

57) 그러므로 ~ 닮았다 : 이 말은 『易』 「繫辭上」에 나온다.

58) 내 뜻은 ~ 있다 : 『춘추공양전』 「序」에 나오는 말이다.

59) 군자는 ~ 알았으니 : 『춘추공양전』 권28, 哀公 14년조 傳에 나오는 말이다.

60) 이 사자는 ~ 것이다 : 『춘추공양전』 권13, 文公 9년조 傳에 나오는 말이다.

61) 왕도를 ~ 말한다 : 『춘추공양전』 권1, 隱公 원년조 傳에 나오는 말이다.

62) 너를 ~ 한다 : 이 말은 『詩』 「大雅 · 抑」에 나온다. 『詩』에는 '忳忳'이 '諄諄'으로 되어 있다. 뜻은 마찬가지로 간절하고 정성스런 모양이다.

63) 끝내 ~ 알았으니 : 『춘추공양전』 권28, 哀公 14년조 傳에 나오는 말이다.

64) 간요하면서도 ~ 있다 : 『書』 「皐陶謨」에 "簡而廉"이라는 말이 나온다. 간요하면서도 분명하다는 뜻이다.

65) 곧으면서도 따뜻하다 : 이 말은 『書』 「皐陶謨」에 나온다.

66) 謂 : 원래 이 글자가 없었는데, 阮元의 교감기에 따르면 宋本에 들어 있었다고 한다. 여기서는 『예기정의』의 교감에 따랐다.(『禮記正義』, 1707쪽 주 1) 참조.)

예기역주 권26

표기 제32
表記

정현의 『예기목록』에서 말한다. "「표기表記」라고 제목을 붙인 것은 군자의 덕이 의표儀表에 나타나는 것을 기록하였기 때문이다. 이 편은 유향劉向의 『별록別祿』에서는 「통론通論」에 속해 있다. 鄭『目錄』云: "名曰「表記」者, 以其記君子之德見於儀表. 此於『別錄』屬「通論」.

정현이 말한다. "군자의 덕이 의표儀表에 나타난 것을 기록한 것이다." 鄭氏曰: "記君子之德見於儀表者."

【표기 1】

공자가 말하였다. "돌아가겠다! 군자는 은거해 있어도 드러나고 자신을 높이지 않아도 장중하고 외모를 엄하게 하지 않아도 위엄이 있으며 말하지 않아도 믿는다."

子言之. "歸乎! 君子隱而顯, 不矜而莊, 不厲而威, 不言而信."

鄭注 이는 공자가 여러 나라를 돌아다녔던 것이 제후들의 초빙에 응한 것이었지만, 어느 누구도 자신을 등용하지 못하자, 마음에 싫증이 나고 권

태를 느껴 한 말이다. '긍矜'은 자신을 높이고 크게 여김을 말한다. '려厲'는 얼굴빛을 엄하게 함을 가리킨다. 此孔子行, 應聘諸侯, 莫能用己, 心厭倦之辭也. '矜', 謂自尊大也. '厲', 謂嚴顔色.

集說 방씨方氏(방각方慤)는 말한다. "이 편에서 '공자가 말하였다'(子言之)라고 한 것이 여덟 번인데 모두 거시적으로 보면 동일한 측면을 간략하게 총괄한 것이다. '공자가 말하였다'(子曰)라고 한 것이 마흔다섯 번인데 모두 세부적으로 보면 차이나는 측면을 상세하게 나열한 것이다." ○ 응씨應氏는 말한다. "'돌아가겠다!'는 탄식은 성인이 사방을 돌아다녀도 마땅한 군주를 만나지 못하고 세도世道가 더욱 쇠퇴해짐을 목도하게 되자, 모범(儀刑)이 됨에 근본이 있으니 어찌 반드시 사방을 찾아다니면서 설득하고 전한 뒤에야 도를 행할 수 있는 것이겠는가 하고 생각한 것이다. '은거해 있어도 드러난다'는 것은 바로 「중용中庸」에서 '잠기어 비록 숨어 있어도, 또한 매우 밝게 드러난다'[1]고 한 것이 그것이다. '자신을 높이지 않아도 장중하고 외모를 엄하게 하지 않아도 위엄이 있으며 말하지 않아도 믿는다'는 것은 '움직이지 않아도 공경하고, 말하지 않아도 믿는다'는 말이 바로 그것이다. 「중용」(33)에서는 이것으로 편의 마무리로 삼았는데, 사람들에게 덕을 진전시키는 일을 보이고자 한 것이다. 「표기」에서는 이것을 시작으로 삼았으니 성인이 가르침을 세운 이유를 밝혀 드러낸 것이다." 方氏曰: "此篇稱'子言之'者八, 皆總其大同之略也. 稱'子曰'者四十五, 皆列其小異之詳也." ○ 應氏曰: "'歸乎'之嘆, 聖人周流不遇, 覩世道之益衰, 念儀刑之有本, 何必歷聘駕說而後足以行道哉. '隱而顯', 卽「中庸」所謂'潛雖伏矣, 亦孔之昭', 是也. '不矜而莊, 不厲而威, 不言而信', 卽所謂'不動而敬, 不言而信', 是也. 「中庸」以是終篇, 蓋示人以進德之事. 「表記」以是爲始, 蓋發明聖人立敎之故."

【표기 2】

공자가 말하였다. "군자는 사람들에게 행동을 잘못하지 않고 안색을 잘못하지 않으며 말을 잘못하지 않는다. 이 때문에 군자의 표정은 경외할 만하고 안색은 두려워할 만하고 말은 믿을 만하다. 「보형甫刑」에 '(평상시) 공경하고 경계하므로 뽑아버려야 할 만한 말이 자신에게 더해지지 않는다'라고 하였다."

子曰: "君子不失足於人, 不失色於人, 不失口於人. 是故君子貌足畏也, 色足憚也, 言足信也.① 「甫刑」曰, '敬忌而罔有擇言在躬.'"②

鄭注 ① '실失'은 행동거지의 절도를 잃는다는 말이다. 「옥조玉藻」(123~128)에 "발의 모습은 신중하고, 얼굴 모습은 장중하고, 입의 모습은 진중하다"라고 하였다. '失', 謂失其容止之節也. 「玉藻」曰: "足容重, 色容莊, 口容止."

② '「보형甫刑」'은 『서書』의 편명이다. '기忌'는 경계한다는 말이다. 자신이 밖으로 몸가짐을 공경하게 가지고 마음으로 경계하고 삼가면 뽑아버려야 할 만한 말이 자신에게 더해지지 않는다는 말이다. '「甫刑」', 『尙書』篇名. '忌'之言戒也. 言己外敬而心戒愼, 則無有可擇之言加於身也.

集說 소疏에서 말한다. "'「보형」'은 「여형呂刑」이다. 보후甫侯가 목왕穆王을 위해 형벌에 관해 설명하였으므로 보형甫刑이라 부른 것이다." ○ 마씨馬氏는 말한다. "행할 수 있는 측면만 보고 멈출 만한 것을 고려하지 않으면 다른 사람에게 행동을 실수하게 된다. 기뻐할 만한 것만 보고 분노할 만한 것을 고려하지 않으면 다른 사람에게 안색을 잘못하게 된다. 말할 수 있음만 보고 말하지 않을 만한 것을 고려하지 않으면 다른 사람에게 말을 실수하게 된다. 다른 사람에게 행동을 실수하지 않으므로 외모가 두려워할 만

하다. 다른 사람에게 안색을 잘못하지 않으므로 얼굴빛이 두려워할 만하다. 말을 실수하지 않으므로 말이 신뢰할 만하다." ○ 유씨劉氏는 말한다. "군자는 혼자 있을 때 삼가하여 자신을 높이지 않아도 장중하므로 다른 사람에게 행동을 잘못하지 않고 외모가 두려워할 만하다. 외모를 엄하게 하지 않아도 위엄이 있으므로 다른 사람에게 안색을 잘못하지 않고 얼굴빛이 두려워할 만하게 된다. 말하지 않아도 믿으므로 다른 사람에게 말을 실수하지 않고 말이 믿음직스럽다. 대개 보통 때에 공경하고 경계하므로 움직이는 곳마다 절도에 맞지 않음이 없는 것이 이와 같다. 또 『서書』를 인용하여 증명하니 의미가 더욱 드러난다." 疏曰: "'「甫刑」', 「呂刑」也. 甫侯爲穆王說刑, 故稱甫刑." ○ 馬氏曰: "見其所可行, 而不慮其所可止, 則失足於人. 見其所可喜, 而不慮其所可怒, 則失色於人. 見其所可語, 而不慮其所可默, 則失口於人. 不失足於人, 故貌足畏. 不失色於人, 故色足憚. 不失口於人, 故言足信." ○ 劉氏曰: "君子謹獨, 不待矜而莊, 故不失足於人, 而貌足畏. 不待厲而威, 故不失色於人, 而色足憚. 不待言而信, 故不失口於人, 而言足信也. 蓋其尋常敬忌, 故動處無不中節如此. 又引『書』以證之, 而義益顯矣."

【표기 3】

공자가 말하였다. "석裼(겉옷을 젖혀서 석의裼衣를 드러내는 것)과 습襲(겉옷을 덮어서 석의裼衣를 가리는 것)을 서로 이어서 하지 않는 것은 백성들이 서로 공경함이 없이 대하여 모독하지 않게 하려는 것이다."
子曰: "裼·襲之不相因也, 欲民之毋相瀆也."

鄭注 '서로 이어서 하지 않는다'(不相因)는 것은 어떤 때는 '석裼'을 공경스러운 것으로 여기고 또 어떤 때는 '습襲'을 공경스러운 것으로 여기기 때문

이다. 성대함을 예로 여길 경우에는 '습襲'을 공경스럽게 여기는데, 빙례聘禮에서 옥玉과 거북을 잡을 때 등이 그러하다. 성대하지 않음을 예로 여길 경우에는 '석裼'을 공경스럽게 여기는데, 빙례聘禮에서 향례享禮를 받을 때가 그것이다. '不相因'者, 以其或以'裼'爲敬, 或以'襲'爲敬. 禮盛者以'襲'爲敬, 執玉龜之屬也. 禮不盛者以'裼'爲敬, 受享是也.

集說 '석裼'과 '습襲'은 「곡례하曲禮下」(1)에 보인다. ○ 응씨應氏는 말한다. "석裼과 습襲은 문文과 질質이 합당하게 하는 것에 각각 차이가 있음을 보이는 것이다. 이른바 '서로 이어서 하지 않는다'는 것은 아마도 한 때 잠시 다른 일이 생기면 반드시 옷을 바꾸어 입고 일에 종사하는데, 각각 그 공경함을 보존하며 옷을 습襲하고 있다가 이어서 석裼을 하지 않고, 옷을 석裼하고 있다가 습襲하지 않는다는 것이다. 왜냐하면 절문節文이 이미 구분되는데다 또 그 번거로움을 꺼리지 않으면, 서로 공경하지 않고 설만褻慢하게 대하는 근심은 없어지기 때문이다." '裼'·'襲', 見「曲禮」. ○ 應氏曰: "裼·襲以示文質各有異宜. 所謂'不相因'者, 恐一時或有異事, 必易服從事, 各存其敬, 不以襲衣而因爲裼, 不以裼衣而因爲襲. 蓋節文既辨, 而又不憚其勞, 則無相褻之患."

【표기 4】

공자가 말하였다. "제사에서는 공경하는 마음을 다하고 (도중에 변하여) 즐거워하는 마음으로 잇지 않는다. 조회朝會에서는 정사의 세밀한 분별을 다하고 (도중에 변하여) 권태로워하는 마음으로 잇지 않는다."

子曰: "祭極敬, 不繼之以樂. 朝極辨, 不繼之以倦."

鄭注 '극極'은 다하다의 뜻과 같다. '변辨'은 정사를 분별하는 것이다. 「제의祭義」(07)에 "제사지내는 날에는 즐거움과 슬픔이 반반이었다. 제물을 올릴 때는 반드시 즐거워하였고, 이미 귀신이 이르면 반드시 슬퍼하였다"라고 하였다. '極', 猶盡也. '辨', 分別政事也. 「祭義」曰: "祭之日, 樂與哀半. 饗之必樂, 已至必哀."

集說 여씨呂氏(여대림呂大臨[2])는 말한다. "'공경하는 마음을 다한다'는 것은 뜻을 성실하게 가짐(誠意)이 지극한 것이다. 만일 즐거워함에 이르면 공경함이 풀어진다. '분별을 다한다'는 것은 절도와 문채(節文)가 명확한 것이다. 만일 권태로워함에 이르면 임시로 대충 하는 데에 빠진다." 呂氏曰: "'極敬'者, 誠意至也. 苟至於樂, 則敬弛. '極辨'者, 節文明也. 苟至於倦, 則入於苟簡."

【표기 5】

공자가 말하였다. "군자는 신중함으로 화난을 피하고 독실함으로 궁지에 빠지지 않으며 공경함으로 치욕을 멀리한다."
子曰: "君子愼以辟禍, 篤以不揜, 恭以遠恥."

鄭注 '독篤'은 두텁다는 뜻이다. '엄揜'은 곤란과 궁지에 빠진다는 뜻과 같다. '篤', 厚也. '揜', 猶困迫也.

集說 마씨馬氏(마희맹馬晞孟[3])는 말한다. "독실한 자는 두터움에 머물고 박절함에 머물지 않으며, 내실이 있는 곳에 처하고 겉으로 화려한 곳에 처하지 않는다. 그러므로 그 빛남이 밖으로 드러나 사람들이 가릴 수가 없다." ○ 응씨應氏(응용應鏞)는 말한다. "군자는 덕을 항상되게 견지하고 빛나가지

않으므로 행동을 바르게 하는 것이다. 따라서 경계하고 삼가며 독실하고 공경하는 것 모두가 의도적으로 하려고 해서 하는 것이 아니다. 어찌 화난을 피하고 부끄러움을 감추려고 구차하게 노력하겠는가? 예를 기록하면서 이러한 말을 전한 것은 또한 곤욕스런 일을 피하는 길을 사람들에게 깨우쳐주고자 하는 것이다." 馬氏曰: "篤者居其厚, 不居其薄, 處其實, 不處其華. 則輝光發於外, 而人不能揜也." ○ 應氏曰: "君子經德不回, 所以正行. 則其戒謹篤恭, 皆非有爲而爲之也. 豈區區於避禍患防揜恥乎? 記禮之垂是言, 亦以曉人知避困辱之道耳."

【표기 6】

공자가 말하였다. "군자는 장중하고 공경함으로 날마다 굳세어지고, 안일함과 방자함으로 날마다 구차해진다. 군자는 그 때문에 하루도 자신을 들쭉날쭉 무질서하여 하루도 온전히 마치지 못할 것처럼 되게 두지 않는다."

子曰: "君子莊敬日强, 安肆日偸.① 君子不以一日使其躬儳焉如不終日.②"

鄭注 ① '사肆'는 방자하다는 뜻과 같다. '투偸'는 구차하다는 뜻이다. '사肆'는 어떤 본에서는 '설褻'로 되어 있다. '肆', 猶放恣也. '偸', 苟且也. '肆'或爲'褻'. ② '참언儳焉'은 가볍고 천한 모양이다. '하루도 온전히 마치지 못할 것처럼'(如不終日)이란 사람이 예가 없으면 죽음에 때를 얻지 못한다는 말이다. '儳焉', 可輕賤之貌也. '如不終日', 言人而無禮, 死無時.

集說 마씨馬氏는 말한다. "장중하고 공경함은 자신을 굳세게 하는 것으로 그것을 통해 조금씩 덕을 진전시켜가는 바가 있기 때문에 날마다 굳세어진

다. 안일하고 방자함은 자신을 포기하는 원인으로 그로 인해 조끔씩 법도에서 어긋나는 바가 있기 때문에 날마다 구차하게 된다." ○ 응씨應氏(응용應鏞)는 말한다. "'참僭'은 차이가 나서 가지런하지 않은 모양이다. 마음에 검속하는 바가 없으면 분분하게 혼란스러워 끝내 들쭉날쭉 무질서하게 나오는 지경에 이르게 된다. 밖으로 드러나는 것이 이미 산란散亂하고 정돈되지 않아 내면 또한 궁지에 몰려 구속받아 불안하므로 하루도 온전히 마치지 못한다. 만일 주일主一(하나에 집중함)로 내면을 곧게 하여 마음이 넓어지고 몸이 여유로워지면 어찌 하루도 온전히 마치지 못하는 것과 같은 지경에 이르겠는가?" 馬氏曰: "莊敬, 所以自强, 而有進德之漸, 故日强. 安肆所以自棄而有敗度之漸, 故日偷." ○ 應氏曰: "'僭'者, 參錯不齊之貌. 心無所檢束, 而紛紜雜亂, 遂至僭焉錯出. 外旣散亂而不整, 則內亦拘迫而不安, 故不能終日也. 若主一以直內, 而心廣體胖, 何至於如不終日乎?"

【표기 7】

공자가 말하였다. "재계齊戒를 하여 귀신을 섬기며, 날짜를 선택하여 군주를 만나는 것은 백성들이 공경하지 않을까 염려해서이다." 子曰: "齊戒以事鬼神, 擇日月以見君, 恐民之不敬也."

鄭注 '날짜를 선택하여 군주를 만난다'(擇日月以見)는 것은 신하가 읍邑(지방)이나 외국에 나가 있는 경우를 말한다. '擇日月以見君', 謂臣在邑·竟者.

集說 저승과 이승 사이에 접하고, 위와 아래 사이에 접할 때에는 더욱 공경해야 하는 것이므로 함께 말한 것이다. 幽明之交, 上下之際, 尤其所當敬者, 故並言之.

【표기 8】

공자가 말하였다. "(소인은) 깔보고 업신여기면서 죽음에 이르러도 두려워하지 않는다."

子曰: "狎侮死焉而不畏也."

鄭注 공경하는 마음을 지니지 않는 것에 익숙해졌기 때문이다. 忲於無敬心也.

集說 마씨馬氏(마희맹馬晞孟)는 말한다. "깔보고 업신여기면서 죽음에 이르러도 두려워하지 않는 것은 설만褻慢함을 감추는 것이다." 馬氏曰: "狎侮至於死而不畏者, 蔽其所褻也."

【표기 9】

공자가 말하였다. "언사言辭가 없으면 서로 만나지 않고, 폐백이 없으면 서로 만나지 않는 것은 백성들이 서로 설만褻慢하여 무례하지 않게 하려는 것이다. 『역易』에 '처음 점을 치면 알려준다. 두 번 세 번 점을 치면 모독하는 것이고, 모독하면 알려주지 않는다'라고 하였다."

子曰: "無辭不相接也, 無禮不相見也, 欲民之毋相褻也.① 『易』曰, '初筮告. 再三瀆, 瀆則不告.'"②

鄭注 ① '언사言辭'는 마음(情)을 소통하기 위한 것이다. '예禮'는 폐백을 가리킨다. 『춘추공양전』에 "옛날에 제후들은 서로 만나고(朝) 빙문하는(聘) 일

이 있으면 언사에 반드시 선군先君(선대의 임금)을 일컬으면서 서로 만났다"[4]라고 하였다. '辭', 所以通情也. '禮', 謂摯也. 『春秋傳』曰: "古者諸侯, 有朝聘之事, 號辭必稱先君, 以相接也."

② '독瀆'은 모독한다는 말이다. '瀆'之言褻也.

集說 '『역易』'은 「몽蒙」괘의 괘사로, 점을 치는 사람들이 처음 점을 칠 때는 정성과 공경을 반드시 온전하게 하여 그 점으로써 몽매한 것을 밝혀서 다스릴 것처럼 하는데, 배우는 이도 처음 점을 칠 때의 정성처럼 하면 알려주어야 하지만, 만약 두 번 세 번 점을 칠 때처럼 모독하고 태만하게 하면 알려줄 필요가 없음을 말한다. 이것을 인용하여 빈賓과 주인 사이에 교제할 때 처음 점을 칠 때의 정성처럼 처음부터 끝까지 신중하고 공경하게 해야 하며 두 번 세 번 점을 치는 것처럼 무례하고 설만하게 해서는 안 됨을 말하였다. ○ 여씨呂氏(여대림呂大臨)는 말한다. "'언사'(辭)란 서로 만날 때 하는 말이다. 예를 들면, 공公과 객客이 연회를 할 때 '과인에게 좋지 않은 술이 있어 선생(吾子)께서 과인과 더불어 잠시 연음燕飮을 함께하시기를 청하오니, 아무개를 시켜 말씀드립니다'[5]라고 하는 유형의 말들이 그것이다. '예禮'는 상견례를 할 때의 폐백으로 양·기러기·꿩·오리 등이 그것이다. 반드시 언사를 사용하고 폐백을 사용하는 것은 교제는 구차해서는 안 되기 때문이다. 구차하면 설만褻慢하게 되고, 설만하면 공경하지 않게 되니 이것이 교제가 쉽게 소원해지는 이유이다." '『易』', 「蒙」卦辭, 謂凡占者, 初筮則誠敬必全, 若以明而治蒙, 必其學者如初筮之誠, 則當告之, 若如再筮三筮之瀆慢, 則不必告之矣. 引此以言賓主之交際, 當愼始敬終, 如初筮之誠, 不可如再三筮之瀆慢也. ○ 呂氏曰: "'辭'者, 相接之言. 如公與客宴曰, '寡人有不腆之酒, 以請吾子之與寡人須臾焉, 使某也以請'之類是也. '禮'者, 相見之摯, 如羔·鴈·雉·鶩之類是也. 必以辭, 必以禮者, 交際不可苟也. 苟則褻, 褻則不敬, 此交所以易疏也."

【표기 10】

공자가 말하였다. "인仁은 천하의 의표儀表(모범)이다. 의義는 천하의 척도(制)이다. 보답(報)은 천하의 이익이다."

子言之. "仁者, 天下之表也. 義者, 天下之制也. 報者, 天下之利也."

鄭注 '보報'는 예禮를 가리킨다. 예禮는 주고받는 것을 숭상한다. '報', 謂禮也. 禮尙往來.

集說 응씨應氏는 말한다. "인仁의 체體는 크고 높으며 뭇 선을 밝게 드러내 사람의 마음으로 하여금 공경할 바를 알게 하므로 '의표'(表)라고 한 것이다. 의義의 체는 방정하고 엄전하며 사물을 재단하여 사람의 마음으로 하여금 엄숙하게 두려워할 바를 알게 하므로 '척도'(制)라고 한 것이다. 보답하는 것이 예가 되는 것은 교제에 주고받고 상대가 찾아와 내가 응함에 그만둘 수 없는 바가 있기 때문이니 사람들로 하여금 문식文飾으로 서로 접하고 은의恩誼로써 서로 사랑함이 있게 하려는 것이다. 어떤 이로운 것이 그와 같겠는가?" 應氏曰: "仁之體, 大而尊, 昭揭衆善, 而人心儼然知所敬, 故曰'表'. 義之體, 方而嚴, 裁割事物, 而人心凜然知所畏, 故曰'制'. 報之爲禮, 以交際往來, 彼感此應, 而有不容已者, 所以使人有文以相接, 有恩以相愛. 其何利如之?"

【표기 11】

공자가 말하였다. "덕을 덕으로 갚으면 백성들이 권면하는 바가 있게 되고, 원한을 원한으로 갚으면 백성들이 징계하는 바가 있게 된다. 『시詩』에 '돌아오지 않는 말이 없고 보답 받지 못하는 덕이 없네'라고 하였다. 『서書』「태갑太甲」에 '백성들은 군주가 아니면 서로 편안해질 수 없다. 군주는 백성이 아니면 사방에 군주 노릇을 할 수 없다'고 하였다." 공자가 말하였다. "원한을 덕으로 갚으면, 자신을 소중히 여기는 인仁이 된다. 덕을 원수로 갚으면, 형벌을 당하고 죽임을 당하는 백성이 된다."

子曰: "以德報德, 則民有所勸, 以怨報怨, 則民有所懲.① 『詩』曰, '無言不讎, 無德不報.'② 「大甲」曰, '民非后, 無能胥以寧. 后非民, 無以辟四方.'"③ 子曰: "以德報怨, 則寬身之仁也. 以怨報德, 則刑戮之民也."④

鄭注 ① '징懲'은 경계하고 두려워한다는 뜻이다. '懲', 謂創艾.

② '수讎'는 응답하다는 뜻과 같다. '讎', 猶答也.

③ '태갑太甲'은 탕湯의 손자이다. 『서書』에서 편명으로 삼았다. '서胥'는 서로라는 뜻이다. 백성들은 군주가 아니면 서로 편안해질 수 없다. '大甲', 湯孫也. 『書』以名篇. '胥', 相也. 民非君, 不能以相安.

④ '관寬'은 소중히 여긴다는 것과 같다. 자신을 소중히 여겨 원망을 그치게 하는 것은 예의 올바른 것이 아니다. '인仁' 자 또한 '민民'이라고 말해야 옳다. 발음 때문에 잘못된 것이다. '寬', 猶愛也. 愛身以息怨, 非禮之正也. '仁'亦當言'民'. 聲之誤.

集說 『논어』의 '직直(곧음)으로 원한을 갚는다', '덕으로 덕을 갚는다'[6]는 말에 근거하여 보면 이 장은 공자의 말이 아닌 듯하다. ○ 방씨方氏(방각方慤)는 말한다. "원한을 덕으로 갚으면 다른 사람들의 원한을 망각하게 되어 징계 삼는 바를 가지기에는 부족하지만, 대중은 장차 그를 유덕하다고 여

기고 여유를 가지게 된다. 그 때문에 '자신을 여유롭게 하는 인仁'이라 한 것이다. 덕을 원망으로 갚으면 다른 사람의 덕을 망각하게 되어 권면하는 바를 가지기에 부족하고, 대중 또한 그를 원망하여 용납하지 않는다. 따라서 '형을 당하고 죽임을 당하는 백성'이라고 한 것이다." 以『論語』'以直報怨'·'以德報德'之言觀之, 此章恐非夫子之言. ○ 方氏曰: "以德報怨, 則忘人之怨, 雖不足以有懲, 而衆將德之而有裕矣. 故曰'寬身之仁'. 以怨報德, 則忘人之德, 旣不足以有所勸, 而衆且怨之而不容矣. 故曰'刑戮之民'."

【표기 12】

공자가 말하였다. "바라는 것 없이 인을 좋아하고, 두려워함 없이 어질지 않음을 싫어하는 사람은 세상에 단 한 사람뿐이다. 이 때문에 군자가 도를 논의할 때는 자기가 할 수 있는 것을 다하고, 법을 제정할 때는 백성들이 할 수 있는 것을 기준으로 한다."

子曰: "無欲而好仁者, 無畏而惡不仁者, 天下一人而已矣. 是故君子議道自己, 而置法以民."

鄭注 '한 사람뿐이다'(一人而已)라는 것은 적음을 뜻한다. '자기自己'는 스스로 자기가 할 수 있는 것을 다한다는 뜻이다. '一人而已', 喩少也. '自己', 自盡己所能行.

集說 여씨呂氏(여대림呂大臨)는 말한다. "인仁을 편안히 여기는 사람은 천하에 한 사람뿐이라고 하였으니 성인聖人이 아니면 인仁을 성性으로 가질 수가 없다. '진실로 인仁에 뜻을 두었다면, 악惡한 것은 없다'[7]고 하였으니, 대중들도 모두 인仁을 행할 수 있다. 성인이 본성으로 하는 것을 근거로

도를 논의하면 도는 완벽해지지 않음이 없고, 대중들이 행할 수 있는 것을 근거로 법을 제정하면 법이 실행되지 않음이 없다." ○ 방씨方氏(방각方慤)는 말한다. "바라는 바가 있어 인을 좋아하는 것은, 지혜로운 자가 인을 이롭게 여기는 것이다. 두려워하면서 어질지 못한 것을 싫어하는 것은 죄를 두려워하는 자가 노력하여 인을 행하는 것이다. 만일 좋아하는 것이 바라는 바가 없는 데에서 나오고 싫어하는 것이 두려워하는바가 없는 데에서 나오는 것은 마음속으로부터 인을 편안히 여기는 사람이 아니라면 불가능하다. 그러므로 '세상에 단 한 사람뿐이다'라고 한 것이다." 呂氏曰: "安仁者, 天下一人而已, 則非聖人, 不足以性仁. '苟志於仁矣, 無惡也', 則衆人皆可以爲仁. 以聖人所性而議道, 則道無不盡, 以衆人之可爲而制法, 則法無不行." ○ 方氏曰: "欲而好仁, 則知者利仁之事也. 畏而惡不仁, 則畏罪者强仁之事也. 若所好生於無欲, 所惡生於無畏, 非中心安仁者, 不能. 故曰'天下一人而已'."

【표기 13】

공자가 말하였다. "인仁을 실천하는 데에는 세 유형이 있는데, 인仁과 공효(功)는 같지만 본심(情)은 다르다. 인과 공효가 동일하다는 것만으로는 그것이 인仁한 것인지 아직 알 수 없다. 잘못하는 것이 인仁과 더불어 같은 뒤에야 그 인을 알 수 있다. 어진 사람은 인을 편안히 여기고, 지혜로운 사람은 인을 이롭게 여기고, 죄를 두려워하는 사람은 인을 노력하여 행한다. 인은 오른쪽이고 도는 왼쪽이다. 인仁은 사람이고 도는 의義이다. 인에 두터운 사람은 의義에 엷어서 친애하지만 존경하지는 않는다. 의에 두터운 사람은 인仁에

엷어서 존경하지만 친애하지는 않는다."

子曰: "仁有三, 與仁同功而異情.① 與仁同功, 其仁未可知也. 與仁同過, 然後其仁可知也. 仁者安仁, 知者利仁, 畏罪者强仁.② 仁者右也, 道者左也. 仁者人也, 道者義也.③ 厚於仁者, 薄於義, 親而不尊. 厚於義者, 薄於仁, 尊而不親."④

鄭注 ① '세 유형'(三)는 '인을 편안히 여기는 것'(安仁), '인을 이롭게 여기는 것'(利仁), '인을 노력하여 행하는 것'(强仁)을 가리킨다. 인을 이롭게 여기는 것과 인을 노력하여 행하는 것은 효과가 비록 인을 편안하게 여기는 것과 같지만 본래의 실정은 다르다. '三', 謂'安仁'也, '利仁'也, '强仁'也. 利仁·强仁, 功雖與安仁者同, 本情則異.

② '공로'(功)는 사람들이 탐하는 바요, '잘못'(過)은 사람이 피하는 바이다. 잘못을 범하는 가운데 있어도, 그것이 본심이 아니면 후회하는 경우가 있다. '功'者人所貪也, '過'者人所辟也. 在過之中, 非其本情者, 或有悔者焉.

③ '오른쪽'(右也)·'왼쪽'(左也)이라는 것은 서로 의지하여 이룬다는 말이다. '사람이다'(人也)라는 것은 사람의 은혜(恩)로 베푸는 것을 가리킨다. '의다'(義也)라는 것은 일의 정당함으로 결단함을 가리킨다. 『춘추공양전』에 "체포한 경우 풀어준 것을 말한 적이 없었는데, 여기서 풀어주었다고 말한 것은 무슨 이유인가? 사람이다"[8]라고 하였다. '右也'·'左也', 言相須而成也. '人也', 謂施以人恩也. '義也', 謂斷以事宜也. 『春秋傳』曰: "執未有言舍之者, 此其言舍之何? 人也."

④ 인仁과 의義를 함께 행하는 것을 말한다. 인이 많으면 사람들이 친하게 여기고, 의가 많으면 사람들이 존중한다. 言仁義並行者也. 仁多則人親之, 義多則人尊之.

集說 여씨呂氏는 말한다. "안인安仁(인을 편안히 여김)과 이인利仁(인을 이롭게 여김) 그리고 강인强仁(인을 노력하여 행함) 세 가지의 공효功效는 인으로 돌아간다는 점에서는 동일하지만 그 본심(情)은 다르다. 이것이 '요순은 본성에 따른 것'이고, '탕무는 몸으로 체득한 것'이며, '오패는 거짓으로 빌린 것' 등이 차이가 있는 이유이다. 환공은 아홉 번 제후를 규합하고 천하를 한 번 바로잡았으니, 탕왕과 무왕의 업적도 이것을 넘어서지 못하지만, 그 본심(情)은 다르다. 그 때문에 '그것이 인仁한 것인지 아직 알 수 없다.' 잘못은 사람이 피하려는 것이지만 불행히도 하게 되는 경우가 있다. 주공이 관숙에게 맡기자, 관숙은 은나라를 기반으로 반란을 일으켰으니, 형을 사랑하는 마음으로 인해 잘못을 하게 된 것이다. 공자가 진사패陳司敗에게 '소공이 예를 안다'고 대답한 것[9]은 군주의 잘못을 함부로 드러내지 않으려는 마음으로 인해 잘못을 하게 된 것이다. 이들의 행위는 모두 본심(情)에서 나온 것으로 그것이 어짊을 알 수 있다. 도道는 인이 아니면 세워지지 않고, 의義는 인仁이 아니면 행해지지 못한다. 무릇 사람의 거동은 반드시 오른쪽이 앞선 뒤에 왼쪽이 뒤따른다. 그러므로 '인은 오른쪽이고 도는 왼쪽이다'라고 한 것이다. 呂氏曰: "安仁・利仁・强仁, 三者之功同歸於仁, 而其情則異. 此'堯舜性之', '湯武身之', '五霸假之', 所以異也. 桓公九合諸侯, 一匡天下, 雖湯武之擧不過乎是, 而其情則不同. 故'其仁未可知也'. 過者, 人所避, 有不幸而致焉. 周公使管叔, 以殷畔, 過於愛兄而已. 孔子對陳司敗以'昭公知禮', 過於諱君而已. 皆出乎情, 而其仁可知也. 道非仁不立, 義非仁不行. 凡人之擧動, 必右先而後左隨之. 故曰'仁右道左'."

【표기 14】

(공자가 말하였다.) "도에는 지극한 도가 있고 의義의 도가 있으며

살피는 도가 있다. 지극한 도를 얻으면 왕王(천하에 왕도를 행하는 군주)이 되고, 의義의 도를 얻으면 패覇(힘으로 제후를 규합하는 군주)가 되며, 살피는 도를 얻으면 잘못함이 없는 군주가 된다."
"道有至, 有義, 有考. 至道以王, 義道以覇, 考道以爲無失."

鄭注 이 문장은 '지극한 도가 있고, 의의 도가 있고, 살피는 도가 있다'(道有至, 有義, 有考)는 의미로 읽어야 한다. '유有' 한 자가 빠졌다. '지극한 도가 있다'(有至)는 것은 인仁과 의義를 겸비한 것을 말한다. '의의 도가 있다'(有義)는 것은 곧 인仁은 없다는 것이다. '유고有考'에서 '고考'는 이룬다는 뜻이다. 인仁과 의義 가운데 하나를 취해서 이룸으로써 다른 사람에게 잘못을 범하지 않을 수 있다는 것으로, 저절로 본성을 따라하는 성인聖人의 정치는 아니다. 此讀當言'道有至, 有義, 有考'. 字脫一'有'耳. '有至', 謂兼仁義者. '有義', 則無仁矣. '有考', '考', 成也. 能取仁義之一成之, 以不失於人, 非性也.

集說 응씨應氏(응용應鏞)는 말한다. "'지극한 도'(至道)는 곧 인仁이다. 지극한 도는 혼연渾然하여 자취가 없다. 따라서 그 혼연히 온전하고 정밀하게 순수함을 얻어서 왕王이 된다. 의義의 도는 엄숙하고 방정하다. 그러므로 그 맞추어 자르고 결단하여 절제節制함을 얻어서 패覇가 된다. 살피고 헤아리고 도를 다 하여 일을 가볍게 행하지 않으면, 또한 잘못함이 없는 군주가 될 수 있다." ○ 석량왕씨石梁王氏는 말한다. "'의義의 도를 얻으면 패覇가 된다'는 것은 공자의 말이 아니다." 應氏曰: "'至道', 卽仁也. 至道渾而無迹. 故得其渾全精粹以爲王. 義道嚴而有方. 故得其裁割斷制以爲覇. 盡稽考之道, 而事不輕擧焉, 亦可以無失矣." ○ 石梁王氏曰: "'義道以覇', 非孔子之言."

【표기 15】

공자가 말하였다. "인仁에는 여러 가지 방식(數)이 있고 의義에는 오래가고 짧음(長短)과 크고 작음(小大)이 있다. 마음속으로 애처로워하는 것은 사람을 사랑하는 인이다. 법을 본받아 힘써 노력하는 것은 인仁을 취하는 것이다. 『시詩』에 '풍수豐水의 강가 구기자 자라니, 무왕武王이 어찌 등용하지 않겠는가? 자손을 위한 계책 후세에 전하여 자손을 편안하게 하고 도우려 했도다!'라고 하였다. 이는 수 세대에 영향을 미치는 인仁이다. 「국풍」에 '내 몸조차 용납되지 않는데 어느 겨를에 나의 뒷일을 걱정하겠는가?'라고 하였다. 이는 자기 한 몸을 위한 인仁이다."

子言之. "仁有數, 義有長短·小大. 中心憯怛, 愛人之仁也. 率法而强之, 資仁者也.① 『詩』云, '豐水有芑, 武王豈不仕? 詒厥孫謀, 以燕翼子!' 數世之仁也.② 「國風」曰, '我今不閱, 皇恤我後?' 終身之仁也."③

鄭注 ① '자資'는 취한다는 뜻이다. '방식'(數)과 '오래가고 짧음'(長短)과 '크고 작음'(小大)은 호언互言10)으로 말한 것이다. 인의仁義를 본성으로 저절로 행하는 자는 그 수가 오래 가고 크며, 인의를 취하여 행하는 자는 그 수가 짧고 작다. '資', 取也. '數'與'長短'·'小大', 互言之耳. 性仁義者, 其數長大, 取仁義者, 其數短小.

② '기芑'는 구기자이다. '사仕'는 섬긴다는 말이다. '이詒'는 후세에 전한다는 뜻이다. '연燕'은 편안하다는 것이다. '증烝'은 군주이다. '무왕이 어찌 천하의 일을 생각하지 않았겠는가? 마치 풍수豐水에 구기자가 있는 것처럼 후

세의 자손에게 좋은 계책을 전해주어 편안하게 하는 것으로 그의 자손을 도우려고 하였다. 임금답다 무왕이여'라고 말한 것으로 무왕을 찬미한 것이다. '芑', 枸檵也. '仕'之言事也. '詒', 遺也. '燕', 安也. '烝', 君也. 言'武王豈不念天下之事乎? 如豐水之有芑矣, 乃遺其後世之子孫以善謀, 以安翼其子也. 君哉武王', 美之也.
③ '열閱'은 용납한다는 뜻과 같다. '황皇'은 겨를이라는 뜻이다. '휼恤'은 근심이라는 뜻이다. 나는 지금 여전히 스스로 용납되지 않을까 두려워하는데 어느 겨를에 나의 뒤 세대의 사람을 근심하겠느냐는 말이다. '閱', 猶容也. '皇', 暇也. '恤', 憂也. 言我今尙恐不能自容, 何暇憂我後之人乎?

集說 '인仁에는 여러 가지 방식(數)이 있다'는 말은 인을 행하는 길은 한 가지 방식이 아님을 말한다. 대개 인은 그릇(器)이 됨은 무겁고 도道가 됨은 원대하여, 행하는 바의 많고 적은 차이와 도달하는 수준의 멀고 가까운 정도에 따라 모두 인이라고 말할 수 있기 때문이다. '의義에는 오래가고 짧음(長短)과 크고 작음(小大)이 있다'는 것은 의義는 정해진 형체가 없어 일에 따라 그 합당한 것을 제정하는 데 달려 있음을 말한다. '마음속으로 애처로워한다'는 것은 측은惻隱의 단서이다. 그 때문에 사람을 사랑하는 인이 된다. 고인의 성법成法을 따라 힘써 노력하여 행하는 것, 이것은 인仁이 되기를 추구하는 일이 된다. '인仁을 취한다'는 것은 다른 사람에게서 취해 선善을 행하는 것으로, 바로 위 문장(13)에서 '인을 노력하여 행한다'는 의미다. '『시詩』'는 「대아大雅 · 문왕유성文王有聲」이다. 풍수豐水의 강가는 윤택하여 구기자가 자란다고 말한 것은 인재를 양성함을 비유한다. '무왕武王이 어찌 등용하지 않겠는가?'라는 말은 인재를 버려두지 않음을 뜻한다. 성인이 후사를 위한 계책으로는 인재를 물려주는 것보다 큰 것이 없다. 이는 자손을 위한 계책을 전하여 그 자손을 편안하게 하고 도와주려는 것이다. 증손曾孫과 현손玄孫 이하는 모두 자손이다. 그 때문에 공자는 '수세대에 영향을

미치는 인仁'이라고 말했던 것이다. 대개 '마음속으로 애처로워하는 것'은 그 나오는 바가 깊어 미치는 것이 멀리 가기 때문이다. '「국풍國風」'은 「패풍邶風 · 곡풍谷風」이다. '금今'은 『시詩』에 '궁躬'으로 되어 있다. '열閱'은 용납하다는 뜻이다. 내 몸조차 용납되지 않는데 어느 겨를에 뒷일을 걱정하겠느냐는 말이다. 이는 다만 인으로 자신의 삶을 마치고자 하는 것이다. 대개 노력하여 인仁을 취하는 경우에는 나오는 바가 얕아 미치는 것이 가까운 데 그치기 때문이다. '仁有數', 言行仁之道, 非止一端. 蓋爲器重, 爲道遠, 隨其所擧之多寡 · 所至之遠近, 皆可謂之仁也. '義有長短小大', 言義無定體, 在隨事而制其宜也. '中心憯怛', 惻隱之端也. 故爲愛人之仁. 率循古人之成法, 而勉强行之, 此爲求仁之事. '資仁', 取諸人以爲善也, 卽上文'强仁'之意. '『詩』', 「大雅 · 文王有聲」之篇. 言豐水之傍, 以潤澤生芑穀, 喻養成人才也. '武王豈不官使之乎?' 言無遺才也. 聖人爲後嗣計, 莫大於遺之以人才. 是欲傳其孫之謀, 而燕安翼輔其子耳. 曾玄以下皆孫也. 故夫子以爲'數世之仁'. 蓋'中心憯怛', 所發者深, 故所及者遠也. '「國風」', 「邶風 · 谷風」之篇. '今'『詩』作'躬'. '閱', 容也. 言我身且不見容, 何暇憂後事乎. 此但欲以仁終其身而已耳. 蓋勉强資仁, 所發者淺, 故所及者近也.

【표기 16】

공자가 말하였다. "인仁은 그릇(器)이 됨은 무겁고 도道가 됨은 원대하여, 들어서 말하는 이 가운데 누구도 다 들어 말할 수 없었고, 행하는 이 가운데 누구도 다 행할 수 없었다. 따라서 차지하는 수가 많은 것이 인仁이다. 인仁에 힘쓰는 것이 또한 어렵지 않은가! 이 때문에 군자가 의義를 다하는 것으로써 사람을 판단하면 그 기준에 맞는 사람이 되기가 어렵지만, 오늘날 사람이 기대하는 것으로 사람을 판단하면 현자賢者를 알아볼 수 있다."

子曰: "仁之爲器重, 其爲道遠, 擧者莫能勝也, 行者莫能致也. 取數多者, 仁也. 夫勉於仁者, 不亦難乎!① 是故君子以義度人, 則難爲人, 以人望人, 則賢者可知已矣."②

鄭注 ① '차지하는 수가 많다'(取數多)는 것은 천하의 도를 계산해 볼 때, 인仁이 그 다수를 차지한다는 말이다. '取數多', 言計天下之道, 仁居其多.

② 선왕의 성법成法을 가지고 사람들을 비견하고 헤아리면 들어맞기 어려우므로 현재의 사람을 기준으로 견주어 판단해야 한다는 말이다. 言以先王成法擬度人, 則難中也, 當以時人相比方耳.

集說 여씨呂氏(여대림呂大臨)는 말한다. "관중管仲의 공로, 미자微子의 떠나감, 기자箕子의 갇힘, 비간比干의 죽음은 모두 인仁이라고 부를 수 있으니, 인仁을 완벽하게 실현하는 것은 요순堯舜조차도 어려워했다. 이것이 인仁이 다수를 차지하는 이유이다. '의義로써 사람을 헤아린다'(以義度人)는 것은 의義를 다하는 것으로 사람들을 헤아린다는 말이다. '사람으로 사람에게 바란다'(以人望人)는 것은 지금 사람들이 서로 기대하는 것을 들어서 말하는 것이다. 의義를 다하는 것으로 사람들에게 요구하면 성인이 아닌 이상 그렇게 할 수 없으므로 그런 사람이 되기 어렵다. 지금 사람들이 서로 바라는 것을 들어 헤아리면 더 현명한 사람이 덜 현명한 사람보다 나을 것이므로 '현자를 알아볼 수 있다.'" 呂氏曰: "管仲之功, 微子之去, 箕子之囚, 比干之死, 皆得以仁名之, 語仁之盡, 則堯舜其猶病諸. 此仁所以取數之多也. '以義度人', 盡義以度人者也. '以人望人'者, 擧今之人相望也. 盡義以求人, 非聖人不足以當之, 故難爲人. 擧今之人相望, 則大賢愈於小賢, 故'賢者可知已'."

【표기 17】

공자가 말하였다. "마음속으로 인仁을 편안하게 여기는 사람은 세상에 한 사람뿐이다. 『시詩』 「대아」에 '덕은 새털처럼 가볍지만, 들어 행하는 사람 드무네. 내 동료들에게서 도모할 이 찾으니, 오직 중산보가 잘할 수 있네. 내가 그를 좋아하여 도우려하지만 도울 수가 없네'라고 하였다. 「소아」에 '높은 산은 우러러보고, 큰 덕행은 본받아 실행하네'라고 하였다." 공자가 말하였다. "시인詩人이 인仁을 좋아하는 것이 이와 같다. 도道를 향해 가다가 중도에 (힘이 다하여) 멈추더라도 자신의 늙음은 잊고 세월이 얼마 남지 않았다는 것은 고려하지 않는다. 다른 것 생각하지 않고 날마다 부지런히 힘써 행하다가 죽은 뒤에야 그만둔다."

子曰: "中心安仁者天下一人而已矣. 「大雅」曰, '德輶如毛, 民鮮克擧之. 我儀圖之. 惟仲山甫擧之. 愛莫助之.'① 「小雅」曰, '高山仰止, 景行行止.'"② 子曰: "詩之好仁如此. 鄕道而行, 中道而廢, 忘身之老也, 不知年數之不足也. 俛焉日有孶孶, 斃而后已."③

鄭注 ① '유輶'는 가볍다는 뜻이다. '선鮮'은 드물다는 뜻이다. '의儀'는 짝이라는 뜻이다. '도圖'는 꾀한다는 뜻이다. '애愛'는 애석하다는 뜻과 같다. 덕의 가벼움이 털과 같은데도 사람들은 모두 무겁게 여겨서, 실행하는 사람이 드물다는 말이다. 이 시를 지은 사람은 주나라 선왕宣王때의 대신大臣이다. '나의 짝 가운데 도모할 이 찾으니[11] 중산보가 잘 실행하네'라고 한 것은 중산보를 찬미하는 말이다. '애석하다! 당시 사람들은 도울 사람이 없었다'는 것은 현자가 적었음을 말한다. '輶', 輕也. '鮮', 罕也. '儀', 匹也. '圖',

謀也. '愛', 猶惜也. 言德之輕如毛耳, 人皆以爲重, 罕能擧行之者. 作此詩者, 周宣王之大臣也. 言'我之匹謀之, 仲山甫則能擧行之', 美之也. '惜乎! 時人無能助之'者, 言賢者少.

② 높은 산을 우러러 보고 놓인 길을 부지런히 가는 자는 인仁에 다음가는 자이다. '경景'은 밝다는 뜻이다. '밝은 길이 있다'는 것은 옛 성현을 가리킨다. 仰高勤行者, 仁之次也. '景', 明也. '有明行'者謂古賢聖也.

③ '폐廢'는 힘이 다해 쓰러져 다시 갈 수 없어서 멈추는 것을 비유한다. '면언俛焉'은 힘써 노력하는 모양이다. '폐斃'는 엎어진다는 뜻이다. '廢'喻力極罷頓, 不能復行則止也. '俛焉', 勤勞之貌. '斃', 仆也.

集說 (시는) 「대아大雅 · 증민烝民」으로 그 취지는 이렇다. 덕은 사람에게 있어서 그 가볍기가 털과 같아서 하기 어려운 일이 아닌데도 백성들 가운데 실천할 수 있었던 사람이 적다. 윤길보尹吉甫가 동료들 가운데 함께 도모할 이를 찾으니, 덕을 실행할 수 있는 사람으로 오직 중산보仲山甫가 잘 할 수 있어, 나(윤길보)는 그 사람을 사랑하여 그에게 미치지 못하는 것이 있으면 나는 충심을 다해 도우려 생각한다. 이제 길보吉甫가 산보山甫를 사랑하여 도와주고자 하지만 중산보는 덕을 온전하게 갖추고 있어 길보가 그 도움을 줄 방도가 없다. (시는) 「소아小雅 · 거할車舝」로, 높은 산이 있으면 사람들이 우러러 보고, 큰 덕행이 있으면 사람들은 본받아 행한다는 뜻이다. 두 '지止'자는 모두 어사語辭이다. 공자가 이 두 시를 인용하여 찬미하기를 '시인이 인仁을 좋아하는 것이 이와 같구나!'라고 하였다. '중도에 멈춘다'는 것은 힘이 다하여 멈추는 것을 말한다. 만일 힘이 다하지 않았다면 멈추지 않는다. '얼마 남지 않았다'는 것은 적다는 뜻이다. 사람이 늙으면 앞으로 남은 세월이 적다. '면언俛焉'은 다른 것을 돌아보지 않는다는 의미다. '자자孶孶'는 부지런히 힘쓰는 모습이다. '폐斃'는 죽는다는 뜻이다. ○ 응씨應氏는 말한다. "앞 장에서는 인仁이 무겁고 원대해서, 사람들에게 온전

한 인仁을 요구해서는 안 된다고 말하였다. 여기서는 이제까지의 서술을 총괄하면서 힘써 행할 것을 권하였다." 「大雅・烝民」之篇. 言德之在人, 其輕如毛, 非難能也, 而民少能擧之者. 尹吉甫於儀匹之中, 圖謀之求, 其能擧德者, 乃惟仲山甫能擧之, 我愛其人, 使其或有不及, 我思效忠以助之. 今吉甫雖愛山甫而欲助之, 而山甫全德, 吉甫無可以致其助者也. 「小雅・車舝」之篇, 言有高山, 則人瞻望而仰之, 有景大之德行, 則人視法而行之. 二'止'字皆語辭. 夫子引此兩詩而贊之曰, '詩人之好仁如此哉!' '中道而廢', 言力竭而止. 若非力竭, 則不止也. '不足', 少也. 人老則未來之歲月少矣. '俛焉', 無他顧之意. '孳孳', 勤勉之貌. '斃', 死也. ○ 應氏曰: "前章言仁重且遠, 而人不可以全責. 此又總叙而勸勉之."

【표기 18】

공자가 말하였다. "인仁을 이루기가 어려운 것은 오래되었다. 사람들은 모두 좋아하는 것으로 인해 잘못을 한다. 인仁에 뜻을 둔 경우의 잘못은 해명하기 쉽다." 공자가 말하였다. "공손함은 예에 가깝고 검약함은 인에 가까우며 믿음은 본심(情)에 가깝다. 공경하고 겸양하는 자세로 이들을 행하면 잘못함이 있어도 심하지 않을 것이다. 공손하면 허물이 적고, 진정으로 하면 믿음을 얻으며, 검약하면 쉽게 받아들여진다. 이렇게 하면서도 잘못을 범하는 경우는 역시 적지 않겠는가! 『시詩』에 '온화하게 공경하는 사람은 덕이 바탕이라네'라고 하였다."

子曰: "仁之難成久矣. 人人失其所好.① 故仁者之過易辭也."② 子曰: "恭近禮, 儉近仁, 信近情. 敬讓以行此, 雖有過其不甚矣. 夫恭寡過, 情可信, 儉易容也. 以此失之者, 不亦鮮乎![3] 詩曰, '溫溫恭人, 惟德之基.'"

鄭注 ① 인仁의 도가 이루어지지 않으면 사람들의 행동이 원하는 것을 얻을 수 없다는 말이다. 言仁道不成, 人所由不得其志.

② '사辭'는 해명한다는 뜻과 같다. 어진 사람은 공손하고 검약하여 잘못함이 있어도 심하지 않다. 성인만이 허물이 없다. '辭', 猶解說也. 仁者恭儉, 雖有過, 不爲甚矣. 唯聖人無過.

③ 이것 때문에 잘못하는 경우는 드물다는 말이다. 言罕以此失之.

集說 인仁을 이루기 어려운 것은 사욕私欲이 끼어들기 때문이다. 사의私意가 행해지면 좋아하는 것은 좋아해야 할 것이 아니다. 그 때문에 '좋아하는 것으로 인해 잘못을 한다'고 말한 것이다. 진실로 인에 뜻을 두면 잘못함이 있을지라도 그 본심(情)은 선하므로 많은 말을 듣지 않아도 변별할 수 있다. 그 때문에 '해명하기 쉽다'고 한 것이다. '공경'과 '검약'과 '믿음' 세 가지는 인仁이 되기에는 부족하지만 또한 인을 행하는 자산이다. '심하지 않다'고 하거나 '적지 않다'고 한 것은 모두 사람들에게 인仁에 힘을 쏟도록 권하는 것이다. 이를 통해 잘못을 줄이고 덕을 향상시킬 수 있다. '『시詩』'는 「대아大雅 · 억抑」이다. ○ 석량왕씨石梁王氏는 말한다. "'신근정信近情'(믿음이 본심에 가깝다)은 '정근신情近信'(본심이 믿음에 가깝다)으로 되어야 옳다." 仁之難成, 私欲間之也. 私意行, 則所好非所當好. 故曰'失其所好'也. 苟志於仁, 雖或有過, 其情則善, 故不待多言而可辨. 故曰'易辭也'. '恭' · '儉' · '信'三者, 未足以爲仁, 而亦行仁之資. 曰'不甚' · 曰'鮮', 皆勉人致力於此. 可以由此寡過而進德也. '『詩』', 「大雅 · 抑」之篇. ○ 石梁王氏曰: "'信近情'當爲'情近信'."

【표기 19】

공자가 말하였다. "인仁을 이루기가 어려운 것은 오래되었으니, 오직 군자가 이룰 수 있다. 그 때문에 군자는 자신이 할 수 있는 것을 기준으로 사람들을 책망하지 않고, 사람들이 할 수 없는 것을 가지고 사람들을 비난하지 않는다. 따라서 성인이 행위의 기준을 제정할 때는 자신을 기준으로 제정하지 않음으로써 백성들로 하여금 서로 권면하고 부끄러워하는 바를 가지고 성인의 가르침을 실행하게 한다. 예를 통해 절도에 맞게 하고, 믿음으로써 결속시키고, 용모로 문식하고, 의복으로 덕과 걸맞게 하고, 붕우 사이를 통해 지극한 곳에 이를 때까지 최선을 다하게 하는 것은 백성들이 전일하게 하려는 것이다. 「소아」에 '사람들에게 부끄러워하지 않고 하늘을 두려워하지도 않는가?'라고 하였다."

子曰: "仁之難成久矣, 唯君子能之.① 是故君子不以其所能者病人, 不以人之所不能者愧人.② 是故聖人之制行也, 不制以己, 使民有所勸勉愧恥, 以行其言.③ 禮以節之, 信以結之, 容貌以文之, 衣服以移之, 朋友以極之, 欲民之有壹也.④ 「小雅」曰, '不愧于人, 不畏于天?'"⑤

鄭注 ① 사람의 도리를 이룰 수 있는 사람이 적음을 말한다. 言能成人道者少也.

② '병病'과 '괴愧'는 벌주고 책망한다는 말이다. '病'·'愧', 謂罪咎之.

③ 중인中人을 기준으로 제정하면 현자는 '권면勸勉하고' 미치지 못하는 자는 '부끄러워하여'(愧恥) 성인의 말씀이 이에 행해진다. 以中人爲制, 則賢者'勸

勉', 不及者'愧恥', 聖人之言乃行也.

④ '이移'는 '화범이禾氾移'[12]의 '이移'가 되어야 한다. '이移'는 광대하다는 뜻과 같다. '극極'은 끝까지 다한다는 뜻이다. '일壹'은 선善에 마음을 기울인다는 뜻이다. '移', 讀如'禾氾移'之'移'. '移', 猶廣大也. '極', 致也. '壹', 謂專心於善.

⑤ 사람이 행하는 바가 있으면 하늘과 사람에 부끄러워하고 두려워해야 한다는 말이다. 言人有所行, 當慙怖於天人也.

集說 여씨呂氏(여대림呂大臨)는 말한다. "성인이 행위의 원칙을 제정하여 가르침을 세울 때는 반드시 천하 사람들이 행할 수 있는 것을 그들의 모범으로 삼는다. 그 때문에 두루 통용되는 도가 된다. 자기를 기준으로 제정하지 않으므로, 백성들은 여기로 발돋움하여 이르렀음을 알 때에는 권면하는 바가 있으며, 이에 미치지 못함을 알았을 때에는 부끄러워하는 바가 있다. 따라서 인仁에 대하여 지향할 줄 알게 된다. 이뿐만이 아니라 예를 제정하여 그 행동을 절도 있게 하여 가지런하게 하고, 신의를 세워 뜻을 결속시키고 든든하게 한다. 용모로는 밖으로 나타나는 문식과 부합하게 하고, 의복으로는 마음속에 있는 덕에 합치하도록 한다. 붕우 사이에서는 절차탁마하여 서로 이루어서 지극한 곳에 이른 뒤에 멈춘다." ○ 응씨應氏는 말한다. "다섯 가지로 보좌하고 함께 지니는 것은 지향하는 바가 전일하기를 바라는 것이다. 설사 해이하고 나태해서 악惡을 행하려는 자가 있다 하더라도, 어찌 유독 사람에게 부끄럽고 하늘에 두렵지 않겠는가? 시는 「소아小雅 · 하인사何人斯」이다." 呂氏曰: "聖人制行以立教, 必以天下之所能行者爲之法. 所以爲達道也. 惟不制乎己, 故民知跂乎此而有所勸勉, 知不及乎此而有所愧恥. 則於仁也知所向矣. 非特此也, 制禮以節其行, 而使之齊, 立信以結其志, 而使之固. 容貌以驗其文之著於外, 衣服以稱其德之有於中. 朋友切磋相成以至於極而後已." ○ 應氏曰: "五者輔導[13]而夾持之, 欲其趨向之專壹也. 縱有懈怠而欲爲惡者, 獨不愧于人而畏于天乎? 「小雅 · 何人斯」之篇."

【표기 20】

(공자가 말하였다.) "이 때문에 군자는 알맞은 복식을 하면 군자의 용모로 문식한다. 용모를 갖추면 군자의 언사言辭로 문식한다. 언사를 이루면 군자의 덕으로 채운다. 그 때문에 군자는 군자의 복식을 하고 있으면서도 그에 알맞은 용모를 하지 못함을 부끄러워하고, 알맞은 용모를 하고 있으면서도 그에 따른 언사가 없음을 부끄러워하고, 언사가 있으면서도 그에 맞는 덕이 없음을 부끄러워하며, 덕이 있으면서도 그에 맞는 행동이 없는 것을 부끄러워한다. 그 때문에 군자는 상복喪服을 하면 슬픈 안색을 하고, 단문袒免을 하면 공경하는 안색을 하며, 갑옷으로 무장을 하면 굴욕을 당할 수 없다는 안색을 한다. 『시詩』에 '사다새 어량에 머물며 날개를 적시지 않네. 저 사람(소인) 복장과 걸맞지 않네'라고 하였다."

"是故君子服其服, 則文以君子之容. 有其容, 則文以君子之辭. 遂其辭, 則實以君子之德.① 是故君子恥服其服而無其容, 恥有其容而無其辭, 恥有其辭而無其德, 恥有其德而無其行.② 是故君子衰絰則有哀色, 端冕則有敬色, 甲冑則有不可辱之色.③ 『詩』云, '維鵜在梁, 不濡其翼. 彼記之子, 不稱其服.'"④

鄭注 ① '수遂'는 이룬다는 뜻과 같다. '遂', 猶成也.

② '그에 맞는 행동이 없다'(無其行)는 것은 걸맞은 덕을 행하지 않는다는 말이다. '無其行', 謂不行其德.

③ 얼굴색이 그 복장과 어울린다는 말이다. 言色稱其服也.

④ '제鵜'는 사다새로 오택汚澤이다. 사다새는 흙탕물에서 잘 서식하며, 어

량에서 날개를 적셔 더럽히지 않는 것을 재주로 삼는데, 마치 군자가 자신의 복식에 걸맞게 행동하는 것을 유덕함으로 여기는 것과 같다. '鵜', 鵜胡, 汚澤也. 汚澤善居泥水之中, 在魚原以不濡汚其翼爲才, 如君子以稱其服爲有德.

集說 이 장은 위 문장의 용모와 의복을 이어서 그에 알맞은 덕행으로 충실하게 하고자 함을 말한 것이다. '덕德'은 자신에게 얻어진 것이고, '행行'은 일로 나타난 것이다. '『시詩』'는 「조풍曹風 · 후인候人」이다. '제鵜'는 사다새(펠리컨)로 속명俗名은 '도하淘河'이다. 사다새는 항상 물속에 들어가 고기를 잡아먹지만, 마치 소인이 높은 자리를 차지하고 봉록을 훔치면서 그 복식에 걸맞게 행동하지 않음과 같다. 此承上文容貌 · 衣服, 而言欲有其德行以實之也. '德'謂得之於己, '行'謂見之於事. '『詩』', 「曹風 · 候人」之篇. '鵜', 鵜鶘也, 俗名'淘河'. 鵜鶘常入水中食魚, 今乃在魚梁之上, 竊人之魚以食, 未嘗濡濕其翼, 如小人居高位以竊祿, 而不稱其服也.

【표기 21】

공자가 말하였다. "군자가 말하는 의義란 귀한 사람이나 천한 사람 모두 세상에서 일을 함이 있는 것이다. 천자는 몸소 농사를 지어 곡물(粢盛)[14]과 울창주(秬鬯)[15]로 상제를 섬기므로, 제후는 수고로이 힘쓰면서 천자를 보좌하여 섬긴다."

子言之. "君子之所謂義者, 貴賤皆有事於天下. 天子親耕, 粢盛秬鬯以事上帝, 故諸侯勤以輔事於天子."

鄭注 일없이 자리를 차지하고 봉록을 먹는 것은 '의롭지 않으면서 부유하고 귀한 것'[16]임을 말한다. 言無事而居位食祿, 是'不義而富且貴'.

集說 응씨應氏는 말한다. "의義란 자른 듯 방정하고 치우치거나 사사로움이 없는 것이다. 천한 자가 귀한 이를 섬기는 것만 알고 귀한 이가 천한 자를 통솔하는 것을 모른다면 어찌 혈구絜矩의 도이겠는가? 그 때문에 천자가 힘을 다하고 공경을 다해 상제를 섬기면, 제후 또한 수고로운 일에 복무하면서 천자를 보좌한다." 應氏曰: "'義'者, 截然正方而無偏私也. 知賤之事貴, 而不知貴之率賤, 豈絜矩之道哉? 故天子竭力致敬, 以事乎上帝, 則諸侯亦服勤, 以輔乎天子也."

【표기 22】

공자가 말하였다. "아랫사람이 윗사람을 섬길 때, 백성들을 덮을 만한 큰 덕이 있어도 감히 백성들에게 군주 노릇을 하겠다는 마음을 가지지 않는 것은 인仁의 두터움이다. 그러므로 군자는 공경과 검약으로 인仁을 실천하기를 추구하고, 믿음과 겸양으로 예를 행하기를 추구하며, 자신이 하는 일을 스스로 높이지 않고 자신을 스스로 높이지 않고, 관직에 있으면서 검약하고 욕심을 줄이고, 현인에게 겸양하고, 자신을 낮추고 남을 높이고, 삼가는 마음으로 의義를 두려워하면서, 그럼으로써 군주를 섬기는 것을 추구한다. 군주의 마음을 얻어도 그와 같이 하고, 얻지 못하여도 그와 같이 하여 천명天命에 순응한다. 『시詩』에 '울창하게 늘어진 칡과 등나무, 가지와 줄기에 뻗어 자라네. 즐겁고 화평한 군자, 복을 구함에 사특하지 않다네'라고 하였다. 이는 대개 순舜과 우禹와 문왕文王과 주공周公을 가리키는 것이다. 백성들의 군주가 될 큰 덕을 지녔으면서도 군주를 섬기는 삼가는 마음을 가졌던 것이다. 『시詩』에 '오직 문왕은 삼가는 마음으로 조심하며, 밝게 상제를 섬겨 많은 복이 이르게 하였고, 그 덕 사특하지 않아 사방의 나라가 귀부하였네'라고 하였다."

子曰: "下之事上也, 雖有庇民之大德, 不敢有君民之心, 仁之厚也.① 是故君子恭儉以求役仁, 信讓以求役禮, 不自尙其事, 不自尊其身, 儉於位而寡於欲, 讓於賢, 卑己而尊人, 小心而畏義, 求以事君.② 得之自是, 不得自是, 以聽天命.③ 『詩』云, '莫莫葛藟, 施于條枚. 凱弟君子, 求福不回.'④ 其舜·禹·文王·周公之謂與. 有君民之大德, 有事君之小心.⑤ 『詩』云, '惟此文王, 小心翼翼, 昭事上帝, 聿懷多福, 厥德不回, 以受方國.'"⑥

鄭注 ① '비庇'는 덮는다는 뜻이다. '백성들에게 군주 노릇을 하겠다는 마음을 가지지 않는다'(無君民之心)는 것은 "생각이 자신의 지위를 벗어나지 않는 것"17)이다. '庇', 覆也. '無君民之心', 是"思不出其位".

② '역役'은 행한다는 뜻이다. '그럼으로써 군주를 섬기는 것을 추구한다'(求以事君)는 것은 충신忠臣이라는 명예를 이루려는 것이다. '役'之言爲也. '求以事君'者, 欲成其忠臣之名也.

③ 도리를 어기면서 봉록과 이익을 요행으로 추구하지 않겠다는 말이다. 言不易道徼祿利也.

④ '개凱'는 즐겁다는 뜻이다. '제弟'는 화평하다는 뜻이다. 즐겁고 화평한 군자는 복을 구하되 덕을 닦아 기다릴 뿐, 사특한 행동을 해서 얻으려 하지 않으니, 마치 칡나무와 등나무 덩굴이 가지에 무성한 것이 그 본성인 것과 같다고 말한 것이다. '凱', 樂也. '弟', 易也. 言樂易之君子, 其求福, 修德以俟之, 不

爲回邪之行以要之, 如葛藟之延蔓於條枚, 是其性也.

⑤ 이 덕은 사특하지 않아야 한다는 말이다. 言此德當不回也.

⑥ '소昭'는 밝다는 뜻이다. '상제上帝'는 하늘(天)을 뜻한다. '율聿'은 조술하다는 뜻이며, '회懷'는 이른다는 뜻이다. 상제의 덕을 조술하고 행하여 많은 복을 얻는 데 이르렀음을 말한다. '방方'은 사방이다. '사방의 나라가 귀부하였네'(受四方之國)는 것은 천하에 왕 노릇한다는 뜻이다. '昭', 明也. '上帝', 天也. '聿', 述也, '懷', 至也. 言述行上帝之德, 以至於多福也. '方', 四方也. '受四方之國', 謂王天下.

集說 '역役'은 행한다는 뜻과 같다. '얻는다'와 '얻지 못한다'는 것은 곧 『중용』에서 '윗사람의 마음을 얻는다'와 '윗사람의 마음을 얻지 못한다'고 하는 뜻이다. '『시詩』'는 「대아大雅·한록旱麓」이다. '막막莫莫'은 무성하고 울창한 것이다. 등나무는 칡나무와 비슷하다. 가지를 '조條'라 하고, 줄기를 '매枚'라 한다. ○ 엄씨嚴氏는 말한다. "이 칡나무와 등나무가 나무의 가지와 줄기에 뻗어 자람은 문왕이 선조의 공덕에 의지하여 흥기하였음을 비유한다. 문왕은 즐겁고 화평하여 복을 구할 때 사특하지 않았다. 「표기」(22)에 '얻어도 그와 같이 하고, 얻지 못하여도 그와 같이 하여 천명天命에 순응한다'라고 하면서 이 장을 인용하였다. 조금이라도 요행으로 구하는 마음이 있다면 사특한 것이다. '『시詩』'는 「대아大雅·대명大明」이다. 문왕은 삼가는 마음으로 조심하면서, 공경恭敬으로 상제를 밝게 섬겨 드디어 많은 복을 받을 수 있었다. 대개 그의 덕이 사특하지 않았기 때문에 사방의 제후국들이 귀복해오는 결과를 얻었던 것이다." ○ 응씨應氏는 말한다. "몇 장들에서 보면, '공경은 예에 가깝고 검약함은 인에 가까우며 신의는 본심(情)에 가깝다'(18장)고 한 뒤에 '공경과 검약으로 인仁을 행하고 믿음과 겸양으로 예禮를 행한다'(22장)고 말하였다. '자신을 낮추고 남을 높인다'(22장)고 하고, 다시 '자신을 낮추지만 백성들이 공경하며 높인다'(23장)고 하였고, '자신이

하는 일을 스스로 높이지 않고, 자신을 스스로 높이지 않는다'(22장)고 하고 또 '자신이 하는 일을 크게 여기지 않고 자기의 공을 과시하지 않는다'(23장)고 하였다." '役', 猶爲也. '得之'·'不得', 卽『中庸』'獲乎上'·'不獲乎上'也. '『詩』', 「大雅·旱麓」之篇. '莫莫', 茂密也. 藟似葛. 枝曰'條', 榦曰'枚'. ○ 嚴氏云: "是葛也藟也, 乃蔓於木之枝榦, 喻文王憑先祖之功而起也. 文王豈樂弟易, 其求福不回邪也. 「表記」言, '得之自是, 不得自是, 以聽天命', 遂引此章. 蓋有一毫覬倖之心, 則邪矣. '『詩』', 「大雅·大明」之篇. 言文王小心翼翼然, 恭敬以明事上帝, 遂能懷來多福. 蓋其德不回邪, 故受此四方侯國之歸也." ○ 應氏曰: "數章之內, 自'恭近禮·儉近仁·信近情'之後, 又言'恭儉役仁·信讓役禮'. 曰'自卑而尊人', 又曰'自卑而民敬尊之', 曰'不自尙其事, 不自尊其身', 又曰'不自大其事, 不自尙其功'."

【표기 23】

공자가 말하였다. "선왕先王은 시호諡號를 통해 명예를 높이되, 업적을 제한하여 취해서 훌륭한 점을 전일하게 드러내고, 명예가 행동보다 넘치는 것을 부끄러워하였다. 그러므로 군자는 자기가 하는 일을 과대하지 않고 자기의 공로를 높이지 않으며 실제의 사실에 맞게 머무르기를 추구하였다. 지나치게 고원한 행동이 있으면 함부로 따라서 행하지 않고 돈후한 도리에 머무르기를 추구하였다. 다른 사람의 훌륭한 점을 드러내주고 다른 사람의 공로를 찬미하여 현자에게 자신을 낮추기를 추구하였다. 그러므로 군자는 자신을 낮추지만 백성들이 그를 공경하고 높였다." 공자가 말하였다. "후직后稷은 천하를 위해 업적을 이루었으니, 어찌 한 사람의 손과 한 사람의 발이 따라 활용하는 정도에 그치겠는가! 후직은 오직 행동이 명성을 넘기를 바랐으므로 스스로 '이 일에 익숙한 사람'이라고 말했던 것이다."

子曰: "先王謚以尊名, 節以壹惠, 恥名之浮於行也.① 是故君子不自大其事, 不自尙其功, 以求處情. 過行弗率, 以求處厚. 彰人之善, 而美人之功, 以求下賢.② 是故君子雖自卑而民敬尊之."③

子曰: "后稷天下之爲烈也, 豈一手一足哉!④ 唯欲行之浮於名也, 故自謂'便人'."⑤

鄭注 ① '시謚'는 활동의 자취이다. '명名'은 명예이다. 선왕은 활동을 논하여 시호를 삼았음을 말한다. '명예를 높인다'(以尊名)는 것은 명예를 존신할 수 있도록 하는 것이다. '일壹'은 하나(一)의 의미다. '혜惠'는 훌륭함(善)과 같은 뜻이다. 명예를 비록 여러 가지 가지고 있을 수 있지만 그의 활동 가운데 한 가지 가장 훌륭한 업적을 가지고 시호로 삼는다. 위에 있는 것을 '뜬다'(浮)고 한다. 군자는 근면하게 실천하여 공을 이루며 명성과 명예가 실제 활동보다 넘치는 것을 부끄러워한다. '謚'者, 行之迹也. '名'者, 謂聲譽也. 言先王論行以爲謚. '以尊名'者, 使聲譽可得而尊信[18]也. '壹', 讀爲一. '惠', 猶善也. 言聲譽雖有衆多者, 卽以其行一大善者爲謚耳. 在上曰'浮'. 君子勤行成功, 聲譽踰行是所恥.

② '솔率'은 따른다는 뜻이다. '잘못된 행동'(過行)을 다시 따라하지 않는다는 것은 '허물을 두 번 되풀이 하지 않는다'[19]는 것과 같다. '率', 循也. '過行'不復循行, 猶'不二過'.

③ 겸손함이 행동을 완성하고 덕을 세우는 조건임을 말한다. 言謙者所以成行立德.

④ '열烈'은 업적이다. 후직后稷이 농사일을 만드니 천하 사람들이 대대로

생업으로 삼았다. '어찌 한 사람의 손과 한 사람의 발이 따라 활용하는 정도에 그치겠는가!'(豈一手一足!)라는 것은 사용하는 사람이 무수히 많음을 비유한다. '烈', 業也. 言后稷造稼穡, 天下世以爲業. '豈一手一足!', 喻用之者多無數也.

⑤ 또한 그가 겸양함을 말한 것이다. 어질고 성스럽다고 불리는 것을 피하여 자신은 이런 일에 익숙한 사람이라고 말한 것이다. 亦言其謙也. 辟仁聖之名, 云自[20]便習於此事之人耳.

集說 '시호諡號를 통해 명예를 높인다'는 말은 아름다운 시호로 그 명성을 높이고 드러나게 한다는 말이다. '일壹'은 전일하다는 뜻이고, '혜惠'는 훌륭함(善)과 같은 뜻이다. 훌륭한 활동이 많지만 하나하나 거론하기가 어려우므로 그 큰 것으로 제한하여 취해서 훌륭한 점을 전일하게 드러내므로 '제한하여 취해서 훌륭한 점을 전일하게 드러냈다'고 한 것이다. '실제의 사실에 맞게 머무르기를 추구하였다'는 것은 군자가 자신이 하는 일을 과장하고 그 공로를 높이지 않는 이유가 사실에 맞게 처하기를 바라고 허위로 꾸미려고 하지 않는 것임을 말한다. '지나치게 고원한 행동이 있으면 함부로 따라서 행하지 않고 돈후한 도리에 머무르기를 추구하였다'는 것은 만일 지나치게 고원한 행동이 있으면 함부로 따라서 하지 않고 오직 독실하고 두터운 도에 머무르기를 추구하고, 자기 본분에 조금도 더해지는 일이 있어서는 안 됨을 말한다. 후직后稷은 백성들에게 농사짓는 법을 가르쳐 주나라의 시조가 되었으니, 그의 업적이 천하 사람들에게 있어 어찌 한 사람의 손과 한 사람의 발이 따라 활용하는 정도에 그치겠는가! 진실로 어질고 성스러움으로 자처해도 마땅하지만, 오직 행동이 명성을 넘기를 바랐으므로 스스로 백성들의 일에 익숙한 사람일 뿐이라고 하였던 것이다. '諡以尊名', 爲美諡以尊顯其聲名也. '壹', 專也, '惠', 善也. 善行雖多, 難以枚擧, 但節取其大

者, 以專其善, 故曰'節以壹惠'也. '以求處情', 謂君子所以不自大尙其事功者, 以求處情實, 不肯虛爲矯飾也. '過行弗率, 以求處厚'者, 謂若有過高之行, 則不敢率循, 惟求以處乎篤厚之道而已, 本分上不可加毫末也. 后稷敎民稼穡, 爲周之始祖, 其功烈之在天下, 豈一人之手一人之足遵而用之哉! 固當以仁聖自居矣, 惟欲行過於名也, 故自謂便習民事之人而已.

【표기 24】

공자가 말하였다. "군자가 말한 인仁이란 것은 어려운 것이다. 『시詩』에 '즐겁고 화평한 군자는 백성들의 부모라네'라고 하였다. 즐거움으로써 힘써 가르치고, 화평함으로써 기쁘하고 편안하게 하는 것이다. 즐거워하면서도 방종(荒)하지 않고, 예의를 갖추면서도 친애하고, 위의가 있고 장중莊重하면서도 편안하고, 효순孝順하고 자애로우면서도 공경하면, 백성들에게 아버지의 존엄함과 어머니의 친애함을 가지게 할 수 있다. 이와 같은 뒤에야 백성들의 부모가 될 수 있으니, 지극한 덕을 지닌 성인이 아니라면, 그 누가 이와 같이 할 수 있겠는가?"

子言之. "君子之所謂仁者, 其難乎. 『詩』云, '凱弟君子, 民之父母.' 凱以强敎之, 弟以說安之. 樂而毋荒, 有禮而親, 威莊而安, 孝慈而敬, 使民有父之尊, 有母之親. 如此而后可以爲民父母矣, 非至德, 其孰能如此乎?"

鄭注 '아버지의 존엄함과 어머니의 친애함을 가진다'(有父之尊, 有母之親)는 것은 백성들이 자신을 존경하고 친애함이 부모를 친애하듯이 함을 가리킨

다. '有父之尊, 有母之親', 謂其尊親己如父母.

集說 여씨呂氏(여대림呂大臨)는 말한다. "'힘써 가르친다'는 것은 도道로 백성들을 몰아간다는 것으로 '편안하게 하는 도道로 백성들을 부리면, 백성들은 수고롭더라도 원망하지 않는다'[21]는 것이다. '기뻐하고 편안하게 한다'는 것은 백성들의 마음을 얻었음을 가리킨다. '기쁨으로 백성들을 부리면 백성들이 수고로움을 잊고, 기쁨으로 어려운 일을 대처하면 백성들이 자신의 죽음을 잊는다'[22]는 것이다. '락樂'은 기쁘고 편안한 것이다. '방종(荒)하지 않다'고 하면 곧 가르침이 있는 것이요, '위의가 있고 장중하다'고 하면 힘써 가르치는 것이다. '편안하다'고 하면 곧 기뻐하는 것이다. '효순하고 자애롭다'는 것은 기뻐하는 것이다. '공경한다'고 하면 곧 가르침이 있는 것이다. 힘써 가르치면 아버지의 존엄함이 있고, 기쁘고 편안하면 어머니의 친애함이 있다. 이 장에서는 군자가 백성들을 인애하는 도리가 이와 같으니, 성인聖人이 아니면 할 수 없음을 말하였다." 呂氏曰: "'强教之'者, 以道驅之, 如'佚道使民, 雖勞不怨'者也. '說安之'者, 得其心之謂也. '說以使民, 民忘其勞, 說以犯難, 民忘其死'者也. '樂', 說安也. '毋荒', 則有教矣, '威莊', 强教也. '安'則說矣. '孝慈', 說也. '敬'則有教矣. 强教則父之尊存焉, 說安則母之親存焉. 此言君子仁民之道如此, 非聖人, 莫能與也."

【표기 25】

(공자가 말하였다.) "이제 아버지가 자식을 친애할 때는 현명한 자식을 친애하고 무능한 자식을 낮추어 대한다. 어머니가 자식을 친애할 때는 현명하면 친애하고 무능하면 가련하게 여긴다. 어머니

는 친하지만 존귀하지 않고, 아버지는 존귀하지만 친하지 않다. 물은 백성들에게 있어 친하지만 존귀하지 않고, 불은 존귀하지만 친하지 않는다. 땅은 백성들에 대해서는 친하지만 존귀하지 않고, 하늘은 존귀하지만 친하지 않다. 명命은 백성들에게 있어 친하지만 존귀하지 않고, 귀신은 존귀하지만 친하지 않다."

"今父之親子也, 親賢而下無能. 母之親子也, 賢則親之, 無能則憐之. 母親而不尊, 父尊而不親. 水之於民也, 親而不尊, 火尊而不親. 土之於民也, 親而不尊, 天尊而不親. 命之於民也, 親而不尊, 鬼尊而不親."

鄭注 어떤 경우는 존귀함을 보이고, 어떤 경우는 친애함을 보이는 것은 엄숙함(嚴)과 은혜(恩)가 숭상하는 바에 차이가 있기 때문이다. '명命'은 네 계절에 반포하는 정령으로 백성들에게 일에 부지런히 힘쓰도록 가르치는 것이다. '귀鬼'는 네 계절의 제사로서 백성들에게 군주를 섬기도록 가르치는 것이다. 或見尊或見親, 以其嚴與恩所尙異也. '命', 謂四時政令, 所以敎民勤事也. '鬼', 謂四時祭祀, 所以訓民事君也.

集說 '무능한 이를 낮추어 대한다'(下無能)는 것은 무능한 자식을 천시한다는 말이다. ○ 응씨應氏는 말한다. "명命이란 조화가 사람들에게 보이는 것이다. 밝게 드러나면서도 쉽게 보이므로 사람들이 쉽게 여긴다. 귀신은 보이지 않고 예측하기 어려우므로 사람들이 두려워한다. 어떤 이는 '명命은 군주의 교령을 뜻하며 따라서 아래 문장(26장)에서 하나라의 도는 천명을 높였다고 말한 것이다'라고 한다." '下無能', 賤其無能之子也. ○ 應氏曰: "'命'者, 造化所以示人者也. 顯而易見, 故人玩之. 鬼幽而難測, 故人畏之. 或曰, '命謂君之敎令, 故下文言夏道尊命.'"

【표기 26】

공자가 말하였다. "하나라의 도는 명命을 높여, 귀신을 섬기고 공경하면서도 멀리하였고, 사람을 가까이하여 (남을 대함이) 충후하였고, 작록을 먼저 행하고 위엄을 세우는 것을 뒤에 하였으며, 상을 먼저 주고 벌을 뒤로 하였다. 그리하여 백성들의 풍속이 친애하지만 높여 공경하지는 않았다. 그 백성들의 폐단은 단순하고 어리석으며, 교만하고 거칠며, 질박하고 문식할 줄 모르는 것이었다. 은나라 사람은 귀신을 높이 공경하여 백성들을 이끌어 귀신을 섬기게 하였고, 귀신을 우선하고 예를 뒤로 하였으며, 벌을 우선시하고 상을 뒤로 하였다. 그리하여 백성들의 풍속이 높여 공경하기는 하였지만 친애하지는 않았다. 그 백성들의 폐단은 방탕하고 안정하지 못하며, 이기기 좋아하면서 부끄러워함이 없는 것이었다. 주나라 사람은 예를 높이고 베푸는 것을 숭상하여, 귀신을 섬기고 공경하면서도 멀리하고, 사람을 가까이하여 충후하였고, 상벌賞罰은 작명의 높고 낮음에 따라 시행하였다. 그리하여 백성들의 풍속은 친애하지만 높여 공경하지는 않았다. 그 백성들의 폐단은 이로움을 탐하고 기교를 부리며, 문식만 앞세우고 부끄러워할 줄 모르며, 남을 해치고 사리에 어두운 것이었다."

子曰: "夏道尊命, 事鬼敬神而遠之, 近人而忠焉, 先祿而後威, 先賞而後罰. 親而不尊.① 其民之敝, 惷而愚, 喬而野, 朴而不文.② 殷人尊神, 率民以事神, 先鬼而後禮, 先罰而後賞. 尊而不親.③ 其民之敝, 蕩而不靜, 勝而無恥.④ 周人尊禮尚施, 事鬼敬神而遠之, 近人而忠焉, 其賞罰用爵列. 親而不尊.⑤ 其民之敝, 利而巧, 文而不慙, 賊而蔽."⑥

鄭注 ① '귀신을 멀리하고, 사람을 가까이한다'(遠鬼神, 近人)는 것은 종묘宗廟를 밖에 두고 조정朝廷을 안에 두는 것을 가리킨다. '遠鬼神, 近人', 謂外宗廟, 內朝廷.

② 본래 형벌 때문에 곤란을 겪지 않아 속이는 일이 적었기 때문이다. '폐敝'는 정교政教가 쇠락하는 때를 가리킨다. 以本不困於刑罰, 少詐諼也. '敝', 謂政教衰失之時也.

③ '귀신을 우선하고 예를 뒤에 한다'(先鬼後禮)는 것은 종묘를 안에 두고 조정을 밖에 두는 것을 가리킨다. '예禮'란 군주와 신하가 조회할 때 무릇 폐백을 가지고 서로 접하고 서로 주는 것이다. '先鬼後禮', 謂內宗廟, 外朝廷也. '禮'者, 君臣朝會, 凡以摯交接相施予.

④ 본래 귀신을 섬기는 실체가 없는 일에 지나치게 사치스러워, 그 마음이 방탕하고 정해진 방향이 없게 되었고, 형벌에 의해 곤경을 당해 구차하게 이기고 모면하면서도 부끄러워함이 없었기 때문이다. 「월령月令」(58, 215)에 "사치하고 교묘한 기교를 만들어 윗사람의 마음을 탕음하게 만들지 말라"[23]고 하였다. 以本忲於鬼神虛無之事, 令其心放蕩無所定, 困於刑罰, 苟勝免而無恥也. 「月令」曰: "無作淫巧, 以蕩上心."

⑤ '상벌은 작명의 높고 낮음에 따라 시행하였다'(賞罰用爵列)는 것은 존비尊卑의 차이에 따라 차등을 두어 시행한다는 것이다. '賞罰用爵列', 以尊卑爲差.

⑥ 본래 언사言辭로서 빈번하게 서로 접하여 존비 간에 옥송獄訟이 많았기 때문이다. 以本數交接以言辭, 尊卑多獄訟.

集 '작록을 먼저 행하고 위엄을 세우는 것을 뒤에 하며', '상을 먼저 주

說 고 벌을 뒤로 하였다'는 것은 모두 충후함으로 사람들을 감발시키려는 취지다. 따라서 백성들이 윗사람을 친애할 줄은 알지만 군주를 존중하는 뜻은 아직 알지 못한다. 그러므로 '친애하지만 높여 공경하지는 않았다'고 한 것이다. 어리석고, 교만하고, 비루하고, 질박한 폐단은 모두 충후함의 말폐이다. 은나라 사람들은 그 폐단을 바로잡고자 하였으므로 공경하고 두려워함을 도道로 삼고, 귀신을 섬기는 도리로 백성들을 통솔하였다. 알 수 없는 귀신을 먼저하고 알 수 있는 예禮를 뒤에 하며, 사람들이 두려워할 형벌을 앞세우고 하고자 원할만한 상은 뒤에 두었다. 높여 공경하기는 하였으나 친애의 정은 생겨날 곳이 없었다. 그 때문에 '높여 공경하기는 하였지만 친애하지는 않았다'고 한 것이다. 사치에 빠지고 방종하면서 차분하게 안정할 줄 몰랐던 것은 귀신을 높인 폐단이다. 스스로 (법을) 이겨 형벌에 걸려들지 않기에 힘쓰면서도 부끄러워하는 바가 없던 것은 형벌을 앞세우고 상을 뒤로 한 폐단이었다. 주나라 사람들은 그런 것을 보고 예를 높여 예를 뒤로 한 잘못을 바로 잡으려 하였고, 시혜施惠를 숭상하여 은혜를 행하였다. 이것은 또한 하나라 때 사람을 가까이하고 충후하였던 것과 같았다. 상벌 또한 선후가 없이 작명爵命이 높고 낮은 것을 기준으로 삼았다. 예를 들어 수레와 복식, 토지 등 상을 내릴 때 작명爵命의 수에 따라 차이를 두고, 형벌의 시행에 팔벽八辟[24]이 있고, 명부命夫·명부命婦는 옥송에 연좌시키지 않은 것 등이 그것이다. 그 때문에 하나라 때의 '친애하지만 존경하지 않은 것'과 같았다. 그 뒤 백성들은 모두 이익을 편하게 여겨 기교를 부리는 것이 많고, 문사를 아름답게 여겨 말에 부끄러워함이 없고, 남을 해치고 이치에 어두웠던 것 등이 모두 예禮가 너무 지나치고 문식이 실제를 잃었던 결과였다. ○ 응씨應氏는 말한다. "삼대의 정치는 처음에 각각 숭상한 것이 있었고, 끝에 가서는 각각 폐단이 있었다. 하夏나라의 도는 오직 백성들에게 마음을 다하려고 생각하였고, 오직 사람들이 바르지 못할까 염려

하였기 때문에 문덕文德으로 깨우치는 명命을 중시하지 않을 수 없었다. 귀신을 멀리하고 사람을 가까이하며 위엄을 뒤로 하고 작록을 앞세운 것은 모두 충실하고자 함이 지나쳐 가까운 것에 따른 것이다. 가까우면 공경함이 없이 친압하는 잘못이 있게 되므로 상나라는 그것을 교정하고자 귀신을 높였다. 군주와 백성 윗사람과 아랫사람의 진정이 소통되지 못하고, 백성들을 귀신을 섬기도록 이끌었으며, 귀신을 앞세우고 벌을 앞세우며 예를 뒤로 하고 상을 뒤로 하여 물정과 멀어지게 되었다. 멀어지면 실제에서 떨어져 너무 높아지는 데에서 잘못이 생긴다. 그 때문에 주나라는 그것을 바로잡아 예를 높였다. 예의 절문節文이 자세해지면서 사람의 작위에 따르고 예가 번잡해졌으며, 문식이 바탕보다 넘치고 기교 부리는 것을 이롭게 여기면서 서로 해치니, 그 폐단은 이전 보다 심한 것이 있었다. 무릇 이와 같은 것들은 풍속의 기풍이 열리고 나서 부박해지는 것이 날로 심해짐을 말해줄 뿐만이 아니다. 또한 지극한 덕을 지닌 성인을 다시 보지 못하는 이유이기도 하다." ○ 석량왕씨石梁王氏는 말한다. "이 장은 공자의 말이라고 감히 믿을 수가 없다." '先祿後威', '先賞後罰', 皆是忠厚感人之意. 故民雖知親其上, 而尊君之意則未也. 故曰, '親而不尊'. 惷愚・驕傲・鄙野・質朴之敝, 皆忠之末流也. 殷人欲矯其敝, 故以敬畏爲道, 以事神之道率民. 先其鬼之不可知者, 後其禮之可知者, 先其罰之可畏, 後其賞之可慕. 尊則尊矣, 而親愛之情, 則無由生也. 故曰'尊而不親'. 流蕩而不知靜定之所者, 尊上鬼神之敝. 務自勝以免刑而無恥者, 先罰後賞之敝也. 周人見其然, 故尊禮以矯後禮之失, 尙施惠以爲恩. 亦如夏時之近人而忠. 其賞罰亦無先後, 但以爵列之高下爲準. 如車服土田之賞有命數之異, 刑罰之施有八辟之議及命夫命婦不躬坐獄訟之類, 皆是也. 故亦如夏世之'親而不尊'. 其後民皆便利而多機巧, 美文辭而言之不怍, 賊害而蔽於理, 皆尊禮太過, 文沒其實之所致. ○ 應氏曰: "三代之治, 其始各有所尊, 其終各有所敝. 夏之道惟思盡心於民, 惟恐人之有所不正, 不得不重其文告之命. 遠神近人・後威先祿, 皆其忠實之過而徇於近也. 近則失之玩, 故商矯之而尊神焉. 君民上下, 情不

相接, 率民事神, 先鬼先罰, 後禮後賞, 而遠於物也. 遠則失於亢. 故周矯之而尊禮焉. 禮文委曲而徇人禮繁, 文勝利巧而賊, 其敝又有甚者焉. 凡此非特見風氣既開而澆漓之日異, 抑亦至德之不復見而已歟." ○ 石梁王氏曰: "此一章未敢信以爲孔子之言."

【표기 27】

공자가 말하였다. "하나라의 도는 언사言辭를 아직 더럽히지 않았고, 백성들에게 모든 것을 다 갖추기를 요구하거나 크게 바라지 않았고, 백성들은 아직 자기의 부모를 싫어하지 않았다. 은殷나라 사람은 아직 예를 더럽히지 않았고, 백성들에게 모든 것을 다 갖추기를 요구하였다. 주周나라 사람은 백성들을 강제하였고, 아직 귀신을 더럽히지 않았으며, 상작賞爵과 형벌刑罰의 제도가 극단에 이르렀다."
子曰: "夏道未瀆辭, 不求備, 不大望於民, 民未厭其親. 殷人未瀆禮而求備於民. 周人强民, 未瀆神, 而賞爵刑罰窮矣."

鄭注 '언사를 아직 더럽히지 않았다'(未瀆辭)는 것은 당시 왕들은 언사言辭를 숭상하지 않아 백성들이 설만하게 하지 않았다는 말이다. '갖추기를 요구하거나 크게 바라지 않았다'(不求備, 不大望)는 것은 정치는 관대하고, 공물과 조세는 가벼웠다는 말이다. '백성들을 강제하였다'(强民)는 것은 은나라 시절의 변화시키기 어려운 폐단을 이어받았기 때문임을 말한다. '상작과 형벌의 제도가 극단에 이르렀다'(賞爵刑罰窮矣)는 것은 번다한 문식이 다 갖추어 설치되었음을 말한다. '未瀆辭'者, 謂時王不尙辭, 民不褻爲也. '不求備, 不大望', 言其政寬, 貢稅輕也. '强民', 言承殷難變之敝也. '賞爵刑罰窮矣', 言其繁文備設.

集說 '언사言辭를 아직 더럽히지 않았다'는 것은 명命을 존숭하였기 때문이다. '예를 더럽히지 않았다'는 것은 예를 뒤로 돌렸기 때문이다. '귀신을 더럽히지 않았다'는 것은 귀신을 공경하되 멀리했기 때문이다. '갖추기를 요구하거나 크게 바라지 않았다'는 것은 '형벌을 줄이고 조세를 낮추는'[25] 일이다. '부모를 싫어하지 않았다'는 것은 군주를 높이고 윗사람을 친애하는 마음을 스스로 잊지 않았다는 것이다. 하나라의 백성들이 부모를 싫어하지 않았다고 말하면 은나라와 주나라의 경우는 그렇지 않았다는 것이다. '백성들을 강제하였다'는 것은 은나라 백성들이 불복을 하여 성왕成王과 주공主公이 그들을 교화시키는 일이 어려웠음을 말한다. 상벌과 작록의 제도는 주나라에 이르러 상세하고 완벽하게 갖추어져 더할 것이 없으므로 '극단에 이르렀다'고 한 것이다. '궁窮'은 극단에 이른다는 뜻이다. 일설에서는 포상과 작록으로 선을 권면할 수 없고 형벌로 악을 그치게 할 수 없었으므로 '막혔다'고 말한 것이라고 한다. '未瀆辭', 以其尊命也. '未瀆禮', 以其後禮也. '未瀆神', 以其敬神而遠之也. '不求備, 不大望於民', 卽'省刑罰, 薄稅斂'之事. '未厭其親', 尊君親上之心, 自不能忘也. 言夏之民未厭其親, 則殷周之民不然矣. '强民', 言殷民不服, 而成王・周公化之之難也. 賞爵刑罰之制, 至周而詳悉備具, 無以復加, 故曰'窮'矣. '窮', 極也. 一說賞爵不能勸善, 刑罰不能止惡, 故曰'窮'.

【표기 28】

공자가 말하였다. "우虞나라와 하夏나라의 도는 백성들로부터 원망을 듣는 것이 적었고, 은殷나라 주周나라의 도는 백성들이 그 폐단을 감당하지 못하였다." 공자가 말하였다. "우나라와 하나라의 질

質(질박함)과 은나라 주나라의 문文(문채로움)은 지극하다. 우나라와 하나라의 문文은 그 질質을 감당하지 못하였고, 은나라와 주나라의 질質은 그 문文을 감당하지 못하였다."

子曰: "虞·夏之道, 寡怨於民, 殷周之道, 不勝其敝."① 子曰: "虞·夏之質, 殷·周之文, 至矣.② 虞夏之文不勝其質, 殷周之質不勝其文."③

鄭注 ① '승勝'은 감당하다의 뜻이다. 은나라와 주나라는 문文을 극단으로 추구하여 백성들이 부끄러워함이 없이 기교와 이익을 추구하였고, 그리하여 후세의 정치에서 그 폐단을 회복하기가 어려웠음을 말한다. '勝', 猶任也. 言殷·周極文, 民無恥而巧利, 後世之政難復.

② 후세에 천하에 왕이 되는 군주가 나오더라도 질質과 문文을 숭상하는 것은 바꿀 수 없음을 말한 것이다. 言後有王者, 其作質文, 不能易之.

③ 천하에 왕이 되는 군주가 서로 바뀌면 질과 문도 왕에 따라 바뀌는 바가 있다는 말이다. 言王者相變, 質文各有所多.

集說 앞 장에서 은나라와 주나라의 일을 언급하고, 이 장에서 순舜을 아울러 언급함으로써 아래 장의 발단을 만들었다. 前章言夏殷周之事, 此又兼言虞氏, 以起下章.

【표기 29】

공자가 말하였다. "후세에 비록 홍기하는 사람이 있더라도, 우禹 황제에는 미치지 못할 것이다. 천하의 군주가 되어 살아서 사사로이 함이 없었고 죽어서도 자기 자식을 후대하지 않았으며, 부모처럼 백성들을 자애慈愛하여 슬퍼하고 애처롭게 여기는 사랑을 하였고, 충후하고 이롭게 하려는 가르침을 행하였다. 친애하면서도 존숭하고, 편안하면서도 공경하고, 위엄이 있으면서도 사랑하고, 부유하면서도 예가 있고, 은혜로우면서도 널리 베풀었다. 순임금의 신하들은 인仁을 높여 공경하고 의義를 두려워하였고, 비용의 낭비를 부끄러워하고 재화를 가벼이 보았고, 충직하면서 범하지 않았고, 의로우면서도 순종하였고, 문식을 하면서도 들뜨지 않았고(靜), 관대하면서도 분별함이 있었다. 「보형甫刑」에 '덕에 의한 위엄이니 두려워하고, 덕에 의한 밝음이니 높이고 사랑하네'라고 하였다. 우제虞帝(순임금)가 아니라면 그 누가 이와 같을 수 있겠는가?"

子言之曰: "後世雖有作者, 虞帝弗可及也已矣. 君天下, 生無私, 死不厚其子, 子民如父母, 有憯怛之愛, 有忠利之敎. 親而尊, 安而敬, 威而愛, 富而有禮, 惠而能散. 其君子尊仁畏義, 恥費輕實, 忠而不犯, 義而順, 文而靜, 寬而有辨.① 「甫刑」曰, '德威惟威, 德明惟明.' 非虞帝其孰能如此乎?"②

鄭注 ① '죽어서도 자기 자식을 후대하지 않았다'(死不厚其子)는 것은 왕위를 전하지 않고 또 여러 신하보다 풍요롭게 해주지도 않는다는 말이다. '비용의 낭비를 부끄러워한다'(恥費)는 것은 말을 낭비하지 않고 공언을 하지 않는다는 것이다. '실實'은 재화를 가리킨다. '변辨'은 구별한다는 뜻으로 '관대하면서도 위엄이 있다'[26]는 것과 같다. '정靜'은 어떤 본에서는 '정情'으로 되어 있다. '死不厚其子', 言旣不傳位, 又無以豐饒於諸臣也. '恥費', 不爲辭費出空言

也. '實', 謂財貨也. '辨', 別也, 猶'寬而栗'也. '靜'或爲'情'.

② 덕에 의한 위엄이니 사람들이 모두 두려워한다는 것은 형벌에 신복한다는 말이다. 덕에 의한 밝음이니 사람들이 모두 높이고 사랑한다는 것은 사람을 얻는다는 말이다. 德所威則人皆畏之, 言服罪也. 德所明則人皆尊寵之, 言得人也.

集說 여씨呂氏(여대림呂大臨)는 말한다. "'슬퍼하고 애처롭게 여기는 사랑'은 자애로운 어머니의 사랑과 같아서 자식에게 보답하기를 요구하지 않고, 다른 사람에게 명예를 구하지도 않으며, 성심誠心에서 나올 뿐이다. '충후하고 이롭게 하려는 가르침'이란 '설契을 사도로 삼아 인륜人倫으로 가르치게 하고'27), 의상衣裳, 배와 노, 절구와 공이, 활과 화살, 궁실, 관곽棺槨, 문자(書契)를 만들어서 세상 사람들에게 편리하게 사용하고 게으르지 않도록 하는 것28)과 같으니, 이는 모두 사람들을 선善으로 가르치는 것이 정성스러워 이롭지 않은 바가 없는 효과요, 부유하면서 타인에게 예절을 지키는 것이요, 은혜로우면서 다른 사람에게 두루 나누어주는 것이다. 의義로 서로 바로 잡으면서도 단제斷制함에 피해를 입지 않고, 문文으로 서로 교제하면서도 행동 때문에 피해를 입지 않기 때문에 관대하고 여유로워 용납해줌이 있고, 용납해주는 가운데 분별함이 있는 것이다." ○ 응씨應氏(응용應鏞)는 말한다. "'살아서 사사로이 함이 없다'는 것은 천하를 차지하고서도 사사로이 주지 않는다는 것이다. '죽어서도 자기 자식을 후대하지 않는다'는 것은 현자에게 왕위를 전하고 천하를 위해 인재를 얻는다는 것이다. 살아서나 죽어서나 사사로움이 없이 이 백성들만을 마음에 품는 것이 진실로 부모가 자식을 대하는 것과 같다. '친애하면서도 존숭한다'에서 '은혜로우면서 널리 베푼다'는 것에 이르기까지는 원기元氣의 운행이 신묘하게 작용하여 자취가 없는 것과 같다. 이것이 「중용」에서 '백성들에게 중도를 행한다'는 것

이다. 순의 신하들은 교화되어 모두 덕을 온전히 하였으므로 '인仁을 높여 공경하고 의義를 두려워하여' 천하의 공적인 도리를 감히 범하지 않고, '비용의 낭비를 부끄러워하고 재화를 가벼이 보아' 감히 자기의 사욕을 따르지 않았던 것이다. 비용의 낭비를 부끄러워하는 것은 자신을 돌보는 데 검소하다는 것이다. 재화를 가벼이 여기는 것은 이익을 말하는 데 관심을 두지 않는 것이다. '백성들을 덮을 만한 큰 덕' 이하의 세 장은 신하의 도리가 인仁을 다하기 어려워 오직 순舜·우禹·문왕文王·주공周公 등이 인의 충후함을 행하였다고 할 수 있고, 후직은 인仁에 거의 가까움을 말하였다. '즐겁고 화평한 군자' 이하 네 장은 군주의 도리가 인仁을 다하기 어려워 순임금과 같은 경우만이 덕의 지극한 경지라고 할 수 있고, 하夏·상商·주周 삼대가 모두 치우침을 면하지 못하였음을 말하였다." 呂氏曰: "'憯怛之愛', 猶慈母之愛, 非責報於其子也, 非要譽於他人也, 發於誠心而已. '忠利之教'者, 若'使契爲司徒, 敎以人倫', 作爲衣裳·舟楫·臼杵·弧矢·宮室·棺椁·書契, 使天下利用而不倦, 是皆有敎人以善之誠無所不利之功者也, 富而有禮節於物者也, 惠而能散周於物者也. 義以相正而不傷乎割, 文以相接而不傷乎動, 故寬裕有容, 而容之中有辨焉." ○ 應氏曰: "'生無私', 有天下而不與也. '死不厚其子', 傳諸賢而爲天下得人也. 生死無所私, 而心乎斯民, 眞若父母之於子. '親而尊'至'惠而能散', 猶元氣之運妙用無迹. 此「中庸」所謂, '用其中於民也.' 其君子化之, 皆爲全德, '尊仁畏義', 不敢犯天下之公理, '恥費輕實', 不敢徇一己之私欲. 恥費用者, 儉於自奉也. 輕財實者, 薄於言利也. 自'庇民大德'而下凡三章, 言臣道之難於盡仁, 惟舜·禹·文王·周公可以爲仁之厚, 而后稷庶幾近之. 自'凱弟君子'而下凡四章, 言君道之難於盡仁, 惟虞帝可以爲德之至, 而夏商周皆未免有所偏也."

【표기 30】

공자가 말하였다. "군주를 섬길 때는, 먼저 말로 제시하여 (처신을 그 말에) 의탁하고, 관직이 제수除授되면 스스로 자기의 몸을 바쳐 그 믿음을 이룬다. 그 때문에 군주는 자기의 신하에게 (일을 이루기를) 요구하는 경우가 있고, 신하는 자신의 말을 위해 죽는 경우가 있다. 그러므로 작록을 받음에 속이지 않으며, 죄를 받는 것은 더욱 적다."

子言之. "事君先資其言, 拜自獻其身, 以成其信.① 是故君有責於其臣, 臣有死於其言. 故其受祿不誣, 其受罪益寡."②

鄭注 ① '자資'는 도모한다의 뜻이다. '헌獻'은 나아간다는 뜻과 같다. 신하가 군주를 섬길 때는 반드시 할 말을 계획하여 정한 뒤에 몸소 나아가 군주를 위해 말한다는 것이다. '資', 謀也. '獻', 猶進也. 言臣事君, 必先謀定其言, 乃後親進爲君言也.

② '자신의 말을 위해 죽는다'(死其言)는 것은 자기가 말한 일에 힘을 다하여 죽어도 저버리지 않는다는 것이다. 일을 함에 믿지 않는 것을 '무誣'라 한다. '死其言'者, 竭力於其所言之事, 死而不負. 於事不信曰'誣'.

集說 응씨應氏(응용應鏞)는 말한다. "'자資'는 의탁한다는 뜻이다. 옛날의 신하가 된 이들은 세상을 경영할 학문이 모두 마음속에 미리 정해져 있었다. 군주를 섬기게 되면 앞서 정해둔 청사진을 말로 먼저 제시하여 의탁하는 바로 삼고, 그런 뒤에 스스로 자신을 바쳐 그 믿음을 완수하였다. '스스로 자기의 몸을 바친다'는 것은 자기의 소신을 굽혀 팔리기를 구하는 것이 아니다. 『서書』의 '스스로 의리를 편안히 받아들여 자신을 바친다'[29]는 것과

같으니 목숨을 바치고 부끄러워할 바가 없는 것이다. '농사를 짓다가 뒤집듯이 생각을 바꾸었다'[30]는 몇 마디 말들과 고종高宗의 명命을 받고 응해서 널리 현창한(對揚)[31] 「열명說命」 세 편은 이윤伊尹과 부열傅說이 먼저 의탁하였던 말이다. 제환공齊桓公과 문답한 말이 책을 이루고,[32] 연소공燕昭公의 (초빙하는) 명이 내려오자 대답한 말이 있었던 것[33]은 관중管仲과 악의樂毅가 먼저 의탁하였던 말이다. 먼저 말을 하고 뒤에 약속을 지키는 것이 하나도 상응하지 않음이 없었다. 후세 유방劉邦이 단에 올라가 한신韓信에게 장군에 임명하고 계책을 묻자 한신이 동향東向을 하고 대답하였던 말이나, 유비가 제갈량을 세 번 찾아가 얻은 계책 또한 비슷하다." ○ 마씨馬氏는 말한다. "'작록을 받음에 속이지 않는다'는 것은 '하는 일 없이 밥만 축내지 않음'을 말한다." 應氏曰: "'資', 憑藉也. 古之爲臣, 其經世之學, 皆豫定於胸中. 至於事君, 則前定之規模, 先形於言以爲藉, 然後自獻其身, 以成其信. '自獻'者, 非屈己以求售也. 如『書』之'自靖自獻', 致命而無所愧也. '畎畝幡然'之數語・「說命」對揚之三篇, 此伊傅先資之言也. 齊桓問答而爲書・燕昭命下而有對, 此管樂先資之言也. 言於先而信於後, 無一不酬者. 後世若登壇東向之答, 草廬三顧之策, 亦庶幾焉." ○ 馬氏曰: "'受祿不誣', 言'不素餐'也."

【표기 31】

공자가 말하였다. "군주를 섬길 때, 큰 말이 받아들여지면 큰 이익을 기대하고, 작은 말이 받아들여지면 작은 이익을 기대한다. 그 때문에 군자는 작은 말로써 큰 봉록을 받지 않고, 큰 말로써 작은 봉록을 받지 않는다. 『역易』에 '집안에서만 먹지 않으면, 길하다'라고 하였다."

子曰: "事君, 大言入則望大利, 小言入則望小利.① 故君子不以小言受大祿, 不以大言受小祿.② 『易』曰, '不家食, 吉.'"③

鄭注 ① '대언大言'은 큰일을 수립할 수 있다는 것이다. '소언小言'은 작은 일을 수립할 수 있다는 것이다. '입入'은 군주가 받아들임을 뜻한다. '리利'는 봉록의 포상을 뜻한다. '입入'은 어떤 본에서는 '인人'으로 되어 있다. '大言', 可以立大事也. '小言', 可以立小事也. '入', 謂君受之. '利', 祿賞也. '入'或爲'人'.

② 신하가 봉록을 받는 것은 각각 신하의 덕과 능력을 기준으로 함을 말한다. 言臣受祿, 各用其德能也.

③ 이는 「대축大畜」 괘의 단사彖辭이다. 「단전彖傳」에 "집안 식구들끼리만 먹지 않으니 길하다. 현자를 기르는 것이기 때문이다"라고 하였다. 이는 군주가 크게 축적한 것이 있어 집안 식구들끼리만 먹지 않고 반드시 현자에게 봉록으로 사용한다는 것이다. 현명함에는 대소가 있고 봉록에는 다소가 있다. 此「大畜」彖辭也. 「彖」曰: "不家食, 吉. 養賢也." 言君有大畜積, 不與家食之而已, 必以祿賢者. 賢有大小, 祿有多少.

集說 '집안에서만 먹지 않으면, 길하다'는 것은 「대축大畜」 괘의 단사이다. 크게 축적한 군자는 온축된 재주와 덕이 크므로 조정에서 봉록을 받으면서 천하를 위해 일을 하고, 집안에서만 먹지 않으면 길하다는 말이다. 이것은 '큰 말로써 작은 봉록을 받지 않음'을 말하는 것으로 이른바 '영달하여 천하에 행할 수 있게 된 뒤에 행하는 자'[34]를 가리킨다. ○ 여씨呂氏(여대림呂大臨)는 말한다. "'대언大言'은 말한 내용이 크다는 것이다. '소언小言'은 말한 내용이 작다는 것이다. 이익이 천하에 미치고 혜택이 만세에 이르는 것이 '큰 이익'이다. 미소한 선행을 진언하고 미천한 관리의 일을 처리하는 것은

'작은 이익'이다. 간언이 실행되고 건의가 받아들여지면, 이익이 곧 뒤따르게 된다. 선유先儒는 '이利'를 봉록의 포상으로 보았는데,[35] 신하가 군주를 섬길 때는 그 충직함을 바칠 뿐이다. 말이 받아들여졌다고 봉록과 포상을 바라는 것은 소인의 도일 뿐 군주를 섬기는 방법이 아니다. 이른바 '작은 말로써 큰 봉록을 받지 않고, 큰 말로써 작은 봉록을 받지 않는다'는 것은 군주가 신하에게 보답하는 것이지 신하가 군주에게 바라는 것이 아니다. 봉록을 받는 것에도 의리가 있으니 역시 대소에 걸맞게 할 뿐이다. 말을 작게 하였는데 큰 봉록을 받으면 보답이 직분을 넘어선다. 말을 크게 하였는데 작은 봉록을 받으면 군주가 나를 알아주지 않는 것이니 역시 받아서는 안 된다." ○ 석량왕씨石梁王氏는 말한다. "이는 공자의 말이 아니다." '不家食, 吉', 「大畜」之彖辭也. 謂大畜之君子, 才德所蘊者大, 則當食祿於朝, 以有爲於天下, 而不食於家則吉. 此言'不以大言受小祿', 所謂'達可行於天下而後行之者'也. ○ 呂氏曰: "'大言', 所言者大也. '小言', 所言者小也. 利及天下, 澤及萬世, '大利'也. 進一介之善, 治一官之事, '小利'也. 諫行言聽, 利斯從之矣. 先儒謂'利'爲祿賞, 人臣事君, 各效其忠而已. 言入而遂望其祿賞, 乃小人之道, 非所以事君也. 所謂'不以小言受大祿, 不以大言受小祿'者, 此君之所以報臣, 非臣之所以望君也. 受之有義, 亦稱其大小而已. 小言而大祿, 則報踰其分. 大言而小祿, 則君不我知, 亦不可受也." ○ 石梁王氏曰: "此非孔子之言."

【표기 32】

공자가 말하였다. "군주를 섬길 때, 비루한 데로 나아가지 않고 말만 높이지 않으며 바른 사람이 아니면 천거하지 않는다. 「소아小雅」에 '단정하고 공경히 네 직책을 받들어 정직한 도리 그것과 함께하면, 신명神明이 받아들여, 너에게 봉록을 내려 주리라'라고 하였다."
子曰: "事君, 不下達, 不尙辭, 非其人弗自.① 「小雅」曰, '靖共爾位, 正直是與, 神之聽之, 式穀以女.'"②

鄭注 ① '불하달不下達'은 사사로운 일로 군주와 연통하지 않는다는 것이다. '말만 높이지 않는다'(不尙辭)는 것은 부화浮華한 말을 많이 하지 않는다는 것이다. '불자弗自'는 자신이 더불어 친하게 지내지 않는다는 것이다. '不下達', 不以私事自通於君也. '不尙辭', 不多出浮華之言也. '弗自', 不身與相親.
② '정靖'은 다스린다는 뜻이다. '이爾'는 너라는 뜻이다. '식式'은 사용한다는 뜻이다. '곡穀'은 봉록이라는 뜻이다. 네가 맡은 일을 공경히 다스리면, 정직한 사람이 벗이 되어 주고, 신이 네가 하는 일을 받아들여 네게 봉록으로 내려줄 것이라는 말이다. '靖', 治也. '爾', 女也. '式', 用也. '穀', 祿也. 言敬治女位之職事, 正直之人乃與爲倫友, 神聽女之所爲, 用祿與女.

集說 '하달下達'은 저질의 비루한 데로 나아감을 말한다. 이를테면, '우리 군주는 할 수 없다'36)고 하거나, '군주의 악행을 키운다', '군주의 악행을 유도한다'37)고 하는 것들이 모두 그것이다. 이윤伊尹이 군주를 요순과 같은 군주가 되게 하고, 맹자가 요순의 도가 아니면 진언하지 않았던 것은 곧 상달上達이라고 한다. '말만 높인다'는 것은 말재주가 좋아 응대를 잘하는 것이다. '자自'는 말미암아 나아가는 것38)이다. 시는 「소아小雅 · 소명小明」이다. 이 시의 의미는 신하가 자기의 직분을 편안하고 공경하게 지키며, 오직 정직한 도리와 함께하면 신명이 받아들여 복록을 너에게 주리라는 것이다. '이以'는 주다의 뜻이다. '下達', 謂趨乎汙下. 如曰'吾君不能' · 如曰'長君之惡, 逢君之惡', 皆是也. 伊尹使君爲堯舜之君, 孟子非堯舜之道不陳, 則謂之上達也. '尙辭', 利口捷給也. '自', 所由以進者也. 「小雅 · 小明」之篇. 言人臣能安靖恭敬其職位, 惟

正直之道是與, 則神明聽之, 將用福祿與汝矣. '以', 與也.

【표기 33】

공자가 말하였다. "군주를 섬길 때, 소원한 사이인데도 간언諫言하는 것은 아첨하는 것이고, 가까운 사이인데도 간언하지 않는 것은 하는 일 없이 이익만 탐하는 것이다." 공자가 말하였다. "가까이 모시는 신하는 화합하고 총재는 백관을 바르게 다스리며 대신은 사방의 일을 근심한다."

子曰: "事君遠而諫則諂也, 近而不諫則尸利也."① 子曰: "邇臣守和, 宰正百官, 大臣慮四方."②

鄭注 ① '시尸'는 인사人事를 알지 못하면서 사양하는 마음이 없음을 가리킨다. '尸'謂不知人事, 無辭讓也.

② '이邇'는 가깝다는 뜻이다. '화和'는 군주의 일을 조화롭게 처리하는 것이다. 제나라 경공은 "오직 양구거 그대가 나와 조화를 이룬다"39)라고 하였다. '재宰'는 총재冢宰이다. 총재는 백관을 다스리는 일을 주관한다. '邇', 近也. '和', 謂調和君事者也. 齊景公曰: "唯據與我和." '宰', 冢宰也. 冢宰主治百官.

集說 여씨呂氏(여대림呂大臨)는 말한다. "절도를 무시하고 직분을 어기면서 영달하기를 구하므로 '아첨한다'고 한 것이다. 봉록을 생각하고 총애를 굳건하게 하며 이익 추구를 위주로 하므로 '하는 일 없이 이익만 탐한다'고 한 것이다." ○ 방씨方氏(방각方慤)는 말한다. "이른바 '조화를 지킨다'(守和)는 말은 상대와 조화를 이루는 것에서 더 지나치면 상대를 따르다 같아지는 데(同)에 이르고, 조화를 이루는 것에 미치지 못하면 상대와 어긋나 달라지

는 데(異)에 이르기 때문에 잘 지키는 데에 달려 있다는 것이다. 지키면 중도에 맞게 되어 지나침과 모자라는 근심이 없게 된다." ○ 응씨應氏(응용應鏞)는 말한다. "'재宰'는 직무로 말하고 '대신大臣'은 지위로 말하는 것이다. 삼공三公 이하가 모두 이와 같으니 육경六卿만 그런 것이 아니다. 그 순서는 군덕君德이 먼저이고 조정朝廷은 뒤이며 조정이 먼저이고 천하는 뒤이다." ○ 석량왕씨石梁王氏가 말한다. "'소원한데도 간하는 것은 아첨하는 것이다'라는 것은 공자의 말이 아니다." 呂氏曰: "陵節犯分, 以求自達, 故曰'諂'. 懷祿固寵, 主於爲利, 故曰'尸利'也." ○ 方氏曰: "所謂'守和'者, 過於和則流而爲同, 不及於和則乖而爲異, 故在於能守. 守則適中, 而無過與不及之患矣." ○ 應氏曰: "'宰'以職言, '大臣'以位言. 自三公以下皆是, 不特六卿. 其序則先君德而後朝廷, 先朝廷而後天下也." ○ 石梁王氏曰: "'遠而諫則諂', 非孔子之言."

【표기 34】

공자가 말하였다. "군주를 섬길 때는, 간언하려고 하지 (군주의 잘못을) 떠벌리려고 하지 않는다. 『시詩』에 '마음으로 사랑하니 어찌 말하지 않겠는가? 마음속에 품고 있으니, 어느 땐들 잊겠는가?'라고 하였다."

子曰: "事君欲諫不欲陳.① 『詩』云, '心乎愛矣, 瑕不謂矣? 中心藏之, 何日忘之?'"②

鄭注 ① '진陳'은 군주의 허물을 밖으로 말하는 것이다. '陳', 謂言其過於外也. ② '하瑕'는 '어찌'라는 말로 고한다는 말과 같다. '瑕'之言'胡'也, 謂猶告也.

集說 '간언한다'는 것은 군주의 잘못을 멈추게 하는 것이고, '떠벌린다'는 것은 군주의 잘못을 드러내는 것이다. '『시詩』'는 「소아小雅 · 습상隰桑」이다. '하瑕'가 『시詩』에는 '하遐'로 되어 있다. 본래 이 시의 의미는 내가 이 현자를 사랑하고 그리워하여 함께 말하고 싶은데 서로 멀리 떨어져 있으므로 함께 말을 할 수는 없지만, 하고 싶은 말을 내 마음속에 간직하고 있으니 언젠들 잊을 수 있겠는가?라고 한 것이다. 이 장의 기록자가 그것을 빌어다가 비유를 하면서 나에게 군주를 사랑하는 마음이 있어 그의 허물을 간언하려는 것이니 어찌 말하지 못하겠는가? 간언을 할 수 없더라도 또한 마음속에 간직하고 잊지 않을 뿐 다른 사람에게 말하지 않을 것이라고 한 것이다. '諫'者, 止君之失, '陳'者, 揚君之失也. '『詩』', 「小雅 · 隰桑」之篇. '瑕'『詩』作'遐'. 本謂我心愛慕此賢者, 思相與語, 以其相去遐遠, 故不得共語, 然欲發之言, 藏於我心, 何日而忘之乎? 此記者借以爲喻, 言我有愛君之心, 欲諫其過, 胡不言乎? 縱未得進諫, 亦藏於心而不忘, 但不以語他人耳.

【표기 35】

공자가 말하였다. "군주를 섬길 때, 나아가는 것은 어렵게 하고 물러나기는 쉽게 하면 자리가 질서를 가지게 되고, 나아가기는 쉽고 물러나기는 어렵게 하면 자리가 혼란하게 된다. 그 때문에 군자는 세 번 읍揖한 뒤 나아가고 한 번 사양한 뒤 물러나는데, 그럼으로써 혼란을 멀리하는 것이다."

子曰: "事君, 難進而易退則位有序, 易進而難退則亂也.① 故君子三揖而進, 一辭而退, 以遠亂也."②

鄭注 ① '난亂'은 현자와 그렇지 않은 자가 구별되지 않음을 가리킨다. '亂', 謂賢否不別.

② 나아가기가 어려운 것은 주인이 자기를 택하기 때문이다. 물러나는 것이 빠른 것은 군자가 싫어하기 때문이다. 進難者, 爲主人之擇己也. 退速者, 爲君子之倦也.

集說 여씨呂氏(여대림呂大臨)는 말한다. "이른바 '질서를 가지게 된다'는 것은 '소덕小德이 대덕大德에게 부려지며, 소현小賢은 대현大賢에게 부려진다'[40]는 것을 가리킨다. 이른바 '혼란하다'라는 것은 현자와 그렇지 못한 자가 거꾸로 뒤바뀐 것을 말한다. 군주가 내가 스승이 될 만하다고 믿어도 배우려 하지 않고 신하로 부리려 하면 나아가지 않는다. 내가 정치를 담당할 만하다는 것을 군주가 믿으면서도 계손씨와 맹손씨의 중간 정도로 대우하면[41] 나아가지 않는다. 번육膰肉(제사에 올린 고기)이 오지 않자 곧바로 떠나고,[42] 영공靈公이 진법陳法에 대해 묻자 곧바로 떠났으니,[43] 군자의 도는 군주를 바로 잡는 것일 뿐이다. 자기를 굽힌 자 가운데 다른 사람을 곧게 바로 잡은 사람은 이제껏 없었다. 사람들이 서로 만날 때는 세 번을 읍을 하면서 당堂의 계단에 이르고 세 번 양보한 뒤에 빈賓으로 당에 오른다. 물러날 때는 한 번 사양을 하고 나가는데, 주인이 배례拜禮하여 전송하면 빈은 돌아보지 않고 간다. 주인의 공경함이 이르지 않았는데 억지로 나아가며, 주인의 뜻이 이미 해이해졌는데 사양하지 않으면, 주인과 빈의 직분이 혼란하게 된다. 벼슬할 수 있고, 그만둘 수 있고, 만날 수 있고, 사양할 수 있는 것 등에서 진퇴의 의리는 동일하다." 呂氏曰: "所謂'有序'者, '小德役大德, 小賢役大賢'之謂也. 所謂'亂'者, 賢不肖倒置之謂也. 君信我可以爲師, 非學焉而後臣之, 則不進也. 信我可以執國政, 雖待以季孟之間亦不進也. 膰肉不至而卽行, 靈公問陳而卽行, 君子之道正君而已. 枉己者, 未有能直人者也. 人之相見, 三揖至于階, 三讓以賓升. 而其退

也一辭而出, 主人拜送, 賓去不顧. 若主人之敬未至而强進, 主人之意已懈而不辭, 則賓主之分亂矣. 可仕 · 可已 · 可見 · 可辭, 進退之義一也."

【표기 36】

공자가 말하였다. "군주를 섬길 때, 세 번이나 군주를 떠나면서 국경을 넘지 않는 것은 이록利祿을 탐하기 때문이다. 사람들이 '군주에게 요구하지 않았다'고 말하더라도 나는 믿지 않는다."

子曰: "事君三違而不出竟, 則利祿也. 人雖曰'不要', 吾弗信也."

鄭注 '위違'는 떠난다는 뜻과 같다. '이록利祿'은 작록을 탐하여 머문다는 말이다. 신하가 도道에 따라 군주를 떠나는데 세 번이 되도록 떠나지 않는다면 이는 작록을 탐하는 것으로, 반드시 그로써 군주에게 억지로 요구하려는 것이다. '違', 猶去也. '利祿', 言爲貪祿留也. 臣以道去君, 至於三而不遂去, 是貪祿, 必以其强與君要也.

集說 '위違'는 떠난다는 뜻과 같다. '국경을 넘지 않는다'는 것은 실제로 떠날 마음이 없다는 것이니, 이익을 요구하는 것이 아니라고 한들 말이 되는가? ○ 여씨呂氏(여대림呂大臨)는 말한다. "공자가 노나라를 떠날 때 더디더디 움직인 것은 부모의 나라여서 차마 떠날 수 없었기 때문이다.[44] 맹자가 제나라를 떠날 때는 세 밤을 머문 뒤에 주晝땅을 떠났는데, 이는 제나라 왕이 후회하고 깨닫기를 바랐기 때문이다.[45] 그러나 끝내 국경을 넘어 떠났으니 군자의 의리를 알 수 있다." '違'猶去也. '不出竟', 實無去志也, 謂非要利, 可乎? ○ 呂氏曰: "孔子去魯, 遲遲吾行, 以不忍於父母之國也. 孟子去齊, 三宿出晝, 冀齊王之悔悟也. 然卒出竟以去, 君子之義可見矣."

【표기 37】

공자가 말하였다. "군주를 섬길 때는 시작을 신중하게 하고 마지막을 공경스럽게 한다." 공자가 말하였다. "군주를 섬길 때는 귀하게도 되고 천하게도 될 수 있고, 부유하게도 되고 가난하게도 될 수 있고, 살게도 되고 죽게도 될 수 있지만, (의리에 따라 해야 하는 바를) 어지럽히게 해서는 안 된다."

子曰: "事君愼始而敬終."① 子曰: "事君, 可貴可賤, 可富可貧, 可生可殺, 而不可使爲亂."②

鄭注 ① 가볍게 교제하고 쉽게 끊는 것은 군자가 부끄러워하는 것이다. 輕交易絶, 君子所恥.

② '난亂'은 군주를 섬기는 예禮를 어기고 폐하는 것을 가리킨다. '亂', 謂違廢事君之禮.

集說 마씨馬氏는 말한다. "다른 사람에게 있는 것은 명命(자신의 의지대로 할 수 없는 것)이 있으므로 귀하게도 천하게도 될 수 있고, 살리기도 죽이기도 할 수 있다. 자기에게 있는 것은 의義(반드시 따라야 할 옳음)가 있으므로 의리에 따라 해야 하는 바를 어지럽히게 해서는 안 된다." 馬氏曰: "在物者有命, 故可貴可賤, 可生可殺. 在己者有義, 故不可使爲亂也."

【표기 38】

공자가 말하였다. "군주를 섬길 때, 군중軍中에서는 어려움을 피하지 않으며, 조정에서는 천한 일을 사양하지 않는다. 관직에 올라 그에 맞는 일을 행하지 않으면 혼란하게 된다. 그러므로 군주가 신하를 사자로 보낼 경우, 신하는 뜻을 얻으면 사려를 삼가 신중하게 하면서 종사하고, 그렇지 않으면 세심하게 살펴 사려하면서 종사한다. 일을 완수하면 물러나니 신하의 충후忠厚함이다. 『역易』에 '천자와 제후를 섬기지 않으니, 자신의 일을 고상하게 한다'라고 하였다."

子曰: "事君, 軍旅不辟難, 朝廷不辭賤.① 處其位而不履其事, 則亂也.② 故君使其臣, 得志則愼慮而從之, 否則孰慮而從之. 終事而退, 臣之厚也.③ 『易』曰, '不事王侯, 高尚其事.'"④

鄭注 ① 충직하고 겸손함을 숭상한다는 말이다. 言尚忠且謙也.

② '리履'는 행한다는 말과 같다. '履', 猶行也.

③ '사使'는 빙문聘問이나 군사의 일에 사자로 보내는 것 등이다. '사려를 삼가 신중하게 하면서 종사한다'(愼慮而從之)는 것은 자기의 의지이며 반드시 이루고자 하는 것이다. '부否'는 자기의 뜻이 아님을 말한다. '세심하게 살펴 사려하면서 종사한다'(孰慮而從之)는 것은 다시 자기의 이해와 관련해서 계산하는 것이다. 일을 마치면 물러나는 것은 자기의 의지가 아니라, 일이 완수되었기 때문에 떠나는 것이다. '사事'는 어떤 본에서는 '신身'으로 되어 있기도 하다. '使', 謂使之聘問·師役之屬也. '愼慮而從之'者, 此己志也, 欲其必有成也. '否', 謂非己志也. '孰慮而從之', 又計於己利害也. 終事而退, 非己志者, 事成則去也. '事'或爲'身'.

④ 신하가 치사致仕(관직을 돌려주고 은퇴하는 것)하고 떠나가면 다시는 군주를 섬기지 않음을 말한다. '군주가 그래도 신하가 한 일을 높이고 떠받든다'는 것은 신하가 공을 이룬 것에 대하여 존중하고 대단하게 여긴다는 말이다.

言臣致仕而去, 不復事君也. '君猶高尙其所爲之事', 言尊大其成功也.

集說 여씨呂氏(여대림呂大臨)는 말한다. "'혼란'이란 실을 정돈하지 못하여 두서가 없는 것과 같다. 신하가 군주의 명령을 받으면, 비록 계합하는 바가 있더라도, 함부로 득의만만해하지 않는다. 따라서 '사려를 삼가 신중하게 하면서 종사한다.' 곧 '일에 임해서는 두려워하고 도모하기를 좋아하여 완성하는 이'46)이다. 계합하지 않는 바가 있고 또 사양해야 할 상황도 아니라면, 또한 뜻을 얻지 못했다고 원망하지 않는다. 따라서 세심히 살펴 종사하고 일을 마치면 벼슬을 돌려주고 떠난다. 그러므로 자신은 화난에 빠지지 않고 윗사람에게는 누累가 되지 않는다. 그러므로 '신하의 충후忠厚함이다'라고 한 것이다. '『역』'은 「고蠱」괘의 상구上九 효사이다. 일은 끝나고 지위는 없는 것이 벼슬을 하다가 그만둔 것과 유사함이 있기 때문에 '왕과 제후를 섬기지 않으니, 자기의 일을 고상하게 하면서 다른 사람의 부림을 받지 않을 수 있다'고 한 것이다." 呂氏曰: "'亂'者, 如絲之不治而無緖也. 臣受君命, 雖有所合, 不敢以得志而自滿. 故'愼慮而從之'. 乃'臨事而懼, 好謀而成者'也. 有所不合, 又非所宜辭, 亦不敢怨於不得志. 故孰慮而從之, 卒事則致爲臣而去. 故可以自免而不累於上. 故曰'臣之厚也'. '『易』', 「蠱」之上九. 事之終且無位也, 有似乎仕焉而已者, 故曰, '不事王侯, 乃可以高尙其事, 而不見役于人也.'"

【표기 39】

공자가 말하였다. "오직 천자가 하늘로부터 명령을 받고 사士는 군주로부터 명령을 받는다. 따라서 군주의 명령이 의리에 따르는 것이면 신하는 명에 순종하고, 군주의 명령이 의리에 거스르는 것이면 신하는 명에 거스른다. 『시詩』에 '메추라기는 아래서 떠들썩하게 싸우고 까치는 위에서 시끌벅적 싸우네. 선량하지 않은 사람을 나는 군주로 받들고 있네'라고 하였다."

子曰: "唯天子受命于天, 士受命于君.① 故君命順, 則臣有順命, 君命逆, 則臣有逆命.② 『詩』曰, '鶉之姜姜, 鵲之賁賁. 人之無良, 我以爲君.'"③

鄭注 ① 모두 받은 바가 있어서 마음대로 할 수 없다는 말이다. '유唯'는 '수雖'자로 되어야 한다. 글자의 잘못이다. 言皆有所受, 不敢專也. '唯'當爲'雖'. 字之誤也.

② 신하가 받은 명령이 순리에 따른 것이라면 행동이 순리에 따르고, 받은 명령이 이치에 거스르는 것이라면 행동도 거슬러 군주에게 받은 대로 하므로, 군주 노릇하기 쉽지 않음을 말한 것이다. 言臣受順則行順, 受逆則行逆, 如其所受於君, 則爲君不易矣.

③ '강강姜姜', '분분賁賁'은 서로 싸우는 추악한 모습이다. '양良'은 선善의 뜻이다. 내가 악인을 군주로 섬기니 또한 나에게 악을 행하도록 하여, 마치 큰 새는 위에서 추악하게 싸우고 작은 새는 아래서 추악하게 싸우는 것과 같음을 말한다. '姜姜'·'賁賁', 爭鬪惡貌也. '良', 善也. 言我以惡人爲君, 亦使我惡, 如大鳥姜姜於上, 小鳥賁賁於下.

集說 '『시詩』'는 「위풍衛風·순지분분鶉之奔奔」이다. 엄씨嚴氏는 말한다. "메추라기가 떠들썩하게 싸워도 자기 짝을 어지럽히지 않는다. 까치가 떠들썩하게 싸워도 자기의 짝을 일탈하지 않는다. 이는 선강宣姜과 공자 완이 제 짝이 아니니, 사람 가운데 선하지 않은 이를 내가 소군小君(임금의 정처)으로 여기겠는가? 라고 풍자한 것이다." ○ 여씨呂氏(여대림呂大臨)는 말한

다. "천도天道는 사사로움이 없어 의리 아닌 것이 없다. 군주가 하늘을 대신해서 다스리는 것은 하늘의 의리를 미루어 그것으로 이 사람들을 다스리는 것이다. 천질天秩과 천서天叙, 천명天命과 천토天討[47]는 어느 것도 하늘이 하는 것이 아님이 없다. 신하가 군주에게 받은 명령이 의리에 합치하면 하늘에 순응하는 명이요, 합치되지 않으면 하늘을 거스르는 명이다. 하늘에 순응하는 명이면 신하된 자는 명령하지 않아도 행하고, 하늘을 거스르는 명이면 신하된 자는 명령을 해도 따르지 않는다." '『詩』', 「衛風·鶉之奔奔」篇. 嚴氏云: "鶉之奔奔然鬪者, 不亂其匹也. 鵲之彊彊然剛者, 不淫其匹也. 刺宣姜與公子頑, 非匹偶也, 人之不善者, 我乃以爲小君乎?" ○ 呂氏曰: "天道無私, 莫非理義. 君所以代天而治者, 推天之理義, 以治斯人而已. 天秩·天叙, 天命·天討, 莫非天也. 臣之受命于君者, 命合乎理義, 爲順天命, 不合則爲逆天命. 順則爲臣者將不令而行, 逆則爲臣者雖令不從矣."

【표기 40】

공자가 말하였다. "군자는 언사言辭만 가지고 그 사람의 전부라고 여기지 않는다. 그 때문에 천하에 도가 있으면 행동에 가지와 잎이 있고, 천하에 도가 없으면 언사에 가지와 잎이 있다."

子曰: "君子不以辭盡人.① 故天下有道, 則行有枝葉, 天下無道, 則辭有枝葉."②

鄭注 ① 남이 말하는 것을 보고 곧 선하다고 여기지는 않는다는 것은 그 말 이외의 행동이 때로 악할 수 있음을 말한다. 不見人之言語則以爲善, 言其餘行或時惡也.

② '행동에 가지와 잎이 있다'(行有枝葉)는 것은 덕을 풍부하게 하는 것이다. '말에 가지와 잎이 있다'(言有枝葉)는 것은 헛된 화려함을 많이 가지는 것이다. 잎은 줄기에 의지해서 자란다. 말과 행동 역시 예로부터 나온다. '行有枝葉', 所以益德也. '言有枝葉', 是衆虛華也. 枝葉依幹而生. 言行亦由禮出.

集說 '언사言辭만 가지고 그 사람의 전부라고 여기지 않는다'는 것은 언사로 그 사람의 실상을 다 보았다고 생각해서는 안 된다는 말이다. 대개 말이 있다고 해서 반드시 덕이 있은 것은 아니기 때문이다. '행동에 가지와 잎이 있다'는 것은 뿌리가 무성해서 가지까지 번창한 것이다. '언사에 가지와 잎이 있다'는 것은 곧 무성한 말과 장황한 이야기일 뿐이다. 이는 모두 세교世敎의 성쇠에 따라 초래되는 것이므로 '도가 있음'과 '도가 없음'으로 말한 것이다. '不以辭盡人', 謂不可以言辭而盡見其人之實. 蓋有言者不必有德也. '行有枝葉', 根本盛而條達者也. '辭有枝葉', 則蕪辭蔓說而已. 此皆世敎盛衰所致, 故以'有道'·'無道'言之.

【표기 41】

(공자가 말하였다.) "그러므로 군자가 상사喪事를 당한 사람의 곁에 있을 때, 부의賻儀를 할 수 없다면 비용을 묻지 않는다. 병자의 곁에 있을 때, (물질적) 도움을 줄 수 없다면 바라는 것을 묻지 않는다. 손님이 있을 때, 머물게 할 수 없다면 머물 곳을 묻지 않는다. 그러므로 군자의 사귐은 물과 같고 소인의 사귐은 단술과 같다. 군자는 담박함으로 성사시키고 소인은 달콤함으로 깨뜨린다. 「소아」에 '해치는 말은 더욱 달콤하니, 화란이 이것을 통해 나온다네'

라고 하였다."

"是故君子於有喪者之側, 不能賻焉, 則不問其所費. 於有病者之側, 不能饋焉, 則不問其所欲. 有客不能館, 則不問其所舍.① 故君子之接如水, 小人之接如醴. 君子淡以成, 小人甘以壞.② 「小雅」曰, '盜言孔甘, 亂是用餤.'"③

鄭注 ① 모두 말만 하고 실행하지 못할 것을 피하는 것이다. 皆辟有言而無其實.

② 물은 서로 만나면 더해질 뿐이지만, 술과 단술은 서로 만나면 맛을 버리게 된다. '담淡'은 신맛이 없어 맛이 떨어지는 것이다. '접接'은 어떤 본에서는 '교交'로 되어 있다. 水相得, 合而已, 酒醴相得, 則敗. '淡', 無酸酢少味也. '接'或爲'交'.

③ '도盜'는 해치다의 뜻이다. '공孔'은 심하다의 뜻이다. '담餤'은 나아간다는 뜻이다. '盜', 賊也. '孔', 甚也. '餤', 進也.

集說 세 가지는 할 수 없으면 묻지 않으니, 허언으로 사람을 대해서는 안 된다. '접接'은 교제한다는 뜻이다. 시는 「소아小雅·교언巧言」이다. '도적의 말'이란 소인의 참소하고 해치는 말을 뜻한다. '담餤'은 나아간다는 뜻이다. 三者, 不能則不問, 不可以虛言待人也. '接', 交也. 「小雅·巧言」之篇. '盜言', 小人讒賊之言也. '餤', 進也.

【표기 42】

공자가 말하였다. "군자가 입으로 남을 지나치게 칭찬하지 않으면 백성들은 충후한 기풍을 일으킨다. 그러므로 군자는 사람에게 추운가 물으면 옷을 입히고 배고픈가 물으면 먹이며 사람의 훌륭함을 칭찬하면 벼슬을 준다. 「국풍國風」에 '마음으로 근심하니 나에게 돌아와 머물러 쉴지어다'라고 하였다."

子曰: "君子不以口譽人, 則民作忠.① 故君子問人之寒則衣之, 問人之飢則食之, 稱人之善則爵之.② 「國風」曰, '心之憂矣, 於我歸說.'"③

鄭注 ① '예譽'는 법도라는 뜻이다. '譽', 繩也.

② 말을 하면 실행함이 없어서는 안 되기 때문이다. 皆爲有言不可以無實.

③ 그가 좋아하는 충실하고 믿음 있는 사람에게 귀부하고자 하는 것이다. 欲歸其所說忠信之人也.

集說 '예譽'는 사람의 선을 드러내는데 실상을 넘어서는 것이다. '국풍國風'은 「조풍曹風·부유蜉蝣」이다. 시인은 소공昭公이 의지할 곳 없음을 근심하였으므로 '그가 나에게 돌아와 머물러 쉴지어다'라고 한 것이다. '열說'은 '세稅'의 뜻으로 읽으니, 머물러 쉰다는 뜻이다. '譽'者, 揚人之善, 而過其實者也. '「國風」', 「曹風·蜉蝣」之篇. 詩人憂昭公之無所依, 故曰'其於我而歸稅乎'. '說', 讀爲'稅', 舍息也.

【표기 43】

공자가 말하였다. "입으로만 은혜를 베풀고 실제로 행하지 않으면 원망과 재앙이 자신에게 미친다. 그 때문에 군자는 허락을 해놓고

(지키지 못하여) 책임을 추궁당하기 보다는, 차라리 (처음에) 허락하지 않고 원망을 듣고 만다. 「국풍國風」에 '말하고 웃는 소리 화목하였고 믿고 맹세함 철석 같았네. 뒤집을 줄을 생각지 못하였는데, 이제와 뒤집으니 이는 생각지 못한 내 잘못이네, 또한 그만 끝이라네'라고 하였다."

子曰: "口惠而實不至, 怨菑及其身.① 是故君子與其有諾責也, 寧有已怨.② 「國風」曰, '言笑晏晏, 信誓旦旦. 不思其反, 反是不思, 亦已焉哉.'"③

鄭注 ① 말만 좋게 하고 신의가 없는 것은 사람이 싫어하는 바이다. 善言而無信, 人所惡也.

② '이已'는 허락하지 않음을 가리킨다. 말로는 승낙하고 같이하지 않으면 그 원망함이 승낙하지 않은 것보다 더 크다. '已', 謂不許也. 言諾而不與, 其怨大於不許.

③ 이는 모두 혼례를 하였지만 끝까지 마치지 못한 것이다. '처음 만났을 때는 말하고 웃는 것 화목하고 기뻐하였고 맹세함이 매우 신실하였는데, 이제 처음 만났던 때의 은의를 뒤집을 줄 생각지도 못하였네, 뒤집을 줄 생각도 못하였으니 또한 그만 끝이라네, 이런 사람 어찌할 도리가 없네'라고 말한 것으로 원망함이 심한 것이다. 此皆相與爲昏禮而不終也. 言'始合會, 言笑和說, 要誓甚信, 今不思其本恩之反覆, 反覆之不思, 亦已焉哉, 無如此人何', 怨之深也.

集說 '「국풍國風」'은 「위풍衛風 · 맹氓」이다. '안안晏晏'은 화목하고 부드럽다는 뜻이다. '단단旦旦'은 밝다는 뜻이다. 처음에는 뒤집을 줄을 생각지 않았는데, 이제 맹세를 뒤집으니 이는 내가 처음에 미리 생각하지 못한 잘못으로, 이제 어찌할 도리가 없게 되었다. 그러므로 '또한 그만 끝이라네'라

고 말한 것이다. ○ 여씨呂氏(여대림呂大臨)는 말한다. "요구하였을 때 허락하지 않았더라면, 처음에는 비록 다른 사람의 뜻을 어기게 되지만 끝내는 신의에 해가 되지 않는다. 그러므로 그 원망이 적다. 허락을 해놓고 실천하지 않으면 처음에는 남의 뜻을 어기지 않지만 끝내는 신의를 해치게 된다. 그러므로 그 책임이 크다." '「國風」', 「衛風·氓」之篇. '晏晏', 和柔也. '旦旦', 明也. 始焉不思其反覆, 今之反覆, 是始者不思之過也, 今則無如之何矣. 故曰'亦已焉哉'. ○ 呂氏曰: "有求而不許, 始雖咈人之意, 而終不害乎信. 故其怨小. 諾人而不踐, 始雖不咈人意, 而終害乎信. 故其責大."

【표기 44】

공자가 말하였다. "군자는 얼굴표정으로 사람을 친애하지 않는다. 본심은 소원한데 겉모양만 친한 것은, 소인小人으로 치면 구멍을 뚫고 담장을 넘는 도적에 해당한다." 공자가 말하였다. "본심은 신실하려 하고 언사言辭는 좋게 꾸미려 한다."

子曰: "君子不以色親人. 情疏而貌親, 在小人則穿窬之盜也與." 子曰: "情欲信, 辭欲巧."

鄭注 '교巧'는 따르고 기뻐하는 것을 가리킨다. '巧', 謂順而說也.

集說 '본심은 신실하려고 한다'는 것은 바로 『대학』의 '뜻이 성실하다'는 것을 말한다. '교巧'는 '고考'여야 하니 바로 「곡례상曲禮上」(74)의 '(반드시 말을 해야 할 때는) 고대古代를 모델로 삼고 선왕을 들어 말한다'는 것을 말한다. 그렇지 않다면 상고할 수 없는 말이 된다. ○ 여씨呂氏는 말한다.

"'구멍을 뚫고 담장을 넘는 도적'은 남이 보지 못함을 속여서 불의를 행할 뿐이다. '얼굴표정으로 사람을 친애한다'는 것은 말을 좋게 꾸미고, 얼굴빛을 좋게 꾸미며, 지나치게 공손하면서 성실한 마음을 수반하지 않는 것이다. '본심은 소원한데 겉모습만 친하다'는 것은 이익 추구를 위주로 하는 것으로 역시 남이 보지 못함에 속이는 것이다. 공자는 '얼굴빛은 위엄이 있지만 속마음은 유약한 것을 소인에게 비유하면 구멍을 뚫고 담장을 넘는 도적과 같다'[48]라고 하였다. 맹자는 '사士가 말할 만하지 않은데 말을 하는 것은 말로 탐색하여 취하는 것이다'[49]라고 하였다. 이들은 모두 구멍을 뚫고 담장을 넘는 도둑의 부류이다. 이 두 경우 또한 남이 보지 못함에 속여 불의를 저지르는 것이므로 구멍을 뚫고 담장을 넘는 것이 된다." ○ 석량왕씨石梁王氏는 말한다. "'언사言辭는 좋게 꾸미려 한다'는 말은 결코 공자의 말이 아니다. 말을 좋게 꾸미고 얼굴빛을 좋게 꾸미는 것에는 인仁이 적다."

'情欲信', 卽『大學』'意誠'之謂也. '巧'當作'考', 卽「曲禮」'則古昔, 稱先王'之謂也. 否則爲無稽之言矣. ○ 呂氏曰: "'穿窬之盜', 欺人之不見, 以爲不義而已. '色親人'者, 巧言令色足恭, 無誠心以將之. '情疏貌親', 主於爲利, 亦欺人之不見也. 孔子曰, '色厲而內荏, 譬諸小人, 其猶穿窬之盜也與.' 孟子曰, '士未可以言而言, 是以言餂之也.' 是皆穿窬之類也. 二者亦欺人之不見, 以爲不義, 故所以爲穿窬也." ○ 石梁王氏曰: "'辭欲巧', 決非孔子之言. 巧言令色鮮矣仁."

【표기 45】

공자가 말하였다. "옛날 삼대의 명철한 왕들은 모두 천지의 신명神明을 섬기면서 거북점(卜)과 시초점(筮)을 사용하지 않은 경우가 없었고, 자기의 사사로운 설만褻慢한 것으로 상제上帝를 섬기지 않았다. 그러므로 제사의 일시日時를 범하여 지내지 않았고, 점을 쳐서 얻은 거북점괘와 시초점괘의 결과를 어겨서 지내지 않았다. 거북점과 시초점은 서로 이어서 치지 않는다."

子言之. "昔三代明王, 皆事天地之神明, 無非卜·筮之用, 不敢以其私褻事上帝.① 是以不犯日月, 不違卜·筮.② 卜·筮不相襲也."③

鄭注 ① 움직이면 곧 복서卜筮에 의탁하였음을 말한다. '신명神明'은 여러 귀신들을 가리킨다. 言動任卜筮也. '神明'謂群神也.

② '일월日月'은 동지와 하지, 정월 및 사시를 가리킨다. '어겨서 지내지 않았다'(不違)는 것은 제사 날짜와 희생을 잡는 날과 시尸를 모시는 것이다. '日月', 謂冬夏至·正月及四時也. 所'不違'者, 日與牲尸也.

③ '습襲'은 잇는다[50]는 뜻이다. 큰일에는 거북점을 치고 작은 일에는 시초점을 친다. '襲', 因也. 大事則卜, 小事則筮.

集說 '서로 이어서 치지 않는다'는 것은 설명이 「곡례상曲禮上」(205)에 보인다. ○ 유씨劉氏는 말한다. "이 단락의 경문에서는 천지신명을 섬기는 것이 복서의 운용 아닌 것이 없음을 말하고 또 대사大事에는 제사지내는 시일이 정해져 있음을 말하였다. 여씨呂氏(여대림呂大臨)는 '동지와 하지에 천지에 제사를 드리고 사시四時에 기운을 영접하는 제사는 사립四立[51]에 행한다. 제사 날짜를 점을 쳐 물어야 하는 다른 제사는 이들 동지와 하지 그리고 사립四立 등 본래 정해진 날에 지내서는 안 된다. 이것이 아니라면 그 밖의 것은 복서卜筮의 결과를 어겨서는 안 된다'라고 한다. 그러나 「곡례하曲禮下」(116)에서는 '대향大饗의 경우에는 점(卜)을 치지 않는다'고 하였고, 『주례』「천관天官·태재大宰」에 '오제五帝에게 제사를 지낼 때는 제사

날짜를 점친다. 천지天地에게 제사를 드릴 때도 또한 이와 같이 한다'고 하였다. 「태복大卜」에 '종묘 제사(大祭祀)를 지낼 때 점을 칠 거북 뼈를 종백宗伯에게 보이고 거북뼈에 점을 칠 내용을 고한다'고 하였다. 『춘추春秋』 노魯나라 예에 또한 '교제郊祭의 날짜를 점을 쳤다'는 기록이 있고,[52] 「교특생郊特牲」(37)에 '교제에서 신일辛日을 쓴다'는 말이 있다. 이것들은 대개 서로 어긋나서 아직 정설이 없다. 또 '거북점(卜)과 시초점(筮)은 서로 이어서 치지 않는다. 대사大事의 경우에 거북점을 치고 소사小事의 경우 시초점을 친다'는 것과 관련해서, 『서書』 「홍범洪範」에 '거북점이 따르고 시초점이 따르며, 거북점은 따르고 시초점은 거스린다'는 말이 있고, 『주례』 「서인筮人」에는 '나라의 큰일에는 시초점을 먼저 치고 거북점을 뒤에 친다'고 하였고, 「태복大卜」에는 '모든 작은 일에는 (직접 점을 치지 않고) 점을 치는 것을 감독한다'고 하였다. 또한 '외사外事에는 강일剛日을 제사일로 택하고, 내사內事에는 유일柔日을 제사일로 택한다'는 것과 관련해서 「교특생」(27)에 '사제社祭는 갑일甲日(십간十干 중 갑甲이 들어간 날)을 택한다'고 하고 『서書』 「소고召誥」에 '정사丁巳일에 교제郊祭를 드리고, 무오戊午일에 사제社祭를 드렸다'고 하였고, 「낙고洛誥」에는 '무진戊辰일에 증제烝祭를 지냈다'고 하였다. 이와 같은 것들은 모두 예가禮家의 설과 합치하지 않으니, 합일시킬 수 있는 방법을 모르겠다. 잠시 보류해두고 아는 사람을 기다린다." '不相襲', 說見「曲禮」. ○ 劉氏曰: "此段經文言事天地神明, 無非卜筮之用, 而又云大事有時日. 呂氏以爲, '冬夏至祀天地, 四時迎氣用四立[53]. 他祭祀之當卜日者, 不可犯此素定之日. 非此則其他自不可違卜筮也.' 然「曲禮」止云, '大饗不問卜', 『周官』「太宰」'祀五帝卜日, 祀大神示亦如之.' 「太卜」'大祭祀眡高命龜.' 『春秋』魯禮又有'卜郊'之文, 「郊特牲」又有'郊用辛'之語. 是蓋互相牴牾, 未有定說. 又如'卜筮不相襲. 大事卜小事筮', 而「洪範」有'龜從筮從, 龜從筮逆'之文, 「簭人」有'凡國之大事, 先簭而後卜', 「太卜」又'凡小[54]事, 涖卜.' 又如'外事用剛日, 內事用柔日', 而「特牲」'社, 用甲', 「召誥」'丁巳郊, 戊午社', 「洛誥」'戊

辰烝祭歲.' 凡此皆不合禮家之說, 未知所以一之也. 姑闕以俟知者."

【표기 46】

(공자가 말하였다.) "대사大事에는 정해진 일시日時가 있다. 소사小事에는 정해진 일시가 없고, 일이 있을 때마다 점을 친다. 외사外事에는 강일剛日을 제사일로 택하고, 내사內事에는 유일柔日을 택한다. 점을 쳐서 얻은 거북점괘와 시초점괘의 결과를 어겨서 지내지 않는다." 공자가 말하였다. "희생은 순수하고 예와 악은 가지런하고 성대하므로 귀신에게 해를 끼침이 없고 백성들에게 원망을 듣는 일이 없다."

"大事有時日.① 小事無時日, 有筮.② 外事用剛日, 內事用柔日.③ 不違龜·筮." 子曰: "牲牷, 禮樂齊盛, 是以無害乎鬼神, 無怨乎百姓."④

鄭注 ① '대사大事'는 큰 신(大神)에게 제사를 드리는 것으로 정해진 때와 날이 있다. '大事', 有事於大神, 有常時常日也.

② 작은 신(小神)에게 제사를 드리는 것으로 정해진 때와 날이 없다. '유서有筮'는 일이 생겼을 때 시초점을 치는 것이다. 有事於小神, 無常時常日. '有筮', 臨有事筮之.

③ 음양에 따르는 것이다. 양은 밖이 되고 음은 안이 된다. '외사'(外)와 '내사'(內)는 사교四郊 안의 일과 밖의 일로 구별하는 것이다. 順陰陽也. 陽爲外, 陰爲內. 事之'外''內', 别乎四郊.

④ '전牷'은 순수하다는 뜻과 같다. '牷', 猶純也.

集說 '대사大事'는 큰 신(大神)[55]에게 제사지내는 것이다. '소사小事'는 작은 신(小神)에게 제사지내는 것이다. '외사外事는 강일剛日을 쓰고 내사內事는 유일柔日을 쓴다'는 내용은 「곡례상」(203)에 보인다. 문맥을 살펴볼 때, '불위구서不違龜筮'(점친 결과를 어기지 않는다) 네 글자는 '생전례악제성牲牷禮樂齊盛'(희생이 순수하고 예와 악이 가지런하고 성대하다)는 구절 다음에 있어야 옳다. 거북점괘와 시초점괘의 결과에 일체 따르기 때문에 귀신鬼神과 인간의 마음이 모두 순조로운 것이다. '大事', 祭大神也. '小事', 祭小神也. '外剛內柔', 見「曲禮」. 詳文理, '不違龜筮'四字, 當在'牲牷禮樂齊盛'之下. 以其一聽於龜筮, 故神人之心皆順也.

【표기 47】

공자가 말하였다. "후직后稷이 제사를 지낼 때는 (제사음식을 많이 진설하지 않아) 갖추기가 쉬웠다. 그 언사言辭는 공순하고 바라는 것은 검약하여, 그 녹祿이 자손에게 미쳤다. 『시詩』에 '후직后稷이 처음 제사를 드림에 잘못과 회한이 거의 없었네. 그로써 복록이 오늘에까지 이르렀네'라고 하였다."

子曰: "后稷之祀易富也. 其辭恭, 其欲儉, 其祿及子孫.① 「詩」曰, '后稷兆祀, 庶無罪悔. 以迄于今.'"②

鄭注 ① '부富'는 갖추어진다는 말이다. 대대로 세습되는 녹祿으로 지내는 공손하고 검약한 이의 제사는 갖추어지기 쉽기 때문이다. '富'之言備也. 以傳世之祿, 恭儉者之祭, 易備也.

② '조兆'는 네 교郊의 제사지내는 곳이다. '흘迄'은 이른다는 뜻이다. 교郊에서 후직后稷에게 제사지내면서 하늘(天)에 후직을 배향한 것은 (후직이 처

음 제사지낼 때 제법을 어기는) 잘못함도 (제수를 잘 갖추지 못한) 회한도 없었고, 그리하여 복록福祿이 대대로 전해져 오늘날까지 이어졌기 때문임을 말한다. '兆', 四郊之祭處也. 迄, 至也. 言祀后稷於郊以配天, 庶幾其無罪悔乎, 福祿傳世, 乃至於今.

集說 '부富'는 갖추어졌다는 뜻이다. '『시詩』'는 「대아大雅 · 생민生民」이다. '조兆'가 『시詩』에는 '조肇'로 되어 있는데 시작의 뜻이다. '오늘에까지 이르렀네'는 것은 그의 녹祿이 자손에게 미침을 밝힌 것이다. '富', 備也. '『詩』', 「大雅 · 生民」之篇. '兆'『詩』作'肇', 始也. '以迄于今', 明其祿及子孫也.

【표기 48】

공자가 말하였다. "대인의 기물은 위엄이 있고 공경스럽다. 천자는 시초점을 치는 일이 없고, 제후에게는 수서守筮가 있다. 천자가 출정을 나가 도중에 일이 생기면 시초점으로 점을 친다. 제후는 자기의 나라가 아니면 시초점을 치지 않고, 궁실과 침실을 정할 때 거북점을 친다. 천자는 태묘의 자리에 대하여 거북점을 치지 않는다."

子曰: "大人之器威敬.① 天子無筮,② 諸侯有守筮.③ 天子道以筮.④ 諸侯非其國不以筮, 卜宅寢室.⑤ 天子不卜處大廟."⑥

鄭注 ① 그 용도가 존엄함을 말한다. 言其用之尊嚴.

② 정벌征伐(적을 토벌하는 일)과 출사出師(출병하는 일)와 순수巡狩(전국을 돌아다니며 정사를 듣는 일)를 가리킨다. 천자는 지극히 존귀하므로 대개 모두 거북점(卜)을 사용한다. 『춘추좌씨전』에 "선왕이 순수巡狩에 나서기 5년 전부터 거북점을 쳤는데, 해마다 길상吉祥을 거듭 얻었다"[56]고 하였다. 謂征伐 · 出

師若巡守也. 天子至尊, 大率皆用卜也. 『春秋傳』曰: “先王卜征五年, 歲襲[57]其祥.”

③ ‘수서守筮’는 나라를 지키는 시초로서 나라에 큰일이 있을 때 사용한다. ‘守筮’, 守國之筮, 國有事則用之.

④ 처음 출정을 나갈 때 거북점을 치고, 출정 도중에 작은 일이 발생하였을 때 시초점을 사용한다. 始將出, 卜之, 道有小事則用筮.

⑤ 다른 나라로 들어가면 점치지 않는데, 길흉을 다른 나라에 묻지 않는 것이다. 제후는 선왕이 천자로부터 분봉을 받은 나라를 이어서 분봉된 것이다. (따라서 점을 칠 필요가 없고,) 오직 궁실을 바꾸려고 할 때만 점을 칠 수 있다. 入他國則不筮, 不敢問吉凶於人之國也. 諸侯受封乎天子, 因國而國. 唯宮室欲改易者, 得卜之耳.

⑥ 나라를 창건할 만한 곳을 거북점을 쳐서 길상을 얻었다면 궁실과 종묘를 건축하는 것도 길상임을 알 수 있기 때문이다. 卜可建國之處吉, 則宮廟吉可知.

集說 거북과 시초라는 기물은 성인이 신도神道의 가르침을 기탁한 것이므로 ‘대인의 기물’이라고 한 것이다. 위엄과 공경으로 다루고 희롱하고 더럽혀서는 안 되므로 큰일에는 사용하고 작은 일에는 사용하지 않는다. 천자는 시초가 없고 오직 거북점을 사용하다. ‘길에서는 시초를 사용한다’(道以筮)는 것은 길을 나서 가는 도중에는 시초를 쓴다는 말이다. ‘수서守筮’는 나라에서 평소 간직하고 있다가 일이 있으면 사용하여 점을 치는 시초를 말한다. 거북점의 경우도 역시 ‘수구守龜’라고 한다. 『춘추좌씨전』에 “나라에 수구守龜가 있으니 어느 일인들 점치지 못하겠는가?”[58]라고 하였다. ‘자기의 나라가 아니면 시초점을 치지 않는다’는 것은 출행出行하여 다른 나라에 있을 때 길흉을 점쳐 묻는 것에 대하여 사람들이 의심스럽게 여기는 것을 원치 않기 때문이다. ‘택宅’은 거처라는 뜻이다. 제후가 출행하면 반드시 거처할 곳을 점치는데 다른 일이 있을까 염려해서이다. ‘태묘太廟’는 천자

가 반드시 거처해야 하는 곳이므로 점치지 않는다. 龜·筴之爲器, 聖人所以寓神道之教, 故言'大人之器'也. 以其威敬而不敢玩褻, 故大事則用, 小事則否. 天子無筮, 惟用卜也. 而又云'道以筮'者, 謂在道途中, 則用筮也. '守筮', 謂在國居守, 有事則用筮也. 龜亦曰'守龜'. 『左傳』"國之守龜, 何事不卜?" '非其國, 不筮', 謂出行在他國, 不欲人疑其吉凶之問也. '宅', 居也. 諸侯出行, 則必卜其所處之地, 慮他故也. '太廟', 天子所必當處之地, 故不卜也.

【표기 49】

공자가 말하였다. "군자는 공경하는 일에는 제기祭器를 사용한다. 따라서 시일을 폐하지 않고 거북점과 시초점의 결과를 어기지 않으며 그로써 군장君長[59]을 공경스럽게 섬긴다. 그러므로 윗사람이 백성들을 모독하지 않고 아랫사람이 윗사람에게 무례하고 태만하지 않다."

子曰: "君子敬則用祭器.① 是以不廢日月, 不違龜筮, 以敬事其君長.② 是以上不瀆於民, 下不褻於上."③

鄭注 ① 조회朝會와 빙문聘問의 예에서 빈객을 대접할 때에는 공경하는 의절을 높이니 감히 평소에 쓰는 기물(燕器)을 사용하지 않는다. 謂朝聘待賓客崇敬, 不敢用燕器也.

② 거북과 시초를 사용하여 공헌貢獻할 것을 점을 쳐 묻는다. 用龜·筮, 問所貢獻也.

③ 윗사람이 정직함으로 아랫사람을 대하면, 아랫사람은 정도로 응하고 무례하고 태만하지 않는다. 言上之於下以直, 則下應之以正, 不褻慢也.

集說 그 예를 공경하므로 제기祭器를 사용하고 그 일을 공경하므로 거북점과 시초점으로 자문한다. '모독하지 않고', '무례하고 태만하지 않는다'는 것은 공경하기 때문이다. ○ 소疏에서 말한다. "'군장君長을 공경스럽게 섬긴다'는 것이란 제후가 천자에게 조회를 하는 일이나 소국이 대국에 대해서 조빙朝聘하는 경우를 가리킨다." 敬其禮, 故用祭器, 敬其事, 故詢龜・筮. '不瀆'・'不褻', 以其敬故也. 疏曰: "'敬事君長', 謂諸侯朝天子及小國之於大國."

역주

1) 잠기어 ~ 드러난다 : 『中庸章句』 체제로 할 때, 33장에서 인용한 것이다. 이하 「중용」의 인용문도 모두 마찬가지다.

2) 여씨 : 衛湜의 『禮記集說』에 呂大臨(1040~1092)의 말로 인용되어 있다. 藍田呂氏로 불린다. 자 與叔, 호 藍田이다. 謝良佐, 游酢, 楊時와 함께 '程門四先生'으로 일컬어졌다. 저서에 『考古圖』, 『釋文』, 『禮記解』가 있다.

3) 마희맹 : 馬希孟으로도 불린다. 자 彦醇. 神宗 熙宁 6년 진사에 급제하였다. 州学教授를 지냈고, 저서에 『禮記解』가 있다.

4) 옛날에 ~ 만났다 : 『춘추공양전』, 莊公 4년 조 傳에 "옛날에 제후는 반드시 모이는 일과 서로 만나고(朝) 빙문하는(聘) 도리가 있어서, 言辭에 반드시 先君을 일컬으면서 서로 만났다"(古者諸侯必有會聚之事, 相朝·聘之道, 號辭必稱先君以相接)라고 하였다.

5) 과인에게 ~ 말씀드립니다 : 이 말은 『의례』 「燕禮」에 나온다.

6) '직으로 ~ 갚는다' : 이 말은 『논어』 「憲問」에 나온다.

7) 진실로 ~ 없다 : 이 말은 『논어』 「里仁」에 나오는 말이다.

8) 체포한 ~ 사람이다 : 관련 내용은 『춘추공양전』, 成公 16년 조 傳에 보인다. 晉나라 사람들이 季孫行父를 체포하였다가 招丘에서 풀어주었는데, 그 풀어준 이유가 季孫行父에 대하여 사람들이 좋아하기 때문이었다. 季孫行父는 魯의 賢臣으로 宣公·成公·襄公 3대에 걸쳐 노나라의 국정을 이끌었다. 노나라의 실권자 季孫氏를 축출하고 국정을 정상화시키는 데 공헌하였고, 검소하게 생활하고 민생을 돌보기 위해 세제 등 개혁을 행한 것으로 알려졌다. 『논어』에는 그의 시호를 따서 季文子로 나온다.

9) 공자가 ~ 대답한 것 : 관련 내용은 『논어』 「述而」에 나온다. 진사패가 노나라 昭公이 예를 아느냐고 공자에게 묻자 공자는 예를 안다고 대답하였는데, 진사패는 소공이 同姓인 吳나라에서 부인을 맞이한 것을 들어 공자가 자기 나라 임금이라 편든다고 비판하였다. 공자는 나중에 그 소식을 전해 듣고 자신이 잘못하였음을 시인하고, 잘못이 밝혀져 다행이라고 하였다. '司敗'는 陳·楚 등 나라에서 법을 담당하는 관직 호칭으로 司寇와 같다. 陳司敗는 陳나라의 법을 담당하는 관리라는 뜻이며, 이름을 비롯해 인물의 상세한 사항은 미상이다.

10) 호언 : 용어나 문장을 서로 연관하여 의미를 이루도록 사용하여 서술하는 방식을 말한다. 곧 數와 長短, 大小는 서로 연관되어 하나의 의미를 나타낸다.

11) 나의 짝 ~ 찾으니 : 공여달 소에는 내가 짝과 더불어 함께 도모하여 잘 실행한다는 취지의 말이라고 해석하였다.

12) 화범이 : 이학근의 교감기에 따르면 '禾'가 '水'로 된 판본도 있는데, '禾'가 옳다고 한다. 『禮記正義』, 1724쪽, 주 1) 참조.

13) 導 : 『陳氏禮記集說』에는 '道'로 되어 있지만, 衛湜의 『禮記集說』과 『禮記大全』에 '導'로 되어 있다. 문맥상 '導'가 합당하다.

14) 곡물 : 粢盛은 제사에 사용하는 양식을 뜻한다.

15) 울창주 : 제사에 사용하기 위해 기장(黍)으로 담근 香酒를 말한다.

16) 의롭지 ~ 귀한 것 : 이 말은 『논어』 「述而」에 나온다.

17) 생각이 ~ 않는 것 : 이 말은 『논어』 「憲問」에 나온다.

18) 信 : 판본에 따라 '言'으로 된 경우도 있다. 『禮記正義』, 1728쪽, 주 3) 참조.

19) 허물을 ~ 않는다 : 이 말은 『논어』 「雍也」에 나온다. 『논어』에는 '二'가 '貳'로 되어 있다.

20) 白 : 판본에 따라 '吾'로 된 경우도 있다. 『禮記正義』, 1729쪽, 주 3) 참조.

21) 편안하게 ~ 않는다 : 이 말은 『맹자』 「盡心上」에 나온다.

22) 기쁨으로 ~ 잊는다 : 이 말은 『역』 兌卦의 彖傳에 나온다.

23) 사치하고 ~ 말라 : 「月令」(58, 215)에는 "毋或作爲淫巧, 以蕩上心"로 되어 있다. 뜻은 같다.

24) 팔벽 : 의논을 거쳐 형벌을 감면해주는 8가지 범죄의 경우로 『주례』에 나온다. 漢代에 八議로 명칭이 바뀌었으며, 삼국시대 魏에서 법전에 정식으로 포함시킨 이후 청대에 이르기까지 준행되었다. 『주례』 「秋官·小司寇」에 "8가지 법을 국법에 부칙으로 두어 형벌에 부속시킨다. 첫째, 친족이 죄를 범한 경우 의논한다. 둘째, 붕우가 죄를 범한 경우 의논한다. 셋째, 賢德이 있는 관리가 죄를 범한 경우 의논한다. 넷째, 技藝가 있는 관리가 죄를 범한 경우 의논한다. 다섯째, 공로가 있는 자가 죄를 범한 경우 의논한다. 여섯째, 신분이 높은 자가 죄를 범한 경우 의논한다. 일곱째, 國事를 위해 근로하다 죄를 범한 경우 의논한다. 여덟째, 신하의 신분이 아닌 자가 죄를 범한 경우 의논한다"(以八辟麗邦灋, 附刑罰. 一曰議親之辟. 二曰議故之辟. 三曰議賢之辟. 四曰議能之辟. 五曰議功之辟. 六曰議貴之辟. 七曰議勤之辟. 八曰議賓之辟)라고 하였다.

25) 형벌을 ~ 낮추는 : 이 말은 『맹자』 「梁惠王上」에 나온다.

26) 관대하면서도 ~ 있다 : 이 말은 『書』 「皐陶謨」에 나온다.

27) 설을 ~ 하고 : 이 말은 『맹자』 「滕文公上」에 나온다.

28) 의상 ~ 하는 것 : 관련 내용은 『역』 「繫辭下」에 나온다.

29) 스스로 ~ 바친다 : 이 말은 比干이 微子에게 한 말로 『書』 「微子」에 나온다.

30) 농사를 ~ 바꾸었다 : 관련 내용은 『맹자』 「萬章上」에 나온다. 伊尹이 처음에 농사를 짓고 지내며 湯의 초빙에 응하지 않다가 세 번 거듭해서 초빙하자 생각을 바꾸어 출사한 것을 말한다.

31) 고종의 ~ 현창한 : 『書』 「說命」은 殷나라 高宗이 臣下 傅說에 命한 것을 기록한 것인데, 모두 세 편으로 하편에 다음과 같은 말이 나온다. "왕은 현신이 아니면 잘 다스리지 못하고, 현신은 왕이 아니면 밥을 먹지 못하니, 너는 너의 왕이 선왕을 잘 계승하도록

보필하여, 백성들을 영구히 편안케 하라. 부열이 배례하고 머리를 지면에 대고 '감히 천자의 아름다운 명령에 응하여 널리 현창하겠습니다'라고 하였다"(惟后, 非賢不乂, 惟賢, 非后不食, 其爾克紹乃辟于先王, 永綏民. 說拜稽首曰: '敢對揚天子之休命.') '對揚'은 곧 명령에 응하여 받아서 그 명령을 널리 펼친다는 의미다. 고대에서 보통 천자가 신하에게 명령을 내리거나 하사하는 바가 있을 경우 신하들이 답하여 감사를 표시하는 말로 쓰였다.

32) 제환공과 ~ 이루고 : 『管子』를 가리킨다.

33) 연소공의 ~ 있었던 것 : 연소공이 제나라를 이길 방책을 묻자 악의가 여러 제후국과 연합하여 공격해야 한다는 방책을 제시하였고, 연소왕은 그 건의를 받아들여 악의를 上將軍으로 임명하였고, 악의는 제후들과 연합전선을 펴서 제나라를 대파하였던 것을 말한다. 『戰國策』「燕二」와 『史記』「樂毅傳」에 관련 내용이 나온다.

34) 영달하여 ~ 행하는 자 : 이 말은 『맹자』「盡心上」에 나온다.

35) 선유는 ~ 보았는데 : 先儒는 鄭玄을 가리킨다. 정현의 주에 '利는 봉록의 포상을 뜻한다'라고 하였다.

36) 우리 ~ 없다 : 이 말은 『맹자』「離婁上」에 나온다.

37) 군주의 ~ 유도한다 : 이 말은 『맹자』「告子下」에 나온다.

38) 말미암아 ~ 것 : 이를테면 사람은 문을 말미암아 들어가고 나간다. 곧 남이 벼슬에 나아가는 문의 역할을 자신이 한다는 것으로 천거하는 것을 뜻한다.

39) 오직 ~ 이룬다 : 이 말은 『춘추좌씨전』, 昭公 21년 조 傳에 나온다.

40) 소덕이 ~ 부려진다 : 이 말은 『맹자』「離婁上」에 나온다.

41) 계손씨와 ~ 대우하면 : 이 말은 『논어』「微子」에 나온다. 齊景公이 공자를 등용하려고 하면서 적극적으로 대우하여 임용하지 않고 季孫氏보다는 밑으로 孟孫氏보다는 나은 지위로 적당히 대우하여 임용하려 하였던 것을 말한다. 결국 제경공은 등용하지 않았고 공자도 제나라를 떠났다.

42) 번육이 ~ 떠나고 : 관련 내용은 『맹자』「告子下」에 보인다. "공자가 노나라의 司寇가 되었으나, 건의가 채택되지 않고, 제사를 지내고도 燔肉이 오지 않자 면관을 벗지도 않고 떠났다"(孔子爲魯司寇, 不用, 從而祭, 燔肉不至, 不稅冕而行)라고 하였다. 『맹자』에는 '膰'이 '燔'으로 되어 있으나 제사에 올린 고기로 같은 의미다.

43) 영공이 ~ 떠났으니 : 관련 내용은 『논어』「衛靈公」에 보인다.

44) 공자가 ~ 때문이다 : 관련 내용은 『맹자』「萬章下」, 「盡心下」 등에 보인다.

45) 맹자가 ~ 때문이다 : 관련 내용은 『맹자』「公孫丑下」 에 보인다.

46) 일에 ~ 완성하는 이 : 이 말은 『논어』「述而」에 나온다.

47) 천서와 ~ 천토 : 天叙와 天秩은 하늘이 정해준 질서와 제도를, 天命과 天討는 유덕한 자에 대한 하늘의 명령과 악행에 대한 하늘의 토벌을 뜻한다. 이 말들은 『書』「皐陶謨」에 나온다.

48) 얼굴빛은 ~ 같다 : 이 말은 『논어』 「陽貨」에 나온다.

49) 사가 ~ 것이다 : 이 말은 『맹자』 「盡心下」에 나온다.

50) 잇는다 : 하나의 사안에 대하여 거북점을 치고 또 시초점을 치는 등 이어서 점을 치는 것을 말한다. 곧 거북점을 치는 것은 계속 거북점으로 세 번이 넘지 않게 점을 쳐서 묻고, 시초점을 치는 것은 또한 시초점으로만 점을 치고, 한 사안에 두 가지를 이어서 행하지 않음을 말한다. 따라서 정현은 바로 아래에서 大事에는 거북점을 치고 小事에는 시초점을 친다고 하여 거북점과 시초로 묻는 대상을 구분하였다.

51) 사립 : 立春 · 立夏 · 立秋 · 立冬 등 네 절기를 말한다.

52) 『춘추』 노나라 ~ 있고 : 『춘추곡량전』, 哀公 1년 조에 보인다.

53) 立 : (사고전서본) 『예기대전』과 衛湜의 『예기집설』에 '丘'로 되어 있으나 『진씨예기집설』에 따라 '立'으로 고쳤다.

54) 小 : 『禮記大全』과 『陳氏禮記集說』에 빠져 있지만, 『주례』에 의거하여 보충한다.

55) 큰 신 : 天神, 토지신(社) 그리고 사방 주요 산(四嶽)의 神을 말한다. 『三禮辭典』, 100쪽, '大神' 항목 참조.

56) 선왕이 ~ 얻었다 : 이 말은 『춘추좌씨전』, 襄公 13년 조 傳에 나온다.

57) 襲 : 『춘추좌씨전』에는 '習'으로 되어 있다.

58) 나라에 ~ 못하겠는가? : 이 말은 『춘추좌씨전』, 昭公 5년 조에 나온다.

59) 군장 : 공영달의 소에 따르면 君은 天子를 가리키고, 長은 소국의 제후가 대국의 제후에게 朝聘하는 경우 대국의 군주를 지칭한다.

예기역주 권27

치의 제33
緇衣

정현의 『예기목록』에서 말한다. "「치의緇衣」이라고 명칭을 붙인 것은 현자를 좋아하는 것이 두터움을 훌륭하게 여기기 때문이다. 「치의緇衣」는 정나라 시詩다. 그 시에 '치의의 알맞음이여, 헤지면 내가 다시 만들어 주리라. 그대는 관사로 가노니, 돌아오면 내가 음식(粲)을 주리라'라고 하였는데 '찬粲'은 음식이다. 음식을 장만하여 주는 것은 그를 소중히 여겨 음식을 대접하고 싶은 것이다. 이 시의 뜻은 이렇다. 치의를 입은 현자는 조정에 머물 때 그 복장이 합당하다. 나는 그를 위해서 옷을 고쳐 만들고 싶고, 도리어 그에게 새 옷을 주고자 하니, 그를 후하게 대함이 끝이 없다. 이 편은 유향劉向의 『별록別錄』에는 「통론通論」에 속해 있다."

鄭『目錄』云: "名曰「緇衣」者, 善其好賢者厚也. 「緇衣」, 鄭詩也. 其詩曰, '緇衣之宜兮, 敝予又改爲兮. 適子之館兮, 還予授子之粲兮', '粲', 餐也. 設餐以授之, 愛之欲飮食之. 言緇衣之賢者, 居朝廷, 宜其服也. 我欲就爲改制其衣, 反欲與之新衣, 厚之而無已. 此於『別錄』屬「通論」."

【치의 1】

공자가 말하였다. "군주가 되어서는 아랫사람이 섬기기가 쉽고 신하가 되어서는 군주가 알기 쉽다면, 형벌은 그쳐서 번거롭지 않게 된다."
子言之曰: "爲上易事也, 爲下易知也, 則刑不煩矣."

鄭注 군주가 잔인하지 않고 신하가 간사한 마음이 없으면 형벌은 폐기될 수 있음을 말한 것이다. 言君不苛虐, 臣無姦心, 則刑可以措.

集說 여씨呂氏(여대림呂大臨)는 말한다. "윗사람이 신의를 좋아하면 백성 가운데 감히 진심(情)으로 하지 않는 사람이 없게 된다. '섬기기가 쉽다'는 것은 신의를 좋아하기 때문이다. '알기 쉽다'는 것은 진심(情)으로 하기 때문이다. 만약 윗사람이 엿보고 속이는 마음으로 백성을 대하면 백성도 엿보고 속이는 마음으로 윗사람을 대한다. 간사함과 속임이 생겨나면 형벌을 복잡하게 제정하여 집행하지 않고 싶어도 될 수가 없다." 呂氏曰: "上好信, 則民莫敢不用情. '易事'者, 以好信故也. '易知'者, 以用情故也. 若上以機心待民, 則民亦以機心待其上. 姦生詐起, 欲刑之不煩, 不可得矣."

【치의 2】

공자가 말하였다. "어진 사람을 「치의緇衣」의 시처럼 좋아하고 악한 사람을 「항백巷伯」의 시처럼 미워한다면, 작위를 남발하지 않아도 백성들은 진실한 기풍을 홍기시키고, 형벌을 가하지 않아도 백성이 모두 복종한다. 「대아大雅」에 '문왕文王을 모범으로 삼으면, 모든 나라가 신복한다'고 하였다."

子曰: "好賢如「緇衣」, 惡惡如「巷伯」, 則爵不瀆而民作愿, 刑不試而民咸服.① 「大雅」曰, '儀刑文王, 萬國作孚.'"②

鄭注 ① '「치의緇衣」'와 '「항백巷伯」'은 모두 『시詩』의 편명이다. 「치의」의 첫 번째 장에 "치의의 알맞음이여, 헤지면 내가 다시 만들어 주리라. 그대는 관사로 가노니, 돌아오면 내가 음식(粲)을 주리라"라고 하였다. 이곳에서 치의를 입은 자는 현자로서, 우두머리가 되기에 합당하며, 국군이다. 그 옷이 헤지면 내가 다시 만들어서 새로운 옷으로 준다는 것은 현자를 좋아하는 것으로서, 그가 귀해지기를 바라는 것이 심한 것이다. 「항백」의 여섯 번째 장에 "저 참소하는 사람을 잡아다가, 승냥이 호랑이에게 던져 주리라. 승냥이 호랑이가 먹지 않으면 북쪽 땅에 던져 주리라. 북쪽 땅에서도 받지 않으면 하늘에 던져 주리라"라고 하였다. 이는 악한 이를 미워하는 것으로서, 그가 죽기를 바라는 것이 심한 것이다. '작불독爵不瀆'은 작위를 가벼이 주지 않는다는 뜻이다. '시試'는 쓴다(用)는 뜻이다. '함咸'은 모두(皆)의 뜻이다. '「緇衣」'·'「巷伯」', 皆『詩』篇名也. 「緇衣」首章曰: "緇衣之宜兮, 敝予又改爲兮. 適子之館兮, 還予授子之粲兮." 言此衣緇衣者, 賢者也, 宜長, 爲國君. 其衣敝, 我願改制, 授之以新衣, 是其好賢, 欲其貴之甚也. 「巷伯」六章曰: "取彼譖人, 投畀豺虎. 豺虎不食, 投畀有北. 有北不受, 投畀有昊." 此其惡惡, 欲其死亡之甚也. '爵不瀆'者, 不輕爵人也. '試', 用也. '咸', 皆也.

② '형刑'은 본받는다(法)는 뜻이다. '부孚'는 신뢰한다는 뜻이다. 문왕의 덕을 모범으로 본받아 행한다면, 천하에 신뢰하지 않는 자가 없다. 문왕은 정치를 할 때 덕을 밝히고 벌을 신중히 쓰기를 잘하였다. '刑', 法也. '孚', 信也. 儀法文王之德而行之, 則天下無不爲信者也. 文王爲政, 克明德愼罰.

集說 '「치의緇衣」'는 정鄭나라 「국풍」의 첫 번째 편으로서 정나라 무공武公을 찬미한 시다. '「소아小雅·항백巷伯」'은 시인寺人이 유왕幽王을 풍자한

시다. '「대아大雅」'는 「문왕文王」이다. '국國'이 『시詩』에는 '방邦'으로 되어 있다. ○ 여씨呂氏(여대림呂大臨)는 말한다. "현자를 좋아하기를 반드시 「치의」의 시처럼 독실하게 하면 사람들이 임금이 진실로 현자를 좋아한다는 것을 알게 되어서 굳이 작명爵命의 수數로 권하지 않아도 백성들이 스스로 진실한 마음을 내어 윗사람을 공경한다. 그러므로 '작위를 남발하지 않아도 백성들을 진실한 기풍을 흥기시킨다'고 한 것이다. 악한 사람을 미워하기를 반드시 「항백」의 시처럼 깊이 하면 사람들이 윗사람이 진실로 악한 사람을 미워한다는 것을 알게 되어서 굳이 형벌을 가하지 않아도 백성은 스스로 두려워하고 복종한다. 그러므로 '형벌을 가하지 않아도 백성이 모두 복종한다'고 한 것이다. 문왕은 좋아하고 미워하는 것이 올바름을 얻어 한결같이 성실한 마음에서 나왔다. 그러므로 천하의 모범이 되어 덕이 아랫사람들에게 신뢰를 받았던 것이다." '「緇衣」', 鄭「國風」首篇, 美鄭武公之詩. '「小雅·巷伯」', 寺人刺幽王之詩. '「大雅」', 「文王」之篇. '國'『詩』作'邦'. ○ 呂氏曰: "好賢, 必如「緇衣」之篤, 則人知上之誠好賢矣, 不必爵命之數勸, 而民自起愿心, 以敬上. 故曰'爵不瀆而民作愿'. 惡惡, 必如「巷伯」之深, 則人知上之誠惡惡矣, 不必刑罰之施, 而民自畏服. 故曰'刑不試而民咸服'. 文王好惡得其正, 而一出乎誠心. 故爲天下之所儀刑, 德之所以孚乎下也."

【치의 3】

공자가 말하였다. "무릇 백성을 덕으로 가르치고 예로 가지런히 한다면, 백성은 바로 잡는 마음을 가진다. 정령政令으로 가르치고 형벌刑罰로 가지런하게 하면, 백성은 달아나고 구차하게 빠져나가려는 마음을 가진다. 그러므로 백성의 군주가 된 자가 자식처럼 사랑해주면 백성들이 그를 친애하고, 신의로 결속시키면 백성이 배반하지 않으며, 공경함으로 다스리면 백성들이 순종하는 마음을 갖는다. 「보형甫刑」에 '삼묘三苗(의 군주)[苗民]는 선함(命)을 가지고 다스리지 않고 형벌로 통제하여, 단지 다섯 가지 잔혹한 형벌을 만들어 그것을 법이라고 불렀다'고 하였다. 이 때문에 백성들이 악덕惡德을 갖게 되고 드디어 그 후세를 단절하게 되었다."

子曰: "夫民敎之以德, 齊之以禮, 則民有格心. 敎之以政, 齊之以刑, 則民有遯心.① 故君民者, 子以愛之, 則民親之, 信以結之, 則民不倍, 恭以涖之, 則民有孫心.② 「甫刑」曰, '苗民匪用命, 制以刑, 惟作五虐之刑, 曰法.' 是以民有惡德, 而遂絶其世也."③

鄭注 ① '격格'은 온다는 뜻이다. '돈遯'은 달아난다는 뜻이다. '格', 來也. '遯', 逃也.

② '이涖'는 임한다는 뜻이다. '손孫'은 순종한다는 뜻이다. '涖', 臨也. '孫', 順也.

③ '「보형甫刑」'[1)]은 『서書』의 편명이다. '비匪'는 아니라는 뜻이다. '명命'은 정령政令을 가리킨다. 고신씨高辛氏의 말기에 제후 가운데 삼묘三苗가 난을 일으켰는데, 그들은 백성을 다스릴 때에 정령政令을 쓰지 않고 오로지 엄혹한 형벌로 제어하고 다섯 가지 잔혹한 치우의 형벌(五虐蚩尤之刑)[2)]을 만들어 이를 법으로 삼았다. 이에 백성들이 모두 악한 짓을 하고 반란을 일으켰다. 삼묘는 이로 말미암아 멸망을 당하여 후세가 없었다. 덕 있는 사람을 임용하지 않았기 때문이다. '「甫刑」', 『尙書』篇名. '匪', 非也. '命', 謂政令也. 高辛氏之末, 諸侯有三苗者作亂, 其治民不用政令, 專制御之以嚴刑, 乃作五虐蚩尤之刑, 以是爲法. 於是民皆爲惡, 起倍畔也. 三苗由此見滅無後世. 由不任德.

集說 '돈遯'은 달아나고 구차하게 면하는 것을 가리킨다. ○ 응씨應氏는 말한다. "'명命'은 『서書』에 의거하여 '영靈'이 되어야 하니, '선善'의 뜻이다." ○ 석량왕씨石梁王氏는 말한다. "『논어』를 모방하여 이 말을 (위작하여) 한 것이지만, 뜻은 곧 부족하다"라고 하였다. '遯', 謂逃遯苟免也. ○ 應氏曰: "'命'當依『書』作'靈', '善'也." ○ 石梁王氏曰: "倣『論語』爲此言, 意便不足."

【치의 4】

공자가 말하였다. "아랫사람이 윗사람을 섬길 때에는 그 명령하는 바를 따르지 않고, 그 행하는 바를 따른다. 윗사람이 어떤 것을 좋아하면, 아랫사람은 반드시 군주보다 더 심하게 그것을 좋아함이 있다. 그러므로 윗사람은 좋아하고 미워하는 바를 사려 깊게 하지 않을 수 없다. 백성의 의표儀表가 되기 때문이다."

子曰: "下之事上也, 不從其所令, 從其所行.① 上好是物, 下必有甚者矣.② 故上之所好惡, 不可不愼也. 是民之表也."③

鄭注 ① 백성은 행동을 통해 교화되며 언어에 구애되지 않음을 말한 것이다. 言民化行, 不拘於言.

② '더 심하게 좋아한다'(甚)는 것은 군주가 좋아하는 것보다 더 심하게 좋아한다는 뜻이다. '甚'者, 甚於君也.

③ 백성이 군주를 따르는 것은 그림자가 표表[3]를 쫓는 것과 같음을 말한 것이다. 言民之從君, 如影逐表.

集說 『대학』(37)에 "그 명령하는 것이 좋아하는 바와 다르니 백성이 따르지 않았다"고 하였다. 『大學』曰: "其所令, 反其所好, 而民不從."

【치의 5】

공자가 말하였다. "우임금이 즉위한 지 3년 만에 백성이 인仁으로써 이르렀다. 어찌 (조정의 사람이) 반드시 모두가 인할 필요가 있겠는가? 『시詩』에 '빛나고 빛나는 태사太師 윤씨尹氏여! 백성들이 모두 그대를 우러러 바라보노라'라고 하였다. 「보형甫刑」에는 '(천자) 한 사람에게 선함(慶)[4]이 있으면, 만백성이 그에 의지한다'고 하였고, 「대아大雅」에는 '왕자王者의 신뢰를 이루니, 천하 사람들이 법식으로 본받네'라고 하였다."

子曰: "禹立三年, 百姓以仁遂焉. 豈必盡仁?① 『詩』云, '赫赫師尹! 民具爾瞻.' 「甫刑」曰, '一人有慶, 兆民賴之', 「大雅」曰, '成王之孚, 下土之式.'"②

鄭注 ① 백성이 우임금을 본받아 인을 행하는 것이지 본성에서 인을 잘 행하는 것이 아님을 말한다. '수遂'는 이른다(達)는 뜻과 같다. 言百姓傚禹爲仁也, 非本性能仁. '遂', 猶達也.

② 모두 군주에 교화되었음을 말한다. '부孚'는 진실되다(信)는 뜻이다. '식式'은 본받는다(法)는 뜻이다. 皆言化君也. '孚', 信也. '式', 法也.

集說 '어찌 (조정의 사람이) 반드시 모두가 인할 필요가 있겠는가?'라는 것은 반드시 조정에 있는 사람 모두가 어진 사람이어야 백성을 교화시킬 수 있는 것은 아니라는 뜻이다. 한 명의 어진 사람을 얻어 백성의 의표가 되면 천하 사람이 모두 어질게 된다. 이른바 "군주가 어질면 어질지 않은 사람이 없다"[5]는 것이다. 이것이 우禹가 한 사람의 어진 군주로서 즉위한 지 3년 만에 백성이 모두 인으로써 통달하게 된 까닭이다. 그러므로 『시詩』와

『서書』을 인용하여 밝혔다. ‘『시詩』’는 「소아小雅 · 절남산節南山」이다. ‘혁혁赫赫’은 현달하고 성대한 모습이다. ‘사윤師尹’은 주나라의 태사太師 윤씨尹氏이다. ‘구具’는 모두(俱)라는 뜻이다. ‘「대아大雅」’는 「하무下武」로, 무왕武王이 왕자王者의 덕을 이루어 백성에게 신복을 받자 천하의 사람들이 모두 그를 법으로 삼았음을 말한 것이다. ‘豈必盡仁’者, 言不必朝廷盡是仁人而後足以化民也. 得一仁人爲民之表, 則天下皆仁矣. 所謂“君仁莫不仁”也. 此所以禹以一仁君立三年, 而百姓皆以仁遂. 故引『詩』·『書』以明之. ‘『詩』’, 「小雅 · 節南山」之篇. ‘赫赫’, 顯盛貌. ‘師尹’, 周太師尹氏也. ‘具’, 俱也. ‘「大雅 · 」’, 「下武」之篇, 言武王能成王者之德, 孚信于民, 而天下皆法式之.

【치의 6】

공자가 말하였다. “윗사람이 인을 좋아하면 아랫사람은 인을 행하기를 남보다 앞서고자 다툰다. 그러므로 백성의 우두머리가 된 사람이 자신의 뜻을 명확히 밝히고 가르침을 바르게 하며 인을 존숭하여 자식처럼 백성을 사랑하면, 백성은 자신의 선을 행하여 윗사람을 기쁘게 하는데 힘을 다한다. 『시詩』에 ‘덕행으로 사람을 깨우치면 사방의 나라에서 순종하게 될 것이네’라고 하였다.”

子曰: “上好仁, 則下之爲仁爭先人. 故長民者章志, 貞教, 尊仁, 以子愛百姓, 民致行己以說其上矣.① 『詩』云, ‘有梏德行, 四國順之.’”②

鄭注 ① ‘장章’은 밝다(明)는 뜻이다. ‘정貞’은 바르다(正)는 뜻이다. ‘민치행기民致行己’는 백성의 행동이 모두 자신의 마음을 다한다는 뜻이다. ‘章’, 明

也. '貞', 正也. '民致行己'者, 民之行皆盡己心.

② '곡梏'은 크다(大)는 뜻이며, 곧다(直)는 뜻이다. '梏', 大也, 直也.

集說 '장지章志'는 내가 좋아하고 싫어하는 바가 어디에 있는지 명확히 밝힌다는 뜻이다. '정교貞敎'는 몸소 올바름으로써 이끈다는 뜻이다. 뜻을 두는 바와 가르치는 바가 인仁을 높이는 일이 아님이 없으며, 이것으로 백성을 사랑하는 도리로 삼기 때문에, 백성은 모두 자식처럼 사랑하는 마음에 감복하고 자신의 선을 행하여 그 윗사람을 기쁘게 하기에 힘쓰기를 마치 자식이 부모의 명을 따르는 것과 같이 한다. '『시詩』'는 「대아大雅·억抑」이다. '곡梏'은 『시詩』에 의거하여 '각覺'자가 되어야 한다. 덕행으로 사람을 깨우칠 수 있으면, 사방의 나라에서 모두 복종하게 된다는 뜻이다. '章志'者, 明吾好惡之所在也. '貞敎'者, 身率以正也. 所志·所敎, 莫非尊仁之事, 以此爲愛民之道, 是以民皆感其子愛之心, 致力於行己之善而悅其上, 如子從父母之命也. '『詩』', 「大雅·抑」之篇. '梏'當依『詩』作'覺'. 言有能覺悟人以德行者, 則四國皆服從之也.

【치의 7】

공자가 말하였다. "왕의 발언이 실과 같이 가늘어도, 그 말이 일단 나오면 인끈(綸)처럼 굵어진다. 왕의 발언이 인끈과 같아도, 그 말이 일단 나오면 상여줄(綍)처럼 굵어진다. 그러므로 왕王과 공公은 근거 없이 떠도는 말로 백성을 이끌지 않는다. 말은 되지만 행할 수 없으면 군자는 말을 하지 않는다. 행할 수 있지만 말이 되지 않는다면 군자는 행하지 않는다. 그렇게 하면 백성은 말을 하는 것이 행동보다 높게 하지 않고, 행동하는 것이 말보다 높게 하지 않게 된다. 『시詩』에 '그대의 용모와 행동거지를 선하고 신중하게 처신하여, 예禮의 격식(威儀)에서 벗어나지 않게 할지어다'라고 하였다."

子曰: "王言如絲, 其出如綸. 王言如綸, 其出如綍.① 故大人不倡游言.② 可言也不可行, 君子弗言也. 可行也不可言, 君子弗行也. 則民言不危行, 而行不危言矣.③ 『詩』云, '淑愼爾止, 不諐于儀.'"④

鄭注 ① 말은 밖으로 나오면 더욱 커진다는 뜻이다. '윤綸'은 오늘날 유질有秩[6]과 색부嗇夫가 차는 인끈이다. '발綍'은 관棺을 끄는 줄이다. 言言出彌大也. '綸', 今有秩·嗇夫所佩也. '綍', 引棺索也.

② '유游'는 떠돈다(浮)는 뜻과 같다. 쓸모없는 말을 가리킨다. '游', 猶浮也. 不可用之言也.

③ '위危'는 높다(高)는 뜻과 같다. 말하는 것은 행동보다 높지 않고, 행동하는 것은 말보다 높지 않아서 말과 행동이 서로 응하는 것이다. '危', 猶高也. 言不高於行, 行不高於言, 言行相應也.

④ '숙淑'은 선하다(善)는 뜻이다. '건諐'은 잘못(過)의 뜻이다. 그대의 행동거지를 선하고 신중하게 처신하고, 예禮의 격식(威儀)에서 벗어나게 해서는 안 됨을 말한 것이다. '淑', 善也. '諐', 過也. 言善愼女之容止, 不可過於禮之威儀也.

集說 '윤綸'은 인끈(綬)으로서, 소疏에서는 "완전승宛轉繩[7]과 같다"고 하였다. '발綍'은 관을 끄는 굵은 줄이다. '위危'는 높다(高)는 뜻이다. '『시詩』'는 「대아大雅·억抑」이다. '지止'는 용모와 행동거지(容止)이다. '건諐'은 벗어나다(過)는 뜻이다. ○ 여씨呂氏(여대림呂大臨)는 말한다. "'대인大人'은 왕王과 공公을 가리킨다. '유언游言'은 근거가 없고 일정하지 않은 말이다. 『역易』에 '선을 모함하는 사람은 그 말이 근거가 없다'[8]고 하였다. 남의 윗사람이 된 자가 정성스럽고 독실한 말로 이끌어도 천하 사람은 오히려 거짓을 말하여

윗사람을 속이는 경우가 있다. 만일 근거 없이 떠도는 말로 이끈다면 천하는 휩쓸리듯 허황되고 부유한 풍조가 일어날 것이니, 삼가지 않을 수 있겠는가? 말은 되지만 행할 수 없다면 말을 지나치게 하는 것이다. 행할 수 있어도 말이 될 수 없다면 행동을 지나치게 하는 것이다. 군자가 지나치게 말을 하지 않고 지나치게 행하지 않는다면 말과 행동이 중도에서 벗어나지 않는다. 백성은 장차 그것을 본받아 말을 하는 것이 감히 행동보다 높게 하지 않고, 않아 말을 하면 반드시 행할 수 있고, 행동하는 것이 말보다 높게 하지 않아 반드시 지속할 수 있는 도리를 행하게 된다." '綸', 綬也, 疏云: "如宛轉繩." '綍', 引棺大索也. '危', 高也. '『詩』', 「大雅 · 抑」之篇. '止', 容止也. '諐', 過也. ○ 呂氏曰: "'大人', 王 · 公之謂也. '游言', 無根不定之言也. 『易』曰, '誣善之人, 其辭游.' 爲人上者, 倡之以誠慤篤實之言, 天下猶有欺詐, 以罔上者. 苟以游言倡之, 則天下蕩然虛浮之風作矣, 可不愼乎? 可言而不可行, 過言也. 可行而不可言, 過行也. 君子弗言弗行, 則言行不越乎中. 民將效之, 言不敢高於行, 而言之必可行也, 行不敢高於言, 而必爲可繼之道也."

【치의 8】

공자가 말하였다. "군자는 사람을 말로 교화시키고 사람을 행동으로 경계시킨다. 그러므로 말을 하면 반드시 그 끝마치는 바를 생각하고 행동을 하면 반드시 그 가려지는 바를 살핀다. 그렇게 하면 백성은 말을 함에 삼가고 행동을 함에 신중히 한다. 『시詩』에 '그대 말하는 것을 신중히 하고, 그대 위의威儀(행동거지)를 공경히 할지어다'라고 하였고, 「대아大雅 · 문왕文王」에 '깊고 원대하신 문왕이여,

아! 계속 밝으시니 처신하는 바에 공경하고 편안하지 않은 바가 없으시네'라고 하였다."

子曰: "君子道人以言, 而禁人以行.① 故言必慮其所終, 而行必稽其所敝. 則民謹於言而愼於行.② 『詩』云, '愼爾出話, 敬爾威儀,'③ 「大雅」曰, '穆穆文王, 於緝熙敬止.'"④

鄭注 ① '금禁'은 삼간다(謹)는 뜻과 같다. '禁', 猶謹也.

② '계稽'는 상고한다(考)·의논한다(議)는 뜻과 같다. '稽', 猶考也, 議也.

③ '화話'는 선한 말이다. '話', 善言也.

④ '즙緝'과 '희熙'는 모두 밝다는 뜻이다. '아아! 밝고 밝도다 그 행동거지를 공경스럽게 함이여!'라는 뜻이다. '緝'·'熙', 皆明也. 言'於明明乎敬其容止!'

集說 '도道'는 교화하고 가르친다는 뜻이다. 사람을 말로 교화하면서도 반드시 끝마치는 바를 생각하는 것은 그 행동이 이르지 못하면 헛되고 사기 치는 것이 됨을 걱정하기 때문이다. '금禁'은 삼가고 경계시킨다는 뜻이다. 사람을 행동으로 경계시키면서도 반드시 그 가려지는 바를 상고하는 것은 그 행동의 일단이 혹 편벽될까 염려하기 때문이다. 이와 같이 하면 백성은 모두 말을 삼가고 행동을 신중하게 한다. '『시詩』'는 「대아大雅·억抑」편이다. 「대아大雅·문왕文王」의 편에 대해서 주자朱子는 "'목목穆穆'은 깊고 원대하다는 뜻이다. '오於'는 감탄하고 찬미하는 말이다. '즙緝'은 계속한다는 뜻이다. '희熙'는 밝다는 뜻이다. '경지敬止'는 처신하는 바에 공경하고 편안하지 않음이 없다는 뜻이다"라고 말하였다. 두 번 인용한 『시詩』는 모두 말과 행동을 삼가는 증거가 된다. ○ 여씨呂氏는 말한다. "선을 행하는 데에 진취적인 자도 그의 행동을 살펴볼 때 (행동이 그 말을) 감당하지 못하면 오히려 '광자'(狂)가 됨을 면치 못한다. 하물며 선을 행하지 않는 자야 어

떠하겠는가? 그러므로 '말을 하면 반드시 그 끝마치는 바를 생각한다'고 한 것이다. 백이伯夷의 맑음(淸)과 유하혜柳下惠의 조화和도 그 행동의 일단에서는 오히려 '좁음'(隘)과 '공손하지 못함'(不恭)이 되었다.[9] 그러므로 '행동을 하면 반드시 그 가려지는 바를 살핀다'고 한 것이다. 문왕의 덕은 또한 그 행동거지를 공경히 하는 데에서 벗어나지 않았을 뿐이다." '道', 化誨之也. 道人以言, 而必慮其所終, 恐其行之不能至, 則爲虛誕也. '禁', 謹飭之也. 禁人以行, 而必稽其所敝, 慮其末流之或偏也. 如是則民皆謹言而愼行矣. '『詩』', 「大雅・抑」之篇. 「大雅・文王」之篇, 朱子云: "'穆穆', 深遠之意. '於', 嘆美辭. '緝', 繼續也. '熙', 光明也. '敬止', 無不敬而安所止也." 兩引『詩』, 皆爲謹言行之證. ○ 呂氏曰: "進取於善者, 夷考其行而不掩, 猶不免於'狂'. 況不在於善者乎? 故曰'言必慮其所終'. 夷・惠之淸・和, 其末猶爲'隘'與'不恭'. 故曰'行必稽其所敝'. 文王之德, 亦不越敬其容止而已."

【치의 9】

공자가 말하였다. "백성의 우두머리가 된 자가 의복을 둘로 하지 않고 거동에 일정한 법도를 갖추고서 백성을 가지런히 한다면 백성의 덕이 통일된다. 『시詩』에 '저 왕도의 선비여, 여우 갖옷이 누렇고 누렇도다. 그 용모 바뀌지 않으며, 말을 할 때에는 문장이 있네. 행동은 충성스럽고 신실함으로 귀결되니, 만백성이 바라보는 바일세'라고 하였다."

子曰: "長民者, 衣服不貳, 從容有常, 以齊其民, 則民德壹.① 『詩』云, '彼都人士, 狐裘黃黃. 其容不改, 出言有章. 行歸于周, 萬民所望.'"②

鄭注 ① '이貳'는 한결같지 않다는 뜻이다. '貳', 不壹也.

② 황의黃衣는 여우 갖옷으로서 대사大蜡의 제사를 지낼 때 입는 옷이다. 시인이 이를 보고 기뻐한 것이다. '장章'은 문장文章의 뜻이다. 충성스럽고 신실함이 '주周'의 뜻이 된다. 이 『시詩』는 모전毛傳에는 있지만 『한시韓詩』와 『제시齊詩』에는 없다. 黃衣則狐裘, 大蜡之服也. 詩人見而說焉. '章', 文章也. 忠信爲'周'. 此『詩』, 毛氏有之, 二家則亡.

集說 '『시詩』'는 「소아小雅·도인사都人士」의 편이다. '주周'는 충성스럽고 신실하다(忠信)는 뜻이다. ○ 마씨馬氏(마희맹馬晞孟)는 말한다. "'여우 갖옷이 누렇고 누렇다'는 것은 그 옷을 입는다는 뜻이다. '그 용모 바뀌지 않는다'는 것은 군자의 용모로 문식을 한다는 뜻이다. '말을 할 때에는 문장이 있다'는 것은 군자의 말로써 이룬다는 뜻이다. '행동은 충성스럽고 신실함으로 귀결된다'는 것은 군자의 덕으로 채운다는 뜻이다." '『詩』', 「小雅·都人士」之篇. '周', 忠信也. ○ 馬氏曰: "'狐裘黃黃', 服其服也. '其容不改', 文以君子之容也. '出言有章', 遂以君子之辭也. '行歸於周', 實以君子之德也."

【치의 10】

공자가 말하였다. "윗사람이 되어서 아랫사람이 바라보고서도 알 수 있으며, 아랫사람이 되어서 윗사람이 칭술하여 기록하고 기억할 수 있다면, 군주는 그 신하를 의심하지 않고 신하는 그 군주에 대해 의혹을 가지지 않는다. 이윤伊尹이 태갑太甲에게 깨우쳐주면서 '제가 몸소 탕왕湯王과 더불어 모두 덕을 한결같이 함이 있었습니다'라고 하였다. 『시詩』에 '아름다운 군자여, 그 위의威儀가 한결같네'라고 하였다."

子曰: "爲上可望而知也, 爲下可述而志也, 則君不疑於其臣, 而臣不惑於其君矣.① 尹吉曰, '惟尹躬及湯, 咸有壹德.'② 『詩』云, '淑人君子, 其儀不忒.'"

鄭注 ① '지志'는 안다(知)는 뜻과 같다. '志', 猶知也.

② '길吉'은 '고告'가 되어야 한다. '고告'는 고문古文 '고誥' 자의 잘못이다. '윤고尹告'는 이윤伊尹이 (태갑에게) 깨우쳐준 말이다. 『서서書序』에서는 「함유일덕咸有壹德」이라고 하였는데, 오늘날에는 일실되었다. '함咸'은 모두의 뜻이다. 군주와 신하 모두 덕을 하나로 갖고 둘로 하지 않으면 의혹됨이 없다. '吉'當爲'告'. '告', 古文'誥'字之誤也. '尹告', 伊尹之誥也. 『書序』以爲「咸有壹德」, 今亡. '咸', 皆也. 君臣皆有壹德不貳, 則無疑惑也.

集說 군주가 신하를 대할 때 겉과 속이 한결같다. 그러므로 '바라보고서도 알 수 있다'고 한 것이다. 신하가 군주를 섬길 때 한결같이 충성스런 마음에서 나오므로 그 맡아 하는 일을 모두 칭술하여 기록하고 기억할 수 있다. 이것이 상하 사이에 의심스럽지 않고 의혹되지 않는 까닭이다. '윤고尹告'는 이윤伊尹이 태갑太甲에게 깨우쳐준 글로서, 오늘날의 「함유일덕咸有一德」 편의 문장이다. '『시詩』'는 「조풍曹風 · 시구鳲鳩」의 편이다. 『서書』를 인용하여 군신이 서로 얻는 것을 논증하였고, 또 『시詩』를 인용하여 덕을 하나로 가지는 의리를 논증하였다. 君之待臣, 表裏如一. 故曰'可望而知'. 臣之事君, 一由忠誠, 其職業皆可稱述而記志. 此所以上下之間, 不疑不惑也. '尹告', 伊尹告太甲之書也, 今「咸有一德」篇文. '『詩』', 「曹風 · 鳲鳩」之篇. 引『書』以證君臣相得, 又引『詩』以證壹德之義.

【치의 11】

공자가 말하였다. "나라를 가지고 있는 자가 선한 사람을 밝게 드러내고 악한 사람을 병으로 여겨서 백성에게 두터움을 보여주면, 백성의 마음은 두 마음을 품지 않는다. 『시詩』에 '단정하고 공경히 네 직책을 받들어 이 정직한 도리를 좋아하라'[10]고 하였다."

子曰: "有國者章善癉惡, 以示民厚, 則民情不貳.① 『詩』云, '靖共爾位, 好是正直.'"

鄭注 ① '장章'은 밝다(明)는 뜻이다. '단癉'은 병들다(病)는 뜻이다. '章', 明也. '癉', 病也.

集說 정현의 판본에는 '장의章義'로 되어 있는데, 이제 『서書』에 '선善'으로 되어 있는 것에 따른다. ○ 여씨呂氏(여대림呂大臨)는 말한다. "'장章'은 밝다(明)는 뜻이다. '단癉'은 병들다(病)는 뜻이다. 밝혀주면 곧 좋아하는 것이고, 병으로 여기면 곧 미워하는 것이다. 선한 사람이 두터운 곳에 있고, 악한 사람은 박한 곳에 있게 하는 것, 이것이 백성에게 두터움을 보여주는 방법이다. 선을 좋아하고 악을 미워하는 구분이 명확히 정해지는 것이 백성의 마음이 두 마음을 품지 않는 방법이다. '『시詩』'는 「소아小雅·소명小明」이다. 이를 인용하여 '선한 사람을 밝게 드러내는'(章善) 의리를 밝혔다." 鄭本作'章義', 今從『書』作'善'. ○ 呂氏曰: "'章', 明也. '癉', 病也. 明之, 斯好之矣, 病之, 斯惡之矣. 善居其厚, 惡居其薄, 此所以示民厚也. 好善惡惡之分定, 民情所以不貳也. '『詩』', 「小雅·小明」之篇. 引之以明'章善'之義."

【치의 12】

공자가 말하였다. "윗사람이 의심하면 백성은 의혹을 품고, 아랫사람이 알기 어려우면 군장君長은 수고롭기만 하다. 그러므로 백성의 군주 된 자가 좋아하는 선을 밝게 드러내서 백성에게 보여주어 풍속을 이루고 미워하는 악에 신중히 대처하여 백성의 지나침을 제어한다면, 백성은 의혹을 품지 않는다. 신하가 의리를 행하여 말을 중시하지 않으며 군주가 미치지 못하는 바로 끌어주지 않고 군주가 알지 못하는 바로 번거롭게 하지 않는다면, 군주는 수고롭지 않게 된다. 『시詩』에 '상제上帝가 떳떳한 도를 위반하고 어그러뜨리니, 백성이 모두 병들었네'라고 하였고, 「소아小雅」에 '공경함에 머무는 것이 아니라, 왕을 수고롭게 만들 뿐이네'라고 하였다."

子曰: "上人疑則百姓惑, 下難知則君長勞.① 故君民者, 章好以示民俗, 愼惡以御民之淫, 則民不惑矣.② 臣儀行, 不重辭, 不援其所不及, 不煩其所不知, 則君不勞矣.③ 『詩』云, '上帝板板, 下民卒癉',④ 「小雅」曰, '匪其止共, 惟王之邛.'"⑤

鄭注 ① '알기 어렵다'(難知)는 것은 간사한 마음이 있다는 뜻이다. '難知', 有姦心也.

② '음淫'은 탐욕스럽고 사치스럽다는 뜻이다. 『효경孝經』에 "좋아하고 미워하는 것을 (명확히 하여) 보여주면 백성은 금지할 줄을 안다"고 하였다. '淫', 貪侈也. 『孝經』曰: "示之以好惡而民知禁."

③ '의儀'는 '의義'가 되어야 한다. 발음으로 인한 잘못이다. 신하는 의리로 군주를 섬기는 것이면 행한다는 뜻이다. '중重'은 숭상한다(尙)는 뜻과 같다.

'원援'은 끌어준다(引)는 뜻과 같다. '군주가 미치지 못하는 바로 끌어주지 않는다'(不引君所不及)는 것은 반드시 자신의 군주가 행하는 바를 요임금 · 순임금이 행하는 것과 같도록 한다는 뜻이다. '그 알지 못하는 바로 번거롭게 하지 않는다'(不煩以其所不知)는 것은 반드시 그 알고 생각하는 것을 성인聖人이 하는 것과 같도록 한다는 뜻이다. 무릇 사람에게 고해서 깨우칠 때에는 그 사람의 재주에 따라서 유도해야 한다. '儀'當爲'義'. 聲之誤也. 言臣義事君則行也. '重', 猶尙也. '援', 猶引也. '不引君所不及', 謂必使其君所行如堯舜也. '不煩以其所不知', 謂必使其知慮如聖人也. 凡告喻人, 當隨其才以誘之.

④ '상제上帝'는 군주를 비유한 것이다. '판판板板'은 편벽된다(辟)는 뜻이다. '졸卒'은 모두(盡)의 뜻이다. '전[illegible]'은 병들다(病)는 뜻이다. 이는 군주가 백성에게 의혹을 품게 한다는 시이다. '上帝', 喩君也. '板板', 辟也. '卒', 盡也. '[illegible]', 病也. 此君使民惑之詩.

⑤ '비匪'는 아니라는 뜻이다. '공邛'은 수고롭다(勞)는 뜻이다. 신하가 그 직무에 공경히 할 뿐 아니라 왕으로 하여금 수고롭게 한다는 뜻이다. 이는 신하가 군주를 수고롭게 한다는 시이다. '匪', 非也. '邛', 勞也. 言臣不止於恭敬其職, 惟使王之勞. 此臣使君勞之詩也.

集說 '『시詩』'는 「대아大雅 · 판板」의 편이다. '판판板板'은 위반하고 어그러뜨린다는 뜻이다. '졸卒'은 모두(盡)의 뜻이다. '전[illegible]'은 『시詩』에 '단癉'으로 되어 있는데, 병들다(病)는 뜻이다. 상제上帝를 빌어서 유왕幽王이 그 떳떳한 도를 위반하고 어그러뜨려서 백성들을 모두 병들게 하였음을 말한 것이다. '「소아小雅」'는 「교언巧言」이다. '공邛'은 병들다(病)는 뜻이다. 이 참소하는 사람은 공경함에 머무는 것이 아니라 한갓 왕의 병이 될 뿐임을 말한 것이다. 「판板」의 시는 군주 도리의 잘못을 논증한 것이고, 「교언巧言」의 시는 신하 도리의 잘못을 논증한 것이다. ○ 여씨呂氏(여대림呂大臨)는 말한다.

"군주의 힘으로 미칠 수 없는 것을 가지고 그 군주를 끌어주면 군주는 따르기 어렵고, 군주의 지혜로 알 수 없는 것을 가지고 그 군주를 번거롭게 하면 군주는 알아듣기가 어렵다. 한갓 따르기 어렵고 알아듣기 어려운 것을 하여 그 군주를 수고롭게 만들고 유익함이 없게 하는 것은 군주를 섬기는 방법이 아니다." ○ 방씨方氏(방각方慤)는 말한다. "백성에게 보여줄 때 진실함으로 하지 않으면 윗사람이 의심스러워한다. 의심스러워하면 백성이 어찌 그것을 느끼지 않는 것이 있겠는가? 군주를 섬길 때 충성으로 하지 않으면 아랫사람이 알기가 어렵다. 알기가 어려우면 우두머리가 어찌 수고롭지 않겠는가? 그 좋아하는 바의 선을 밝게 드러내주기 때문에 백성에게 보여서 풍속을 이룰 수 있다. 그 미워하는 바의 악을 신중히 대처하므로 백성을 제어하여 지나치지 않게 할 수 있다. 이와 같이 하면 위와 아래에서 의심스러워할 것이 없게 될 것이다. 그러므로 '백성은 의혹을 품지 않는다'고 한 것이다. 신하에게 모범으로 삼을 만한 행동이 있고 중시되는 바가 말에 있지 않다면, 무릇 행하는 바에 거짓된 행동이 없을 것이고, 말하는 바가 있다 해도 공허한 말이 없게 될 것이다." '『詩』', 「大雅・板」之篇. '板板', 反戾之意. '卒', 盡也. '[illegible]'『詩』作'癉', 病也. 假上帝以言幽王反其常道, 使下民盡病也. '「小雅」', 「巧言」之篇. '邛', 病也. 言此讒人非止於敬, 徒爲王之邛病耳. 「板」詩, 證君道之失, 「巧言」詩, 證臣道之失也. ○ 呂氏曰: "以君之力所不能及, 而援其君, 則君難從, 以君之智所不能知, 而煩其君, 則君難聽. 徒爲難從・難聽, 以勞其君而無益, 非所以事君也." ○ 方氏曰: "示民不以信, 則爲上之人可疑. 可疑則百姓其有不惑者乎? 事君不以忠, 則爲下之人難知. 難知則君長其有不勞者乎? 章其所好之善, 故足以示民而成俗. 愼其所惡之惡, 故足以御民而不淫. 若是則上下無可疑者. 故曰'民不惑矣'. 臣有可儀之行, 而所重者不在乎辭, 則凡有所行者, 無僞行矣, 苟有所言者, 無虛辭矣."

【치의 13】

공자가 말하였다. "정사가 행해지지 않고 가르침이 이루어지지 않는 것은 작록의 시행이 선한 사람들을 권면하기에 부족하고 형벌의 시행이 소인배를 부끄럽게 하기에 부족하였기 때문이다. 그러므로 윗사람은 형벌을 남용하지 하고 작록을 경솔히 베풀어서는 안 된다. 「강고康誥」에 '너의 형벌을 공경히 밝혀라'라고 하였고, 「보형甫刑」에 '형벌을 반포하여 백성을 인도하였다'고 하였다."

子曰: "政之不行也, 敎之不成也, 爵祿不足勸也, 刑罰不足恥也. 故上不可以褻刑而輕爵.① 「康誥」曰, '敬明乃罰', 「甫刑」曰, '播刑之不迪.'"②

鄭注 ① 정교政敎는 상과 벌을 밝히는 것임을 말한 것이다. 言政敎所以明賞罰. ② '강康'은 강숙康叔으로, '고誥'로 된 것은 『서書』의 편명이다. '파播'는 시행한다(施)는 뜻과 같다. '불不'은 필요 없는 글자이다. '적迪'은 도리의 뜻이다. (백이가) 형벌을 시행하는 도리를 말한다. '康', 康叔也, 作'誥', 『尙書』篇名也. '播'猶施也. '不', 衍字耳. '迪', 道也. 言施刑之道.

集說 '「강고康誥」'와 '「보형甫刑」'은 모두 『서書』 『주서周書』의 편명이다. '파播'는 반포한다(布)는 뜻이다. '불不'자는 필요 없는 글자이다. 백이伯夷가 형벌을 반포하여 이 백성들을 인도하였음을 말하는 것이다. ○ 여씨呂氏(여대림呂大臨)는 말한다. "정사가 행해지지 않고 가르침이 이루어지지 않는 것은 윗사람이 작록을 명하고 형벌을 가하는 것이 마땅함을 잃은 데에서 말미암은 것이다. 작록을 베푸는 것이 그 사람에게 적합하지 않으면 선인善人을 권면하기에 부족하고, 형벌을 가하는 것이 그 죄에 적합하지 않으면

소인小人을 부끄럽게 하기에 부족하다. 이것을 두고 '형벌을 남용하고 작록을 경솔히 베푼다'고 하는 것이다." '「康誥」'·'「甫刑」', 皆『周書』. '播', 布也. '不'字衍. 言伯夷布刑以啓迪斯民也. ○ 呂氏曰: "政不行, 教不成, 由上之人爵祿刑罰之失當也. 爵祿非其人, 則善人不足勸, 刑罰非其罪, 則小人不足恥. 此之謂'褻刑輕爵'."

【치의 14】

공자가 말하였다. "대신이 군주의 친애와 신임을 받지 못하고 백성이 평안하지 못한 것은 신하의 군주에 대한 충성과 군주의 신하에 대한 공경이 부족하고 부귀함이 너무 넘치기 때문이다. 대신의 일을 맡아 다스리지 못하면 근신近臣이 당파를 만든다. 따라서 대신을 공경하지 않을 수 없으니 그들은 백성의 의표儀表가 되기 때문이다. 근신을 조심하지 않을 수 없으니 그들은 백성들이 좇아서 행하는 본보기가 되기 때문이다. 군주가 소신으로 하여금 대신의 일을 도모하지 못하도록 하고, 원신으로 하여금 근신의 일을 말하지 못하도록 하고, 내신으로 하여금 외신의 일을 꾀하지 못하도록 한다면, 대신이 (써주지 않음을) 원망하지 않고 근신이 (임금을) 비난하지 않으며 원신(의 현명함)이 막히지 않게 된다. 섭공葉公은 유언(顧命)에서 '소신으로 하여금 대신들의 일을 망가뜨리지 못하도록 하고, 총애 받는 첩으로 하여금 엄숙하고 공경하여 예에 합당한 적부인을 헐뜯지 못하도록 하고, 총애 받는 신하로 하여금 엄숙하고 공경하여 예에 합당한 선비 곧 대부大夫와 경사卿士를 헐뜯지 못하도록 하라'라고 하였다."

子曰: "大臣不親, 百姓不寧, 則忠敬不足, 而富貴已過也. 大臣不治, 而邇臣比矣.① 故大臣不可不敬也, 是民之表也. 邇臣不可不愼也, 是民之道也.② 君毋以小謀大, 毋以遠言近, 毋以內圖外,③ 則大臣不怨, 邇臣不疾, 而遠臣不蔽矣.④ 葉公之顧命曰, '毋以小謀敗大作, 毋以嬖御人疾莊后, 毋以嬖御士疾莊士, 大夫·卿士.'"⑤

鄭注 ① '충성과 공경이 부족하다'(忠敬不足)는 것은 신하가 군주에게 충성하지 않고 군주가 그 신하를 공경하지 않는다는 뜻이다. '이邇'는 가깝다(近)는 뜻이다. '가까운 것을 말하여 먼 것을 드러내고'(近以見遠), '큰 것을 말하여 작은 것을 드러낸다'(大以見小)는 것은 호언互言으로 말한 것이다. '비比'는 사사로이 서로 친애한다는 뜻이다. '忠敬不足'謂臣不忠於君, 君不敬其臣. '邇', 近也. 言'近以見遠', 言'大以見小', 互言之. '比', 私相親也.

② '백성의 방식'(民之道)은 백성이 그대로 따라서 함을 말한 것이다. '民之道', 言民循從也.

③ '도圖'는 도모한다는 뜻이다. 무릇 도모할 때에는 마땅히 각각 그 무리에 맞게 해야 함을 말한 것이다. 그 무리에 맞게 하면 그 잘못되는 맥락을 잘 알 수 있다. 대신은 밖에서 권한을 잡고 소신은 안에서 명을 잡아서, 혹 때때로 서로 다투고 그것이 발전하여 서로 해치는 것이다. '圖', 以謀也. 言凡謀之, 當各於其黨. 於其黨, 知其過審也. 大臣柄權於外, 小臣執命於內, 或時交爭, 轉相陷害.

④ '질疾'은 비난한다(非)는 뜻과 같다. '疾', 猶非也.

⑤ '섭공葉公'은 초나라의 현공縣公 섭공자고葉公子高이다. 죽음에 임해서 글

을 남기는 것을 '고명顧命'이라고 한다. '소모小謀'는 소신小臣이 도모하는 것이요, '대작大作'은 대신大臣이 도모하는 것이라는 뜻이다. '폐어인嬖御人'은 총애 받는 첩이다. '질疾'은 또한 비난한다(非)는 뜻이다. '장후莊后'는 적부인適夫人으로서 엄숙하고 공경하여 예에 합당한 자이다. '폐어사嬖御士'는 총애 받는 신하이다. '장사莊士'는 또한 사士 가운데 엄숙하고 공경하여 예에 합당한 자를 가리킨다. 오늘날의 대부大夫·경사卿士[11])이다. '葉公', 楚縣公葉公子高也. 臨死遺書曰'顧命'. '小謀', 小臣之謀也, '大作', 大臣之所爲也. '嬖御人', 愛妾也. '疾', 亦非也. '莊后', 適夫人齊莊得禮者. '嬖御士', 愛臣也. '莊士', 亦謂士之齊莊得禮者. 今爲大夫·卿士.

集說 대신이 친애와 신임을 받지 못하면 백성은 그 명령을 따르지 않는다. 그러므로 평안하지 못하다. 이는 신하의 충성이 군주에게 충분하지 못하고 군주의 공경이 신하에게 충분하지 못한 채, 한갓 부귀함만 너무 지나친 데에서 그렇게 된 것이다. 이로 말미암아 근신近臣의 무리가 서로 편을 지어 대신의 권한을 빼앗고 대신이 그 일을 다스릴 수 없도록 한다. 그러므로 대신을 공경하지 않아서는 안 되는 것은 그들이 백성이 우러러 본받는 의표儀表가 되기 때문이다. 근신을 조심하지 않아서는 안 되는 것은 군주의 좋아하고 싫어하는 바가 이들과 관련되고 백성들이 좇아서 길(道 본보기)로 삼기 때문이다. 군주가 소신으로 하여금 대신의 일을 도모하지 못하게 한다면 대신은 자신을 써주지 않는다고 원망하는 데에 이르지 않는다. 군주가 원신遠臣으로 하여금 근신의 일에 간여하지 못하도록 한다면 근신은 그 군주를 비난하는 데에 이르지 않는다. 안의 총신寵臣에게 사방에서 힘을 다하는 선비의 일을 꾀하지 못하게 한다면 원신遠臣의 현명함이 막히는 바가 없어서 위에 알려질 수 있을 것이다. '섭공葉公'은 초나라 섭현葉縣의 현윤縣尹 심저량沈諸梁으로서 자는 자고子高인데 공公을 참칭한 것이다.

'고명顧命'은 죽음에 임해서 회고하는 말이다. '작은 도모로 큰일을 어그러뜨리지 말라'(毋以小謀敗大作)는 것은 소신의 꾀를 써서 대신의 하는 일을 망가뜨려서는 안 된다는 뜻이다. '질疾'은 헐뜯고 미워한다는 뜻이다. '장莊'은 바르다(正), 공경한다(敬)는 뜻과 같다. 군주가 바름을 취하여 더욱 공경하는 대상을 가리킨다. 大臣不見親信, 則民不服從其令. 故不寧也. 此蓋由臣之忠不足於君, 君之敬不足於臣, 徒富貴之大過而然耳. 由是邇臣之黨相比, 以奪大臣之柄, 而使之不得治其事. 故大臣所以不可不敬者, 以其爲民所瞻望之儀表也. 邇臣所以不可不愼者, 以君之好惡係焉, 乃民之所從以爲道者也. 人君不使小臣謀大臣, 則大臣不至於怨乎不以. 不使遠臣間近臣, 則近臣不至於疾其君. 不使內之寵臣圖四方宣力之士, 則遠臣之賢無所壅蔽, 而得見知於上矣. '葉公', 楚葉縣尹沈諸梁, 字子高, 僭稱公. '顧命', 臨死回顧之言也. '毋以小謀敗大作', 謂不可用小臣之謀而敗大臣所作之事也. '疾', 毁惡之也. '莊', 猶正也, 敬也. 君所取正而加敬之謂也.

【치의 15】

공자가 말하였다. "대인이 어진 이를 친애하지 않고 천한 자를 신뢰하면, 백성이 이 때문에 친애할 사람을 잃게 되고 가르침이 이 때문에 번잡하게 된다. 『시詩』에 '저 사람이 법으로 삼고자 나를 찾을 때에는 마치 나를 얻지 못할까 염려하더니, (나를 얻고 나서는) 나를 붙잡아 두고 대하는 것이 매양 마치 원수 대하듯 하고 나에게 힘을 쓰지 않는다'라고 하였고, 「군진君陳」에 '아직 성인聖人을 보기 전에는 마치 보지 못할 듯이 하더니, 이미 성인을 보고 나서는 또한 성인을 잘 쓰지 않는다'라고 하였다."

子曰: "大人不親其所賢, 而信其所賤, 民是以親失, 而教是以煩. ① 『詩』云, '彼求我則, 如不我得, 執我仇仇, 亦不我力',② 「君陳」 曰, '未見聖, 若己弗克見, 既見聖, 亦不克由聖.'"③

鄭注 ① '친실親失'은 마땅히 친애해야 할 사람을 잃는다는 뜻이다. 가르침이 번거로운 것은 천한 사람을 신뢰하기 때문이다. '천하다'(賤)는 것은 덕을 하나로 함이 없다는 뜻이다. '親失', 失其所當親也. 教煩由信賤也. '賤'者, 無一德也.

② 군주가 처음 나를 구할 때에는 마치 나를 얻지 못할까 염려하듯이 하다가, 나를 얻은 뒤에는 나를 대하는 것이 오만하여(仇仇)[12] 견실하지 못하며, 또한 힘써 나를 등용하지 않음을 말한다. 이것은 나를 친애하고 신뢰하지 않는 것이다. 言君始求我, 如恐不得我, 既得我, 持我仇仇然不堅固, 亦不力用我. 是不親信我也.

③ '극克'은 잘한다는 뜻이다. '유由'는 쓴다는 뜻이다. '克', 能也. '由', 用也.

集說 선한 사람을 친애하고 악한 사람을 멀리하는 것은 사람마음에 똑같은 바로서, 이른바 "정직한 사람을 들어 부정한 사람들 사이에 두면, 백성이 복종한다"[13]는 것이다. 이제 군주가 이미 현자를 친애하지 않기 때문에 백성 또한 그 윗사람을 친애하지 않아서 가르침과 명령이 한갓 번잡하기만 하고 유익함이 없는 것이다. '『시詩』'는 「소아小雅 · 정월正月」로 저 소인이 처음 일을 주도할 때에는 나를 법으로 삼고자 찾아 오직 나를 얻지 못할까 걱정하더니만, 뒤에 뜻이 맞지 않게 되자 부질없이 나를 붙잡아 두면서, 마치 원수처럼 대하고 나에게 힘을 쓰지 않음을 말한 것이다. '구구仇仇'는 한 번만 원수로 대하는 것이 아니라 무슨 일이든 그 뜻에 어긋나지 않은 적이 없다는 뜻이다. '「군진君陳」'은 『서』 「주서周書」의 편으로 아울러 인용

하여 모두 현자를 친애하지 않는 증거로 삼은 것이다. 親善遠惡, 人心所同, 所謂"擧直錯諸枉則民服." 今君旣不親賢, 故民亦不親其上, 敎令徒煩無益也. '『詩』', 「小雅・正月」之篇, 言彼小人初用事, 求我以爲法, 則惟恐不得, 旣而不合, 則空執留之, 視如仇讎然, 不用力於我矣. '仇仇'者, 言不一仇之, 無往而不忤其意也. '「君陳」', 「周書」, 兼引之, 皆爲不親賢之證.

【치의 16】

공자는 말하였다. "소인이 물에 빠지고 군자가 구설에 빠지고 대인大人이 백성에 빠지는 것은 모두 대수롭지 않게 여기고 함부로 대하는 것에 그 원인이 있다. 무릇 물은 사람에게 가까이 있어 사람을 빠지게 하고, 덕은 대수롭지 않게 여기기는 쉽지만 친애하기는 어려워 쉽게 사람을 빠뜨린다. 말은 남발하면 번거롭게 되고 내뱉기는 쉽지만 후회하여 수습하기는 어려워서 쉽게 사람을 빠뜨린다. 무릇 백성은 사람에 의해 가려져서 비루한 마음을 지니게 되고, 백성을 공경하는 것은 좋지만 업신여기면 안 되니 쉽게 사람을 빠뜨린다. 그러므로 군자는 삼가지 않을 수 없는 것이다."

子曰: "小人溺於水, 君子溺於口, 大人溺於民, 皆在其所褻也.① 夫水近於人而溺人, 德易狎而難親也, 易以溺人.② 口費而煩, 易出難悔, 易以溺人.③ 夫民閉於人而有鄙心, 可敬不可慢, 易以溺人.④ 故君子不可以不愼也."⑤

鄭注 ① 사람이 공경하는 바에 빠지지 않음을 말한 것이다. '빠진다'(溺)는 말은 뒤집어져 가라앉아 자신을 가누지 못하는 것을 말한다. 言人不溺於所

敬者. '溺', 謂覆沒不能自理出也.

② 물은 사람이 목욕을 하여 자신을 청결하게 하는 것이지만, 깊은 못과 큰 물결에 이르면 마땅히 두려워하고 삼가 해야 하는 바임을 말한 것이다. (물은) 사람에게 가까이 있기 때문에 헤엄을 치기도 하고 노닐기도 하면서 쉽고 대수롭지 않게 여겨 경계하는 마음을 지니지 않다가 그 때문에 빠지기도 한다. 덕이 있는 자는 또한 물과 같다. 처음에는 그 비근한 것과 소소한 것을 배워 인사人事에 종사하면서 스스로 그만하면 됐다고 생각하여 업신여기고 쉽게 대한다. 그러다가 선왕의 큰 도리와 성性과 천명天命에 이르면 드디어 가로막혀 들어가지 못하고 미혹을 품어 알아듣지 못하는 것이 마치 큰물에 빠진 것과 같게 된다. '친하기 어렵다'(難親)는 말은 친애할 때에는 마땅히 엄숙하고 공경히 하여 마치 깊은 못에 임한 듯이 해야 한다는 뜻이다. 言水, 人所沐浴自潔清者, 至於深淵・洪波, 所當畏愼也. 由近人之故, 或泳之游之, 褻慢而無戒心, 以取溺焉. 有德者亦如水矣. 初時學其近者・小者以從人事, 自以爲可, 則侮狎之. 至於先王大道, 性與天命, 則遂扞格不入, 迷惑無聞, 如溺於大水矣. '難親', 親之當肅敬, 如臨深淵.

③ '비費'는 은혜(惠)[14]의 뜻과 같다. 빈말이 많고 또 번거롭고 자주한다는 뜻이다. 잘못된 말이 한 번 나오면 네 말이 끄는 수레도 따라잡을 수 없어 후회해도 소용없게 된다. 구설로 전복되는 것이 또한 물에 빠지는 것과 같다. '비費'는 어떤 본에서는 '발哱'로 되어 있고 어떤 본에서는 '패悖'로 되어 있다. '費', 猶惠也. 言口多空言, 且煩數也. 過言一出, 駟馬不能及, 不可得悔也. 口舌所覆, 亦如溺矣. '費'或爲'哱'或爲'悖'.

④ 이 부분의 뜻은 이렇다. 백성이 사람의 도리에 통달하지 못하여 마음이 비루하고 거짓되어 끝내 타일러 깨우치기가 어려울 경우, 군주는 공경하고 삼가 백성을 대하는 것이 좋다. 만약 능멸하고 모질게 대하면서 업신여긴다면, 나라는 분열되고 백성은 원망하고 배반하여 군주는 높여지는 바가

없을 것이니, 또한 물에 빠지는 것과 같게 된다. 言民不通於人道, 而心鄙詐, 難卒告諭, 人君敬愼以臨之則可. 若陵虐而慢之, 分崩怨畔, 君無所尊, 亦如溺矣.

⑤ 쉽게 대할 수 있는 바에 대해 신중히 삼가서 대한다면 또한 빠지지 않는다. 愼所可褻, 乃不溺矣.

集說 '소인小人'은 백성이다. '닉溺'은 그것에 빠지게 된다는 것이다. 물은 부드러운 것이어서 사람이 가까이하기가 쉽다. 그러나 물의 덕은 비록 쉽게 대할 수 있지만 물의 형세는 가까이 친할 수 없는 것이어서, 험한 세를 잊고 경계할 줄 모르면 빠지게 된다. '군자君子'는 사와 대부를 가리킨다. 말과 행동은 군자의 추기樞機여서 우호와 적대가 모두 입으로부터 나온다. 자신으로부터 남발되면 다른 사람에게는 번거롭게 되며, 일단 입 밖으로 나가서 화禍를 초래하면 후회해도 소용없다. '대인大人'은 천자와 제후를 가리킨다. 나라는 백성 때문에 보존되기도 하고 또한 백성 때문에 망하기도 한다. 단지 정에 가려서 이치로 깨우치지 못하기 때문에 비루하고 통달하지 못하게 된다. 『서書』에서는 "두려워할 이는 백성이 아니던가!"[15]라고 하였으니, 이것이 백성을 업신여겨서는 안 되는 까닭이니, 버리고 보호하지 않으면 이반이 잇따르게 된다. 세 가지는 모두 대수롭지 않게 여기는 데에 있는 것이다. 그러므로 '군자는 삼가지 않을 수 없다'고 한 것이다. '小人', 民也. '溺', 爲其所陷也. 水爲柔物, 人易近之. 然其德雖可狎, 而勢不可親, 忘險而不知戒, 則溺矣. '君子', 士・大夫也. 言行君子之樞機, 出好興戎, 皆由於口. 於己費則於人煩, 出而召禍, 不可悔矣. '大人', 謂天子・諸侯也. 國以民存, 亦以民亡. 蓋惟其蔽於情而不可以理喩, 故鄙陋而不通. 『書』言, "可畏非民!", 此所以不可慢也, 棄而不保, 則離叛繼之矣. 三者皆在其所褻. 故曰'君子不可不愼也'.

【치의 17】

(공자가 말하였다.) "「태갑太甲」에 '그 명을 넘어뜨려 전복되어 망함을 스스로 초래하지 마십시오'라고 하였고, '우인虞人이 쇠뇌의 방아쇠를 당겨놓고 가서 화살의 끝이 그 법도에 맞는지 살핀 후에 화살을 발사하듯이 하십시오'라고 하였다. 「열명兌命」에 '입은 치욕을 야기하고, 갑옷과 투구는 병란을 일으킨다. 웃옷과 치마는 상자에 두고, 방패와 창은 먼저 자신의 몸을 엄격히 살핀다'고 하였다. 「태갑太甲」에 '하늘이 만든 재앙은 피할 수 있지만, 스스로 만든 재앙으로부터는 빠져나갈 수가 없다'고 하였다. 이윤은 태갑에게 고하면서 '이윤의 선조는 박亳의 서쪽 하나라의 서울에서, 선대 임금들이 충성스럽고 신실함으로 끝까지 잘 마치고 선대 신하들 또한 끝까지 잘 마치는 것을 보았습니다'라고 하였다."

"「太甲」曰, '毋越厥命, 以自覆也', '若虞機張, 往省括于度, 則釋.'① 「兌命」曰, '惟口起羞, 惟甲冑起兵. 惟衣裳在笥, 惟干戈省厥躬.'② 「太甲」曰, '天作孽, 可違也, 自作孽, 不可以逭.'③ 尹吉曰, '惟尹躬先, 見于西邑夏, 自周有終, 相亦惟終.'"④

鄭注 ① '월越'은 넘어진다는 뜻이다. '궐厥' 그(其)라는 뜻이다. '복覆'은 무너뜨린다(敗)는 뜻이다. 스스로 너의 정사와 가르침을 넘어뜨려서 자신을 훼손하고 무너뜨리지 말라는 말이다. '우虞'는 사냥하는 땅을 관리하는 자이다. '기機'는 쇠뇌의 방아쇠이다. '도度'는 헤아려서 활을 쏘는 바를 가리킨다. 우인虞人이 짐승을 쏠 때에는 쇠뇌를 당긴 후에 쇠뇌의 방아쇠 사이로부터 화살의 끝과 쏠 대상을 가늠하여 서로 맞은 후에 비로소 시위를

놓아 화살을 발사한다. 정사를 행하는 것 또한 자신의 마음으로 여러 신하 및 백성들을 참작한 후에 비로소 시행하는 것이다. '越'之言, 墮也. '厥', 其也. '覆', 敗也. 言無自顚墮女之政教, 以自毁敗. '虞', 主田獵之地者也. '機', 弩牙也. '度', 謂所擬射也. 虞人之射禽, 弩已張, 從機間視括與所射參相得, 乃後釋弦發矢. 爲政亦當以己心參於群臣及萬民, 可乃後施也.

② '태兌'는 '열說'이 되어야 한다. 은殷나라 고종高宗의 신하 부열傅說을 가리킨다. 부열이 글을 지어 고종에게 명하여 경계시킨 것으로, 『서書』의 편명이다. '수羞'는 치욕(辱)의 뜻과 같다. '의상衣裳'은 조회를 보거나 제사를 지낼 때 입는 옷이다. 오직 입이 치욕을 야기하니 마땅히 언어를 삼가야 한다. 오직 갑옷과 투구가 병란을 야기하니 마땅히 군대의 일을 삼가야 한다. '웃옷과 치마는 상자에 둔다'(惟衣裳在笥)는 것은 마땅히 입는 것으로 예를 삼는다는 뜻이다. '방패와 창은 먼저 자신의 몸을 엄격히 살핀다'(惟干戈省厥躬)는 것은 (남이 해치는 것을 원하지 않는) 자신의 마음을 헤아려 남을 해치는 것을 숭상하지 않아야 한다는 뜻이다. '兌'當爲'說'. 謂殷高宗之臣傅說也. 作書以命高宗, 『尙書』篇名也. '羞', 猶辱也. '衣裳', 朝·祭之服也. 惟口起辱, 當愼言語也. 惟甲冑起兵, 當愼軍旅之事也. '惟衣裳在笥', 當服以爲禮也. '惟干戈省厥躬', 當恕己不尙害人也.

③ '위違'는 피한다는 뜻과 같다. '환逭'은 도망간다는 뜻이다. '違', 猶辟也. '逭', 逃也.

④ '윤길尹吉'은 또한 '윤고尹誥'[16]이다. '천天'은 마땅히 '선先'이 되어야 한다. 글자의 잘못이다. 충성스럽고 신실한 것이 '주周'이다. '상相'은 돕는다는 뜻으로 신하를 가리킨다. 이윤은 '자신의 선조는 하나라의 선군先君과 선신先臣들이 모두 충성과 신실함으로 자신의 삶을 마치는 것을 보았다. 이제 하늘이 걸왕을 끊은 것은 걸왕 스스로 재앙을 만들었기 때문이다'라고 말한 것이다. 이윤은 처음 하나라에서 벼슬을 하였는데, 이때 탕왕에게로

간 것이다. 하나라의 읍은 박亳의 서쪽에 있다. '현見'은 어떤 본에서는 '패敗'로 되어 있다. '읍邑'은 어떤 본에서는 '여予'로 되어 있다. '尹吉', 亦'尹誥'也. '天'當爲'先'. 字之誤. 忠信爲'周'. '相', 助也, 謂臣也. 伊尹言, '尹之先祖, 見夏之先君臣, 皆忠信以自終. 今天絶桀者, 以其自作孼'. 伊尹始仕於夏, 此時就湯矣. 夏之邑在亳西. '見'或爲'敗'. '邑'或爲'予'.

集說 '무毋'는 『서書』에는 '무無'로 되어 있다. 이윤은 태갑에게 '그 명을 넘어뜨려 전복되어 망함을 스스로 초래해서는 안 된다'고 고하였다. '우虞'는 우인虞人이다. '기機'는 쇠뇌의 방아쇠다. '괄括'은 화살묶음(矢括)이다. '도度'는 법도의 뜻으로 활 쏘는 사람이 기준으로 삼아서 응시하는 것이다. '석釋'은 발사한다(發)는 뜻이다. 우인虞人이 쇠뇌를 쏠 때 쇠뇌의 방아쇠를 당기고 나서 반드시 가서 그 화살 끝이 법도에 맞는지 살핀 후에 발사하여 적중하지 않음이 없는 것처럼 한다는 뜻이다. 부열傅說이 고종高宗에게 고하면서 '언어는 몸을 문식하는 것으로 가볍게 발설하면 치욕을 야기하는 근심이 있고, 갑옷과 투구는 몸을 보호하기 위한 것으로 가볍게 동원하면 전쟁을 야기하는 근심이 있다. 의상衣裳은 덕 있는 사람에게 명하는 것[17]으로 삼가 상자에 두는 것은 가볍게 내려주는 것을 경계하는 것이다. 방패와 창은 죄를 지은 자를 토벌하기 위한 것으로 자신의 몸을 살피는 데에 엄격히 하는 것은 가볍게 동원하는 것을 경계하는 것이다'라고 하였다. '얼孼'은 재앙의 뜻이다. '환逭'은 도망간다는 뜻이다. 하나라는 안읍安邑을 도읍으로 삼았는데, 박亳의 서쪽에 있다. 그러므로 '서읍하西邑夏'라고 한 것이다. 하나라의 『국어國語』에 "충성스럽고 신실한 것이 주周이다"라고 하였다. 하나라의 선왕은 충성과 신실함으로 끝까지 잘 마쳤기 때문에 그 보좌하여 돕는 신하 역시 끝까지 잘 마칠 수 있었다는 뜻이다. 무릇 네 번 『서書』를 인용한 것 전부 삼가지 않을 수 없다는 뜻을 밝힌 것이다. '毋', 『書』作'無'.

伊尹告太甲, '不可顚越其命, 以自取覆亡'. '虞', 虞人也. '機', 弩牙也. '括', 矢括也. '度'者, 法度, 射者之所準望. '釋', 發也. 言如虞人之射弩, 機旣張, 必往察其括之合於法度, 然後發之, 則無不中也. 傳說告高宗, 謂'言語所以文身, 輕出則有起羞之患, 甲冑所以衛身, 輕動則有起戎之憂. 衣裳所以命有德, 謹於在笥者, 戒輕與也. 干戈所以討有罪, 嚴於省躬者, 戒輕動也'. '孽', 災也. '逭', 逃也. 夏都安邑, 在亳之西. 故曰'西邑夏'. 『國語』曰: "忠信爲周." 言夏之先王以忠信有終, 故其輔相者, 亦能有終也. 凡四引『書』, 皆明不可不愼之意.

【치의 18】

공자가 말하였다. "백성은 군주로써 마음을 삼고 군주는 백성으로써 몸을 삼는다. 마음이 가지런하면 몸이 펴지고 마음이 엄숙하면 용모가 공경스러워진다. 마음이 좋아하면 몸은 반드시 편안하게 여긴다. 군주가 좋아하면 백성은 반드시 그것을 하고자 한다. 마음은 몸에 힘입어 온전해지고 또한 몸으로 인해 손상된다. 군주는 백성에 힘입어 존립하고 또한 백성으로 인해 망한다. 『시詩』에 '옛날 우리에게 선정先正이 계셨을 때는 그 말이 분명하고 맑아서 국가國家가 그로 인해 평안하고 도읍都邑이 그로 인해 이루어졌으며 서민庶民이 그로 인해 생존하였다. 누가 나라의 성법(國成)을 잡을 수 있겠는가? 스스로 정사를 다스리지 않아 백성을 모두 고달프게 만드네'라고 하였으며, 「군아君雅」에 '여름철 무덥고 비가 내리면 백성들은 원망을 한다. 겨울철 추우면 백성들은 또한 원망을 한다'

고 하였다.”

子曰: “民以君爲心, 君以民爲體. 心莊則體舒, 心肅則容敬. 心好之, 身必安之. 君好之, 民必欲之. 心以體全, 亦以體傷. 君以民存, 亦以民亡.① 『詩』云, ‘昔吾有先正, 其言明且淸, 國家以寧, 都邑以成, 庶民以生. 誰能秉國成? 不自爲正, 卒勞百姓’,② 「君雅」曰, ‘夏日暑雨, 小民惟曰怨資. 冬祁寒, 小民亦惟曰怨.’”③

鄭注 ① ‘장莊’은 가지런하고 엄숙하다(齊莊)는 뜻이다. ‘莊’, 齊莊也.

② ‘선정先正’은 선대의 군장君長[18]이다. ‘누가 국성國成을 잡을 수 있겠는가?’라고 한 것은 이제 이러한 사람이 없음을 가슴 아프게 여긴 것이다. ‘성成’은 나라의 ‘팔성八成’[19]을 가리킨다. ‘누가 그것을 잡고 행할 수 있겠는가?’라는 것은 스스로 하는 바를 옳다고 자부하지 않고 백성이 근심하는 것을 모두 위로해주겠는가라고 한 것이다. 당시 대신들이 공을 독점하고 아름다움을 다투는 것을 비판한 것이다. ‘先正’, 先君長也. ‘誰能秉國成?’, 傷今無此人也. ‘成’, 邦之‘八成’也. ‘誰能秉行之?’, 不自以所爲者正, 盡勞來百姓憂念之者與. 疾時大臣專功爭美.

③ ‘아雅’는 『서서書序』에는 ‘아牙’로 되어 있다. 가차한 글자이다. ‘「군아君雅」’는 주나라 목왕周穆의 사도司徒가 지은 것으로, 『서書』의 편명이다. ‘자資’는 ‘지至’가 되어야 한다. 제나라와 노나라 사이의 말로서, 발음의 잘못이다. ‘기祁’는 이(是)의 뜻이다. 제나라 서쪽 변방의 말이다. 여름철에 무덥고 비가 내리면 소민들은 하늘을 원망하고, 겨울에 이르러 이에 추워지면 백성은 또 하늘을 원망한다. 백성은 항상 원망이 많으니, 그 군주에게 어려운 일이 됨을 말한 것이다. ‘雅’, 『書序』作‘牙’. 假借字也. ‘「君雅」’, 周穆王司徒作, 『尙書』篇名也. ‘資’當爲‘至’. 齊魯之語, 聲之誤也. ‘祁’之言是也. 齊西偏之語也. 夏日暑雨,

小民怨天, 至冬是寒, 小民又怨天. 言民恒多怨, 爲其君難.

集說 이는 위(16) 문장 '대인大人이 백성에 빠진다'(大人溺於民)는 뜻을 이어서 말한 것이다. '석오유선정昔吾有先正' 이하 다섯 구절은 일시逸詩이며, 아래의 세 구절은 오늘날 「소아小雅 · 절남산節南山」에 보인다. 오늘날 어떤 사람이 국가의 성법을 잡고 지킬 것인가? 태사太師 윤씨尹氏가 실로 그것을 잡았지만 스스로 정사를 다스리지 않고 여러 소인배들을 신임하여 끝내 백성을 고달프게 만든다는 뜻이다. '「군아君牙」'는 「주서周書」이다. '자資'는 『서書』에는 '자咨'로 되어 있다. 이는 옮겨 쓸 때 잘못 쓴 것이며, 아래에 다시 '자咨' 한 글자가 빠졌다. 정현은 『서書』의 문장을 정문定文으로 취하지 않고 '자資'를 '지至(이르다)'의 뜻으로 읽었다. 이제 『서書』에 따라 '자資' 자를 위 구절에 붙인다.[20] ○ 방씨方氏(방각方慤)는 말한다. "'백성은 군주로써 마음을 삼는다'는 것은 좋아하고 싫어하는 것을 군주의 방식에 따른다는 뜻이다. '군주는 백성으로써 몸을 삼는다'는 것은 즐거워하고 슬퍼하는 것을 백성과 함께한다는 뜻이다. 몸은 비록 밖에서 쓰임을 이루지만, 그러나 마음이 시키는 바에서 말미암는다. 그러므로 '마음이 좋아하면 몸은 반드시 편안하게 여긴다'고 한 것이다. 마음은 비록 안에서 주인이 되지만, 그러나 몸이 보호하는 바에 힘입는다. 그러므로 '마음은 몸에 힘입어 온전해지고 또한 몸으로 인해 손상된다'고 한 것이다." 此承上文'大人溺於民'之意而言. '昔吾有先正'以下五句, 逸詩也, 下三句, 今見「小雅 · 節南山」之篇. 言今日誰人秉持國家之成法乎? 師尹實秉持之, 乃不自爲政, 而信任群小, 終勞苦百姓也. '「君牙」', 「周書」. '資', 『書』作'咨'. 此傳寫之誤, 而下復缺一'咨'字. 鄭不取『書』文爲定, 乃讀'資'爲'至'. 今從『書』以'資'字屬上句. ○ 方氏曰: "'民以君爲心'者, 言好惡從於君也. '君以民爲體'者, 言休戚同於民也. 體雖致用於外, 然由於心之所使. 故曰'心好之, 身必安之'. 心雖爲主於內, 然資乎體之所保. 故曰'心以體全, 亦以體傷'."

【치의 19】

공자가 말하였다. "아랫사람이 윗사람을 섬길 때에 몸이 바르지 않고 말이 신실하지 않으면, 의리가 한결같지 않고 행동에 일정함이 없다." 공자가 말하였다. "말에 일의 증험이 있고 행동에 옛 법도가 있기에 살아서는 뜻을 빼앗을 수가 없고, 죽어서는 이름을 빼앗을 수가 없는 것이다. 그러므로 군자는 들은 것이 많아도 자문하여 바로잡아 지키고, 보고 새긴 것(志)이 많아도 질정을 하여 그것을 친숙히 하고, 정밀하게 알아도 요체를 장악하여 행한다. 「군진君陳」에 '정교政教를 세워 행할 때 너의 많은 사람들부터 헤아려 여러 사람의 말이 같거든 행하라'라고 하였고, 『시詩』에 '아름다운 군자여, 그 위의威儀(행동거지)가 한결같네'라고 하였다."

子曰: "下之事上也, 身不正, 言不信, 則義不壹, 行無類也."① 子曰: "言有物而行有格也, 是以生則不可奪志, 死則不可奪名.② 故君子多聞, 質而守之, 多志, 質而親之, 精知, 略而行之.③ 「君陳」曰, '出入自爾師虞, 庶言同',④ 『詩』云, '淑人君子, 其儀一也.'"

鄭注 ① '유類'는 비유하여 법으로 삼는다는 뜻이다. '類', 謂比式.

② '물物'은 일의 증험을 가리킨다. '격格'은 옛 법도를 가리킨다. '物', 謂事驗也. '格', 舊法也.

③ '질質'은 적다의 뜻과 같다. '다지多志'(새겨두는 것을 많이 한다)는 널리 사귀고 두루 사람들을 사랑함을 말한다. 정지精知'는 여러 가지를 숙려한다는 뜻이다. '정精'은 어떤 본에서는 '청淸'으로 되어 있다. '質', 猶少也. '多志', 謂博交汎愛人也. '精知', 孰慮於衆也. '精'或爲'淸'.

④ '자自'는 말미암는다(由)는 뜻이다. '사師'와 '서庶'는 모두 대중(衆)의 뜻이다. '우虞'는 헤아린다(度)는 뜻이다. 정교政敎를 세워 행할 때에는 너의 대중들이 꾀하고 헤아리는 바에 말미암아, 대중들의 말이 같을 때 이에 행해야 하고, 정교政敎는 마땅히 한 길로 말미암아야 함을 말한 것이다. '自', 由也. '師'·'庶', 皆衆也. '虞', 度也. 言出內政敎, 當由女衆之所謀度, 衆言同, 乃行之, 政敎當由一也.

集說 '의리가 한결같지 않다'는 것은 따르기도 하고 위반하기도 함을 말한다. '행동에 일정함이 없다'는 것은 선하기도 하고 그렇지 않기도 하다는 뜻이다. '「군진君陳」'은 『서書』의 편명으로, 정사를 도모하는 자는 정교政敎를 세워 행할 때, 많은 사람들과 함께 그 가부를 헤아려서 여러 사람의 견해 차이를 살피는 것을 거듭해야 한다는 말이다. '『시詩』'는 「조풍曹風·시구鳲鳩」의 편으로서, 이를 인용하여 의리의 한결같음과 행동의 일정함을 논증하였다. ○ 여씨呂氏(여대림呂大臨)는 말한다. "일의 증험이 있다면 실질을 놓치는 말이 아니요, 옛 법도에 맞는다면 법도를 넘는 행동이 없는 것이다. 하나로 귀일하여 그 무엇도 이를 변화시킬 수 없으며, 살아서도 이로 말미암고 죽어서도 이로 말미암기 때문에 뜻과 이름을 그 누구도 빼앗을 수 없는 것이다. '다문多聞'은 들은 바가 넓다는 뜻이다. '다지多志'는 많이 보고 새기는 것이다. '질質'은 바르게 한다(正)는 뜻이다. 감히 자신을 믿지 않고 여러 사람이 똑같이 여기는 바에 자문하여 바로잡은 후 쓰는 것이다. '지킨다'(守之)는 것은 가슴에 새겨서 잃지 않는다는 뜻이다. '가까이한다'(親之)는 것은 묻고 배우는 데 싫증내지 않는다는 뜻이다. 비록 많이 듣고 견식을 많이 가져서 그것을 얻었더라도 또 마땅히 정밀하게 생각해서 그 지극한 요체를 장악하여 행해야 한다. '약略'은 요체를 장악한다(約)는 뜻이다. 이는 모두 의리가 한결같고 행동이 일정한 도리다." '義不壹', 或從或違也. '行無類',

或善或否也. '「君陳」', 『書』, 言謀政事者, 當出入, 反覆與衆人共虞度其可否, 而觀庶言之同異也. '『詩』', 「曹風·鳲鳩」之篇, 引以證義壹行類. ○ 呂氏曰: "有物則非失實之言, 有格則無踰矩之行. 歸於一而不可變, 生乎由是, 死乎由是, 故志也·名也, 不可得而奪也. '多聞', 所聞博也. '多志', 多見而識之者也. '質', 正也. 不敢自信而質正於衆人之所同, 然後用之也. '守之'者, 服膺勿失也. '親之'者, 問學不厭也. 雖由多聞多知而得之, 又當精思以求其至約而行之. '略'者, 約也. 此皆義壹行類之道也."

【치의 20】

공자가 말하였다. "오직 군자라야 그 올바른 사람을 좋아할 수 있다. 소인은 그 올바른 사람에게 해독을 끼친다. 그러므로 군자의 붕우는 동류同類의 군자이고 그가 미워하는 대상에는 일정함이 있다. 이 때문에 가까운 사람이 의혹을 품지 않고 먼 사람이 의심하지 않는다. 『시詩』에 '군자의 좋은 짝이네'라고 하였다."

子曰: "唯君子能好其正. 小人毒其正.① 故君子之朋友有鄉, 其惡有方.② 是故邇者不惑, 而遠者不疑也.③ 『詩』云, '君子好仇.'"④

鄭注 ① '정正'은 '필匹'이 되어야 한다. 글자의 잘못이다. 필匹은 알고지내는 붕우를 가리킨다. '正'當爲'匹'. 字之誤也. '匹'謂知識朋友.

② '향鄉'과 '방方'은 동류同類를 비유한 것이다. 소인은 이익을 요행으로 추구하기 때문에 그 벗에 일정함이 없다. '鄉'·'方', 喻輩·類也. 小人徼利, 其友無常也.

③ 멀리서 보고서도 알 수 있음을 말한다. '이邇'는 가깝다는 뜻이다. 言其可望而知. '邇', 近也.

④ '구仇'는 짝(匹)이다. '仇', 匹也.

集說 구설에는 '정正'을 '필匹'(짝)의 뜻으로 읽었는데, 지금은 여씨의 설에 따라 본래 글자로 읽는다. 군자는 군자와 더불어 도를 같이하는 것으로 벗이 되고, 소인은 소인과 더불어 이익을 같이하는 것으로서 벗이 된다. 군자는 본래 그 도를 같이하는 벗을 좋아하고, 소인은 또한 그 이익을 같이하는 벗을 좋아하지 않은 적은 없으므로, 그 짝을 해친다고 말해서는 안 된다. 소인이 군자를 볼 때 마치 원수를 대하듯 하여, 항상 화를 끼치려는 마음을 지니고 있다. 이것이 이른바 '그 올바른 사람에게 해독을 끼친다'는 것이다. 군자가 좋아하는 사람은 그 합당한 사람이 아니면 될 수 없다. 그러므로 '붕우에게 동류同類가 있다'(朋友有鄕)고 한 것이다. 미워하는 것은 선인에게까지 미칠 수 없다. 그러므로 '그가 미워하는 대상에는 일정함이 있다'고 한 것이다. 앞 장(11)에서는 '선한 사람을 밝게 드러내주고 악한 사람을 병으로 여겨서 백성에게 두터움을 보여주면, 백성의 마음은 두 마음을 품지 않는다'고 하였다. 이제 좋아하고 싫어하는 것이 분명하여 백성의 마음이 하나로 귀결되기 때문에 가까이 있는 자가 의혹을 품지 않고 멀리 있는 자가 의심하지 않는 것이다. 『시詩』는 「주남周南 · 관저關雎」로 군자에게 어질고 착한 짝이 있음을 말한 것인데, 이를 인용하여 도를 같이하는 벗을 논증한 것이다. 舊讀'正'爲'匹', 今從呂氏說讀如字. 蓋君子與君子, 以同道爲朋, 小人與小人, 以同利爲朋. 君子固好其同道之朋矣, 小人亦未嘗不好其同利之朋, 不當言毒害其匹也. 小人視君子如仇讎, 常有禍之之心. 此所謂'毒其正'也. 君子所好, 不可以非其人. 故曰'朋友有鄕'. 所惡不可以及善人. 故曰'其惡有方'. 前章言'章善癉惡, 以示民厚, 則民情不貳'. 今好惡旣明, 民情歸一, 故邇者遠者不惑不疑也. 『詩』, 「周南 · 關雎」之篇, 言君子有良善之仇匹, 引以證同道之朋.

【치의 21】

공자가 말하였다. "빈천한 사람을 가볍게 끊고 부귀한 사람을 무겁게 끊는다면, 어진 사람을 좋아하는 것이 견실하지 못하고 악한 사람을 미워하는 것이 분명하지 못한 것이다. 사람들이 비록 '이익으로 하는 것이 아니다'라고 해도 나는 믿지 않겠다. 『시詩』에 '붕우가 서로 검속하는 바, 위의威儀(예의에 맞는 행동거지)로써 검속한다네'라고 하였다."

子曰: "輕絶貧賤, 而重絶富貴, 則好賢不堅, 而惡惡不著也. 人雖曰, '不利', 吾不信也.① 『詩』云, '朋友攸攝, 攝以威儀.'"②

鄭注 ① 이는 이익을 요행으로 추구하는 것에 가까움을 말한 것이다. 言此近徼利也.

② '유攸'는 바(所)의 뜻이다. 붕우는 예의로 서로 검속하고 바로잡아주며, 빈부와 귀천의 이익을 가지고 하지 않음을 뜻한다. '攸', 所也. 言朋友以禮義相攝正, 不以貧富貴賤之利也.

集說 '『시詩』'는 「대아大雅 · 기취旣醉」이다. 붕우가 서로 검속하는 것은 위의威儀에 있음을 말하여 빈천과 부귀에 있지 않음을 깨우친 것이다. ○ 마씨馬氏는 말한다. "어진 사람은 부귀함이 마땅하지만 부귀한 사람이 반드시 모두 어진 것은 아니다. 악한 사람은 빈천함이 마땅하지만 빈천한 사람이 반드시 모두 악한 것은 아니다. 빈천한 사람에 대해서 가볍게 그를 끊는다면 이는 어진 사람을 좋아하는 것이 견실하지 못한 것이다. 부귀한 사람에 대해서 무겁게 끊는다면 이는 악한 사람을 미워하는 것에 분명하지 못한 것이다. 이는 뜻이 이익에 있고 도에 있지 않은 것이다. 사람들이 비록 이익으로

하는 것이 아니라고 해도 나는 믿지 않겠다." '『詩』', 「大雅·旣醉」之篇. 言朋友所以相檢攝者, 在威儀, 以喻不在貧賤富貴也. ○ 馬氏曰: "賢者宜富貴, 而富貴者未必皆賢. 惡者宜貧賤, 而貧賤者未必皆惡. 於其貧賤, 而輕有以絶之, 則是好賢不堅也. 於其富貴, 而重有以絶之, 則是惡惡不著也. 是志在於利而不在於道. 人雖曰不利者, 吾不信也."

【치의 22】

공자가 말하였다. "사사로운 은혜는 덕에 합치하지 않으니, 군자는 자신을 그곳에 두지 않는다. 『시詩』에 '나를 좋아하는 사람이여, 나에게 큰 길로 보여줄지어다'라고 하였다."

子曰: "私惠不歸德, 君子不自留焉.① 『詩』云, '人之好我, 示我周行.'"②

鄭注 ① '사혜私惠'는 공적인 예로 서로 축하해주지 않고 때때로 소소한 선물을 뇌물로 주는 것을 가리킨다. 그 선물은 덕으로 여겨서는 안 되기 때문에 군자는 자신의 마음을 이 사람에게 두지 않는다는 뜻이다. 더럽고 사악한 물건으로 서로 은혜를 베푸는 것, 이것이 덕으로 돌아가지 않는 것이 된다. '귀歸'는 어떤 본에서는 '회懷'로 되어 있다. '私惠', 謂不以公禮相慶賀, 時以小物相問遺也. 言其物不可以爲德, 則君子不以身留此人也. 相惠以褻瀆·邪辟之物, 是爲不歸於德. '歸'或爲'懷'.

② '행行'은 도리(道)다. 나에게 충성스럽고 신실한 도리로써 보여 달라는 뜻이다. '行', 道也. 言示我以忠信之道.

集說 위 문장(21)에서는 좋아하고 미워하는 것이 모두 공적인 도를 따라야 함을 말하였다. 그러므로 이곳에서는 사람들이 나에게 사적인 은혜를

베푸는 일이 있지만 덕의德義의 공적인 것에 합치되지 않으니, 군자는 결코 자기에게 머물게 하지 않음을 말하였다. 『시詩』는 「소아小雅 · 녹명鹿鳴」이다. '주행周行'은 큰 길(大道)의 뜻이다. 나를 좋아하는 사람은 나에게 큰 길로 보여주기만 할 것을 말한 것이다. 이를 인용하여 사사로운 은혜에 마음을 두지 않음을 밝혔다. 上文言好惡皆當循公道. 故此言人有私惠於我, 而不合於德義之公, 君子決不留之於己也. 『詩』, 「小雅 · 鹿鳴」之篇. '周行', 大道也. 言人之好愛我者, 示我以大道而已. 引以明不留私惠之義.

【치의 23】

공자가 말하였다. "만일 수레가 있다면 반드시 그 가름대(軾)를 보게 된다. 만일 옷이 있다면 반드시 그 해진 곳을 보게 된다. 사람이 만일 말을 한다면 반드시 그 소리를 듣게 된다. 만일 행하는 사람이 있다면 반드시 그 이루는 것을 보게 된다. 「갈담葛覃」에 '옷을 입음에 싫어함이 없다'고 하였다."

子曰: "苟有車, 必見其軾. 苟有衣, 必見其敝. 人苟或言之, 必聞其聲. 苟或行之, 必見其成.① 「葛覃」曰, '服之無射.'"②

鄭注 ① 무릇 사람이 일을 행하면 반드시 뒤에 징험이 있음을 말한 것이다. '그 가름대를 보게 된다'(見其軾)는 것은 (수레에) 실은 것을 뜻한다. '폐敝'는 망가진 옷이다. 옷은 더러 안에 있어 새로 해 입은 때에는 드러나지 않는다. 言凡人擧事, 必有後驗也. '見其軾', 謂載也. '敝', 敗衣也. 衣或在內, 新時不見.

② '역射'은 싫어한다(厭)는 뜻이다. 자신은 칡을 뜯어 군자의 옷을 만들기를 원하였는데, 군자에게 그 옷을 입게 하니 싫어하지 않는다고 한 것으로 빈

말이 아님을 말한 것이다. '射', 厭也. 言己願采葛以爲君子之衣, 令君子服之無厭, 言不虛也.

集說 여씨呂氏(여대림呂大臨)는 말한다. "이는 이 물건이 있으면 반드시 이 일이 있음을 말한 것이다. 수레에 올라 예를 갖추어야 할 때는 가름대(軾)에 의지하여야 한다. 가름대(軾)가 있다면 수레가 있는 것이니, 수레가 없다면 어디에 의지해서 인사(式[21])를 하겠는가? 옷을 오래 입으면 반드시 해진다. 그러나 옷이 있은 후에 해질 수 있으니, 옷이 없다면 무슨 해질 일이 있겠는가? 말에는 반드시 소리가 있고 행동에는 반드시 결과가 있는 것도 이와 같은 것이다. 대체로 성誠(진실함)은 사물의 처음과 끝이니, 진실하지 않으면 성립되는 것이 없다. 「갈담葛覃」을 인용하여 실제로 이 옷이 있어야 오래도록 입으면서 싫어함이 없을 수 있다는 것을 말하였다." 呂氏曰: "此言有是物, 必有是事. 登車而有所禮, 則憑軾. 有軾則有車, 無車則何所憑而式之乎? 衣之久必敝. 有衣然後可敝, 無衣則何敝之有? 言必有聲, 行必有成, 亦猶是也. 蓋誠者, 物之終始, 不誠無物. 引「葛覃」, 言實有是服, 乃可久服而無厭也."

【치의 24】

공자가 말하였다. "말이 이치에 순조로우면서 그 말을 실행한다면 말은 문식하는 말이 될 수 없다. 행동이 이치에 순조로우면서 그 행동을 말한다면 행동은 문식하는 행동이 되지 않는다. 따라서 군자는 말을 적게 하고 행동으로 그 신실함을 이루므로 백성은 그 아름다움을 크게 부풀리고 그 악을 축소할 수 없다. 『시詩』에 '흰 홀(白圭)의 흠은 오히려 갈 수 있지만, 이 말의 흠은 어떻게 할 수가 없네'라고 하였고, 「소아小雅」에 '미더운 군자여, 참으로 크게 이루었네'라고 하였고, 「군석君奭」에 '옛날에 상제께서 은나라에 형벌을 내리고 문왕의 덕을 거듭 권면하여 그 몸에 큰 명命이 모이게 하였다'라고 하였다."

子曰: "言從而行之, 則言不可飾也. 行從而言之, 則行不可飾也.① 故君子寡言而行, 以成其信, 則民不得大其美而小其惡.② 『詩』云, '白圭之玷, 尙可磨也, 斯言之玷, 不可爲也',③ 「小雅」曰, '允也君子, 展也大成',④ 「君奭」曰, '在昔上帝, 周田觀文王之德, 其集大命于厥躬.'"⑤

鄭注 ① '종從'은 뒤따른다(隨)는 뜻이다. '從', 猶隨也.

② 행동으로써 징험으로 삼기 때문에 헛된 말은 선을 하는 데에 유익함이 없다. '과寡'는 '고顧(돌아보다)'가 되어야 한다. 발음으로 인한 잘못이다. 以行爲驗, 虛言無益於善也. '寡'當爲'顧'. 聲之誤也.

③ '점玷'은 이지러진다(缺)는 뜻이다. 홀이 이지러지면 오히려 갈아서 평평하게 할 수 있지만, 말이 이지러지면 어떻게 할 수 없다는 뜻이다. '玷', 缺也. 言圭之缺, 尙可磨而平之, 言之缺無如之何.

④ '윤允'은 미덥다(信)는 뜻이다. '전展'은 참으로(誠)의 뜻이다. '允', 信也. '展', 誠也.

⑤ '석奭'은 소공召公의 이름으로, 『서書』의 편명이 되었다. 고문古文에는 "주전관문왕지덕周田觀文王之德"이 "할신권영왕지덕割申勸寧王之德"으로 되어 있고, 지금의 박사들은 "궐난권영왕지덕厥亂勸寧王之德"으로 읽는다. 세 가지가 모두 다른데 고문이 이와 근사한 듯하다. '할割'은 대체로의 뜻이다. 문왕에게 정성되고 진실한 덕이 있어서 하늘이 거듭 권하여 큰 명이 그 몸에

모이게 하였다는 뜻으로 문왕에게 명을 내려 천하의 왕이 되게 하였음을 가리킨다. '奭', 召公名也, 作『尙書』篇名也. 古文"周田觀文王之德"爲"割申勸寧王之德", 今博士讀爲"厥亂勸寧王之德". 三者皆異, 古文似近之. '割'之言蓋也. 言文王有誠信之德, 天蓋申勸之, 集大命於其身, 謂命之使王天下也.

集說 '종從'은 순조롭다는 뜻으로, 이치에 순조로운 것을 가리킨다. 말이 이치에 순조로우면서 그 말을 실행하면 말은 쓰일 수 있어서 문식하는 말이 안 된다. 행동이 이치에 순조로우면서 그 행동을 말하면 행동은 일컬어질 수 있어서 문식하는 행동이 안 된다. 말 하는 것을 부끄러워하지 않으면 실행하는 것이 어렵다. '말을 적게 하면서 행동한다'는 것은 말하는 것은 어눌하게 하지만 행동에 옮기는 것은 민첩하게 한다는 뜻이다. '그럼으로써 그 신실함을 이룬다'는 것은 말과 행동이 모두 망령되지 않음을 가리킨다. '그 아름다움을 크게 부풀린다'는 것은 명예를 구하는 것이고, '그 악을 축소한다'는 것은 잘못을 문식하는 것으로 모두 말이 만들어내는 것이다. 군자는 말을 적게 하여 가르침을 보이므로 백성이 이와 같이 될 수 없다. '『시詩』'는 「대아大雅 · 억抑」이다. '점玷'은 이지러진다(缺)는 뜻이다. '「소아小雅」'는 「거공車攻」이다. '윤允'은 미덥다(信)는 뜻이다. '전展'은 참으로(誠)의 뜻이다. '「군석君奭」'은 「주서周書」로서, 옛날에 상제가 은나라에 형벌을 내리고 거듭 문왕의 덕을 장려하고 권면하여 그 몸에 큰 명이 모이게 하여 천하를 소유하게 하였음을 말한 것이다. 「억抑」의 시는 말을 문식해서는 안 됨을 논증한 것이고, 「거공車攻」의 시는 행동을 문식해서는 안 됨을 논증한 것이고, 『서書』를 인용한 것 역시 문왕이 실제로 이 덕을 갖고 있었음을 말한 것이다. '從', 順也, 謂順於理也. 言順於理而行之, 則言爲可用, 而非文飾之言矣. 行順於理而言之, 則行爲可稱, 而非文飾之行矣. 言之不怍, 則爲之也難. '寡言而行', 卽訥於言而敏於行之意. '以成其信', 謂言行皆不妄也. '大其美'者, 所以要譽, '小其

惡'者, 所以飾非, 皆言之所爲也. 君子寡言, 以示敎, 故民不得如此. '『詩』', 「大雅 · 抑」之篇. '玷', 缺也. '「小雅」', 「車攻」之篇. '允', 信也. '展', 誠也. '「君奭」', 「周書」, 言昔者上帝, 降割罰于殷, 而申重獎勸文王之德, 集大命於其身, 使有天下. 「抑」詩, 證言不可飾, 「車攻」詩, 證行不可飾, 引『書』, 亦言文王之實有此德也.

【치의 25】

공자가 말하였다. "남방 사람의 말에 '사람이 일정함이 없으면 그런 상태로는 복서卜筮(거북점과 시초점)를 할 수 없다'라고 한 말이 있다. 옛사람이 남긴 말일 것이다. 거북(龜)과 시초(筮)도 오히려 알 수 없는데, 하물며 사람이야 어떻겠는가? 『시詩』에 '우리 거북 이미 싫어하여, 나에게 도모한 바를 알려주지 않네'라고 하였다. 「열명兌命」에 '(군주가 제사를 지내면서) 작명爵命을 하사하는 것이 악덕惡德을 지닌 사람에게까지 미쳐서는 안 된다. 백성이 장차 세워서 바른 것으로 삼을 것이다. 일이 모두 그러한 데에도 제사를 드리는 것은 귀신을 공경하지 않는 것이다. 일이 공경함이 없고 자주하면 어지러워진다. 그렇게 하여 귀신을 섬기면 복을 얻기 어렵다'라고 하였다. 『역易』에 '그 덕을 일정하게 가지지 않으면 혹 욕됨을 당하는데 나아간다.' '그 덕을 일정하게 하면 곧으니,[22] 부인은 길하고 남자(夫子)는 흉하다'라고 하였다."

子曰: "南人有言曰, '人而無恒, 不可以爲卜筮.' 古之遺言與. 龜筮猶不能知也, 而況於人乎?① 『詩』云, '我龜旣厭, 不我告猶.'②

「兌命」曰, '爵無及惡德. 民立而正. 事純而祭祀, 是爲不敬. 事煩則亂. 事神則難.'③ 『易』曰, '不恒其德, 或承之羞.' '恒其德偵, 婦人吉, 夫子凶.'"④

鄭注 ① '항恒'은 일정하다는 뜻이다. '복서卜筮를 할 수 없다'(不可爲卜筮)는 것은 거북(龜)과 시초(筮)도 그 마음을 보고 길흉을 정해줄 수 없음을 말한다. '恒', 常也. '不可爲卜筮', 言卦兆不能見其情, 定其吉凶也.

② '유猶'는 도道의 뜻이다. 설만褻慢한 마음으로 사용하였기 때문에 거북도 싫어하여 길흉의 도를 알려주지 않는다는 것이다. '猶', 道也. 言褻而用之, 龜厭之, 不告以吉凶之道也.

③ '악덕惡德'은 일정함이 없는 덕이다. '순純'은 모두라는 뜻과 같다. 군주가 제사를 드리면서 여러 신하에게 작위를 하사하는데 악덕惡德을 가진 사람에게 하사하지 말아야 함을 말한다. '백성들이 장차 세워서 바른 것으로 삼는다'(民將立以爲正)는 것은 따라서 모방하는 것이 빠름을 말한 것이다. 일이 모두 이러한 데도 (악덕을 가진 사람들에게 작명을 주어) 제사를 드리는 것은 귀신을 공경하지 않는 것이다. 악덕을 가진 사람들이 일을 더럽혀 놓았으니 일이 더럽혀지면 어지러워져 귀신을 섬기는 것이 또한 복을 얻기 어렵게 만든다. '순純'은 어떤 본에서는 '번煩'으로 되어 있다. '惡德', 無恒之德. '純', 猶皆也. 言君祭祀, 賜諸臣爵, 毋與惡德之人也. '民將立以爲正', 言放傚之疾. 事皆如是而以祭祀, 是不敬鬼神也. 惡德之人使事煩, 事煩則亂, 使事鬼神又難以得福也. '純'或爲'煩'.

④ '수羞'는 욕되다는 뜻과 같다. '정偵'은 묻는다는 뜻과 같다. 바른 길을 묻는 것이 정偵이다. 부인婦人은 남을 따르는 자로, 바른 길을 묻는 것으로 일정한 덕을 삼으면 길하다. 그러나 남자는 행동을 전담하고 일을 주간해

야 하는데 바른 길을 묻는 것으로 일정한 덕을 삼으면 이것은 또한 일정한 덕이 없는 사람이다. '差', 猶辱也. '偵', 問也. 問正爲偵. 婦人, 從人者也, 以問正爲常德則吉. 男子當專行幹事, 而以問正爲常德, 是亦無恒之人也.

集說 『논어』에 "무의巫醫가 될 수 없다"[23]라고 하였는데, 이것은 무당(巫)이 되고 의원(醫)이 된다는 뜻이다. 이 경문에서는 '복서卜筮를 한다'고 하였는데 이것은 거북점과 시초점으로 점을 쳐서 구한다는 것이다. '거북(龜)과 시초(筮)도 알 수 없다'는 것은 일정함이 없는 사람에 대해서는 거북과 시초와 같이 미래를 미리 내다보는 것도 또한 그 길흉을 확정해줄 수 없는데, 하물며 사람이야 어떻겠는가라고 말한 것이다. '『시詩』'는 「소아小雅 · 소민小旻」이다. '유猶'는 도모한다는 뜻이다. 복서卜筮로 점을 치는 것을 공경함이 없이 자주하면 거북도 역시 싫어하여 도모한 바의 길흉을 더 이상 알려주지 않음을 말한다. '『역易』'은 「항恒」괘 셋째 효와 다섯째 효의 효사이다. '승承'은 나아간다는 뜻이다. 부인의 덕은 한 사람을 따라서 마치기 때문에 길하다. 남자(夫子)는 의리를 제정하기 때문에 부인을 따르면 흉하다. ○ 응씨應氏는 말한다. "「열명兌命」을 인용한 것에 잘못이 있다. 현재의 『서書』 「열명說命」의 문장에 의거해야 한다." ○ 풍씨馮氏(풍의馮椅)는 말한다. "이 편은 성현의 말을 모방한 것이 많지만, 이치가 순정하지 못하고 의리도 미흡한 것이 많다." 『論語』言"不可以作巫醫", 是爲巫爲醫. 此言'爲卜筮', 乃是求占於卜筮. '龜筮猶不能知', 言無常之人, 雖先知如龜筴, 亦不能定其吉凶, 況於人乎? '『詩』', 「小雅 · 小旻」之篇. '猶', 謀也. 言卜筮煩數, 龜亦厭之, 不復告以所謀之吉凶也. '『易』', 「恒」卦三五爻辭. '承', 進也. 婦人之德, 從一而終, 故吉. 夫子制義, 故從婦則凶也. ○ 應氏曰: "引「兌命」有誤. 當依今『書』文." ○ 馮氏曰: "此篇多依倣聖賢之言, 而理有不純, 義有不足者, 多矣."

역주

1) 「보형」 : 공영달의 소에 따르면 『書』「周書 · 呂刑」을 가리킨다.

2) 다섯 가지 ~ 형벌 : 사형(大辟), 코를 베는 형(劓), 귀를 자르는 형(刵), 생식기를 거세하는 형(椓), 묵형(黥) 등 다섯 가지 잔혹한 형벌로, 줄여서 '五虐'이라고 한다. 蚩尤는 여기서는 악한의 대명사로 사용되었다. 『書』「呂刑」에 "묘민이 善을 쓰지 않고 형벌로써 통제하여 오직 다섯 가지 잔혹한 형벌을 만들고 그것을 법이라고 불렀다. 죄 없는 사람들을 살육하여 이에 처음으로 코를 베는 형(劓), 귀를 자르는 형(刵), 생식기를 거세하는 형(椓), 묵형(黥) 등을 지나치게 남발하였다"(苗民弗用靈, 制以刑, 惟作五虐之刑曰法. 殺戮無辜, 爰始淫爲劓 · 刵 · 椓 · 黥)라고 하였다.

3) 표 : 고대 천문 儀器圭表의 조성 부분으로서, 곧게 세운 标竿을 만들고 그것으로 해 그림자의 길이와 각도를 측량한다.

4) 선함 : 공영달의 소에 "'慶'은 선함이다. '한 사람'은 천자이다"('慶', 善也. '一人', 天子也)라고 하였다. 공영달의 해석에 따라 번역하였다.

5) 군주가 ~ 없다 : 이 말은 『맹자』「離婁下」에 나온다.

6) 유질 : 秦漢시대의 관명으로 鄕 5,000戶마다 유질을 설치하였다. 100石의 관직으로 1향을 관장하였다.

7) 완전승 : 중국 남북조시대에 북방의 부녀자들이 단오절에 허리띠에 차던 사람 모양으로 꼬아 엮은 끈이다. 『漢語大詞典』 참조.

8) 선을 ~ 없다 : 이 말은 『역』「繫辭下」에 나온다.

9) 백이의 ~ 되었다 : 관련 내용은 『맹자』「盡心下」에 보인다.

10) 단정하고 ~ 좋아하라 : 이 시는 「表記」(32)에도 유사한 형태로 인용되어 있다. 그곳의 진호 집설에 따라 번역하였다.

11) 경사 : 공영달은 소에서 "'大夫와 卿士'라고 한 것은 다시 '莊士'를 설명한 것으로, 곧 大夫와 卿 가운데 일을 맡은 자이다. '士'는 일의 뜻이다"('大夫 · 卿士'者, 覆說言'莊士', 卽大夫 · 卿之典事者. '士', 事也)라고 하였다.

12) 오만하여 : 『詩』「小雅 · 正月」의 공영달의 소에 "『爾雅』「釋訓」에 '仇仇와 敖敖는 오만하다는 뜻이다'라고 하였는데, 그 의미가 같다"(「釋訓」云'仇仇 · 敖敖, 傲也', 義同)라고 하였다. 따라서 '仇仇然'을 여기서는 오만한 모습으로 번역하였다.

13) 정직한 ~ 복종한다 : 이 말은 『논어』「爲政」에 보인다.

14) 은혜 : 공영달의 소에 "입으로 공연히 말을 해놓고 실제로 그 약속을 지키는 것이 없는 것, 이것이 입으로만 은혜를 주는 것이다"(口虛出言而無實從之, 是口惠也)라고 하였다.

15) 두려워할 ~ 아니던가! : 이 말은 『書』「大禹謨」에 나온다.

16) 윤고 : 경문 '尹吉'의 '吉'이 '誥'로 되어야 한다는 뜻으로, 곧 '이윤이 깨우쳐 이르기를'이

라는 뜻이다.

17) 의상은 ~ 명하는 것 : 고대에 爵命을 명할 때 그 상징으로 그 작명에 해당하는 의상을 하사하였다. 관련 내용은 「玉藻」 등에 나온다.

18) 군장 : 공영달은 소에서 경문 '先正'의 '正'은 '우두머리'(長)의 뜻이라고 해석하였다. 그리고 先正을 선대의 임금(先君)과 우두머리 관료(正長)로 해석하였다. 공영달의 해석에 따라 번역한다.

19) 팔성 : 고대 政務를 다스리는 8가지 成規를 말한다. 『주례』 「天官·小宰」에 "官府의 8가지 성규로 나라의 국정을 경영한다. 첫째, 比居로 政役을 다스린다. 둘째, 簡稽로 師田을 다스린다. 셋째, 版圖로 閭里를 다스린다. 넷째, 傅別로 稱責을 다스린다. 다섯째, 禮命으로 祿位를 다스린다. 여섯째, 書契로 取予를 다스린다. 일곱째, 質劑로 賣買를 다스린다. 여덟째, 要會로 聽出入을 다스린다"(以官府之八成經邦治. 一曰聽政役以比居. 二曰聽師田以簡稽. 三曰聽閭里以版圖. 四曰聽稱責以傅別. 五曰聽祿位以禮命. 六曰聽取予以書契. 七曰聽賣買以質劑. 八曰聽出入以要會)라고 하였다.

20) 정현은 ~ 붙인다 : 정현은 경문 가운데 「君雅」에서 인용한 "小民惟曰怨資冬祁寒"를 "小民惟曰怨, 資冬祁寒"로 구절을 나누고 '資'를 '至'(이르다) 자가 발음이 비슷하여 잘못 쓰인 것이라고 보았다. 공영달은 정현이 당시 "小民惟曰怨咨冬祁寒"로 되어 있는 『古文尙書』 「君牙」를 보지 못하였기 때문에 그와 같은 설을 제시한 것이라고 해석하였다. 진호는 공영달의 설을 취하여 『尙書』의 문장을 정문으로 삼고 "小民惟曰怨資, 冬祁寒"로 구절을 나누어 이해한 것이다.

21) 式 : 수레에 탄 사람이 가름대(軾)를 잡고 몸을 약간 굽혀 경의를 표하는 인사방식이다. 軾은 수레 앞쪽에 잡거나 의지할 수 있도록 만든 가름대를 가리킨다. 대부는 수레 위에서 式을 하여 경의를 표하고 士는 수레에서 내려와 경의를 표한다. 「曲禮上」(180)에 관련 내용이 나온다. 『三禮辭典』, 354쪽, '式' 항목 참조.

22) 그 덕을 ~ 곧으니 : 이것은 『周易傳義』에 따라 해석한 것이다. 정현의 주에 따르면, '그 덕을 일정하게 하여 바른 길을 묻는 것'은 정도의 의미가 된다.

23) 무의가 ~ 없다 : 이 말은 『논어』 「子路」에 나온다.

예기역주 권27

분상 제34
奔喪

정현의 『예기목록』에서 말한다. "「분상奔喪」이라고 명칭을 붙인 것은 타국에 머물면서 상사喪事의 부고를 듣고 서둘러 돌아가는 예를 기술하였기 때문이다. 이 편은 유향劉向의 『별록別祿』에 「상복지례喪服之禮」에 속해 있지만, 실제로는 「일곡례逸曲禮」의 본편(正篇)이다. 한漢나라가 세워진 이후 고문古文본을 얻었는데, 예가禮家들이 그 내용을 좋아하여 『예기禮記』에 병합하여 놓았다. 분상奔喪의 예는 흉례凶禮에 속한다."

鄭『目錄』云: "名曰「奔喪」者, 以其居他國, 聞喪奔歸之禮. 此於『別錄』屬「喪服之禮」矣, 實「逸曲禮」之正篇也. 漢興後得古文, 而禮家又貪其說, 因合於『禮記』耳. 奔喪禮屬凶禮也."

【분상 1】

분상奔喪의 예에서 처음 친족(親)의 상을 듣게 되면, 곡哭으로 사자에게 답하며 슬픔을 다하고 상을 당한 연유를 물으며 또 곡을 하되 슬픔을 다한다. 드디어 떠나는데 하루에 백 리를 가지만 밤에는 이동하지 않는다. 다만 부모의 상에는 별을 보면서 떠나고 별을 보면서 머문다. 만약 떠날 수 없는 상황이라면 상복을 완성하여 갖춘 뒤에 떠난다. 타국을 지나다 그 나라의 경계에 이르면 곡을 하는데 슬픔을 다한 뒤에 멈춘다. 곡을 할 때에는 시장과 조정을 피한다. 멀리 자기 나라의 국경이 보이면 곡을 한다.

奔喪之禮, 始聞親喪, 以哭答使者, 盡哀, 問故, 又哭, 盡哀.① 遂行, 日行百里, 不以夜行.② 唯父母之喪, 見星而行, 見星而舍.③ 若未得行, 則成服而后行.④ 過國, 至竟哭, 盡哀而止.⑤ 哭辟市朝.⑥ 望其國竟哭.⑦

鄭注 ① '친親'은 부모를 가리킨다. '곡으로 사자에게 답한다'(以哭答使)는 것은 놀라고 참담한 슬픔에 말을 할 수 없기 때문이다. '연유를 묻는다'(問故)는 것은 부모가 어떻게 돌아가셨는지 묻는 것이다. 설령 부모가 아니라도 상의 소식을 듣고 곡을 하는 것은 그 예가 또한 마찬가지다. '親', 父母也. '以哭答使'者, 驚怛之哀無辭也. '問故', 問親喪所由也. 雖非父母, 聞喪而哭, 其禮亦然也.

② 비록 슬픔이 있어도 오히려 해를 피하는 것이다. 낮과 밤의 구분은 어두워지고 밝아오는 것에 의해 구별된다. 곡을 하고 바로 떠나는 것은 곡위哭位를 설치하지 않는 것이다. 雖有哀戚, 猶辟害也. 晝夜之分, 別於昏明. 哭則遂行者, 不爲位.

③ 어두운 새벽에 나서고 저녁 늦게 어두워져도 무릅쓰고 가는 것은 더욱 발걸음을 재촉하는 것이다. '다만'(唯)이라고 말한 것은 다름을 드러내는 것이다. 侵晨冒昏, 彌益促也. 言'唯', 著異也.

④ 군주의 명으로 할 일이 있는 경우를 가리킨다. 상복이 완성되어 떠날 수 있게 되면 떠나는 것이다. 謂以君命有爲者也. 成喪服, 得行則行.

⑤ 이곳에서 감흥이 일어 부모를 그리워하기 때문이다. 感此念親.

⑥ 여러 사람들을 놀라게 하기 때문이다. 爲驚衆也.

⑦ 참최복을 하는 자는 이곳에서 곡을 하고 또 다시 떠나는 것이다. 斬衰者也, 自是哭且遂行.

集說 '처음 친족의 상을 듣는다'는 것은 오복의 친을 포괄해서 말한 것이다. '밤에는 이동하지 않는다'는 것은 환난을 피하기 위한 것이다. '떠날 수 없다'는 것은 예를 들면 군주의 명을 수행하는 중으로 사신의 직무가 아직 끝나지 않은 경우 등을 가리킨다. '시장과 조정을 피한다'는 것은 여러 사람들을 놀라게 하기 때문이다. '始聞親喪', 總言五服之親也. '不以夜行', 避患害也. '未得行', 若奉君命而使事未竟也. '辟市朝', 爲驚衆也.

【분상 2】

집에 도착하면 문의 왼쪽으로 들어가 서쪽 계단으로 당에 올라가 빈궁殯宮의 동쪽에서 서쪽을 바라보며 앉아서 곡哭을 하는데 슬픔을 다하고, 머리를 묶고 단袒을 한다. 내려와 당 아래 동쪽의 자리로 나아가 서쪽을 향하여 곡을 하고 용을 한다(成踊). 서序의 동쪽에서 단袒을 하였던 것을 바로입고 질絰을 착용하며 효대絞帶를 착용한 뒤 빈賓의 자리로 되돌아와 빈에게 배례를 하고 용踊을 한다. 빈을 전송하고 자신의 자리로 되돌아온다.

至於家, 入門左, 升自西階, 殯東, 西面坐哭, 盡哀, 括髮袒.① 降, 堂東卽位, 西鄉哭, 成踊.② 襲絰于序東, 絞帶, 反位, 拜賓, 成踊.③ 送賓, 反位.

鄭注 ① '머리를 묶고 단을 한다'(括髮, 袒)는 것은 장식을 제거한다는 뜻이다. 성복하기 전에는 흰색의 위모관委貌冠을 쓰고 심의深衣를 입는다. 이미 성복을 한 경우에는 그것이 저절로 상복이 된다. '括髮, 袒'者, 去飾也. 未成服者, 素委貌·深衣. 已成服者, 固自喪服矣.

② 이미 빈殯을 하였다면 자리는 당堂 아래에 있다. 已殯者位在下.

③ '습襲'은 옷을 벗고 단을 했던 것을 가리는 것이다. 두 번째 곡을 하면서 질絰을 착용하지 않고 이때 착용하는 것은 발상發喪하고 이미 하루가 지났으므로 질을 착용하는 의절儀節을 이때 할 수 있기 때문이다. 소렴을 하기 전에 도착하였다면 집에서 상을 당한 경우와 똑같이 한다. 요대要帶를 늘어뜨리지 않는 것은 시신이며 널을 보지 못했기 때문이다. 무릇 빈에게 배례를 하는 자는 빈의 자리로 나아가서 하고, 배례를 한 후에는 자신의 자리로 돌아와 곡哭을 하고 용踊을 한다. '襲', 服衣也. 不於又哭乃絰者, 發喪已踰日, 節於是可也. 其未小斂而至, 與在家同耳. 不散帶者, 不見尸柩. 凡拜賓者就其位, 旣拜, 反位, 哭踊.

集說 이 경문은 아버지의 상에 분상하는 예禮를 설명한 것이다. 아들이 당에 오르고 내릴 때에는 조계阼階를 이용하지 않는다. 이제 아버지가 막 돌아가셨으므로 차마 살아 계실 때와 달리하지 못하기 때문에 들어갈 때 문의 왼쪽으로부터 서쪽 계단으로 올라간다. 집에 머물 때 부모가 돌아가셨다면 비녀를 꽂고 머리싸개를 하며 소렴의 예가 끝나야 머리를 묶는다. 이 경문은 밖에서 돌아온 경우이다. 그러므로 곧바로 머리를 묶고 단袒(윗옷을 벗어 어깨를 드러내는 것)을 한다. 정현鄭玄이 "이미 빈殯을 한 경우에는 자리가 당 아래에 있다"고 한 것은 이 분상이 빈殯을 한 후에 분상하는 경우이기 때문이다. 그러므로 서쪽 계단에서 내려와 그 당 아래 동쪽의 자리로 나아가는 것이다. '습襲과 질絰을 한다'는 것은 육단肉袒을 가리고 요질腰絰을

착용한다는 뜻이다. '서동序東'은 당의 아래에 있으면서 당 위 담장의 동쪽을 마주한다는 뜻이다. 마대麻帶(요대)를 늘어뜨리지 않는 것은 또한 집에 있을 때 상을 당한 경우의 절차와 달리하는 것이다. 이 경문에서의 효대絞帶는 곧 '습襲과 질絰을 한다'고 할 때의 '질絰'이지 혁대를 형상한 효대가 아니다. 질은 그 뜻이 무겁고 혁대를 형상한 효대는 그 뜻이 가볍다. '자리로 돌아온다'(反位)는 것은 먼저 나아갔던 자리로 되돌아오는 것이다. 무릇 빈에게 배례를 할 때는 모두 빈의 자리로 나아가 배례를 하고, 배례가 끝나면 곧바로 자기의 자리로 돌아와 곡哭과 용踊을 한다. '성용成踊'[1]은 설명이 앞에 나온다. 此言奔父喪之禮. 爲人子者, 升降不由阼階. 今父新死, 未忍異於生, 故入自門左, 升自西階也. 在家而親死, 則笄纚小斂畢, 乃括髮. 此自外而至. 故卽括髮而袒衣也. 鄭云: "已殯者位在下", 此奔喪在殯後. 故自西階降而卽其堂下東之位也. '襲絰'者. 掩其袒而加要絰也. '序東'者, 在堂下而當堂上序墻之東也. 不散麻者, 亦異於在家之節也. 此絞帶, 卽'襲絰'之'絰', 非象革帶之絞帶也. 絰重, 象革帶之絞帶輕. '反位', 復先所卽之位也. 凡拜賓, 皆就賓之位而拜之, 拜竟則反己之位而哭踊也. '成踊', 說見前.

【분상 3】

늦게 도착한 빈객이 있을 경우, 빈객에게 배례拜禮를 하고 용踊을 하며 빈객을 전송하기를 모두 처음 도착해서 하였던 방식과 같이 한다. 중주인衆主人과 형제兄弟가 모두 빈궁殯宮의 문을 나간다. 빈궁의 문을 나가면 곡을 그치고 빈궁의 문을 닫는다. 상례를 돕는 자가 고하면, 상주들은 상차喪次(의려倚廬)에 나아간다. 두 번째 곡을 할 때에는 머리를 묶고 단袒을 하고서 용을 한다. 세 번째 곡을 할 때에도 여전히 머리를 묶고 단袒을 하고서 용을 한다. 셋째 날(세 번째 곡을 한 다음 날) 성복을 하고, 이때에도 빈객이 있으면 빈객에게 배례를 하고 전송하기를 모두 처음과 같이 한다.

有賓後至者, 則拜之, 成踊, 送賓, 皆如初. 衆主人兄弟皆出門. 出門哭止, 闔門. 相者告, 就次.① 於又哭, 括髮袒, 成踊. 於三哭, 猶括髮袒, 成踊.② 三日成服, 拜賓, 送賓, 皆如初.③

鄭注 ① '차次'는 의려倚廬(상주가 거처하는 상차喪次를 말함)를 가리킨다. '次', 倚廬也.

② '두 번째 곡을 한다'(又哭)는 것은 집에 도착한 이튿날 아침을 가리킨다. '세 번째 곡을 한다'(三哭)는 것은 또 그 이튿날 아침을 가리킨다. 모두 당에 오를 때에 머리를 묶고 단을 하는 것을 처음 집에 도착했을 때와 같이 한다. 반드시 두 번째 곡과 세 번째 곡을 하는 것은 소렴과 대렴의 때를 상징하는 것이다. 「잡기상雜記上」(62)에 "사士는 3차례 용踊을 한다"고 하였는데, 저녁의 곡哭은 아침에 하는 방식을 따라서 한다. 저녁때 하는 곡哭은 머리를 묶지 않고 단을 하지 않고 용을 하지 않으며 곡哭하는 횟수에 포함시키지 않는다. '又哭', 至明日朝也. '三哭', 又其明日朝也. 皆升堂括髮, 袒, 如始至. 必又哭·三哭者, 象小斂·大斂時也. 「雜記」曰: "士三踊", 其夕哭從朝. 夕哭不括髮, 不袒, 不踊, 不以爲數.

③ '셋째 날'(三日) 세 번째 곡을 한 이튿날이다. 곡을 마치고 나서 그 성복成服(상복으로 갈아입는 것)하고 서의 동쪽에서 지팡이를 한다. '三日', 三哭之明日也. 旣哭, 成其喪服, 杖於序東.

集說 '모두 처음과 같이 한다'(皆如初)는 것은 먼저 빈에게 나아가 배례하고 용踊을 하며 그리고 빈을 전송하고 자신의 자리로 돌아오는 것 등이다.

'차次'는 의려倚廬로서 중문中門 밖에 있다. '두 번째 곡'을 하는 것은 집에 도착한 이튿날의 아침이다. '세 번째 곡'은 또 그 이튿날의 아침이다. 모두 당에 올라 머리를 묶고 또 단袒을 하는데 처음 집에 도착했을 때처럼 한다. '셋째 날'은 세 번째 곡을 한 이튿날이다. '皆如初'者, 如先次之拜賓, 成踊, 與送賓反位也. '次', 倚廬也, 在中門外. '又哭', 明日之朝也, '三哭', 又其明日之朝也. 皆升堂而括髮且袒, 如始至時. '三日', 三哭之明日也.

【분상 4】

분상하는 자가 상주가 아니면, 상주는 그를 대신해서 빈賓에게 배례를 하고 빈을 전송한다. 분상하는 자가 자최복齊衰服 이하라면 문의 왼쪽으로 들어가 중앙 뜰에서 북쪽을 향해 곡哭을 하는데 슬픔을 다하며, 서序의 동쪽(序東)에서 문免과 요질腰絰을 착용하고, 곡위哭位에 나아가 단袒을 하고 상주와 함께 곡을 하고 용踊을 한다. 두 번째 곡과 세 번째 곡을 할 때 모두 문免을 착용하고 단을 하며, 빈객이 있을 경우 상주가 빈객에게 배례를 하고 빈객을 전송한다. 장부丈夫와 부인婦人이 분상하는 자를 맞이할 때에는 모두 아침저녁으로 곡을 하던 자리에서 곡을 하고 자리를 바꾸지 않는다.

奔喪者非主人, 則主人爲之拜賓送賓. 奔喪者, 自齊衰以下, 入門左, 中庭北面, 哭, 盡哀, 免·麻于序東, 卽位袒, 與主人哭成踊.① 於又哭·三哭, 皆免, 袒, 有賓則主人拜賓送賓.② 丈夫·婦人之待之也, 皆如朝夕哭位, 無變也.③

鄭注 ① 당에 올라가 곡을 하지 않는 것은 부모의 상이 아닌 경우, 상주가 일을 통섭하기 때문이다. '마麻'는 또한 질絰과 대帶를 뜻한다. 이 경문에서 '마麻'를 언급한 것은 분상하는 바가 비록 가벼운 경우라도 빈궁에 도착하기 전에는 옷을 바꾸어 입지 않음을 밝힌 것이다. 무릇 단袒을 하는 것은 곡위哭位에서 하고 습襲은 서序의 동쪽에서 하므로, 단과 습은 서로 자리를 이어받지 않는 것이다. 이 경문에서 질絰과 대帶를 하고 단袒을 한다고 한 것은 부모를 위해 할 때와 달리한다는 뜻이다. 不升堂哭者, 非父母之喪, 統於主人也. '麻', 亦絰・帶也. 於此言'麻'者, 明所奔喪雖有輕者, 不至喪所, 無改服也. 凡袒者於位, 襲於序東, 袒・襲不相因位. 此麻乃袒, 變於爲父母也.

② 두 번째 곡과 세 번째 곡을 할 때에도 역시 문의 왼쪽으로 들어가 중앙의 뜰에서 북쪽을 향하여 처음 집에 도착했을 때 하였던 방식과 같이 한다. 又哭・三哭, 亦入門左, 中庭北面, 如始至時也.

③ 분상하는 사람을 기다릴 때에 곡을 하는 자리를 바꾸지 않는 것은 그를 빈객으로 여긴다는 혐의를 사기 때문이다. 빈객에 대해서는 슬픔을 공경하는 마음으로 바꾸지만, 이 분상하는 이는 골육이라 슬픈 것은 그대로 슬프다. 이 경문에서 '맞이한다'(待之)고 말한 것은 분상하는 사람의 경우 세 번째 곡을 할 때 도착하더라도 여전히 차서에 맞추어 들어가지 않음[2)]을 밝힌 것이다. 待奔喪者無變, 嫌賓客之也. 於賓客, 以哀變爲敬, 此骨肉, 哀則自哀矣. 於此乃言'待之', 明奔喪者至三哭猶不以序入也.

集說 '상주가 아닌 경우'란 상주 이외의 혹은 가깝거나 혹은 먼 친속이라는 뜻이다. 그러므로 아래 문장에 '자최 이하는 또한 문의 왼쪽으로 들어가서 계단을 오르지 않고, 단지 중앙 뜰에서 북쪽을 향해 곡을 한다'고 한 것이다. '문免・마麻'는 머리에 문免을 착용하고 허리에 요질腰絰을 착용한다는 뜻이다. 앞의 경문에서는 '서序의 동쪽에서 습襲과 질絰을 한다'고 하

였는데, 이 경문에서는 '서序의 동쪽에서 문免을 착용하고 요질(麻)을 착용한다'고 하였다. 경중은 비록 다르지만 모두 당 아래 서序 담장의 동쪽이다. 무릇 단袒과 습襲은 같은 자리에서 하지 않는다. '맞이한다'는 것은 이 분상하러 오는 이를 맞이하는 것을 말한다. 그가 빈객이 아니기 때문에 곡哭을 하는 자리를 바꾸지 않는다는 뜻이다. '非主人', 其餘或親或疎之屬也. 故下云'齊衰以下, 亦入自門之左而不升階, 但於中庭北面而哭也'. '免·麻'謂加免于首, 加絰于要也. 上文言'襲絰于序東', 此言'免·麻于序東'. 輕重雖殊, 皆是堂下序墻之東. 凡袒與襲, 不同位也. '待之', 謂待此奔喪者. 以其非賓客, 故不變所哭之位也.

【분상 5】

어머니의 상에 분상할 때에는 서쪽을 향해 곡哭을 하는데 슬픔을 다하고, 머리를 묶고 단袒을 하며, 당을 내려와 동쪽의 곡위哭位로 나아가 서쪽을 향해 곡을 하고 용踊을 하며, 서序의 동쪽에서 습襲을 하고 문免과 질絰을 착용한다. 빈객에게 배례를 하고 빈객을 전송하는 것은 모두 아버지의 상에 분상하는 예와 같이 한다. 두 번째 곡을 할 때에는 머리를 묶지 않는다.

奔母之喪, 西面哭, 盡哀, 括髮, 袒, 降, 堂東即位, 西鄉哭, 成踊, 襲·免·絰于序東. 拜賓·送賓, 皆如奔父之禮. 於又哭, 不括髮.

鄭注 어머니의 상에 대해 두 번째 곡을 하는 날에 문免을 착용하는 것은 아버지의 상을 위해 하는 것보다 가볍게 하는 것이지만, 그 외에는 아버지의 상에 대한 것과 동일하다. 爲母於又哭而免, 輕於父也, 其他則同.

集說 아버지의 상에는 서序의 동쪽에서 括髮을 하고 질絰을 착용하는데, 이 경문에서 '서序의 동쪽에서 括髮을 하고 문免과 질絰을 착용한다'고 하였다. 즉 문을 더하는 것은 아버지의 상보다 가볍기 때문이다. ○ 소疏에서 말한다. "이 경문은 분상하는 이가 적자인 경우를 말한 것이다. 그러므로 '빈객에게 배례를 하고 빈객을 전송하는 것은 모두 아버지의 상에 분상하는 예와 같이 한다'고 한 것이다." 父喪髮絰于序東, 此言'髮免絰于序東'. 即加免, 輕於父也. ○ 疏曰: "此謂適子. 故云'拜賓·送賓, 皆如奔父之禮'也."

【분상 6】

부인婦人이 분상할 때에는 동쪽 측면에 난 계단으로 올라가 빈궁의 동쪽에서 서쪽을 향해 앉아서 곡哭을 하는데 슬픔을 다한다. 당의 서序 동쪽에서 북상투를 하고 곡위哭位에 나아가 상주와 번갈아가면서 용踊을 한다.

婦人奔喪, 升自東階, 殯東, 西面坐哭, 盡哀. 東髽, 即位, 與主人拾踊.

鄭注 '부인婦人'은 고모·자매·딸을 가리킨다. '동계東階'는 (조계阼階가 아닌) 동쪽 측면에 난 계단이다. 부인이 들어가는 것은 위문闈門을 이용한다. '동좌東髽'는 당의 동쪽 서序에서 북상투를 한다는 뜻으로, 방에서 북상투를 하지 않는 것은 시집가지 않은 딸과 달리하는 것이다. 머리싸개를 제거하고 상투를 크게 묶는 것을 '좌髽'라고 한다. '습拾'은 교대한다(更)는 뜻이다. 상주가 분상하러 온 부인과 번갈아 용을 하는 것은 빈객으로 대하는 것이다. '婦人', 謂姑·姊妹·女子子也. '東階', 東面階也. 婦人入者由闈門. '東髽', 髽於東

序, 不髽於房, 變於在室者也. 去纚大紒曰'髽'. '拾', 更也. 主人與之更踊, 賓客之.

集說 '부인婦人'은 고모 · 자매 · 딸을 가리킨다. '동계東階'는 동쪽 측면에 난 계단으로서, 조계가 아니다. 부인은 들어갈 때 위문闈門을 이용한다. 위문은 동쪽으로 난 쪽문이다. '동계'는 곧 「잡기하雜記下」(71)에서 말한 측계側階[3])이다. '좌髽'는 설명이 「상복소기」에 나온다.[4]) '동좌東髽'는 당의 동쪽 서序에서 북상투를 한다는 뜻으로, 방에서 북상투를 하지 않는 것은 시집가지 않은 딸과 달리하는 것이다. '습拾'은 교대한다(更)는 뜻이다. 상주가 분상하러 온 부인과 번갈아 용을 하는 것은 빈객으로 대하는 것이다. '婦人', 謂姑 · 姊妹 · 女子子. '東階', 東面階, 非阼階也. 婦人入者, 由闈門. 闈門是東邊之門. '東階', 卽「雜記」所謂側階也. '髽', 說見「小記」. '東髽', 髽於東序, 不髽於房, 變於在室者也. '拾', 更也. 主人與之更踊, 賓客之也.

【분상 7】

분상하는 자가 돌아간 분이 빈궁에 모셔져 있을 때까지 도착하지 못했을 경우, 먼저 묘에 가서 북쪽을 향해 앉아 곡을 하여 슬픔을 다한다. 분상하는 자를 맞이한 중주인衆主人들은 무덤의 왼쪽 자리로 나아가고 부인은 무덤 오른쪽의 자리로 나아가 용을 하여 슬픔을 다한다. (분상하러 온 적자는) 머리를 묶고 동쪽으로 상주의 자리로 나아간다. 질絰과 효대絞帶를 착용하고, 곡哭을 하고, 용踊을 하며, 빈객에게 배례를 하고, 자신의 곡위哭位로 되돌아와 용踊을 한다. 상례를 돕는 자(相)가 일이 끝났음을 고한다.

奔喪者不及殯, 先之墓, 北面坐哭, 盡哀. 主人之待之也, 卽位於墓左, 婦人墓右, 成踊, 盡哀. 括髮, 東卽主人位. 絰絞帶, 哭, 成踊, 拜賓, 反位, 成踊. 相者告事畢.

鄭注 '분상하는 자를 맞이한 중주인들'(主人之待之)은 집에서 상을 당한 이들을 가리킨다. 무덤에서 곡을 할 경우 부모의 상이라면 단袒을 한다. '일이 끝났음을 고한다'(告事畢)는 것은 이 이후에는 일이 없음을 말한다. '主人之待之'謂在家者也. 哭於墓, 爲父母則袒. '告事畢'者, 於此後無事也.

集說 '돌아간 분이 빈궁에 모셔져 있을 때까지 도착하지 못했다'는 것은 장례葬禮를 치른 후에 집에 도착했음을 뜻한다. 시신을 안치한 널이 이미 집에 있지 않다면 마땅히 먼저 무덤에 곡을 해야 한다. 이 경문에서 분상하는 자는 적자適子이다. 그러므로 분상하는 자를 맞이하는 중주인衆主人들은 부인과 함께 모두 묘소로 가서 좌우로 나누어진 묘소의 곡위哭位로 나아가고, 분상하러 온 적자는 머리를 묶고 동쪽 한 귀퉁이에서 그 상주의 자리로 나아간다. 예가 끝나면 상례를 돕는 자(相)가 일을 마쳤음을 고한다. '不及殯', 葬後乃至也. 尸柩旣不在家, 則當先哭墓. 此奔喪者是適子. 故其衆主人之待之者與婦人, 皆往墓所, 就墓所分左右之位, 奔者括髮而於東偏, 卽其主人之位. 禮畢則相者以畢事告.

【분상 8】

드디어 흰색의 위모관委貌冠을 하고 돌아와서 빈궁殯宮의 문 왼쪽으로 들어가 북쪽을 향해 곡을 하는데 슬픔을 다하며, 머리를 묶고 단을 하며, 용踊을 하고, 동쪽으로 곡위哭位에 나아간다. 빈객에게 배례를 하고 용을 한다. 빈객이 나가면 상주가 배례를 하고 전송한다. 늦게 도착한 빈객이 있다면 그에게 배례를 하고, 용을 하며, 빈객을 전송하는데 처음과 마찬가지로 한다. 중주인衆主人과 형제가 모두 빈궁의 문을 나간다. 빈궁의 문을 나가면 곡을 그친다. 상례를 돕는 자가 고하면, 상주들은 상차喪次(의려倚廬)에 나아간다. 두 번째 곡을 할 때에는 머리를 묶고 용을 한다. 세 번째 곡을 할 때에도 여전히 머리를 묶고 용을 한다. 3일째 되는 날에 성복成服을 하고, 다섯 번째 곡을 마치면 상례를 돕는 자가 일이 끝났음을 고한다.

遂冠歸, 入門左, 北面哭, 盡哀, 括髮, 袒, 成踊, 東卽位. 拜賓, 成踊. 賓出, 主人拜送. 有賓後至者, 則拜之, 成踊, 送賓, 如初. 衆主人·兄弟皆出門. 出門哭止. 相者告, 就次. 於又哭, 括髮, 成踊. 於三哭, 猶括髮, 成踊. 三日成服, 於五哭, 相者告事畢.

鄭注 '두 번째 곡'(又哭)과 '세 번째 곡'(三哭)에 단을 하지 않는 것은 슬픔이 이미 오래되어서 줄이는 것이다. 「일분상례逸奔喪禮」에는 빈殯을 하는 날에 도착하지 못했을 경우 두 번째 곡을 할 때에도 여전히 머리를 묶고 곡위哭位에 나아가지만 단袒은 하지 않는다고 하였다. '일이 끝났음을 고한다'(告事畢)는 것은 다섯 번째 곡을 하고 나면 다시는 곡을 하지 않는다는 뜻이다. 성복한 날의 아침이 네 번째 곡이 된다. 이 경문은 분상하는 자가 시기가 지난 후에 집에 도착한 경우를 말한 것이다. 아직 (성복 이전의) 기간이 지나지 않았다면 오히려 아침저녁으로 곡을 하며, 다섯 번째 곡하는 것으로 멈추지 않는다. '又哭'·'三哭'不袒者, 哀戚已久, 殺之也. 「逸奔喪禮」說不及殯日, 於又哭猶括髮, 卽位不袒. '告事畢'者, 五哭而不復哭也. 成服之朝爲四哭. 此謂旣期乃後歸至者也. 其未期, 猶朝夕哭, 不止於五哭.

集說 드디어 관을 하고 돌아오는 것은 머리를 묶고 길에서 다닐 수 없기 때문이다. '관冠'은 흰색의 위모관委貌冠5)이다. '문으로 들어가고', '문을 나간다'는 것은 모두 빈궁殯宮의 문을 가리켜 말한 것이다. '오곡五哭'은 처음 집에 도착했을 때에는 사자가 막 돌아갔을 때를 본뜨는 것으로 첫 번째 곡이 되고, 그 이튿날에는 소렴을 본뜨는 것으로 두 번째 곡이 되고, 또 그 이튿날에는 대렴을 본뜨는 것으로 세 번째 곡이 되고, 또 그 이튿날 성복을 하는 날이 네 번째 곡이 되고, 또 그 이튿날이 다섯 번째 곡이 된다. 이들 다섯 번 모두 아침의 곡으로 계산하고 저녁의 곡은 포함시키지 않는다. 정현鄭玄은 "시기가 지난 후에 도착한 경우 그렇다는 것이다. 그러므로 상례를 돕는 자는 일이 끝났음을 고하는 것이다. 만약 아직 기간이 지나지 않았다면 오히려 아침저녁으로 곡을 하고 다섯 번 하는 곡으로 마치지 않는다"고 하였다. 곡은 비록 다섯 번이지만 머리를 묶고 용을 하는 것은 세 번째 곡에서 멈춘다. 아래 경문에서 문免을 착용하고 용踊을 한다는 것도 마찬가지다. 遂冠而歸者, 不可以括髮, 行於道路也. '冠', 謂素委貌. '入門''出門', 皆謂殯宮門也. '五哭'者, 初至象始死, 爲一哭, 明日象小斂, 爲二哭, 又明日象大斂, 爲三哭, 又明日成服之日, 爲四哭, 又明日爲五哭. 皆數朝哭, 不數夕哭. 鄭云: "旣期而至者則然. 故相者告事畢. 若未期, 則猶朝夕哭, 不五哭而畢也." 哭雖五而括髮成踊則止於三. 下文免成踊, 亦同.

【분상 9】

어머니 상에 분상하는 것이 아버지 상에 분상하는 것과 다른 점은 (묘소에서 돌아와 빈궁에 들어가 곡할 때) 한 차례 머리를 묶고 곡을 하고, 그 외에 곡을 할 때에는 줄곧 문免을 착용하여 분상奔喪의 예를 마친다는 것이다. 그 밖에는 아버지 상에 분상할 때의 예와 같다.

爲母所以異於父者, 壹括髮, 其餘免以終事. 他如奔父之禮.

鄭注 '한 차례 머리를 묶는다'(壹括髮)는 것은 묘소에서 돌아와 빈궁의 문에 들어가 곡을 할 때를 가리킨다. 이 경문에서 어머니 상에 분상하는 것이 아버지 상의 경우와 다른 점을 말한 것은 빈을 하기 전에 도착했든 빈을 한 후에 도착했든 그 차이가 똑같음을 밝힌 것이다. '壹括髮', 謂歸入門哭時也. 於此乃言爲母異於父者, 明及殯・不及殯其異者同.

集說 소疏에서 말한다. "'한 차례 머리를 묶는다'(壹括髮)는 것은 묘소에서 돌아와 빈궁의 문에 들어가 곡을 할 때를 가리킨다. 빈을 하기 전에 도착했더라도 한 차례 머리를 묶고, 빈을 한 후에 도착했더라도 역시 한 차례 머리를 묶는다." 疏曰: "'壹括髮'謂歸入門哭時也. 及殯壹括髮, 不及殯亦壹括髮."

【분상 10】

자최 이하의 상에 빈궁殯宮을 차리기 전에 도착하지 못하였다면 먼저 무덤에 가서 서쪽을 향하여 곡을 하는데 슬픔을 다하고, 동쪽에서 머리에 문免과 요질(麻)을 착용하고, 곡위哭位에 나아가 상주와 함께 곡을 하고, 용을 하고 습襲을 한다. 빈객이 있을 경우 상주가 대신하여 빈객에게 배례를 하고 빈객을 전송한다. 뒤늦게 도착한 빈객이 있을 경우 상주는 그에게 배례를 하는데 처음과 마찬가지로 한다. 상례를 돕는 자는 일이 끝났음을 고한다. 드디어 흰색의 위모관委貌冠을 쓰고 (묘소에서) 돌아와 빈궁의 문 왼쪽으로 들어가 북쪽을 향해 곡을 하는데 슬픔을 다하고, 문免을 착용하고 단袒을 하고서, 용踊을 하고 동쪽에서 곡위哭位에 나아가 빈객에게 배례를 하며 용을 한다. 빈객이 빈궁의 문을 나서면 상주가 배례를 하고 전송한다. 두 번째 곡을 할 때에 문免을 착용하고 단을 하며 용을 한다. 세 번째 곡을 할 때에도 여전히 문을 착용하고 단을 하고 용을 한다. 3일째 되는 날에 성복을 하고, 다섯 번째 곡을 할 때에 상례를 돕는 자는 일이 끝났음을 고한다.

齊衰以下, 不及殯, 先之墓, 西面哭, 盡哀,① 免·麻于東方, 卽位, 與主人哭, 成踊, 襲. 有賓則主人拜賓送賓. 賓有後至者, 拜之如初. 相者告事畢.② 遂冠歸, 入門左, 北面哭, 盡哀, 免, 袒, 成踊, 東卽位, 拜賓, 成踊. 賓出, 主人拜送. 於又哭, 免, 袒, 成踊. 於三哭, 猶免, 袒, 成踊. 三日成服, 於五哭, 相者告事畢.③

鄭注 ① 북쪽을 향하지 않는 것은 또한 상주가 일을 통섭하기 때문이다. 不北面者, 亦統於主人.

② 단袒을 말하지 않고 습襲을 말한 것은 자최복의 친족인 경우 단을 해도 괜찮기 때문이다. 不言袒, 言襲者, 容齊衰親者或袒可.

③ 아버지 상에 대한 분상은 두 번째 곡을 하는 날에 머리를 묶지만 단은 하지 않는다. 이 경문에서는 두 번째 곡과 세 번째 곡을 하는 것에 대해 모두 단을 말하였는데, '단袒'은 쓸데없는 글자이다. 爲父, 於又哭括髮而不袒. 此又哭·三哭皆言袒, '袒', 衍字也.

集說 小疏에서 말한다. "자최 이하로는 대공 · 소공 · 시마가 있는데, 기간이 다르다. 예를 들면 장례葬禮를 치른 후에 3개월이 넘어서 분상하러 왔다면, 대공 이상의 경우 묘소 동쪽에서 문免과 요질(麻)을 착용하고 3일째에 성복을 한다. 소공이나 시마의 경우에는 3일째에 성복이 있을 수 없다. 소공 이하의 상에 대해서는 상기가 지난 후에 부고를 받았다면 복을 하지 않으므로(不稅) 추복追服(상기가 지나서 뒤늦게 상복을 하는 것)의 이치가 없다.[6] 만약 장례葬禮 후 장례 이전 기간까지 합하여 5개월이 차지 않았다면, 소공상인 경우 또한 3일째에 성복을 한다. 시마상의 경우 상의 의절儀節에 임해서 왔다면 또한 3일째에 성복을 할 수 있다. '동쪽에서 자리에 나아가고, 빈객에게 배례를 하며 용을 한다'고 했을 때의 '동쪽에서 자리에 나아간다'(東即位)는 것은 분상하는 자가 동쪽에서 곡위哭位에 나아가는 것을 가리키고, '빈객에게 배례를 한다'(拜賓)는 것은 상주가 그를 대신해서 배례한다는 뜻이다. 이 분상하는 자는 상주가 그를 대신하여 빈객에게 배례를 할 때에 자신은 용을 한다." 또 말한다. "경문에서는 단지 '묘소 동쪽에서 문免과 요질(麻)을 착용하고, 곡위哭位에 나아간다'고 하여 '단袒'을 칭하지 않았는데, 아래에서는 '용踊을 하고, 습襲을 한다'고 하였다. 습襲이라고 하면 단袒을 하는 이치가 이미 있는 것이다. 경문에서는 만약 '단袒'을 언급하면 자최 이하의 상에 모두 단을 하는 것으로 오해할 수 있으므로 '단袒'을 총괄해서 말할 수 없었던 것이다. 그러나 '습襲'을 칭한 것은 자최의 상은 무거워서 습을 하는 것이 허용되기 때문이다." 또 말하였다. "살펴보건대, 앞의 경문에서 아버지의 상에 분상할 때 '빈궁을 차리기 전에 도착하지 못하고', '두 번째 곡을 할 때에 머리를 묶고 용을 한다'고 하여 '단袒'을 언급하지 않았다. 이제 자최 이하의 상에 대해 경문에서는 두 번째 곡을 하고 세 번째 곡을 할 때 다시 '단袒'을 언급하였다. 그러므로 두 번의 '단袒'자는 필요 없

는 글자임을 알 수 있다." 疏曰: "齊衰以下, 有大功·小功·緦麻, 月日多少不同. 若奔在葬後而三月之外, 大功以上, 則有免·麻東方, 三日成服. 若小功·緦麻, 則不得有三日成服. 小功以下不稅, 無追服之理. 若葬後通葬前未滿五月, 小功則亦三日成服. 其緦麻者, 止臨喪節而來, 亦得三日成服也. '東即位, 拜賓, 成踊'者, '東即位'謂奔喪者於東方就哭位, '拜賓'則是主人代之拜. 此奔喪者當主人代拜賓時, 己則成踊也." 又曰: "經直言'免·麻于東方, 即位', 不稱'袒', 而下云'成踊, 襲'. 襲則有袒理. 經若言'袒', 恐齊衰以下皆袒, 故不得總言'袒'. 而稱'襲'者, 容齊衰重得爲之襲也." 又[7]"按上文爲父'不及殯', '於又哭括髮成踊', 不言'袒'. 今齊衰以下之喪, 經文於又哭·三哭乃更言'袒'. 故知二'袒'字衍文也."

【분상 11】

부고를 듣고 분상할 수 없을 경우 곡哭을 하고 슬픔을 다한다. 돌아가신 연유를 묻고, 또 곡을 하는데 슬픔을 다한다. 이에 곡위哭位를 설치하고 머리를 묶고 단袒을 하며, 용踊을 하고, 습襲을 하고, 질絰과 효대絞帶를 착용하고 곡위에 나아간다. 빈객에게 배례하고 자리로 돌아와 용을 한다. 빈객이 나가면 상주는 배례를 하고 문밖에서 전송하고 자리로 되돌아온다. 만약 늦게 도착한 빈객이 있다면 그에게 배례를 하고 용을 하고 빈객을 전송하는데, 처음과 같이 한다. 두 번째 곡을 할 때에 머리를 묶고 단을 하며 용을 한다. 세 번째 곡을 할 때에도 여전히 머리를 묶고 단을 하고 용을 한다. 3일째에 성복成服을 하고, 다섯 번째 곡을 할 때에 빈객에게 배례를 하고, 빈객을 전송하는데, 처음과 같이 한다.

聞喪不得奔喪, 哭, 盡哀. 問故, 又哭, 盡哀. 乃爲位, 括髮, 袒, 成踊, 襲, 絰, 絞帶, 卽位.① 拜賓, 反位, 成踊. 賓出, 主人拜送于門外, 反位. 若有賓後至者, 拜之, 成踊, 送賓, 如初. 於又哭, 括髮, 袒, 成踊. 於三哭, 猶括髮, 袒, 成踊. 三日成服, 於五哭, 拜賓, 送賓, 如初.②

鄭注 ① '부모의 부고를 듣고 분상할 수 없다'(聞父母喪而不得奔)는 것은 군주의 명으로 일이 있는 경우를 가리킨다. 그렇지 않으면 곡위를 설치할 수 없다. 곡위哭位에는 줄을 서는 곳이 있어 집에서 아침저녁으로 하는 곡위와 같다. 두 번째 곡을 하면서 질絰을 착용할 때 하지 않고 이제 착용하는 것은 발상發喪하고 이미 하루가 지났으므로 질을 착용하는 의절儀節을 이때 할 수 있기 때문이다. '聞父母喪而不得奔', 謂以君命有事. 不然者, 不得爲位. 位有酇列之處, 如於家朝夕哭位矣. 不於又哭乃絰者, 喪至此踰日, 節於是可也.

② '상차喪次에 나아간다'고 말하지 않은 것은 마땅히 자신의 일에 종사해야 하고 상복으로 공직公職을 폐할 수 없기 때문이다. 그가 관소에 있다면 또한 고하고 상차喪次에 나아간다. '다섯 번째의 곡'(五哭)을 말한 것은 공무의 일에 급박하고 5일이면 슬픔이 줄어들어서 또한 그칠 수 있기 때문이다. 不言'就次'者, 當從其事, 不可以喪服廢公職也. 其在官, 亦告, 就次. 言'五哭'者, 以迫公事, 五日哀殺, 亦可以止.

集說 편 첫 장에서 '만약 떠날 수 없는 상황이라면 상복을 완성하여 갖춘 뒤에 떠난다'고 하였는데, 이 경문에서는 그 절차를 상세하게 설명한 것이다. 나머지는 앞 장에 보인다. 篇首言'若未得行, 則成服而后行', 此乃詳言其節次. 餘見前章.

【분상 12】

(분상하는 이가) 만약 상복이 끝난 후에 집에 돌아왔다면, 묘소에 가서 곡哭을 하고, 용踊을 하며, 묘소 동쪽 상주의 자리에 나아가 머리를 묶고, 단袒을 하고, 질絰을 착용하며, 빈객에게 배례를 하고, 용을 하며, 빈객을 전송하고, 자신의 자리로 돌아와 또 곡을 하는데 슬픔을 다하고, 드디어 복을 벗으며, 집에서는 곡을 하지 않는다. 상주가 분상하는 이를 맞을 때에는 평소의 길복을 그대로 착용하며, 분상하는 이와 함께 곡은 하지만 용은 하지 않는다.

若除喪而后歸, 則之墓, 哭, 成踊, 東括髮, 袒, 絰, 拜賓, 成踊, 送賓, 反位, 又哭, 盡哀, 遂除, 於家不哭.① 主人之待之也, 無變於服, 與之哭, 不踊.②

鄭注 ① '동東'은 동쪽으로 상주의 자리로 나아간다는 뜻으로, 빈殯을 하기 전에 도착하지 못했을 때와 같이 하는 것이다. '수제遂除'는 무덤에서 복을 벗고 돌아온다는 뜻이다. '東', 東卽主人位, 如不及殯者也. '遂除', 除於墓而歸.

② '복을 입는 데에 변화가 없다'(無變於服)는 것은 당시 입고 있는 평상의 길복 그대로 입고 있다는 뜻이다. 또한 묘의 왼쪽 자리에 나아가고 부인은 묘의 오른쪽 자리에 나아간다. '無變於服', 自若時服也. 亦卽位于墓左, 婦人墓右.

集說 '단袒을 하고, 질絰을 착용한다'는 것은 단袒(웃옷의 겉옷을 벗고 어깨를 드러냄)을 하였다가 다시 습襲(웃옷을 벗고 어깨를 드러냈던 것을 가림)을 하고, 습을 한 상태에서 질絰을 착용하는 것이다. '수제遂除'는 묘소에서 복을 벗는다는 뜻이다. '상주는 의복에 변화가 없다'(主人無變於服)는 것은 집에서 상을 당한 자는 단지 평소 입고 있는 길복을 그대로 입는다는 뜻이다. 비록

분상하는 자와 무덤에서 곡을 하면서도 용을 하지 않는 것은 복을 벗어서 슬픔이 줄었기 때문이다. 그러므로 '분상하는 이와 함께 곡을 하지만 용은 하지 않는다'라고 한 것이다. '袒, 絰'者, 袒而襲, 襲而加絰也. '遂除', 卽於墓, 除之也. '主人無變於服', 謂在家者但著平常吉服也. 雖與之哭於墓而不爲踊, 以服除哀殺也. 故云'與之哭不踊'.

【분상 13】

자최 이하의 경우 달리하는 것은 문免을 착용하고 마로 만든 요질(麻絰)을 착용하는 것이다.

自齊衰以下, 所以異者, 免・麻.

集說 자최・대공・소공・시마의 상에서 복이 끝난 후에 분상하러 온 경우, 단지 묘소에서 머리에 문免을 착용하고 허리에 마로 만든 요질(麻絰)을 착용하며, 곡이 끝나면 곧 벗고 머리를 묶는 등의 의절은 없다. 그러므로 '달리하는 것은 문免을 착용하고 마로 만든 요질(麻絰)을 착용하는 것이다'라고 한 것이다. 齊衰・大功・小功・緦之服, 其奔喪在除服之後者, 惟首免要麻絰於墓所, 哭罷卽除, 無括髮等禮也. 故云'所異者免・麻'.

【분상 14】

무릇 (자신의 사적인 일로 곧장 분상하지 못하고) 곡위哭位를 설치하는 경우는 부모의 상이 아니며, 자최복 이하는 모두 곡위에 나아간다. 곡哭을 하며 슬픔을 다하고, 동쪽에서 문免과 질絰을 착용하며, 곡위에 나아가 단袒을 하고 용踊을 한다. 단을 했던 것을 가다듬어 입고(襲), 빈객에게 배례拜禮를 하고, 자신의 자리로 돌아와 곡을 하고, 용을 하고, 빈객을 전송하고, 자신의 자리로 돌아온다. 상례를 돕는 자가 고하면, 상주들은 상차喪次(의려倚廬)에 나아간다. 3일 동안 다섯 차례 곡을 하고, 마치면 상주가 나아가 빈객을 전송하고, 중주인衆主人과 형제는 모두 빈궁의 문을 나오고 나서 곡이 끝난다. 상례를 돕는 자는 일이 끝났음을 고한다. 성복成服을 하고, 빈객에게 배례한다. 만약 (타지에서 외상外喪의 부고를 듣고) 곡위를 설치한 이가 집이 멀다면 성복을 한 후에 분상한다.

凡爲位, 非親喪, 齊衰以下皆卽位. 哭, 盡哀, 而東免·絰, 卽位, 袒, 成踊.① 襲, 拜賓, 反位, 哭, 成踊, 送賓, 反位. 相者告, 就次. 三日五哭, 卒, 主人出送賓, 衆主人兄弟皆出門, 哭止. 相者告事畢. 成服, 拜賓.② 若所爲位家遠, 則成服而往.③

鄭注 ① 국군의 일도 없고 또 다른 사유가 없어서 분상할 수 있는데도 개인적인 일로 아직 분상하지 못한 경우를 말한다. 다만 부모의 상에는 곡위哭位를 설치하지 않고, 곡을 하는 것은 부고를 들은 곳에서 벗어나지 않는다. 자최 이하의 상에는 다시 곡위를 설치하여 곡을 하고, 누구나 분상을 하러 떠날 수 있으면 떠난다. 謂無君事, 又無故, 可得奔喪, 而以己私未奔者也. 唯父母之喪, 則不爲位, 其哭之不離聞喪之處. 齊衰以下, 更爲位而哭, 皆可行乃行.

② '졸卒'은 마친다(止)는 뜻과 같다. '3일 동안 다섯 차례 곡을 한다'(三日五哭)는 것은 처음 부고를 들으면 저녁에 이르러 곡위를 설치하고, 이에 상차喪次로 나아가는데, 첫 번째의 곡이다. 이튿날과 또 그 이튿날의 아침·저녁

에 하는 곡과 더불어 다섯 번의 곡이 된다. 아침에 하는 곡을 다섯 번 하는 것으로 계산하지 않고, 아침과 저녁에 하는 곡으로 계산하여 다섯 번의 곡이 되면 그치는데, 또한 분상을 급히 하고자 자기의 개인적인 일을 마땅히 (조속히) 마치기 위함이다. 또한 (다섯 번째 곡하는 날의) 이튿날에 비로소 성복을 한다. (이상 경문에서) '다섯 번의 곡'이라 한 경우는 모두 그 후에 빈객이 찾아오면 또한 그와 더불어 곡을 하고 그에게 배례한다. '卒', 猶止也. '三日五哭'者, 始聞喪, 訖夕爲位, 乃出就次, 一哭也. 與明日・又明日之朝夕而五哭. 不五朝哭, 而數朝夕, 備五哭而止, 亦爲急奔喪, 己私事當畢. 亦明日乃成服. 凡云'五哭'者, 其後有賓, 亦與之哭而拜之.

③ 마땅히 분상해야 할 경우란 외상外喪을 가리킨다. 외상은 슬픈 마음이 급박하지 않고 길이 멀기 때문에 성복한 후에 분상 길을 떠나며, 부의할 물품을 마련할 때까지 기다리는 것을 허용한다. 謂所當奔者, 外喪也. 外喪緩而道遠, 成服乃行, 容待賫也.

集說 신하가 군주의 명을 받들고 나갔다가 부모상의 부고를 받았다면 진실로 곡위哭位를 설치하고 곡哭을 하지만 그 밖의 경우에는 곡위를 설치할 수 없다. 이 경문에서 부모상이 아니라 자최상 이하의 경우로 또한 곡위를 설치할 수 있다고 한 것은 틀림없이 군주의 명을 받들고 나간 것이 아니라 개인적인 일로 아직 분상하지 못한 경우이다. 위에서 이 경문까지 '다섯 번의 곡'을 말한 것이 네 차례인데, 앞의 세 구절에서 '다섯 번의 곡'을 언급한 것은 모두 아침의 곡만을 계산했기 때문에 5일 만에 그쳤다. 다만 이 경문에서 말한 '3일 동안 다섯 차례 곡을 하고, 마친다'는 것은 처음 부고를 듣고 한 번 곡을 하고, 이튿날 아침과 저녁에 두 번 곡을 하고, 또 이튿날 아침과 저녁에 두 번 곡을 하는 것이다. 저녁의 곡을 함께 계산한 것은 개인적인 일로 일찍 마치고 빨리 분상을 하고자 하기 때문이다. 그러므로 '상

주가 나아가 빈객을 전송한다'고 말한 것은 이미 분상을 하여 집에 도착했다면 상가의 상주가 그를 대신하여 나아가서 빈객을 전송한다는 의미다. 이른바 분상은 '분상하는 이가 상주가 아닌 경우, 상주가 분상하는 자를 대신해서 빈객을 전송한다'[8]는 것이 그것이다. '중주인衆主人과 형제'는 또한 집에 있으면서 상을 당한 자를 가리키고, '성복成服을 하고, 빈객에게 배례한다'는 것은 3일 동안 다섯 번 곡을 하고 마친 이튿날에 성복을 하며, 그 후에 빈객이 찾아오면 또한 빈객과 더불어 곡을 하고 그에게 배례함을 말한다. 앞의 두 구절에서는 다섯 번의 곡 후에 '빈객에게 배례한다'고 말하지 않은 것은 문장을 생략한 것이다. 만약 곡위哭位를 설치한 이의 집이 멀다면 성복한 후에 분상해도 또한 괜찮다. 외상外喪[9]은 슬픈 마음이 급박하지 않으므로 (부의할 물건을) 마련하여 출발할 수도 있다. 人臣奉君命以出, 而聞父母之喪, 則固爲位而哭, 其餘不得爲位也. 此言非親喪而自齊衰以下, 亦得爲位者, 必非奉君命以出, 而爲私事未奔者也. 此以上言'五哭'者四, 前三節言'五哭', 皆止計朝哭, 故五日乃畢. 獨此所言'三日五哭卒'者, 謂初聞喪一哭, 明日朝夕二哭, 又明日朝夕二哭. 幷計夕哭者, 以私事可以早畢而亟謀奔喪故也. 曰'主人出送賓'者, 謂旣奔喪至家, 則喪家之主人爲之出送賓也. 所謂奔喪者, '非主人, 則主人爲之出送賓', 是也. '衆主人・兄弟', 亦謂在喪家者, '成服, 拜賓'者, 謂三日五哭卒之明日, 爲成服, 其後有賓, 亦與之哭而拜之也. 前兩節五哭後不言'拜賓'者, 省文耳. 若所爲位者之家, 道遠則成服而后往, 亦可. 蓋外喪緩可容辨集而行也.

【분상 15】

자최의 상에는 마을이 보이면 곡을 하고, 대공의 상에는 그 집의 대문이 보이면 곡을 하고, 소공의 상에는 그 집의 대문에 도착하면 곡을 하고, 시마의 상에는 곡위哭位에 이르러 곡을 한다.
齊衰望鄕而哭, 大功望門而哭, 小功至門而哭, 緦麻卽位而哭.

鄭注 분상을 할 때 친소의 혈연적 관계에 따라 곡을 하는 위치의 차이를 말한 것이다. 奔喪哭親疏遠近之差也.

集說 「잡기상雜記上」(34)에서 "대공의 상에는 마을이 보이면 곡을 한다"[10]고 한 것은 본래 자최복을 해야 하는데 낮추어서 대공의 복을 하는 경우를 가리킨다. 그러므로 이 경문의 규정과 다르다. 「雜記」云: "大功望鄕而哭"者, 謂本是齊衰降而服大功也. 故與此不同.

【분상 16】

아버지의 친족을 위해 곡을 할 때에는 사당(廟)에서 하고, 어머니와 처의 친족을 위해 곡을 할 때에는 침寢(처소)에서 하고, 스승을 위해 곡을 할 때에는 침문寢門의 밖에서 하고, 알고 지내던 사람을 위해 곡을 할 때에는 야외에서 휘장을 펼치고 곡을 한다. 무릇 곡위哭位를 설치한 경우 전奠은 올리지 않는다.
哭父之黨於廟, 母·妻之黨於寢, 師於廟門外, 朋友於寢門外, 所識於野張帷①. 凡爲位, 不奠.②

鄭注 ① 이 경문은 오복의 친족이 부고를 듣고 곡을 하는 것을 이어서 은恩의 정도에 따라 곡을 해야 하는 장소를 나열한 것이다. '당黨'은 친족으

로 상복이 없는 관계에 있는 사람을 말한다. 『일분상례逸奔喪禮』에서 "부의 친족과 어머니의 친족은 사당(廟)에서 곡을 하고, 처의 친족은 침寢(처소)에서 곡을 하고, 붕우는 침문寢門 밖에서 곡을 하는데, 한 번 곡을 할 뿐 용踊은 하지 않는다"고 하였다. '한 번 곡을 할 뿐'이라고 하였으므로 곡위哭位는 설치하지 않는 것이다. 此因五服聞喪而哭, 列人恩諸所當哭者也. '黨', 謂族類無服者也. 『逸奔喪禮』曰: "哭父族與母黨於廟, 妻之黨於寢, 朋友於寢門外, 壹哭而已, 不踊." 言'壹哭而已', 則不爲位矣.

② 정신精神이 여기에 있지 않기 때문이다. 以其精神不在乎是.

集說 「단궁상檀弓上」(47)에서 "스승이라면 나는 정침正寢에서 곡을 한다"고 하였고, "빈궁을 차리고 있을 때, 멀리 다른 나라에 살고 있는 형제의 상을 들으면 측실側室에서 곡을 하고, 빈궁이 없다면 침寢(처소)에서 곡을 한다"11) 고 하였다. 구설에는 다른 시대의 예라 같지 않다고 설명하였다. 그렇지 않다면 기록한 자가 들은 것이 혹 잘못되었을 것이다. ○ 정씨鄭氏(정현鄭玄)는 말한다. "전을 올리지 않는 것은 정신이 이곳에 있지 않기 때문이다." 「檀弓」云: "師吾哭諸寢", 又云: "有殯, 聞遠兄弟之喪, 哭於側室, 若無殯則在寢矣." 舊說異代之禮所以不同. 不然記者所聞或誤歟. ○ 鄭氏曰: "不奠, 以其精神不存乎是也."

【분상 17】

곡哭을 할 때 천자를 위해서는 아홉 번 하고, 제후를 위해서는 일곱 번 하고, 경과 대부를 위해서는 다섯 번 하고, 사를 위해서는 세 번 한다. 대부가 옛 군주를 위해 곡을 할 경우 감히 빈객에게 배례拜禮를 하지 않는다. 신하로서 타국에 사신으로 가 있을 때 곡위哭位를 설치하고 곡을 할 경우에는 감히 빈객에게 배례를 하지 않는다. 제후와 형제12) 사이의 사람이 다른 나라에 머물면서 부고를 들었을 경우 또한 곡위를 설치하고 곡을 한다. 무릇 곡위를 설치하는 자는 (처음 부고를 듣고 곡을 할 때) 한 번 단袒을 한다.

哭, 天子九, 諸侯七, 卿大夫五, 士三.① 大夫哭諸侯, 不敢拜賓.② 諸臣在他國爲位而哭, 不敢拜賓.③ 與諸侯爲兄弟, 亦爲位而哭.④ 凡爲位者壹袒.⑤

鄭注 ① 이는 군주의 상을 듣고 아직 분상하지 못하여 곡위哭位를 설치하고 곡哭을 할 때 존비에 따른 날수의 차이다. 사에게도 속리屬吏(소속된 아전)가 있지만 천하여서 군신의 명칭을 사용할 수 없다. 此臣聞君喪而未奔, 爲位而哭, 尊卑日數之差也. 士亦有屬吏, 賤不得君臣之名.

② 옛 군주를 위해 곡을 하는 경우를 말한다. '감히 빈객에게 배례를 하지 않는다'(不敢拜賓)는 것은 상주가 되는 혐의를 피하는 것이다. 謂哭其舊君. '不敢拜賓', 辟爲主.

③ 대부와 사가 다른 제후국에 사신으로 간 경우를 말한다. 謂大夫士使於列國.

④ (본래 상복이 없는) 인척姻戚으로서 다른 나라에 있는 경우이다. 族親昏姻, 在異國者.

⑤ 예에 합당하여 곡위를 설치하고 곡을 할 수 있는 경우를 말한다. 처음 부고를 듣고 곡을 하고 단을 하지만, 그 이튿날에는 하지 않는다. 부모의 상에는 그대로 세 번 단袒을 한다. 謂於禮正, 可爲位而哭也. 始聞喪哭而袒, 其明日則否. 父母之喪自若三袒也.

集說 '구九'는 아홉 번 곡을 한다는 뜻이고, '칠七'은 일곱 번 곡을 한다는 뜻이다. 아홉 번의 곡은 9일 동안 하는 것이고, 일곱 번의 곡은 7일 동안 하

는 것이다. 나머지도 이와 같은 방식이다. 이는 존비로 일수의 차이를 삼는 것이다. '대부가 제후를 위해 곡을 한다'는 것은 옛 군주를 위해 곡을 한다는 뜻이다. '감히 빈객에게 배례를 하지 않는다'는 것은 자신이 상주가 되는 것을 피하기 위해서이다. '타국에 있다'는 것은 사신이 되어 타국으로 나간 것이다. '제후와 형제가 된다'는 것은 또한 다른 나라에 있는 경우를 가리킨다. '한 번 단袒을 한다'는 것은 곡위를 설치한 날에 한다는 뜻이니, 이튿날 이후에는 단을 하지 않는다. 부모의 상이라면 반드시 세 번 단袒을 해야 한다. '九', 九哭也, '七', 七哭也. 九哭者, 九日, 七哭者, 七日. 餘倣此. 此以尊卑爲日數之差也. '大夫哭諸侯', 哭其舊君也. '不敢拜賓', 避爲主也. '在他國', 爲使而出也. '與諸侯爲兄弟', 亦謂在異國者. '壹袒', 謂爲位之日也, 明日以往, 不袒矣. 若父母之喪則必三袒.

【분상 18】

알고 지내던 사람이 죽어서 조문을 할 경우 먼저 죽은 이의 집에서 곡을 하고 그 다음에 무덤에 가서 곡을 한다. 이때 모두 죽은 이를 위해 용踊을 하는데, 상주를 따라서 하며 북쪽을 향해서 한다. 所識者弔, 先哭于家, 而後之墓. 皆爲之成踊, 從主人, 北面而踊.

鄭注 상주를 따라서 용을 한다는 것은 번갈아 가면서 용을 하는 것(拾踊)이다. '북쪽을 향해서 한다'(北面)는 것은 밖에서 오는 사람이 편리하기 때문이다. 상주는 무덤의 왼쪽에서 서쪽을 향한다. 從主人而踊, 拾踊也. '北面', 自外來便也. 主人墓左西面.

集說 자기가 알고 지내던 사람이 죽어 가서 조문을 할 때는 이미 장례葬禮를 행한 뒤이다. 반드시 먼저 죽은 이의 집에서 곡을 하는 것은 심정은

비록 죽은 이로 말미암아 생겨나지만 예제는 살아 있는 사람에게 시행하는 것이기 때문이다. 상주는 무덤의 왼쪽에서 서쪽을 향하고, 빈객은 북쪽으로 묘를 바라보면서, 용踊을 본시 빈객과 상주가 번갈아 하지만, 반드시 상주가 먼저 하고 빈객이 뒤따라서 한다. 그러므로 '상주를 따른다'고 한 것이다. '모두'라고 한 것은 집에서 곡을 할 때나 무덤에서 곡을 할 때나 반드시 모두 용을 한다는 것이다. 己所知識之人死而往弔之時, 已在葬後矣. 必先哭于其家者, 情雖由於死者, 而禮則施於生者故也. 主人墓左西向, 賓北面向墓, 而踊固賓主拾之, 然必主人先而賓從之. 故曰'從主人'也. 言'皆'者, 必于家于墓皆踊也.

【분상 19】

무릇 상을 당했을 때, 아버지가 살아 계시면 아버지가 상주가 되고, 아버지가 돌아가셨다면 형제는 동거를 하더라도 각자가 자신의 상례를 주관한다. (상복을 하는 이들 사이에) 혈연적 친소의 관계가 같을 경우에는 나이가 많은 사람이 상주가 되고, (상복을 하는 이들 사이에) 혈연적 친소의 관계가 다를 경우에는 사자와 혈연적으로 가장 가까운 이가 상주가 된다.

凡喪, 父在, 父爲主,① 父沒, 兄弟同居, 各主其喪.② 親同, 長者主之,③ 不同, 親者主之.④

鄭注 ① 빈객과 더불어 예를 행할 때에는 존귀한 자로 하여금 주관하게 해야 한다. 與賓客爲禮, 宜使尊者.

② 각자 자기 처와 자식의 상을 위해 상주가 되는 것이다. 부祔할 때에는 종자宗子가 주관한다. 各爲其妻子之喪爲主也. 祔則宗子主之.

③ 부모가 돌아가신 경우 형제의 상을 당하면 종자가 주관한다. 父母沒如昆弟之喪, 宗子主之.

④ 사촌 형제(從父昆弟)의 상이다. 從父昆弟之喪.

集說 이는 아버지가 살아 계실 때 아들이 자신의 처나 자식의 상을 당했을 경우 아버지가 상례를 주관하는 것을 말한 것이다. 존귀한 이가 통섭하기 때문이다. 아버지가 돌아가신 후에는 형제가 비록 동거하더라도 각자 처와 자식의 상을 주관한다. 같은 집에 사는 경우에도 그러하므로 다른 집에 살고 있는 경우도 그러함을 미루어 알 수 있다. '(상복하는 이들 사이에) 혈연적 친소의 관계가 같을 경우에는 나이가 많은 사람이 주관한다'는 것은 부모의 상에 장자가 상주가 되고, 부모가 같은 형제가 죽었을 경우에도 나이 많은 쪽을 추대하여 상주로 삼는다는 뜻이다. '(상복하는 이들 사이에) 혈연적 친소의 관계가 다를 경우에는 사자와 혈연적으로 가장 가까운 이가 주관한다'는 것은 사촌형제(從父兄弟)의 상이라면 혈연적으로 사자와 가장 친한 이가 상주가 된다는 뜻이다. 此言父在而子有妻子之喪, 則父主之. 統於尊也. 父沒之後, 兄弟雖同居, 各主妻子之喪矣. 同宮猶然, 則異宮從可知也. '親同, 長者主之', 謂父母之喪, 長子爲主, 其同父母之兄弟死, 亦推長者爲主也. '不同, 親者主之', 謂從父兄弟之喪, 則彼親者爲之主也.

【분상 20】

혈연이 먼 친족 형제가 상을 당했는데 이미 복이 끝난 후에 부고를 들었다면, 문免을 착용하고 단袒을 하고 용踊을 하지만, 빈객에게 배례拜禮를 할 때에는 왼손을 오른손 위에 올려놓는다.

聞遠兄弟之喪, 旣除喪而后聞喪, 免, 袒, 成踊, 拜賓則尙左手.

鄭注 소공과 시마의 상으로 상기가 지난 후에 부고를 받아 추복追服을 하지 않는 경우이다. 비록 추복을 하지는 않지만 그래도 문免을 착용하고 단袒을 한다. '왼손을 오른손 위에 올려놓는다'(尙左手)는 것은 길례에서 배례하는 방식이다. 『일분상례逸奔喪禮』에 "무릇 배례를 할 때 길상吉喪에서는 모두 왼손을 위에 올려놓는다"고 하였다. 小功·緦麻不稅者也. 雖不服, 猶免, 袒. '尙左手', 吉拜也. 『逸奔喪禮』曰: "凡拜吉喪皆尙左手."

集說 이 경문의 뜻은 이렇다. 소공복과 시마복의 형제가 죽었는데 본복을 하는 기간이 지난 뒤에 부고를 들었다면, 비록 추복追服을 하지는 않지만, 처음 들었을 때 또한 반드시 문免을 착용하고 단을 하고 용踊을 하는 것은 같은 친족이라는 친親함이 있어 모양을 바꾸지 않을 수 없기 때문이다. 그러나 빈객에게 배례를 할 때에는 길배吉拜의 예에 따라서 왼손을 오른손 위에 올려놓는다. 此言, 小功·緦麻之兄弟死而聞訃, 在本服月日之外, 雖不稅, 而初聞之, 亦必免袒而成其踊者, 以倫屬之親不可不爲之變也. 但拜賓, 則從吉拜而左手在上耳.

【분상 21】

상복이 없지만 곡위哭位를 설치하는 경우로 오직 형수와 아재비, 그리고 부인婦人 중에 낮추어져 상복이 없는 경우이다. 이들에 대해서 곡哭을 할 때 시마복의 환질環絰(麻)을 착용한다.

無服而爲位者, 唯嫂·叔, 及婦人降而無服者. 麻.

鄭注 비록 복은 하지 않지만 오히려 조문하는 옷을 입고 시마의 질을 착용하고, 웃옷을 벗어 어깨를 드러내고 머리에 문免을 착용하고서 곡위를 설치하고 곡을 한다. 정확히 '형수와 아재비'(嫂叔)라고 말한 것은 형수를 높이는 것이다. 형공兄公[13]은 동생의 처에 대해서 곡위를 설치할 수 없다. '부인 중에 낮추어져 상복이 없는 경우'(婦人降而無服)는 시집간 족고모族姑母와 족자매族姊妹를 가리킨다. 『일분상례逸奔喪禮』에 "복이 없지만 단袒을 하고 문免을 착용하고 곡위哭位를 설치하는 경우는 형수와 아재비뿐이다"라고 하였다. 무릇 그 남자(족백숙과 족형제 등)를 위해서는 복을 하지만, 그 부인(족고모와 족자매 등) 중에 낮추어져 복이 없는 이들에 대해서 곡을 할 때 시마복의 질絰을 착용한다. 雖無服, 猶弔服加麻, 袒, 免, 爲位哭也. 正言'嫂叔', 尊嫂也. 兄公於弟之妻則不能也. '婦人降而無服', 族姑・姊妹嫁者也. 『逸奔喪禮』曰: "無服, 袒, 免, 爲位者, 唯嫂與叔." 凡爲其男子服, 其婦人降而無服者麻.

集說 「단궁상檀弓上」(42)에 "자사子思는 형수를 위해 곡할 때 곡위를 마련하였다"고 하였다. '부인婦人 중에 낮추어져 상복이 없는 경우'는 시집가지 않은 고모와 자매에 대해서는 시마복을 하지만, 시집을 갔다면 낮추어 상복이 없어짐을 말한다. 곡哭을 할 때에는 또한 곡위哭位를 설치한다. '마麻'는 조문하는 복장에 시마복의 환질環絰을 착용한다는 뜻이다. ○ 정씨鄭氏(정현鄭玄)는 말한다. "정확히 형수와 아재비라고 말한 것은 형수를 높이는 것이다. 형공兄公은 동생의 처에 대해서 곡위를 설치할 수 없다." ○ 소疏에서 말한다. "이미 '상복이 없다'고 하였고, 또 '시마복의 환질環絰을 착용한다'고 하였다. 그러므로 조문하는 복장에 시마의 질絰을 착용하는 것임을 알 수 있다." 「檀弓」云: "子思之哭嫂也, 爲位." '婦人降而無服', 謂姑・姊妹在室者緦麻, 嫁則降在無服也. 哭之, 亦爲位. '麻'者, 弔服而加緦之環絰也. ○ 鄭氏曰: "正言嫂叔, 尊嫂也. 兄公於弟之妻, 則不能也." ○ 疏曰: "既云'無服', 又云'麻', 故知弔服加麻也."

【분상 22】

무릇 분상하고 있을 때 대부大夫가 늦게 조문하러 이르면, 상주는 단袒을 한 채로 배례拜禮하고, 용踊을 한 후에 습襲을 한다. 사士가 조문하러 이르렀을 경우엔 습襲을 한 후에 배례한다.

凡奔喪, 有大夫至, 袒, 拜之, 成踊, 而后襲. 於士, 襲而后拜之.

鄭注 상주가 단袒을 하고 내려와 곡哭을 할 때, 대부가 조문하러 이르면, 그대로 그에게 배례를 하여 감히 자기의 예를 계속하여 마치지 않는 것이 바로 존귀한 자를 예우하는 것이다. 어떤 사람은 "대부가 늦게 조문하러 이른 경우 상주는 단을 하고, 배례拜禮하며, 그를 위해서 용踊을 한다"고 하였다. 主人袒, 降哭, 而大夫至, 因拜之, 不敢成己禮, 乃禮尊者. 或曰: "大夫後至者, 袒, 拜之, 爲之成踊."

集說 이 경문은 대부大夫와 사士가 와서 이 분상하는 사람을 조문하는 경우를 말한 것이다. 존비에 따라 예가 다른 것이다. 此言大夫・士來弔此奔喪之人也. 尊卑禮異.

역주

1) 성용 : 踊은 상례에서 애통한 마음을 표시하는 의절이다. 곡을 하는 자가 가슴을 두드리고 발을 구르면서 극도의 슬픔을 표시한다. 한 번 踊을 할 때마다 세 번 발을 구르는데 세 번 용을 하여 아홉 번 발을 구르는 것으로 한 의절을 삼고 이를 '成踊'(용을 이룸)이라고 말한다. 본 번역본에서는 '成踊'을 특별한 구별이 필요 없는 경우 편의상 '용을 한다'로 번역하였다. 「檀弓上」(28), "辟踊, 哀之至也"에 대한 공영달의 疏 참조; 『三禮辭典』, 360쪽, '成踊' 항목 참조.

2) 분상하는 ~ 않음 : 이 부분의 공영달의 소에 따르면 분상하는 사람은 슬픔이 앞서기 때문에 친소와 상관없이 단독으로 들어가 哭을 하고 주인이 차서에 따른 위치를 잡아주는 것을 기다리지 않는다. 그러나 여자가 분상하는 경우 「奔喪」(6)에서 보여주듯이 상주가 맞이할 때 남자 분상자와 차이를 두고 빈객을 대하는 예로 대한다고 한다.

3) 측계 : 건물의 정면이 아닌 동과 서 양변에 설치된 계단을 말하며 旁階라고도 부른다. 「雜記下」(71), 진호 집설 참조.

4) 좌는 ~ 나온다 : 「喪服小記」(3)에 "남자는 冠을 착용하고 부인은 笄를 하며, 남자는 免을 착용하고 부인은 髽를 한다. 그 뜻은 남자이면 免을 착용하고 부인이면 髽를 한다는 것이다"(男子冠而婦人笄, 男子免而婦人髽. 其義, 爲男子則免, 爲婦人則髽)라고 하였다.

5) 위모관 : 고대 주나라에서 사용하던 冠의 명칭이다. '委貌'는 모양을 안정시킨다는 뜻으로 검은색 비단으로 만들며, 후대의 進賢冠에 그 모습이 남아 있다고 한다. 「단궁상」(82) 각주 참조.

6) 소공 ~ 없다 : 「檀弓上」(45), "小功의 상에 追服을 하지 않는다면 멀리 떨어진 형제의 경우는 끝내 복이 없게 될 것이니 그래도 괜찮겠는가?"(小功不稅, 則是遠兄弟終無服也, 而可乎?)에 대한 정현의 주에 "喪期가 이미 지난 뒤에 부고를 듣고 복하는 것을 '稅'라 한다"(日月已過, 乃聞喪而服曰'稅')고 하였다.

7) 又 : 『禮記集說』과 『禮記大全』에 모두 '又'로 되어 있지만 문맥으로 볼 때 '又曰'로 되어야 옳다.

8) 분상하는 ~ 전송한다 : 이 말은 「奔喪」(4)에 나온다.

9) 외상 : 대문 밖의 喪事를 말하며, 대문 안의 상사를 가리키는 內喪과 對가 된다. 「曾子問」(9)에서 "증자가 물었다. '아들의 冠禮를 치르려고 賓(관례를 주관하는 사람)과 贊(관례를 돕는 사람)이 도착하여 주인과 인사를 주고받고 들어왔을 때, 齊衰나 大功의 상복에 해당하는 부음을 들으면 어떻게 합니까?' 공자가 말하였다. "(사당이 같은) 집안 친족의 상이면 관례를 폐한다. (사당이 다른) 집 밖 사람의 상이라면 세 번 관을 씌우는 三加의 관례는 행하고 새로 관례를 치른 이에게 醴酒를 따라주는 의절은 행하지 않는다. (빈과 찬을 맞을 때 진설하였던) 음식을 치우고 깨끗이 청소한 뒤 位次에 나가 곡을 한다. 빈과 찬이 아직 도착하지 않았다면, 관례를 행하지 않는다'"(曾子問曰: '將冠子,

冠者至, 揖讓而入, 聞齊衰, 大功之喪, 如之何?' 孔子曰: '內喪則廢. 外喪則冠而不醴, 徹饌而埽, 即位而哭. 如冠者未至, 則廢')라고 하였다. 공영달의 소에 "외상은 대문 밖의 상이다"(外喪, 謂大門外之喪)라고 하였다. 이를테면 따로 떨어져 사는 형제의 상을 당한 경우가 그것이다.(「雜記下」(5)의 공영달의 소 참조)

10) 대공의 ~ 한다 : 집설의 인용문은 공영달의 疏를 그대로 인용한 것으로, 「雜記上」(34)의 원문 자체는 다음과 같다. "형제의 상을 듣고 奔喪할 때, 大功 이상은 사망한 이의 마을이 보이면 哭을 한다."(聞兄弟之喪, 大功以上, 見喪者之鄉而哭)

11) 반궁을 ~ 한다 : 「檀弓下」(12)에서 인용한 것이다. 원문은 "빈궁을 지키고 있을 때 멀리 다른 나라에 살고 있는 형제의 상을 들으면 側室(燕寢의 곁방)에서 곡을 한다. 측실이 없으면 대문 안의 오른편에서 곡을 한다. 같은 나라이면 가서 곡을 한다"(有殯, 聞遠兄弟之喪, 哭于側室. 無側室, 哭于門內之右. 同國, 則往哭之)고 되어 있다.

12) 형제 : 혼인을 통해 인척이 되는 사이도 형제라고 한다. 여기서는 혼인을 통해 인척이 되었고 원래 상복이 없는 관계인 경우를 말한다. 공영달의 소 참조.

13) 형공 : 남편의 형을 지칭하는 말이다. 『爾雅』「釋親」에 "남편의 형을 형공이라고 한다"(夫之兄爲兄公)라고 하였다.

예기역주 권27

문상 제35
問喪

정현의 『예기목록』에서 말한다. "「문상問喪」(상복에 대해 질의함)이라고 제목을 붙인 것은 거상居喪하는 예의 유래에 대하여 잘 질의한 것을 기록하였기 때문이다. 이 편은 유향劉向의 『별록別祿』에서는 「상복喪服」에 속해 있다."

鄭『目錄』云: "名曰「問喪」者, 以其記善問居喪之禮所由也. 此於『別祿』屬「喪服」也."

【문상 1】

부모(親)가 막 돌아가시면 관을 벗고 비녀와 머리싸개만을 남겨두며, 맨발을 하고, 심의의 앞 옷깃을 띠에 꽂고, 양 손으로 심장을 교대로 두드리면서 곡을 한다. 참담한 마음과 애통한 생각에 콩팥이 쓰리고 간이 마르며 폐가 타들어가게 된다. 물과 음료수조차 입에 넣지 못하고 3일 동안 취사를 하지 못한다. 그러므로 마을사람들이 그를 위해 미음과 죽을 만들어 마시고 먹게 한다. 속으로 비통하고 슬프기 때문에 외모에서 형상이 변하게 되고, 속으로 애통하고 괴롭기 때문에 입으로는 단 것을 달게 느끼지 못하고 몸으로는 아름다운 것을 편하게 여기지 못하는 것이다.

親始死, 雞斯, 徒跣, 扱上衽, 交手哭. 惻怛之心, 痛疾之意, 傷腎·乾肝·焦肺. 水漿不入口, 三日不擧火. 故隣里爲之糜粥, 以飮食之.① 夫悲哀在中, 故形變於外也, 痛疾在心, 故口不甘味, 身不安美也.②

鄭注 ① '친親'은 부모이다. '계사雞斯'는 계사笄纚로 되어야 한다. 발음으로 인한 잘못이다. 부모가 막 돌아가시면 관을 벗고 이틀 만에 비녀와 머리싸개를 풀고 머리를 묶는다. 오늘날 상을 막 당한 사람들이 야건邪巾과 맥두貊頭[1]를 하는 것은 비녀와 머리싸개의 유풍이다. '도徒'는 덧붙인 것이 없다는 뜻과 같다. '상임上衽'은 심의의 치마 앞자락이다. 오장五藏은 콩팥(腎)이 아래에 있고 간肝이 중간에 있고 폐肺가 위에 있다. 세 가지가 애타고 쓰린 것을 거론하였지만, 심장과 비장도 그 속에 포함된다. 5가家가 1린隣이 되고, 5린이 1리里가 된다. '親', 父母也. '雞斯'當爲笄纚. 聲之誤也. 親始死去冠, 二日乃去笄纚, 括髮也. 今時始喪者邪巾貊頭, 笄纚之存象也. '徒', 猶空也. '上衽', 深衣之裳前. 五藏者, 腎在下, 肝在中, 肺在上. 擧三者之焦傷, 而心脾在其中矣. 五家爲隣, 五隣爲里.

② 인정人情이 안팎으로 상응함을 말한 것이다. 言人情之中外相應.

集說 '계사雞斯'는 계사笄纚로 읽는다. '계笄'는 뼈로 만든 비녀이다. '사纚'는 머리카락을 감추는 비단 끈이다. 부모가 막 돌아가시면 상주는 먼저 관을 벗고 오직 비녀와 머리싸개만을 남겨둔다. '도徒'는 덧붙인 것이 없다의 뜻이다. '도선徒跣'은 신발을 신지 않고 맨발로 하는 것이다. '상임上衽'은 심의의 앞 옷깃인데, 울부짖으면서 용을 하는데 밟혀서 방해가 되므로 띠에

다 그것을 꽂는 것이다. '손을 교대로 곡을 한다'(交手哭)는 것은 양 손으로 심장을 교대로 두드리면서 곡을 한다는 뜻이다. 미糜는 되고, 죽粥은 묽다. 묽은 미음은 마시게 하고 된 죽은 떠먹게 한다. '雞斯', 讀爲笄纚. '笄', 骨笄也. '纚', 韜髮之繒也. 親始死, 孝子先去冠, 惟留笄纚也. '徒', 空也, '徒跣', 無屨而空跣也. '上衽', 深衣前襟也, 以號踊履踐爲妨, 故扱之於帶也. '交手哭', 謂兩手交以拊心而哭也. 糜厚而粥薄. 薄者以飮之, 厚者以食之也.

【문상 2】

3일 만에 대렴을 한다. 침상에 있는 유해를 시신(尸)이라고 하고 관棺에 들어간 유해를 널(柩)이라고 한다. 시신을 이동하고 널을 움직일 때 곡哭과 용踊을 하는데 정해진 횟수가 없다. 참담한 마음과 애통한 생각으로 슬퍼져서 마음이 괴롭고 기운이 치솟는다. 그러므로 육단肉袒을 하고 용踊을 하게 한다. 그렇게 하여 몸을 움직이고 마음을 가라앉히고 기운을 누그러뜨리는 것이다.

三日而斂. 在牀曰尸, 在棺曰柩. 動尸擧柩, 哭踊無數. 惻怛之心, 痛疾之意, 悲哀志懣氣盛. 故袒而踊之. 所以動體安心下氣也.

集說 곡哭과 용踊에는 본래 횟수가 정해져 있는데, 이 경문에서 '횟수가 없다'고 말한 것은 또 일반적인 의절 밖에 있는 것이다. '만懣'은 괴롭다(煩)는 뜻이다. 哭踊本有數, 此言'無數'者, 又在常節之外也. '懣', 煩也.

【문상 3】

부인은 육단肉袒을 해서는 안 된다. 그러므로 가슴 앞쪽 겉옷을 열어젖히고 가슴을 두드리며 까치발로 용踊을 하는데, 쿵쿵탕탕 가슴을 치는 소리가 무너지는 담장 소리와 같다. 슬프고 애통함이 지극한 것이다. 그러므로 "가슴을 두드리며 용踊을 하고 울부짖으며 곡哭을 하면서, 슬퍼하며 전송한다"[2]고 하였다. 육신(形)을 전송하여 장지로 가고 정신(精)을 맞이하여 집으로 돌아오는 것이다.

婦人不宜袒. 故發胸·擊心·爵踊, 殷殷田田, 如壞牆然. 悲哀痛疾之至也. 故曰, "辟踊哭泣, 哀以送之." 送形而往, 迎精而反也.

鄭注 '그러므로 육단肉袒을 하고 용踊을 하게 한다'(故袒而踊之)는 것은 성인이 법을 제정하였기 때문에 그렇게 시키는 것임을 말한다. '작용爵踊'은 발이 땅에서 떨어지지 않은 채 용踊을 하는 것이다. '벽辟'은 가슴을 친다는 뜻이다. '슬퍼하며 전송한다'(哀以送之)는 것은 장례葬禮를 행할 때를 가리킨다. '그 정신을 맞이하여 돌아온다'(迎其精神而反)는 것은 반곡反哭을 하고 반곡하는 그 날 안에 우제虞祭를 지내는 것을 뜻한다. '故袒而踊之', 言聖人制法, 故使之然也. '爵踊', 足不絶地. '辟', 拊心也. '哀以送之', 謂葬時也. '迎其精神而反', 謂反哭及日中而虞也.

集說 '발發'은 연다(開)는 뜻이다. '작용爵踊'은 까치가 발을 뛰듯이 하여 땅에서 떨어지지 않게 한다는 뜻이다. '은은전전殷殷田田'은 (가슴을) 치는 소리다. '벽辟'은 가슴을 친다는 뜻이다. '發', 開也. '爵踊', 似爵之跳足不離地也. '殷殷田田', 擊之聲也. '辟', 拊心也.

【문상 4】

장지로 가서 전송할 때에는 우러러 그리워하고 다급해하는 모습이 마치 뒤쫓아 갔지만 따라잡지 못하는 듯이 한다. 반곡反哭을 할 때에는 방황하는 모습이 마치 이리저리 찾아보지만 찾지 못하는 듯이 한다. 그러므로 가서 전송할 때에는 그리운 듯이 하고 돌아올 때에는 의심스러운 듯이 한다. 찾아도 발견되는 것이 없어, 빈궁殯宮의 문에 들어가 보지만 보이지 않고, 당에 올라가 보지만 또 보이지 않고, 방에 들어가 보지만 또 보이지 않는다. 사라지고 없어졌으니 다시는 볼 수 없게 된 것이다. 그러므로 울부짖으며 곡哭을 하고 가슴을 치며 용踊을 하여 슬픈 심정을 다 쏟은 뒤에 그치는 것이다.

其往送也, 望望然, 汲汲然, 如有追而弗及也. 其反哭也, 皇皇然, 若有求而弗得也. 故其往送也如慕, 其反也如疑.① 求而無所得之也, 入門而弗見也, 上堂又弗見也, 入室又弗見也. 亡矣喪矣, 不可復見已矣. 故哭泣辟踊, 盡哀而止矣.②

鄭注 ① '망망望望'은 우러러 그리워하는 모습이다. '그리운 듯이 한다'(慕)는 것은 그 부모가 앞에 있기 때문이다. '의심스러운 듯이 한다'(疑)는 것은 신神이 오고 있는지 여부를 모른다는 뜻이다. '望望', 瞻望之貌也. '慕'者, 以其親之在前. '疑'者, 不知神之來否.

② 반곡反哭의 뜻을 설명한 것이다. 說反哭之義也.

集說 '망망望望'은 우러러 그리워한다는 뜻이다. '급급汲汲'은 다급해하는 마음이다. '황황皇皇'은 방황한다는 뜻이다. '슬픈 심정을 다 쏟은 뒤에 그친

다'는 것은 달리 그 마음을 둘 곳이 없다는 뜻이다. '望望', 瞻望之意也. '汲汲', 促急之情也. '皇皇', 猶彷徨之意. '盡哀而止'者, 他無所寓其情也.

【문상 5】

마음이 슬프고 참담하며 아련하고 한탄스러워, 절망스런 심정 비통한 생각뿐이다. 종묘宗廟에서 제사를 지내 귀신으로 흠향하고 요행히 다시 돌아오기를 바란다. 장례葬禮를 마치고 돌아와서는 감히 처소로 들어가 거처하지 못하고 의려에 거처한다. 부모가 밖에 계신 것을 슬퍼하기 때문이다. 거적자리에서 잠을 자고 흙덩이를 베개로 삼는다. 부모님이 흙 속에 계신 것을 슬퍼하기 때문이다. 그러므로 (생각날 때마다) 무시로 울부짖으며 곡을 하고, 3년 동안 근심하고 괴로운 심정으로 상복을 하는 것은 사모하고 그리워하는 마음 때문이니, 효자孝子(상을 당한 자식)의 마음이요, 인정人情의 실제이다.

心悵焉愴焉, 惚焉愾焉, 心絶志悲而已矣. 祭之宗廟, 以鬼饗[3]之, 徼幸復反也.① 成壙而歸, 不敢入處室, 居於倚廬. 哀親之在外也. 寢苫枕塊. 哀親之在土也.② 故哭泣無時, 服勤三年, 思慕之心, 孝子之志也, 人情之實也.③

鄭注 ① 우제虞祭의 뜻을 설명한 것이다. 說虞之義.

② 부모가 밖에서 흙 속에 계시므로 상주는 차마 자신의 처소로 돌아가 편하게 지내지 못한다는 뜻이다. '입처실入處室'은 어떤 곳에는 '입궁入宮'(처소로 들어간다)으로 되어 있다. 言親在外在土, 孝子[4]不忍反室自安也. '入處室'或爲'入宮'.

③ '근勤'은 근심하고 힘쓴다는 뜻이다. '勤', 謂憂勞.

集說 이 경문은 반곡反哭에서부터 상을 마칠 때까지의 정리情理를 말한 것이다. '홀惚'은 멍하다는 뜻과 같다. '개愾'는 탄식하고 한스러워한다는 뜻과 같다. '근勤'은 근심하고 괴로워한다는 뜻이다. 此言反哭至終喪之情. '惚', 猶怳惚也. '愾', 猶嘆恨也. '勤', 謂憂苦.

【문상 6】

어떤 사람이 물었다. "3일이 지난 후에 염斂을 하는 이유는 무엇인가?" 대답하였다. "자식은 부모가 돌아가면 비통하고 슬퍼서 마음이 괴롭다. 그러므로 엎어지고 자빠지며 곡을 하고, 마치 장차 다시 살아 돌아올 듯이 여긴다. 그러니 어찌 자식의 마음을 빼앗아 부모의 시신을 염할 수 있겠는가? 그러므로 '3일이 지난 후에 염을 한다'는 것은 돌아간 분이 살아오기를 기다리는 것이다. 3일이 지나도 살아 돌아오지 않으면 또한 살아나지 못하는 것이다. 자식의 마음은 또한 더욱 초췌해진다. (상을 치를) 집안의 재정과 상복의 도구 또한 갖추어 질 수 있고, 멀리 사는 친척이 또한 도착할 수 있다. 이 때문에 성인이 재단하고 결정을 내려서 3일로 그 예제를 정한 것이다."

或問曰: "死三日而后斂者, 何也?"① 曰: "孝子親死, 悲哀志懣. 故匍匐而哭之, 若將復生然. 安可得奪而斂之也? 故曰'三日而后斂'者, 以俟其生也. 三日而不生, 亦不生矣. 孝子之心, 亦益衰矣.

家室之計, 衣服之具, 亦可以成矣, 親戚之遠者, 亦可以至矣. 是故聖人爲之斷決, 以三日爲之禮制也."②

鄭注 ① 대렴大斂을 늦게 하는 것을 이상하게 생각한 것이다. 怪其遲也. ② '포복匍匐'은 엎어지고 자빠진다는 뜻과 같다. 어떤 본에서는 '부복扶服'으로 되어 있다. '匍匐'猶顚蹷. 或作'扶服'.

集說 이는 기록한 자가 질문을 가정하여 3일 만에 염斂을 하는 의리를 설명한 것이다. 此記者設問, 以明三日而斂之義.

【문상 7】

어떤 사람이 물었다. "관을 하는 자가 육단肉袒(웃옷을 벗고 어깨를 드러내는 것)을 하지 않는 이유는 무엇인가?" 대답하였다. "관은 지극히 존귀하다. 육단하는 몸에는 착용하지 않는다. 그러므로 문免을 착용하여서 그것을 대신하는 것이다. 따라서 대머리인 사람이 문免을 착용하지 않고 곱사등이가 육단을 하지 않고 절뚝발이가 용踊을 하지 않는 것은 슬프지 않기 때문이 아니라 몸에 불치의 병이 있어서 예를 갖출 수 없기 때문이다. 그러므로 '상례에는 오직 슬퍼하는 것을 위주로 한다'고 말하는 것이다. (질병이 있는) 여자가 곡을 하고 슬퍼하면서 가슴을 치고 마음 아파하며, (질병이 있는) 남자가 곡을 하고 슬퍼하면서 용모를 갖추지 않은 채 이마를 지면에 대는 것은 슬퍼함이 지극한 것이다."

或問曰: "冠者不肉袒, 何也?"① 曰: "冠至尊也. 不居肉袒之體也. 故爲之免以代之也.② 然則禿者不免, 傴者不袒, 跛者不踊, 非不悲也, 身有錮疾, 不可以備禮也. 故曰'喪禮唯哀爲主矣.' 女子哭泣悲哀, 擊胸傷心, 男子哭泣悲哀, 稽顙觸地無容, 哀之至也."③

鄭注 ① 의복과 관이 본래 서로 짝이 되는 것에 대하여 의문을 나타낸 것이다. 怪衣冠本之相爲也.

② 몸에 장식이 없는 자는 감히 관을 착용하지 못한다는 뜻이다. 관을 착용하면 존복尊服을 더럽히게 되고, 육단을 하면 문免[5])을 한다. 문免은 형상이 관과 같은데 너비가 한 치다. 言身無飾者不敢冠. 冠爲褻尊服, 肉袒則著免. 免狀如冠, 而廣一寸.

③ 용踊을 하기에 앞서 먼저 단袒을 하고, 단袒을 하기에 앞서 먼저 문免을 한다. 이 세 가지 질병에 걸린 사람들은 모두 용을 하지 못하고, 단을 하지 못하고, 문免을 착용하지 못한다. 다만 부득이 한 경우에는 각각 한 가지만을 할 뿐이다. 가슴을 치며 마음 아파하고 이마를 지면에 대는 것은 용을 하지 못하는 이가 그렇게 해도 된다. 어떤 사람은 "남자와 여자가 곡哭과 용踊을 하는 것이다"라고 하였다. 將踊先袒, 將袒先免. 此三疾俱不踊・不袒・不免. 顧其所以否者, 各爲一耳. 擊胸傷心, 稽顙觸地, 不踊者若此而可. 或曰, "男女哭踊."

集說 문免을 착용하고 나서 단袒을 하고, 단을 하고 나서 용踊을 하는 것이 선후의 차례이다. 한 가지 질병이 있으면 한 가지 예禮를 폐한다. 여자는 용踊을 하지 않을 경우 가슴을 치기만 하고, 남자는 용踊을 하지 않을 경우 이마를 지면에 대기만 한다. 이것으로도 모두 슬퍼함이 지극한 모습이 될 수 있다. 免而袒, 袒而踊, 先後之次也. 有一疾則廢一禮. 女子不踊則惟擊胸, 男子不踊則惟稽顙觸地. 皆可以爲哀之至也.

【문상 8】

어떤 사람이 물었다. "문免을 착용하는 것은 무엇 때문인가?" 대답하였다. "관례를 치르지 않은 자가 착용하는 것이다. 『예禮』에 '동자는 시마복을 하지 않는데, 오직 당실當室만은 시마복을 한다'고 하였다. 시마복을 하는 것은 그가 문을 착용하였기 때문이다. 당실이 된 경우에는 문을 착용하고 지팡이를 하는 것이다."

或問曰: "免者以何爲也?"① 曰: "不冠者之所服也. 『禮』曰, '童子不緦, 唯當室緦', 緦者其免也. 當室則免而杖矣."②

鄭注 ① 본래 문免을 착용하는 목적에 대하여 의문을 나타낸 것이다. 怪本所爲施也.

② '관을 쓰지 않은 자'(不冠者)란 아직도 관례를 치르지 않았다는 뜻과 같다. '당실當室'[6]은 아버지나 형이 없어서 집안일을 주관하게 된 자를 가리킨다. 동자는 지팡이를 하지 않으며, 지팡이를 하지 않는 자는 문免을 착용하지 않지만, 당실은 지팡이를 하고 문을 한다. 문免은 관의 세세한 것이니, 구별하여 그것으로 성인에 버금가게 하는 것이다. '시마복을 하는 것은 그가 문免을 착용하였기 때문이다'(緦者其免也)는 것은 문을 해야 비로소 시마복이 있다는 뜻이다. '不冠者', 猶未冠也. '當室', 謂無父兄而主家者也. 童子不杖, 不杖者不免, 當室則杖而免. 免冠之細, 別以次成人也. '緦者其免也', 言免乃有緦服也.

集說 유씨劉氏는 말한다. "이미 관례를 치른 자가 상을 당하여 복장을 바꾸고 관을 벗었다면 반드시 문免을 착용한다. 비록 관은 벗었지만 오히려 관례를 치르지 않았다는 혐의를 받을 수 있기 때문에 문免을 착용하는 것이다. 동자는 애초에 관례를 치른 적이 없기 때문에 비록 상을 당했더라도

문免을 착용하지 않는다. 아직 관례를 치르지 않았으므로 관례를 치르지 않았다는 혐의를 받을 이유가 없기 때문이다. 만약 고아로서 당실當室이 되었다면 비록 동자라도 문免을 착용한다. 그가 상주가 되어서 어른들의 예를 담당하기 때문이다. 동자가 지팡이를 하지 않는 것은 그가 병이 날 수 없기 때문인데 당실이 된 경우에는 지팡이를 하고, 동자가 시마복을 하지 않는 것은 어려서 먼 친족의 슬픔을 알 수 없기 때문인데 당실이 된 경우에는 시마복을 한다. 시마복을 하는 것은 그가 당실이 되어서 어른들처럼 문免을 착용하고 지팡이를 하였으므로 또한 어른들의 시마복을 할 수 있기 때문이다. 그러므로 '시마복을 하는 것은 그가 문免을 착용하기 때문이다'라고 한 것이다." 劉氏曰: "已冠者, 爲喪變而去冠, 則必著免. 蓋雖去冠, 猶嫌於不冠, 故加免也. 童子初未冠, 則雖爲喪, 亦不免. 以其未冠, 故不嫌於不冠也. 若爲孤子而當室, 則雖童子亦免. 以其爲喪主, 而當成人之禮也. 如童子不杖, 以其不能病也, 而當室則杖, 童子不緦, 幼不能知疎遠之哀也, 而當室則緦. 緦者, 以其當室而爲成人之免且杖, 則亦可爲成人之緦矣. 故曰'緦者以其免也'."

【문상 9】

어떤 사람이 물었다. "지팡이를 하는 것은 어떻게 하는 것인가?" 대답하였다. "대나무(竹)와 오동나무(桐)는 같은 것이다. 그러므로 아버지의 상에는 저장苴杖을 사용하는데, 저장은 대나무로 만든 것이다. 어머니의 상에는 삭장削杖을 하는데 오동나무로 만든 것이다." 어떤 사람이 물었다. "지팡이를 하는 것은 그로써 무엇을 하려는 것인가?" 대답하였다. "자식이 부모의 상을 당하면 울부짖으며 곡을 하는데 횟수가 없으며, 3년 동안 근심하고 괴로운 마음으로 거상하면 몸이 병들고 쇠잔해지기 때문에 지팡이로 병든 몸을 부지하는 것이다. 그러나 아버지가 살아 계실 때 감히 지팡이를 하지 않는 것은 존귀한 분이 살아 계시기 때문이다. 당 위에서 지팡이를 하지 않는 것은 존귀한 분이 계신 곳을 피하는 것이다. 당 위에서 잔걸음으로 빨리 다니지 않는 것은 급박하지 않음을 보여주는 것이다. 이는 자식의 마음이고 인정의 실제이고 예의의 근간이다. 하늘에서 내려오는 것도 아니고, 땅에서 솟아오르는 것도 아니다. 인정人情일 뿐이다."

或問曰: "杖者, 何也?"① 曰: "竹·桐, 一也. 故爲父苴杖, 苴杖, 竹也. 爲母削杖, 削杖, 桐也."② 或問曰: "杖者, 以何爲也?"③ 曰: "孝子喪親, 哭泣無數, 服勤三年, 身病體羸, 以杖扶病也.④ 則父在不敢杖矣, 尊者在故也. 堂上不杖, 辟尊者之處也. 堂上不趨, 示不遽也. 此孝子之志也, 人情之實也, 禮義之經也. 非從天降也, 非從地出也. 人情而已矣."⑤

鄭注 ① 그 의리가 각각 다른 것을 괴이하게 생각한 것이다. 怪其義各異.

② 지팡이를 하는 것에 그 의리는 똑같고 단지 그 용도만 다름을 말한 것이다. 言所以杖者義一也, 顧所用異耳.

③ 사용하는 목적에 대하여 의문을 나타낸 것이다. 怪所爲施.

④ 지팡이가 있어야 일어날 수 있음을 말한 것이다. '수數'는 더러 '시時'로 되어 있다. 言得杖乃能起也. '數'或爲'時'.

⑤ '아버지가 살아 계실 때 지팡이를 하지 않는다'(父在不杖)는 것은 어머니를 위해 복상하고 있음을 가리킨다. 존귀한 자가 있을 때 지팡이를 하지

않는 것은 존귀한 자가 있는 곳을 피하여 지팡이를 하지 않는 것이다. 일이 있더라도 잔걸음으로 빨리 다니지 않는 것은 모두 영향을 주어 그들을 걱정하게 만들기 때문이다. '父在不杖', 謂爲母喪也. 尊者在不杖, 辟尊者之處不杖. 有事不趨, 皆爲其感動, 使之憂戚也.

集說 '저장苴杖'은 둥글게 만들어서 하늘을 상징하고, '삭장削杖'은 네모지게 만들어서 땅을 상징한다. 또 동桐(오동나무)으로써 동同(같음)의 뜻을 삼는다. 슬픔이 아버지의 상과 같음을 말하는 것이다. '당 위에서 잔걸음으로 빨리 다니지 않는다'는 것은 또한 아버지가 살아 계실 경우를 말한다. 급박하게 하면 아버지의 마음에 영향을 줄 수 있다. 그러므로 여유 있음을 보이는 것이다. '苴杖', 圓而象天, '削杖', 方以象地. 又以桐爲同之義. 言哀戚同於喪父也. '堂上不趨', 亦謂父在時也. 急遽則或動父之情. 故示以寬暇.

역주

1) 야건과 맥두 : 처음 상을 당했을 때 상주들이 쓰는 두건(孝巾)을 邪巾이라고 한다. 고대에 남자들이 머리를 묶는 두건을 貊頭라고 한다. 『爾雅』「釋名·釋首飾」에 "머리를 묶어 올리는 두건(綃頭)이다. '綃'는 묶는다는 뜻이다. 머리를 묶어서 위쪽으로 따르게 하는 것으로, '陌頭'라고도 하는데 머리 뒤쪽에서부터 가로로 묶어서 앞쪽으로 나옴을 말한다"(綃頭. '綃', 鈔也. 鈔髮使上從也, 或謂之'陌頭', 言其從後橫陌而前也)라고 하였다. 『集韻』에 "邪巾과 袙頭는 상을 막 당하였을 때의 복식이다"(邪巾·袙頭, 始喪之服)라고 하였다. 『類篇』에 "帕은 邪巾이다. 陌·貊·帕·袙 등은 뜻이 같다"(帕, 邪巾也. 陌·貊·帕·袙, 義同)라고 하였다.

2) 가슴을 ~ 전송한다 : 이 부분은 『孝經』「喪親」에 보인다. 『孝經』에는 '辟'이 '擗'으로 되어 있다. 楊天宇는 여기까지가 인용된 것으로 이해하였다. 십삼경주소정리본에는 '迎精而反'까지 인용된 것으로 표점이 되어 있다. 본 번역본에서는 楊天宇의 설을 따랐다.

3) 饗 : 閩·毛本·衛湜의 『禮記集說』에는 '享'으로 되어 있다. 혜동의 校宋本·石經·宋監本·岳本·嘉靖本에는 모두 '饗'으로 되어 있다. 『예기정의』, 1791쪽 교감 참조.

4) 孝子 : 『禮記訓纂』에는 '孝子' 아래에 '之心' 두 글자가 더 있다. 『예기정의』, 1792쪽 교감 참조.

5) 문 : 冠을 대신하는 것으로, 한 치 넓이의 베를 목 중앙에서 이마 앞에서 교차시키고 다시 뒤로 감아 상투에 묶는 것이다. 『의례』「士喪禮」에 "주인은 머리를 묶고 袒을 하며, 중주인은 房에서 免을 한다"(主人髻髮, 袒, 衆主人免于房)라고 한 것에 대한 정현의 주에 "이것은 麻布를 사용하여 한다. 그 모양이 오늘날 幓頭(머리를 묶는 두건)를 착용하는 것과 같다. 목의 가운데로부터 앞쪽으로 묶어 이마 위에서 교차시켜 물려서 상투를 에워싼다"(此用麻布爲之. 狀如今之著幓頭矣. 自項中而前, 交於額上, 卻繞紒也)라고 하였다.

6) 당실 : 아버지를 대신해서 집안일을 주관하는 사람이다. 대부분 嫡子가 당실에 해당하는 경우가 많기 때문에 당실은 적자를 가리키기도 한다. 『의례』「喪服」에 "동자는 오직 집안일을 주관할 때만 시마를 한다"에 대한 정현의 주에 "동자는 관례를 치루지 않은 이를 지칭한다. 당실이란 아버지의 후사가 되어 집안일을 이은 자가 집안의 주인이 되어 족인들과 예를 행하는 것이다. 친족 관계에 있는 사람에 대하여 은의는 지극하지 않더라도 복하지 않을 수 없다"(童子, 未冠之稱也. 當室者, 爲父後, 承家事者, 爲家主, 與族人爲禮. 於有親者, 雖恩不至, 不可以無服也)고 하였고, 가공언의 소에는 "당실은 아버지를 대신해서 집안일을 담당한다. 그러므로 '집안의 주인이 된다'고 한 것이다"(當室是代父當家事. 故云'爲家主')라고 하였다. 「曲禮上」(48)에서는 "고아로서 가정을 이루어 대를 이으면, 관과 옷에 색깔 있는 화려한 것으로 純을 하지 않는다"(孤子當室, 冠·衣不純采)고 한 것에 대해 정현의 주에는 "당실은 적자이다"(當室, 適子也)라고 하였다.

예기역주 권28

복문 제36

服問

정현의 『예기목록』에서 말한다. "「복문服問」(상복을 하고 있는 이가 질의함)이라고 제목을 붙인 것은 질의를 잘하여[1] 상복을 하고 있는 중에 또 상을 당한 경우 상복에 변화를 주는 의절儀節을 알게 하였기 때문이다. 이 편은 유향劉向의 『별록別祿』에서는 「상복喪服」에 속해 있다.

鄭『目錄』云: "名曰「服問」者, 以其善問以知有服而遭喪所變易之節. 此於『別祿』屬「喪服」也."

【복문 1】

『전傳』에 "가볍게 복을 하는 사람을 따르면서 무겁게 복을 하는 경우가 있다"고 하였는데, 공자公子의 처가 그 황고皇姑(시어머니)를 위해 하는 경우이다.[2]

『傳』曰: "有從輕而重", 公子之妻爲其皇姑.

鄭注 '황皇'은 군주라는 뜻이다. 제후의 첩의 아들의 처는 그 군고君姑(시어머니, 제후의 첩)를 위해 자최복을 하니, 소군小君(제후의 정처)을 위해 복을

할 때와 같다. 시아버지는 며느리를 눌러 복을 낮추게 하지 않는다. '皇', 君也. 諸侯妾子之妻爲其君姑齊衰, 與爲小君同. 舅不厭婦也.

集說 "속종屬從이 있고, 도종徒從이 있다."[3] 그러므로 모두 '종從'(다른 사람을 따라서 상복을 하는 것)을 가지고 말한 것이다. ○ 소疏에서 말한다. "'공자公子'는 제후의 첩의 아들이다. '황고皇姑'는 곧 공자의 어머니이다. 제후가 살아 있으면 (제후의) 존귀함으로 첩의 아들을 눌러서 어머니를 위해 연관練冠을 쓰도록 하고[4], 제후가 이미 죽었다면 첩의 아들은 어머니를 위해 대공복을 할 수 있다. 그런데 첩의 아들의 처는 제후가 살아 있든 아니든 상관없이 남편의 친어머니를 위해 기년복을 한다. 그 남편이 연관練冠을 하는 것은 가벼운 것이고, 처가 시어머니를 위해 기년의 복을 하는 것은 무거운 것이다. 그러므로 '가볍게 복을 하는 사람을 따르면서 무겁게 복을 하는 경우가 있다'고 한 것이다. '황皇'은 군주(君)라는 뜻이다. 이 첩은 이미 천하기 때문에 만약 단지 '고姑'라고만 말하면 제후의 적처(嫡女君)라는 혐의를 받을 수 있다. 이제 '황皇' 자를 붙여 여군女君(제후의 적처)[5]이 아님을 밝히면서, 이 며느리가 그 시어머니를 높이는 것은 여군에 대해 높이는 것과 동일하기 때문에 '황고皇姑'라고 한 것이다." "有屬從, 有徒從." 故皆以'從'言. ○ 疏曰: "'公子', 諸侯之妾子也. '皇姑', 卽公子之母也. 諸侯在, 尊厭妾子, 使爲母練冠, 諸侯沒, 妾子得爲母大功. 而妾子之妻則不論諸侯存沒, 爲夫之母, 期也. 其夫練冠, 是輕也, 而妻爲之期, 是重. 故云'有從輕而重'也. '皇', 君也. 此妾旣賤, 若惟云'姑', 則有嫡女君之嫌. 今加'皇'字, 明非女君, 而此婦尊之與女君同, 故云'皇姑'也."

【복문 2】

(『전傳』에) "무겁게 복을 하는 사람을 따라 가볍게 복을 하는 경우

가 있다"고 하였는데, 처의 부모를 위해 복을 하는 경우이다.[6)]
"有從重而輕", 爲妻之父母.

鄭注 처는 자최복을 하는데, 남편은 그녀를 따라서 시마복을 한다. 한 등급을 낮추지 않는 것은 복의 차이가 아님을 말한 것이다. 妻齊衰而夫從緦麻. 不降一等, 言非服差.

集說 처는 자기 부모를 위해 자최복을 한다. 이것이 복을 무겁게 하는 것이다. 남편은 처를 따라 장인·장모를 위해 복을 할 때 시마복으로 한다. 이것이 '무겁게 복을 하는 사람을 따라 가볍게 복을 하는 경우'이다. 妻爲其父母齊衰. 是重也. 夫從妻而服之, 乃緦麻. 是'從重而輕'也.

【복문 3】

(『전傳』에) "복이 없는 사람을 따라 복을 하는 경우가 있다"고 하였는데, 공자公子의 처가 공자의 외형제를 위해서 복을 하는 경우이다.[7)]
"有從無服而有服", 公子之妻爲公子之外兄弟.

鄭注 공자公子의 외조부모 및 종모從母를 위해 시마복을 하는 것을 말한다. 謂爲公子之外祖父母·從母緦麻.

集說 소疏에서 말한다. "공자는 (제후의 존尊에) 눌려서 자기 어머니의 외가에 대해 복을 하지 않는다. 이것이 '복이 없다'(無服)는 것이다. 그러나 처는 오히려 공자公子를 따라 공자의 외조부모 및 종모從母를 위해 시마복을

한다. 이것이 '복이 없는 사람을 따라 복을 한다'(從無服而有服)는 것이다." (소疏에서 말한다.) "경문에는 단지 '공자의 외형제'라고만 말했지만, 그 외형제가 공자의 고모의 아들이 아님을 알 수 있는 것은 『의례』 「상복」[8]에 '남편이 복을 하는 형제에 대해 처는 모두 한 등급을 낮춘다'고 하였기 때문이다. 남편이 고모의 아들을 위해 시마복을 한다면, 처는 복이 없게 되는데, 이제 공자公子의 처가 그들을 위해 복을 하므로 '공자의 외조부모 및 종모를 위해 복을 하는 것'임을 알 수 있다. 이러한 것들은 모두 소공의 복이다. 무릇 소공복은 형제를 위해 하는 복을 가리키는데, 동종同宗이라면 곧바로 '형제'라고 칭하지만, 외족外族[9]이기 때문에 '외형제'라고 칭한 것이다." 疏曰: "公子被厭, 不服己母之外家. 是'無服'也. 妻猶從公子而服公子外祖父母・從母緦麻. 是'從無服而有服'也." "經惟云'公子外兄弟', 而知其非公子姑之子者, 以「喪服小記」云, '夫之所爲兄弟服, 妻皆降一等.' 夫爲姑之子緦麻, 妻則無服, 今公子之妻爲之有服, 故知'其爲公子外祖父母・從母'也. 此等皆小功之服. 凡小功者, 謂爲兄弟, 若同宗, 直稱'兄弟', 以外族, 故稱'外兄弟'也."

【복문 4】

(『전傳』에) "복을 하는 사람을 따라 복을 하지 않는 경우가 있다"고 하였는데, 공자公子가 그 처의 부모를 위해 하는 경우이다.[10]

"有從有服而無服", 公子爲其妻之父母.

鄭注 무릇 공자公子는 군주의 존귀함에 눌려서 그 사친私親에 대해 낮춘다. 여군女君의 아들은 낮추지 않는다. 凡公子厭於君, 降其私親. 女君之子不降也.

集說 정씨鄭氏(鄭玄)는 말한다. "무릇 공자公子는 군주의 존귀함에 눌려서 그 사친私親에 대해 낮춘다. 여군女君의 아들은 낮추지 않는다." ○ 소疏에서 말한다. "비록 공자의 처라도 오히려 부모를 위해 기년복을 한다. 이것이 '복이 있다'(有服)는 것이다. 공자公子는 눌려서 처를 따라 복을 하지는 않는다. 이것이 '복을 하는 사람을 따라 복을 하지 않는다'(從有服而無服)는 것이다." 鄭氏曰: "凡公子厭於君, 降其私親. 女君之子不降也." ○ 疏曰: "雖爲公子之妻, 猶爲父母期. 是'有服'也. 公子被厭, 不從妻而服之. 是'從有服而無服'也."

【복문 5】

『전傳』에 "생모가 쫓겨났다면 계모의 친족을 위해 복을 하고, 계모가 죽었다면 쫓겨난 생모(出母)의 친족을 위해 복을 한다"고 하였다. 쫓겨난 생모의 친족을 위해 복을 하였다면, 계모의 친족을 위해서는 복을 하지 않는다.

『傳』曰: "母出則爲繼母之黨服, 母死則爲其母之黨服." 爲其母之黨服, 則不爲繼母之黨服.

鄭注 비록 외친이라 하더라도 통統을 둘로 하는 경우는 없다. 雖外親, 亦無二統.

集說 '어머니가 죽었다'(母死)는 것은 계모가 죽었다는 뜻이다. '그 어머니'(其母)는 쫓겨난 어머니를 가리킨다. ○ 정씨鄭氏(정현鄭玄)는 말한다 "비록 외친이라 하더라도 통統을 둘로 하는 경우는 없다." '母死', 謂繼母死也. '其母', 謂出母也. ○ 鄭氏曰: "雖外親亦無二統."

【복문 6】

삼년상을 하면서 연제練祭를 지낸 후에 기년상을 당해 장례葬禮를 마쳤다면, 요대는 본래의 갈대葛帶(삼년상에서 연제를 지낸 후 두르는 칡으로 만든 띠)를 착용하고, 수질은 기년상의 갈질葛絰을 착용하고, 최복은 대공의 최복(功衰)을 입는다.

三年之喪旣練矣, 有期之喪旣葬矣, 則帶其故葛帶, 絰期之絰, 服其功衰.

鄭注 '요대는 본래의 갈대를 착용한다'(帶其故葛帶)고 한 것은 삼년상을 하면서 연제를 지낸 이후와 기년상을 당해 장례를 마친 것은 그 차이가 비슷하기 때문이다. '수질은 기년상의 갈질을 착용한다'(絰期之葛絰)고 한 것은 삼년상에서 연제를 지내고 수질首絰을 벗기 때문이다. 아버지를 위해 복을 할 때에는 연제를 지내고 난 후 최복衰服은 7승으로 하고, 어머니를 위해 복을 할 때에는 연제를 지내고 난 후 최복은 8승으로 한다. 무릇 자최상에서 장례를 마치고 나면 상복은 8승으로 하기도 하고 9승으로 하기도 한다. '대공의 최복을 입는다'(服其功衰)는 것은 추최복麤衰服[11])을 입는다는 뜻이다. '期'는 음이 '基'이다. 아래 경문 및 정현의 주 역시 모두 마찬가지다. '帶其故葛帶'者, 三年旣練, 期旣葬, 差相似也. '絰期之葛絰', 三年旣練, 首絰除矣. 爲父, 旣練, 衰七升, 母旣葬, 衰八升. 凡齊衰, 旣葬, 衰或八升, 或九升. '服其功衰', 服麤衰. 期音基, 下及注皆同.

集說 소疏에서 말한다. "삼년상에서 연제를 지낸 후에 또 기년상을 당해 장례葬禮를 마쳤을 때의 의절을 말한 것이다. '본래의 갈대'(故葛帶)란 삼년상에서 연제를 지낼 때에 착용하는 갈대葛帶를 가리킨다. 이제 기년상에서 장례葬禮를 마쳤다면, 남자의 경우는 마땅히 갈대를 착용해야 한다. 이 갈대는 삼년상의 갈대와 올수가 완전히 똑같은데, 아버지의 갈대를 중하게

여기기 때문에 본래의 갈대를 착용하는 것이다. '수질은 기년상의 갈질을 착용한다'(絰期之絰)는 것은 삼년상에서 연제를 지낸 후 수질首絰을 벗었기 때문에, 기년복의 갈질葛絰을 수질로 착용한다는 뜻이다. 부인의 경우는 연제를 지낸 후에 마대麻帶를 벗으므로 본래의 갈질을 수질로 두르고 기년상의 마대를 요대로 착용하는데, 부인은 갈대를 착용하지 않기 때문이다. '대공의 최복'(功衰)은 아버지의 상에서 연제를 지낸 후에 입는 최복이다." 「잡기상」(28)의 공영달의 소에서 "삼년상에서 연제를 지낸 후 입는 최복은 승수가 대공복과 같다. 그러므로 '대공의 최복'(功衰)이라고 한 것이다"라고 하였다. 疏曰: "謂三年之喪練祭之後, 又當期喪既葬之節也. '故葛帶'謂三年喪之練葛帶也. 今期喪既葬, 男子則應著葛帶. 此葛帶與三年之葛帶麤細正同, 而以父葛爲重, 故帶其故葛帶也. '絰期之絰'者, 謂三年之喪練後首絰既除, 故絰期之葛絰. 若婦人, 練後麻帶除矣, 則絰其故葛絰, 帶期之麻帶, 以婦人不葛帶故也. '功衰'者, 父喪練後之衰也." 「雜記」疏云: "三年喪練後之衰, 升數與大功同. 故云'功衰'也."

【복문 7】

(삼년상을 하면서 이미 연제를 지낸 후에) 대공大功의 상을 당해 (장례葬禮를 마쳤다면) 또한 마찬가지로 하지만, 소공小功의 상을 당했다면 복을 바꾸지 않는다.

有大功之喪, 亦如之,① 小功, 無變也.②

鄭注 ① 대공의 상喪에서 입는 마麻는 삼년상에서 연제練祭(소상제)를 지낸 후의 갈葛로 바꾼다. (그러나 대공상의 장례葬禮를 마친 뒤라면) 기년상에서 장례葬禮를 마친 후 착용하는 갈대는 연제를 지낼 때의 갈대보다 작

고 또 수질을 착용해야 하므로, 또한 도리어 요대는 본래의 갈대葛帶를 착용하고 수질은 기년상의 갈질葛絰을 착용한다. 차등을 두는 정도에 합당한 것이다. 이는 비록 마麻를 바꾸어 갈葛을 착용한 것이지만 크기가 같으며, 또한 최복은 대공의 최복(功衰)을 입는다. 무릇 삼년상에서 연제를 지낸 후에 자최나 대공의 상喪을 당했다면 수질과 요대는 모두 마질麻絰과 마대麻帶를 착용한다. 大功之麻, 變三年之練葛. 期既葬之葛帶, 小於練之葛帶, 又當有絰, 亦反服其故葛帶, 絰期之絰. 差之宜也. 此雖變麻服葛, 大小同耳, 亦服其功衰. 凡三年之喪既練, 始遭齊衰, 大功之喪, 絰帶皆麻.

② 대공복과 자최복에 변함이 없는 것은 가벼운 복 때문에 무거운 복을 줄여 누가 되게 하지는 않기 때문이다. 無所變於大功·齊衰之服, 不用輕累重也.

集說 소疏에서 말한다. "삼년상을 하면서 연제를 지낸 후에 대공상을 당해 또한 이미 장례葬禮를 지냈다면 또한 요대要帶는 본래의 갈대葛帶를 착용하고, 수질首絰은 기년상에 착용하는 갈질葛絰을 착용한다. 그러므로 '또한 마찬가지로 한다'고 한 것이다. '소공小功상을 당했다면 복을 바꾸지 않는다'는 것은 먼저 대공 이상의 상복을 하고 있는데 이제 소공상을 당했다면 앞서 하고 있는 상복에 변함이 없다는 뜻으로, 가벼운 복 때문에 무거운 복을 줄여 누가 되게 하지는 않음을 말하는 것이다." 疏曰: "三年喪練後, 有大功喪, 亦既葬, 亦帶其故葛帶, 而絰期之葛絰也. 故云'亦如之'. '小功無變'者, 言先有大功以上喪服, 今遭小功之喪, 無變於前服, 不以輕服減[12]累於重也."

【복문 8】

(삼년상을 하면서 연제를 지낸 후에) 뿌리를 잘라내지 않은 마로

만든 마대麻帶를 착용하는 대공의 상喪을 당했다면 그 마대로 삼년상에 착용하는 갈대葛帶를 바꾼다.
麻之有本者, 變三年之葛.

鄭注 '뿌리가 있다'(有本)는 것은 대공복 이상임을 말한다. 소공상 이하에서는 마麻를 씻고 그 뿌리를 잘라낸다. '有本', 謂大功以上也. 小功以下澡麻斷本.

集說 소疏에서 말한다. "대공상 이상에서 띠를 만들 때는 마의 뿌리를 모두 남겨 두고 황색 실과 합하여 띠를 만든다. 이와 같은 경우는 삼년상에서 연제를 지낸 뒤 착용하는 갈대葛帶을 바꿀 수 있는 것이다. 소공상 이하에서는 그 수질을 만들 때 마麻를 씻고 뿌리를 잘라내므로, 삼년상에 착용하는 갈葛을 바꿀 수 없다. '삼년상에 착용하는 갈대葛帶를 바꾼다'고 말한 것은 그 무거운 것을 예로 든 것이다. 실제로는 기년상의 갈이 뿌리를 잘라내지 않은 경우도 역시 바꿀 수 있다." 疏曰: "大功以上爲帶者, 麻之根本幷留之, 合糾爲帶. 如此者, 得變三年之練葛. 小功以下, 其絰澡麻斷本, 不得變三年之葛也. 言'變三年之葛', 擧其重者. 其實期之葛有本者, 亦得變之."

【복문 9】

(삼년상을 하면서) 연제를 지낸 후에 뿌리를 모두 잘라낸 마로 만든 마질麻絰을 착용하는 소공의 상을 당했다면 (삼년상에 대한 상복은 바꾸지 않지만), 문免을 할 일이 있을 때에는 거기에 소공의 수질을 추가로 착용하고 문을 마치면 수질을 벗으며, 질을 해야 할

일이 있을 때마다 반드시 수질을 추가로 착용하고, 수질을 착용하는 일이 끝나면 벗는다.

既練, 遇麻斷本者, 於免絰之, 旣免去絰, 每可以絰必絰, 既絰則去之.

鄭注 비록 변화가 없지만, 연복練服에 가선을 두르고 수질首絰을 착용하지 않으며, 일이 있을 때에는 문免을 하고 질을 하는 것이 평소 복을 할 때의 경우와 같이 한다. 문免을 착용하면 질을 하지 않음이 없지만, 질을 할 때는 문免을 착용하지 않는 경우가 있다. 일이 없을 때에는 그대로 연복練服을 한다. 雖無變, 緣練無首絰, 於有事則免絰如其倫. 免無不絰, 絰有不免. 其無事則自若練服也.

集說 소疏에서 말한다. "참최의 상에서 연제練祭를 지낸 후에 소공의 상을 당했다면, 비록 참최에 하는 상복을 바꾸지는 않지만, 거기에 수질首絰을 추가로 착용할 수는 있다. '문免을 할 때에는 수질을 착용한다'(於免絰之)는 것은 연제를 지냈으므로 수질首絰이 없지만, 이 소공의 상에 문을 할 일이 있을 때에는 거기에 소공의 수질首絰을 추가로 착용한다는 뜻이다. 문을 마친 이후에는 그 소공의 수질을 벗고, 질을 해야 할 때마다 반드시 추가로 수질을 착용하며, 수질을 착용하는 일을 마치면 벗어 참최상의 연제練祭 뒤에 하는 상복 그대로 한다." 疏曰: "斬衰既練之後, 遭小功之喪, 雖不變服, 得爲之加絰也. '於免絰之'者, 以練無首絰, 於此小功喪有事於免之時, 則爲之加小功之絰也. 既免之後, 則脫去其絰, 每可以絰之時, 必爲之加絰, 既絰則去之, 自練服也."

【복문 10】

(삼년상에서 연제를 지낸 후에) 소공의 상을 당하면 삼년상의 연관練冠을 바꾸지 못한다. 만일 문免을 할 일이 있으면 수질은 시마 또는 소공의 수질로 착용하고, 요대는 그 처음 삼년상의 갈대葛帶를 그대로 착용한다. 시마의 마질이 소공의 갈질을 바꾸지 못하고, 소공의 마질이 대공의 갈질을 바꾸지 못하는 이유는 수질이 뿌리를 잘라내지 않은 마로 만든 것이어야 바꿀 수 있는 것으로 삼기 때문이다.

小功不易喪之練冠. 如免, 則絰其緦·小功之絰, 因其初葛帶. 緦之麻不變小功之葛, 小功之麻不變大功之葛, 以有本爲稅.

鄭注 '태稅' 역시 바꾼다(變易)는 뜻이다. 소공 이하의 초상初喪에서 착용하는 마麻는 비록 (그보다 무거운) 위의 갈葛과 같지만 그래도 바꾸지 않는다. 이는 모름지기 뿌리를 잘라내지 않은 마麻로 해야 비로소 바꾼다는 것을 의미한다. 「잡기상雜記上」(27)에 "삼년상에 (상관喪冠과 수질首絰을 벗고) 연관練冠을 하고 있을 때, (대공복大功服의 초상初喪을 당하면) 대공복의 마질麻絰로 바꾼다. 다만 지팡이(杖)와 신발(屨)은 바꾸지 않는다"고 하였다.

'稅'亦變易也. 小功以下之麻, 雖與上葛同, 猶不變也. 此要其麻有本者乃變之耳. 「雜記」曰: "有三年之練冠, 則以大功之麻易之. 唯杖屨不易也."

集說 소疏에서 말한다. "소공 이하의 상喪은 삼년상의 연관을 바꾸는 데에 부합하지 못하며 그 기년상의 연관練冠도 역시 바꿀 수 없음을 말한 것이다. 만일 (삼년상을 하면서 연제를 지낸 후에) 시마 또는 소공의 상을 당하여 문免을 해야 할 의절儀節에 처하게 되면 수질은 시마와 소공의 수질로

착용한다. 뒤에 당한 상을 위하여 시마의 수질을 착용하는 것은 앞에 당한 삼년상에서 연관練冠을 착용하고 수질은 벗었기 때문이다. 허리에 착용하는 것은 처음 삼년상을 당해서 연제를 지낸 후 착용하는 갈대葛帶를 그대로 따른다. 가벼운 상의 마질은 본복本服이 이미 가볍기 때문에 비록 초상初喪 때 하는 마질이라도 먼저 당한 무거운 상의 갈질을 바꾸지 못한다." '태稅'는 바꾼다(變易)는 뜻이다. 시마와 소공은 마질麻絰이 이미 뿌리가 없는 마로 만든 것이므로 먼저 당한 삼년상을 바꾸는 것은 합당하지 않다. 오직 대공 이상으로 마질麻絰이 뿌리를 잘라내지 않은 마로 만든 것이어야 먼저 당한 삼년상의 갈질葛絰을 바꿀 수 있는 것이다. 疏曰: "言小功以下之喪, 不合變易三年喪之練冠, 其期之練冠亦不得易也. 如當緦・小功著免之節, 則首絰其緦與小功之絰. 所以爲後喪緦絰者, 以前喪練冠首絰已除故也. 要中所著, 仍因其初喪練之葛帶. 輕喪之麻, 本服旣輕, 雖初喪之麻, 不變前重喪之葛也." '稅'謂變易也. 緦與小功, 麻絰旣無本, 不合稅變前喪. 惟大功以上麻絰有本者, 得稅變前喪也.

【복문 11】

상殤 가운데 장상長殤과 중상中殤을 당했을 경우 삼년상의 갈을 바꾸며, 마麻로 상殤의 달수를 마치고 나서 다시 되돌아가 삼년상의 갈로 바꾸어 입는다. 이는 마麻를 중시해서가 아니라 (상殤에서는) 졸곡 때 바꾸어 입는 의절이 없기 때문이다. 하상下殤에는 삼년상의 갈을 바꾸지 않는다.

殤長・中, 變三年之葛, 終殤之月算, 而反三年之葛. 是非重麻, 爲其無卒哭之稅. 下殤則否.

鄭注 대공의 친족이 상殤(미성년자로 사망한 경우)으로 시마나 소공복으로 낮추어진 사람을 위해 하는 경우를 가리킨다. 삼년상의 갈葛을 바꾸는 것은 바로 친족을 친애하기 때문이다. '삼년상의 갈葛은 대공의 초상에서 이미 연제練祭를 마친 삼년상의 상복을 바꾸는 것이고, 마최麻衰 초상[13]에서 우제와 졸곡을 삼년상의 상복을 바꾸는 것이다. 무릇 상에서 졸곡卒哭을 하면 마麻를 갈葛로 수복受服하는데, 상殤에서 마麻로 상喪의 달수를 마치는 것은 마麻를 중하게 여겨서 바꾸지 않는 것이 아니다. 상殤은 성년이 못되어 사망한 경우로 입는 마최의 문식 정도가 화려하지 않기 때문이다. '하상에는 삼년상의 갈을 바꾸지 않는다'(下殤則否)는 것은 비천함을 말한 것이다. 남자는 대공의 친족이 상殤으로 죽은 경우 복을 할 때 중상中殤은 상상上殤을 따라서 하므로 소공복을 하고, 부인은 그를 위해 복을 할 때 중상은 하상을 따라서 하므로 시마복을 한다.[14] 謂大功之親, 爲殤在緦・小功者也. 所以'變三年之葛', 正親親也. 三年之葛, 大功變旣練, 麻衰變旣虞・卒哭. 凡喪卒哭, 受麻以葛, 殤以麻終喪之月數, 非重之而不變. 爲殤未成人, 文不縟耳. '下殤則否', 言賤也. 男子爲大功之殤中從上, 服小功, 婦人爲之中從下, 服緦麻.

集說 소疏에서 말한다. "'상殤 가운데 장상長殤과 중상中殤을 당했을 경우'(殤長・中)란 본복은 대공인데 이제 장상이나 중상으로 죽은 경우, 남자는 그들을 위해 소공의 복을 하고, 부인은 장상으로 죽은 이를 위해서는 소공으로 복을, 중상으로 죽은 경우에는 시마복을 한다는 것이다. 이와 같은 경우에는 (앞서 당한) 삼년상의 갈葛을 바꿀 수 있다. 이 상복殤服의 마麻를 착용하고 이 상殤의 달수를 끝까지 마친다. 예를 들면 소공이라면 5월, 시마라면 3월에 마친다. 그 뒤에는 다시 되돌아가 삼년상의 갈葛로 바꾸어 입는다. 마최麻衰의 복을 그대로 하고 바꾸지 않았는데, 또 삼년상의 갈을 바꾸는 것은 이 마麻를 무겁게 여겨서가 아니다. 상殤을 위해 입는 마최麻

衰 자체가 질박하고 간략해서 초상初喪 때 마를 입은 이후로 졸곡 때 마麻를 벗고 갈葛을 입는 의절 자체가 없기 때문이다. '하상下殤이라면 그렇게 하지 않는다'(下殤則否)는 것은 대공 이하 친족으로 상殤인 경우 남자와 부인 모두 그를 위해 시마복을 하므로 그 정情이 가벼워서 삼년상의 갈葛을 바꿀 수 없기 때문이다. 살펴보건대, 앞의 경문에서 '(삼년상을 하면서 연제를 지낸 후에) 뿌리를 잘라내지 않은 마로 만든 마대麻帶를 착용하는 대공의 초상初喪을 당했다면 그 마대로 삼년상에 착용하는 갈대葛帶를 바꾼다'고 하였다. 그렇다면 자최의 하상은 비록 소공이지만 또한 뿌리를 잘라내지 않은 마로 만든 마대를 착용하는 것이다. 그러므로 「상복소기」(80)에 '하상下殤의 소공복小功服에서 요대要帶는 마麻를 씻어 만들고 뿌리를 잘라내지 않으며, 구부려 반대로 향하게 하고 합하여 꼰다'고 한 것이다. 그러나 자최복을 하는 하상下殤에서는 삼년상의 갈을 바꾼다. 이제 대공의 장상長殤에서 마가 뿌리가 없는데도 삼년상의 갈을 바꿀 수 있는 것은 우제와 졸곡 때 바꾸어 입는 의절이 없기 때문이다. 그러므로 특별히 바꿀 수 있는 것이다. 만약 성인으로 죽은 이를 위한 소공복이나 시마복이라면 마麻에 이미 뿌리가 없기 때문에 바꿀 수 없다." 疏曰: "'殤長·中'者, 謂本服大功, 今乃降在長·中殤, 男子則爲之小功, 婦人爲長殤小功, 中殤則緦麻. 如此者, 得變三年之葛. 著此殤服之麻, 終竟此殤月數. 如小功則五月, 緦則三月. 還反服其三年之葛也. 旣服麻不改, 又變三年之葛, 不是重此麻也. 以殤服質略, 自初死服麻以後, 無卒哭時稅麻服葛之禮也. '下殤則否'者, 以大功以下之殤, 男子·婦人俱爲之緦麻, 其情輕, 不得變三年之葛也. 按上文'麻有本者, 得變三年之葛'. 則齊衰下殤雖是小功, 亦是麻之有本者. 故「喪服小記」云, '下殤小功帶澡麻, 不絶本.' 然齊衰下殤, 乃變三年之葛. 今大功長殤麻旣無本, 得變三年之葛者, 以無虞·卒哭之稅. 故特得變之. 若成人小功·緦麻, 麻旣無本, 故不得變也."

【복문 12】

제후(君)[15]는 천자를 위해 삼년복을 하고, 제후의 부인은 외종外宗이 군주를 위해 하는 상복과 같게 한다. 제후의 세자世子는 천자를 위해 복을 하지 않는다.

君爲天子三年, 夫人如外宗之爲君也.① 世子不爲天子服.②

鄭注 ① '외종外宗'은 군주의 외친外親(어머니의 친족과 처가의 친족)의 부인婦人이다. 그 남편은 제후와 형제 사이일 경우 참최복을 하고, 처는 남편을 따라서 기년복을 한다. 제후는 천자를 위해 참최복을 하고, 부인夫人은 또한 남편을 따라서 기년복을 한다. 「상대기喪大記」(48)에 "외종外宗의 여자들은 방 안에서 남쪽을 향해 선다"고 하였다. '外宗', 君外親之婦也. 其夫與諸侯爲兄弟服斬, 妻從服期. 諸侯爲天子服斬, 夫人亦從服期. 「喪大記」曰: "外宗, 房中南面."
② 혐의를 멀리하는 것이다. 상복을 하지 않는 것은 기외畿外(천자의 직할지 밖)의 백성과 마찬가지이기 때문이다. 遠嫌也. 不服, 與畿外之民同也.

集說 제후는 천자를 위해 참최복을 한다. '외종外宗'은 앞 편에 설명이 보인다. 제후의 외종의 부인婦人은 군주를 위해 기년복을 하는데, 부인夫人도 천자를 위해 기년복을 한다. 그러므로 '부인은 외종外宗이 군주를 위해 하는 상복과 같게 한다'고 한 것이다. 세자는 선대를 계승하는 도리가 있다. 천자를 위해 복을 하지 않는 것은 혐의를 멀리하기 위한 것이다. 諸侯爲天子, 服斬衰三年. '外宗'見前篇. 諸侯外宗之婦爲君期, 夫人爲天子亦期. 故云'夫人如外宗之爲君也'. 世子有繼世之道. 不爲天子服者, 遠嫌也.

【복문 13】

군주가 상주가 되는 경우는 정처(夫人妻) · 적자(大子) · 적부適婦 등의 상에 대해서다.

君所主, 夫人妻 · 大子 · 適婦.

鄭注 '처妻'를 말한 것은 대부 이하도 이 세 사람을 위해 상주가 된다는 것을 보이기 위한 것이다. 言'妻', 見大夫以下亦爲此三人爲喪主也.

集說 '부인夫人'은 군주의 정처이기 때문에 '부인처夫人妻'라고 한 것이다. '대자大子'는 적자適子이며, 그 처가 적부適婦가 된다. 세 사람은 모두 정正(통統이 바른 것)이기 때문에 군주가 상주가 된다. '夫人'者, 君之適妻, 故云'夫人妻'. '大子', 適子也, 其妻爲適婦. 三者皆正, 故君主其喪.

【복문 14】

대부의 적자는 국군國君 · 부인夫人 · 자신의 적자(大子) 등을 위해 상복을 하는데 사士가 국군을 위해 하는 상복과 같게 한다.

大夫之適子爲君 · 夫人 · 大子, 如士服.

鄭注 대부大夫는 세습하지 않으므로 자식은 혐의를 받지 않는다. 사士는 국군國君을 위해 참최복을 하고, 소군小君(국군의 정처)을 위해 기년복을 한다. 자신의 적자(大子)에 대해서 국군은 참최복을 하고, 신하는 국군을 따라서 기년복을 한다. 大夫不世, 子不嫌也. 士爲國君斬, 小君期. 大子君服斬, 臣從服期.

集 정씨鄭氏(정현鄭玄)는 말한다. "사士는 국군國君을 위해 참최복을 하고,

說 소군小君(국군의 정처)을 위해 기년복을 한다. 자신의 적자(大子)에 대해서 국군은 참최복을 하고, 신하는 국군을 따라서 기년복을 한다." ○ 소疏에서 말한다. "대부에게는 선대를 계승하는 도리가 없기 때문에 그 아들은 혐의를 받지 않는다. 그러므로 군주와 부인 및 군주의 적자를 위해 상복을 할 수 있는데, 사士가 국군을 위해 하는 복과 같게 한다." 鄭氏曰: "士爲國君斬, 小君期. 大子君服斬, 臣從服期." ○ 疏曰: "大夫無繼世之道, 其子無嫌. 故得爲君與夫人及君之大子著服, 如士服也."

【복문 15】

군주의 어머니가 부인夫人이 아니라면 군신群臣은 상복이 없다. 다만 근신近臣 및 복僕·참승驂乘 등은 종복從服을 하는데, 오직 군주가 상복을 하는 것에 따라 상복을 한다.

君之母非夫人, 則群臣無服. 唯近臣及僕·驂乘從服, 唯君所服服也.

鄭注 첩은 선군先君이 상복을 하지 않는 대상이다. 예에 따르면, 서자가 후사가 될 경우 그 생모를 위해 시마복을 한다. '오직 군주가 상복을 하는 것'(唯君所服)이라고 말한 것은 군주의 존귀함을 펼쳐주는 것이다.[16] 『춘추』의 의리에 소군小君으로서 그녀(첩모)에게 상복을 해주는 것이 있다는 설은 (비례非禮로 소군이 죽었어도 상복을 해서는 안 되는데, 첩모가 죽었을) 당시 만약 소군이 살아 있다면 더욱 안 된다.[17] 妾, 先君所不服也. 禮, 庶子爲後, 爲其母緦. 言'唯君所服', 伸君也. 『春秋』之義, 有以小君服之者, 時若小君在, 則益不可.

集說 小疏에서 말한다. "군주의 어머니가 적부인이라면 군신群臣(근신近臣이 아닌 여러 신하)들은 기년복을 한다. 부인이 아니라면 군주가 시마복을 하기 때문에 군신들은 복이 없다. '근신近臣'은 혼시閽寺(군주를 가까이에서 모시는 시종과 환관 따위) 등을 가리킨다. '복僕'은 군주의 수레를 모는 자이다. '참승驂乘'은 수레의 오른쪽에 동승하여 호위하는 병사이다. '오직 군주가 상복을 하는 것에 따라 상복을 한다'는 것은 군주가 시마복을 한다면, 이들도 또한 시마복을 한다는 뜻이다." 疏曰: "君母是適夫人, 則群臣服期, 非夫人, 則君服緦, 故群臣無服也. '近臣', 閽寺之屬. '僕', 御車者. '驂乘', 車右也. '唯君所服服'者, 君緦則此等人亦緦也."

【복문 16】

공公은 경과 대부의 상喪을 당하면 궁궐에서 석최錫衰를 입고 지내며, 다른 일이 있어 외출할 때에도 마찬가지로 석최를 입고 있으며, (직접 가서 조문해야 할) 일을 당해서는 머리에 변질弁絰을 착용한다. 대부 사이에 복을 할 때에도 군주가 경과 대부의 상에 하는 것과 같이 한다. 대부 사이에 상대방 처의 상에 조문하러 갈 경우는 석최를 입고, 다른 일로 외출할 때에는 입지 않는다.

公爲卿大夫錫衰以居, 出亦如之, 當事則弁絰. 大夫相爲亦然. 爲其妻, 往則服之, 出則否.

鄭注 '변질弁絰'은 작변爵弁과 모양이 같은데 흰색이며 질絰을 부가한 것이다. 일을 하지 않을 때에는 피변皮弁을 한다. '외출한다'(出)는 것은 다른 일이 있어 외출하지만 상가에는 들르지 않는 경우를 말한다. '弁絰', 如爵弁

而素, 加絰也. 不當事則皮弁. '出', 謂以他事不至喪所.

集說 소疏에서 말한다. "군주는 경과 대부의 상을 당했을 때 성복을 한 후에는 궁궐에서 석최錫衰[18]를 입고 지낸다. '외출한다'(出)는 것은 다른 일이 있어 외출하고 상가에 들르는 것이 아님을 말하며, 이때에도 석최錫衰를 입고 머리에는 피변皮弁을 한다. '(가서 조문해야 할) 일을 당해서'(當事)란 대렴 및 빈을 차리거나, 장례葬禮를 행하려고 빈殯을 여는 등의 일이 있을 때[19]로서, 머리에는 변질을 두르고 몸에는 석최錫衰를 입는다. 사士의 상사喪事인 경우라면 군주는 머리에 피변을 쓴다. '대부 사이에 복을 할 때에도 군주가 경과 대부의 상에 하는 것과 같이 한다'는 것은 군주가 경과 대부의 상에 상복을 할 때처럼 한다는 뜻이다. 군주가 경과 대부의 처가 사망한 상사에 또는 경과 대부가 서로 상대방의 처가 사망한 상사에 조문하러 갈 때에도 석최를 입는다. 다만 항상 그것을 입고 지내는 것은 아니며 혹 다른 일로 외출할 때에는 입지 않는다." ○ 석최의 베는 시마緦麻의 베로 만들고 잿물을 가하여 씻어낸다. 변질은 작변과 형태가 같은데 흰색으로 만들며 그 위에 환질環絰을 부가한다. 疏曰: "君爲卿大夫之喪, 成服之後, 著錫衰以居也. '出'謂以他事而出, 非至喪所, 亦著錫衰, 首則皮弁也. '當事', 若大斂及殯幷將葬啓殯等事, 則首著弁絰, 身衣錫衰. 若於士, 則首服皮弁也. '大夫相爲亦然'者, 亦如君於卿大夫也. 若君於卿大夫之妻及卿大夫相爲其妻, 而往臨其喪, 亦服錫衰. 但不常著之以居, 或以他事出, 則不服也." ○ 錫衰之布以緦布而加灰治. 弁絰制如爵弁, 素爲之, 加環絰其上.

【복문 17】

무릇 다른 사람을 찾아가 만날 때에도 수질首絰을 벗지 않으며, 비록 군주를 알현하더라도 수질을 벗지 않는다. 다만 국군國君의 문(公門)에 들어갈 때에는 자최복을 벗는 것이 있다. 『전傳』에 "군자는 남이 거상하는 슬픔을 강제로 빼앗지 않으며, 다른 사람에 의해 거상하고 있는 슬픔을 억지로 빼앗겨서도 안 된다"고 하였다.

凡見人無免絰, 雖朝於君無免絰. 唯公門有稅齊衰. 『傳』曰: "君子不奪人之喪, 亦不可奪喪也."

鄭注 '다른 사람을 찾아가 만난다'(見人)는 것은 일을 꾀하여 다른 사람을 만나는 것을 말한다. '수질을 벗지 않는다'(無免絰)는 것은 질이 중요하기 때문이다. '탈稅'은 벗는다(免)는 뜻과 같다. 옛날에는 '탈說'을 '탈稅'로 쓰기도 하였다. '자최복을 벗는 것이 있다'(有免齊衰)는 것은 지팡이를 하지 않는 자최를 가리킨다. 국군國君의 문(公門)에서 (지팡이를 하지 않는 자최의 경우) 자최복을 벗는 것이 있으면 대공복은 수질首絰을 벗는 것이 있다. '見人', 謂行求見人也. '無免絰', 絰重也. '稅', 猶免也. 古者'說'或作'稅'. '有免齊衰', 謂不杖齊衰也. 於公門有免齊衰, 則大功有免絰也.

集說 '사람을 만난다'(見人)는 것은 자신이 찾아가서 다른 사람을 만나는 것이다. 질은 중요하기 때문에 벗어서는 안 된다. 국군國君의 문(公門)에 들어갈 때 비록 자최복을 벗지만 또한 수질은 벗지 않는다. 이 경문은 지팡이를 하지 않는 자최복을 가지고 말한 것이다. 만약 지팡이를 하는 자최복 및 참최복의 경우라면 비록 국군國君의 문에 들어가더라도 상복을 벗지 않는다. '見人', 往見於人也. 絰重, 故不可釋免. 入公門, 雖稅齊衰, 亦不稅絰也. 此謂不杖齊衰. 若杖齊衰及斬衰, 雖入公門, 亦不稅.

【복문 18】

『전傳』에 "죄는 많아도 형벌을 주는 것은 다섯 가지이고, 상喪은 많아도 상복을 하는 것은 다섯 가지다. 위로 붙이고 아래로 붙이는 것은 비등하게 배열하는 것이다"라고 하였다.

『傳』曰: "罪多而刑五, 喪多而服五. 上附下附, 列也."

鄭注 '열列'은 비등하다는 뜻이다. '列', 等比也.

集說 죄가 무거운 자는 상형에 붙이고, 죄가 가벼운 자는 하형에 붙인다. 이것이 오형五刑(다섯 가지 형벌)에서 위로 붙이고 아래로 붙이는 것이다. 대공 이상은 친한 이에 붙이고, 소공 이하는 소원한 이에게 붙이다. 이것이 오복五服(다섯 가지 상복)에서 위에 붙이고 아래에 붙이는 것이다. (오형과 오복에서) 열을 비등하게 하는 것이 서로 유사하므로 '열列'(배열한다)이라고 한 것이다. 罪重者, 附於上刑, 罪輕者, 附於下刑. 此五刑之上附下附也. 大功以上, 附於親, 小功以下, 附於疏. 此五服之上附下附也. 等列相似, 故云'列'也.

역주

1) 질의를 잘하여 : 원문은 '善問'으로, 정현이 이렇게 「복문」의 의미를 부여하는 것에 대하여 楊天宇는 「복문」 안에 問答 형식으로 된 것이 없다는 점을 들어서 정현의 편의적 해석이라고 평하였다.

2) 『전』에 ~ 경우이다 : 「大傳」(13) 경문 및 정현의 주에 나오는 말이다.

3) 속종이 ~ 있다 : 이 말은 「大傳」(13)에 나오는 말이다. 여기서 '屬'은 친속의 뜻이다. '속종'이란 아들이 어머니를 따라서 어머니의 친족을 위해 복을 하고, 처가 남편을 따라서 남편의 친족을 위해 복을 하고, 남편이 처를 따라서 처의 친족을 위해 복을 하는 경우를 말한다. '徒'는 비어 있다는 뜻이다. '도종'이란 친속이 아닌데도 그냥 따라서 그의 친족을 위해 복을 하는 것을 말한다. 신하가 군주를 따라 군주의 친족을 위해 복을 하고, 처가 남편을 따라서 남편의 군주를 위해 복을 하고, 첩이 女君의 친족을 위해 복을 하고, 서자가 君母의 부모를 위해 복을 하고, 아들이 어머니의 君母를 위해 복을 하는 경우 등이 있다. 「大傳」(13) 경문 및 정현 주와 陳澔의 集說 참조.

4) 연관을 ~ 하고 : 『의례』 「喪服」의 "공자는 자신의 생모를 위해 연관을 한다"(公子爲其母練冠)에 대한 정현의 주에 따르면, 公子는 군주의 妾子를 가리킨다. 妾子는 군주의 존귀함에 눌려 자신의 생모에 대하여 練冠을 하는 것으로 상복을 대신한다. 練冠은 小祥 때 입는 布와 같은 것으로 관을 만든 것이다.

5) 여군 : 군주의 正妻에 대하여 妾이 부르는 칭호이다. 『의례』 「喪服」에 "첩이 女君을 섬기는 것은 며느리가 시부모를 섬기는 것과 같다"(妾之事女君, 與婦之事舅姑等)고 하였다. 정현은 주에서 "여군은 군주의 정처이다"(女君, 君嫡妻也)라고 하였다. 『爾雅』 「釋名·釋親屬」에 "첩이 남편의 정처에 대하여 女君이라고 부른다. 남편은 男君이므로 그 처에 대하여 女君이라고 부른다"(妾謂夫之嫡妻曰女君. 夫爲男君, 故名其妻曰女君)라고 하였다.

6) 무겁게 ~ 경우이다 : 「大傳」(13) 경문 및 정현의 주에 나오는 말이다.

7) 복이 ~ 경우이다 : 「大傳」(13) 경문 및 정현의 주에 나오는 말이다.

8) 『의례』 「상복」 : 원문에는 「喪服小記」로 되어 있지만, 인용문은 『의례』 「喪服」에 나온다.

9) 외족 : 어머니 또는 처의 친족으로 인척이 되는 사이를 말한다. 고대에는 인척도 형제의 범위에 포함하였다.

10) 복을 ~ 경우이다 : 「大傳」(13) 경문 및 정현의 주에 나오는 말이다.

11) 추최복 : 상복의 일종으로 조악한 麻布를 사용하여 만든다. 「雜記上」(11)의 정현 주에 "'추최복을 입고 참최를 하였다'는 것은 베의 올수(縷)를 자최와 참최의 중간으로 한 것이다. 올수는 3승 반과 같이 하면서 3승의 참최복처럼 끝을 꿰매지 않음을 말한다. 참최복은 3승 포를 정식으로 삼으니, 약간 더 가늘면 추최에 속한다"('麤衰斬'者, 其縷在

齊・斬之間. 謂縷如三升半, 而三升不緝也. 斬衰以三升爲正, 微細焉則屬於麤也)고 하였다.

12) 減 : 『예기집설대전』에 '減'으로 되어 있으나, 『陳氏禮記集說』에 따라 '減'으로 바꾼다. '減'은 '減'의 속자이다.

13) 마최 초상 : 길복에 쓰는 베로 상복을 만든 것을 麻衰라고 한다. 이를 상복으로 입는 初喪은 곧 소공이나 시마의 초상을 말한다.

14) 남자는 ~ 한다 : 관련 내용은 『의례』 「喪服」의 傳, 「檀弓上」(1)의 정현 주 참조.

15) 제후 : 공영달의 소에 君을 列國의 諸侯로서 君主인 사람들이라고 하였다.

16) 서자가 ~ 것이다 : 공영달의 소에 다음과 같은 관련 내용이 나온다. "'예에 따르면 서자가 후사가 된 경우 그 친모를 위해 시마복을 한다'고 정현이 말한 것은 살펴보건대, 『의례』 「喪服」의 '緦麻章'에 '서자로서 아버지의 후사가 된 자가 그 친모를 위해서 (시마복을) 한다'라고 한 규정이 그것이다. '오직 군주가 복을 하는 바라는 것은 군주의 존귀함을 펼쳐주는 것이다'라고 정현이 말한 것은 만약 그가 후사가 되지 못하였다면, 친모를 위해 하는 상복이 없기 때문이다. 그러므로 「喪服」의 '記'에 '公子는 그 친모를 위해 練冠을 하고, 麻衣에 분홍색으로 가선을 장식한다'고 하였다. 그런데 이제 군주가 시마복을 입을 수 있다고 한 것은 군주의 존귀함을 펼쳐주는 것이다. 군주가 이미 시마복을 한다면 근신은 군주를 따라서 從服을 한다. 이것은 예의 正法(바른 법도)을 말한 것이다." (云'禮, 庶子爲後, 爲其母緦'者, 案「喪服」緦麻章云'庶子爲父後者, 爲其母', 是也. 云'言唯君所服, 伸君也'者, 若其不爲後, 則爲母無服. 故「喪服記」云, '公子爲其母練冠, 麻衣縓緣.' 今以爲君得著緦麻服, 是伸君之尊也. 君旣服緦, 是近臣得從君服也, 此謂禮之正法)

17) 『춘추』의 ~ 안 된다 : 공영달의 소에 다음과 같은 관련 내용이 나온다. "'『춘추』의 의리에 소군으로서 첩모에게 복을 하는 경우가 있다'고 한 부분은 정현이 앞에서 정례로서 말하고, 또 춘추시대에 정례에 의거하지 않은 예로 小君을 위해 하는 상복으로 그 첩모를 위해 한 경우가 있음을 인용한 것이다. 이것은 『춘추』 문공 4년 조의 '부인 風氏가 홍거하다'고 한 경우로, 풍씨는 僖公의 친모 成風을 가리킨다. 또 『춘추』 소공 11년 조에 '부인 歸氏가 홍거하다'고 하였는데, 이는 소공의 친모 齊歸이다. 모두 난세의 법으로서 正禮가 아니다. 살펴보건대, 許愼의 『五經異義』에서 '첩의 아들이 군주로 즉위하면 그 친모를 높여서 先君의 夫人으로 삼을 수 있는가? 이제 『춘추공양』에서 이미 말하기를, '첩의 아들이 군주로 즉위하면 그 친모는 선군의 부인으로 칭할 수 있다. 그러므로 당에 올라와서는 첩으로 칭하여 적부인에게 굽히지만, 당을 내려와서는 부인으로 칭하여 나라에서 존귀하게 대접받게 한다. 아들이 아버지의 첩에게 작위를 명할 수 없지만, 아들이 군주가 되면 그 친모에게 작위를 명할 수 있는 것은 첩이 존귀한 자에 의해서 받들어 수여되는 위치에 있게 된 것이 인연하는(군주를 낳아준) 바가 있기 때문이다'라고 하였다. 『곡량전』에서는 '노나라 희공이 첩이었던 친모 成風을 세워서 선군의 부인으로 삼은 것은 아들이 어머니에게 작위를 주고 첩을 처로 삼은 것으로 예가 아니다'라고 여겼다. 옛 『춘추좌씨전』에서는 '성풍은 첩인데 부인으로 세워질 수 있었던 것은

어머니는 아들의 신분에 따라서 귀해지기 때문이니, 예이다'라고 하였다. 내 삼가 살펴보건대, 순은 천자이고 고수는 士庶이다. 士庶 출신으로 흥기한 경우, 아들은 부모에게 작위를 내릴 수 없다. 노나라 희공이 친모 성풍을 높여서 소공으로 삼은 것에 대해 경문에는 비난하는 문장이 없다. 『공양』과 『좌씨』의 설을 따른다'라고 하였다. 그런데 정현은 『곡량전』의 설을 따랐다. 그러므로 『異義駮』에서 '아버지는 장자를 위해 삼년복을 하고, 중자를 위해 기년복을 하는 것은 적자를 둘로 할 수 없음을 밝힌 것이다. 女君이 죽으면 계비(繼)는 그 일을 섭행할 뿐이다. 다시 부인으로 세워질 수 없다'고 하였다. 정현의 『異義駮』의 말과 같이 하면, 이 『五經異義』에서 '『춘추』의 의리에 소군이 첩모에게 복을 한다'고 한 것은 분명히 예가 아니다. '당시에 만약 소군이 살아 있다면 더욱 불가하다'고 한 것은 그 소군이 죽었을 때도 부인으로 상복을 해주는 것이 이미 불가한데, 이제 소군이 이미 살아 있다면 부인으로 첩모를 위해 복을 하는 것은 더더욱 안 되는 것이다. 그러므로 '더욱 안 된다'고 한 것이다."(云'『春秋』之義, 有以小君服之'者, 鄭旣以正禮言之, 又引春秋之時不依正禮者, 有以爲小君之服服其妾母者. 是文公四年'夫人風氏薨', 是僖公之母成風也. 又昭十一年夫人歸氏薨, 是昭公之母齊歸也. 皆亂世之法, 非正禮也. 案『異義』云 : "妾子立爲君, 得尊其母, 立以爲夫人否? 今『春秋公羊』旣說, '妾子立爲君, 母得稱夫人. 故上堂稱妾, 屈於適也, 下堂稱夫人, 尊於國也. 云子不得爵命父妾, 子爲君得爵命其母者, 以妾在奉授於尊者, 有所因緣故也.' 『穀梁傳』曰: '魯僖公立妾母成風爲夫人, 是子爵於母, 以妾爲妻, 非禮也.' 故『春秋左氏』說, '成風妾, 得立爲夫人, 母以子貴, 禮也.' 許君謹案, 舜爲天子, 瞽瞍爲士. 起於士庶者, 子不得爵父母也. 至於魯僖公得尊母成風爲小君, 經無譏文. 從『公羊』·『左氏』之說." 鄭則從『穀梁』之說. 故『異義駮』云 : "父爲長子三年, 爲衆子期, 明無二適也. 女君卒, 繼攝其事耳. 不得復立爲夫人." 如鄭『駮』之言, 則此云『春秋』小君服之者, 是灼然非禮也. 云'時若小君在, 則益不可'者, 其小君無, 而以夫人服之, 已爲不可, 今小君旣在, 而以夫人服妾母, 彌益不可. 故云'益不可'也)

18) 석최 : 『주례』 「春官·司服」에 "(조문할 때) 천자는 三公과 六卿에 대하여 錫衰를 하고, 제후에 대하여 緦衰를 하고, 대부와 사에 대해 疑衰를 한다. 그 머리의 복장은 弁을 하고 絰을 두른다"(王爲三公六卿錫衰, 爲諸侯緦衰, 爲大夫士疑衰. 其首服皆弁絰)고 하였다. 「喪服小記」(70)에도 "제후가 다른 나라의 신하의 상喪에 조문을 할 때는 반드시 피변皮弁과 석최錫衰를 한다"(諸侯弔必皮弁錫衰)라고 하였다. 錫衰는 7升 半의 麻를 매끄럽게 가공하여 만든 옷으로 천자가 삼공과 육공에 대하여 조문할 때 입는 옷이다. 『三禮辭典』 '錫衰(1142쪽) 참조.

19) 대렴 ~ 있을 때 : 이때에는 군주가 상가에 직접 찾아가 살펴보고 조문한다.

예기역주 권28

간전 제37
間傳

정씨鄭氏(정현鄭玄)는 말한다. "「간전」이라 이름붙인 것은 상복들 사이에 경중의 합당한 바를 기록했기 때문이다. 이편은 유향劉向의 『별록別祿』에서는 「상복喪服」에 속해 있다."

鄭目錄云: "名曰「間傳」者, 以其記喪服之間輕重所宜. 此於別錄屬喪服."

【간전 1】

참최斬衰의 상에 무엇 때문에 저苴(조악한 암마)로 만든 것을 착용하는가?[1] '저苴'는 조악한 모습이니, 안에 있는 것을 표출하여 밖으로 드러내기 위함이다. 참최의 상을 당하면 얼굴빛이 조악한 암마(苴)처럼 검푸르고, 자최의 상을 당하면 모습이 숫마(枲)처럼 얼굴빛이 어둡고, 대공의 상에는 얼굴빛이 마치 구애를 받아 굳어서 펴지 못하는 듯 하고, 소공과 시마의 상에는 얼굴빛이 평소처럼 해도 괜찮다. 이는 슬픔이 얼굴과 몸에 나타나는 모습이다.

斬衰何以服苴? '苴', 惡貌也, 所以首其內而見諸外也. 斬衰貌若苴, 齊衰貌若枲, 大功貌若止, 小功·緦麻容貌可也. 此哀之發於容體者也.

鄭注 큰 근심이 있는 사람은 얼굴이 반드시 깊고 검다. '지止'는 기쁘고 즐거운 일에도 마음이 움직이지 않는 것을 가리킨다. '이枲'는 어떤 곳에는 '사似'로 되어 있다. 有大憂者, 面必深黑. '止'謂不動於喜樂之事. '枲'或爲'似'.

集說 '참최의 상에 저苴로 만든 것을 착용한다'(斬衰服苴)는 것은 저질苴絰과 저장苴杖을 하는 것을 가리킨다. 씨가 있는 마로 저질苴絰을 만들며, 대나무로 만든 지팡이를 저장苴杖이라고 한다. '조악한 모습'(惡貌)에 대해 공영달의 소에는 "저苴는 검은 빛(黎墨色)이다"라고 하였고, 또 「상복소기」(4)에 대한 공영달의 소에는 "지극한 고통이 안에서 맺히면 반드시 형태와 빛깔이 밖으로 드러난다. 최衰와 상裳과 질絰과 장杖에 모두 저苴의 색을 갖추는 까닭이다"라고 하였다. '수首'는 표출한다는 의미다. 대체로 그 속마음의 슬픔과 고통을 밖으로 명확히 나타내 보인다는 뜻이다. '시枲'는 숫마(牡麻)로서 마르고 어두운 빛깔이니 그와 유사하다. 대공의 상은 비록 자최나 참최의 애통함만은 못하지만, 그 용모에 또한 구애받아 굳어서 펴지 못하는 바가 있는 듯이 하게 되니, 대개 그 평상시 행하던 법도를 바꾸는 것이다. '斬衰服苴', 苴絰與苴杖也. 麻之有子者, 以爲苴絰, 竹杖亦曰苴杖. '惡貌'者, 疏云: "苴是黎墨色", 又「小記」疏云: "至痛內結, 必形色外章. 所以衰裳絰杖, 俱備苴色也." '首'者, 標表之義. 蓋顯示其內心之哀痛於外也. '枲', 牡麻也, 枯黯之色似之. 大功之喪, 雖不如齊斬之痛, 然其容貌亦若有所拘止而不得肆者, 蓋亦變其常度也.

【간전 2】

참최의 상을 당하였을 때 곡소리는 마치 가서 되돌아오지 못할 듯이 하고, 자최의 상을 당하였을 때 곡소리는 마치 가서 되돌아오는 듯이 하고, 대공의 상에 곡소리는 세 번 꺾이어 완곡하게 하고, 소공과 시마의 상에는 슬픈 모습을 하면 된다. 이는 애통함이 음성에 나타나는 모습이다.

斬衰之哭, 若往而不反, 齊衰之哭, 若往而反, 大功之喪, 三曲而偯, 小功·緦麻, 哀容可也. 此哀之發於聲音者也.

鄭注 '세 번 꺾인다'(三曲)는 것은 한 번 소리를 내어 세 번 꺾인다는 뜻이다. '의偯'는 소리의 나머지가 차분하다는 뜻이다. '三曲', 一擧聲而三折也. '偯', 聲餘從容也.

集說 '약若'은 같다(如)는 뜻이다. '가서 되돌아오지 못한다'(往而不反)는 것은 한 번 소리를 내면 기氣가 끊어질 때까지 이르러서 목소리를 되돌리지 못하는 듯이 한다는 뜻이다. '세 번 꺾인다'(三曲)는 것은 한번 소리를 내면 세 번 꺾인다는 뜻이다. '의偯'는 목소리의 여운이 완곡하다는 뜻이다. 소공과 시마는 정이 가벼우므로 비록 애통한 소리가 차분하더라도 괜찮다. '若', 如也. '往而不反', 一擧而至氣絶, 似不回聲也. '三曲', 一擧聲而三折也. '偯', 餘聲之委曲也. 小功·緦麻, 情輕, 雖哀聲之從容, 亦可也.

【간전 3】

참최의 상에는 응하기만 하고 말로 대답하지 않으며, 자최의 상에는 말로 대답하지만 먼저 다른 사람에게 말을 걸지 않으며, 대공의 상에는 다른 사람에게 먼저 말은 걸지만 다른 일을 논하지는 않으며, 소공과 시마의 상에는 다른 일을 논하지만 즐거워함에 이르지는 않는다. 이는 애통함이 대화에서 나타나는 모습이다.

斬衰唯而不對, 齊衰對而不言, 大功言而不議, 小功·緦麻議而不及樂. 此哀之發於言語者也.

鄭注 '의논한다'(議)는 것은 의견을 표시하여 시사를 비판함을 뜻한다. '議', 謂陳說非時事也.

集說 '유唯'는 응하는 말이다. '대답하지 않는다'(不對)는 것은 다른 사람에게 말로 대답하지 않는다는 뜻이다. '말하지 않는다'(不言)는 것은 다른 사람에게 먼저 말을 걸지 않는다는 뜻이다. '의논하지 않는다'(不議)는 것은 다른 일을 두루 논하지 않는다는 뜻이다. '唯', 應辭也. '不對', 不答人以言也. '不言', 不先發言於人也. '不議', 不泛論他事也.

【간전 4】

참최의 상에는 3일 동안 먹지 않고, 자최의 상에는 2일 동안 먹지 않고, 대공의 상에는 세 끼를 먹지 않고, 소공과 시마의 상에는 두 끼를 먹지 않고, 사士가 염에 참여했다면 한 끼를 먹지 않는다. 그러므로 부모의 상에 빈궁을 차리고 나서 죽을 먹는데, 아침에 1일溢의 쌀 저녁에 1일의 쌀이다. 자최의 상에는 거친 밥에 음료수를 마시지만 채소와 과일은 먹지 않는다. 대공의 상에는 젓갈을 먹지 않는다. 소공과 시마의 상에는 단술을 마시지 않는다. 이는 애통함이 음식에 나타나는 모습이다.

斬衰三日不食, 齊衰二日不食, 大功三不食, 小功·緦麻再不食, 士與斂焉, 則壹不食. 故父母之喪, 既殯食粥, 朝一溢米, 莫一溢米. 齊衰之喪, 疏食水飲, 不食菜果. 大功之喪, 不食醯醬. 小功·緦麻, 不飲醴酒. 此哀之發於飲食者也.

集說 1일溢은 1/24승升이다. '소사疏食'는 거친 밥이다. 一溢, 二十四分升之一也. '疏食', 粗飯也.

【간전 5】

부모의 상에 우제와 졸곡을 마치면 거친 밥과 음료수를 마시지만 채소와 과일은 먹지 않는다. 1년 만에 소상제小祥祭를 지내면 채소와 과일을 먹는다. 다시 1년 만에 대상제大祥祭를 지내면 젓갈을 먹는다. 다시 한 달을 건너뛰어 담제禫祭를 지내는데, 담제를 지내면 단술을 마신다. 처음 술을 마시는 경우에는 먼저 단술을 마시고, 처음 고기를 먹는 경우에는 먼저 말린 고기를 먹는다.

父母之喪, 既虞·卒哭, 疏食水飲, 不食菜果. 期而小祥, 食菜果. 又期而大祥, 有醯醬. 中月而禫, 禫而飲醴酒. 始飲酒者, 先飲醴酒, 始食肉者, 先食乾肉.

鄭注 먼저 단술을 마시고 말린 고기를 먹는 것은 맛있는 음식을 식탁에 올려 먹기를 차마 시작하지 못하기 때문이다. 先飲醴酒食乾肉者, 不忍發御厚味.

集說 '중월中月'은 한 달을 건너뛴다는 뜻이다. 전편에 '한 세대를 건너뛰어 위로 올려서'(中一以上)에서도 건너뛴다(間)의 뜻으로 풀이했다.[2] 25개월에 대상제를 지내고, 27개월에 담제를 지내는 것이다. ○ 소疏에서 말한다. "효자孝子는 처음부터 맛있는 음식을 식탁에 올려 먹는 것을 차마 하지 못한다. 그러므로 단술을 마시고 말린 고기를 먹는 것이다." '中月', 間一月也. 前篇'中一以上', 亦訓爲間. 二十五月大祥, 二十七月而禫也. ○ 疏曰: "孝子不忍發初御醇厚之味. 故飮醴酒食乾肉."

【간전 6】

부모의 상에는 의려倚廬에 거처하면서 거적에서 자고 흙덩이를 베개로 삼으며 질絰과 대帶를 벗지 않는다. 자최의 상에는 악실堊室에 거처하면서 양 끝을 베어서 가지런하게만 하고 끝을 엮어 안으로 넣지 않은 부들자리를 사용한다. 대공의 상에는 자리를 깔고 잔다. 소공과 시마의 상에는 침상에서 잠을 자도 된다. 이는 슬픔이 거처에 나타나는 모습이다.

父母之喪, 居倚廬, 寢苫枕塊, 不稅絰·帶. 齊衰之喪, 居堊室, 芐翦不納. 大功之喪, 寢有席. 小功·緦麻, 牀可也. 此哀之發於居處者也.

鄭注 '하芐'는 오늘날의 포평蒲苹(부들)이다. '芐', 今之蒲苹也.

集說 '의려倚廬'와 '악실堊室'은 「상대기喪大記」(55와 59)에 보인다. '하芐'는 자리를 만들 수 있는 부들인데, 그것을 베어서 가지런하게만 하고 그 끝을

엮어 넣어 안쪽에 감추지 않는다. '倚廬'·'堊室', 見「喪大記」. '苄', 蒲之可爲席者, 但翦之使齊, 不編納其頭而藏於內也.

【간전 7】

부모의 상에서 우제와 졸곡을 마친 뒤에, 의려倚廬의 처마에 나무를 떠받치고, 출입문 곁 담장의 풀을 제거하며, 양 끝을 베어서 가지런하게만 하고 끝을 엮어 안으로 넣지 않은 부들자리를 사용한다. 1년 만에 소상제를 지내면 악실堊室에 거처하고 자리를 깔고 잔다. 또 1년이 지나 대상제를 지내면 평소의 침실에 거처한다. 한 달을 건너뛰고 담제를 지내는데, 담제를 지내고 나서는 침상에서 잠을 잔다.

父母之喪, 旣虞·卒哭, 柱楣翦屛, 苄翦不納. 期而小祥, 居堊室, 寢有席. 又期而大祥, 居復寢. 中月而禫, 禫而牀.

集說 '주미柱楣'는 담장에 기댔던 의려의 나무를 일으켜 세워 처마를 떠받쳐서 조금 더 넓고 밝게 한다는 뜻이다. '전병翦屛'은 호戶(출입문) 옆의 양쪽 담장에 드리워진 풀을 제거한다는 뜻이다. 앞 장(간전 3)의 '응하기만 하고 말로 대답하지 않는다'(唯而不對)에서 여기까지에는 「잡기」, 「상대기」, 「상복소기」의 문장과 다른 곳이 있다. 기록한 자가 들은 바가 다르거나 또는 또한 각각 의미가 있기 때문일 것이다. '柱楣', 謂擧倚廬之木, 拄之於楣, 使稍寬明也. '翦屛'者, 翦去戶旁兩廂屛之餘草也. 自上章'唯而不對'以下至此, 有與「雜記」·「喪大記」·「喪服小記」之文不同者. 記者所聞之異, 亦或各有義歟.

【간전 8】

참최복에는 3승의 베를 사용하고, 자최복에는 4승·5승·6승의 베를 사용하고, 대공복에는 7승·8승·9승의 베를 사용하고, 소공복에는 10승·11승·12승의 베를 사용한다. 시마복에는 15승의 베를 사용하는데 그 절반을 제거한다. 그 올에 일(삶는 것)을 가하고 그 베에 일을 가하지 않는 것을 '시緦'라고 한다. 이는 슬픔이 의복에 나타나는 모습이다.

斬衰三升, 齊衰四升·五升·六升, 大功七升·八升·九升, 小功十升·十一升·十二升. 緦麻十五升, 去其半. 有事其縷, 無事其布曰'緦'. 此哀之發於衣服者也.

鄭注 이 경문의 자최는 (「상복·기」의 규정보다) 두 등급이 많다. 대공과 소공은 한 등급이 많다.3) 복은 받는 것을 위주로 한다. 이는 의복의 차등을 최대한으로 나열한 것이다. 此齊衰多二等. 大功·小功多一等. 服主於受. 是極列衣服之差也.

集說 1승마다 모두 80올이 들어간다. 참최에서 정복正服은 3승의 베를 사용하이고, 의복義服은 3승 반의 베를 사용한다. 자최에서는 강복降服은 4승의 베를 사용하고, 정복은 5승의 베를 사용하고, 의복은 6승의 베를 사용한다. 대공에서는 강복은 7승의 베를 사용하고, 정복은 8승의 베를 사용하고, 의복은 9승의 베를 사용한다. 소공에서는 강복은 10승의 베를 사용하고, 정복은 11승의 베를 사용하고, 의복은 12승의 베를 사용한다. 시마에서는 강복·정복·의복이 같아서 15승의 베를 사용하여 그 중 7승 반의 올을 제거한다. 무릇 15승은 조복에 사용하는 베로서 그 폭의 날실은 1200올이다.

이제 시마의 베는 그 절반인 600올을 사용하여 날실을 삼으니, 이것이 '그 절반을 제거한다'는 것이다. '그 올에 일을 가한다'(有事其縷)고 했을 때의 '일'(事)이란 그 올실을 삼고 누인 후에 베를 짜는 것을 가리킨다. '그 베에 일을 가하지 않는다'(無事其布)는 것은 베 짜는 것이 완성되면 그 베를 씻지 않고 곧바로 그것으로 시마복을 만든다는 뜻이다. 만약 그것으로 석최錫衰를 만들 경우에는 잿물로 씻는다. 그러므로 앞의 경문4)에서는 '그 베를 잿물로 씻어내어 석최錫衰를 만든다'고 한 것이다. 그렇다면 시마복은 삶은 올에 생 베로 베를 만드는 것이고, 그 소공 이상은 삶지 않은 올로 짜는 것이다. 每一升, 凡八十縷. 斬衰正服三升, 義服三升半. 齊衰降服四升, 正服五升, 義服六升. 大功降服七升, 正服八升, 義服九升. 小功降服十升, 正服十一升, 義服十二升. 緦麻降・正・義同, 用十五升布, 去其七升半之縷. 蓋十五升者, 朝服之布, 其幅之經, 一千二百縷也. 今緦布, 用其半六百縷爲經, 是'去其半'也. '有事其縷'者, '事'謂煮治其紗縷而後織也. '無事其布者', 及織成則不洗治其布而卽以製緦服也. 若用爲錫衰, 則加灰以洗治之. 故前經云'加灰錫'也. 然則緦服是熟縷生布, 其小功以上, 皆生縷以織矣.

【간전 9】

참최에는 3승의 베를 사용하는데, 우제와 졸곡을 마치면 성포成布 6승으로 수복受服(상복을 바꾸어 입는 것)하고 관은 7승의 베를 사용한다. 어머니를 위해서 상복을 할 때는 소최疏衰 4승의 베를 사용하는데, 성포 7승으로 수복하고 관은 8승의 베를 사용한다. 허리의 마질麻絰을 벗고 갈질葛絰을 착용하며 갈대葛帶는 세 겹으로 한다. 1년 만에 소상제小祥祭를 지내면 누인 비단으로 관冠을 만들고 분홍빛으로 가선을 두르며, 요질腰絰은 제거하지 않는다.

斬衰三升, 旣虞・卒哭, 受以成布六升, 冠七升. 爲母疏衰四升, 受以成布七升, 冠八升. 去麻服葛, 葛帶三重. 期而小祥, 練冠縓緣, 要絰不除.

鄭注 '갈대는 세 겹으로 한다'(葛帶三重)는 말은 남자의 경우를 말한다. 다섯 가닥으로 나누어 한 가닥을 버리고 네 가닥으로 꼬는 것이다. 요대가 이미 바뀌었으므로 바뀐 것을 인해서 장식을 하는 것이다. 부인은 갈질葛絰(갈포로 만든 요질)을 하지만 갈대葛帶(갈포로 만든 요대)는 하지 않는다. 구설舊說에 "세 가닥으로 꼬고, 누인 비단으로 대를 만들고 그 한 가닥을 제거한다"고 하였지만, 한 가닥을 제거하면 소공의 질絰보다 작게 되므로 잘못된 해석인 듯하다. '葛帶三重', 謂男子也. 五分去一而四糾之. 帶旣變, 變因爲飾也. 婦人葛絰, 不葛帶. 舊說云: "三糾之, 練而帶, 去一股", 去一股則小於小功之絰, 似非也.

集說 오복五服 가운데 참최・자최・대공에만 수복受服이 있는 것은 장례葬禮를 마친 후에 관冠을 만든 베의 승수로 최복衰服을 만들기 때문이다. 예를 들면 참최에서 관은 6승의 베를 사용하는데, 장례를 마친 후에 6승의 베로 최복을 만들고, 자최에서 관은 7승의 베를 사용하는데 장례를 마친 후에 7승의 베로 최복을 만든다. '성포成布'라고 한 것은 3승 이하의 베는 매우 거칠고 성겨서 아직 완성되지 못한 듯한데, 6승 이하는 점차 정밀하고 섬세해져서 길복吉服의 베와 비슷하다. 그러므로 '성成'이라고 한 것이다. '마질麻絰를 벗고 갈질葛絰을 착용한다'(去麻服葛)는 것은 장례葬禮를 마치고 나서 남자는 허리에 차던 마질麻絰을 벗고 갈질葛絰을 착용하고, 부인은 머리의 마질을 벗고 갈질을 착용하는 것을 가리킨다. '갈대는 세 겹으로 한다'(葛帶三重)는 말은 남자의 경우를 가리킨다. 장례葬禮를 마친 후 갈질로 허리

의 마질을 바꾸는데, 전보다 조금 작게 하여 네 가닥으로 꼬아서 쌓아 서로 겹치게 하므로 세 겹이 된다. 홑가닥으로 꼬아서 한 겹이 되고, 양 가닥을 합쳐서 한 줄을 만들면 두 겹이고, 두 줄을 합쳐서 한 줄을 만들면 세 겹이 된다. ○ 소疏에서 말한다. "소상제를 지내고 또 졸곡 후에 쓰는 관의 승수로 그 최복을 수복하고 누인 명주실로 그 관을 바꾸며 또 누인 비단으로 중의中衣를 만들고 분홍빛으로 옷깃을 삼는다." '요질要絰'은 갈질을 가리킨다. '전연縓緣'은 「단궁상檀弓上」(13)에 보인다. 五服惟斬衰·齊衰·大功有受者, 葬後, 以冠之布升數爲衰服. 如斬衰冠六升, 則葬後以六升布爲衰, 齊衰冠七升, 則葬後以七升布爲衰也. 謂之'成布'者, 三升以下之布, 麤疏之甚, 若未成然, 六升以下, 則漸精細, 與吉服之布相近. 故稱'成'也. '去麻服葛'者, 葬後, 男子去要之麻絰而繫葛絰, 婦人去首之麻絰而著葛絰也. '葛帶三重', 謂男子也. 葬後, 以葛絰易要之麻絰, 差小於前, 四股糾之, 積而相重, 則三重也. 蓋單糾爲一重, 兩股合爲一繩, 是二重, 二繩又合爲一繩, 是三重也. ○ 疏曰: "至小祥, 又以卒哭後冠受其衰, 而用練易其冠, 又以練爲中衣, 以縓爲領緣也." '要絰', 葛絰也. '縓緣'見「檀弓」.

【간전 10】

남자는 수질首絰을 벗고 부인은 요대腰帶를 벗는다. 남자는 왜 수질을 벗고, 부인은 왜 요대를 벗는가? 남자는 머리를 중시하고 부인은 띠를 중시하기 때문이다. 복을 벗을 때에는 중요한 것을 먼저 벗고, 복을 바꿀 때에는 가벼운 것을 먼저 바꾼다.

男子除乎首, 婦人除乎帶. 男子何爲除乎首也, 婦人何爲除乎帶也? 男子重首, 婦人重帶. 除服者先重者, 易服者易輕者.

鄭注 '복을 바꾼다'(易服)는 것은 뒤에 당한 상 때문에 바뀌게 된다는 뜻이다. 부인은 대帶를 중시하는데, 대는 하체의 위에 있다. 부인이 그것을 중시하는 것은 남자를 피하기 위한 것이다. 그 대帶를 만들 때에는 수질首絰을 5등분하여 하나를 제거한 크기로 한다. 「상복소기喪服小記」(90)에 "성인의 상喪에서 상복을 벗는 이는 그 대상大祥제사에서 조복朝服을 입고 호관縞冠을 쓴다"고 하였다. 이 「간전間傳」(11) 경문의 '소호素縞'는 「옥조玉藻」(33)에서 "누이지 않은 흰 비단의 관에 흰색의 누인 비단으로 가선을 두른 것은 소상小祥을 지낸 뒤에 쓰는 관이다"라고 한 그것이다. '易服', 謂爲後喪所變也. 婦人重帶, 帶在下體之上. 婦人重之, 辟男子也. 其爲帶, 猶五分絰去一耳. 「喪服小記」曰: "除成喪者, 其祭也, 朝服縞冠." 此'素縞'者, 「玉藻」所云: "縞冠素紕, 旣祥之冠."

集說 소상小祥을 마치고 남자는 수질首絰을 벗고 부인은 요대腰帶를 벗는다. 이것이 상복을 벗을 때 중요한 것을 먼저 벗는다는 것이다. 무거운 상을 하고 있다가 가벼운 상을 당했을 경우, 남자는 요질을 바꾸고 부인은 수질을 바꾼다. 이는 가벼운 것을 바꾸는 것이다. 小祥男子除首絰, 婦人除要帶. 此除先重也. 居重喪而遭輕喪, 男子則易要絰, 婦人則易首絰. 此易輕者也.

【간전 11】

소상 뒤에 또 1년 만에 대상제를 지내는데, 누이지 않은 흰 비단의 관(縞冠)에 흰색의 누인 비단으로 가선을 둘러쓰고 마의麻衣를 입는다. 한 달을 건너뛰어 담제를 지내는데, 담제를 지낸 뒤에는 섬관纖冠에 소단素端의 복장을 하며 차지 않는 것이 없다.

又期而大祥, 素縞麻衣. 中月而禫, 禫而纖, 無所不佩.

鄭注 마의麻衣는 15승의 베로 만드는데 또한 심의深衣이다. '마麻'라고 한 것은 순수하게 베를 쓰고 채색의 장식을 하지 않기 때문이다. 대상大祥을 마치면 최복과 지팡이를 벗는다. 날실을 검은색으로 하고 씨실을 흰색으로 하여 짠 것을 '섬纖'이라고 한다. 구설에 "섬관纖冠은 갓끈에 채색을 가한 것이다"라고 하였다. '차지 않는 것이 없다'(無所不佩)는 것은 닦는 수건 등을 평상시처럼 찬다는 뜻이다. '섬纖'은 어떤 본에서는 '침綅'으로 되어 있다. 麻衣十五升布, 亦深衣也. 謂之'麻'者, 純用布, 無采飾也. 大祥, 除衰杖. 黑經白緯曰'纖'. 舊說"纖冠者, 采纓也." '無所不佩', 紛帨之屬, 如平常也. '纖', 或作'綅'.

集說 소疏에서 말한다. "25개월 만에 대상제를 지낸다. 이날에 상복을 벗으면 머리에 흰색의 관을 쓰는데 비단으로 가선을 두른다. 몸에는 조복을 입고 제사를 지낸다. 제사가 끝나도 슬픈 마음이 아직 사라지지 않았기 때문에 다시 도리어 약간 흉한 복장을 하여, 머리에 비단으로 짠 관을 쓰고 흰색으로 가선을 두르며, 몸에는 15승의 마로 만든 심의를 입는데 아직 채색의 옷깃을 하지는 않는다. 그러므로 '누이지 않은 흰 비단의 관을 쓰고 마麻로 된 옷을 입는다'(素縞麻衣)라고 한 것이다. 대상제 이후 다시 한 달을 건너 담제를 지낸다. 제사를 지낼 때에는 현관玄冠에 조복朝服을 입는다. 제사가 끝나면 머리에 섬관纖冠을 쓰고, 몸에는 소단素端[5]과 황상黃裳(황색 치마)을 입으며, 길제吉祭에 이르러 평상시 착용하던 물건을 모두 차게 된다. 날실을 검은색으로 하고 씨실을 흰색으로 하여 짜는 것을 '섬纖'이라고 한다." 疏曰: "二十五月大祥祭. 此日除脫, 則首服素冠, 以縞紕之. 身著朝服而祭. 祭畢而哀情未除, 更反服微凶之服, 首著縞冠, 以素紕之, 身著十五升麻深衣, 未有采緣. 故云'素縞麻衣'也. 大祥之後, 更間一月而爲禫祭. 禫祭之時, 玄冠朝服. 祭訖則首著纖冠, 身著素端黃裳, 以至吉祭, 平常所服之物無不佩也. 黑經白緯曰'纖'."

【간전 12】

복을 바꿀 때 왜 가볍게 여기는 것을 바꾸는가? 참최의 상에서 이미 우제虞祭와 졸곡卒哭을 마쳤는데, 자최의 초상初喪(사망 후 매장 전까지 기간)을 당했다면, 가볍게 여기는 것은 겸해서 포괄하고, 중시하는 것은 단독으로 행하기 때문이다.

易服者何爲易輕者也?① 斬衰之喪, 旣虞·卒哭, 遭齊衰之喪, 輕者包, 重者特.②

鄭注 ① 위 경문([간전 10])의 설명으로 인해서 질문을 한 것이다. 因上說而問之.

② 가벼운 것을 바꾸는 의미를 설명한 것이다. '우제와 졸곡을 마쳤다'(旣虞·卒哭)라는 것은 (새로 당한) 자최상으로 (거상 중인) 참최복을 바꿀 수 있는 의절儀節을 말한 것이다. 가볍게 여기는 것은 낮은 쪽에도 적용할 수 있다. 자최복에서 하는 마대麻帶와 마질麻絰를 착용하여 참최복의 갈대葛帶와 갈질葛絰을 겸해서 포괄하는데, 남자의 경우는 요대腰帶를 부인의 경우는 수질首絰을 가리킨다. 무겁게 여기는 것은 존귀한 쪽을 위주로 해야 한다. 남자는 수질首絰을, 부인은 요대腰帶를 그 갈대葛帶와 갈질葛絰로 해서 (참최복을 위해서만) 단독으로 착용하고 바꾸지 않음을 가리킨다. 이 경문에서 '겸해서 포괄한다'(包), '단독으로 행하다'(特)라고 말한 것은, 낮은 쪽에 대해 행하는 것은 존귀한 쪽과 더불어 양 쪽에 적용할 수 있지만 존귀한 쪽에 대해 행하는 것은 다른 쪽에도 함께 적용할 수 없음을 밝힌 것이다. 說所以易輕者之義也. '旣虞·卒哭', 謂齊衰可易斬服之節也. 輕者可施於卑. 服齊衰之麻, 以包斬衰之葛, 謂男子帶·婦人絰也. 重者宜主於尊. 謂男子之絰·婦人之帶, 特其

葛不變之也. 此言'包'·'特'者, 明於卑可以兩施, 而尊者不可貳.

集說 정현鄭玄은 "낮은 쪽에 대해 행하는 것은 존귀한 쪽과 더불어 양 쪽에 적용할 수 있지만, 존귀한 쪽에 대해 행하는 것은 다른 쪽에도 함께 적용할 수 없다"고 하였다. ○ 소疏에서 말한다. "참최의 상에서 수복을 할 때에 자최의 초상初喪(사망 후 매장 전까지 기간)을 당했다면 남자는 가볍게 여기는 허리에는 자최의 요대要帶를 착용하여 참최의 요대를 겸하여 포괄할 수 있다. 부인은 머리를 가볍게 여기므로 자최의 수질首絰을 두르고 참최의 질을 겸하여 포괄할 수 있다. 그러므로 '가볍게 여기는 것은 포괄할 수 있다'(輕者包)고 한 것이다. 남자는 머리를 중요하게 여기기 때문에 특별히 참최의 갈질葛絰을 그대로 두고, 부인은 허리를 중요하게 여기기 때문에 특별히 참최의 요대要帶를 그대로 둔다. 이것이 '중요하게 여기는 것은 특별히 그대로 둔다'(重者特)는 뜻이다. 내가 생각건대, '특特'은 단독으로 하여 겸하는 바가 없다는 뜻을 말하는 것이지, 특별히 그대로 둔다는 뜻이 아니다." 鄭氏曰: "卑可以兩施, 而尊者不可貳." ○ 疏曰: "斬衰受服之時, 而遭齊衰初喪, 男子所輕要者, 得著齊衰要帶, 而兼包斬衰之帶. 婦人輕首, 得著齊衰首絰, 而包斬衰之絰. 故云'輕者包'也. 男子重首, 特留斬衰之絰, 婦人重要, 特留斬衰要帶. 是'重者特'也. 愚謂'特'者單獨而無所兼之義, 非謂特留也."

【간전 13】

(참최복에서) 연제를 지낸 후에 대공의 상을 당했다면 마麻와 갈葛이 중시된다.

旣練, 遭大功之喪, 麻葛重.

鄭注 이는 (새로 당한) 대공의 상으로 인해 (거상 중인) 참최복을 바꿀 수 있는 의절儀節을 말한 것이다. 참최의 상에서 이미 연제를 지냈다면, 남자는 수질을 벗고 요대만 그대로 착용하고 있으며, 여자는 요대를 제거하고 수질만 그대로 착용하고 있다. 이를 가리켜 '단單'이라고 한다. '단'은 홀로(獨)라는 뜻이다. 대공의 상을 당했다면, 남자는 마질麻絰을 두르고 부인은 마대麻帶를 착용하며, 또 모두 그 가벼운 것을 마麻로 바꾼다. 이를 가리켜 '마麻를 중요하게 여긴다'(重麻)고 한다. 우제와 졸곡을 지냈다면 남자의 경우 요대要帶는 그 이전의 갈대葛帶를 착용하고 수질은 기년복의 갈질葛絰을 착용하며, 부인의 경우 수질首絰은 그 본래의 갈질葛絰을 착용하고 요대는 기년복의 갈대葛帶를 착용한다. 이를 가리켜 '갈葛을 중요하게 여긴다'(重葛)고 한다. 此言大功可易斬服之節也. 斬衰已練, 男子除絰而帶獨存, 婦人除帶而絰獨存. 謂之'單'. '單', 獨也. 遭大功之喪, 男子有麻絰, 婦人有麻帶, 又皆易其輕者以麻. 謂之'重麻'. 旣虞・卒哭, 男子帶其故葛帶, 絰期之葛絰, 婦人絰其故葛絰, 帶期之葛帶. 謂之'重葛'.

集說 소疏에서 말한다. "참최의 상에서 연제를 지내고 난 후, 남자는 요대만, 부인은 단지 수질만 착용하고 있다. 이를 '단單'이라고 한다. 이제 대공의 상을 당하면, 남자는 머리에 아무 것도 없으므로 대공의 마질麻絰을 착용하고 또 대공의 마대를 착용하여 연제를 지낼 때에 착용한 갈대葛帶를 대체한다. 부인은 허리에 아무 것도 없으므로 대공의 마대麻帶를 착용하고, 또 대공의 마질麻絰로 연제를 지낼 때에 착용한 갈질葛絰을 바꾼다. 이것이 '마麻를 중시한다'는 것이다. 대공의 상에서 우제와 졸곡을 마치게 되면, 남자는 연제를 지낼 때에 착용한 본래의 갈대葛帶를 요대要帶로 착용하고, 수질首絰은 기년복의 갈질葛絰을 착용한다. 부인은 연제를 지낼 때 쓴 본래의 갈질葛絰을 수질首絰로 착용하고, 요대要帶는 기년복의 갈대葛帶를 착용한다.

이것이 '갈葛을 중시한다'는 것이다." ○ 소疏에서 '기년복의 갈질葛絰과 기년복의 갈대葛帶'라고 한 것은 그 거칠고 섬세한 정도가 기년복의 것과 같다는 뜻이지만, 실제로는 대공복의 갈질과 갈대이다. ○ 또 살펴보건대, 「단궁상」(119)에서 "부인은 칡베로 만든 요대腰帶를 하지 않는다"고 한 것은 참최와 자최복을 말한 것이다. 『의례』 「상복喪服·대공大功」에 남녀가 나란히 진설할 경우 "칡으로 만든 질을 하고 아홉 달을 채운다"(卽葛九月)는 문장이 있다. 이는 대공의 상에서 부인 역시 갈질을 착용한다는 뜻이다. 또 『의례』 「사우례士虞禮」 시尸장의 정현의 주에 "부인이 대공과 소공의 상을 할 경우 갈대葛帶를 한다"고 하였다. 疏曰: "斬衰既練, 男子惟有要帶, 婦人惟有首絰. 是'單'也. 今遭大功之喪, 男子首空, 著大功麻絰, 又以大功麻帶易練之葛帶. 婦人要空, 著大功麻帶, 又以大功麻絰易練之葛絰. 是'重麻'也. 至大功既虞·卒哭, 男子帶以練之故葛帶, 首著期之葛絰. 婦人絰其練之故葛絰, 著期之葛帶. 是'重葛'也." ○ 疏言'期之葛絰·期之葛帶', 謂麤細與期同, 其實是大功葛絰·葛帶也. ○ 又按「檀弓」云: "婦人不葛帶"者, 謂斬衰齊衰服也. 「喪服·大功」章, 男女並陳, 有"卽葛九月"之文. 是大功婦人亦受葛也. 又「士虞禮」餞尸章註云: "婦人大功·小功者, 葛帶."

【간전 14】

자최의 상에서 우제와 졸곡을 마쳤는데 대공의 상을 당했다면 마麻(마대麻帶)와 갈葛(갈질葛絰)을 겸하여 착용한다.

齊衰之喪, 既虞·卒哭, 遭大功之喪, 麻葛兼服之.

鄭注 이는 (새로 당한) 대공의 상으로 (거상 중인) 자최기년복을 바꿀 수 있는 의절儀節을 말한 것이다. '겸兼'은 '양쪽 모두'(兩)라는 뜻과 같다. '포

包'·'특特'이라 말하지 않고 '양쪽 모두'(兩)라고 말한 것은 '포'·'특'은 그 의미를 드러내는 것이고, '겸'은 수질首絰이 있고 요대要帶가 있음을 밝히는 것이다. '중重'을 말하지 않은 것은 삼년상에서 연제를 지낸 후에는 수질首絰이 없을 경우도 있고 요대要帶가 없을 경우도 있기 때문이다. '중重'을 말한 것은 지금 모두 있음을 밝히기 위한 것인데, 기년상 이하에는 본래 모두 있다. '양쪽 모두'(兩)는 마麻가 있고 갈葛이 있다는 것이다. 갈葛은 또한 그 중요한 것을 단독으로 남겨 놓은 것이고, 마麻는 또한 그 가벼운 것을 겸하는 것이다. 此言大功可易齊衰期服之節也. '兼'猶'兩'也. 不言'包'·'特'而'兩'言者, '包'·'特'著其義, '兼'者明有絰有帶耳. 不言'重'者, 三年之喪, 既練, 或無絰, 或無帶. 言'重'者, 以明今皆有, 期以下固皆有矣. '兩'者, 有麻·有葛耳. 葛者亦特其重, 麻者亦包其輕.

集說 이는 남자의 경우에 의거하여 말한 것이다. 대공의 마대麻帶로 자최의 갈대葛帶를 바꾸지만 머리에는 여전히 자최의 갈질葛絰을 착용한다. 머리에 갈질葛絰을 허리에 마대麻帶를 착용하고 있는 것, 이것이 마와 갈을 겸하여 착용하는 것이다. 此據男子言之. 以大功麻帶易齊衰之葛帶. 而首猶服齊衰葛絰, 首有葛要有麻, 是麻葛兼服之也.

【간전 15】

참최의 갈葛은 자최의 마麻와 거칠고 세밀한 정도가 같다. 자최의 갈은 대공의 마와 거칠고 세밀한 정도가 같다. 대공의 갈은 소공의 마와 거칠고 세밀한 정도가 같다. 소공의 갈은 시마緦麻의 마와 거칠고 세밀한 정도가 같다. 마麻가 같으면, 겸하여 포괄해서 착용한다. 겸하여 포괄해서 착용할 때에는 중요하게 여기는 것을 착용하고 가볍게 여기는 것을 바꾼다.

斬衰之葛, 與齊衰之麻同. 齊衰之葛, 與大功之麻同. 大功之葛, 與小功之麻同. 小功之葛, 與緦之麻同. 麻同則兼服之.① 兼服之, 服重者, 則易輕者也.②

鄭注 ① 이는 무거운 상복(上服)이 있는데 우제와 졸곡을 마친 후 가벼운 상복(下服)을 당했을 때의 차이를 마지막으로 말한 것이다. (새로 당한 상이) 오직 대공의 상일 경우에만 (거상 중인) 삼년복에서 연제를 마친 후의 복식을 바꾸는 의절이 있고, 소공 이하일 경우에는 (거상 중인) 무거운 상복(上服)에 대해 모두 바꾸는 것이 없다. 이 경문에서 '대공의 갈葛은 소공의 마麻와 같으며, 소공의 갈葛은 시마의 마麻와 같다'고 한 것은 주로 대공복의 장상長殤과 중상中殤의 경우를 두고 말한 것이다. 此竟言有上服, 既虞・卒哭, 遭下服之差也. 唯大功有變三年既練之服, 小功以下, 則於上皆無易焉. 此言'大功之葛與小功之麻同, 小功之葛與緦之麻同', 主爲大功之殤長・中言之.

② '중요하게 여기는 것을 착용한다'(服重)는 것은 단독으로 착용한다는 뜻이다. '칙則'(그러므로)라고 하였으니 남자와 부인 모두에 해당된다. 무릇 가벼운 상복(下服)에서 우제와 졸곡을 할 때 남자는 본래의 갈대葛帶로 되돌아가 착용하고, 부인은 본래의 갈질葛絰로 되돌아가 착용하며, 그 무거운 상복(上服)을 벗으면 본래 자연스럽게 가벼운 상복(下服)의 수복에 따라 수복한다. '服重'者, 謂特之也. '則'者, 則男子與婦人也. 凡下服, 虞・卒哭, 男子反其故葛帶, 婦人反其故葛絰, 其上服除, 則固自受以下服之受矣.

集說 '같다'(同)는 것은 앞의 상에서 장례葬禮를 마친 후에 착용하는 갈葛이 뒤에 당한 상에서 초상初喪 때 입는 마麻와 거칠고 세밀한 정도에서 차이가 없다는 뜻이다. '겸하여 착용한다'(兼服)는 것은 뒤에 당한 상의 마麻를

착용하고 겸하여 앞서 당한 상에서 갈葛도 착용한다는 뜻이다. '중시하는 것을 착용한다'(服重)는 것은 곧 위 장의 '중시하는 것은 단독으로 행한다'(重者特之)는 설이며, '가볍게 여기는 것을 바꾼다'(易輕)는 것은 곧 '가볍게 여기는 것은 겸하여 포괄한다'(輕者包)는 것이 그것이다. 「복문服問」(10)에서 "시마의 마질이 소공의 갈질을 바꾸지 못하고, 소공의 마질이 대공의 갈질을 바꾸지 못한다"고 하였는데, 성인成人의 상을 두고 말한 것이다. 이 경문에서 대공 이하는 같기 때문에 겸하여 입는다고 한 것은 대공의 장상長殤과 중상中殤에 의거하여 말한 것이다. ○ 소疏에서 말한다. "겸하여 입는 것은 단지 남자에게만 적용되고 부인은 포함하지 않는다. 이제 가볍게 여기는 것을 바꾼다고 하였다. 그렇다면 남자는 허리에 있는 것(요대)을 바꾸고, 부인은 머리에 있는 것(수질)을 바꾸는 것이다." '同'者, 前喪旣葬之葛, 與後喪初死之麻, 麤細無異也. '兼服'者, 服後麻, 兼服前葛也. '服重'者, 卽上章'重者特'之說也, '易輕'者, 卽'輕者包', 是也. 「服問」篇云: "緦之麻不變小功之葛, 小功之麻不變大功之葛", 言成人之喪也. 此言大功以下同, 則兼服者, 是據大功之長殤・中殤也. ○ 疏曰: "兼服之, 但施於男子, 不包婦人. 今言易輕者. 則是男子易於要, 婦人易於首也."

역주

1) 참최의 ~ 착용하는가? : 『의례』 「상복」, 참최3년장, "단을 깁지 않은 상의(衰)와 하의(裳)를 입고, 검고 조악한 암마(苴)로 만든 首絰과 要絰을 하고, 대나무로 만든 지팡이(杖)를 짚고, 마를 줄 모양으로 꼬아서 만든 띠(絞帶)를 차고, 베를 구부려 만든 줄 모양의 갓끈을 단 관(冠繩纓)을 쓰고, 엄짚신(菅屨)을 신는 경우는 다음과 같다."(喪服. 斬衰裳, 苴絰·杖·絞帶, 冠繩纓, 菅屨者)

2) 전편에 ~ 풀이했다 : 「喪服小記」(54)의 경문 및 진호의 집설 참조.

3) 이 경문의 ~ 많다 : 「喪服·記」에는 '자최 4승'이라고 하였는데, 이 경문에서는 '자최 4승·5승·6승'이라고 하였으니, 「상복」편보다 두 등급이 더 많은 것이다. 그러므로 '두 등급이 많다'고 한 것이다. '대공과 소공은 한 등급이 많다'고 한 것은 『의례』 「상복·기」에 '대공과 소공은 8승 및 9승'이라고 하였는데, 이 경문에서는 '대공은 7승·8승·9승'이라고 하였기 때문에 「상복」보다 한 등급이 더 많은 것이다. 「상복·기」에서는 또 '소공은 10승 및 11승'이라고 하였는데, 이 경문에서는 '소공은 10승·11승·12승'이라고 하였다. 이는 「상복」보다 한 등급이 더 많은 것이다. 그러므로 '대공과 소공은 한 등급이 많다'고 한 것이다. 『예기정의』, 1181쪽 참조.

4) 앞의 경문 : 「雜記上」(46) 참조.

5) 소단 : 素端은 古代 諸侯·大夫·士 등이 입었던 祭服의 일종이다. 『주례』 「春官·司服」에 "재계할 때(致齋) 입는 옷에 玄端과 素端이 있다."(其齊服有玄端·素端)라고 하였다. 정현은 주에서 "사가 재계할 때 素端을 입는 것은 또한 역병과 재난이 있을 때 기도하는 것이 있기 때문이다. 素服을 바꾸어 素端으로 말한 것은 특별한 제도임을 밝힌 것이다"(士齊有素端者, 亦爲札荒有所禱請. 變素服言素端者, 明異制)라고 하였다. 가공언은 소에서 "소단은 곧 위의 소복으로 역병과 재난이 발생하여 제사를 올려 기도할 때 입는 옷이다"(素端者, 卽上素服, 爲札荒祈請之服也)라고 하였다. 「雜記上」(60)의 "소단 한 벌, 피변복 한 벌, 작변복 한 벌, 현면복 한 벌 등이었다"(素端一·皮弁一·爵弁一·玄冕一)에 대하여 孙希旦은 『禮記集解』에서 "소단의 제도는 현단복과 같은데 흰색 베를 사용하여 만든다. 대개 역병과 재난이 있을 때 재계를 하기 위해(致齊) 입는 옷이다"(素端制若玄端, 而用素爲之. 蓋凶札祈禱致齊之服也)라고 하였다.

삼년문 제38
三年問

정현의 『예기목록』에서 말한다. "「삼년문三年問」이라고 제목을 붙인 것은 질문을 잘하여 상복의 연수가 유래한 바를 알게 하였기 때문이다. 이 편은 유향劉向의 『별록別錄』에서는 「상복喪服」에 속해 있다."

鄭『目錄』云: "名曰「三年問」者, 善其問以知喪服年月所由. 此於『別錄』屬「喪服」."

【삼년문 1】

"삼년상을 하는 것은 왜인가?" "인정人情의 경중을 헤아려 문文(표현방식)을 제정하고, 그것으로 친족의 무리를 문식하여 친소와 귀천에 따른 절도節度(절차와 도수)를 구별하는데, 덜거나 더할 수 없다. 그러므로 '바꾸지 못하는 도'라고 하는 것이다. 상처가 크면 그 아무는 날 수가 오래가고, 고통이 심하면 그 낫는 것이 더디다. 3년으로 한 것은 인정을 헤아려서 문文을 제정한 것으로 지극한 고통에 한계를 두기 위한 것이다. 참최의 상에 저장苴杖을 짚고, 의려倚廬에서 거상을 하며, 죽을 먹고, 거적자리에서 자고, 흙덩이를 베게로 삼는 것은 지극한 고통을 문식하기 위한 것이다. 삼년상은 25개월 만에 마치는데 애통함이 다 끝나지 않고 그리움이 다 잊히지 않는다. 그런데도 상복을 이 기간으로 끊는 것은 죽은 이를 보내는 데에 마침이 있고, 살아 있는 이의 생활로 되돌아가는 데에 절도가 있기 때문이 아니겠는가!"

"三年之喪, 何也?" 曰: "稱情而立文, 因以飾群, 別親疏·貴賤之節, 而弗可損益也. 故曰'無易之道也'.① 創鉅者其日久, 痛甚者其愈遲. 三年者, 稱情而立文, 所以爲至痛極也. 斬衰苴杖, 居倚廬, 食粥, 寢苫枕塊, 所以爲至痛飾也.② 三年之喪, 二十五月而畢, 哀痛未盡, 思慕未忘. 然而服以是斷之者, 豈不送死有已, 復生有節也哉!"③

鄭注 ① '인정을 경중을 헤아려 문을 제정한다'(稱情而立文)는 것은 인정人情의 경중을 헤아려서 그 예를 제정한다는 뜻이다. '군群'은 친족의 무리를 말한다. '무역無易'은 바꾸지 못한다(不易)는 뜻과 같다. '稱情而立文', 稱人之情輕重, 而制其禮也. '群', 謂親之黨也. '無易', 猶不易也.

② '식飾'은 정을 겉으로 드러내는 것이다. '飾', 情之章表也.

③ '생활로 되돌아간다'(復生)는 것은 상을 벗고 산 사람의 일로 돌아간다는 뜻이다. '復生', 除喪反生者之事也.

集說 사람은 사회를 이루어 살지 않을 수 없고, 사회를 이루면 구별이 없을 수 없다. 문文을 세워 표현하면 친소와 귀천의 등급이 분명해진다. '덜거나 더할 수 없다'(弗可損益)는 것은 합당한 제도는 모자라서도 안 되고 지나쳐서도 안 된다는 뜻이다. 이것이 이른바 '바꾸지 못하는 도'(無易之道)라는 것이다. 친소와 귀천에 따른 절도節度(절차와 도수)를 제도로 나타내는 것

은 오직 상복에서 그 상세함을 다할 수 있다. 상복은 참최斬衰보다 더 무거운 것이 없고, 상기喪期는 3년보다 더 오래 하는 것이 없다. 그러므로 이 편에서는 오복의 경중을 나열하면서 무거운 것부터 시작하였다. ○ 석량왕씨石梁王氏는 말한다. "24개월 만에 2주년이 되는데, (대상제大祥祭를 지내는) 그 달 남은 날 수가 며칠인지는 상관하지 않기 때문에 25개월이 된다. '한 달을 중간에 띄워두고(中月) 담제를 지낸다'의 주에서 정현鄭玄은 '한 달 동안 간격을 두는 것'이라고 하였다.[1)] 그렇다면 사이를 두는 달 이것은 비어 있는 한 달이므로 26개월이 되는 것이고, 그 달을 넘겨 담제를 지내니 27개월이 되며, 담제를 지낸 달을 넘기면(徙月)[2)] 음악을 연주한다." 人不能無群, 群不可無別. 立文以飾之, 則親疏・貴賤之等明矣. '弗可損益'者, 中制不可不及, 亦不可過. 是所謂'無易之道'也. '治親疎・貴賤之節'者, 惟喪服足以盡其詳. 服莫重於斬衰, 時莫久於三年. 故此篇列言五服之輕重, 而自重者始. ○ 石梁王氏曰: "二十四月再期, 其月餘日不數, 爲二十五月. '中月而禫', 註謂'間一月'. 則所間之月, 是空一月, 爲二十六月, 出月禫祭, 爲二十七月, 徙月則樂矣."

【삼년문 2】

"무릇 하늘과 땅 사이에 태어난 것 가운데 혈기를 가진 무리는 반드시 지각이 있으며, 지각이 있는 무리 가운데 자기 동류를 사랑할 줄 모르는 것은 없다. 이제 큰 날짐승과 들짐승은 그 뭇 짝을 잃고 한 달을 넘기고 계절을 지나게 되면, 반드시 그 고향으로 되돌아가 주위를 맴돌고 울부짖으며 머뭇거린 후에야 그곳을 떠난다. 제비와 참새 같이 작은 것에 이르러서도 오히려 잠시 짹짹거리며 울부짖은 뒤에야 비로소 떠난다. 그러므로 혈기를 가진 무리 가운데 사람만큼 지각이 있는 것이 없다. 그러므로 사람은 그 친족에 대해 그리워함이 죽을 때까지 끝나지 않는다."

"凡生天地之間者, 有血氣之屬必有知, 有知之屬莫不知愛其類. 今是大鳥獸, 則失喪其群匹, 越月踰時焉, 則必反巡過其故鄉, 翔回焉, 鳴號焉, 蹢躅焉, 踟躕焉, 然後乃能去之. 小者至於燕雀, 猶有啁噍之頃焉, 然後乃能去之. 故有血氣之屬者, 莫知於人. 故人於其親也, 至死不窮."

鄭注 '필匹'은 짝(偶)이라는 뜻이다. 제비와 참새의 은혜는 큰 날짐승과 들짐승만 못하고, 큰 날짐승과 들짐승은 사람만 못함을 말한 것이다. 혈기를 머금고 있는 종류 가운데 사람이 가장 지각 능력이 있고 은혜가 깊다. 따라서 오복의 친족에 대해서 그리워함이 죽을 때까지도 그침이 없다. '匹', 偶也. 言燕雀之恩不如大鳥獸, 大鳥獸不如人. 含血氣之類, 人最有知而恩深也. 於其五服之親, 念之至死無止已.

集說 날짐승과 들짐승은 그 동류를 사랑할 줄 알지만 사람이 인류에 대한 의식을 가득 채울 수 있는 것만 못하다. 이것이 천지 사이에 성性을 지닌 존재 가운데 사람이 귀한 존재가 되는 이유이다. 鳥獸知愛其類, 而不如人之能充其類. 此所以天地之性人爲貴也.

【삼년문 3】

"장차 저 해치는 사악하고 음탕한 사람을 따르겠는가? 저들은 아침에 상사喪事가 발생해도 저녁이면 잊어버린다. 그런데도 그들을 따른다면 이는 날짐승·들짐승만도 못하게 될 것이다. 어찌 그들과 함께 무리지어 살면 혼란하지 않을 수 있겠는가?"
"將由夫患邪淫之人與? 則彼朝死而夕忘之. 然而從之, 則是曾鳥獸之不若也. 夫焉能相與群居而不亂乎?"

鄭注 악한 사람은 은혜에 박해서 죽으면 곧 잊음을 말한다. 그들은 서로 더불어 모여 살더라도 반드시 예를 잃는다. 言惡人薄於恩, 死則忘之. 其相與聚處, 必失禮也.

集說 '환患'은 해친다(害)는 뜻과 같다. 사악하고 음탕함이 본성을 해치는 것이 질병과 고통이 몸을 해치는 것과 같다. 그러므로 '해치는 사악하고 음탕한'이라고 말한 것이다. 날짐승보다 못한 것은 예가 없기 때문이다. 예가 없으면 혼란해진다. '患', 猶害也. 邪淫之害性, 如疾痛之害身. 故云'患邪淫'也. 不如鳥獸, 爲無禮也. 無禮則亂矣.

【삼년문 4】

"장차 저 닦고 문식하는 군자를 따르겠는가? 삼년상은 25개월 만에 끝나는데, 마치 네 마리 말이 끄는 수레가 틈을 지나가듯 빠르다. 그런데 끝까지 이루게 한다면, 이는 끝날 날이 없게 된다. 그러므로 선왕이 그를 위해 중용의 도리를 세우고 절도를 제정하여 누구라도 문리文理(문식하는 도리)를 이룰 수 있게 하였고, 그러고 나서 복을 벗게 하였다."

"將由夫脩飾之君子與? 則三年之喪, 二十五月而畢, 若駟之過隙. 然而遂之, 則是無窮也.① 故先王焉爲之立中制節, 壹使足以成文理, 則釋之矣.②"

鄭注 ① '네 마리 말이 끄는 수레가 틈을 지난다'(駟之過隙)는 것은 빠름을 비유한 것이다. '그것을 끝까지 이루게 한다'(遂之)는 것은 때로 복을 벗지 않는다는 뜻이다. '駟之過隙', 喩疾也. '遂之', 謂不時除也.

② '중용의 도리를 세우고 절도를 제정한다'(立中制節)는 것은 복의 기간을 두고 말한 것이다. '석釋'은 없앤다는 뜻과 같은 것으로 제거한다는 것이다. '立中制節', 謂服之年月也. '釋', 猶除也, 去也.

集說 선왕이 예를 제정할 때는 대체로 넘치게 행하는 자에게는 굽혀서 중용에 나아가게 해서, 죽은 이를 보내는 데에 마침이 있고 살아 있는 이의 생활로 되돌아오는 데에 절도가 있게 하고자 하였다. 모자라게 행하는 자에게는 발돋움하여 중용에 이르게 해서 날짐승 · 들짐승만도 못한 지경에는 이르지 않게 하고자 하였다. '누구라도 문리文理를 이룰 수 있게 한다'는 것은 군자와 소인의 구분이 없이 모두 예절을 준행하여 무리를 문식하는 문리文理를 이루게 한다는 것이다. 그렇게 되면 선왕이 세상을 염려하여 가르침을 세운 마음이 이루어지게 된다. 그러므로 '벗게 하였다'(釋之)고 한 것이다. 先王制禮, 蓋欲使過之者, 俯而就之, 則送死有已, 復生有節. 不至者, 跂而及之, 則不至於鳥獸之不若矣. '壹使足以成文理', 謂無分君子 · 小人, 皆使之遵行禮節, 以成其飾群之文理. 則先王憂世立敎之心遂矣. 故曰'釋之'也.

【삼년문 5】

"그렇다면 무엇 때문에 기년에 이르러 복을 벗는가?" "지극한 친족이라도 기년으로 끊는 것이다." "이는 무엇 때문인가?" "하늘과 땅의 기운이 이미 바뀌고, 네 계절이 이미 변하였기 때문이다. 하늘과 땅 사이에 존재하는 것 가운데 다시 시작하지 않는 것이 없다. 이를 본받는 것이다."

"然則何以至期也?①" 曰: "至親以期斷.②" "是何也?③" 曰: "天地則已易矣, 四時則已變矣. 其在天地之中者, 莫不更始焉. 以是象之也.④"

鄭注 ① 삼년상의 의리가 이와 같다면 무엇 때문에 낮추어 기년에 이르는 경우가 있는가 하고 말한 것이다. 기년상은 후사後嗣로 된 이가 아버지가 살아 있을 때 어머니를 위해 복을 하는 경우를 말한다. 言三年之義如此, 則何以有降至於期也. 期者, 謂爲人後者父在爲母也.

② 상복의 정복은 아무리 가까운 친족이라도 모두 기년이 되면 복을 벗는다는 뜻이다. 言服之正, 雖至親, 皆期而除也.

③ 복이 기년에 끝나는 의리를 물은 것이다. 問服斷於期之義也.

④ 이런 변화를 본받아 기년의 복을 할 수 있는 것이다. 法此變易可以期也.

集說 소소疏에서 말한다. "'부모를 위해서는 본래 삼년상을 하는데 무엇 때문에 기년으로 복을 벗는가?'라는 것은 1주년이 되면 복을 벗어야 되는 의리를 물은 것이다. 그러므로 '지극한 친족이라도 기년으로 끊는다'고 답한 것이다. 이는 1주년 만에 복을 벗을 수 있는 절도를 밝힌 것이다. 그러므로 기년이 되면 연제를 지내고 남자는 수질을 벗고 부인은 요대를 벗는다. 아래 문장에서는 '더욱 높이므로 삼 년에 이르러 복을 벗게 된다'고 하였다."

疏曰: "'父母本三年, 何以至期?', 是問其一期應除之義. 故答云'至親以期斷'. 是明一期可除之節. 故期而練, 男子除之, 婦人除帶. 下文云: '加隆, 故至三年.'"

【삼년문 6】

"그렇다면 무엇 때문에 3년으로 하는가?" "더욱 높이는 것이다. 그 때문에 두 배로 행하게 하는 것이다. 그러므로 기년의 복을 두 번 한다."

"然則何以三年也?①" 曰: "加隆焉爾也. 焉使倍之. 故再期也.②"

鄭注 ① 이 변화를 본받는다면 기년으로 하면 되는데, 어째서 3년을 행하는가? 라고 말한 것이다. 言法此變易, 可以期, 何以乃三年爲?

② 부모에 대해서는 그 은혜를 더욱 높여서 기년을 두 배로 하게 하는 것이다. 아래의 '언焉'은 '연然'의 뜻과 같다. 言於父母加隆其恩, 使倍期也. 下'焉'猶'然'.

集說 또 이미 기년으로 끊었는데 왜 3년으로 하는가를 물은 것이다. 대답은 효자가 부모에게는 더욱 높여서 두텁게 하기 때문에 이와 같이 한다는 것이다. '언焉'은 어사語辭인데 '소이所以'라고 말하는 것과 같다. 又問旣是以期斷矣, 何以三年也. 答謂孝子加隆厚於親, 故如此也. '焉', 語辭, 猶云'所以'也.

【삼년문 7】

"9월 이하의 상복을 하는 것은 무엇 때문인가?" "미치지 못하기 때문이다. 그러므로 삼년상을 높여서 행하는 것으로 삼고, 시마緦麻와 소공小功의 상을 줄여서 행하는 것으로 삼고, 기년期年과 9월의 상을 중간 정도로 행하는 것으로 삼는 것이다. 위로 하늘에서 상象을 취하고, 아래로 땅에서 법法을 취하고, 중간으로 사람에게서 법칙(則)을 취한다. 사람이 무리지어 살면서 인정人情이 화목하고 예가 모두에게 통용될 수 있는 이치가 완전해진다. 그러므로 삼년상은 인간 도리의 지극한 문식이다. 이를 지극히 높이는 것(至隆)이라고 한다. 이는 모든 왕들이 똑같이 여기던 바이며 옛날이나 지금이나 한결같이 생각하던 바이다. 그것이 유래하는 바를 아는 자는 아직까지 없다. 공자께서는 '자식이 태어난 지 3년이 지난 후에 부모의 품에서 벗어난다'고 하였다. 삼년상은 천하에 공통된 상이다."

"由九月以下, 何也?" 曰: "焉使弗及也.① 故三年以爲隆, 緦·小功以爲殺, 期·九月以爲間. 上取象於天, 下取法於地, 中取則於人. 人之所以群居和壹之理盡矣.② 故三年之喪, 人道之至文者也. 夫是之謂至隆.③ 是百王之所同, 古今之所壹也. 未有知其所由來者也.④ 孔子曰, '子生三年, 然後免於父母之懷.' 夫三年之喪, 天下之達喪也.⑤"

鄭注 ① 그 은혜를 부모보다 못하게 한다는 뜻이다. 言使其恩不若父母.

② '하늘과 땅에서 상象을 취한다'(取象於天地)는 것은 그 변화하고 바뀌는 것을 법으로 한다는 뜻이다. 삼년상에서 시마의 상에 이르기까지는 모두 세시의 숫자이다. 이미 하늘과 땅을 본받고 또 사람이 모여 살면서 순수하고 두터운 은혜를 다할 수 있음을 말한 것이다. '取象於天地', 謂法其變易也. 自三年以至緦, 皆歲時之數也. 言旣象天地, 又足以盡人聚居純厚之恩也.

③ 삼년상은 상례에서 가장 성대한 것임을 말한 것이다. 言三年之喪, 喪禮之最盛也.

④ '그 유래하는 바를 알지 못한다'(不知其所由來)는 것은 이 삼년상이 이전 시대부터 행해진 지 오래되었음을 비유한 것이다. '不知其所由來', 喻此三年之喪, 前世行之久矣.

⑤ '공통된다'(達)는 것은 천자로부터 서인에까지 이른다는 뜻이다. '達'謂自天子至於庶人.

集說 '미치지 못한다'(弗及)는 것은 은혜가 줄어든다는 뜻이다. 3월의 상은 5월의 상에 미치지 못하고, 5월의 상은 9월의 상에 미치지 못하고, 9월의 상은 기년상에 미치지 못한다. 기년상과 대공의 상은 높이고 줄이는 것의 사이에 있다. 그러므로 '기년과 9월을 중간으로 삼는다'고 한 것이다. '하늘과 땅에서 상象(본보기)을 취한다'는 것은 3년은 윤년을 본받고, 기년은 한 해를 본받고, 9월은 사물이 세 계절 만에 완성됨을 본받고, 5월은 오행을 본받고, 3월은 한 계절을 본받은 것을 말한다. '사람에게서 법칙(則)을 취한다'는 것은 처음 태어난 지 3개월 만에 머리카락을 자르고, 3년이 지난 후에 부모의 품에서 벗어나기 때문이다. '화和'는 정리(情)를 가지고 말한 것으로 정리에 화목하지 않음이 없다는 뜻이다. '일壹'은 예禮를 가지고 말한 것으로, 예가 이르지 않음이 없다는 뜻이다. 사람이 무리를 이루어 살면서 정이 화목하고 예가 공통되는 것은 그 이치가 상복에서 다한다. 부모의 상에는 귀하고 천함이 없다. 그러므로 '천하의 공통된 상'이라고 말한 것이다. '달達'은 『논어』에는 '통通'으로 되어 있다. '弗及', 恩之殺也. 三月不及五月, 五月不及九月, 九月不及期也. 期與大功, 在隆殺之間. 故云'期・九月以爲間'也. '取象於天地'者, 三年象閏, 期象一歲, 九月象物之三時而成, 五月象五行, 三月象一時也. '取則於人'者, 始生三月而翦髮, 三年而免父母之懷也. '和'以情言, 謂情無不睦也. '壹'以禮言, 謂禮無不至也. 人之所以相與群居而情和禮壹者, 其理於喪服盡之矣. 父母之喪, 無貴賤. 故曰'天下之達喪也'. '達'『論語』作'通'.

역주

1) ‘한 달을 ~ 하였다 : 『의례』 「士虞禮」, ‘中月而禫’의 정현 주에 보인다.

2) 달을 넘기면 : 곧 逾月이다. 상가에서 복을 벗은 다음 달을 말한다. 「檀弓上」(150) “大祥을 지내고 縞冠을 쓴다. 이 달에 禫祭를 지내고, 달을 넘기면 음악을 쓴다”(祥而縞. 是月禫, 徙月樂)에 대한 정현의 주에 “담제를 지낸 다음 달에 음악을 사용할 수 있음을 말한다”(言禫明月可以用樂)고 하였다.

심의 제39
深衣

정현의 『예기목록』에서 말한다. "「심의深衣」라고 제목을 붙인 것은 심의深衣의 제도에 대하여 기록하였기 때문이다. 심의는 웃옷과 치마를 이어지게 만들고 채색 비단으로 가선을 두른 것이다. 가선을 흰색(素)으로 두른 것을 장의長衣라고 하고, 겉옷이 있으면 중의中衣라고 한다. 대부 이상은 제복祭服의 중의中衣에 흰색 비단을 사용한다. 『시詩』에 '흰색 비단옷에 붉은 깃을 하였네'[1]라고 하였다. 「옥조玉藻」(42)에 '베옷에 비단으로 중의中衣를 짓는 것은 예가 아니다'라고 하였다. 사士 조복朝服을 입고 제사를 지내니, 베로 중의中衣를 지음은 분명한다. 이 편은 유향劉向의 『별록別錄』에서는 「제도制度」에 속해 있다."

鄭『目錄』云: "名曰「深衣」者, 以其記深衣之制也. 深衣, 連衣裳而純之以采者. 素純曰長衣, 有表則謂之中衣. 大夫以上祭服之中衣用素. 『詩』云, '素衣朱襮.' 「玉藻」曰, '以帛裏布, 非禮也.' 士祭以朝服, 中衣以布明矣. 此於『別錄』屬「制度」."

【심의 1】

옛날에 심의深衣는 대개 제도가 있어서 그림쇠 · 곱자 · 먹줄 · 저울의 기준에 상응해서 만들었다. 짧게 하더라도 속살을 드러내지 않게 하고, 길게 하더라도 땅에 끌리지 않게 하였으며, 임衽(옷섶)을 이어서 가장자리를 갈고리 모양이 되게 하고(續衽鉤邊), 허리는 아래쪽의 절반이 되게 꿰맸다.2)

古者深衣, 蓋有制度, 以應規·矩·繩·權衡.① 短毋見膚,② 長毋被土,③ 續衽鉤邊,④ 要縫半下.⑤

鄭注 ① 성인이 일을 제정할 때는 반드시 법도가 있음을 말한다. 言聖人制事, 必有法度.

② 옷은 몸을 가리는 것을 취한다. 衣取蔽形.

③ 더럽혀지기 때문이다. 爲汚辱也.

④ '촉續'은 잇는다(屬)는 뜻과 같다. '임衽'은 치마의 옆폭에 있는 것으로, 그것을 잇고 연결시켜 치마의 앞과 뒤가 구별되지 않게 한다. '구鉤'는 '조훼필구鳥喙必鉤(새의 부리는 반드시 갈고리 모양으로 구부러져 있다)'라고 할 때의 '구鉤'와 같은 뜻으로 읽는다. '구변鉤邊'은 지금의 곡거曲裾(굽은 옷자락)3)와 같다. '촉續'은 어떤 본에서는 '유裕'로 되어 있다. '續', 猶屬也. '衽', 在裳旁者也, 屬連之, 不殊裳前後也. '鉤', 讀如'鳥喙必鉤'之'鉤'. '鉤邊'若今曲裾也. '續'或爲'裕'.

⑤ 허리의 가운데를 3등분 하고 1을 줄여 아래에 보태므로 아래쪽이 당연히 넓다. '요要'는 어떤 본에서는 '우優'로 되어 있다. 三分要中, 減一以益下, 下宜寬也. '要'或爲'優'.

集說 조복朝服·제복祭服·상복喪服은 모두 윗옷과 치마가 나누어지지만, 심의만은 달리 하지 않아 몸을 가리는 것이 깊다. 그러므로 '심의深衣'라고 부른다. 형태는 같아도 명칭이 다른 것이 네 가지가 있다. 채색 비단으로 가선을 두르면 심의深衣라고 하고, 흰색 비단으로 가선을 두르면 장의長衣

라고 하고, 베로 가선을 두르면 마의麻衣라고 하고, 조복과 제복의 안에 입으면 중의中衣[4]라고 한다. 다만 대부 이상이 천자의 제사에 참여하여 도울 경우 면복冕服을 착용하고, 자신이 직접 제사를 지낼 경우 작변복爵弁服을 착용하는데, 흰색 비단으로 중의를 짓는다. 사士는 제사지낼 때 조복을 착용하므로 베로 중의를 짓는다.[5] 모두 천자의 대부와 사인 경우이다. 상복에도 중의를 착용하니, 「단궁상檀弓上」(131)에서 "(소상小祥에는) 누인 명주로 만든 중의中衣를 입는데, 황색으로 안감을 대고 옅은 분홍색 비단(縓)으로 깃과 가선을 장식한다"라고 한 것이 이것이다. 다만 이어서 1척을 가리는 것은 할 수 없다.[6] ○ 양씨楊氏(양복楊復[7])는 말한다. "심의의 제도에서 '속임구변續衽鉤邊' 한 구절은 고증하기 어렵다. 정현의 주에서 '속임續衽' 두 글자의 뜻이 매우 분명한데, 소疏의 주석가들이 이를 어지럽혀 놓았다. 정현의 주에서 '속續'은 잇는다(屬)는 뜻과 같다. '임衽'은 치마의 옆폭에 있는 것으로, 그것을 잇고 연결시켜 치마의 앞과 뒤가 구별되지 않게 한다고 하였다. 정현의 생각은 대개 다음과 같다. 무릇 치마의 앞쪽은 3폭 뒤쪽은 4폭으로 하여 앞과 뒤를 나누므로 그 곁의 2폭이 분리되어 서로 이어지지 않는다. 그러나 심의의 치마는 12폭으로 그것을 엇갈리게 갈라서 자르며, (각 폭을) 모두 '임衽'이라고 부른다. 이른바 '속임續衽'이란 치마 옆쪽의 2폭을 가리켜서 말한 것으로, 치마 옆쪽의 2폭을 연결시켜 붙여서 치마의 앞폭과 뒤폭을 분리하지 않음을 뜻한다." 또 「가례도家禮圖·심의深衣」에서 말한다. "이미 합하여 꿰매고 다시 뒤집어서 꿰매면 착용하기에 편리하다. 합하여 꿰맨 것을 속임續衽, 뒤집어 꿰맨 것을 구변鉤邊이라고 한다." ○ 허리를 꿰매는 것은 7척 2촌으로, 치마 아랫자락의 1장 4척 4촌에 비하면 절반으로 하는 것이 된다. 「옥조玉藻」(40)에서 "치마 아랫자락을 꿰매는 것은 허리의 배가 되게 한다"라고 말한 것이 그것이다. 朝服·祭服·喪服, 皆衣與裳殊, 惟深衣不殊, 則其被於體也深邃. 故名'深衣'. 制同而名異者有四焉. 純之以采曰深衣, 純之以素

曰長衣, 純之以布曰麻衣, 著在朝服・祭服之內曰中衣. 但大夫以上, 助祭用冕服, 自祭用爵弁服, 則以素爲中衣. 士祭用朝服, 則以布爲中衣也. 皆謂天子之大夫與士也. 喪服亦有中衣, 「檀弓」云: "練衣, 黃裏縓緣", 是也. 但不得繼揜尺耳. ○ 楊氏曰: "深衣制度, 惟'續衽鉤邊'一節難考. 鄭註'續衽'二字, 文義甚明, 特疏家亂之耳. 鄭註云'續', 猶屬也. '衽', 在裳旁者也, 屬連之, 不殊裳前後也. 鄭意蓋言, 凡裳前三幅後四幅, 旣分前後, 則其旁兩幅, 分開而不相屬. 惟深衣裳十二幅, 交裂裁之, 皆名爲'衽'. 所謂'續衽'者, 指在裳旁兩幅言之, 謂屬連裳旁兩幅, 不殊裳之前後也." 又「衣圖」云: "旣合縫了, 又再覆縫, 方便於著. 以合縫者爲續衽, 覆縫爲鉤邊." ○ '要縫', 七尺二寸, 是比下齊之一丈四尺四寸爲半之也. 「玉藻」云: "縫齊倍要", 是也.

【심의 2】

진동솔기(袼)의 높낮이는 팔꿈치를 돌릴 수 있게 하고, 소매의 길이는 반대로 접어서 팔꿈치에까지 이르게 한다. 띠(帶)는 아래로 넓적다리를 누르지 않게 하고 위로 갈비뼈를 누르지 않게 하니, 뼈가 없는 부분에 위치하게 해야 한다.

袼之高下, 可以運肘,① 袂之長短, 反詘之及肘.② 帶, 下毋厭髀, 上毋厭脅, 當無骨者.③

鄭注 ① 팔꿈치는 나오고 들어가지 않을 수 없기 때문이다. '각袼'은 옷소매가 겨드랑이에 닿는 부분을 꿰맨 것이다. 肘不能不出入. '袼', 衣袂當掖之縫也.

② 소매는 폭을 웃옷에 잇는데 접어서 팔꿈치에 이르게 한다. 팔 가운데에 해당하는 부분에서 마디를 만드는데, 팔뚝뼈의 위아래가 각각 1척 2촌이므로 소매의 팔꿈치 앞쪽은 1척 2촌이 된다. '주肘'는 어떤 본에서는 '완腕'으

로 되어 있다. 袂屬幅於衣, 詘而至肘. 當臂中爲節, 臂骨上下各尺二寸, 則袂肘以前尺二寸. '肘', 或爲'腕'.

③ 뼈가 닿는 곳에서는 세게 묶고 느슨하게 묶는 것이 적당하게 되기가 어렵다. 當骨, 緩急難爲中也.

集說 유씨劉氏는 말한다. "'진동솔기'(袼)는 소매와 웃옷이 만나 겨드랑이 아래 부분에서 꿰매어 합쳐지는 곳이다. '운運'은 회전한다는 뜻이다. 「옥조玉藻」(40)에 '소매는 팔꿈치를 돌릴 수 있게 한다'라고 한 것이 그것이다. '팔꿈치'(肘)는 팔 가운데 구부러진 마디이다. '메袂'는 소매이다. 진동솔기(袼)의 높낮이는 옷의 몸체와 함께 똑같이 2척 2촌이다. 옛날에 베의 폭 또한 2척 2촌이었는데, 심의의 몸체를 재단할 때 베 8척 8촌을 사용하여 중간에서 접어 그것을 4겹으로 하면 정사각형이 된다. 소매는 본래 그것과 나란히 같게 하지만 조금씩 둥글게 줄여가면서 소매부리에 이르면 너비가 1척 2촌이 된다. 그러므로 아래 경문에서 '소매는 둥글어서 그림쇠에 상응한다'고 한 것이다. 웃옷은 4폭으로 하는데, 허리에서 꿰매어 7척 2촌이 된다. 또 등솔(負繩)의 꿰맨 것과 깃 옆의 접어서 겹친 것(屈積) 각각 1촌을 제외하면 두 겨드랑이의 나머지는 앞뒤로 각각 3촌 남짓 되고, 2척 2촌 폭의 소매로 이으면 2척 5촌이 된다. 그러나 주대의 자 2척 5촌은 오늘날 사용하는 구척舊尺에 2척 모자라며, 겨우 팔이 손과 나란히 같아서 반대로 접을 수 있는 여유가 없다. '반대로 접어서 팔꿈치에까지 이르게 한다'고 하였으므로 소매를 잇는 것은 애초에 한 폭으로 한정하지 않은 것이다. 무릇 경문에서 '짧아도 피부를 드러내지 않게 하고, 길어도 땅에 끌리지 않게 한다'고 말한 것 과 '진동솔기(袼)는 팔꿈치를 돌릴 수 있게 하며, 소매는 반대로 접어서 팔꿈치에 이르게 한다'고 말한 것에서 모두 사람의 몸을 척도로 삼고 치수로 말하지 않은 것은 자로 베의 폭을 재는 것에 본래 옛날과 현재 사

이에 차이가 있고 사람의 몸 또한 크고 작고 길고 짧은 차이가 있기 때문이다. 주자朱子는 '길이(度)는 손가락 자(指尺)를 사용한다. 가운데 손가락의 중간 마디가 1촌이다'라고 하였으므로 각각 자신의 몸과 서로 상응하는 것이다. 「옥조」(66)에 조복과 제복의 띠(帶)는 '띠 아래 부분을 3등분하면, 띠의 늘어진 부분(紳)이 2등분을 차지한다'라고 하였고, 신紳의 길이 제도에서 사는 3척이므로 띠의 아래 부분은 4척 5촌이 된다. 심의의 띠는 아래로는 넓적다리뼈를 누르지 않게 하며, 위로 갈빗뼈에 닿아서는 안 된다. 단지 그 사이의 뼈가 없는 곳에 두르는데, 약간 아래쪽에 가깝게 두른다.[8] 그러나 이 경문에서 띠(帶)의 제도를 말하지 않았으며, 「옥조」(64)에 '사는 누인 비단(練)으로 만든 띠를 착용하는데, 양변 쪽을 꿰매고, 아래로 (늘어뜨리는 부분(紳)에만) 가선을 두른다'라고 말한 것 등은 모두 조복과 제복의 띠를 말한 것이다. 주자가 말한 심의의 띠는 또한 대체로 「옥조」의 경문과 유사한데, 다만 홑으로 만들고 겹으로 만드는 것에 차이가 있다." 劉氏曰: "'袼', 袖與衣接, 當腋下縫合處也. '運', 回轉也. 「玉藻」云, '袂可以回肘', 是也. '肘', 臂中曲節. '袂', 袖也. 袼之高下, 與衣身齊二尺二寸. 古者布幅亦二尺二寸, 而深衣裁身, 用布八尺八寸, 中屈而四疊之, 則正方. 袖本齊之, 而漸圓殺以至袪, 則廣一尺二寸. 故下文云: '袂圓應規'也. 衣四幅而要縫七尺二寸. 又除負繩之縫與領旁之屈積各寸, 則兩腋之餘, 前後各三寸許, 續以二尺二寸幅之袖, 則二尺有五寸也. 然周尺二尺五寸, 不滿今舊尺二尺, 僅足齊手, 無餘可反屈也. 曰'反屈及肘', 則接袖, 初不以一幅爲拘矣. 凡經言'短毋見膚, 長毋被土'及'袼可運肘, 袂及及肘', 皆以人身爲度, 而不言尺寸者, 良以尺度布幅, 有古今之異, 而人身亦有大小長短之殊故也. 朱子云: '度用指尺. 中指中節爲寸', 則各自與身相稱矣. 「玉藻」朝祭服之帶, '三分帶下, 紳居二焉', 而紳長制士三尺, 則帶下四尺五寸矣. 深衣之帶, 下不厭髀骨, 上不可當脅骨. 惟當其間無骨之處, 則少近下也. 然此不言帶之制, 「玉藻」云, '士練帶, 率, 下辟'等, 皆言朝祭服之帶也. 朱子深衣帶, 蓋亦彷彿「玉藻」之文, 但襌複異耳."

【심의 3】

심의 제도는 12폭을 사용하여 12달에 상응하게 한다. 소매는 둥글게 하여 그림쇠에 상응하게 하고, 굽은 깃(曲袷)은 곱자처럼 구부려서 직각(方 방정함)에 상응하게 하고, 등솔(負繩)은 발꿈치에 이르게 하여 수직(直 곧음)에 상응하게 하고, 아랫자락의 가지런함은 저울대(權衡)처럼 하여 수평(平 평평함)에 상응하게 한다.

制十有二幅, 以應十有二月.① 袂圜, 以應規,② 曲袷如矩, 以應方,③ 負繩及踝, 以應直,④ 下齊如權衡, 以應平.⑤

鄭注 ① 치마는 6폭인데 폭마다 (둘로) 갈라서 위아래로 깎이는 형태로 만든다. 裳六幅, 幅分之以爲上下之殺.

② 아래로 늘어진 것을 말한다. 謂胡下也.

③ '겁袷'은 깃을 교차시킨(交領) 것이다. 옛날에는 옷깃을 네모진 형태(方領)가 되게 하였는데, 오늘날 어린아이의 옷깃 모양과 같다. '袷', 交領也. 古者方領, 如今小兒衣領.

④ '승繩'은 웃옷의 등솔(裻)과 치마의 뒤쪽 폭이 서로 마주하는 곳의 꿰맨 것을 말한다. '과踝'는 발꿈치(跟)다. '繩', 謂裻與後幅相當之縫也. '踝', 跟也.

⑤ '자齊'는 꿰맨다(緝)는 뜻이다. '齊', 緝.

集說 '겁袷'은 깃을 교차시킨 것(交領)이다. 옷의 깃이 교차되면 자연히 곱자와 같은 직각의 모양이 생긴다. '과踝'는 발꿈치다. 웃옷의 뒤쪽 꿰맨 것과 치마의 중간 꿰맨 것이 위아래로 서로 만나면 먹줄의 곧은 모양과 같다. 그러므로 '등솔'(負繩 먹줄을 등에 지는 모양)이라고 한 것이다. '하자下齊'는 치마 끝의 꿰맨 곳이다. 그 가지런한 모양이 저울의 평평함과 같게 하려는

것이다. '袷', 交領也. 衣領旣交, 自有如矩之象. '踝', 足跟也. 衣之背縫及裳之中縫, 上下相接, 如繩之直. 故云'負繩'也. '下齊', 裳末緝處也. 欲其齊如衡之平.

【심의 4】

그러므로 '둥글게 하는 것'(規)은 걸어갈 때 손을 들어 용모를 갖추기 위한 것이다. '등솔을 곧게 만들고(負繩) 옷깃을 직각을 이루게 만드는 것(抱方)'은 그 정사를 곧게 하고 그 의리를 방정하게 하기 위한 것이다. 그러므로 『역』에 "「곤坤」괘 육이六二의 움직임은 곧고 방정하다"9)라고 한 것이다. '아랫자락이 저울대와 같은 것(下齊如權衡)'은 마음을 평정하게 하고 뜻을 편안히 하기 위한 것이다. 다섯 가지 법10)이 이미 베풀어졌다. 그러므로 성인이 그것을 입은 것이다. 그러므로 규規(둥글게 하는 것)와 구矩(방형으로 하는 것)는 그 사사로움이 없음을 취한 것이고, 승繩(곧게 하는 것)은 그 곧음을 취한 것이고, 권형權衡(저울대처럼 평평하게 하는 것)은 그 평정함을 취한 것이다. 그러므로 선왕이 그것을 귀하게 여긴 것이다. 그러므로 (심의를 입고) 문을 삼을 수 있고, 무를 삼을 수 있으며, 빈상擯相의 일을 할 수 있으며, 군대의 일을 다스릴 수 있다. 견고하고 또 비용이 들지 않으니, 선의善衣 다음가는 복장이다.

故'規'者, 行擧手以爲容.① '負繩抱方'者, 以直其政, 方其義也. 故『易』曰: "「坤」六二之動, 直以方也."② '下齊如權衡'者, 以安志而平心也.③ 五法已施. 故聖人服之.④ 故規·矩取其無私, 繩取其

直, 權衡取其平. 故先王貴之.⑤ 故可以爲文, 可以爲武, 可以擯相, 可以治軍旅. 完且弗費, 善衣之次也.⑥

鄭注 ① '걸어갈 때 손을 든다'(行擧手)는 것은 읍을 하고 겸양하는 동작을 가리킨다. '行擧手', 謂揖讓.

② 심의의 '곧음'(直)과 '방정함'(方)이 『역』의 문장에서 '곧고 방정하다'(文)고 한 것과 상응함을 말한다. '정政'은 어떤 본에서는 '정正'으로 되어 있다. 言深衣之'直'·'方', 應『易』之'文'也. '政', 或爲'正'.

③ 마음이 평정하고 뜻이 편안해야 행동이 비로소 바르게 된다. 낮추어 보거나 혹은 우러러본다면 마음에 다른 뜻이 있는 것이다. 心平志安, 行乃正. 或低或仰, 則心有異志者與.

④ 법에 맞지 않으면 입지 않음을 뜻한다. 言非法不服也.

⑤ 이 옷을 귀하게 여기는 것이다. 貴此衣也.

⑥ '견고하고 또 비용이 들지 않는다'(完且弗費)는 것은 힘든 일을 할 때에 입을 수 있으며 쉽게 갖출 수 있음을 말한 것이다. 심의는 15승의 베를 사용하여 만드는데, 옷감을 다듬이질하여 빨아(鍛濯) 잿물로 씻어내고, 채색 비단으로 가선을 두른다. '선의善衣'11)는 조복朝服이나 제복祭服을 가리킨다. 사士 이상의 경우 심의는 선의善衣 다음가는 옷이지만, 서인의 길복은 심의뿐이다. '完且弗費', 言可苦衣而易有也. 深衣者, 用十五升布, 鍛濯灰治, 純之以采. '善衣', 朝祭之服也. 自士以上, 深衣爲之次, 庶人吉服深衣而已.

集說 소疏에서 말한다. "소매를 둥글게 하여 그림쇠의 둥근 모양에 맞게 하는 것은 일을 하는 사람이 손을 들어 읍양을 하면서 용모의 격식을 갖추게 하려는 것이다. '포방抱方'은 옷깃이 방정한(직각을 이루는) 것이다. '그 정사를 곧게 한다'는 말로 '등솔을 곧게 하는 것'(負繩)을 풀이하고, '그 의리를

방정하게 한다'는 것으로 '옷깃이 직각을 이루게 하는 것'(抱方)을 풀이한 것이다." ○ 여씨呂氏(여대림呂大臨)는 말한다. "심의를 입는 것은 신분의 상하 사이에 명칭을 함께 사용한다는 혐의를 받지 않으며, 길흉의 일에서 제도를 함께한다는 혐의를 받지 않고, 남녀 간에 복장을 같이 한다는 혐의를 받지 않는다. 제후는 아침에 조복을 입고 저녁에 심의를 입으며, 대부와 사는 아침에 현단복을 입고 저녁에 심의를 입으며, 서인은 길복이 심의이다. 이것이 신분의 상하 사이에 함께 사용한다는 것이다. 유우씨有虞氏는 심의를 입고서 노인을 봉양하였고,[12] 장군將軍 문자文子의 상喪에서 상주가 상복을 벗은 뒤 조문을 받을 때 연관을 쓰고 심의를 입었으며,[13] 친영할 때 신부가 시댁으로 오던 중에 신랑의 부모가 죽으면 심의와 생견으로 만든 머리끈을 하고 분상奔喪한다.[14] 이것이 길흉의 일에 그리고 남녀 간에 함께 사용하는 것이다. 대개 간편한 복장은 조회하고 제사지낼 때가 아니면 모두 입을 수 있다." ○ 방씨方氏(방각方慤)는 말한다. "'12폭으로 12달에 상응한다'는 것은 위로 하늘에서 살펴 법도를 취하는 것이고, '그 정사를 곧게 하고 그 의리를 방정하게 한다'는 것은 아래로 땅에서 살펴 법을 취하는 것이다. '진동솔기의 높낮이는 팔꿈치를 돌릴 수 있게 한다'는 것은 가까이 몸에서 법도를 취한 것이고, '그림쇠 · 곱자 · 먹줄 · 저울에 상응한다'는 것은 멀리 사물에서 법도를 취한 것이다. 그 제도가 본래 심원하다. 그러나 단면端冕[15]은 공경하는 모습을 지니고 있어 그것으로 문文을 삼는 것이요, 갑옷과 투구(介冑)는 욕보일 수 없는 모습을 갖추고 있어 그것으로 무武를 삼는 것으로, 단면端冕으로는 무를 삼을 수 없고, 갑옷과 투구로는 문을 삼을 수 없다. 문과 무를 겸하는 것은 오직 심의深衣뿐이다. 「옥조玉藻」(8)에 '저녁에는 심의를 입는다'고 하였으므로, 심의는 (공무에서 벗어나) 편안하게 쉴 때 입는 옷이다. 단면은 비록 예용禮容을 갖추기 위한 것이지만 또한 때때로 편안히 쉴 때도 있으므로 심의를 입고서 문文을 삼을 수 있다. 갑옷과 투구는 비록 전쟁에 임하기 위한 복장이지만 또한 때때로 한가히 쉴 때도 있으므로 심의를 입고서 무武를 삼을 수 있다. 심의 복장은 비록 문文이 될 수 있지만, 단면처럼 조회를 보고 제사에 참여할 수 있는 복장은 아니고, 단지 예를 도와 빈상擯相[16]의 일을 할 수 있을 뿐이다. 심의 복장이 비록 무가 될 수 있지만, 갑옷과 투구처럼 전쟁에 참여할 수 있는 복장이 아니어서 단지 책략을 계획하여 군사의 일을 다스릴 수 있을 뿐이다. 심의를 제작하는 제도에 다섯 가지 취하는 법도가 있다. 그러므로 '견고하다'(完)고 한 것이다. 심의의 재질은 베이고, 그 색깔은 흰빛이다. 그러므로 '비용이 들지 않는다'(弗費)라고 한 것이다. 길복은 조복朝服과 제복祭服을 최상으로 삼고, 편안히 쉴 때 입는 옷이 그 다음이다. 그러므로 '선의善衣 다음가는 옷이다'라고 한 것이다." 疏曰: "所以袂圜中規者, 欲使行者擧手揖讓以爲容儀也. '抱方', 領之方也. 以'直其政'解'負繩', 以'方其義'解'抱方'也." ○ 呂氏曰: "深衣之用, 上下不嫌同名, 吉凶不嫌同制, 男女不嫌同服. 諸侯朝朝服夕深衣, 大夫·士朝玄端夕深衣, 庶人吉服深衣而已. 此上下同也. 有虞氏深衣而養老, 將軍文子, 除喪受弔, 練冠深衣, 親迎女在途, 而壻之父母死, 深衣縞總以趨喪. 此吉凶男女之同也. 蓋簡便之服, 非朝祭皆可服之也." ○ 方氏曰: "'十二幅應十二月'者, 仰觀於天也, '直其政, 方其義'者, 俯察於地也. '袷之高下, 可以運肘'者, 近取諸身也, '應規·矩·繩·權衡'者, 遠取諸物也. 其制度固已深矣. 然端冕則有敬色, 所以爲文, 介胄則有不可辱之色, 所以爲武, 端冕不可以爲武, 介胄不可以爲文. 兼之者, 惟深衣而已. 「玉藻」曰, '夕深衣', 深衣, 燕居之服也. 端冕, 雖所以脩禮容, 亦有時而燕處, 則深衣可以爲文矣. 介胄, 雖所以臨戎事, 亦有時而燕處, 則深衣可以爲武矣. 雖可爲文, 非若端冕可以視朝臨祭, 特可贊禮而爲擯相而已. 雖可爲武, 非若介胄可以臨衝, 特可運籌以治軍旅而已. 制有五法. 故曰'完'. 其質則布, 其色則白. 故曰'弗費'. 吉服, 以朝祭爲上, 燕衣則居其次焉. 故曰'善衣之次'也."

【심의 5】

부모와 조부모가 모두 살아 계시면, 옷에 무늬를 그린 것으로 가선을 두른다. (조부모가 돌아가시고) 부모가 모두 살아 계시면, 옷에 청색으로 가선을 두른다. 만일 고자孤子(어려서 부모를 잃은 자식)라면 옷에 누이지 않은 흰색으로 가선을 두른다. 소매부리의 가선장식, 치마 아랫단의 가선장식, 웃옷과 치마 가장자리의 가선장식은 너비가 각각 1촌 반이다.

具父母·大父母, 衣純以繢. 具父母, 衣純以青. 如孤子, 衣純以素①. 純·袂緣·純邊[17]), 廣各寸半②.

鄭注 ① 존귀한 분이 살아 계실 때에는 문식을 많이 하는 것으로 효를 삼는다. '궤繢'는 무늬를 그린 것이다. 30세 아래인 사람이 아버지가 없으면 '고孤'(아버지 없는 외로운 사람)라고 칭한다. 尊者存, 以多飾爲孝. '繢', 畫文也. 三十以下無父稱'孤'.

② '준純'은 가선을 두른다는 뜻이다. '소매에 가선을 두른다'(緣袂)는 것은 소매의 입구에 한다는 뜻이다. '연緣'은 치마의 아랫자락에 두른 가선장식(緆)이다. '가장자리에 가선을 두른다'(緣邊)는 것은 웃옷과 치마의 옆에 너비가 각각 1촌 반이 되게 하는 것이다. 따라서 겉과 안을 합치면 3촌이다. 깃(袷) 자체는 너비가 2촌이다. '純', 謂緣之也. '緣袂', 謂其口也. '緣', 緆也. '緣邊', 衣裳之側, 廣各寸半. 則表裏共三寸矣. 唯袷廣二寸.

集說 '궤繢'는 무늬를 그린 것이다. '준純'은 옷의 가선이다. '메연袂緣'은 소매부리에 가선을 두르는 것이다. '준변純邊'은 옷깃의 옆과 아래에 가선을 두르는 것이다. 각각 너비가 1촌 반이고, 깃(袷)의 경우에는 너비가 2촌

이다. ○ 여씨呂氏(여대림呂大臨)는 말한다. "30세 이하로서 아버지가 없을 경우 고孤라고 칭할 수 있다. 만일 30세 이상이라면 누군가의 아버지가 되는 도리가 있으므로 고孤라고 말하지 않는다. '준純', '몌연袂緣', '준변純邊'은 세 가지 일로서, 소매부리, 치마의 아랫자락, 웃옷과 치마의 가장자리에 모두 가선을 두른다는 뜻이다. 또한 『의례』「기석례旣夕禮」에도 보인다." '繢', 畫文也. '純', 衣之緣也. '袂緣', 緣袖口也. '純邊', 緣襟旁及下也. 各廣一寸半, 袷則廣二寸也. ○ 呂氏曰: "三十以下無父者, 可以稱孤. 若三十之上, 有爲人父之道, 不言孤也. '純'·'袂緣'·'純邊', 三事也, 謂袂口·裳下·衣裳邊, 皆純也. 亦見「旣夕禮」."

역주

1) 흰색 ~ 하였네 : 이 말은 『詩』 「唐風 · 揚之水」에 나온다.

2) 심의의 그림 :

深衣

『禮書』
(宋 陳祥道)

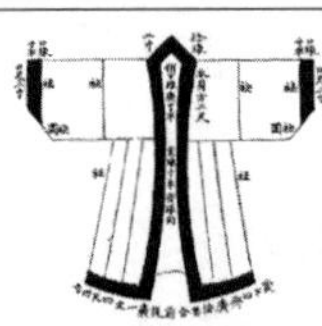

深衣前圖

深衣後圖

深衣交領圖

『欽定禮記義疏』(淸)

3) 곡거 : 漢代 深衣의 모양에서 한 쪽 옷깃이 삼각형 모양으로 길게 늘여져 있는 것을 말한다. 옷깃이 곧게 된 것은 直裾, 삼각형 모양으로 굽은 모양을 이룬 것은 曲裾라고 한다. 疏에는 "衽은 深衣의 치마를 말한다. 아래가 트이고 위가 좁은 것을 衽을 이룬다고 말한다. 이 衽을 이어 붙이는데 그 옆쪽을 갈고리 모양이 되게 한다. 곧 오늘날 朝服에 굽은 옷자락(曲裾)을 붙여두는데 옆쪽에 있는 것이 그것이다"(衽謂深衣之裳. 以下闊上狹, 謂之爲衽. 接續此衽而鉤其旁邊. 卽今之朝服有曲裾而在旁者是也)라고 하였다.

4) 중의 : 祭服이나 朝服 등의 안에 받쳐 입는 옷이다. 『釋名』 「釋衣服」에 "중의는 속옷의 겉에, 겉옷의 안에 있음을 말한다"(中衣言在小衣之外, 大衣之中也)라고 하였다. 「玉藻」(41) 疏와 集說에 설명이 보인다.

5) 대부 ~ 짓는다 : 『주례』 「春官 · 司服」의 "公의 복장에서 袞冕 이하의 복장은 천자의 복장 제도와 같다"(公之服, 自袞冕而下如王之服)에 대한 주에서 정현은 "公의 袞冕에서 卿大夫의 玄冕에 이르기까지는 모두 천자를 朝見 · 聘問할 때 및 제사를 도울 때의 복장이다. 제후는 하와 은의 후손이 아니라면 그 나머지는 모두 현면을 입고 자신의 사당에서 제사를 지낸다. 「雜記上」(51)에 '大夫는 絺冕을 쓰고 군주의 제사를 도우며, 爵弁을 쓰고 자신의 사당에서 제사를 지낸다. 士는 爵弁을 쓰고 군주의 제사를 도우며, 玄冠을 쓰고 자신의 사당에서 제사를 지낸다'라고 하였다. 대부가 작변을 쓰고 家廟에서 스스로 제사를 지내는 것은 오직 孤의 경우이다. 그 나머지는 모두 玄冠을 쓰니 士와 같다. '현관을 쓰고 자신의 사당에서 스스로 제사를 올린다'는 것은 조복인 현단복을 입는다는 것이다"(自公之袞冕至卿大夫之玄冕, 皆其朝聘天子及助祭之服. 諸侯非二王後, 其餘皆玄冕而祭於己. 「雜記」曰: '大夫冕而祭於公, 弁而祭於己. 士弁而祭於公, 冠而祭於己.' 大夫爵弁自祭家廟, 唯孤爾. 其餘皆玄冠, 與士同. '玄冠自祭其廟'者, 其服朝服玄端)라고 하였다.

6) 다만 ~ 없다 : 「玉藻」(41)에 "長衣와 中衣는 이어서 가리는 부분이 1척이다"(長 · 中, 繼掩尺)라고 하였다.

7) 양복 : 송나라 長溪 사람으로, 자는 志仁이며, 朱熹의 제자이다. 信齋先生이라고 불렸으며, 저서로는 『儀禮圖』, 『家禮雜說附註』가 있다.

8) 심의의 ~ 두른다 : 공영달의 소에 "뼈가 없는 곳에 두르는 것은 띠가 뼈에 닿으면 조이는 정도가 적당하게 되기 어렵다. 그러므로 뼈가 없는 곳에 두르는 것이다. 이것은 심의의 띠로 조복과 제복의 띠보다 아래에 두른다. 조복과 제복의 띠는 위쪽에 가깝다"('當無骨'者, 帶若當骨, 則緩急難中. 故當無骨之處. 此深衣帶, 下於朝·祭服之帶也. 朝·祭服之帶則近上)라고 하였다.

9) 「곤」괘 ~ 방정하다 : 『역』「坤」 두 번째 효의 象傳에 "六二之動, 直以方也"라고 하였고 '坤卦'라는 말은 함께 나오지 않는다. '六二'의 '六'은 陰爻를, '二'는 안으로부터 두 번째 자리를 나타낸다. 곧 6개의 효 가운데 두 번째 놓인 음효를 가리킨다. 두 번째 자리는 신하의 자리며, 군주의 자리인 다섯 번째 자리와 상응한다.

10) 다섯 가지 법 : 12개월을 본받아 12폭을 사용하는 것, 그림쇠를 본받아 소매를 둥글게 하는 것, 곱자를 본받아 꺾어진 깃(曲袷)을 직각이 되게 하는 것, 먹줄을 본받아 등솔기가 수직으로 되게 하는 것, 저울대를 본받아 치마 아랫자락이 수평이 되게 하는 것 등을 가리키는 것으로 보인다. 그러나 『朱文公家禮』 권1 「通禮」, '深衣制度'의 '曲裾' 注에는 劉璋의 말을 인용해서 "規·矩·繩·權·衡五法已施, 故聖人服之"라고 하였다. 곧 다섯 가지의 법을 規·矩·繩·權·衡으로 보았는데 그 전거가 불분명하다.

11) 선의 : 자의상으로는 좋은 옷이라는 뜻이지만, 정현 주에 따를 때, 조복과 제복 등 예복을 통칭하는 말이다.

12) 유우씨는 ~ 봉양하였고 : 「王制」(132~135), 「內則」(71) 등에 따르면 노인을 봉양할 때의 차림으로 유우씨는 深衣를, 夏后氏는 燕衣를, 殷人은 縞衣를, 周人은 玄衣를 입었다고 하였다.

13) 장군 ~ 입었으며 : 「檀弓上」(31)에 "장군인 문자文子의 상에 이미 상복을 벗은 뒤에 월나라 사람이 조문을 오자 상주가 심의深衣에 연관練冠을 하고 묘廟에서 기다리면서 눈물을 흘렸다"라고 하였다.

14) 친영할 ~ 분상한다 : 「曾子問」(18)에 "증자가 물었다. "친영을 하여 아내 될 사람이 오는 도중에 사위의 부모가 죽으면 어떻게 합니까?" 공자가 대답하였다. "여자는 복장을 바꿔 베로 만든 심의深衣를 입고 생명주로 만든 머리끈(縞總)을 하고 분상한다. 여자가 친영을 하여 오던 도중에 여자의 부모가 죽으면 여자는 되돌아가 奔喪한다""라고 하였다.

15) 단면 : 玄衣와 玄冕을 가리키며, 고대 제왕과 귀족의 예복에 속한다. 玄冕은 大冠이라고도 한다. 「樂記」(50)에 "내가 현단복에 면관을 갖춰 입고 古樂을 들으면 눕게 될까 두려운데, 鄭과 衛의 음을 들으면 피곤한 줄을 모르겠습니다"(吾端冕而聽古樂, 則唯恐臥, 聽鄭衛之音, 則不知倦)고 한 부분의 정현 주에 "단은 현의다"(端, 玄衣也)라고 하였다. 공영달은 疏에서 ""단은 현의이다'라고 한 것은 현면을 두고 한 말이다. 무릇 冕服은 모두 그 제도가 정폭을 사용하는데, 소매가 2척 2촌, 소매부리가 1척 2촌이다. 그러므로 '端'

이라고 칭하는 것이다"(云'端, 玄衣也'者, 謂玄冕也. 凡冕服, 皆其制正幅, 袂二尺二寸, 袪尺二寸. 故稱端也)라고 하였다.

16) 빈상 : 빈객을 인도하고 예의를 도와 집행하는 사람이다. 『주례』「秋官 · 司儀」의 정현 주에 "나아가 빈객을 맞이하는 것은 '擯'이라 하고, 들어와 예를 돕는 것을 '相'이라 한다"(出接賓曰'擯', 入贊禮曰'相')라고 하였다.

17) 純 · 袂緣 · 純邊 : 진호의 집설에 따라 표점을 가한 것이다. 정현의 해석에 따르면 표점은 "純袂 · 緣 · 純邊"으로 되어야 한다.

예기역주 권28

투호 제40
投壺

정현의 『예기목록』에서 말한다. "「투호投壺」라고 제목을 붙인 것은 주인과 빈객이 연회로 술을 마시면서 재주와 기예를 강론하는 예를 기록하였기 때문이다. 이 편은 유향劉向의 『별록別錄』에서는 「길례吉禮」에 속해 있으며, 또한 실제로는 「곡례曲禮」의 정편正篇이다."

鄭『目錄』云: "名曰「投壺」者, 以其記主人與客燕飮, 講論才藝之禮. 此於『別錄』屬「吉禮」, 亦實「曲禮」之正篇."

【투호 1】

투호의 예에서 주인은 화살을 받들고 사사司射는 중中(산가지통)[1]을 받들며, 사람을 시켜서 호壺를 잡게 한다. 주인은 "저에게 굽은 화살과 입이 비뚤어진 호가 있는데 이것으로 당신을 즐겁게 해 드리고 싶습니다"라고 청한다. 빈객은 "그대께서 맛난 술과 훌륭한 안주를 주셔서 저는 이미 은덕을 입었습니다. 또 거듭해서 즐거운 것을 내리시니 사양하겠습니다"라고 말한다. 주인은 "굽은 화살과 입이 비뚤어진 호이니 사양하실 것이 못됩니다. 감히 거듭 청합니다"라고 말한다. 빈객은 "저는 이미 은덕을 입었습니다. 또 즐거움을 거듭 내려주시니 거듭 사양하겠습니다"라고 말한다. 주인은 "굽은 화살과 입이 비뚤어진 호이니 사양하실 것이 못됩니다. 감히 거듭 청합니다"라고 말한다. 빈객은 "제가 거듭 사양하여도 허락해주시지 않으니, 감히 공경히 따르지 않을 수 있겠습니까?"라고 말한다.

投壺之禮, 主人奉矢, 司射奉中, 使人執壺.① 主人請曰: "某有枉矢哨壺, 請以樂賓." 賓曰: "子有旨酒嘉肴, 某旣賜矣. 又重以樂, 敢辭.②" 主人曰: "枉矢哨壺不足辭也. 敢固以請." 賓曰: "某旣賜矣. 又重以樂, 敢固辭.③" 主人曰: "枉矢哨壺不足辭也. 敢固以請." 賓曰: "某固辭不得命, 敢不敬從?④"

鄭注 ① '시矢'(화살)는 던지기 위한 것이다. '중中'은 사의 경우에는 녹중鹿中[2]이다. 활쏘기를 담당한 유사(射人)에게 그것을 받들게 한 것은 투호도 활쏘기의 일종이기 때문이다. 받들 때에는 서쪽 계단 위에서 받들며 북쪽을 향한다. '矢', 所以投者也. '中', 士則鹿中也. 射人奉之者, 投壺, 射之類也. 其奉之, 西階上, 北面.

② 연례에서 술을 마실 때, 빈객이 신을 벗고 당에 오르면, 주인이 비로소 투호를 청한다. 그렇지 않으면 더러 활을 쏘기도 하는데 이른바 연사燕射이다. '왕枉'(굽다)과 '초哨'(삐뚤다)는 바르지 못한 모습이라는 뜻으로 겸사이다. 燕飮酒, 旣脫屨升堂, 主人乃請投壺也. 否則或射, 所謂燕射也. '枉'·'哨', 不正貌, 爲謙辭.

③ '고固'라는 글자는 이전과 같다(如故)의 뜻이다. '이전과 같이 사양하다'(如故辭)라고 말한 것은 거듭 사양한다는 뜻이다. '固'之言如故也. 言'如故辭'者, 重辭也.

④ '명을 얻지 못하다'(不得命)는 것은 명령을 통해 허락받지 못했다는 뜻이다. '不得命', 不以命見許.

集說 '중中'은 산가지를 담는 그릇으로 사슴모양처럼 만들기도 하고, 혹은 외뿔소 · 호랑이 또는 여閭 모양처럼 만들기도 한다. '여閭'는 나귀(驢) 모양과 같은데 뿔이 하나이고 발가락이 여섯이다. 혹은 피수皮樹처럼 만들기도 하는데, 피수는 또한 들짐승 이름으로 그 형상은 알려져 있지 않다. 중은 모두 나무를 깎아서 만드는데 윗부분에 둥근 구멍이 있어서 산가지를 담는다. '왕枉'은 재목이 곧지 못한 것이다. '초哨'는 입이 바르지 못한 것이다. 이 편의 투호는 대부大夫와 사士의 예이다. 『좌전』에 진후晉侯가 제후齊侯와 연례에서 투호를 하였다고 되어 있으므로 제후에게도 투호가 있는 것이다. '中'者, 盛筭之器, 或如鹿, 或如兕, 或如虎, 或如閭. '閭'如驢形, 一角而歧蹄. 或如皮樹, 皮樹亦獸名, 其狀未聞. 皆刻木爲之, 上有圓圈, 以盛筭. '枉', 材不直也. '哨', 口不正也. 此篇投壺, 是大夫 · 士之禮. 『左傳』晉侯與齊侯燕投壺, 則諸侯亦有之也.

【투호 2】

빈객이 두 번 배례하고 받으면, 주인은 감히 곧바르게 앞으로 나아가지 못하고 주춤하여 옆으로 돌면서 "피하겠습니다"라고 말한다. 주인이 조계 위에서 배례하고 화살을 보내면, 빈객은 감히 곧게 나아가지 못하고 주춤하여 옆으로 돌면서 "피하겠습니다"라고 말한다. 賓再拜受, 主人般還曰: "辟.①" 主人阼階上拜送, 賓般還曰: "辟.②"

鄭注 ① '빈객이 두 번 배례하고 받는다'(賓再拜受)는 것은 배례拜禮를 하고 화살을 받는다는 뜻이다. 주인은 (빈객의 배례를) 옆으로 피하고 나서 나

아가 두 기둥(楹) 사이에서 화살을 준다. '賓再拜受', 拜受矢也. 主人旣辟, 進授矢兩楹之間也.

② '배송拜送'은 화살을 보내준다는 뜻이다. 피할 때에도 또한 조계阼階 위에서 한다. '拜送', 送矢也. 辟亦於其階上. ** 階

集說 방씨方氏는 말한다. "'주춤하여 옆으로 돈다'(般還)는 것은 감히 곧바르게 앞으로 나아가지 못함을 말하니, 곧 피하는 모습이다. '피하겠습니다'라고 말하는 것은 고하여 감히 자신이 감당하지 못함을 알게 하는 것이다." 方氏曰: "'般還', 言不敢直前, 則辟之容也. '曰辟', 則告之使知其不敢當也."

【투호 3】

주인은 배례를 하고 (화살을 전한 후에), (자신의 찬자贊者로부터) 화살을 받고서, 두 기둥(楹) 사이로 나아가 (투호를 행할 곳을 살펴본다.) 물러나 자신의 위치로 돌아와 빈객에게 읍을 하고 (투호를 하는) 대자리(筵)로 나아간다.

已拜, 受矢, 進卽兩楹間, 退反位, 揖賓就筵.

鄭注 주인은 (빈객에게) 배례를 하고 화살을 보내준 후에, 또 자신도 화살을 (찬贊으로부터) 받는다. '두 기둥 사이로 나아간다'(進卽兩楹間)는 것은 장차 이곳에서 투호가 있을 것임을 뜻한다. 물러나 빈객에게 읍을 하고 자리로 나아가는 것은 함께 나아가고자 하는 것으로 짝이 됨을 밝힌 것이다. 빈객과 주인의 자리는 모두 남쪽을 향하는데 두 자리 사이의 거리는 사례射禮 때의 활쏘는 자리와 같게 한다. 主人旣拜送矢, 又自受矢. '進卽兩楹間'者, 言將有事於此也. 退乃揖賓卽席, 欲與偕進, 明爲偶也. 賓席・主人席皆南鄕, 間相去如射物.

集說 주인은 배례를 하고 화살을 보내 준 후에, 주인의 찬贊이 화살을 집어 주인에게 주며, 주인은 조계 위에서 그것을 받고 기둥(楹) 사이로 나아가며, 투호의 장소를 살펴보고 다시 물러나 조계의 위치로 돌아와 서쪽을 향해 빈객에게 읍揖하고서 투호의 자리로 나아간다. 빈객과 주인의 자리는 모두 남쪽을 향한다. 主人拜送矢之後, 主人之贊者, 持矢授主人, 主人於阼階上受之而進就楹間, 視投壺之處所, 復退反阼階之位, 西向揖賓, 以就投壺之席也. 賓主之席, 皆南向.

【투호 4】

사사司射는 나아가 호壺를 설치할 위치를 계산하는데, 화살 두 개 반의 거리를 두어 설치한다. (서쪽 계단 위의) 위치로 돌아와 (중을 들고 나아가) 중中을 설치하고 동쪽을 향해 산가지 8개를 집어 들고 일어난다.

司射進度壺, 間以二矢半. 反位, 設中, 東面, 執八筭興.

鄭注 '탁호度壺'는 호를 설치하는 장소를 계산한다는 뜻이다. 호에서 앉은 자리까지는 화살 두 개 반의 거리다. 따라서 당상에서부터 빈객과 주인의 자리까지는 비스듬히 걸어서 각각 7척이 된다. '자리로 돌아온다'(反位)는 것은 서쪽 계단 위의 자리로 돌아온다는 뜻이다. '중을 설치하고 동쪽을 향한다'(設中, 東面)는 것은 중을 설치하고 나서 또한 중에 산가지 8개를 넣고, 가로로 그 나머지를 중의 서쪽에 가로로 놓고, (중中에 넣었던 8개의) 산가지를 집고 서서 빈객에게 순서를 기다려 던지도록 청하는 것이다. '度壺', 度其辨設之處也. 壺去坐二矢半. 則堂上去賓席·主人席邪行各七尺也. '反位', 西階上位也.

'設中, 東面', 旣設中, 亦實八筭於中, 橫委其餘於中西, 執筭而立, 以請賓俟投.

集說 小疏에서 말한다. "사사司射는 서쪽 계단 위에서 호를 잡고 있는 사람의 위치에서 호를 받고 빈객과 주인의 대자리 앞으로 와서 거리를 계산하여 빈객과 주인의 대자리 남쪽에 호를 놓는다. '화살 두 개 반의 거리를 둔다'는 것은 다음과 같은 맥락이다. 투호를 하는 곳은 세 곳으로, 방(室中)과 당(堂上) 및 뜰(庭中)이다. 한낮에는 방에서 하고, 저녁 무렵에는 당에서 하고, 밤에는 뜰에서 하는데 각각 밝은 곳을 따르기 때문이다. 화살에 길고 짧은 차이가 있는데 또한 장소의 좁고 넓은 차이에 따른다. 방안은 좁기 때문에 화살의 길이가 5부扶이고, 당상은 조금 넓기 때문에 화살의 길이가 7부이고, 뜰 안은 매우 넓기 때문에 화살의 길이가 9부이다. 손가락 네 개의 폭을 '부扶'라고 한다. 1부는 너비가 4촌이므로, 5부는 2척이고, 7부는 2척 8촌이고, 9부는 3척 6촌이다. 화살에는 길고 짧은 차이가 있지만, 호의 위치를 계산할 때에는 모두 빈객과 주인의 자리로부터 호까지의 거리를 각각 화살 두 개 반의 거리가 되게 한다. 그렇게 하면 방에서는 자리와의 거리가 5척이고, 당에서는 자리와의 거리가 7척이고, 뜰에서는 자리와의 거리가 9척이 된다. 호를 설치하는 위치를 계산하는 것이 끝나면, 서쪽 계단 위의 자리로 돌아와 중을 쥐고 나아가 설치하고, 중을 설치한 후에는 중의 서쪽에서 동쪽을 향해 손으로 산가지 8개를 집고서 일어난다." 疏曰: "司射於西階上, 於執壺之人處受壺, 來賓主筵前, 量度而置壺於賓・主筵之南. '間以二矢半'者. 投壺有三處, 室中・堂上及庭中也. 日中則於室, 日晚則於堂, 太晚則於庭中, 各隨光明故也. 矢有長短, 亦隨地之廣狹. 室中狹, 矢長五扶, 堂上稍廣, 矢長七扶, 庭中太廣, 矢長九扶. 四指曰'扶'. 扶廣四寸, 五扶者, 二尺也, 七扶者, 二尺八寸也, 九扶者, 三尺六寸也. 矢雖有長短, 而度壺則皆使去賓・主之席, 各二矢半也. 是室中去席五尺, 堂上去席七尺, 庭中則去席九尺也. 度壺畢, 仍還西階上之位, 而取中以進而設之, 旣設中, 乃於中

之西而東面, 手執八筭而起."

【투호 5】

사사司射가 빈객에게 "화살의 앞머리가 들어가면 '들어갔다'고 하고, 거듭해서 던진 경우에는 들어가도 화살을 덜어 놓지 않습니다. 이긴 사람은 이기지 못한 사람에게 술을 마시게 합니다. 술잔 권하는 일이 이미 끝났다면, 이긴 사람을 위해 말을 세우도록 청합니다. 한 말은 두 말을 따릅니다. 세 말이 이미 정해지면, 말을 많이 얻은 사람에게 축하한다고 말합니다"라고 고한다. 주인에게 고할 때에도 이와 같이 한다.

請賓曰: "順投爲'入', 比投不釋. 勝飮不勝者. 正爵旣行, 請爲勝者立馬. 一馬從二馬. 三馬旣立, 請慶多馬." 請主人亦如之.

鄭注 '청請'은 고한다(告)는 뜻과 같다. '순투順投'는 화살의 앞머리가 들어가는 것을 말한다. '비투比投'는 줍지 않는다는 뜻이다. '이긴 사람은 이기지 못한 사람에게 술을 마시게 한다'(勝飮不勝)는 것은 잘하는 사람이 잘하지 못하는 사람을 길러준다는 뜻이다. '정작正爵'[3]은 예를 정식으로 하는 술잔으로서, 벌을 줄 때에 사용하기도 하고 상을 내릴 때에 사용하기도 한다. 말(馬)은 이긴 횟수를 표시하는 산가지(勝筭)다. 그것을 '말'(馬)이라고 한 것은 기예技藝가 이와 같다면 장수가 되어 말을 타는 일을 맡길 만하다고 말하는 것과 같다. 활쏘기와 투호는 모두 무예를 익히기 위한 것으로, 그로 인해 즐거운 것이 된다. '請'猶告也. '順投', 矢本入也. '比投', 不拾也. '勝飮不勝', 言以能養不能也. '正爵', 所以正禮之爵也, 或以罰, 或以慶. '馬', 勝筭也. 謂之'馬'者, 若云技藝

如此, 任爲將帥乘馬也. 射・投壺, 皆所以習武, 因爲樂.

集說 小疏에서 말한다. "사사司射가 산가지 8개를 집고 일어나 빈객에게, '화살을 호에 던지는데, 화살의 앞머리가 들어간 경우라야 들어갔다고 하고, 그를 표시하기 위해 산가지를 덜어 놓습니다. 만약 뒷머리가 들어가면 들어갔다고 하지 않고 또한 산가지를 덜어 놓지 않습니다'라고 알려준다. '비比'는 연속해서 한다(頻)는 뜻이다. 빈객과 주인이 번갈아 가면서 던져야 하는데, 앞에 던진 것이 이미 들어가 기쁜 나머지 뒷사람이 던지기를 기다리지 않고 자신이 잇달아서 던질 수 없다. 잇달아 던진 것이 비록 들어가더라도 또한 들어간 것을 표시하기 위해 산가지를 덜어 놓지 않는다. 던져서 이긴 자는 술을 따라 이기지 못한 사람에게 마시게 한다. '정작正爵'은 곧 이긴 사람이 이기지 못한 사람에게 마시게 하는 술잔이다. 그것이 정식 예로 하는 것이기 때문에 '정작正爵'이라고 한다. '이미 행했다'(旣行)라는 것은 술잔을 권하는 일이 끝났다는 뜻이다. '이긴 자를 위해 말을 세운다'는 것은 산가지를 취해 말로 삼아서 그 이긴 횟수를 표시하는 것을 말한다. 산가지를 말이라고 한 것은 말은 용맹한 무력을 위해 사용되는데 투호 및 활쏘기 역시 무용武勇을 익기는 것이기 때문에 '말'이라고 한 것이다. '한 말은 두 말을 따른다'는 것의 맥락은 다음과 같다. 한 번 이길 때마다 한 말을 세우는데, 예에서는 세 말로 한 판의 완결을 삼는다. 만약 세 말을 전부 차지하면 한 판이 완료되는 것이다. 다만 이긴 상대가 반드시 거듭해서 셋을 얻는 것은 아니다. 만약 이긴 상대가 둘을 얻고 열세한 짝이 하나를 얻었다면, 하나는 이미 둘 보다 열세이므로 열세한 짝의 하나를 취하여 이긴 짝의 둘에 채우면 셋이 된다. 그러므로 '한 말은 두 말을 따른다'라고 한 것이다. 만약 연거푸 세 말을 차지하거나, 혹은 상대의 것을 취하여 채워서 세 말이 된다면, 이것으로 그 승리가 이미 결정된 것이다. 그러면 또

술을 따라 말을 많이 얻은 사람을 축하한다. 이것은 사사司射가 빈객에게 고하는 말이다. 주인에게 고할 때에도 이 말로 한다. 그러므로 '주인에게 고할 때에도 이와 같이 한다'고 한 것이다." 疏曰: "司射執八筭起而告于賓曰, '投矢於壺, 以矢本入者, 乃名爲入, 則爲之釋筭. 若以末入, 則不名爲入, 亦不爲之釋筭也.' '比', 頻也. 賓主要更遞而投, 不得以前旣入而喜, 不待後人投之而已頻投. 頻投雖入, 亦不爲之釋筭也. 若投之勝者, 則酌酒以飮不勝者. '正爵', 卽此勝飮不勝之爵也. 以其正禮, 故謂之'正爵'. '旣行', 行爵竟也, '爲勝者立馬'者, 謂取筭以爲馬, 表其勝之數也. 謂筭爲馬者, 馬是威武之用, 投壺及射, 亦是習武, 故云'馬'也. '一馬從二馬'者. 每一勝輒立一馬, 禮以三馬爲成. 若專三馬, 則爲一成. 但勝偶未必專頻得三. 若勝偶得二, 劣偶得一, 一旣劣於二, 故徹取劣偶之一, 以足勝偶之二爲三. 故云'一馬從二馬'. 若頻得三成, 或取彼足爲三馬, 是其勝已成. 又酌酒以慶賀多馬之人也. 此告賓之辭. 其告主人亦此辭也. 故曰'請主人亦如之'."

【투호 6】

사사司射가 슬瑟을 타는 악공樂工에게 명하여 "「이수貍首」를 연주하되, 중간에 절주를 고르고 한결같게 해주시오"라고 말한다. 태사大師가 "예!"라고 대답한다.

命弦者曰: "請奏「貍首」, 間若一." 大師曰: "諾!"

鄭注 '현弦'은 슬瑟을 타는 사람이다. '「이수貍首」'는 『시詩』의 편명인데 지금은 없어졌다. 「사의射義」에서 말한 "『시詩』에서 '왕의 증손인 제후가……' 라고 한 것이 이것이다."[4] '중간에 한결같이 하라'(間若一)는 것은 투호할 때에는 응당 이 연주되는 시의 악장(詩章)으로 표지를 삼아 절도를 취해야 하

기 때문이다. '弦', 鼓瑟者也. '「貍首」', 『詩』篇名也, 今逸. 「射義」所云"『詩』曰曾孫侯氏……", 是也. '間若一'者, 投壺當以爲志取節焉.

集說 사사司射가 악공에게 명하여 『시』의 악장(詩章)을 연주하여 투호의 절도를 삼게 하는 것이다. '「이수貍首」'는 『시詩』의 편명인데, 지금은 없다. '간약일間若一'은 시의 악장이 연주되고 마치는 중간에 성글고 빽빽한 절주節奏를 고르고 한결같게 한다는 뜻이다. '태사大師'는 악관의 우두머리다. 司射命樂工奏『詩』章, 以爲投壺之節. '「貍首」', 『詩』篇名也, 今亡. '間若一'者, 詩樂作止所間疏數之節, 均平如一也. '大師', 樂官之長也.

【투호 7】

사사司射는 왼쪽의 주인과 오른쪽의 빈객에게 화살이 갖추어졌음을 고하고, 번갈아가면서 던질 것을 청한다. 화살이 호에 들어갈 경우 사사는 앉아서 산가지 하나를 덜어 놓는다. 빈객 측은 오른쪽에서 하고, 주인 측은 왼쪽에서 한다.

左右告矢具, 請拾投. 有入者, 則司射坐而釋一筭焉. 賓黨於右, 主黨於左.

鄭注 '습拾'은 바꾼다(更)는 뜻이다. 화살이 갖추어졌음을 고하고 번갈아가면서 던질 것을 청하는 자는 사사司射이다. 사사는 동쪽을 향해 서 있는데 산가지를 덜어 놓을 때에는 앉는다. 남쪽을 오른쪽으로 삼고, 북쪽을 왼쪽으로 삼는다. 이미 던진 자는 물러나 각각 자기의 위치로 돌아온다. '拾', 更也. 告矢具請更投者, 司射也. 司射東面立, 釋筭則坐. 以南爲右, 北爲左也. 已投者退, 各反其位.

集說 주인과 빈객의 자리는 모두 남쪽을 향하는데, 주인은 왼쪽에 있고 빈객은 오른쪽에 있다. 사사가 주인과 빈객에게 화살이 갖추어졌음을 고하고 또 번갈아가면서 던질 것을 청하면, 그 때 화살을 호에 던진다. 만약 화살이 호에 들어가면 사사는 앉아서 땅에다 산가지 하나를 덜어 놓는다. 사사는 동쪽을 향해 서 있다가 산가지를 덜어 놓을 때에는 앉는다. '빈객 측은 오른쪽에서 한다'는 것은 사사의 앞 조금 남쪽에서 한다는 뜻이다. '주인 측은 왼쪽에서 한다'는 것은 사사의 앞 조금 북쪽에서 한다는 뜻이다. 사사는 동쪽을 향해 있으므로 남쪽이 오른쪽이 되고, 북쪽이 왼쪽이 된다. 主賓席皆南向, 則主居左賓居右. 司射告主賓以矢具, 又請更迭而投, 於是乃投壺也. 若矢入壺者, 則司射乃坐而釋一筭於地. 司射東面而立, 釋筭則坐也. '賓黨於右'者, 在司射之前稍南, '主黨於左'者, 在司射之前稍北. 蓋司射東面, 則南爲右北爲左矣.

【투호 8】

던지기를 마치면 사사는 산가지를 집고서 "왼쪽 편과 오른쪽 편에서 던지기를 마쳤으므로 계산하겠습니다"라고 말한다. 산가지 2개가 1전純이다. 1전씩 취하는데, 산가지 1개는 기奇가 된다. 이윽고 세고 남은 산가지로 고하여 "아무개가 아무개보다 몇 전이 뛰어납니다"라고 말한다. 이긴 것이 홀수라면 "(몇) 기奇입니다"라고 말하고, 똑같으면 "왼쪽 편과 오른쪽 편이 동등합니다"라고 말한다. 卒投, 司射執筭曰: "左右卒投, 請數." 二筭爲純. 一純以取, 一筭爲奇. 遂以奇筭告曰: "某賢於某若干純." 奇則曰: "奇", 鈞則曰: "左右鈞."

鄭注 '졸卒'은 마친다(已)는 뜻이다. 빈객 측과 주인 측이 던지기를 모두 마치면 사사는 또 그 덜어 놓은 왼쪽과 오른쪽의 산가지를 계산할 것을 청하는데, 사례射禮에서 산가지를 계산하는 것처럼 한다. 1전純씩 취하여 왼손에 채우고, 10전이 되면 세로로 하여 지면에 놓는데, 10전이 되어 놓을 때마다 구분해 놓는다. 나머지가 있으면 놓인 전純 아래에 가로로 놓는다. 산가지 1개는 기奇라고 한다. 기가 되면 전 아래에 세로로 놓는다. 왼쪽 편의 산가지를 모두 거두어 왼손에 채우고, 1전씩 계산하여 놓는데, 10전이 되면 그것을 구분해 놓는다. 그 밖의 과정은 오른쪽 편의 얻은 것을 계산할 때와 같이 한다. 계산을 마치면 사사는 기수의 산가지를 잡고 빈객과 주인에게 고한다. '아무개가 아무개보다 뛰어납니다'(某賢於某)라고 고하는 것은 주인 쪽이 이겼는지 빈객 쪽이 이겼는지 아직 밝히지 않는 것이다. 이기는 것으로 '뛰어남'(賢)을 삼는 것은 기예를 숭상하는 것이다. '균鈞'은 동등하다(等)는 뜻과 같다. 동등하면 왼손과 오른손으로 각각 산가지 1개씩 잡고 고한다. '卒', 已也. 賓主之黨畢已投, 司射又請數其所釋左右筭, 如數射筭. 一純以取, 實於左手, 十純則縮而委之, 每委異之. 有餘則橫諸純下. 一筭爲奇. 奇則縮而純下. 兼斂左筭, 實於左手, 一純以委, 十則異之. 其他如右獲. 畢則司射執奇筭, 以告於賓與主人也. 若告云'某賢於某'者, 未斥主黨勝與, 賓黨勝與. 以勝爲'賢', 尙技藝也. '鈞'猶等也. 等則左右手各執一筭以告.

集說 소疏에서 말한다. "'전純'은 전全의 뜻이다. 산가지 두 개를 합하여 1전全이 된다. 지면에서 산가지를 취할 때에 1전純씩 구별하여 취한다. '산가지 한 개'란 전純을 채우지 못하는 것을 말한다. '기奇'는 짝이 있는 것의 한 쪽(隻)이다. 그러므로 '산가지 1개는 기수가 된다'(一筭爲奇)고 말한 것이다. '기수의 산가지로 고한다'(以奇筭告)에서 '기수'는 세고 남은 나머지의 뜻이다. 왼쪽과 오른쪽에서 세어 똑같이 덜어내고 남은 나머지 산가지를 손

으로 잡고 '아무개가 아무개보다 몇 전이 뛰어납니다'라고 고한다. '뛰어나다'(賢)는 것은 이기는 것을 말한다. 이긴 사람에게 만약 짝수의 산가지가 있다면 '몇 전純'이라고 말한다. 가령 10개의 산가지라면 '5전'이라고 말한다. '이긴 것이 홀수라면 기奇라고 말한다'(奇則曰奇)는 것은 가령 9개의 산가지라면 9기奇라고 말하는 것이다. '양쪽의 수가 같으면, 왼쪽과 오른쪽이 등등하다고 말한다'(鈞則曰左右鈞)에서 '균鈞'은 동등하다(等)는 뜻과 같다. 동등할 경우에는 왼손과 오른손에 각각 산가지 1개씩 잡고서 고한다." 疏曰: "'純', 全也. 二筭合爲一全. 地上取筭之時, 一純則別而取之. '一筭'謂不滿純者. '奇', 隻也. 故云'一筭爲奇'. '以奇筭告'者, '奇', 餘也. 左右數鈞等之餘筭, 手執之而告曰'某賢於某若干純'. '賢'謂勝也. 勝者若有雙數, 則云'若干純'. 假令十筭則云'五純'也. '奇則曰奇'者, 假令九筭則曰九奇也. '鈞則曰左右鈞'者, '鈞'猶等也. 等則左右各執一筭以告."

【투호 9】

술을 따르는 유사有司에게 명하여 "벌주 마시는 일을 행하도록 하겠습니다"라고 말하게 한다. 술을 따르는 사람은 "예!"라고 말한다. 술을 마셔야 하는 사람은 모두 무릎을 꿇고, 술잔을 받들면서 "마실 기회를 주셨습니다"라고 말한다. 이긴 자는 무릎을 꿇고 "공경히 보양할 기회를 드립니다"라고 말한다.

命酌曰: "請行觴." 酌者曰: "諾!①" 當飮者皆跪, 奉觴曰: "賜灌." 勝者跪曰: "敬養.②"

鄭注 ① 사사가 또 빈객과 주인에게 정작正爵의 예[5]를 행하도록 청하는 것이다. '술을 따르는 유사'(酌)는 이긴 쪽의 자제이다. 司射又請於賓與主人,

以行正爵. '酌者', 勝黨之弟子.

② 술을 따르는 자가 또한 술을 따라 풍豐(벌주 잔을 올려놓는 기물) 위에 올려놓으면 이기지 못한 자는 앉아서 취한 후 물러나 무릎을 꿇고 그것을 마신다. '관灌'은 마신다(飮)는 뜻과 같다. '마실 기회를 주셨습니다'(賜灌)라고 말한다는 것은 승복하고 예의를 차려 존중하는 말을 하는 것이다. 『주례』에서는 "그것을 빈객에게 (벌주로) 마시게 한다"고 하였다. 벌주를 받고 벌주를 주는 절차는 각각 그 짝과 함께 서쪽 계단 위에서 행하는데 사례에서 벌주를 주고받는 예와 같이 한다. 酌者亦酌奠於豐上, 不勝者坐取, 乃退而跪飮之. '灌'猶飮也. 言'賜灌'者, 服而爲尊敬辭也. 『周禮』曰: "以灌賓客." 賜灌・敬養, 各與其偶於西階上, 如飮射爵.

集說 사사는 술을 따르는 유사有司에게 명하여 벌주를 주고받는 예를 행하도록 한다. 술을 따르는 사람은 이긴 쪽의 자제이다. 대답하고 나서 서쪽 계단 위에서 남쪽을 향하여 풍豐(벌주 잔을 올려놓는 기물)을 설치하고, 술잔을 씻어 올라가 술을 따르고 앉아서 풍豐 위에 놓는다. 술을 마셔야 할 사람은 무릎을 꿇고 풍 위의 술을 취하여 손으로 받들고 '마실 기회를 주셨습니다'(賜灌)라고 말한다. '관灌'은 마신다(飮)는 뜻과 같은 것으로 술을 마시도록 하사받은 것을 가리킨다. 좋은 것을 받아서 예의를 차려 존중하는 말을 하는 것이다. 이긴 사람은 무릎을 꿇고서 공경히 이 술잔으로 보양할 기회를 드리겠다고 말한다. 비록 벌주의 예를 행하지만 오히려 존중하는 말을 하여 '마실 기회를 주셨습니다'라고 말한 것에 답례하는 것이다. 司射命酌酒者行罰爵. 酌者, 勝黨之弟子也. 旣諾, 乃於西階上, 南面設豐, 洗觶升酌, 坐而奠於豐之上. 其當飮者, 跪取豐上之酒, 手捧之而言'賜灌'. '灌'猶飮也, 謂蒙賜之飮也. 服善而爲尊敬之辭也. 其勝者則跪而言敬以此觴爲奉養也. 雖行罰爵, 猶爲尊敬之辭, 以答'賜灌'之辭也.

【투호 10】

벌주를 주고받는 절차를 행한 후에 사사司射가 말을 세울 것을 청한다. 말은 각각 그 산가지를 덜어 놓은 곳에 세우는데, 말 하나는 말 둘을 따라서 축하를 한다. 축하하는 예에 "말 셋이 이미 갖추어졌으니, 말이 많은 사람을 축하해주기를 청합니다"라고 말한다. 빈객과 주인은 모두 "네!"라고 말한다. 벌주 마시는 일을 행한 후에 말을 치우도록 청한다.

正爵既行, 請立馬. 馬各直其筭, 一馬從二馬, 以慶. 慶禮曰: "三馬既備, 請慶多馬." 賓主皆曰: "諾!①" 正爵既行, 請徹馬.②

鄭注 ① 이기지 못한 사람에게 술을 마시게 하는 절차가 끝나면 사사司射는 또 이긴 사람을 위해 말을 세우기를 청하는데 덜어 놓은 산가지의 앞에 세운다. 세 번 말을 세우는 것은 투호는 사례射禮와 같아서 세 번에 그치기 때문이다. 세 번 하는 것은 한쪽이 반드시 세 번 이기는 것은 아니기 때문이다. 한 번 이긴 사람이 두 번 이긴 사람에게 그 말을 합해 주어서 축하를 하는 것은 한 번 이기는 것으로는 축하 받을 수 없음을 밝히는 것이다. 축하의 술을 마시게 하는 절차에서 승부를 겨루었던 짝이 직접 술을 따르고 제자를 시키지 않으며, 풍豐을 설치하지 않는다. 飮不勝者畢, 司射又請爲勝者立馬, 當其所釋筭之前. 三立馬者, 投壺如射, 亦三而止也. 三者, 一黨不必三勝. 其一勝者幷其馬於再勝者以慶之, 明一勝不得慶也. 飮慶爵者偶親酌, 不使弟子, 無豐.

② 투호의 예가 다 끝나면 그 이긴 사람의 산가지를 치울 수 있다. 말을 치운 후에 무산작無筭爵의 예가 행해진다. 投壺禮畢, 可以去其勝筭也. 既徹馬, 無筭爵乃行.

集說 정례에서 벌주를 마시는 예를 행하여 마시기가 끝나면 사사는 빈객과 주인에게 고하여 이긴 자를 위해 그 말을 세울 것을 청한다. '치直'는 해당한다(當)는 뜻으로, 세운 말은 처음 산가지를 덜어 놓은 곳의 앞에 둔다. 투호와 사례射禮는 모두 세 번 하고 그친다. 이길 때마다 말 하나를 세우는데, 가령 세 번 모두 이기면 말 셋을 세우고, 두 번 이기면 말 둘을 세운다. 주인 쪽이 단지 한 번 이겼다면 말 하나를 세우고 곧바로 주인의 말 하나를 들어서 빈객의 말 둘에 더해준다. 이긴 자가 즐거움이 되도록 도우는 것이다. '이경以慶'은 이것으로 말이 많은 사람을 축하한다는 뜻이다. 정례에서의 축하 술잔을 마신 후에 사사는 곧바로 그 말을 치울 것을 청하는데, 투호의 예가 모두 끝났기 때문이다. 투호의 예가 모두 끝나면 무산작無算爵[6]의 예를 행한다. ○ 정씨鄭氏(정현鄭玄)는 말한다. "축하의 술잔을 마실 때에는 승부를 겨루었던 짝이 직접 술을 따르고 제자弟子를 시키지 않으며, 풍豐을 설치하지 않는다." ○ 소疏에서 말한다. "'말을 세우도록 청한다'는 것은 사사가 청하는 말이다. '말은 각각 그 산가지를 덜어 놓은 곳에 세우고, 말 하나는 말 둘을 따라서 축하한다'는 부분은 예학자가 일을 진술한 말이다. '축하하는 예에 '말 셋이 이미 갖추어졌다면 말이 많은 사람을 축하한다'라고 한 부분은 또한 사사가 청하는 말이다." 正禮罰酒之爵旣行飮畢, 司射乃告賓主, 請爲勝者樹立其馬. '直', 當也, 所立之馬, 各當其初釋算之前. 投壺與射禮, 皆三番而止. 每番勝則立一馬, 假令賓黨三番俱勝, 則立三馬, 或兩勝而立二馬. 其主黨但一勝, 立一馬, 卽擧主之一馬, 益賓之二馬. 所以助勝者爲樂也. '以慶', 謂以此慶賀多馬也. 飮正禮慶爵之後, 司射卽請徹去其馬, 以投壺禮畢也. 禮畢則行無算爵. ○ 鄭氏曰: "飮慶爵者, 偶親酌, 不使弟子, 無豐." ○ 疏曰: "'請立馬'者, 是司射請辭. '馬各直其算, 一馬從二馬, 以慶', 是禮家陳事之言. '慶禮曰'三馬旣備請慶多馬''者, 此還是司射請辭."

【투호 11】

산가지의 개수는 좌석의 투호를 할 인원수를 살펴서 정한다. 투호의 화살(籌)은 방에서 하면 5부扶, 당堂에서 하면 7부扶, 뜰에서 하면 9부扶의 길이로 한다. 산가지(筭)는 길이가 1척 2촌이다. 호壺는 목의 길이가 7촌이고, 통의 길이가 5촌이고, 주둥이의 지름은 2촌 반으로서 1말 5되를 넣을 수 있다. 호 안에는 팥을 채워 두는데, 그 화살이 튀어 나오기 때문이다. 호는 자리에서 화살 두 개 반의 거리가 되는 곳에 둔다. 화살(矢)은 산뽕나무나 멧대추나무로 만드는데 그 껍질을 벗겨내지 않는다.

筭多少視其坐.① 籌, 室中五扶, 堂上七扶, 庭中九扶.② 筭, 長尺二寸.③ 壺頸脩七寸, 腹脩五寸, 口徑二寸半, 容斗五升. 壺中實小豆焉, 爲其矢之躍而出也. 壺去席二矢半.④ 矢, 以柘若棘, 毋去其皮.⑤

鄭注 ① 산가지 도구는 좌석의 투호를 할 사람의 인원수를 살펴서 개수를 정한다. 투호를 하는 사람은 1인당 4개의 화살을 사용하므로, 산가지 또한 1인당 4개의 산가지가 필요하다. 筭用當視坐投壺者之衆寡爲數也. 投壺者人四矢, 亦人四筭.

② '주籌'는 화살(矢)이다. 손가락 네 개를 편 크기가 '부扶'인데, 손가락 하나는 촌寸이다. 『춘추전』에 "1부 1촌까지 합한다"[7]고 하였다. 투호는 어떤 때는 방(室)에서 하고 어떤 때는 당堂에서 하고 어떤 때는 뜰(庭)에서 한다. 그 예禮가 격식을 따지지 않아 시간상 밝고 어두운 편의에 따라 적합한 곳에서 행하며 정해진 장소가 없다. '籌', 矢也. 鋪四指曰'扶', 一指案寸. 『春秋傳』曰: "膚寸而合." 投壺者, 或於室, 或於堂, 或於庭. 其禮褻, 隨晏早之宜, 無常處.

③ 그 마디는 3부이면 가능하다. 또는 "산가지는 길이가 1척인데, 손잡이가 있다. 손잡이 부분은 깎아낸다"[8]라고 한다. 其節三扶可也. 或曰: "筭, 長尺, 有握. 握, 素也."

④ '수脩'는 길이다. 호의 통 속은 1두 5승의 용량인데, 3분하여 그 1분을 더하면 2두가 된다. 둥근 통 모양을 이루고, 그 부피가 324촌이 된다. 이 부피를 통의 길이 5촌으로 나누어 얻는 면적(64.8촌)에서 통의 둘레 길이를 구하면 둘레는 2척 7촌 얼마가 된다. 이는 배의 지름이 9촌 얼마가 되는 것이다. 팥(小豆)을 채워 넣는 것은 팥의 매끄러우면서도 견고함을 취한 것이다. '脩', 長也. 腹容斗五升, 三分益一則爲二斗. 得圜囷之象, 積三百二十四寸也. 以腹脩五寸約之, 所得, 求其圜周, 圜周二尺七寸有奇. 是爲腹徑九寸有餘也. 實以小豆, 取其滑且堅.

⑤ 견고하고 무거움을 취하는 뜻이다. 구설에는 "화살의 크기는 7푼(分)이다"라고 하였다. 어떤 사람은 그 껍질과 마디를 제거한다고 한다. 取其堅且重也. 舊說云: "矢大七分." 或言去其皮節.

集說 산가지 개수는 좌석상의 인원수를 살펴서 정한다. 사람마다 4개의 화살을 던지므로 또한 4개의 산가지가 필요하다. '주籌'는 화살이다. '부扶'는 부膚와 같은 뜻이다. '방에서 하면 5부의 화살을 사용하고'(室中五扶) 이하 세 구절은 설명이 위 장에 보인다. ○ 여씨呂氏는 말한다. "멧대추나무와 산뽕나무의 속이 튼실하므로 그 목재가 견고하고 또 무겁다. '그 껍질을 제거하지 않는다'는 것은 질박함을 취하는 것이다." 筭之多少, 視坐上之人數. 每人四矢, 亦四筭也. '籌', 矢也. '扶'與膚同. '室中五扶'以下三句, 說見上章. ○ 呂氏曰: "棘柘之心實, 其材堅且重也. '毋去其皮', 質而已矣."

【투호 12】

노魯나라에서는 제자弟子에게 명령하는 말에 "교만하지 말고, 오만하지 말고, 삐딱하게 서지 말고, 분수에 지나치게 말하지 말라. 삐딱하게 서고 분수에 지나치게 말하면, 평상시 벌주를 주는 잔으로 벌을 받는다"고 하였다. 설薛나라에서는 제자에게 명령하는 말에 "교만하지 말고, 오만하지 말고, 삐딱하게 서지 말고, 분수에 지나치게 말하지 말라. 그렇게 하면 벌을 받는다"고 하였다. 사사司射와 정장庭長 및 관사冠士와 입자立者는 모두 빈객 측에 속하고, 악인樂人 및 사자使者와 동자童子는 모두 주인 측에 속한다.

魯令弟子辭曰: "毋憮, 毋敖, 毋偝立, 毋踰言. 偝立·踰言有常爵." 薛令弟子辭曰: "毋憮, 毋敖, 毋偝立, 毋踰言. 若是者浮.①" 司射·庭長及冠士立者皆屬賓黨, 樂人及使者·童子皆屬主黨.②

鄭注 ① '제자弟子'는 빈객 측과 주인 측 가운데 나이가 어린 사람들이다. 그들이 당 아래에 서서 서로 버릇없이 함부로 하기 때문에 사사司射가 그들을 경계시키는 것이다. 노魯나라와 설薛나라의 사례를 기록한 것은 예가 쇠퇴하여 어긋나고 달라져서 어느 것이 옳은지 모르기 때문이다. '호憮'와 '오敖'는 교만하다는 뜻이다. '배偝'는 똑바로 앞쪽을 향하지 않는다는 뜻이다. '유언踰言'은 멀리 떨어져서 말을 주고받는 것이다. '상작常爵'은 상례常禮로 사람들에게 벌주는 술잔이다. '부浮' 또한 이 벌주는 것을 가리킨다. 『안자춘추晏子春秋』에 "술을 따르는 사람이 술잔을 받들고 나아가 '임금께서 당신에게 벌주를 마시게 하였습니다!'라고 말하였다"고 한다. 당시 양구거梁丘據[9]에게 벌주를 마시게 하였다. '부浮'는 어떤 본에서는 '포匏'로 되

어 있고, 어떤 본에서는 '부符'로 되어 있다. '유踰'는 어떤 본에서는 '요遙'로 되어 있다. '弟子', 賓黨·主黨年穉者也. 爲其立堂下相褻慢, 司射戒令之. 記魯·薛者, 禮衰乖異, 不知孰是也. '憮'·'敖', 慢也. '偝'者, 不正鄕前也. '踰言', 遠談語也. '常爵', 常所以罰人之爵也. '浮'亦謂是也. 『晏子春秋』曰: "酌者奉觴而進曰, '君令浮晏子!'" 時以罰梁丘據. '浮'或作'匏', 或作'符'. '踰'或爲'遙'.

② '정장庭長'은 사정司正이다. '사자使者'는 주인이 음식을 올리도록 시킨 사람이고, '악인樂人'은 국자國子 가운데 음악을 연주할 수 있는 사람이다. 이들 모두가 투호에 참여한다. '庭長', 司正也, '使者', 主人所使薦羞者, '樂人', 國子能爲樂者. 此皆與於投壺.

集說 석량왕씨石梁王氏는 "'사사司射'에서 '주당主黨'까지의 24글자는 위 문장 '설령제자약시자부薛令弟子若是者浮'와 서로 이어진다"[10]고 하였는데, 이 책에서는 이 설을 따랐다. ○ '제자弟子'는 빈객 측과 주인 측 가운데 나이가 어린 사람들이다. 투호를 할 때 당 아래에 서서 그들이 혹 서로 버릇없이 함부로 하기 때문에 경계시킨 것이다. 노魯나라와 설薛나라는 투호의 예에서 시행한 말이 뜻은 같고 문장만 조금 달랐다. 그러므로 기록한 자가 함께 나열한 것이다. '호憮'는 또한 오만하다(敖)는 뜻이다. '배립偝立'은 향하는 곳을 똑바로 하지 않는다는 뜻이다. '유언踰言'은 멀리 떨어져서 다른 일을 이야기한다는 뜻이다. '상작이 있다'(有常爵)는 것은 상례常禮로 벌주를 받음이 있다는 뜻이다. ○ 소疏에서 말한다. "'부浮'는 또한 벌罰의 뜻이다. 일설에 벌주의 잔이 가득 차서 넘친다는 뜻이라고 하였다. '정장庭長'은 곧 사정司正이다. '관사冠士'는 투호를 관람하러 온 외부 사람 가운데 관례를 한 성인의 사士를 가리킨다. '악인樂人'은 국자國子 가운데 연주할 수 있는 사람이며 음악을 연주하는 악공樂工은 아니다. '사자使者'는 주인이 음식을 올리도록 시킨 사람이다." 石梁王氏曰: "'司射'至'主黨'二十四字, 與上文'薛令弟子若是者

浮'相屬", 今從之. ○ '弟子', 賓黨・主黨之年穉者. 投壺時立於堂下, 以其或相褻狎, 故戒令之. 魯・薛之辭, 意同而文小異. 故記者並列之. '憮', 亦敖也. '偝立', 不正所向也. '踰言', 遠談他事也. '有常爵', 謂有常例罰爵也. ○ 疏曰: "'浮', 亦罰也. 一說謂罰爵之盈滿而浮淀也. '庭長', 卽司正也. '冠士', 外人來觀投壺成人加冠之士也. '樂人', 國子之能爲樂者, 非作樂之瞽人也. '使者', 主人所使薦羞者也."

【투호 13】

북(鼓)은 ○□○○□□○□○○□이다. 반半 ○□○□○○○□□○□○은 노나라의 북이다. ○□○○○□□○□○○□□○□○○□□○, 반半 ○□○○○□□○은 설나라의 북이다. '반半 이하를 취하여 투호의 예로 삼고, 그것을 다 사용하여 사례射禮로 삼는다. 노나라의 북은 ○□○○□□○○, 반半 ○□○○□○○○○□○□○이다. 설나라의 북은 ○□○○○○□○□○□○○○□○□○○□○, 반半은 ○□○□○○○○□○이다.

鼓, ○□○○□□○□○○□. 半, ○□○□○○○□□○□○魯鼓. ○□○○○□□○□○○□□○□○○□□○, 半, ○□○○○□□○, 薛鼓.① 取'半'以下爲投壺禮, 盡用之爲射禮.② 魯鼓○□○○□□○○, 半, ○□○○□○○○○□○□○. 薛鼓○□○○○○□○□○□○○○□○□○○□○, 半, ○□○□○○○○□○.③

鄭注 ① 이는 노나라와 설나라에서 북을 치는 절주를 말한 것이다. 동그라미는 작은 북(鼙)을 치는 것이고, 네모는 북(鼓)을 치는 것이다. 옛날에

일을 거행할 때에는 북을 치는데 각각 절주가 있었다. 그 절주를 들으면 그 행하는 일을 알 수 있다. 此魯・薛擊鼓之節也. 圜者擊鼙, 方者擊鼓. 古者擧事, 鼓各有節. 聞其節, 則知其事矣.

② 투호의 절주가 사례射禮의 절주에 비해 절반이 되는 것은 투호가 사례보다 미미하기 때문이다. '사례'(射)는 연사례燕射禮를 가리킨다. 投壺之鼓半射節者, 投壺, 射之細也. '射'謂燕射.

③ 이 두 가지는 두 나라의 차이를 기록한 것이므로 함께 나열하였다. 此二者記兩家之異故兼列之.

集說 정씨鄭氏(정현鄭玄)는 말한다. "동그라미는 작은 북(鼙)을 치는 것이고, 네모는 북을 치는 것이다." ○ 소疏에서 말한다. "기록한 자가 노나라와 설나라에서 북을 치는 차이를 이용하여 그것을 도표로 만들어 기록한 것이다. 다만 연대가 오래되어 어느 정도 맞는지 알 수 없다. 절반의 북 절주를 사용하는 것이 투호이고, 전체의 북 절주를 사용하는 것이 사례射禮이다." 鄭氏曰: "圜者擊鼙, 方者擊鼓." ○ 疏曰: "記者因魯・薛擊鼓之異, 圖而記之. 但年代久遠, 無以知其得失. 用半鼓節, 爲投壺, 用全鼓節, 爲射禮."

역주

1) 중 : 산가지를 넣어두는 통을 말한다. '中'의 제도는 나무로 만들고, 그 형상은 외뿔소(兕)나 사슴(鹿)과 같은데, 등 위에 원형의 통을 만들어 8개의 산가지를 담는다. 그 종류는 '鹿中'·'兕中'·'皮樹中'·'閭中'·'虎中' 등 다양하다.

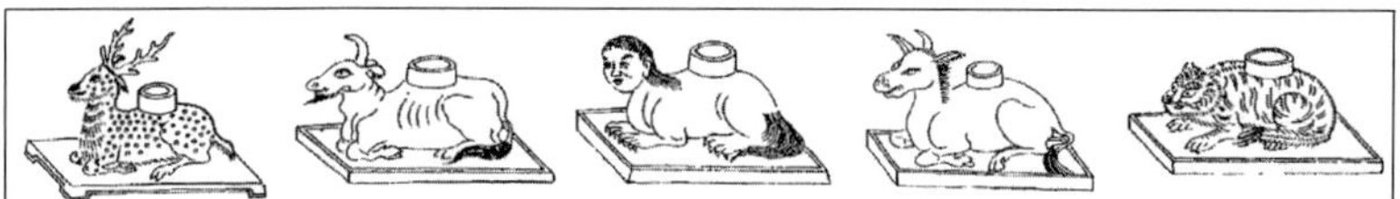

『欽定儀禮義疏』(淸)

2) 녹중 : 射禮와 投壺 등을 행할 때 사용하는 산가지를 담는 통이다. 나무로 사슴 모양을 조각하고 구멍을 뚫어놓은 것으로 활을 쏘거나 던져 적중하면 산가지를 그 구멍 속에 담아두고 맞힌 개수를 계산한다.

3) 정작 : 投壺를 행하여 승부가 난 뒤 벌주를 주고받을 때 사용하는 잔이다. 정식의 예로서 행하여 사용하는 잔이라는 의미에서 正爵이라고 한다. 공영달은 소에서 "正爵은 이긴 쪽이 진 쪽에게 벌주를 주는 잔이다. 정식의 예로 행하는 것이기 때문에 '正爵의 예'를 행한다고 말하는 것이다"(正爵, 謂勝飮不勝之爵也. 以其正禮, 故謂爲'正爵')라고 하였다.

4) 『시』에서 ~ 이것이다 : 이 말은 「射義」(6)에 나온다.

5) 정작의 예 : 投壺를 행하여 승부가 난 뒤 벌주를 주고받는 예이다. 앞의 주 참조.

6) 무산작 : 전례를 행할 때 음주의 술잔 숫자를 정하지 않고 마시는 음주의 예로서 취한 후에 그친다.

7) 1부 1촌까지 합한다 : 『춘추공양전』, 僖公 31년 조에 "(산의 기운이) 바위에 부딪쳐 나와서 1부 1촌까지 합하여 아침을 두 번 거듭하지 않아도 천하에 두루 비를 뿌리는 것은 오직 태산이다"(觸石而出, 膚寸而合, 不崇朝而徧雨乎天下者, 唯泰山爾)라고 하였다. '膚'는 '扶'로도 쓰며 '손가락 4개를 합친 폭의 길이를 나타낸다. '寸'은 손가락 중간 한 마디의 길이를 뜻한다. '膚寸'은 작은 양을 뜻한다.

8) 산가지는 ~ 깎아낸다 : 이 말은 『의례』「鄕射禮」 본문에 보인다.

9) 양구거 : 齊景公이 중용하였던 신하였다.

10) '사사'에서 ~ 이어진다 : 『예기정의』, 1839쪽에는 이 24글자가 (투호 13)의 '取半以下爲投壺禮, 盡用之爲射禮' 다음에 있다.

예기역주 권29

유행 제41
儒行

정현의 『예기목록』에서 말한다. "「유행儒行」이라고 제목을 붙인 것은 도道와 덕德을 갖춘 이가 행하는 바를 기록하였기 때문이다. '유儒'라는 말은 '넉넉하다'·'화평하다'의 뜻이다. 잘 남을 편안하게 해주고 남을 따르게 해준다. 또한 '유儒'는 '적신다'는 뜻이다. 선왕의 도로 자신을 잘 적신 것이다. 이 편은 유향劉向의 『별록別錄』에서는 「통론通論」에 속해 있다."

鄭『目錄』云: "名曰「儒行」者, 以其記有道德者所行也. '儒'之言'優'也, '柔'也. 能安人·能服人. 又'儒'者, '濡'也, 以先王之道能濡其身. 此於『別錄』屬「通論」."

【유행 1】

노魯나라 애공哀公이 공자에게 물었다. "선생의 복장은 유자儒者의 복장입니까?" 공자가 대답하였다. "저는 어린 시절 노나라에 살 때에는 팔꿈치가 펑퍼짐한 옷을 입었고, 성장하면서 송나라에 살 때에는 장보章甫의 관을 썼습니다. 내 듣건대, 군자의 학문은 넓지만 그 복장은 고향에서 입던 것을 따릅니다. 구丘는 유자의 복장을 알지 못합니다."

魯哀公問於孔子曰: "夫子之服, 其儒服與?①" 孔子對曰: "丘少居魯, 衣逢掖之衣, 長居宋, 冠章甫之冠. 丘聞之也, 君子之學也博, 其服也鄉. 丘不知儒服.②"

鄭注 ① 애공이 공자를 관사에 머물게 하였는데, 그 복장이 사·대부의 것과 다르고 또 서인의 것과도 같지 않음을 보고 유자의 복장(儒服)인가 의심하고서 물은 것이다. 哀公館孔子, 見其服與士大夫異, 又與庶人不同, 疑爲儒服而問之.

② '봉逢'은 크다(大)는 뜻이다. 팔꿈치를 크게 한 옷이란 소매가 큰 홑옷이다. 이는 군자 가운데 도예道藝가 있는 이가 입는 옷이다. 공자는 노나라에서 태어났는데, 성장하면서 송宋나라로 가서 관례를 치렀다. 송나라는 공자의 조상이 나온 곳이다. 어린 시절 살던 곳의 옷을 입고, 성장해서 살던 곳의 관을 쓴 것이다. 이를 '향鄉'이라고 한다. '유자의 복장을 알지 못한다'(不知儒服)고 말한 것은 애공의 뜻이 유자에 있지 않으면서도 이제 그 복장을 물을 것을 비난한 것이다. 서인의 홑옷(禪衣)은 소매가 2척 2촌이고, 소매부리가 1척 2촌이다. '逢'猶大也. 大掖之衣, 大袂禪衣也. 此君子有道藝者所衣也. 孔子生魯, 長而之宋而冠焉. 宋, 其祖所出也. 衣少所居之服, 冠長所居之冠. 是之謂'鄉'. 言'不知儒服', 非哀公意不在於儒, 乃今問其服. 庶人禪衣, 袂二尺二寸, 袪尺二寸.

集說 정현은 "'봉逢'은 크다(大)는 뜻과 같다. 팔꿈치를 크게 한 옷이다"라고 하였다. ○ 소에서 말한다. "팔꿈치가 넓고 큰 것을 가리킨다. 그러므로 정현은 '소매가 큰 홑옷이다'라고 한 것이다." ○ 응씨應氏는 말한다. "'유儒'라는 명칭은 『주관周官』에 처음 보인다. '유儒이니 도道로써 백성을 얻는다'는 것인데,[1] 말세에는 그 도를 채우지 못하고 한갓 그 옷만 가지고 말하였

다. 애공은 공자가 입은 옷이 단아하고 위의와 거동이 모두 시속時俗과 다른 점이 있음을 엿보고서 괴이하게 여겨 물은 것이다. 공자는 감히 '유儒'로써 자처하지 않았기 때문에 유자의 옷을 알지 못한다고 말한 것이다." ○ 「교특생郊特牲」(64)에 "장보章甫는 은나라의 도이다"라고 하였다. 대체로 치포관緇布冠을 은나라 시대에는 '장보'라고 칭하였다. '장章'은 밝다(明)는 뜻으로서, 장부丈夫임을 드러내는 것이다. 그러므로 '장보章甫'라고 불렀다.

鄭氏曰: "'逢'猶大也. 大掖之衣." ○ 疏曰: "謂肘掖之所寬大. 故鄭云: '大袂禪衣'也." ○ 應氏曰: "'儒'之名, 始見於『周官』. '曰儒, 以道得民[2]', 末世不充其道, 而徒於其服. 哀公覘孔子之被服儒雅, 而威儀進趨皆有與俗不同者, 怪而問之. 孔子不敢以'儒'自居也, 故言不知儒服." ○ 「郊特牲」云: "章甫, 殷道也." 蓋緇布冠, 殷世則名'章甫'. '章', 明也, 所以表明丈夫. 故謂之'章甫'耳.

【유행 2】

애공이 말했다. "감히 유자의 행동에 대해 묻겠습니다." 공자가 대답했다. "갑자기 설명한다면 그 일을 끝까지 말할 수 없으며, 모두 설명한다면 오래 걸립니다. 복을 교체하더라도 다 설명할 수 없습니다." 애공이 자리를 마련하도록 명을 하자, 공자가 모시고 있다가 말하였다. "유자에게는 자리 위의 진귀한 물건을 놓고서 초빙되기를 기다리며, 밤낮으로 학문에 힘써서 질문 받기를 기다리며, 충성되고 신실한 마음을 갖고서 천거되기를 기다리며, 힘써 행해서 취해지기를 기다리는 바가 있습니다. 유자가 자신을 세우는 바에 이와 같은 점이 있습니다.

哀公曰: "敢問儒行." 孔子對曰: "遽數之不能終其物, 悉數之乃留. 更僕, 未可終也.①" 哀公命席,② 孔子侍, 曰: "儒有席上之珍以待聘, 夙夜强學以待問, 懷忠信以待擧, 力行以待取. 其自立有如此者."③

鄭注 ① '거遽'는 갑자기(卒)라는 뜻과 같다. '물物'은 일(事)의 뜻과 같다. '유留'는 오래 걸린다(久)는 뜻이다. '복僕'은 태복太僕으로서, 군주가 연회를 베풀거나 조회를 볼 때 군주의 (복식과) 자리를 바로잡으며, 빈객을 인도하고 의례의 진행을 돕는 일을 담당한다. '교체한다'(更之)는 것은 오래되면 장차 피곤하기 때문에 서로 교대하게 한다는 뜻이다. '遽', 猶卒也. '物', 猶事也. '留', 久也. '僕', 大僕也, 君燕·朝則正位, 掌擯相. '更之'者, 爲久將倦, 使之相代.

② 공자를 위해 당에 자리를 펴고, 함께 앉는 것이다. 군주가 자기 신하에게 갈 때에는 조계로부터 올라가고, 머무는 곳에서 주인과 같이 한다. 爲孔子布席於堂, 與之坐也. 君適其臣, 升自阼階, 所在如主.

③ '석席'은 펼쳐 진설한다(鋪陳)는 뜻으로, 옛날 요·순의 선한 도를 진설해 놓고 질문을 기다리는 것이다. 크게 묻는 것을 '빙聘'이라고 한다. '거擧'는 들어서 쓰이는 것이다. '취取'는 나아가 자리를 차지한다는 뜻이다. '席', 猶鋪陳也, 鋪陳往古堯·舜之善道, 以待見問也. 大問曰'聘'. '擧', 見擧用也. '取', 進取位也.

集說 갑작스럽게 헤아리면 그 일을 끝까지 말할 수 없고, 상세하게 모두 헤아리는 것은 오래도록 머물지 않으면 불가능하다. '복僕'은 빈객을 인도하고 의례의 진행을 돕는 신하로서 오래하면 피곤해진다. 비록 그 복僕을 교체하더라도 역시 말을 다할 수 없었던 것이다. 이에 애공이 자리를 설치하도록 명하고 공자로 하여금 앉아서 애공哀公을 모시고 말을 하게 한 것이다. ○ 여씨呂氏(여대림呂大臨)는 말한다. "'자리 위에 진귀한 보물'이란 자신

을 귀하게 여겨 팔리기를 기다리는 것이다. 유자는 한가한 때에 강학을 하고 함께 있는 자리에서 드러내지 않지만 자신을 귀하게 여겨 천하에 쓰이기를 기다릴 줄 안다. 부지런히 학문을 닦아 물어오기를 기다리고, 충신忠信을 품고서 등용되기를 기다리고, 힘써 행하여 자리를 취하기를 기다릴 줄 안다. 모두 내가 자신을 세워놓고 기다리는 것이다. 덕이 귀하게 여길 만하면 사람들이 반드시 그를 예우하고, 학문이 넓으면 사람들이 반드시 그에게 묻고, 충신이 있어 맡길 만하면 사람들이 반드시 그를 천거하고, 힘써 행해서 일을 시킬 만하면 사람들이 반드시 그를 취한다. 그러므로 군자가 천하에 등용되는 것은 기다리는 바가 있고 구하지 않는다." 卒遽而數之, 則不能終言其事, 詳悉數之, 非久留不可. '僕', 臣之擯相者, 久則疲倦. 雖代其僕, 亦未可得盡言之也. 公於是命設席, 使孔子坐侍而言之. ○ 呂氏曰: "'席上之珍', 自貴而待賈者也. 儒者講學於閒燕, 從容乎席上, 而知所以自貴以待天下之用. 强學以待問, 懷忠信以待擧, 力行以待取, 皆我自立而有待也. 德之可貴者, 人必禮之, 學之博者, 人必問之, 忠信可任者, 人必擧之, 力行可使者, 人必取之. 故君子之用於天下, 有所待而不求焉."

【유행 3】

"유자에게는 의관을 올바르게 하고 마음과 행동을 신중하게 하는 바가 있습니다. 크게 사양할 때에는 오만한 듯하고, 작게 사양할 때에는 거짓된 듯하며, 용모의 대범한 모습은 위엄이 서린 듯하고, 용모의 세심한 모습은 부끄러워하는 듯한 바가 있습니다. 나아가는 것을 어려워하고 물러나는 것은 쉽게 하는 바가, 유약하여 마치 능력이 없는 것처럼 보이는 것이 있습니다. 유자가 용모를 나타내는 바에 이와 같은 점이 있습니다."
"儒有衣冠中, 動作愼. 其大讓如慢, 小讓如僞, 大則如威, 小則如愧. 其難進而易退也. 粥粥若無能也. 其容貌有如此者."

鄭注 '중中'은 중간의 뜻으로 엄준하여 모나지 않음을 말한다. '오만한 듯하다'(如慢), '거짓된 듯하다'(如僞)는 말은 말하는 것이 급박하지 않음을 뜻이다. '위엄이 서린 듯하다'(如威), '부끄러워하는 듯하다'(如愧)는 것은 두려워하는 바가 있는 듯이 한다는 뜻이다. '中', 中間, 謂不嚴厲也. '如慢'·'如僞', 言之不愊怛也. '如威'·'如愧', 如有所畏.

集說 '중中'은 바르다(正)는 뜻과 같다. 『논어』에서 "군자는 그 의관을 바르게 한다"3)고 하였다. ○ 방씨方氏(방각方慤)는 말한다. "'의관중衣冠中'이란 옷을 몸에 입는 것과 관을 머리에 쓰고 있는 것이 모두 예에 맞는다는 뜻이다. '동작신動作愼'이라 마음을 움직이고 일을 하는 것이 모두 그 덕을 신중히 한다는 뜻이다. 큰 사양(大讓)은 자신의 입장으로 맞서는 것이므로 마치 오만하여 공경스럽지 못한 듯하고, 작은 사양(小讓)은 곡진함을 다하는 것이므로 마치 거짓되어 정성스럽지 못한 듯하다. 그 용모로 보이는 큰 부분에 이르러서는 범할 수 없는 바가 있다. 그러므로 위엄이 있는 듯하다. 그 용모로 나타내는 섬세한 부분에 이르러서는 함부로 하지 않는 바가 있다. 그러므로 부끄러워하는 듯하다. 세 번 읍을 한 후에 나아가기 때문에 '나아가기를 어려워한다'고 한 것이다. 한 번 사양하고는 드디어 물러나기 때문에 '물러나기를 쉽게 한다'고 한 것이다. '죽죽粥粥'은 유약한 모양이다. 그러므로 능력이 없는 듯하다. 이는 모두 예를 닦고 도에 참여한 결과이다. '中'猶正也. 『論語』曰: "君子正其衣冠." ○ 方氏曰: "'衣冠中'者, 言衣之在身·冠之在首, 皆中於禮也. '動作愼'者, 言心之所動·事之所作, 皆愼其德也. 大讓, 所以自抗, 故如

慢而不敬, 小讓, 所以致曲, 故如僞而不誠. 方其容貌之大也, 則有所不可犯. 故如威. 及其容貌之小也, 則有所不敢爲. 故如愧. 三揖而後進, 故曰'難進'. 一辭而遂退, 故曰'易退'. '粥粥'者, 柔弱之狀. 故若無能也. 是皆禮之所修, 道之所與也.

【유행 4】

"유자에게는 거처할 때 가지런하고 엄숙하며 처신할 때 공경스럽게 하는 바가 있습니다. 말은 반드시 신실함을 앞세우고, 행동은 반드시 중정中正[4]하게 하는 바가 있습니다. 길을 갈 때에 험하고 쉬운 이로움을 다투지 않고, 겨울과 여름에 음양의 조화를 다투지 않는 바가 있습니다. 그 죽음을 아껴서 기다리는 바가 있으며, 그 몸을 길러서 일을 도모하는 바가 있습니다. 유자가 미리 대비함에 이와 같음이 있습니다."

"儒有居處[5]齊難, 其坐起恭敬. 言必先信, 行必中正. 道塗不爭險易之利, 冬夏不爭陰陽之和. 愛其死以有待也, 養其身以有爲也. 其備豫有如此者."

鄭注 '제난齊難'은 가지런하고 엄숙하여 두려워하고 어렵게 여길 만한 것이다. 걸어갈 때 길을 다투지 않고, 멈출 때 거처를 고르지 않는 것은 싸움과 소송을 멀리하기 위한 것이다. '齊難', 齊莊可畏難也. 行不爭道, 止不選處, 所以遠鬪訟.

集說 정씨鄭氏(정현鄭玄)는 말한다. "'제난齊難'은 가지런하고 엄숙하여 두려워하고 어렵게 여길 만한 것이다." ○ 여씨呂氏(여대림呂大臨)는 말한다. "일

은 미리 대비하면 확립되고, 미리 대비하지 못하면 폐해진다. 유자의 학문은 모두 미리 대비하는 것이다. 헤아린 이후에 말을 하고, 의논한 이후에 행동한다. 그러므로 학문에 미리 대비하는 것이 있으면 의리가 정밀하고, 의리가 정밀하면 쓰임이 부족해지지 않는다. 만약 그 처음에 공경하지 못하면 몸이 서지 못하고, 서지 못하면 도가 채워지지 않는다. 중궁仲弓이 인仁에 대해 물었을 때, 공자는 '문을 나설 때에는 마치 큰 손님을 뵙는 듯하고, 백성에게 일을 시킬 때에는 큰 제사를 받들 듯이 하는 것이다. 자기가 원하지 않는 것을 남에게 시키지 말라'[6]고 하였다. '거처할 때 가지런하고 엄숙하며, 처신할 때 공경스럽다. 말은 반드시 신실함을 앞세우고, 행동은 반드시 중정中正하게 한다'는 것은 이른바 '마치 큰 손님을 뵙는 듯이 하고 마치 큰 제사를 받들 듯이 한다'는 것으로서 경敬이다. '길을 갈 때에 험난하고 쉬운 이로움을 다투지 않고, 겨울과 여름에 음양의 조화를 다투지 않는다'는 것은 이른바 '자기가 원하지 않는 것을 남에게 시키지 말라'는 것으로서 서恕이다. 경敬과 서恕를 실행하면 분함이 가라앉고 욕망이 제지되며 몸이 서고 덕이 채워져 천하의 변화를 맞이해서도 피하지 않고 천하의 중책을 맡더라도 사양하지 않을 수 있다. 미리 대비하는 것이 지극함에 이르면 이와 같음이 있는 것이다." ○ 유씨劉氏는 말한다. "'다투지 않는다'는 것은 단지 서恕를 실행할 뿐만이 아니다. 또한 죽는 것을 아끼고 몸을 길러서 일을 도모할 때를 기다리고, 작고 비근한 것을 다투어 크고 원대한 것을 해치지 않음이 있는 것이다." 鄭氏曰: "'齊難', 齊莊可畏難也." ○ 呂氏曰: "事豫則立, 不豫則廢. 儒者之學, 皆豫也. 擬之而後言, 議之而後動. 故學有豫則義精, 義精則用不匱. 若其始也不敬, 則身不立, 不立則道不充. 仲弓問仁, 子曰: '出門如見大賓, 使民如承大祭. 己所不欲, 勿施於人.' '居處齊難, 坐起恭敬. 言必先信, 行必中正', 所謂'如見大賓, 如承大祭', 敬也. '道塗不爭險易之利, 冬夏不爭陰陽之和', 所謂'己所不欲, 勿施於人', 恕也. 惟敬與恕, 則忿懲欲窒, 身立德充, 可以當天下之變而不避, 任天下之重而不

辭. 備豫之至, 有如此者也." ○ 劉氏曰: "'不爭', 非特恕也. 亦以愛死養身, 以有待有爲, 不爭小者近者, 以害大者遠者也."

【유행 5】

"유자에게는 금과 옥을 보물로 여기지 않고 충심과 신의를 보물로 여기며, 토지를 추구하지 않고 의리를 세우는 것으로 토지를 삼는 바가 있습니다. 축재를 많이 하기를 추구하지 않고 문장을 많이 배우는 것으로 부유함을 삼는 바가 있습니다. 얻는 것을 어렵게 여기고 봉록 받는 것은 하찮게 여기며, 봉복 받는 것을 하찮게 여기고 축재하는 것은 어렵게 여기는 바가 있습니다. 때가 아니면 드러내지 않으니, '얻는 것을 어렵게 여기는 것'이 아니겠습니까? 의義가 아니면 영합하지 않으니, '축재하는 것을 어렵게 여기는 것'이 아니겠습니까? 공로를 먼저 세운 후에 봉록을 받으니, 봉록을 하찮게 여기는 것이 아니겠습니까? 유자가 사람을 가까이하는 것에 이와 같은 점이 있습니다."

"儒有不寶金玉, 而忠信以爲寶, 不祈土地, 立義以爲土地. 不祈多積, 多文以爲富. 難得而易祿也, 易祿而難畜也. 非時不見, 不亦'難得'乎? 非義不合, 不亦'難畜'乎? 先勞而後祿, 不亦易祿乎? 其近人有如此者."

鄭注 '기祈'는 구한다(求)는 뜻과 같다. '의리를 세우는 것으로 토지를 삼는다'(立義以爲土地)는 것은 의리로 자신을 처신한다는 뜻이다. '축재하는 것을 어렵게 여긴다'(難畜)는 것은 의리가 아닌 것으로 오래 머물러 있기를 어

려워한다는 뜻이다. '로勞'는 일(事)과 같은 뜻이다. '적積'은 어떤 본에서는 '화貨'로 되어 있다. '祈'猶求也. '立義以爲土地', 以義自居也. '難畜', 難以非義久留也. '勞'猶事也. '積'或爲'貨'.

集說 여씨呂氏(여대림呂大臨)는 말한다. "유자儒者가 천하에 있어서 자신을 도모하는 것은 덕德일 뿐이며, 세상에 응하는 것은 의義일 뿐이다. 조맹趙孟이 귀하게 만든 것은 조맹이 천하게 만들 수 있지만, 내가 귀하게 여기는 것은 남이 빼앗을 수 없기 때문이다.[7] 이는 금옥과 토지를 많이 축적하더라도 신의와 문장을 많이 배우는 것보다 귀하지 않다는 뜻이다. '얻는 것을 어렵게 여긴다'(難得), '축재하는 것을 어렵게 여긴다'(難畜)는 것은 의義에 중심을 두어 자신을 귀하게 여기는 것이다. 비록 '자신을 귀하게 여긴다'고 하였지만, 때에 맞으면 행동하고 의리에 부합하면 영합하고 공로를 세운 다음 봉록을 받으므로, 애당초 사람들을 멀리하여 자신을 남과 다르게 여긴 적이 없는 것이다." 呂氏曰: "儒者之於天下, 所以自爲者, 德而已, 所以應世者, 義而已. 趙孟之所貴, 趙孟能賤之, 我之所可貴, 人不得而奪也. 此金玉土地多積, 不如信義多文之貴也. '難得'·'難畜', 主於義而所以自貴也. 雖曰'自貴', 時而行, 義而合, 勞而食, 未始遠於人而自異也."

【유행 6】

"유자에게는 남이 재화로 축적하게 해주고 좋아하는 것으로 물들게 하고자 하는 경우가 있어도, 이익을 보고 그 의義를 손상시키지 않는 바가 있습니다. 대중의 힘으로 그를 위협하고 병기로 그를 위협하더라도, 죽음을 보고 그 지키는 것을 바꾸지 않는 바가 있습니다. 사나운 짐승을 때려잡을 때에는 자신의 용맹이 감당할 수 있는지 여부를 따지지 않고, 무거운 정鼎을 끌어당길 때에는 그 힘으로 감당할 수 있는지의 여부를 따지지 않는 바가 있습니다. 과거의 일이 비록 실패했더라도 후회하지 않고, 다가올 일을 미리 예상하지 않는 것이 있습니다. 잘못된 말을 두 번 되풀이하지 않고, 떠도는 말을 끝까지 추궁하지 않는 것이, 그 위엄을 항상 지니고, 그 도모하는 것을 미리 익히지 않는 바가 있습니다. 유자가 독자적으로 자신을 세우는 것에 이와 같은 점이 있습니다."

"儒有委之以貨財, 淹之以樂好, 見利, 不虧其義. 劫之以衆, 沮之以兵, 見死, 不更其守. 鷙蟲攫搏, 不程勇者, 引重鼎, 不程其力. 往者不悔, 來者不豫. 過言不再, 流言不極, 不斷其威, 不習其謀. 其特立有如此者."

鄭注 '엄淹'은 물들게 한다는 뜻이다. '겁劫'은 위협한다는 뜻이다. '저沮'는 두렵게 한다는 뜻이다. '지충鷙蟲'은 사나운 날짐승과 사나운 들짐승을 가리킨다. 글자가 '조鳥'를 따라 이루어졌으며 '지鷙'는 소리 부분을 생략한 것이다. '정程'은 헤아린다(量)는 뜻과 같다. '중정重鼎'은 큰 정鼎이다. 사나운 동물을 때려잡고 무거운 것을 끄는 일에 자신의 용맹과 힘이 감당할 수 있을지 여부를 헤아리지 않고, 그런 일을 만나면 가서 응하고, 비록 지는 경우가 있더라도 뒤에 후회하지 않는 것이다. 그러나 그런 일을 아직 만나기 전에는 또한 미리 예상하지 않고 평상대로 하여 태연할 뿐이다. '부재不再'는 바꾸지 않는다(不更)는 뜻과 같다. '불극不極'은 어디서 나왔는지 묻지 않는다는 뜻이다. '그 위엄을 항상 지닌다'(不斷其威)는 것은 항상 두려워할 만하다는 뜻이다. '그 도모하는 것을 미리 익히지 않는다'(不習其謀)는 것은

말할 때가 되면 말을 할 뿐, 그 설을 미리 준비하여 순조롭게 하지는 않는다는 뜻이다. '단斷'은 어떤 본에서는 '계繼'로 되어 있다. '淹'謂浸漬之. '劫', 劫脅也. '沮'謂恐怖之也. '鷙蟲', 猛鳥・猛獸也. 字從'鳥', '鷙'省聲也. '程'猶量也. '重鼎', 大鼎也. 搏猛引重, 不量勇力堪之與否, 當之則往也, 雖有負者, 後不悔也. 其所未見, 亦不豫備, 平行自若也. '不再'猶不更也. '不極', 不問所從出也. '不斷其威', 常可畏也. '不習其謀', 口及則言, 不豫其說而順也. '斷'或爲'繼'.

集說 '잘못된 말'(過言)은 자기의 잘못에서 나온다. 잘못을 알았다면 고치므로 두 번 다시 하지 않는다. '떠도는 말'(流言)은 남이 나를 훼방하는 데에서 나온다. 예의에 따른 행동은 허물을 짓지 않으므로 결국 훼방당하지 않는다. '극極'은 결국(終)이라는 뜻과 같다. 결국 훼방당하는 바가 되지 않음을 말한다. '그 위엄을 항상 지닌다'(不斷其威)는 것은 위엄과 용모를 꺾어서 굴절시킬 수 없음을 말한다. '그 도모함을 미리 익히지 않는다'(不習其謀)는 것은 그 도모하는 것이 반드시 이루어질 수 있어서 시험해본 뒤에 쓰임 가운데에서 드러나는 것을 기다리지 않아도 됨을 말한다. ○ 정씨鄭氏(정현鄭玄)는 말한다 "'엄淹'은 물들게 한다는 뜻이다. '겁劫'은 위협한다는 뜻이다. '저沮'는 두렵게 한다는 뜻이다. '지충鷙蟲'은 사나운 날짐승과 사나운 들짐승을 가리킨다." ○ 방씨方氏(방각方慤)는 말한다. "'지鷙'는 사나운 동물로 마땅히 잡아야 하니, 자신의 용맹을 헤아린 후에 가지 않는다. 이는 유자의 용기가 어려움에 맞서 대적하면서 뒤돌아보지 않기에 충분함을 비유한 것이다. '무거운 정鼎을 끌어당길 때 자신의 힘을 헤아리지 않는다'는 것은 또 유자의 재능이 일을 맡아서 이겨낼 수 있기에 충분함을 비유한 것이다. '과거의 일에 대하여 후회하지 않는다'는 것은 인색하여 고치지 않음이 있다는 것이 아니라 행동할 때 이치에 합당하게 하여 후회에 이르지 않기 때문이다. '다가올 일에 대해 미리 대비하지 않는다'는 것은 소홀히 하여 방비

하지 않음이 있다는 것이 아니라 그 기민함이 변화에 충분히 대응할 수 있어 반드시 미리 준비할 필요가 없기 때문이다. 잘못된 말은 그 올바름을 잃은 것이요, 떠도는 말은 그 근원을 잃은 것이다. 잘못된 말을 발설하지 않을 수는 없지만 한 번으로도 심한 것이 되는데 하물며 다시 두 번 하겠는가? 떠도는 말을 듣지 않을 수는 없지만, 반드시 지혜를 써서 그치게 할 뿐이니, 어찌 끝까지 추궁할 수 있겠는가?" '過言', 出於己之失. 知過則改, 故不再. '流言', 出於人之毁. 禮義不諐, 故不極. '極'猶終也. 言不終爲所毁也. '不斷其威'者, 言其威容不可得而挫折也. '不習其謀'者, 言其謀必可成, 不待嘗試而後見於用也. ○ 鄭氏曰: "'淹'謂浸漬之. '劫', 脅也. '沮', 恐怖之也. '鷙蟲', 猛鳥獸也." ○ 方氏曰: "'鷙', 猛之蟲, 當攫搏之, 不程量其勇而後往. 此況儒者勇足以犯難而無顧也. '引重鼎, 不程其力', 又以況儒者材足以任事而有所勝也. '往者不悔', 非有所吝而不改也, 爲其動則當理而未嘗至於悔. '來者不豫', 非有所忽而不防也, 爲其機足以應變而不必豫耳. 過言則失其正, 流言則失其原. 過言不免乎出, 然一之爲甚也, 矧可再而二乎? 流言不免乎聞, 必止之以智也, 詎可極而窮乎?"

【유행 7】

"유자에게는 친애할 수는 있지만 위협할 수는 없으며, 가까이 할 수는 있지만 핍박할 수는 없으며, 죽일 수는 있지만 욕되게 할 수는 없는 바가 있습니다. 그 거처할 때에 사치스럽지 않고 그 먹고 마실 때에 욕구대로 하지 않는 것이 있습니다. 그 잘못을 조용히 가릴 수는 있지만 면전에서 지적할 수는 없는 바가 있습니다. 유자가 강직하고 굳셈에 이와 같은 점이 있습니다."

"儒有可親而不可劫也, 可近而不可迫也, 可殺而不可辱也. 其居處不淫, 其飮食不溽. 其過失可微辨而不可面數也. 其剛毅有如此者."

鄭注 '음淫'은 기울고 치우치다는 뜻이다. 맛난 음식을 마음대로 먹는 것이 '욕溽'이다. '욕溽'이라는 글자는 욕구한다(欲)는 뜻이다. '淫'謂傾邪也. 恣滋味爲'溽'. '溽'之言欲也.

集說 여씨呂氏(여대림呂大臨)는 말한다. "유자가 서는 것은 의리에서 설 뿐이다. 강직하고 굳세어서 그 뜻을 빼앗을 수 없는 것은 의리를 견지하기 때문이다. 의義로써 교제해오면, 비록 소원한 사이라도 반드시 친하고, 의가 아닌 것으로 가해오면, 비록 강요하더라도 두려워하지 않는다. 그러므로 친할 수도 가까이 할 수도 죽일 수도 있는 이치는 있지만, 위협하여 욕되게 할 수는 없다. '음淫'은 사치스럽고 넘친다는 뜻이다. '욕溽'은 진하고 두텁다는 뜻이다. 그 거처를 사치스럽게 하고 그 음식을 너무 후하게 하는 것은 욕망이 지나치기 때문이다. 욕망이 지나치면 의리가 확립될 수 없다. 넘치지 않게 하고 너무 후하게 하지 않는 것은 의를 확립하기 위한 것이다. '그 잘못을 조용히 가릴 수는 있지만 면전에서 지적할 수는 없다'는 이 한 구절은 기세를 숭상하고 이기기를 좋아하는 말로 맥락에 덜 맞는다. 유자에게 귀한 것은 의義를 보면 반드시 행하고 잘못을 지적받으면 고치는 것이기 때문이다. 무슨 뜻인가? '조용히 가릴 수는 있지만 면전에서 지적할 수는 없다'는 말은 다른 사람을 대하는 방식으로서는 괜찮지만, 자신에 대해서는 옳지 않다. 자로子路는 잘못을 지적받으면 기뻐하였고, 공자는 남들이 잘못을 알아주는 것을 다행이라고 여겼으며, 탕왕은 잘못을 고치는 데에 인색하지 않았다. 이 마음을 미루어보면, 잘못을 저질러 비록 원망과 꾸짖

음을 받더라도 또한 수용할 것인데, 하물며 면전에서 지적하는 것을 수용하지 않을 리가 있겠는가?" 呂氏曰: "儒者之立, 立於義理而已. 剛毅而不可奪, 以義理存焉. 以義交者, 雖疏遠必親, 非義加之, 雖强禦不畏. 故有可親可近可殺之理, 而不可劫迫辱也. '淫', 侈溢也. '溽', 濃厚也. 侈其居處, 厚其飮食, 欲勝之也. 欲勝則義不得立. 不淫不溽, 所以立義也. '其過失可微辨而不可面數'此一句, 尙氣好勝之言, 於義理未合. 所貴於儒者, 以見義必爲, 聞過而改者也. 何謂? '可微辨, 不可面數', 待人可矣, 自待則不可也. 子路聞過則喜, 孔子幸人之知過, 成湯改過不吝. 推是心也, 苟有過失, 雖怨詈, 且將受之, 況面數乎?"

【유행 8】

"유자에게는 충심과 신실함으로 갑옷과 투구를 삼고, 예와 의로 크고 작은 방패를 삼고, 인을 머리에 이고 행하며, 의를 가슴에 안고 처하여 비록 폭정이 가해지더라도 자신의 처신을 바꾸지 않는 바가 있습니다. 유자가 자신을 세움에 이와 같은 점이 있습니다."

"儒有忠信以爲甲胄, 禮義以爲干櫓, 戴仁而行, 抱義而處, 雖有暴政, 不更其所. 其自立有如此者."

鄭注 '갑甲'은 갑옷(鎧)이다. '주胄'는 투구(兜鍪)이다. '간로干櫓'는 작은 방패와 큰 방패이다. '주胄'의 음은 '직直'과 '우又'의 반절이다. '로櫓'는 음이 '로魯'이다. '재載'는 음이 '대戴'인데 본래 '대戴'로도 쓴다. '개鎧'의 음은 '개開'와 '대代'의 반절이다. '두兜'의 음은 '정丁'과 '후侯'의 반절이다. '무鍪'의 음은 '막莫'과 '후侯'의 반절이다. '소순小楯'에서 '순楯'의 음은 '시時'와 '준準'의 반절이며, 또 음이 '윤允'이다. 서씨徐氏는 '사辭'와 '윤尹'의 반절이라고 하였다. '甲', 鎧.

'胄', 兜鍪也. '干櫓', 小楯·大楯也. '胄', '直''又'反. '櫓'音'魯'. '載'音'戴', 本亦作'戴'. '鎧', '開''代'反. '兜', '丁''侯'反. '鍪', '莫''侯'反. '小楯', '時''準'反, 又音'允'. 徐'辭''尹'反.

集說 정씨鄭氏(정현鄭玄)는 말한다. "'갑甲'은 갑옷(鎧)이다. '주胄'는 투구(兜鍪)이다. '간로干櫓'는 작은 방패와 큰 방패이다." ○ 여씨呂氏(여대림呂大臨)는 말한다. "충성스럽고 신실하면 속이지 않는다. 속이지 않는 자는 남들도 그를 속이지 않는다. '예禮'란 남을 공경하는 것이다. 남을 공경하는 자는 남들도 그를 업신여기지 않는다. 충신忠信과 예의禮義는 남들이 속이고 업신여기는 것을 막는 방법으로서 갑옷과 방패가 환난을 막을 수 있는 것과 같다. 일을 행할 때에는 인을 높이고 거처할 때에는 의를 지키는 것은 자신을 신실하게 하는 것이 독실해지는 방법이다. 비록 폭정이 그에게 가해져도 변하지 않는 바가 있다는 것은 자신을 세움이 지극한 것이다. 첫 장에서 '자립自立'(자신을 세움)을 말하여 그 신실한 바와 지키는 바가 천하의 변란을 개혁하기에 충분하지만 처신을 바꾸지 않음을 논하였다. 두 가지는 모두 자신을 세우는 것으로 본말과 선후의 차이가 있는 것이다." 鄭氏曰: "'甲', 鎧. '胄', 兜鍪也. '干櫓', 小楯·大楯也." ○ 呂氏曰: "忠信則不欺. 不欺者, 人亦莫之欺也. '禮'者, 敬人. 敬人者, 人亦莫之侮也. 忠信·禮義, 所以禦人之欺侮, 猶甲胄·干櫓可以捍患也. 行則尊仁, 居則守義, 所以自信者篤. 雖暴政加之, 有所不變也, 自立之至者也. 首章言'自立', 論其所信·所守足以更天下之變而不易. 二者皆自立也, 有本末·先後之差焉."

【유행 9】

"유자에게는 1묘畝 되는 담장과 담장으로 빙 둘러친 집을 소유하면서, 대나무를 엮어 대문을 만들고 홀 모양의 협문(窬)을 만들며 쑥을 엮어서 출입문(戶)을 만들고 깨진 옹기 주둥이로 창문(牖)을 만드는 것이, 가족끼리 옷을 바꾸어 입고 외출을 하며, 이틀이나 사흘에 하루분의 식사를 하는 것이 있습니다. 윗사람이 응하여 채택하면 감히 의심하지 않고, 윗사람이 그의 응하여 채택하지 않아도 감히 아첨하지 않는 것이 있습니다. 그 벼슬살이 하는 것에 이와 같은 점이 있습니다."

"儒有一畝之宮, 環堵之室, 篳門圭窬, 蓬戶甕牖, 易衣而出, 幷日而食. 上答之不敢以疑, 上不答不敢以諂. 其仕有如此者."

鄭注 빈궁하여 도를 굽히고 벼슬에 나아가 낮은 관리가 되는 경우를 말한 것이다. '궁宮'은 담장이다. '환도環堵'는 면마다 하나의 담장이 있는 것이다. 다섯 개의 널빤지가 도堵가 되고, 다섯 개의 도가 치雉가 된다. '필문篳門'은 가시나무나 대나무로 엮은 문이다. '규유圭窬'는 문 옆의 협문으로서, 담장을 뚫어서 만드는데 홀 모양과 같다. '병일이식幷日而食'이란 이틀에 하루분의 식사를 하는 것이다. '상답지上答之'는 군주가 그의 말에 호응하여 채택하는 것을 말한다. 言貧窮屈道, 仕爲小官也. '宮'謂墻垣也. '環堵', 面一堵也. 五版爲堵, 五堵爲雉. '篳門', 荊竹織門也. '圭窬', 門旁窬也, 穿墻爲之如圭矣. '幷日而食', 二日用一日食也. '上答之', 謂君應用其言.

集說 소疏에서 말한다. "'1묘畝'는 직경 1보步에 길이 100보를 말한다. 그것을 잘라서 정사각형의 네모로 만들면 동서남북이 각각 10보가 된다. '궁宮'은 담장(牆垣)으로서, 담장은 사방 6척이다. '환環'은 빙 두른다는 뜻이다. 사방 1장丈이 도堵가 되는데, 동서남북으로 각각 1도씩 두른다. '필문篳門'은 가시나무나 대나무로 문을 엮은 것이다. '규유圭窬'는 담장을 뚫어서 만

드는데, 문 옆의 작은 출입구로서, 위쪽은 뾰쪽하고 아래쪽은 네모진 형태로 그 모양이 홀(圭)과 같다. '봉호蓬戶'는 쑥을 엮어서 출입문을 만든 것이다. '옹유甕牖'는 들창이 둥글어서 마치 옹기의 주둥이 모양 같은 것이다. 또 깨진 옹기의 주둥이로 들창을 만든다고도 한다. '옷을 바꾸어 입고서 외출한다'(易衣而出)는 것은 온 집안사람들이 옷 한 벌을 공유하여 외출할 때만 바꾸어 입는다는 뜻이다. '날을 함께하여 먹는다'(幷日而食)는 것은 날마다 먹을 수가 없어서 2일이나 3일에 합쳐서 하루분의 식사를 한다는 뜻이다." ○ '윗사람이 응하여 채택하면 감히 의심하지 않는다'(上答之不敢以疑)는 것은 도가 합치되면 벼슬에 나아가서 곧 믿고 의심하지 않는다는 뜻으로 자리를 잃을까 근심하는 마음이 없는 것이다. '윗사람이 응하여 채택하지 않아도 감히 아첨하지 않는다'(上不答不敢以諂)는 것은 도가 합치되지 않으면 떠나가서 곧 편안히 여기고 아첨하지 않는다는 뜻으로, 자리를 얻을 수 있을까 근심하는 마음이 없는 것이다. 疏曰: "'一畝', 謂徑一步長百步也. 折而方之, 則東西南北各十步. '宮', 牆垣也, 牆方六丈. '環', 周廻也. 方丈爲堵, 東西南北各一堵. '篳門', 以荊竹織門也. '圭窬', 穿牆爲之, 門旁小戶也, 上銳下方, 狀如圭. '蓬戶', 編蓬爲戶也. '甕牖'者, 牕牖圓如甕口也. 又云以敗甕口爲牖. '易衣而出'者, 合家共一衣, 出則更著之也. '幷日而食'者, 謂不日日得食, 或三日二日, 幷得一日之食也." ○ '上答之不敢以疑'者, 道合則就, 卽信之而不疑, 無患失之心也. '上不答不敢以諂'者, 不合則去, 卽安之而不諂, 無患得之心也.

【유행 10】

"유자에게는 오늘날 사람과 함께 살면서 옛사람과 법식을 같이하며, 오늘날 세상에서 행동하지만 후세사람을 법식으로 삼는 바가 있습니다. 끝내 세상을 만나지 못할 때에는 위에 있는 사람이 끌어서 등용하지 않으며, 아래에 있는 사람이 천거하지 않는 바가 있습니다. 헐뜯고 아첨하는 사람이 무리를 지어 그를 위태롭게 하는 경우가 있더라도, 몸은 위태롭게 할 수 있지만 뜻은 빼앗을 수 없는 바가 있습니다. 비록 기거를 위태롭게 할지라도, 끝내 그 뜻을 굽히지 않으며 오히려 백성의 고통을 잊지 않는 바가 있습니다. 그 근심하고 생각하는 것에 이와 같은 점이 있습니다."

"儒有今人與居, 古人與稽, 今世行之, 後世以爲楷. 適弗逢世, 上弗援, 下弗推. 讒諂之民, 有比黨而危之者, 身可危也, 而志不可奪也. 雖危起居, 竟信其志, 猶將不忘百姓之病也. 其憂思有如此者."

鄭注 '계稽'는 합치된다(合)는 뜻과 같다. 옛사람과 합치된다면, 오늘날 사람과는 합치되지 않는 것이다. '원援'은 끌어당긴다(引)는 뜻과 같으며 등용한다는 의미다. '추推'는 나아간다(進)는 뜻으로 천거한다는 의미다. '위危'는 헐뜯고 해치고 싶어 한다는 뜻이다. '기거起居'는 거동과 같은 뜻이다. '신信'은 '굴신屈伸'이라고 할 때의 '신伸'으로 읽는다. 가차假借의 글자이다. '유猶'는 도모한다(圖)는 뜻이다. '신信'은 어떤 본에서는 '신身'으로 되어 있다. '稽'猶合也. 古人與合, 則不合於今人也. '援'猶引也, 取也. '推'猶進也, 擧也. '危', 欲毁害之也. '起居', 猶擧事動作. '信', 讀如'屈伸'之'伸'. 假借字也. '猶', 圖也. '信'或爲'身'.

集說 '해楷'는 법식法式의 뜻이다. '위에서 끌어당기지 않는다'(上弗援)는 것은 위에 있는 사람이 나를 끌어서 올려주지 않는다는 뜻이다. '아래에서 밀어주지 않는다'(下弗推)는 것은 아래에 있는 사람이 나를 천거하여 나아가게 하지 않는다는 뜻이다. '기거를 위태롭게 한다'(危起居)는 것은 일을 기회로

무함하여 해친다는 뜻이다. '그 뜻을 신실하게 한다'(信其志)는 것은 그 뜻을 다른 사람이 빼앗을 수 없다는 뜻이다. 시대에는 비색한 시기와 번창하는 시기가 있고, 도에는 소통되는 경우와 막히는 경우가 있지만, 그들이 근심하고 생각하는 것에는 하루도 백성의 고통을 잊은 적이 없다. '楷', 法式也. '上弗援', 在上者不引我以升也. '下弗推', 在下者不擧我以進也. '危起居', 謂因事中傷之也. '信其志', 謂志不可奪也. 時有否泰, 道有通塞, 然其憂思則未嘗一日而忘生民之患也.

【유행 11】

"유자에게는 널리 배워 멈추지 않고 독실하게 행하여 게을리하지 않으며, 홀로 거처할 때에도 어긋나지 않고 위로 영달하여도 덕이 곤핍困乏해지지 않는 것이 있습니다. 예를 행할 때에는 조화를 귀하게 여기고, 충신을 아름답게 여기고, 넉넉하고 부드러운 것을 법으로 삼는 것이 있습니다. 현자를 사모하면서도 대중을 받아들이며, 자신의 반듯한 방정함을 헐어서 기와처럼 합치는 것이 있습니다. 그 너그럽고 여유로움에 이와 같은 점이 있습니다."

"儒有博學而不窮, 篤行而不倦, 幽居而不淫, 上通而不困. 禮之以和爲貴, 忠信之美, 優游之法. 慕賢而容衆, 毁方而瓦合. 其寬裕有如此者."

鄭注 '불궁不窮'은 멈추지 않는다는 뜻이다. '유거幽居'는 혼자 있을 때를 가리킨다. '상통上通'은 벼슬하여 도가 군주에게 통용되는 것을 가리킨다. 벼슬한 뒤에는 도와 덕이 미흡한 것으로 곤란해지지 않는다. '충신의 아름다움'(忠信之美)이란 충과 신을 아름답게 여긴다는 뜻이다. '우유의 법'(優游之

法)은 조화롭고 부드러운 것을 법으로 삼는다는 뜻이다. '자신의 반듯한 방정함을 헐어서 기와처럼 합친다'(毁方而瓦合)는 것은 자기의 큰 규각圭角을 없애고 아래로 대중과 더불어 조금 화합한다는 뜻이다. 반드시 '기와처럼 합치는' 것은 또한 군자가 도道 때문에 사람을 멀리하지는 않기 때문이다. '不窮', 不止也. '幽居'謂獨處時也. '上通'謂仕道達於君也. 既仕則不困於道德不足也. '忠信之美', 美忠信者也. '優遊之法', 法和柔者也. '毁方而瓦合', 去己之大圭角, 下與衆人小合也. 必'瓦合'者, 亦君子爲道不遠人.

集說 '널리 배워 멈추지 않는다'는 것은 옛것을 되새기며 새로운 것을 아는 이로움이다. '독실하게 행하여 게을리하지 않는다'는 것은 현명한 사람이 오래도록 지속할 수 있는 덕이다. '홀로 있을 때 어긋나지 않는다'는 것은 "곤궁할 때에도 의를 잃지 않는다"[8]는 말이다. '위로 영달하여도 덕이 곤핍困乏해지는 일이 없다'는 것은 "영달하여도 도에서 벗어나지 않는다"[9]는 말이다. 예의 본질(體)은 엄격함에 있지만 실행(用)에서는 조화를 귀하게 여긴다. 충신忠信은 예의 바탕이다. 그러므로 충신으로 아름다움을 삼는다. '우유優游'(넉넉하고 여유로움)는 실행에서 조화를 얻은 것이다. 그러므로 우유를 법으로 삼는다. 현자는 마땅히 사모해야 할 대상이지만, 대중 역시 용납하지 않을 수 없다. "널리 대중을 사랑하면서도 어진 이를 친애한다"[10]는 것 또한 이러한 의미다. '자신의 반듯한 방정함을 헐어서 기와처럼 합한다'는 것은 기와를 굽는 일에서 그 처음에는 둥근데, 쪼개서 네 개로 만들면 그 형태가 네모반듯하다. 그 둥근 것을 헐어서 네모반듯한 것을 만들고, 그 네모반듯한 것을 합하여 다시 둥글게 하는 것이다. 대체로 받아들이고 용납하는 가운데에도 분변하는 뜻이 없었던 적이 없다. 그러므로 '그 관대하고 너그러움에 이와 같은 점이 있다'고 한 것이다. '博學不窮', 溫故知新之益也. '篤行不倦', 賢人可久之德也. '幽居不淫', "窮不失義"也. '上通不困', "達不離道"也.

禮之體嚴, 而用貴於和. 忠信, 禮之質也. 故以忠信爲美. '優游', 用之和也. 故以優游爲法. 賢雖在所當慕, 衆亦不可不容. "汎愛衆而親仁", 亦是意也. '毁方而瓦合'者, 陶瓦之事, 其初則圓, 剖而爲四, 其形則方. 毁其圓以爲方, 合其方而復圓. 蓋於涵容之中, 未嘗無分辨之意也. 故曰'其寬裕有如此者'.

【유행 12】

"유자에게는 안으로 천거할 때 친족이라고 꺼리지 않고, 밖으로 천거할 때 원한 있는 사람이라고 꺼리지 않는 것이 있습니다. 공로를 계산하고 성과를 헤아려서 현명한 자를 천거하여 영달하게 하고 그 보답을 바라지 않는 것이 있습니다. 군주가 그 뜻을 이룰 수 있도록 도우며 국가를 이롭게 하면서 부귀를 바라지 않는 것이 있습니다. 유자가 현명한 자를 천거하고 유능한 자를 끌어주는 것에 이와 같은 점이 있습니다."

"儒有內稱不辟親, 外擧不辟怨. 程功積事, 推賢而進達之, 不望其報. 君得其志, 苟利國家, 不求富貴. 其擧賢援能有如此者."

鄭注 '군주가 그 뜻을 이룬다'(君得其志)는 것은 군주가 하고자 하는 바를 현명한 신하가 성사시킨다는 뜻이다. '君得其志'者, 君所欲爲, 賢臣成之.

集說 소疏에서 말한다. "'군주가 그 뜻을 이룬다'는 것은 이 현명한 자가 자기 군주를 보좌하여 군주가 그 뜻을 이룰 수 있게 한다는 뜻이다." ○ 응씨應氏가 말한다. "그 공을 계산하고 그 일을 누적하여 헤아림은 함부로 가벼이 천거하지 않는 것이니, 아래로 남에게 보답을 바라지 않고, 위로 나라

에 보답을 바라지 않는다.” 疏曰: “‘君得其志’, 謂此賢者輔助其君, 使君得遂其志也.” ○ 應氏曰: “程算其功, 積累其事, 不輕薦也, 下不求報於人, 上不求報於國.”

【유행 13】

“유자에게는 선한 것을 들으면 서로 알려주고, 선한 것을 보면 서로 보여주는 것이 있습니다. 작위爵位는 서로 양보하고, 환란에는 서로를 위해 생명을 바치는 것이 있습니다. 오래가더라도 서로 기다려주고, 멀리서도 서로 이루어주는 것이 있습니다. 그 임용하고 천거함에 이와 같은 점이 있습니다.”

“儒有聞善以相告也, 見善以相示也. 爵位相先也, 患難相死也. 久相待也, 遠相致也. 其任擧有如此者.”

鄭注 ‘상선相先’은 서로 양보한다는 뜻과 같다. ‘오래가더라도 서로 기다린다’(久相待)는 것은 그 친구가 오래도록 낮은 지위에 머무르고 승진하지 못하면 자신은 그를 기다렸다가 비로소 승진한다는 뜻이다. ‘멀리서도 서로 이루어준다’(遠相致)는 것은 자기는 현명한 군주를 만나 벼슬하였는데 벗이 작은 나라에 있으면서 뜻을 얻지 못하였다면 서로 멀리서 이루어지게 해준다는 뜻이다. ‘相先’, 猶相讓也. ‘久相待’, 謂其友久在下位不升, 己則待之乃進也. ‘遠相致’者, 謂己得明君而仕, 友在小國不得志, 則相致遠也.

集說 여씨呂氏(여대림呂大臨)는 말한다. “현명한 이를 천거하고 유능한 이를 끌어당기는 것은 유자가 천하의 선비를 대우하는 방법이요, 임용하고 천거하는 것은 그 붕우를 대우하는 방법이다. 그 좋아하고 싫어함을 반드시 같이하기 때문에 선한 것을 들으면 서로 고해 주고 선한 것을 보면 서로 보

여준다. 근심하고 즐거워하는 것을 반드시 같이하기 때문에 작위를 서로 양보하고, 환란에 서로를 위해 목숨을 바친다. 저 사람이 비록 아랫자리에 있더라도, 그들 기다려 함께 오르지 못하면 오르지 않고, 저 사람이 비록 소원한 관계에 있더라도 그를 불러들여 함께 나아가지 못하면 나아가지 않는다. 이처럼 붕우를 임용하고 천거하는 것을 천하의 선비를 대우할 때보다 더욱 중하게 하는 것은 의리에 두터움과 얇음이 있기 때문이다." 呂氏曰: "擧賢援能, 儒者所以待天下之士也, 任擧者, 所以待其朋友而已. 必同其好惡也, 故聞善相告, 見善相示. 必同其憂樂也, 故爵位相先, 患難相死. 彼雖居下, 不待之同升則不升, 彼雖疎遠, 不致之同進, 則不進. 此任擧朋友, 加重於天下之士者, 義有厚薄故也."

【유행 14】

"유자에게는 몸을 씻고 덕으로 목욕을 하여 말을 진술할 때에는 엎드리고, 윤곽이 드러나기 전에 바로잡는데, 윗사람이 알지 못할 때에는 은미하게 드러내지만 급하게 하지는 않는 것이 있습니다. 깊은 곳에 임하여 자신의 높음을 현창하지 않으며, 적은 것을 더하여 자신이 많다는 것을 드러내지 않는 것이 있습니다. 세상이 다스려질 때라고 덕을 가벼이 하지 않으며, 세상이 어지러울 때라고 지조를 그만두지 않는 것이 있습니다. 자신과 같다고 해서 함께하지 않고, 자신과 다르다고 해서 비난하지 않는 것이 있습니다. 그 은거하였을 때도 독자적으로 서고 세상에 나아가서도 독자적으로 실행하는 것에 이와 같은 점이 있습니다."

"儒有澡身而浴德, 陳言而伏, 靜而正之, 上弗知也, 麤而翹之,又不急爲也. 不臨深而爲高, 不加少而爲多. 世治不輕, 世亂不沮. 同弗與, 異弗非也. 其特立獨行有如此者."

鄭注 '추麤'는 성글다는 뜻이며 은미하다는 뜻이다. 군주가 자기에게 선한 말과 올바른 행실이 있음을 알아주지 않으면, 안색을 살피고 일을 기회로 자기의 뜻을 은미하게 드러내 알도록 하는데, 또 반드시 가만히 조심스럽게 한다. 자신이 하는 바가 급하면 군주가 빨리 받아들이게 된다. 군주가 받아들이는 것이 빠른 것은 의혹과 질투가 생겨나는 원인이다. '깊은 곳에 임하여 높게 처신하지 않는다'는 것은 대중들에게 임해서 자기의 지위가 높은 것을 가지고 귀함을 스스로 과시하지 않는다는 뜻이다. '적은 것을 더하여 많아 보이게 만들지 않는다'는 것은 일을 도모할 때 자신이 남보다 조금 나은 점이 있는 것을 가지고 대단한 것처럼 뻐기지 않는다는 뜻이다. '세상이 다스려질 때에는 가볍게 행동하지 않는다'는 것은 현명한 자로써 대중과 어울리면서 경거망동하지 않는다는 뜻이다. '세상이 어지러울 때에도 그만두지 않는다'는 것은 도가 쇠퇴하였다고 해서 자기의 뜻을 무너뜨리지 않는다는 뜻이다. '麤'猶疏也, 微也. 君不知己有善言正行, 則觀色緣事, 而微翹發其意使知之, 又必舒而脫脫焉. 己爲之疾, 則君納之速. 君納之速, 怪妬所由生也. '不臨深而爲高', 臨衆不以己位尊自振貴也. '不加少而爲多', 謀事不以己小勝自矜大也. '世治不輕', 不以賢者並衆, 不自重愛也. '世亂不沮', 不以道衰廢壞己志也.

集說 '교翹'는 "자신의 군주가 잘못한 것을 드러낸다"(招其君之過)[11]라고 할 때의 '드러낸다'(招)는 자의字義와 같은 것으로 지적한다(擧)는 뜻이다. 그 잘못을 지적하여 간諫(말로 따져서 바로잡음)한다는 의미다. ○ 여씨呂氏(여대림呂大臨)는 말한다. "대인만이 군주 마음의 잘못을 바로잡을 수 있다. 나에게 있는 것이 올바르지 못하면서 남을 바로잡을 수 있는 자는 없다. 그러므로 몸

을 씻고 덕으로 목욕하는 것은 자기를 바르게 하는 방법이다. '말을 진술할 때에 엎드린다'는 것은 들어가 좋은 계책을 아뢰는데 밖으로 그것을 온순하게 표현한다는 뜻이다. '고요할 때에 바로잡는다'는 것은 그 훌륭한 점을 따르고 그 나쁜 점을 바로잡기를 항상 그 윤곽이 드러나기 전에 행한다는 것이다. 그러므로 '윗사람이 알지 못한다'고 한 것이다." ○ 방씨方氏(방각方慤)는 말한다. "'고요할 때에 바로잡는다'는 것은 은미하게 진언하는 것이다. '은미하게 드러낸다'는 것은 분명하게 고하는 것이다. 고요할 때에 바로잡았는데 알지 못하면, 그 뒤에 은미하게 드러내는데, 또한 완곡하게 하여 절도를 잃지 않는다. 그러므로 '급하게 하지 않는다'고 한 것이다. 그 행실이 높은 것은 모두 저절로 그렇게 될 뿐이지, 굳이 깊은 곳에 임하여 서로 모습을 드러낸 다음에 그 높음을 현창하는 것이 아니다. 그 문장이 박식한 것은 모두 평소부터 갖고 있었던 것일 뿐이지, 굳이 적은 것을 더하여 서로 증대한 뒤에 그 많음을 이루는 것이 아니다. 세상이 다스려질 때에도 덕이 항상 신중함을 보이기 때문에 '가볍지 않다'고 한 것이다. 세상이 어지러울 때에도 지조가 항상 변함없기 때문에 '그치지 않는다'고 한 것이다. 함께할 만한 사람과 함께하는 것이므로 그 함께하는 대상이 굳이 자기와 같은 편의 사람일 필요가 없다. 비난할 만한 사람을 비난하는 것이므로 그 비난하는 대상이 굳이 자기와 입장이 다른 사람일 필요가 없다." ○ 응씨應氏(응용應鏞)는 말한다. "다스려질 때에도 가벼이 나아가지 않는다는 것은 백이가 무왕에게서 벼슬하지 않은 경우 같은 것이다. 어지러울 때에도 물러나 그치지 않는다는 것은 공자가 여러 나라를 돌아다니며 유세하였던 경우와 같은 것이다. 은거할 때에 자기 한 몸에서 독자적으로 확립되어 있을 뿐만 아니라 세상에 나아가서도 한 시대에 독자적으로 실행하는 것이다." '翹', 與"招其君之過"'招'字同, 擧也. 擧其過而諫之也. ○ 呂氏曰: "惟大人能格君心之非. 在我者未正, 未有能正人者也. 故澡身浴德者, 所以正己也. '陳言而伏'者, 入告嘉謀而順之

于外也. '靜而正之'者, 將順其美, 匡救其惡, 常在於未形也. 故曰'上弗知也'." ○ 方氏曰: "'靜而正之'者, 隱進之也. '麤而翹之'者, 明告之也. 靜而正之, 旣不見知, 然後麤而翹之, 然亦緩而不失節. 故曰'不急爲也'. 其行之高, 皆自然而已, 不必臨深以相形, 然後顯其爲高. 其文之多, 皆素有而已, 不必加少以相益, 然後成其爲多. 世治而德常見重, 故曰'不輕'. 世亂而志常自若, 故曰'不沮'. 與其所可與, 不必同乎已也. 非其所可非, 不必異乎已也." ○ 應氏曰: "治不輕進, 若伯夷不仕於武王. 亂不退沮, 若孔子歷聘於諸國. 非但處而特立於一身, 亦出而獨行於一世."

【유행 15】

"유자에게는 위로 천자에게 신하 노릇을 하지 않고, 아래로 제후를 섬기지 않는 일이 있습니다. 신중하고 조용하면서 관대함을 숭상하고, 강인하고 굳센 지조를 가지고 다른 사람과 함께하고, 학문을 넓게 하여 따를 줄 알고, 문장文章을 가까이하고, 모난 부분을 갈고 닦는 것이 있습니다. 비록 나라를 나누어 봉록으로 주더라도 1치錙나 1수銖처럼 가볍게 여기고 신하 노릇을 하지 않고 벼슬하지 않는 것이 있습니다. 그 도모하고 운용하는 것에 이와 같은 점이 있습니다."

"儒有上不臣天子, 下不事諸侯. 愼靜而尙寬, 强毅以與人, 博學以知服, 近文章, 砥厲廉隅. 雖分國如錙銖, 不臣不仕. 其規爲有如此者."

鄭注 '강인하고 굳센 지조를 가지고 다른 사람과 함께한다'(强毅以與人)는 것은 상대가 찾아와 그와 말과 행동을 분별하는데 옳지 않다면 구차하게 자신을 굽혀서 그를 따르지 않는다는 뜻이다. '학문을 넓게 하여 따를 줄

안다'는 것은 자신의 지식이 앞 시대의 현명하고 지혜로운 사람이 말한 바보다 뛰어나다고 과시하지 않는다는 뜻이다. '비록 나라를 나누어주더라도 치수錙銖와 같이 여긴다'(雖分國如錙銖)는 것은 군주가 나라를 나누어 봉록을 주더라도 그것을 보기를 마치 1치錙나 1수銖처럼 한다는 뜻이다. 8냥兩이 1치錙이다. '强毅以與人', 彼來辨言行而不正, 不苟屈以順之也. '博學以知服', 不用己之知勝於先世賢知之所言也. '雖分國如錙銖', 言君分國以祿之, 視之輕如錙銖矣. 八兩曰錙.

集說 '신중하고 조용하다'(愼靜)는 것은 삼가고 경계하여 함부로 행동하지 않는다는 뜻으로 자신을 지키는 도리다. '관대함을 숭상한다'(尙寬)는 것은 관대하고 너그럽게 하여 포용한다는 뜻으로 남을 대하는 도리다. '강인하고 굳센 지조를 가지고 다른 사람과 함께한다'(强毅以與人)는 것은 구차하게 자신을 속여가면서 다른 사람을 따르지 않는다는 뜻이다. '복종할 줄 안다'(知服)는 것은 힘써 실행하는 요령을 아는 것이다. '학문을 넓게 하여 따를 줄 안다'는 것은 곧 '학문은 넓게 하면서도 예禮로써 수렴하는 것'(博文約禮)[12]을 두고 하는 말이다. 문文에서 멀어지면 질質이 지나쳐서 조야粗野해진다. '문장을 가까이한다'고 하지만, 또한 문文(꾸미는 것)이 질質(바탕)을 가리지 않도록 하는 것이다. '모난 것을 갈고 닦는다'(砥厲廉隅)는 것은 절착탁마하는 이익을 구하는 것이지 모난 것을 깎아서 둥글게 만든다는 뜻이 아니다. 계산법에 10서黍가 1류絫, 10류가 1수銖, 24수가 1냥兩, 8냥이 1치錙이다. 군주가 현자를 좋아하여 비록 그 나라를 나누어 현자에게 봉록으로 주더라도 현자는 그것을 마치 1치나 1수처럼 가볍게 보고 오히려 신하 노릇을 하지 않고 벼슬하지 않는다. 그 도모하고 운용하는 바에 이와 같은 점이 있는 것이다. '愼靜'者, 謹飭而不妄動, 守身之道也. '尙寬'者, 寬裕以有容, 待人之道也. '强毅以與人', 不苟詭隨於人也. '知服', 知力行之要也. '博學知服', 卽'博文約禮'

之謂也. 遠於文則質勝而野. '近文章', 則亦不使文揜其質也. '砥厲廉隅'者, 求切磋琢磨之益, 不刓方以爲圓也. 算法, 十黍爲絫, 十絫爲銖, 二十四銖爲兩, 八兩爲錙. 言人君好賢, 雖分其國以祿賢者, 視之如錙銖之輕, 猶不臣不仕也. 其所謀度, 其所作爲, 有如此者.

【유행 16】

"유자에게는 뜻을 합해 방향을 같이하며, 도를 꾀하여 방법을 같이하며, 나란히 서면 즐거워하며, 서로 자신을 낮추고 누르지 않으며, 오래도록 서로 보지 못하여도 떠도는 말을 듣고 믿지 않는 바가 있습니다. 그 행동은 방정함에 근본을 두고 의義에 입각하여, 상대가 길을 같이하면 나아가 따르고 같이하지 않으면 물러나 피하는 바가 있습니다. 유자가 벗을 사귀는 것에 이와 같은 점이 있습니다."

"儒有合志同方, 營道同術, 並立則樂, 相下不厭, 久不相見, 聞流言不信. 其行本方立義, 同而進, 不同而退. 其交友有如此者."

鄭注 '방향을 같이한다'(同方), '방법을 같이한다'(同術)는 것은 뜻과 행동을 같이 한다는 뜻이다. '떠도는 말을 듣고 믿지 않는다'(聞流言不信)는 것은 그 벗이 행한 바가 헐뜯고 비방하는 말과 같다고 믿지 않는다는 뜻이다. '同方'·'同術', 等志行也. '聞流言不信', 不信其友所行如毁謗也.

集說 '뜻을 합친다'(合志)는 것은 향하는 바를 가지고 말한 것이고, '도를 꾀한다'(營道)는 것은 익힌 바를 가지고 말한 것이다. '방方'은 곧 술術과 같은 의미다. '나란히 선다'(並立)는 것은 작위가 서로 대등하다는 뜻이다. '서로 낮춘다'(相下)는 것은 높은 자리를 서로 양보하여 자기가 그 아래에 처한

다는 뜻이다. '떠도는 말'(流言)이란 나쁜 소문이 전파되는 것이다. 그 말을 듣고 믿지 않는 것은 사실로 여기지 않는 것이다. '그 행동이 방정함에 근본을 두고 의義에 입각한다'(其行本方立義)는 것은 근본을 두는 바가 반드시 방정하고, 입각하는 바가 반드시 사태에 마땅하게 함(宜)을 얻는다는 뜻이다. 의를 행하는 것에서 같이하면 나아가 그를 따르고, 그렇지 않으면 물러나 피한다. 그러므로 '길을 같이하면 나아가고, 같이하지 않으면 물러난다'라고 한 것이다. '合志', 以所向言, '營道', 以所習言. '方'卽術也. '並立', 爵位相等也. '相下', 以尊位相讓, 而己處其下也. '流言', 惡聲之傳播也. 聞之不信, 不以爲實也. '其行本方立義', 謂所本者必方正, 所立者必得其宜也. 同於爲義, 則進而從之, 不同, 則退而避之. 故曰'同而進, 不同而退'.

【유행 17】

"따뜻하고 어진 것(溫良)은 인에 근본을 둔 것이요, 공경하고 신중한 것(敬愼)은 인을 실천하는 것이요, 관대하고 너그러운 것(寬裕)은 인을 확충하는 것이요, 겸손하게 교제하는 것(孫接)은 인을 잘 수행하는 것이요, 예의와 절도에 맞는 것(禮節)은 인의 모습이요, 말하고 논하는 것(言談)은 인으로 아름답게 하는 것이요, 노래하고 음악을 연주하는 것(歌樂)은 인으로 조화를 이루는 것이요, 흩어서 나누어 주는 것(分散)은 인을 베푸는 것입니다. 유자는 모두 이를 겸하여 갖고 있으면서도 감히 인仁을 자처하지 않습니다. 유자가 인을 높이고 선을 양보하는 것에 이와 같은 점이 있습니다."

"溫良者, 仁之本也, 敬愼者, 仁之地也, 寬裕者, 仁之作也, 孫接者, 仁之能也, 禮節者, 仁之貌也, 言談者, 仁之文也, 歌樂者, 仁之和也, 分散者, 仁之施也. 儒皆兼此而有之, 猶且不敢言仁也. 其尊讓有如此者."

鄭注 이 경문은 위의 15가지 유자의 모습을 겸하여 말한 것으로서, 대체로 성인의 유자적 행동이다. 공자는 자기를 가리킨다는 혐의를 피하기 위해 인仁을 빌어서 설명하였다. 인仁은 성聖의 다음이다. 此兼上十有五儒, 蓋聖人之儒行也. 孔子嫌若斥己, 假仁以爲說. 仁, 聖之次也.

集說 '인의 본'(仁之本)이란 인에 근본을 둔다는 뜻이다. '지地'는 실천한다(踐履)는 뜻과 같다. '작作'은 확충하고 넓힌다는 뜻이다. '능能'은 일을 잘 수행한다는 뜻이다. 8가지는 모두 인이 드러나 나타나는 모습이다. 애공이 유자의 행동에 대해 묻자, 공자는 차례차례 열거하여 알려주고 나서, 인이 인의예지 네 가지 덕을 포괄하고 모든 덕행의 근원이 되므로 끝머리에 인을 가지고 설명한 것이다. 공자는 이 인仁의 행동을 겸하고 있으면서도 감히 스스로 인仁을 자처하지 않았는데, 이것이 인을 높이고 선을 양보하는 것이다. 그러므로 '높이고 양보하는 것에 이와 같은 점이 있습니다'라고 말한 것이다. '仁之本', 謂根本於仁也. '地'猶踐履也. '作', 充廣也. '能', 能事也. 八者皆仁之發見. 哀公問儒行, 夫子旣歷數以告之矣, 仁包四德百行之原, 故於其終也, 以仁爲說焉. 兼有此仁之行, 而不敢自以爲仁, 是尊仁而讓善也. 故曰'尊讓有如此者'.

【유행 18】

"유자는 빈천으로 의지를 상실하지 않고, 부귀로 교만하지 않으며,

군왕을 욕보이지 않으며, 윗사람에게 누를 끼치지 않으며, 유사를 괴롭히지 않습니다. 그러므로 '유자'(儒)라고 하는 것입니다. 이제 대중들이 유자로 명명하는 것은 망령된 것입니다. 항상 유자로써 서로 비난하고 괴롭히고 있습니다." 공자가 집에 도착했을 때 애공은 숙소에 머물게 하였는데, 이 말을 듣고서는 말에 더욱 신뢰함을 주었고, 행동을 더욱 의롭게 하여 "내가 세상을 마칠 때까지 감히 유자를 희롱하지 않겠습니다"라고 하였다.

"儒有不隕穫於貧賤, 不充詘於富貴, 不慁君王, 不累長上, 不閔有司. 故曰'儒'.① 今衆人之命儒也妄. 常以儒相詬病.②" 孔子至舍, 哀公館之, 聞此言也, 言加信, 行加義"終沒吾世, 不敢以儒爲戲.③"

鄭注 ① '운확隕穫'은 괴롭고 핍박을 당하여 의지를 상실한 모습이다. '충굴充詘'은 기뻐서 절조를 상실한 모습이다. '혼慁'은 욕보인다(辱)는 뜻과 같다. '루累'는 구속을 준다(係)는 뜻과 같다. '민閔'은 괴롭힌다(病)는 뜻이다. 천자·제후·경·대부 그리고 뭇 관리들에 핍박을 받으면서도 도를 어기지 않는다는 뜻으로, 공자 자신을 말한다. '충充'은 어떤 본에서는 '통統'으로 되어 있다. '민閔'은 어떤 판본에는 '문文'으로 되어 있다. '隕穫', 困迫失志之貌也. '充詘', 喜失節之貌. '慁', 猶辱也. '累', 猶係也. '閔', 病也. 言不爲天子·諸侯·卿·大夫·群吏所困迫而違道, 孔子自謂也. '充', 或爲'統'. '閔', 或爲'文'.

② '망妄'이라는 말은 없다는 뜻이다. 오늘날 세상에 유자라고 이름난 사람 가운데 떳떳한 사람이 없음을 말한다. 사람을 만나면 유자라고 부르면서도 유자라는 이름이 수치스런 것이어서 서로 희롱하게 된 것, 이것이 애공이 유자를 경시하게 된 이유이다. '후병詬病'은 치욕恥辱의 뜻과 같다. '妄'之言

無也. 言今世名儒, 無有常人. 遭人名爲儒, 而以儒靳故相戲, 此哀公輕儒之所由也. '詬病', 猶恥辱也.

③ 「유행」이 작성된 것은 아마도 공자가 위衛나라에서 처음 노魯나라로 돌아왔을 때일 것이다. 공자가 돌아와 집에 이르자, 애공이 나아가 예우하여 숙소에 머물게 하고, 유자의 복장에 대해 묻고 이어서 유자의 행동에 대해 묻고 나서 비로소 깨닫게 된 것이다. '세상을 마칠 때까지 감히 유자를 희롱하지 않겠다'(沒世不敢以儒爲戲)고 말한 것은 당시에 잠시 복종한 것이다. 「儒行」之作, 蓋孔子自衛初反魯時也. 孔子歸至其舍, 哀公就而禮館之, 問儒服而遂問儒行, 乃始覺焉. 言'沒世不敢以儒爲戲', 當時服.

集說 '운隕'은 마치 떨어져 잃는 바가 있는 듯한 것이다. '확穫'은 마치 자르고 베는 바가 있는 듯한 것이다. '충充'은 교만한 기운으로 가득찬 것이다. '굴詘'은 인색한 기운으로 쭈그러져 있는 것이다 ○ 정씨鄭氏(정현鄭玄)는 말한다 "'운확隕穫'은 괴롭고 핍박을 당해 의지를 상실한 모습이다. '충굴充詘'은 기뻐서 절조를 잃은 모습이다. '혼慁'은 욕보인다(辱)는 뜻과 같다. '루累'는 구속을 준다(係)는 뜻과 같다. '민閔'은 괴롭힌다(病)는 뜻이다. 천자·제후·경·대부 그리고 뭇 관리들에 핍박을 받으면서도 도를 어기지 않는다는 뜻으로, 공자 자신을 말한다." ○ 방씨方氏는 말한다. "유자의 행실은 없고 유자의 복장만 걸치고, 유자의 실질은 없이 유자라는 이름만 도적질하기 때문에 '오늘날 대중들이 유자라고 부르는 이는 망령되다'라고 말하게 되었고, 망령되기 때문에 항상 사람들에게 비난을 받은 것이다. 공자가 이미 집에 도착했는데, 또 '숙소에 머물게 하였다'(館之)고 한 것은 음식을 갖추어 그 봉양을 다하고, 관리를 갖추어 그 섬기는 예를 다한 것이다. '말에 더욱 신뢰함을 주었다'고 하였으니 '유자'라고 하여 서로 비난하지 않은 것이요, '행동을 더욱 의롭게 하였다'고 하였으니 '유자'라고 서로 괴롭히지 않

은 것이다." ○ 이씨李氏는 말한다. "「유행」편은 공자의 말이 아니요, 아마도 전국시대 호방한 선비가 세상에 높이 처신하고자 하였던 절조일 것이다. 그 조목이 15개이지만 의미가 중복되어서 그 귀결점을 요약한다면 두세 가지에 불과하다. 이 한 편 안에 비록 가끔 성인의 말씀과 합치되기도 하지만 일컫는 말이 지나치게 많다. 어떤 사람은 '애공이 유자를 경시하여, 공자가 목적이 있어서 말하였기 때문에 자신을 과장하여 그 군주의 마음을 동요시킨 것이 많다'고 하는데, 그렇게 하는 것이 어찌 이른바 공자이겠는가!" '隕'者, 如有所墜失. '穫'者, 如有所割刈. '充'者, 驕氣之盈. '詘'者, 吝氣之歉. ○ 鄭氏曰: "'隕穫', 困迫失志之貌. '充詘', 喜失節之貌. '慁'猶辱也. '累'猶係也. '閔', 病也. 言不爲天子・諸侯・卿・大夫・群吏所困迫而違道, 孔子自謂也." ○ 方氏曰: "無儒者之行, 而爲儒者之服, 無儒者之實, 而盜儒者之名, 故曰'今衆人之命儒也妄', 以其妄故常爲人所詬病. 旣至舍矣, 又曰'館之'者, 具食以致其養, 具官以治其事也. '言加信'則不以'儒'相詬矣, '行加義'則不以'儒'相病矣." ○ 李氏曰: "「儒行」, 非孔子之言也, 蓋戰國時豪士所以高世之節耳. 其條十有五, 然旨意重複, 要其歸, 不過三數塗而已. 一篇之內, 雖時與聖人合, 而稱說多過. 或曰, '哀公輕儒, 孔子有爲而言, 故多自夸大以搖其君', 此豈所謂孔子者哉!"

역주

1) 유이니 ~ 것인데 : 『주례』 「天官·太宰」에 "(太宰는) 9가지 제도로 邦國(제후국)의 백성들을 협동하고 결속하게 한다.…… 넷째 儒인데 道로써 백성들을 얻는다"(以九兩系邦國之民.……四曰儒, 以道得民)라고 하였다. 정현은 "儒는 제후의 保氏로 六藝로 백성을 가르치는 자이다"(儒, 諸侯保氏, 有六藝以教民者)라고 하여 '道'를 '六藝'로 해석하였다.

2) 民: 『예기집설대전』에는 '名'으로 되어 있으나 『주례』에 따라 바로잡는다.

3) 군자는 ~ 한다 : 이 말은 『논어』 「堯曰」에 나온다.

4) 중정 : 도리와 절도에 합당함을 뜻한다.

5) 居處 : 閩·監·毛本·石經·岳本·嘉靖本·衛湜의 『禮記集說』에는 모두 '居處'로 되어 있는데, 宋版에는 '居處' 위에 '其' 자가 더 있다. 『예기정의』, 1842쪽 참조.

6) 문을 ~ 말라 : 이 말은 『논어』 「顔淵」에 나온다.

7) 조맹이 ~ 때문이다 : 조맹은 춘추시대 晉의 대부 趙盾 및 그의 후손 趙武·趙鞅·趙無恤을 가리킨다. 조씨는 대대로 진의 국정을 장악하였다. "조맹이 귀하게 만든 것은 조맹이 천하게 만들 수 있다"는 말은 『맹자』 「告子上」에 보인다. 楊伯峻은 진나라의 正卿 趙盾의 字가 '孟'이기 때문에 그의 자손들을 모두 조맹이라고 칭하였다고 한다.

8) 곤궁할 ~ 않는다 : 『맹자』 「盡心上」에 나오는 말을 인용한 것이다.

9) 영달하여도 ~ 않는다 : 『맹자』 「盡心上」에 나오는 말을 인용한 것이다.

10) 널리 ~ 친애한다 : 이 말은 『논어』 「學而」에 나오는 말이다.

11) 자신의 ~ 드러낸다 : 이 말은 韓愈의 「爭臣論」에 나온다.

12) 학문은 ~ 수렴하는 것 : 『논어』 「雍也」에 "군자가 글을 널리 배우고 예로써 수렴하면 또한 어긋나지 않을 수 있다"(君子博學於文, 約之以禮, 亦可以弗畔矣夫)라고 하였다.

예기역주 권29

대학 제42
大學

정현의 『예기목록』에서 말한다. "「대학大學」이라고 제목을 붙인 것은 널리 배우면 정사를 다스릴 수 있음을 기록하였기 때문이다. 이 편은 유향劉向의 『별록別祿』에서는 「통론通論」에 속해 있다."

鄭『目錄』云: "名曰「大學」者, 以其記博學可以爲政也. 此於『別錄』屬「通論」."

정자程子가 말하였다. "『대학大學』은 공자의 집안에서 나와 전해진 글로 초학자가 덕에 들어가는 문이다. 이제 옛사람이 공부하던 순서를 알 수 있는 것은 오로지 이 편이 남아 있는 것에 도움을 받는 것이니 『논어』와 『맹자』는 그 다음이다. 배우는 이들이 반드시 이 글로부터 공부하면 거의 어긋나지 않을 것이다.

子程子曰: "『大學』, 孔氏之遺書, 而初學入德之門也. 於今可見古人爲學次第者, 獨賴此篇之存, 而『論』·『孟』次之. 學者必由是而學焉, 則庶乎其不差矣."

『대학장구』 서문大學章句序

『대학』은 옛날 태학大學[1]에서 사람들을 가르치던 강령(法)이다. 대개 하늘이 사람을 낼 때부터 이미 인의예지仁義禮智의 본성을 부여해주지 않음이 없지만, 사람이 기질을 타고나는 것이 경우에 따라서는 똑같을 수가 없다. 그러므로 모든 사람이 본성으로 지닌 바를 알아서 온전하게 실현할 수가 없다. 한 번 밝고 지혜로워 그 본성을 다 실현하는 사람이 그 사이에서 나오는 경우가 있으면, 하늘은 반드시 그에게 명령하여 사람들의 임금과 스승으로 삼고, 사람들을 다스리고 가르쳐서 그 본성을 회복하게 시켰다. 이것이 복희伏羲[2], 신농神農[3], 요와 순이 하늘을 계승하여 법도를 세운 이유이고, 사도司徒[4]의 직책과 전악典樂[5]의 관직이 설치된 유래이다. 『大學』之書, 古之大學所以敎人之法也. 蓋自天降生民, 則旣莫不與之以仁義禮智之性矣, 然其氣質之稟, 或不能齊. 是以不能皆有以知其性之所有而全之也. 一有聰明睿智, 能盡其性者, 出於其間, 則天必命之, 以爲億兆之君師, 使之治而敎之, 以復其性. 此伏羲神農黃帝堯舜, 所以繼天立極, 而司徒之職·典樂之官, 所由設也.

삼대의 융성한 시대에 그 체계가 점차 갖추어졌고, 그런 뒤에 왕궁과 서울에서 민간의 골목에 이르기까지 학교가 없는 곳이 없었다. 사람이 태어나서 8세가 되면 왕과 공경 이하 서민의 자제에 이르기까지 모두 소학小學에 입학하였는데, 물 뿌리고 청소하는 것, 응답하고 대하는 것, 나아가고 물러가는 것 등의 의절, 그리고 의례와 음악, 활쏘기와 말타기, 쓰기와 산수 등 문예를 교육하였다. 15세에 이르면 천자의 원자元子[6] 및 여러 자식들부터 공경과 대부 및 원사元士의 적자適子(정처소생 자식들)와 일반 백성 가운데 우수한 인재에 이르기까지 모두 태학에 들어갔는데, 궁리窮理(이치를 궁구함)와 정심正心(마음을 바르게 함), 수기修己(자신을 수양함)와 치인治人(남을 다스림)의 도리를 교육하였다.

이것이 또한 학교의 교육에서 대학과 소학의 절목이 구분되는 이유이다. 대저 학교의 설치에서 그 범위가 넓은 것이 이와 같고, 교육 내용에서 순서와 절목이 상세하기가 또한 이와 같았다. 그러나 교육 내용으로 삼은 것은 또한 모두 인군이 몸소 행하고 마음에서 얻은 것에 근본을 두었고 사람들이 날마다 사용하는 이륜彝倫(기준이 되는 질서) 이외의 것에서 찾기를 기대하지 않았다. 그러므로 당시 사람은 배우지 않은 사람이 없었고, 배운 사람은 본성에 원래 주어진 것과 직분상 응당 해야 하는 것에 대하여 알고서 각자 힘써 자신의 노력을 다하지 않는 이가 없었다. 이것이 고대 번성했던 시대가 위로는 정치가 발전하고 아래로는 풍속이 아름다워서 뒷시대가 미칠 수 있는 바가 아니었던 이유이다. 三代之隆, 其法寖備, 然後王宮國都以及閭巷, 莫不有學. 人生八歲, 則自王公以下, 至於庶人之子弟, 皆入小學, 而敎之以灑掃應對 · 進退之節 · 禮樂射御書數之文. 及其十有五年, 則自天子之元子衆子, 以至公卿大夫元士之適子與凡民之俊秀, 皆入大學, 而敎之以窮理正心修己治人之道, 此又學校之敎. 大小之節所以分也. 夫以學校之設, 其廣如此, 敎之之術, 其次第節目之詳又如此. 而其所以爲敎, 則又皆本之人君躬行心得之餘, 不待求之民生日用彝倫之外. 是以當世之人無不學, 其學焉者無不有以知其性分之所固有 · 職分之所當爲, 而各俛焉以盡其力. 此古昔盛時所以治隆於上, 俗美於下, 而非後世之所能及也.

주나라가 쇠약해지자 성인 또는 현인 군주가 나오지 않고 학교의 정사가 정비되지 않아 교화는 해이해지고 풍속은 퇴패해졌다. 당시에 공자와 같은 성인이 있었지만 임금과 스승의 지위를 얻어서 그 정교政敎를 시행하지 못하였다. 이에 공자는 선왕의 법을 혼자 취해 외워서 전하여 후세에 알려주었다. 「곡례曲禮」, 「소의少儀」, 「내칙內則」, 「제자직弟子職[7] 등 여러 편은 본래 소학小學 가운데 지엽적인 내용이 남은 것들이다. 그러나 이 「대학」은 소학을 마친 것을 이어서 대학大學의 분명한 강령을 드러낸 것으로서, 밖으로 체제의 대강을 다 갖추는 한 편 안으로 그 절목의 자세한 부분까지 남김없이 포괄하였다. 삼천의 문하생들에 대개 그 설을 듣지 않은 이가 없었지만, 증씨(증삼)가 전수한 것이 홀로 그 종지를 얻었다. 그래서 전의傳義[8]를 지어 그 뜻을 밝혔는데, 맹자가 별세함에 이르러 그 전수가 끊어졌다. 따라서 책이 있어도 아는 사람이 거의 없었다. 及周之衰, 賢聖之君不作, 學校之政不修, 教化陵夷, 風俗頹敗. 時則有若孔子之聖, 而不得君師之位以行其政教. 於是獨取先王之法, 誦而傳之, 以詔後世. 若「曲禮」「少儀」「內則」「弟子職」諸篇, 固小學之支流餘裔. 而此篇者, 則因小學之成功, 以著大學之明法, 外有以極其規模之大, 而內有以盡其節目之詳者也. 三千之徒, 蓋莫不聞其說, 而曾氏之傳獨得其宗. 於是作爲傳義, 以發其意, 及孟子沒而其傳泯焉. 則其書雖存, 而知者鮮矣.

이후로 속된 유자들의 외우고 문장 짓는 공부가 그 노력은 소학 공부보다 배가 되었지만 현실에 실제적인 쓸모가 없었고, 이단의 허무虛無[9]와 적멸寂滅[10]에 대한 가르침은 그 수준이 대학大學보다 높았지만 알맹이가 없었다. 그 밖에 권모술수 등 공을 세우고 이름을 날리는 일체의 설들 그리고 온갖 유파의 이름으로 다양한 기예를 추구하는 조류 등 세상을 미혹시키고 사람들을 속이며 인의仁義를 틀어막는 것들이 그 사이에 또한 분분하게 뒤섞여 나왔다. 이러한 것들이 군자들에게는 불행하게도 대도의 요체를 들을 수 없게 하였고, 소인들에게는 불행하게도 지극한 정치의 혜택을 받을 수 없게 하여서, 어둡고 꽉 막힌 상태가 반복되어 고질이 되었는데, 쇠약한 시대 오대五代[11]에 이르러 무너지고 혼란함이 극에 이르렀다. 自是以來, 俗儒記誦詞章之習, 其功倍於小學而無用, 異端虛無寂滅之教, 其高過於大學而無實. 其他權謀術數一切以就功名之說, 與夫百家衆技之流, 所以惑世誣民充塞仁義者, 又紛然雜出乎其間. 使其君子不幸而不得聞大道之要, 其小人不幸而不得蒙至治之澤, 晦盲否塞, 反覆沈痼, 以及五季之衰而壞亂極矣.

하늘의 운행은 순환하여 가서 돌아오지 않는 경우가 없는 법, 송宋나라의 덕치가 융성하여 정치와 교화가 아름답고 밝자, 이때 하남정씨河南程氏 두 선생이 나와서 맹자가 전수한 도통을 접할 수 있었고 실로 처음으로 이 「대학」을 존신하여 드러내 알렸다. 또한 그 책에 편차를 정하여 그 의미의 귀결처를 밝혔다. 그러고 나서 옛날 태학에서 사람들을 가르치던 강령과, 성인의 경經과 현인의 전傳이 가리키는 뜻이 분명하게 세상에 다시 밝혀졌다. 비록 내가 불민하지만 운 좋게 두 선생의 학문을 사숙하여 나도 더불어서 그 내용을 들은 것이 있다. 다만 돌아보건대 두 선생이 책을 지은 것이 오히려 상당 부분 산실되었다. 그 때문에 내 수준이 고루함을 생각지 않고, 채록하여 모으는 한편 중간중간 내 의견을 부가하여 그 빠진 부분을 보충해놓고서 후대의 군자를 기다린다. 이렇게 하는 것이 참람한 짓이어서 벌을 피할 수 없음을 잘 알지만, 백성을 교화하고 풍속을 이루는 국가의 뜻과 공부하는 이들이 자신을 수양하고 남을 다스리는 방도와 관련해서 작은 도움이라도 꼭 없지는 않을 것이다. 天運循環, 無往不復, 宋德隆盛, 治教休明, 於是河南程氏兩夫子出, 而有以接乎孟氏之傳, 實始尊信此篇而表章之. 旣又爲之次其簡編, 發其歸趣. 然後古者大學教人之法·聖經賢傳之指, 粲然復明於世. 雖以熹之不敏, 亦幸私淑而與有聞焉. 顧其爲書猶頗放失. 是以忘其固陋,

采而輯之, 間亦竊附己意, 補其闕略, 以俟後之君子. 極知僭踰, 無所逃罪, 然於國家化民成俗之意, 學者修己治人之方, 則未必無小補云.

순희淳熙 기유己酉(1189)년 2월 갑자일 신안新安 사람 주희朱熹가 글머리에 쓴다. 淳熙己酉二月甲子新安朱熹序.

【대학 1】

대학大學의 도道는 명덕明德(밝은 덕)을 밝게 하는 데 있고, 백성을 새로워지게 하는 데 있고, 지선至善(지극히 합당함)에 머무르는 데 있다. 大學之道, 在明明德, 在親民, 在止於至善.

章句 정자程子는 말한다. "'친親'은 '신新'으로 되어야 옳다."12) ○ '대학大學'은 대인大人(성년에 이른 사람)의 학문이다. '명明'은 밝게 한다는 뜻이다. '명덕明德'(밝은 덕)은 사람이 하늘로부터 받은 것으로, 어떤 형상形象도 품고 있지 않지만 지각하고 있어 혼매昏昧하지 않아서 온갖 이치를 구비하고 만사에 응대하는 것이다. 다만 품수 받은 기질에 의해 제한되고 인욕人欲에 가려져서 명덕이 때로 혼매해지는데, 그러나 그 본체의 밝음은 중단된 적이 없기 때문에 배우는 이는 그 발현되는 바를 따라 기어코 밝혀서 그 본래의 모습을 회복해야 한다. '신新'은 구습을 혁신하는 것을 말한다. 스스로 자신의 명덕을 밝혔으면, 또한 미루어서 다른 사람에게 적용해서 그 상대도 또한 예전에 물들었던 더러움을 제거할 수 있게 해야 함을 말한다. '지止'는 반드시 이곳에 이르고 옮기지 않는다는 뜻이다. '지선至善'은 사물의 이치상 응당 그러함이 지극한 것이다. 명덕을 밝게 하고 백성을 새로워지게 하

는 것이 모두 지극히 합당한 바에 머물고 옮기지 않아야 함을 말하니, 대개 필시 천리天理의 지극함을 다 발휘하여 조금이라도 인욕의 사사로움을 가지지 않을 수 있기 때문이다. 이 세 가지는 대학의 강령이다. 程子曰, "'親'當作'新'." ○ '大學'者, 大人之學也. '明', 明之也. '明德'者, 人之所得乎天而虛靈不昧, 以具衆理而應萬事者也. 但爲氣稟所拘, 人欲所蔽, 則有時而昏, 然其本體之明, 則有未嘗息者, 故學者當因其所發而遂明之, 以復其初也. '新'者, 革其舊之謂也. 言旣自明其明德, 又當推以及人, 使之亦有以去其舊染之汚也. '止'者, 必至於是而不遷之意. '至善', 則事理當然之極也. 言明明德新民, 皆當止於至善之地而不遷, 蓋必其有以盡夫天理之極, 而無一毫人欲之私也. 此三者大學之綱領也.

【대학 2】

머무를 바를 안 이후에 정해짐이 있고, 정해진 뒤에 동요되지 않을 수 있고, 동요되지 않은 뒤에 편안할 수 있고, 편안한 뒤에 일을 자세히 헤아려 대처할 수 있고, 자세히 헤아려 대처한 뒤에 머무를 곳을 얻을 수 있다.

知止而後有定, 定而後能靜, 靜而後能安, 安而後能慮, 慮而後能得.

鄭注 '밝은 덕을 밝게 한다'(明明德)는 것은 자신의 지극한 덕을 드러나게 하고 밝게 함을 말한다. '머무른다'(止)는 것은 스스로 거처한다는 뜻과 같다. '얻는다'(得)는 것은 일의 합당한 바를 얻음을 말한다. '明明德', 謂顯明其至德也. '止', 猶自處也. '得', 謂得事之宜也.

章句 '지止'는 머물러야 할 곳, 곧 지선至善(지극히 합당한 것)이 있는 곳이다. 지선이 있는 곳을 알면 뜻이 정해진 방향을 가지게 된다. '정靜'(차분함)은 마음이 생각 없이 동요하지 않음을 말한다. '안安'(편안하다)은 머물러 있는 곳에서 편안함을 말한다. '려慮'(숙고하다)는 일에 대처함이 정치하고 자세함을 말한다. '득得'은 그 머무를 곳을 얻음을 말한다. '止'者, 所當止之地, 卽至善之所在也. 知之則志有定向. '靜', 謂心不妄動. '安', 謂所處而安. '慮', 謂處事精詳. '得', 謂得其所止.

【대학 3】

만물에는 근본과 말단이 있고 모든 일에는 시작과 끝이 있다. 먼저 할 것과 나중에 할 것을 알면 도道에 가깝다.

物有本末, 事有終始. 知所先後, 則近道矣.

章句 덕을 밝게 하는 것은 근본이 되고 백성을 새로워지게 하는 것은 말단이 된다. 머무를 곳을 아는 것은 시작이 되고 얻는 것은 끝이 된다. 근본과 시작이 먼저 하는 바요, 말단과 끝이 나중에 하는 바이다. 이 구절은 위 문장 두 구절의 뜻을 총결하였다. 明德爲本, 新民爲末. 知止爲始, 能得爲終. 本始所先, 末終所後. 此結上文兩節之意.

【대학 4】

옛날에 명덕을 천하에서 밝게 하고자 한 이는 먼저 자신의 나라를 다스렸다. 자신의 나라를 다스리고자 하는 이는 먼저 자신의 집안을 균평하게 하였다. 자신의 집안을 균평하게 하고자 하는 이는 먼저 자기 자신을 닦았다. 자기 자신을 닦고자 하는 이는 먼저 자신의 마음을 바르게 하였다. 자신의 마음을 바르게 하고자 하는 이는 먼저 자신의 생각을 진실하게 하였다. 자신의 생각을 진실하게 하고자 하는 이는 먼저 자신이 아는 바를 미루어 남김없이 다하였다. 아는 바를 미루어 남김없이 다함은 사물에 나아가 이치를 궁구하는 것에 있다.
古之欲明明德於天下者, 先治其國; 欲治其國者, 先齊其家; 欲齊其家者, 先脩其身; 欲脩其身者, 先正其心; 欲正其心者, 先誠其意; 欲誠其意者, 先致其知.① 致知在格物.②

鄭注 ① '안다'(知)는 것은 선하고 악함과 길하고 흉함의 시말을 아는 것을 말한다. '知', 謂知善惡吉凶之所終始也.

② '격格'은 이른다는 뜻이다. '물物'은 일과 같은 뜻이다. 자신이 선함에 대하여 아는 바가 깊으면 선한 사물이 자신에게 이르게 하고, 자신이 악함에 대하여 아는 바가 깊으면 악한 사물이 자신에게 이르게 하는 것이니, 사물은 사람이 좋아하는 바에 따라서 이름을 말한다. 이 경문의 '치致'는 어떤 본에서는 '지至'로 되어 있다. '格', 來也. '物', 猶事也. 其知於善深則來善物, 其知於惡深則來惡物, 言事緣人所好來也. 此'致'或爲'至'.

章句 '명덕을 천하에서 밝게 한다'(明明德於天下)는 것은 천하 사람들이 모두 자신의 명덕을 밝게 함이 있게 하는 것이다. '심心'(마음)은 몸에서 주인이 되는 바이다. '성誠'은 진실하다는 뜻이다. '의意'는 생각이 일어난 것이다. 생각이 일어난 바를 진실하게 함은 반드시 자신을 흡족한 상태가 되게 하여 자신을 속임이 없고자 하는 것이다. '치致'(다한다)는 미루어 남김없이 다하는 것이다. '지知'(알고 있는 것)는 식識(지식)과 같은 뜻이다. 내가 알고 있

는 것을 미루어 남김없이 다함은 그 아는 바에 다하지 않음이 없고자 하는 것이다. '격格'은 이른다는 뜻이다. '물物'은 일과 같은 뜻이다. 사물의 이치를 궁구하여 이름에 그 지극한 곳까지 이르지 않음이 없고자 하는 것이다. 이 8가지는 『대학』의 조목이다. '明明德於天下'者, 使天下之人, 皆有以明其明德也. '心'者, 身之所主也. '誠', 實也. '意'者, 心之所發也. 實其心之所發, 欲其必自慊而無自欺也. '致', 推極也. '知', 猶識也. 推極吾之知識, 欲其所知無不盡也. '格', 至也. '物', 猶事也. 窮至事物之理, 欲其極處無不到也. 此八者『大學』之條目也.

【대학 5】

사물의 이치가 남김없이 궁구된 이후에 아는 것이 지극해지고, 아는 것이 지극해진 뒤에 생각이 진실해진다. 생각이 진실해진 뒤에 마음이 바르게 되고, 마음이 바르게 된 뒤에 자신이 닦여진다. 자신이 닦여진 뒤에 집안이 균평하게 되고, 집안이 균평해진 뒤에 나라가 다스려진다. 나라가 다스려진 뒤에 천하가 화평해진다.

物格而後知至, 知至而後意誠. 意誠而後心正, 心正而後身脩. 身脩而後家齊, 家齊而後國治. 國治而後天下平.

章句 '사물의 이치가 남김없이 궁구됨'(物格)은 사물의 이치에서 지극한 곳까지 이르지 않음이 없는 것이다. '아는 것이 지극해짐'(知至)은 내 마음이 아는 바가 그 내용을 다하지 않음이 없는 것이다. 아는 것을 남김없이 다하면, 생각함이 진실해질 수 있다. 생각함이 진실해지면, 마음은 바르게 될 수 있다. 자신을 닦는 것 이상은 명덕을 밝히는 일이다. 집안을 균평하게 하는 것 이하는 백성을 쇄신하게 하는 일이다. '사물의 이치가 남김없이

궁구됨'(物格)과 '아는 것이 지극해짐'(知至)은 곧 머무를 바를 아는 것이다. '생각이 진실해짐'(意誠) 이하 부분은 모두 머무를 곳을 얻는 것의 순서이다. '物格'者, 物理之極處無不到也. '知至'者, 吾心之所知無不盡也. 知旣盡, 則意可得而實矣; 意旣實, 則心可得而正矣. 修身以上, 明明德之事也; 齊家以下, 新民之事也. '物格' · '知至', 則知所止矣; '意誠'以下, 則皆得所止之序也.

【대학 6】

천자에서 서인에 이르기까지 똑같이 모두 자신을 닦는 것(修身)을 근본으로 삼는다.

自天子以至於庶人, 壹是皆以脩身爲本.

鄭注 '일시壹是'는 이것을 전적으로 행한다는 뜻이다. '壹是', 專行是也.

章句 '일시壹是'는 똑같이의 뜻이다. 마음을 바르게 하는 것(正心) 이상은 모두 자신을 닦는 방법이고, 집안을 균평하게 하는 것(齊家) 이하는 자신을 닦은 것을 들어서 적용하여 행하는 것이다. '壹是', 一切也. 正心以上, 皆所以修身也, 齊家以下, 則擧此而措之耳.

【대학 7】

그 근본이 어지러우면서 말단이 잘 다스려진 경우는 없다. 그 두텁게 할 곳에 박하게 하면서 그 박하게 할 곳에 두텁게 하는 이는 이제껏 없었다.

其本亂而末治者否矣. 其所厚者薄, 而其所薄者厚, 未之有也.

章句 '본本'은 자신을 가리킨다. '두텁게 할 곳'은 집안을 가리킨다. 이 두 구절은 위 문장 두 구절의 뜻을 총결한 것이다. ○ 이상 경經 1장은 대개 공자가 말한 것으로 증자가 조술한 것이다. 그 전傳 10장은 증자의 생각을 문인이 기록한 것이다. 구본은 편장이 잘못된 것이 상당히 있어 이제 정자程子가 정한 순서[13]를 이용하여 다시 경문을 살펴서 정하고 별도로 아래와 같이 순서를 세웠다. 무릇 전에서 경經과 전傳을 뒤섞어 인용하여 계통이 없는 듯하지만, 문장의 조리가 이어지고 의미 맥락이 관통하여, 깊고 얕은 의미들이 처음부터 끝까지 정치하고 주밀한 체계가 됨에 이른다. 숙독하여 자세 완미하기를 오래하면 응당 알게 될 것이니 이제 다 풀이하지 않는다. '本', 謂身也. '所厚', 謂家也. 此兩節結上文兩節之意. ○ 右經一章, 蓋孔子之言, 而曾子述之. 其傳十章, 則曾子之意, 而門人記之也. 舊本頗有錯簡, 今因程子所定, 而更考經文, 別爲序次如左. 凡傳文雜引經傳, 若無統紀, 然文理接續, 血脈貫通, 深淺始終至爲精密. 熟讀詳味, 久當見之, 今不盡釋也.

【대학 8】

『상서尙書』「강고康誥」에 "덕을 잘 밝혔다"라고 하였다.

「康誥」曰: "克明德."

章句 '「강고康誥」'는 『상서』 주서周書의 편명이다. '극克'은 잘한다는 뜻이다. '康誥', 周書. '克', 能也.

【대학 9】

『상서尙書』「태갑太甲」에 "이 하늘의 밝은 명을 항상 돌아보았다"라고 하였다.

「大甲」曰: "顧諟天之明命."

章句 '「태갑太甲」'은 『상서』「상서商書」의 편명이다. '고顧(돌아본다)는 항상 눈이 거기에 있다는 뜻이다. '시諟'는 이것과 같은 뜻이다. 어떤 이는 '살핀다'는 뜻이라고 말한다. '하늘의 밝은 명'(天之明命)은 곧 하늘이 나에게 부여한 것으로 내가 덕德이 되는 것이다. 항상 눈이 거기에 있으면 밝지 않은 때가 없다. '「太甲」', 「商書」. '顧', 謂常目在之也. '諟', 猶此也. 或曰審也. '天之明命', 卽天之所以與我而我之所以爲德者也. 常目在之, 則無時不明矣.

【대학 10】

『상서尙書』「요전堯典」에 "큰 덕을 잘 밝게 하였다"라고 하였다.

「帝典」曰: "克明峻德."

鄭注 모두 스스로 밝은 덕을 밝게 하는 것이다. '극克'은 잘한다는 뜻이다. '고顧'는 마음에 둔다는 뜻이다. '식諟'은 바르다는 뜻과 같다. '「제전帝典」'은 「요전堯典」으로 또한 『상서尙書』의 편명이다. '준峻'은 크다는 뜻이다. '시諟'는 어떤 본에서는 '제題'로 되어 있다. 皆自明明德也. '克', 能也. '顧', 念也. '諟', 猶正也. '「帝典」', 「堯典」, 亦『尙書』篇名也. '峻', 大也. '諟', 或爲'題'.

章句 '「제전帝典」'은 『상서尙書』「요전堯典」으로, 「우서虞書」에 속한다. '준

峻'은 크다는 뜻이다. '「帝典」', 「堯典」, 虞書. '峻', 大也.

【대학 11】

모두 스스로 밝게 한 것이다.

皆自明也.

章句 인용한 『상서』의 구절들이 모두 스스로 자신의 덕을 밝게 하는 뜻을 말하고 있음을 총결한 것이다. ○ 이상은 전傳의 제1장으로, "명덕을 밝게 하는 것"의 의미를 풀이하였다. 이 장은 아래 세 장과 뜻이 이어지는데, 이 장부터 "신실함에 머무른다"(止於信)에 이르기까지 구본에서는 "죽어서도 잊지 못한다"(沒世不忘) 다음에 잘못 배치되어 있다. 結所引『書』皆言自明己德之意. ○ 右傳之首章, 釋"明明德". 此通下三章, 至"止於信", 舊本誤在"沒世不忘"之下.

【대학 12】

탕湯의 「반명盤銘(대야에 새긴 명)」에 "진실로 하루 동안 새로워지게 하면, 하루하루 새로워지게 하고, 또 날마다 새로워지게 한다"라고 하였다.

湯之「盤銘」曰: "苟日新, 日日新, 又日新."

章句 '반盤'(대야)은 몸과 얼굴을 씻는데 사용하는 대야이다. '명銘'은 자신을 경계하는 말로 기물에 이름을 붙인 것이다. '구苟'는 진실로의 뜻이다. 탕湯은 사람이 자신의 마음을 씻어서 악행을 제거하는 것이 자신의 몸을

씻어서 더러운 때를 제거하는 것과 같기 때문에 그의 대야에 명銘으로 삼은 것이다. 진실로 하루 동안 예전에 물들었던 더러움을 씻어서 자신을 새로워지게 할 수 있다면, 응당 이미 새로워진 것을 이어서 하루하루 새로워지게 하고 또 날마다 새로워지게 해야 하고, 잠시라도 사이가 생기고 끊어짐이 있어서는 안 됨을 말하였다. '盤', 沐浴之盤也. '銘', 名其器以自警之辭也. '苟', 誠也. 湯以人之洗濯其心以去惡, 如沐浴其身以去垢, 故銘其盤. 言誠能一日有以滌其舊染之汚而自新, 則當因其已新者, 而日日新之, 又日新之, 不可略有間斷也.

【대학 13】

『상서尙書』「강고康誥」에 "자신을 새로워지게 하는 백성들을 진작한다"라고 하였다.

「康誥」曰: "作新民."

章句 고무하고 격려하는 것을 '작作'(진작하다)라고 하니, 자신을 새로워지게 하는 백성들을 진작시킴을 뜻한다. 鼓之舞之之謂'作', 言振起其自新之民也.

【대학 14】

『시詩』에 "주周나라가 비록 오래된 나라지만, 그 천명을 받은 것은 오직 최근이었네"[14]라고 하였다.

『詩』曰: "周雖舊邦, 其命維[15]新."

章句 '『시詩』'는 「대아大雅 · 문왕文王」이다. 주나라가 비록 오래되었지만, 문왕文王이 자신의 덕을 새로워지게 하여 백성에게까지 파급시킴을 잘 하는 데에 이르러서 비로소 천명을 받았음을 뜻한다. '『詩』', 「大雅 · 文王」之篇. 言周國雖舊, 至於文王能新其德以及於民, 而始受天命也.

【대학 15】

그러므로 군자는 지선至善에 머무르는 것을 기준으로 삼지 않음이 없다.

是故君子無所不用其極.

鄭注 '반명盤銘'은 대야에 경계하는 말을 새긴 것이다. '극極'은 다한다는 뜻과 같다. 군자는 날마다 자신의 덕을 새로워지게 함에 항상 마음과 힘을 다해서 남김이 없다. '盤銘', 刻戒於盤也. '極', 猶盡也. 君子日新其德, 常盡心力不有餘也.

章句 "자신을 새로워지게 함"과 "자신을 새로워지게 하는 백성"은 모두 지선至善(지극히 합당한 상태)에 머물고자 하는 것이다. ○ 이상은 전傳의 제2장으로, "백성을 새로워지게 함"(新民)을 풀이하였다. "自新" · "新民", 皆欲止於至善也. ○ 右傳之二章, 釋"新民".

【대학 16】

『시詩』에 "나라의 서울이 규모가 천리인데, 오직 백성이 거주하는 곳이라네"라고 하였다.

『詩』云 : "邦畿千里, 惟民所止."

章句 '『시詩』'는 「상송商頌 · 현조玄鳥」이다. '방기邦畿'는 왕의 도성이다. '지止'는 거주한다는 뜻이다. 사물마다 머물러야 할 곳이 있음을 뜻한다. '『詩』', 「商頌 · 玄鳥」之篇. '邦畿', 王者之都也. '止', 居也. 言物各有所當止之處也.

【대학 17】

『시詩』에 "꾀꼴꾀꼴 우는 꾀꼬리 언덕 초목이 무성한 곳에 머무네"라고 하였다. 선생께서 말하였다. "머무는 바에 대해, 그 머물 곳을 아니, 사람이 새만도 못해서 되겠는가?"

『詩』云: "緡蠻黃鳥, 止於丘隅." 子曰: "於止, 知其所止, 可以人而不如鳥乎?"

鄭注 '어지於止'는 새가 머무르는 곳에 나아가서 관찰한다는 뜻이다. '지기소지知其所止'는 새가 초목이 무성하고 안전한 곳을 택하여 머물러서 거처하고 있음을 안다는 뜻이다. 사람도 또한 예의禮義가 있어 즐거운 곳을 택하여 스스로 머물러서 거주해야 함을 뜻한다. 『논어』에 "인仁한 곳에 거주하는 것이 훌륭한 것이니, 선택할 때 인한 곳에 거주하지 않는다면 어찌 지혜롭다고 할 수 있겠는가?"[16]라고 하였다. '於止', 於鳥之所止也, 就而觀之. '知其所止', 知鳥擇岑蔚安閒而止處之耳. 言人亦當擇禮義樂土而自止處也. 『論語』曰: "里仁爲美. 擇不處仁, 焉得知?"

章句 '『시詩』'는 「소아小雅·면만緡蠻」이다. '면만緡蠻'은 새의 울음소리다. '구우丘隅'는 초목이 무성한 곳이다. "선생께서 말씀하였다" 이하 부분은 공자가 시를 해설한 말이다. 사람은 머물러야 할 곳을 응당 알아야 함을 뜻한다. '『詩』', 「小雅·緡蠻」之篇. '緡蠻', 鳥聲. '丘隅', 岑蔚之處. "子曰"以下, 孔子說詩之辭. 言人當知所當止之處也.

【대학 18】

『시詩』에 "심원하신 문왕文王이여, 덕이 계속 빛나고 공경하여 머무르는 바를 편안하게 여기셨네"라고 하였다. 군주가 되어서는 인자함(仁)에 머물렀고, 신하가 되어서는 공경함(敬)에 머물렀고, 자식이 되어서는 효도함(孝)에 머물렀고, 부모가 되어서는 자애로움(慈)에 머물렀고, 나라 사람들과 교제할 때에는 신의가 있음(信)에 머물렀다.
『詩』云 : "穆穆文王, 於緝熙敬止." 爲人君止於仁, 爲人臣止於敬, 爲人子止於孝, 爲人父止於慈, 與國人交止於信.

鄭注 '집희緝熙'는 빛난다는 뜻이다. 이 부분은 문왕의 덕이 빛나서 그가 스스로 머물러 거주하는 바를 공경히 하였음을 찬미한 것이다. '緝熙', 光明也. 此美文王之德光明, 敬其所以自止處.

章句 '『시詩』'는 「문왕文王」이다. '목목穆穆'은 깊고 멀다는 뜻이다. '오於'는 감탄사이다. '집緝'은 계속한다는 뜻이다. '희熙'는 빛난다는 뜻이다. '경지敬止'는 공경하여 머무르는 바에 편안하게 여기지 않음이 없음을 말한다. 이 시를 인용하여 성인이 머무르는 것이 지극히 합당하지 않음이 없음을 말한다. 다섯 가지는 그 절목 가운데 큰 것들이다. 배우는 이가 여기에서 그

정미하게 깃들어 있는 뜻을 궁구하고 또 유형대로 미루어 헤아려서 그 나머지 경우들까지 다 한다면, 천하의 일에서 모두 그 머무를 바를 알아서 의혹이 없게 될 것이다. '『詩』', 「文王」之篇. '穆穆', 深遠之意. '於', 歎美辭. '緝', 繼續也. '熙', 光明也. '敬止', 言其無不敬而安所止也. 引此而言聖人之止, 無非至善. 五者乃其目之大者也. 學者於此究其精微之蘊, 而又推類以盡其餘, 則於天下之事, 皆有以知其所止而無疑矣.

【대학 19】

『시詩』에서 "저 기淇수 굽은 기슭을 보라, 푸른 대나무 아름답고 무성하네. 문채 나는 군자, 자르고 간 듯, 쪼고 문지른 듯하네. 주밀하고 위용이 있으며, 빛나고 성대하네. 문채 나는 군자여 끝내 잊을 수 없네"라고 하였다. '자르고 간 듯하다'는 강습하고 토론하는 것을 말하고, '쪼고 문지른 듯하다'는 자신을 닦는 것을 말한다. '주밀하고 위용이 있다'는 삼가고 두려워하는 것이다. '빛나고 성대하다'는 위엄이 있고 본받을 만하다는 것이다. '문채 나는 군자여 끝내 잊을 수 없네'는 성대한 덕이 지극히 합당하여 백성들이 잊을 수 없음을 말한다.

『詩』云 : "瞻彼淇澳, 菉竹猗猗. 有斐君子, 如切如磋, 如琢如磨. 瑟兮僩兮, 赫兮喧兮. 有斐君子, 終不可諠兮." '如切如磋'者, 道學也, '如琢如磨'者, 自脩也. '瑟兮僩兮'者, 恂慄也. '赫兮喧兮'者, 威儀也. '有斐君子, 終不可諠兮'者, 道盛德至善, 民之不能忘也.

鄭注 이것은 "마음이 넓으면 몸이 커진다"는 말에 대한 시다. '욱澳'은 물길이 굽은 기슭이다. '푸른 대나무 아름답고 무성하다'(菉竹猗猗)는 말은 아름답고 무성함을 비유한 것이다. '비斐'는 문채가 있는 모습이다. '훤諠'은 잊는다는 뜻이다. '도道'는 말하다의 뜻이다. '준恂'은 글자가 어떤 본에서는 '준峻'으로 되어 있는데, '가파르고 높다'(嚴峻)고 할 때의 '높다'(峻)는 뜻으로 읽는다. 그 용모가 근엄하고 위엄이 있음을 말한다. 백성이 잊지 못하는 것은 그 군자의 생각이 진실하고 덕이 밝게 드러나 있기 때문이다. 此"心廣體胖"之詩也. '澳', 隈崖也. '菉竹猗猗', 喻美盛. '斐', 有文章貌也. '諠', 忘也. '道', 猶言也. '恂', 字或作'峻', 讀如'嚴峻'之'峻'. 言其容貌嚴栗也. 民不能忘, 以其意誠而德著也.

章句 '『시詩』'는 「위풍衛風·기욱淇澳」이다. '기淇'는 강의 이름이다. '욱澳'은 강변의 굽은 곳을 뜻한다. '의의猗猗'는 아름답고 성한 모양이다. 흥興이다. '비斐'는 문채 나는 모습이다. '자른다'(切)는 것은 칼과 톱을 가지고 하는 것이고, '쪼은다'(琢)는 것은 망치와 끌을 가지고 하는 것으로, 모두 물건을 재단하여 모양의 기본 형태를 이루게 하는 것이다. '간다'(磋)는 것은 줄과 대패를 가지고 하는 것이고, '문지른다'(磨)는 것은 모래와 돌을 가지고 하는 것으로 모두 물건을 연마하여 매끄럽게 만드는 것이다. 뼈와 뿔을 다루는 사람은 자르고 나서 다시 갈고, 옥과 돌을 다루는 사람은 쪼으고 나서 다시 문지르는데, 모두 다루는 과정이 단초작업을 하고 나서 그 정치하게 만드는 작업을 더 가함을 말한다. '슬瑟'은 주밀한 모습이다. '한僩'은 위용이 있는 모습이다. '혁赫'과 '훤喧'은 드러나고 성대한 모습이다. '훤諠'은 잊는다는 뜻이다. '도道'는 말한다는 뜻이다. '학學'은 강습하고 토론하는 일을 말한다. '자신을 닦는다'(自修)는 것은 살펴서 극복하고 다스리는 노력이다. '준율恂慄'은 삼가고 두려워한다는 뜻이다. '위威'는 두려워할 만하다는 뜻이다.

'의儀' 본받을 만하다는 뜻이다. 『시』를 인용하여 풀이해서 밝은 덕을 밝게 하는 자가 지극히 합당한 바에 머무르는 것을 밝혔는데, '도학道學'과 '자수自修'는 얻는 방법을 말하고, '두려워 떤다'(恂慄)와 '위용이 있다'(威儀)는 것은 그 덕 있는 모습이 내면과 외모에서 성대함을 말하고, 끝에서 그 실제 내용을 들어 찬미하였다. '『詩』', 「衛風 · 淇澳」之篇. '淇', 水名. '澳', 隈也. '猗猗', 美盛貌. 興也. '斐', 文貌. '切', 以刀 · 鋸; '琢', 以椎 · 鑿, 皆裁物使成形質也. '磋', 以鑢 · 鐋; '磨', 以沙 · 石, 皆治物使其滑澤也. 治骨 · 角者旣切而復磋之, 治玉 · 石者旣琢而復磨之, 皆言其治之有緖而益致其精也. '瑟', 嚴密之貌. '僩', 武毅之貌. '赫' · '喧', 宣著盛大之貌. '諠', 忘也. '道', 言也. '學', 謂講習討論之事. '自修'者, 省察克治之功. '恂慄', 戰懼也. '威', 可畏也. '儀', 可象也. 引『詩』而釋之, 以明明明德者之止於至善, '道學' · '自修'言其所以得之之由, '恂慄' · '威儀'言其德容表裏之盛, 卒乃指其實而歎美之也.

【대학 20】

『시詩』에 "아, 전왕을 잊지 못하네"라고 하였다. 군자는 그 현명함을 현명하게 여기고 그 친애함을 친애하며, 소인은 그 즐거움을 즐거워하고 그 이로움을 이롭게 여기니, 이것이 성인이 죽은 뒤에도 잊지 못하는 것이다.

『詩』云: "於戱, 前王不忘." 君子賢其賢而親其親, 小人樂其樂而利其利, 此以沒世不忘也.

鄭注 성인이 현자를 친애하는 덕을 가지고 있는데다 그 정치가 백성에게 즐겁고 이로움이 있어, 군자와 소인이 각각 그런 점으로써 성인을 사모함이 있는 것이다. 聖人既有親賢之德, 其政又有樂利於民, 君子小人各有以思之.

章句 ‘『시』’는 「주송周頌 · 열문烈文」이다. ‘오희於戲’는 감탄사이다. ‘전왕前王’은 문왕과 무왕을 가리킨다. ‘군자君子’는 후대의 현인과 왕을 가리킨다. ‘소인小人’은 후대의 백성을 가리킨다. 이 부분은 전왕이 백성을 새롭게 함이 지극히 합당한 바에 머물러서 천하 후세에 하나의 사물도 자기 자리를 얻지 못한 바가 없게 하였기 때문에 성인이 죽은 뒤에도 사람들이 사모하여 오래될수록 잊지 못하는 것을 말하였다. 이 두 구절은 영탄하여 멈추지 않고 있으니 그 의미가 심장하다. 응당 숙독하여 완미해야 한다. ○ 이상은 전의 제3장으로 “지극히 합당한 바에 머무름”을 해석하였다. 이 장에서 「기욱淇澳」의 시를 인용한 부분 이하가 구본에는 성의誠意장 밑에 잘못 놓여 있다. ‘『詩』’, 「周頌 · 烈文」篇. ‘於戲’, 歎辭. ‘前王’, 謂文武也. ‘君子’, 謂其後賢後王. ‘小人’, 謂後民也. 此言前王所以新民者止於至善, 能使天下後世無一物不得其所, 所以旣沒世而人思慕之, 愈久而不忘也. 此兩節咏歎淫泆, 其味深長. 當熟玩之. ○ 右傳之三章, 釋“止於至善”. 此章內自引「淇澳」詩以下, 舊本誤在誠意章下.

【대학 21】

선생께서 말씀하였다. “송사를 듣는 것은 나도 남과 같다. 반드시 송사가 없게 할 것이다.” 진실하지 않은 자가 자신의 말을 다할 수 없었고, 백성의 마음과 뜻을 매우 경외하게 만들었다.

子曰: “聽訟, 吾猶人也. 必也使無訟乎.” 無情者不得盡其辭, 大畏民志.

鄭注 ‘정情’은 진실하다는 뜻과 같다. 진실함이 없는 자는 실상이 없고 속이는 말이 많다. 성인이 송사를 듣는 것은 다른 사람과 같지만, 백성 중

진실하지 않은 자에게는 자신의 말을 함부로 다하지 못하게 하여 그의 마음과 뜻을 매우 경외하게 만들고, 생각하는 것을 진실하게 하도록 만들어 함부로 송사를 벌이지 않게 한다. '情', 猶實也. 無實者多虛誕之辭. 聖人之聽訟, 與人同耳, 必使民無實者不敢盡其辭, 大畏其心志, 使誠其意不敢訟.

章句 '유인猶人'은 남과 다르지 않다는 뜻이다. '정情'은 진실하다는 뜻이다. 공자의 말을 인용하여, 성인이 진실하지 않은 사람에게 실상이 없고 속이는 말을 함부로 다하지 못하게 하기를 잘 하는 것은 대개 나의 명덕이 밝아서 자연히 백성들의 마음과 뜻을 경외하게 하고 따르게 함이 있기 때문으로, 따라서 송사가 재판할 필요 없이 절로 없어짐을 말하였다. 이 말에서 관찰해보면 근본과 말단의 선후를 알 수 있다. ○ 이상은 전의 제4장으로 "근본과 말단"을 풀이하였다. 이 장은 구본에서 "신실함에 머물렀다"(止於信) 뒤에 잘못 놓여있다. '猶人', 不異於人也. '情', 實也. 引夫子之言, 而言聖人能使無實之人, 不敢盡其虛誕之辭, 蓋我之明德旣明, 自然有以畏服民之心志, 故訟不待聽而自無也. 觀於此言, 可以知本末之先後矣. ○ 右傳之四章, 釋"本末". 此章舊本誤在"止於信"下.

【대학 22】

이것은 근본을 아는 것을 말한다.

此謂知本.

鄭注 '근본本'은 "자신의 생각을 진실하게 함"(誠其意)을 가리킨다. '本', 謂"誠其意"也.

章句 정자程子가 말하였다. "쓸데없이 들어간 문장이다."17) 程子曰: "衍文也."

【대학 23】

이것은 아는 것이 지극해짐을 말한다.

此謂知之至也.

章句 이 구절 위에 빠진 문장이 별도로 있고, 이 구절은 다만 그 총결하는 말이다. ○ 이상은 전의 제5장으로 모두 "사물에 나아가 이치를 궁구하는 것"(格物)과 "아는 바를 미루어 남김없이 다하는 것"(致知)의 뜻을 풀이한 것이지만 현재 망실되었다. 이 장은 구본에서 아래 장과 통해 있고, 경문經文 아래에 잘못 놓여 있다. 중간에 일찍이 내가 정자의 뜻을 취해서 다음과 같이 보충하였다. "'아는 바를 미루어 남김없이 다하는 것은 사물에 나아가 이치를 궁구하는 것에 있다'는 말은 내가 아는 것을 극진하게 하고자 하면, 사물에 나아가서 그 이치를 궁구하는 데 있음을 말한다. 대개 사람 마음의 지각능력은 알지 못하는 바가 없고, 천하 사물에는 이치가 있지 않은 경우가 없지만, 단지 이치상에서 미처 남김없이 궁구하지 않은 바가 있기 때문에 그 아는 것에서 극진하지 못함이 있다. 그러므로 대학에서 교육을 시작할 때 배우는 이들이 반드시 모든 천하 사물에 나아가 자신이 이미 알고 있는 이치를 이용하여 더욱 궁구하면서 극진한 바에 이르기를 강구하지 않음이 없게 하는 것이다. 노력하는 것이 오래되어 어느 날 환하게 관통하면 온갖 사물의 안과 밖, 대체적인 것과 세부적인 것 어디에도 이르지 않음이 없고 내 마음의 온전한 본체(全體)와 큰 발용(大用)에서 밝지 않음이 없게 된다. 이것이 '사물의 이치가 남김없이 궁구된다'(物格)는 것의 의미요, 이것이 '아는 바가 지극해진다'(知之至)는 것의 의미다." 此句之上別有闕文, 此特其結語耳. ○ 右傳之五章, 皆釋"格物"·"致知"之義, 而今亡矣. 此章舊本通下章, 誤在經文之下. 間嘗竊取程子之意以補之曰: "所謂'致知在格物'者, 言欲致吾之知, 在卽物而窮其理

也. 蓋人心之靈莫不有知, 而天下之物莫不有理, 惟於理有未窮, 故其知有不盡也. 是以大學始教, 必使學者卽凡天下之物, 莫不因其已知之理而益窮之, 以求至乎其極. 至於用力之久而一旦豁然貫通焉, 則衆物之表裏精粗無不到, 而吾心之全體大用無不明矣. 此謂'物格', 此謂'知之至'也."

【대학 24】

이른바 자신의 생각을 진실하게 한다는 말은 자신을 속임이 없는 것이 나쁜 냄새를 싫어하듯 미색을 좋아하듯 하는 것이니, 이것을 가리켜 자신을 흡족하게 여긴다고 말한다. 그러므로 군자는 자신이 홀로 알고 있을 경우를 조심한다.

所謂誠其意者, 毋自欺也, 如惡惡臭, 如好好色, 此之謂自謙. 故君子必愼其獨也.

章句 '자신의 생각을 진실하게 한다'(誠其意)는 것은 자신을 닦는 것의 시작이다. '무毋'(~하지 말라)는 금지하는 말이다. '자신을 속인다'(自欺)는 것은 선을 행하여 악을 제거하는 것을 알면서도 마음에서 발동하는 바가 아직 진실하지 못함이 있는 것을 뜻한다. '협謙'은 상쾌하다, 만족스럽다의 뜻이다. '홀로 알고 있을 경우'(獨)는 남은 모르고 있지만 자신은 혼자서 알고 있는 상태를 말한다. 자신을 닦고자 하는 이는 선을 행하여 악을 제거할 것을 알면 응당 자신의 노력을 진실하게 행하고 자신을 속이는 것을 스스로 못하게 해서, 악을 미워하기를 나쁜 냄새를 싫어하듯 하고 선을 좋아하기를 미색을 좋아하듯 하여, 모두 빨리 제거하는 데 힘쓰고 구하면 반드시 획득해서 스스로 자신이 만족스러워야 하지, 한갓 임시방편으로 외물을 따

르며 남에게 보이기 위해 해서는 안 됨을 말한다. 그러나 그 진실하고 안 하고는 대개 다른 사람은 알지 못하고 자신 혼자만 아는 특징이 있기 때문에, 반드시 이때에 조심하여 (진실함과 진실하지 않음이 갈라져 드러나는) 그 기미를 살피는 것이다. '誠其意'者, 自修之首也. '毋'者, 禁止之辭. '自欺'云者, 知爲善以去惡, 而心之所發有未實也. '謙', 快也, 足也. '獨'者, 人所不知而己所獨知之地也. 言欲自修者知爲善以去其惡, 則當實用其力, 而禁止其自欺, 使其惡惡則如惡惡臭, 好善則如好好色, 皆務快去而求必得之, 以自快足於己, 不可徒苟且以徇外而爲人也. 然其實與不實, 蓋有他人所不及知而己獨知之者, 故必謹之於此, 以審其幾焉.

【대학 25】

소인은 한가하게 거처할 때 선하지 않은 짓을 행하여 못하는 것이 없다가 군자를 본 뒤에 얼른 숨기면서 자신의 선하지 않은 것을 가리고 자신의 선한 것을 드러내지만, 남이 자신을 보는 것이 폐와 간을 보듯이 환하다. 그러니 무슨 소용이 있겠는가? 이것은 속에서 진실하면 밖으로 나타난다고 말하는 것이니 군자는 반드시 자신 혼자서 알고 있을 경우를 조심한다.

小人閒居爲不善, 無所不至, 見君子而後, 厭然揜其不善, 而著其善, 人之視己, 如見其肺肝然. 則何益矣? 此謂誠於中形於外, 故君子必愼其獨也.

鄭注 '협謙'은 '흡족하다'(慊)의 뜻으로 읽는다. '흡족하다'(慊)라는 말의 뜻은 물릴 정도로 흡족한 것이다. '안厭'은 '염黶'의 뜻으로 읽는다. '염黶'은 숨기는 모양이다. '謙', 讀爲'慊', '慊'之言厭也. '厭', 讀爲'黶'. '黶', 閉藏貌也.

章句 '한거閒居'는 혼자 있을 때를 말한다. '안연厭然'은 풀이 꺾이고 감추는 모양이다. 이 부분은 소인이 속으로 불선을 행하면서 겉으로 가리고자 하는데, 이것은 선을 응당 행해야 하고 악을 응당 제거해야 함을 몰라서 그런 것이 아니요, 단지 자신의 노력을 충실하게 행하지 못하여 이 지경에 이르는 것임을 말한다. 그러나 자신의 악행을 가리고자 해도 결국은 가릴 수 없고, 선을 행하는 것을 가장하고 싶어도 결국은 인정될 수 없으니 무슨 이익이 있겠는가? 이것이 군자가 거듭 경계를 삼아서 자신이 홀로 알고 있을 때를 반드시 조심하는 이유이다. '閒居', 獨處也. '厭然', 消沮閉藏之貌. 此言小人陰爲不善, 而陽欲揜之, 則是非不知善之當爲與惡之當去也, 但不能實用其力以至此耳. 然欲揜其惡而卒不可揜, 欲詐爲善而卒不可詐, 則亦何益之有哉? 此君子所以重以爲戒而必謹其獨也.

【대학 26】

증자曾子가 말하였다. "열개의 눈이 보는 바요, 열 개의 손이 가리키는 바이니, 그 두려움이여!"

曾子曰: "十目所視, 十手所指, 其嚴乎!"

章句 이 말을 인용하여 위 문장의 뜻을 밝힌 것이다. 비록 안보이고 혼자 아는 가운데 있어도 그 선하고 악함을 가릴 수 없는 것이 이와 같으니, 두려워할 만한 것이 심하다는 뜻이다. 引此以明上文之意. 言雖幽獨之中, 而其善惡之不可揜如此, 可畏之甚也.

【대학 27】

부유함은 집을 윤택하게 하고 덕은 몸을 윤택하게 하니, 마음은 넓고 관대해지고 몸은 펴져 편안해진다. 그러므로 군자는 반드시 자신의 생각을 진실하게 한다.

富潤屋, 德潤身, 心廣體胖. 故君子必誠其意.

鄭注 '두려움이여'(嚴乎)는 두려워할 만하다는 뜻이다. '반胖'은 크다는 뜻과 같다. 세 가지는 내면에 진실함이 있으면 밖으로 드러나 보임을 말한다.

'嚴乎', 言可畏敬也. '胖', 猶大也. 三者, 言有實於內, 顯見於外.

章句 '반胖'은 편안하고 펴있다는 뜻이다. 부유함은 집안을 윤택하게 할 수 있고, 덕은 몸을 윤택하게 할 수 있다. 그러므로 마음에 부끄러운 일이 없으면 넓어지고 관대해지며 몸은 항상 펴져 편안하니 덕이 몸을 윤택하게 함이 그런 것이다. 대개 선함이 안에서 진실하여 밖으로 드러나는 것이 이와 같다. 그러므로 또 이렇게 말하여 총결한 것이다. ○ 이상은 전의 제6장으로 "생각을 진실하게 함"(誠意)을 풀이하였다. 경문 부분에서 "자신의 생각을 진실하게 하고자 하면, 먼저 자신이 아는 바를 미루어 남김없이 다하였다"라고 하였고, 또 "아는 것이 지극해진 뒤에 생각이 진실해진다"라고 하였다. 대개 마음의 본체가 밝은 것에 미진함이 있으면 그것이 발동함에 반드시 자신의 노력을 진실하게 행하지 못하고 고식적으로 해서 자신을 속이는 일이 생긴다. 그러나 더러 이미 밝더라도 여기(홀로 알 때)에서 조심하지 않으면 그 밝은 것은 자신의 것이 안 되어 덕을 진보시키는 기초로 삼을 수 없다. 그러므로 이 장의 뜻은 반드시 위 장을 이어서 관통하여 고찰한 뒤에야, 그 노력을 행하는 것의 과정에서 순서를 어지럽혀서도 안 되고 노력을 빠뜨려서도 안 되는 것이 이와 같음을 알 수 있다고 하겠다. '胖',

安舒也. 言富則能潤屋矣, 德則能潤身矣. 故心無愧怍, 則廣大寬平, 而體常舒泰, 德之潤身者然也. 蓋善之實於中而形於外者如此. 故又言此以結之. ○ 右傳之六章, 釋"誠意". 經曰"欲誠其意, 先致其知", 又曰"知至而后意誠". 蓋心體之明有所未盡, 則其所發必有不能實用其力, 而苟焉以自欺者. 然或已明而不謹乎此, 則其所明又非己有, 而無以爲進德之基. 故此章之指必承上章而通考之, 然後有以見其用力之始終, 其序不可亂而功不可闕如此云.

【대학 28】

이른바 자신을 닦는 것은 자신의 마음을 바르게 하는 데 있다고 하는 것은 자신에게 분노하는 바가 있으면 그 바름을 얻을 수 없고, 두려워하는 바가 있으면 그 바름을 얻을 수 없고, 좋아하는 바가 있으면 그 바름을 얻을 수 없고, 걱정하는 바가 있으면 그 바름을 얻을 수 없는 것을 말한다.

所謂脩身在正其心者, 身有所忿懥, 則不得其正; 有所恐懼, 則不得其正; 有所好樂, 則不得其正; 有所憂患, 則不得其正.

章句 정자程子가 말하였다. "'신유身有'(몸에 있다)의 '신身'(몸)은 '심心'(마음) 자가 되어야 옳다."[18] '분치忿懥'는 분노한다는 뜻이다. 대개 이 네 가지는 모두 마음의 발용으로 사람에게 없을 수 없는 것이다. 그러나 하나라도 그런 발용이 있을 때 잘 살피지 못하면 인욕이 움직이고 감정이 앞서서 그 발용이 행하는 바가 더러 바름을 잃지 않을 수 없다. 程子曰: "'身有'之'身'當作'心'." '忿懥', 怒也. 蓋是四者皆心之用而人所不能無者. 然一有之而不能察, 則欲動情勝, 而其用之所行, 或不能不失其正矣."

【대학 29】

마음이 가 있지 않으면 보아도 보지 못하고 들어도 듣지 못하고 먹어도 맛을 알지 못한다.

心不在焉, 視而不見, 聽而不聞, 食而不知其味.

章句 마음에 견지하지 않음이 있으면 자기 몸을 검속할 수 없다. 그러므로 군자는 반드시 여기에서 잘 살펴서 공경하여 곧게 한다. 그런 뒤에 이 마음이 항상 견지되고 몸은 닦이지 않음이 없게 된다. 心有不存, 則無以檢其身. 是以君子必察乎此, 而敬以直之. 然後此心常存, 而身無不修也.

【대학 30】

이것은 자신을 닦는 것이 자신의 마음을 바르게 하는 데 있음을 말한다.

此謂脩身在正其心.

鄭注 '치懥'는 분노하는 모양으로, 어떤 본에서는 '치憤'로 되어 있고 어떤 본에서는 '치疐'로 되어 있기도 하다. '懥', 怒貌也, 或作'憤', 或爲'疐'.

章句 이상은 전의 제7장으로 "마음을 바르게 하는 것"(正心)과 "자신을 닦는 것"(修身)을 풀이하였다. 이 장 역시 위 장을 이어받아 아래 장을 일으키고 있다. 대개 생각하는 것이 진실하면 참으로 악함이 없고 실제로 선함을 가지게 되어 이 마음을 견지하여 자기 자신을 검속할 수 있다. 그러나 혹시라도 생각을 진실하게 하는 것이라고 알기만 하고 이 마음이 견지되고

있는지 여부를 자세히 잘 살피지 않으면 내면을 곧게 하여 자신을 닦을 수 없다. 이 장 이하는 모두 구본의 문장 체제를 바른 것으로 삼았다. 右傳之七章, 釋"正心"·"修身". 此亦承上章以起下章. 蓋意誠, 則眞無惡而實有善矣, 所以能存是心以檢其身. 然或但知誠意, 而不能密察此心之存否, 則又無以直內而修身也. 自此以下竝以舊文爲正.

【대학 31】

이른바 집안을 균평하게 하는 것은 자신을 닦는 데 있다는 것은 사람이 친애하는 데에서 치우치고, 천시하고 싫어하는 데에서 치우치고, 두려워하고 공경하는 데에서 치우치고, 가엽고 긍휼히 여기는 데에서 치우치고, 오만하고 업신여기는 데에서 치우침을 말한다. 그러므로 좋아하더라도 그 나쁜 점을 알고, 미워해도 그 훌륭한 점을 아는 이는 세상에 드물다.

所謂齊其家在脩其身者, 人之其所親愛而辟焉, 之其所賤惡而辟焉, 之其所畏敬而辟焉, 之其所哀矜而辟焉, 之其所敖惰而辟焉. 故好而知其惡, 惡而知其美者, 天下鮮矣.

章句 '사람'(人)은 일반 대중을 가리킨다. '지之'는 '어於'(~에서)의 뜻과 같다. '벽辟'은 치우친다는 뜻과 같다. 다섯 가지는 사람에게 있어 본래 합당하게 하는 원칙이 있다. 그러나 보통 사람의 인정이 오직 쏠리는 바대로 해서 잘 살필 수 없게 되면 반드시 한 쪽으로 치우치는 데 빠져서 자신이 닦이지 않게 된다. '人', 謂衆人. '之', 猶於也. '辟', 猶偏也. 五者在人, 本有當然之則. 然常人之情, 惟其所向而不可察焉, 則必陷於一偏, 而身不修矣.

【대학 32】

그러므로 속담에 있으니, "사람 중에 자기 자식의 나쁜 점을 아는 이가 없고 자기 모(어린 벼)가 큰 것을 아는 이가 없다"라고 하였다.

故諺有之, 曰: "人莫知其子之惡, 莫知其苗之碩."

章句 '언諺'은 속담을 뜻한다. 사랑에 빠진 자는 밝지 못하고, 이득을 탐하는 자는 충분하다고 여기는 법이 없다. 이것은 치우침이 해가 된 것으로 집안이 균평해지지 못하는 이유이다. '諺', 俗語也. 溺愛者不明, 貪得者無厭. 是則偏之爲害, 而家之所以不齊也.

【대학 33】

이것은 자신이 수양이 되어 있지 않으면 자신의 집안을 균평하게 할 수 없음을 말한다.

此謂身不脩, 不可以齊其家.

鄭注 '지之'는 간다는 뜻이다. '비譬'는 비유를 들어 깨우친다는 뜻이다. 상대에 나아가서 마음속으로 '내가 이 사람을 어째서 친애하는가, 그가 덕이 있는 것이 훌륭해서가 아닌가? 내가 이 사람에 대하여 어째서 오만하고 업신여기는가, 그의 뜻과 행동이 비박해서가 아닌가?'라고 헤아려보고, 돌이켜서 이렇게 비유를 들어 자신을 깨우쳐보면, 자신이 수양되었는지 여부를 스스로 알 수 있다. '선鮮'은 드물다는 뜻이다. '사람이 자기 자식의 나쁜 점을 아는 이가 없다'는 것은 사랑해서 살피지 못한다는 것과 같은 의미이

다. '석碩'은 크다는 뜻이다. '之', 適也. '譬'19), 猶喩也. 言適彼而以心度之, 曰"吾何以親愛此人, 非以其有德美與? 吾何以敖惰此人, 非以其志行薄與?", 反以喩己, 則身脩與否可自知也. '鮮', 罕也. '人莫知其子之惡', 猶愛而不察. '碩', 大也.

章句 이상은 전의 제8장으로 "자신을 닦는 것"(修身)과 "집안을 균평하게 하는 것"(齊家)을 풀이하였다. 右傳之八章, 釋"修身"·"齊家".

【대학 34】

이른바 나라를 다스리려면 반드시 먼저 자신의 집안을 균평하게 해야 한다는 것은 그 집안을 교화할 수 없으면서 남을 교화할 수 있는 경우는 없다는 것이다. 그러므로 군자는 집안을 벗어나지 않고 나라에서 교화를 이룬다. 효孝는 군주를 섬기는 도리요, 공경(弟)은 윗사람을 섬기는 도리요, 자애(慈)는 대중에게 일을 시키는 도리다.
所謂治國必先齊其家者, 其家不可敎, 而能敎人者無之. 故君子不出家而成敎於國. 孝者, 所以事君也; 弟者, 所以事長也; 慈者, 所以使衆也.

章句 자신을 닦으면 집안을 교화할 수 있다. 효孝·공경(弟)·자애(慈)는 자신을 닦고 집안에서 교화하는 도리다. 그러나 나라에서 군주를 섬기고 윗사람을 섬기고 대중에게 일을 시키는 도리도 이것에서 벗어나지 않으니, 이 세 가지가 위로는 집안이 균평해지고 아래로는 교화가 이루어지게 하는 것이다. 修身則家可敎矣. 孝·弟·慈, 所以修身而敎於家者也. 然而國之所以事君·事長·使衆之道, 不外乎此, 此所以家齊於上而敎成於下也.

【대학 35】

「강고康誥」에 "어린 아이를 보호하듯 한다"고 하였다. 마음으로 진실하게 구하면 적중하지는 않더라도 멀지는 않을 것이다. 자식 기르기를 배우고 시집가는 사람은 없다.

『康誥』曰: "如保赤子." 心誠求之, 雖不中, 不遠矣. 未有學養子而後嫁者也.

鄭注 '자식을 기른다'(養子)는 것은 마음을 미루어 하였는데 갓난아이의 욕구에 맞는 것을 말한다. '養子'者, 推心爲之而中於赤子之嗜欲也.

章句 이 장은 『상서』를 인용하여 풀이하고, 또 교화를 세우는 근본은 억지로 하는 것을 빌릴 필요 없이 그 단서를 알고 미루어 확대해가는 것에 있음을 밝혔다. 此引『書』而釋之, 又明立教之本, 不假强爲, 在識其端而推廣之耳.

【대학 36】

한 집안이 인仁하면 한 나라가 인을 흥기시키고, 한 집안이 양보하면 한 나라가 양보하는 것을 흥기시키고, 한 사람이 이익을 탐하면 한 나라가 분란을 일으킨다. 그 기미가 이와 같다. 이것은 한 마디 말이 일을 엎어지게 하고 무너뜨리며, 한 사람이 나라를 안정시킴을 말한다.

一家仁, 一國興仁; 一家讓, 一國興讓; 一人貪戾, 一國作亂. 其機如此. 此謂一言僨事, 一人定國.

鄭注 '한 집안'(一家)과 '한 사람'(一人)은 군주를 가리킨다. '려戾'의 뜻은 이익이다. '기미'(機)는 발동함이 나오는 곳이다. '분僨'은 엎어지고 무너진다는 뜻과 같다. 『춘추공양전』에 "그것을 얻어서 이득을 보려는 것이다"(登戾之)[20]라고 하였다. 또한 『춘추좌씨전』에 "정백鄭伯의 수레가 제濟에서 엎어졌다"(鄭伯之車僨於濟)[21]라고 하였다. '려戾'는 어떤 본에서는 '린吝'으로 되어 있다. '분僨'은 어떤 본에서는 '분犇'으로 되어 있다. '一家'·'一人', 謂人君也. '戾'之言利也. '機', 發動所由也. '僨', 猶覆敗也. 『春秋傳』曰: "登戾之." 又曰: "鄭伯之車僨於濟." '戾', 或爲'吝'. 僨', 或爲'犇'.

章句 '한 사람'(一人)은 군주를 가리킨다. '기미'(機)는 발동함이 나오는 곳이다. '분僨'은 엎어지고 무너진다는 뜻이다. 이 장은 교화가 나라에서 이루어진 것의 효과를 말하였다. '一人', 謂君也. '機', 發動所由也. '僨', 覆敗也. 此言教成於國之效.

【대학 37】

요堯와 순舜은 천하를 어진 것(仁)으로 이끌었는데 백성들이 따랐고, 걸桀과 주紂는 천하를 포악함(暴)으로 이끌었는데 백성들이 따랐다. 그 명령하는 것이 좋아하는 바와 다르니 백성이 따르지 않았다. 그러므로 군자는 자신에게 있은 뒤에 남에게 요구하고, 자신에게 있지 않은 뒤에 남에게 비판한다. 자신에게 감추어진 것을 미루어서 헤아리지 않고 남에게 깨우쳐줄 수 있는 사람은 이제껏 없었다.
堯·舜率天下以仁, 而民從之, 桀·紂率天下以暴, 而民從之. 其所令反其所好, 而民不從.① 是故君子有諸已而後求諸人, 無諸

己而後非諸人. 所藏乎身不恕而能喩諸人者, 未之有也.②

鄭注 ① 백성이 군주의 행동에 감화됨을 말하였다. 군주가 재물을 좋아하면서 백성들이 재물과 이익에 지나친 것을 금지시키면 바로잡을 수 없다. 言民化君行也. 君若好貨而禁民淫於財利, 不能正也.

② '자신에게 있다'(有於己)는 것은 어진 것(仁)과 양보함(讓)이다. '자신에게 없다'(無於己)는 것은 이득을 탐함이 없다는 것이다. '有於己', 謂有仁讓也. '無於己', 謂無貪戾也.

章句 이 장 또한 위 문장 "한 사람이 나라를 안정시킨다"를 이어받아서 말한 것이다. 자신에게 선함이 있은 뒤에 남에게 선함을 요구할 수 있고, 자신에게 악함이 있지 않은 뒤에 남의 악함을 바로잡을 수 있는 것으로, 모두 자신을 미루어 남에게 미치는 것이니 이른바 서恕이다. 이와 같이 하지 않으면 명령하는 것이 그 좋아하는 바에 어긋나서 백성이 따르지 않는다. '유喩'는 깨우친다는 뜻이다. 此又承上文"一人定國"而言. 有善於己, 然後可以責人之善, 無惡於己, 然後可以正人之惡, 皆推己而及人, 所謂恕也. 不如是, 則所令反其所好, 而民不從矣. '喩', 曉也.

【대학 38】

그러므로 나라를 다스리는 것은 자신의 집안을 균평하게 하는 데 있다.

故治國在齊其家.

章句 위 문장을 관통하여 결론지은 것이다. 通結上文.

【대학 39】

『시詩』에 "어리고 예쁜 복숭아나무, 그 잎새 아름답고 무성도하네. 이 여자 시집가니, 그 시댁 사람들 좋게 하겠네"라고 하였다. 그 시댁 사람들 좋게 한 뒤에 나라 사람들 교화할 수 있다.

『詩』云: "桃之夭夭, 其葉蓁蓁. 之子於歸, 宜其家人." 宜其家人, 而後可以敎國人.

章句 '『시詩』'는 「주남周南 · 도요桃夭」이다. '요요夭夭'는 젊고 예쁜 모양이다. '진진蓁蓁'은 아름답고 무성한 모양이다. 흥興이다. '지자之子'는 이 여자이라고 말하는 것과 같다. 이것은 시집가는 여자를 가리켜 말한 것이다. 여인들은 시집가는 것을 '돌아간다'(歸)라고 말한다. '의宜'는 잘한다는 뜻과 같다. '『詩』', 「周南 · 桃夭」之篇. '夭夭', 少好貌. '蓁蓁', 美盛貌. 興也. '之子', 猶言是子. 此指女子之嫁者而言也. 婦人謂嫁曰'歸'. '宜', 猶善也.

【대학 40】

『시詩』에 "형을 좋게 하고, 아우를 좋게 하네"라고 하였다. 형을 좋게 하고 동생을 좋게 한 뒤에 나라 사람을 교화할 수 있다.

『詩』云: "宜兄宜弟." 宜兄宜弟, 而後可以敎國人.

章句 '『시詩』'는 「소아小雅 · 육소蓼蕭」이다. '『詩』', 「小雅 · 蓼蕭」篇.

【대학 41】

『시詩』에 "그 의용이 어긋나지 않으니, 이 사방 나라를 바르게 하네"라고 하였다. 아버지와 자식, 형과 아우가 된 이들이 본받기에 충분한 뒤에 백성들이 본받는 것이다.

『詩』云: "其儀不忒, 正是四國." 其爲父子兄弟足法, 而後民法之也.

章句 '『시詩』'는 「조풍曹風·시구鳲鳩」이다. '특忒'은 어긋난다는 뜻이다. '『詩』', 「曹風·鳲鳩」篇. '忒', 差也.

【대학 42】

이것은 나라를 다스리는 것이 자신의 집안을 균평하게 하는 것에 있음을 말한다.

此謂治國在齊其家.

鄭注 '요요夭夭'와 '진진蓁蓁'은 아름답고 무성한 모양이다. '지자之子'는 이 여자라는 뜻이다. '夭夭'·'蓁蓁', 美盛貌. '之子'者, 是子也.

章句 이 장에서 세 번 『시』를 인용하였는데, 모두 위 문장의 일을 노래하여 찬미하고 또 이와 같이 총결한 것이다. 그 의미가 깊고 유장하니 잠심해서 완미해야 마땅하다. ○ 이상은 전의 제9장으로 "집안을 균평하게 하는 것"(齊家)과 "나라를 다스리는 것"(治國)을 말하였다. 此三引『詩』, 皆以詠歎上文之事, 而又結之如此. 其味深長, 最宜潛玩. ○ 右傳之九章, 釋"齊家"·"治國".

【대학 43】

이른바 천하를 화평케 하는 것이 자신의 나라를 다스리는 데 있다는 것은 위에서 노인을 노인으로 대접하면 백성들이 효도함을 일으키고, 위에서 어른을 어른으로 대접하면 백성들이 공경함을 일으키고, 위에서 외로운 사람들을 구휼하면 백성이 배반하지 않는다. 그러므로 군자에게는 혈구絜矩의 도리[22]가 있다.

所謂平天下在治其國者, 上老老而民興孝, 上長長而民興弟, 上恤孤而民不倍. 是以君子有絜矩之道也.

鄭注 '노인을 노인으로 대접한다'(老老)와 '어른을 어른으로 대접한다'(長長)는 것은 노인을 존중하고 어른을 공경함을 말한다. '휼恤'은 걱정한다는 뜻이다. '백성이 배반하지 않는다'(民不倍)는 것은 백성이 서로 배반하고 버리지 않는다는 뜻이다. '결絜'은 묶는다, 휴대하다의 뜻과 같다. '구矩'는 법도이다. '군자에게는 법을 몸에 지니고 다니는 도리가 있다'(君子有挈法之道)는 것은 (법도를) 맞아서 가지고 행하므로 행동함이 어긋나지 않음을 말한다. '배倍'는 어떤 본에서는 '배偝'(등을 돌리다)로 되어 있다. '구矩'는 어떤 본에서는 '거巨'(법도)로 되어 있다. '老老'·'長長', 謂尊老敬長也. '恤', 憂也. '民不倍', 不相倍棄也. '絜', 猶結也, 挈也. '矩', 法也. '君子有挈法之道', 謂當執而行之, 動作不失之. '倍', 或作'偝'. '矩', 或作'巨'.

章句 '노인을 노인으로 대접한다'(老老)는 것은 이른바 "우리 노인을 노인으로 대접한다"[23]는 것이다. '흥興'(일어나다)은 감동하여 발동됨이 있어 흥기함을 뜻한다. '외로운 사람'(孤)은 어려서 부모를 잃은 것을 지칭하는 말이다. '혈絜'은 잰다는 뜻이다. '구矩'는 직각을 만드는 곱자이다. 이 세 가지

는 위에서 행하여 아래에서 본받는 효과가 그림자와 메아리보다 빠름을 말한 것으로 이른바 "집안이 균평해지고서 나라가 다스려진다"는 것이다. 또한 사람의 마음이 똑같아 한 사람이라도 자신의 자리를 얻지 못함이 있게 해서는 안 됨을 알 수 있다. 그러므로 군자는 그 똑같은 바를 가지고 미루어 사물을 헤아려서 상대와 나 사이에 각자 본분과 바람을 얻게 해야 한다. 그러면 상하사방이 고루 균평하고 반듯하여 천하가 화평할 것이다. '老老', 所謂"老吾老"也. '興', 謂有所感發而興起也. '孤'者, 幼而無父之稱. '絜', 度也. '矩', 所以爲方也. 言此三者, 上行下效捷於影響, 所謂"家齊而國治"也. 亦可以見人心之所同, 而不可使有一夫之不獲矣. 是以君子必當因其所同, 推以度物, 使彼我之間各得分願, 則上下四旁均齊方正, 而天下平矣.

【대학 44】

위에 대해서 싫어하는 바를 가지고 아랫사람을 부리지 않고, 아래에 대해서 싫어하는 것을 가지고 윗사람에게 섬기지 않고, 앞에 대해서 싫어하는 것을 가지고 뒷사람에게 앞세우지 않고, 뒤에 대하여 싫어하는 것을 가지고 앞사람을 따르지 않고, 오른쪽에 대해 싫어하는 것을 가지고 왼쪽과 교제하지 않고, 왼쪽에 대해 싫어하는 것을 가지고 오른쪽과 교제하지 않는 것, 이것을 "혈구絜矩의 도리"라고 한다.

所惡於上, 毋以使下; 所惡於下, 毋以事上; 所惡於前, 毋以先後; 所惡於後, 毋以從前; 所惡於右, 毋以交於左; 所惡於左, 毋以交於右, 此之謂"絜矩之道".

鄭注 '혈구絜矩의 도리'라는 자신이 가지고 있는 것을 잘 견지하여 그것으로 남에게 미루어 적용하는 것이다. 나라를 다스리는 요체는 여기에서 다하는 것이다. '絜矩之道', 善持其所有, 以恕於人耳. 治國之要盡於此.

章句 이 장은 다시 반복해서 위 문장 '혈구絜矩' 두 글자의 뜻을 풀이하였다. 만일 윗사람이 나에게 무례한 것을 바라지 않으면 반드시 이 마음으로 아랫사람의 마음을 헤아려 또한 이 무례함으로 부리지 않고, 아랫사람이 나에게 충실하지 않은 것을 바라지 않으면, 이 마음으로 윗사람의 마음을 헤아려 또한 이러한 불충함으로 섬기지 않는다. 전후좌우에 이르러서도 모두 그렇게 하지 않음이 없으면, 자신이 처한 상하사방 어디서나 모든 행동이 피차 사이에 한결같아서 바르지 않음이 없게 된다. 상대도 똑같이 이 마음을 가지고 일어나는 자이니 또한 어찌 한 사람이라도 자기 자리를 얻지 못함이 있겠는가? 견지하는 것은 간략하지만 미치는 바는 넓으니, 이것이 천하를 화평하게 하는 핵심 도리다. 그러므로 이 장 안의 뜻이 모두 이 혈구로 미루어 나타냈다. 此覆解上文"絜矩"二字之意. 如不欲上之無禮於我, 則必以此度下之心, 而亦不敢以此無禮使之, 不欲下之不忠於我, 則必以此度上之心, 而亦不敢以此不忠事之. 至於前後左右, 無不皆然, 則身之所處上下四旁, 長短廣狹彼此如一, 而無不方矣. 彼同有是心而興起焉者, 又豈有一夫之不獲哉? 所操者約, 而所及者廣, 此平天下之要道也. 故章內之意, 皆自此而推之.

【대학 45】

『시詩』에 "즐거운 군자여, 백성의 부모로다"라고 하였다. 백성이 좋아하는 것을 좋아하고 백성이 싫어하는 것을 싫어하는 것, 이것을 가리켜 "백성의 부모"라고 한다.

『詩』云: "樂只君子, 民之父母." 民之所好好之, 民之所惡惡之, 此之謂"民之父母".

鄭注 백성을 다스리는 도리는 다른 것이 없고 자신에게서 취할 뿐임을 말한다. 言治民之道無他, 取於己而已.

章句 '『시詩』'는 「소아小雅·남산유대南山有臺」이다. '지只'는 어사이다. 혈구絜矩(법도를 가지고 판단하는 것)를 잘 행하여 백성의 마음을 자신의 마음으로 삼으면, 이 사람은 백성을 자식처럼 아껴서 백성이 그를 부모처럼 친애한다. '『詩』', 「小雅·南山有臺」之篇. '只', 語助辭. 言能絜矩而以民心爲己心, 則是愛民如子, 而民愛之如父母矣.

【대학 46】

『시詩』에 "깎아지른 듯 높은 저 남산, 바위가 높고 험하네. 눈에 띠게 성대한 태사太師 윤씨尹氏, 백성들이 모두 그대를 우러러보네"라고 하였다. 나라를 가진 이는 신중하지 않을 수 없으니, 치우치면 천하 사람들에 의해 육시僇尸(죽여서 시신을 공개하는 형벌)를 당할 것이다.

『詩』云: "節彼南山, 維石巖巖. 赫赫師尹, 民具爾瞻." 有國者不可以不愼, 辟則爲天下僇矣.

鄭注 '암암巖巖'은 사윤師尹이 거만하고 엄격함을 비유한 것이다. '사윤師尹'은 천자의 대신으로 정사를 행하는 자이다. '백성이 모두 자신이 행하는

바를 보고 본받으니 자신의 덕을 신중하지 않을 수 있겠는가, 치우쳐 도를 잃으면 중형을 받는다'고 말한 것이다. '巖巖', 喩師尹之高嚴也. '師尹', 天子之大臣, 爲政者也. 言民皆視其所行而則之, 可不愼其德乎, 邪辟失道, 則有大刑.

章句 '『시詩』'는 「소아小雅 · 절남산節南山」이다. '절節'은 깎아지른 듯이 높고 큰 모양이다. '사윤師尹'은 주周나라 태사太師 윤씨尹氏이다. '구具'는 함께라는 뜻이다. '벽辟'은 치우친다는 뜻이다. 윗자리에 있는 사람은 사람들이 우러러보는 바이니 조심하지 않을 수 없다. 만일 혈구를 잘 하지 못하여 좋아하고 싫어하기를 자신 하나를 위주로 하는 치우친 바에 따라서 행하면 자신은 죽임을 당하고 나라는 망하여 천하 사람들에 의해 죽여서 시신을 공개하는 형벌(大戮)을 당할 것이다. '『詩』', 「小雅 · 節南山」之篇. '節', 截然高大貌. '師尹', 周太師尹氏也. '具', 俱也. '辟', 偏也. 言在上者, 人所瞻仰, 不可不謹. 若不能絜矩而好惡徇於一己之偏, 則身弑國亡, 爲天下之大戮矣.

【대학 47】

『시詩』에 "은殷나라가 아직 대중을 잃지 않았을 때는 상제에게 잘 응답하였네. 응당 은나라에서 거울삼아야 하니, 큰 명命은 보전하기가 쉽지 않다네"라고 하였다. 대중을 얻으면 나라를 얻고 대중을 잃으면 나라를 잃음을 말한다.

『詩』云: "殷之未喪師, 克配上帝. 儀[24]監於殷, 峻命不易." 道得衆則得國, 失衆則失國.

章句 '『시詩』'는 「문왕文王」이다. '사師'는 대중이다. '배配'는 응답한다는 뜻이다. '상제에게 응답한다'(配上帝)는 것은 천하의 군주가 되어 상제에게

응답함을 말한다. '감監'은 거울삼는다는 뜻이다. '준峻'은 크다는 뜻이다. '불이不易'는 보전하기가 어려움을 말한다. '도道'는 말하다의 뜻이다. 『시詩』를 인용하여 이를 말해서 위 문장 두 구절의 취지를 총결하였다. 천하를 가진 자가 이 마음을 견지하고 잃지 않으면, 법도를 가지고 판단하여 백성과 더불어 바라는 것을 같이 하는 것이 절로 그만둘 수 없을 것이다. '『詩』', 「文王」篇. '師', 衆也. '配', 對也. '配上帝', 言其爲天下君而對乎上帝也. '監', 視也. '峻', 大也. '不易', 言難保也. '道', 言也. 引『詩』而言此, 以結上文兩節之意. 有天下者能存此心而不失, 則所以絜矩而與民同欲者自不能已矣.

【대학 48】

그러므로 군자는 먼저 덕을 조심한다. 덕이 있으면 대중을 얻고, 대중이 있으면 땅을 얻고, 땅이 있으면 재화를 얻고, 재화가 있으면 재정을 얻는다.

是故君子先愼乎德. 有德此有人, 有人此有土, 有土此有財, 有財此有用.

章句 '먼저 덕을 조심한다'(先愼乎德)는 것은 위 문장 "조심하지 않을 수 없다"를 이어받아 말한 것이다. '덕德'은 곧 이른바 "명덕明德"이다. '사람을 얻는다'(有人)는 것은 대중을 얻음을 말한다. '땅을 얻는다'(有土)는 것은 나라를 얻음을 말한다. 나라를 얻으면 재화와 재정이 없음을 걱정하지 않는다. '先愼乎德', 承上文"不可不謹"而言. '德', 卽所謂"明德". '有人', 謂得衆. '有土', 謂得國. 有國, 則不患無財·用矣.

【대학 49】

덕은 근본이 되고, 재화는 말단이 된다.

德者本也, 財者末也.

章句 위 문장에 근거하여 말한 것이다. 本上文而言.

【대학 50】

근본을 외적인 것으로 여기고 말단을 자신의 일로 삼으면, 백성을 다투게 하고 약탈하는 것을 베풀게 된다.

外本內末, 爭民施奪.

章句 군주가 덕을 외적인 것으로 여기고 재화를 나의 일로 삼으면, 이것은 백성들을 다투게 하고 위협하여 빼앗는 것을 가르침으로 베푸는 것이다. 대개 재화는 사람이 똑같이 바라는 것이어서 법도로 잘 판단하지 않고 멋대로 좌지우지 하고 싶어 하면 백성도 일어나서 다투고 약탈한다. 人君以德爲外, 以財爲內, 則是爭鬪其民, 而施之以劫奪之敎也. 蓋財者人之所同欲, 不能絜矩而欲專之, 則民亦起而爭奪矣.

【대학 51】

그러므로 재화가 모이면 백성이 흩어지고, 재화가 흩어지면 백성이 모인다.
是故財聚則民散, 財散則民聚.

章句 근본을 외적인 것으로 여기고 말단을 자기 일로 삼기 때문에 재화가 모이지만, 백성을 다투게 하고 약탈을 베풀기 때문에 백성이 흩어진다. 이와 반대로 하면 덕을 가지게 되고 사람을 얻는다. 外本內末故財聚, 爭民施奪故民散. 反是則有德而有人矣.

【대학 52】

그러므로 말이 어긋나게 나가면 어긋나게 들어오고, 재화가 어긋나게 들어오면 또한 어긋나게 나간다.
是故言悖而出者, 亦悖而入, 貨悖而入者, 亦悖而出.

鄭注 '사師'는 대중이다. '극克'은 잘한다는 뜻이다. '준峻'은 크다는 뜻이다. 제을帝乙(주紂의 아버지) 이상 은나라 왕이 아직 그 백성을 잃지 않았을 때 덕도 또한 하늘에 잘 짝하였다는 것은 하늘이 그 제사를 흠향하였음을 말한다. 주紂가 악행을 저지름에 이르러 백성이 원망하고 귀신이 분노하여 천하를 잃었다. 은나라 때의 일을 거울삼아 볼 때, 하늘의 큰 명(大命)은 얻는 것이 참으로 쉽지 않다. '도道'는 말한다는 뜻과 같다. '용用'은 국가의 재정이다. '시탈施奪'은 위협하고 빼앗는 마음을 베푼다는 뜻이다. '패悖'는 어긋난다는 뜻과 같다. 군주가 어긋나는 명령을 함이 있으면, 백성에게서 군주를 배반하고 거스르는 말이 나옴을 말한다. 위에서 이익을 두고 탐하면 아랫사람은 침해하고 배반한다. 『노자』에 "감추는 것이 많으면 잃는 것

도 반드시 두텁다"[25]라고 하였다. '師', 衆也. '克', 能也. '峻', 大也. 言殷王帝乙以上, 未失其民之時, 德亦有能配天者, 謂天享其祭祀也. 及紂爲惡, 而民怨神怒, 以失天下. 監視殷時之事, 天之大命, 得之誠不易也. '道', 猶言也. '用', 謂國用也. '施奪', 施其劫奪之情也. '悖', 猶逆也. 言君有逆命, 則民有逆辭也. 上貪於利, 則下人侵畔. 『老子』曰: "多藏必厚亡."

章句 '패悖'는 어긋난다는 뜻이다. 이 장은 말이 나가고 들어옴을 가지고 재화가 나가고 들어옴을 밝혔다. "먼저 덕을 조심한다"(先愼乎德)로부터 이 장까지는 또한 재화를 말한 것을 계기로 법도로 판단하기를 잘하고 못하는 것의 득실을 밝혔다. '悖', 逆也. 此以言之出入, 明貨之出入也. 自"先愼乎德"以下至此, 又因財貨, 以明能絜矩與不能者之得失也.

【대학 53】

「강고康誥」에 "오직 천명은 한 곳에 항상 있지 않다"라고 하였다. 선하면 천명을 얻고 선하지 않으면 천명을 잃음을 말한다.

「康誥」曰: "惟命不于常." 道善則得之, 不善則失之矣.

鄭注 '우于'는 어於(~에서)의 뜻이다. '천명이 한 곳에 항상 있지 않다'(天命不於常)는 말은 한 집안을 전적으로 돕지 않음을 말한다. '于', 於也. '天命不於常', 言不專祐一家也.

章句 '도道'는 말하다의 뜻이다. 위 문장에서 「문왕文王」을 인용한 취지를 이어받아서 말한 것으로, 그 정성스럽게 반복하는 뜻이 더욱 깊고 절실하다. '道', 言也. 因上文引「文王」詩之意而申言之, 其丁寧反覆之意益深切矣.

【대학 54】

『초서楚書』에 “초나라는 보배로 삼는 것이 없다. 오직 선한 사람을 보배로 삼는다”라고 하였다.

『楚書』曰: “楚國無以爲寶. 惟善以爲寶.”

鄭注 ‘『초서楚書』’는 초나라 소왕昭王 때의 『서書』이다. 선한 사람으로 보배를 삼음을 말한다. 당시 관석보觀射父[26], 소해휼昭奚恤 등을 가리킨다. ‘『楚書』’, 楚昭王時書也. 言以善人爲寶. 時謂觀射父・昭奚恤也.

章句 ‘『초서楚書』’는 『국어』 「초어楚語」이다. 금과 옥을 보배로 삼지 않고 선한 사람을 보배로 삼음을 말한다. ‘『楚書』’, 「楚語」. 言不寶金玉而寶善人也.

【대학 55】

구범舅犯이 대답하였다. “망명한 사람은 보배로 삼을 것이 없습니다. 부모를 친애하는 것을 보배로 삼습니다.”

舅犯曰: “亡人無以爲寶. 仁親以爲寶.”

鄭注 ‘구범舅犯’은 진문공晉文公의 외삼촌인 호언狐偃이다. ‘망인亡人’은 문공을 가리킨다. 당시 여희驪姬의 참소를 피하여 적翟에 도망가 있었는데, 진헌공晉獻公이 죽자 진목공秦穆公이 자현子顯(헌공獻公)을 사자로 보내 조문하고 이어 문공 중이重耳에게 귀국할 것을 권하였다. 구범이 그 사자에게 이 말로 대답한 것이다. ‘인친仁親’은 인仁의 도리를 친애한다고 말하는 것과 같다. 상사喪事를 이용하여 이익을 엿보지 않음을 밝힌 것이다. ‘舅犯’,

晉文公之舅狐偃也. '亡人', 謂文公也. 時辟驪姬之讒, 亡在翟, 而獻公薨, 秦穆公使子顯吊, 因勸之復國. 舅犯爲之對此辭也. '仁親', 猶言親愛仁道也. 明不因喪規利也.

章句 '구범舅犯'은 진문공晉文公의 외삼촌인 호언狐偃으로 자는 자범子犯이다. '망인亡人'은 문공을 가리키며, 당시 공자公子의 신분이 되어 나라를 떠나 망명해서 외국에 있었다. '인仁'은 친애한다는 뜻이다. 관련 내용은 『예기』 「단궁하」(17)에 보인다. 이 두 구절은 또한 근본을 외적인 것으로 여기면서 말단을 자신의 일로 삼는 짓을 하지 않는다는 것의 취지를 밝혔다.
'舅犯', 晉文公舅狐偃, 字, 子犯. '亡人', 文公, 時爲公子, 出亡在外也. '仁', 愛也. 事見「檀弓」. 此兩節又明不外本而內末之意.

【대학 56】

「진서秦誓」에서 말하였다. "한 신하가 있는데 진실하고 한결같아 다른 기술은 가진 것이 없지만 그 마음이 넓고 넓어 포용함이 있는 듯하다. 남이 기술을 가지고 있는 것을 자신이 가지고 있는 것처럼 여기고, 남이 아름다운 선비로 능통하고 밝으면 마음으로 좋아하기를 자신의 입에서 나온 것처럼 여길 뿐만 아니라면, 이 사람은 포용을 잘하여 내 자손과 백성을 보전할 수 있으니 거의 이로움이 또한 있다. 다른 사람이 기술이 있는 것을 시기하고 싫어하며, 남이 아름다운 선비로 능통하고 밝으면 그와 어긋나고 군주와 통하지 못하게 한다면, 이 사람은 포용을 하지 못하여 내 자손과 백성을 보전할 수 없으니 또한 위험하다."

「秦誓」曰: "若有一介臣, 斷斷兮, 無他技, 其心休休焉, 其如有容焉. 人之有技, 若己有之, 人之彥聖, 其心好之, 不啻若自其口出, 寔能容之, 以能保我子孫黎民, 尙亦有利哉. 人之有技, 媢嫉以惡之, 人之彥聖, 而違之, 俾不通, 寔不能容, 以不能保我子孫黎民, 亦曰殆哉."

鄭注 '「진서秦誓」'는 『상서尙書』 편명이다. 진목공秦穆公이 정나라를 공격하였는데, 진晉나라에게 殽에서 패하고 돌아와 자신의 여러 신하들에게 맹서하면서 이 편을 지었다. '단단斷斷'은 진실하고 한결같은 모양이다. '다른 기술'(他技)은 이단異端의 기술이다. '기술을 가지고 있다'(有技)는 것은 기예의 기술이다. '자신이 지니고 있는 것과 같이 여긴다'(若己有之)와 '자신의 입에서 나온 것과 같이 여길 뿐만이 아니다'(不啻若自其口出)는 것은 모두 다른 사람이 잘하는 것을 좋아함이 깊은 것이다. 아름다운 선비가 '언彥'이다. '려黎'는 대중이다. '상尙'은 거의라는 뜻이다. '모媢'는 질투한다는 뜻이다. '위違'는 어긋난다는 뜻과 같다. '비俾'는 하게 한다는 뜻이다. 현인이 하는 것을 반대하여 공로가 군주에게 통하지 못하게 하는 것이다. '태殆'는 위험하다는 뜻이다. '언彥'은 어떤 본에서는 '반盤'으로 되어 있다. '「秦誓」', 『尙書』 篇名也. 秦穆公伐鄭, 爲晉所敗於殽, 還誓其群臣, 而作此篇也. '斷斷', 誠一之貌也. '他技', 異端之技也. '有技', 才藝之技也. '若己有之'·'不啻若自其口出', 皆樂人有善之甚也. 美士爲'彥'. '黎', 衆也. '尙', 庶幾也. '媢', 妒也. '違', 猶戾也. '俾', 使也. 佛戾賢人所爲, 使功不通於君也. '殆', 危也. '彥', 或作'盤'.

章句 '「진서秦誓」'는 『상서』 「주서周書」의 편명이다. '단단斷斷'은 진실하고 한결같은 모양이다. '언彥'은 아름다운 선비이다. '성聖'은 통하고 밝다는 뜻이다. '상尙'은 거의라는 뜻이다. '모媢'는 시기한다는 뜻이다. '위違'는 어긋

난다는 뜻이다. '태殆'는 위험하다는 뜻이다. '「秦誓」', 「周書」. '斷斷', 誠一之貌. '彥', 美士也. '聖', 通明也. '尙', 庶幾也. '娼', 忌也. '違', 拂戾也. '殆', 危也.

【대학 57】

오직 어진 사람이 (악한 이들을) 추방하여 사방 오랑캐 지역으로 내쫓고 더불어 중국中國을 함께 하지 못하게 한다. 이것은 오직 어진 사람만이 남을 소중히 여길 수 있고 남을 싫어할 수 있음을 말한다. 唯仁人放流之, 迸諸四夷, 不與同中國. 此謂唯仁人, 爲能愛人能惡人.

鄭注 악한 사람으로 시기하는 부류들을 추방하는 것은 오직 어진 사람이 할 수 있으니, 순舜이 네 죄수를 추방하자 천하가 모두 따른 것과 같다. 放去惡人娼嫉之類者, 獨仁人能之, 如舜放四罪而天下咸服.

章句 '병迸'은 내쫓는다는 뜻과 같다. 이런 시기하는 자가 현인을 훼방 놓고 나라를 병들게 하면, 어진 사람은 반드시 깊이 미워하여 통절하게 끊어버리기를 지극히 공정하고 사사로움이 없게 하기 때문에 좋아하고 싫어하는 것의 올바름을 얻을 수 있는 것이 이와 같다. '迸', 猶逐也. 言有此娼疾之人, 妨賢而疾國, 則仁人必深惡而痛絶之, 以其至公無私, 故能得好惡之正如此也.

【대학 58】

현인을 보고도 천거하지 못하고 천거하고도 먼저 앞세우지 못하면

태만한 것(命)이다. 선하지 않음을 보고도 물리치지 못하고 물리쳐도 멀리 하지 못하면 잘못이다.[27)]

見賢而不能擧, 擧而不能先, 命也. 見不善而不能退, 退而不能遠, 過也.

鄭注 '명命'은 태만하다(慢)의 뜻으로 읽는다. 발음상 잘못된 것이다. 현인을 천거하지만 군주가 자신보다 그를 먼저 앞세우게 하지 못하는 것, 이것은 남을 천거하는 것에서 소홀하고 태만한 것이다. '命', 讀爲'慢'. 聲之誤也. 擧賢而不能使君以先己, 是輕慢於擧人也.

章句 '명命'에 대하여 정현은 '만慢'(태만하다)으로 되어야 옳다고 하였고, 정자程子[28)]는 '태怠'(태만하다)가 되어야 옳다고 하였는데, 어느 쪽이 맞는지 명확하지 않다. 이와 같은 이는 좋아하고 싫어할 바를 알면서도 좋아하고 싫어하는 도리를 미처 다하지 않으니 대개 군자이지만 어질지 않은 자이다. '命' 鄭氏云當作'慢', 程子云當作'怠', 未詳孰是. 若此者, 知所愛惡矣, 而未能盡愛惡之道, 蓋君子而未仁者也.

【대학 59】

남이 싫어하는 것을 좋아하고 남이 좋아하는 것을 싫어하는 것, 이것을 사람의 본성을 어기는 것이라고 하니, 재앙이 반드시 그 몸에 미친다.

好人之所惡, 惡人之所好, 是謂拂人之性, 菑必逮夫身.

鄭注 '불불拂'은 어긋난다는 뜻과 같다. '태逮'는 미친다는 뜻이다. '拂', 猶佹也. '逮', 及也.

章句 '불拂'은 어긴다는 뜻이다. 선함을 좋아하고 악함을 싫어하는 것은 인간의 본성이다. 사람의 본성을 어기는 데 이르면 어질지 않은 것이 심한 것이다. 「진서秦誓」에서 이 장에 이르기까지는 또한 좋아하고 싫어함이 공정하고 사사로운 것의 극단적인 것을 거듭 말하여 위 문장에서 인용한 「남산유대南山有臺」와 「절남산節南山」의 취지를 밝혔다. '拂', 逆也. 好善而惡惡, 人之性也. 至於拂人之性, 則不仁之甚者也. 自「秦誓」至此, 又皆以申言好惡公私之極, 以明上文所引「南山有臺」·「節南山」之意.

【대학 60】

그러므로 군자에게는 큰 도리(道)가 있으니 반드시 충직하고 신실함으로 얻고, 교만하고 호사함으로 잃는다.
是故君子有大道, 必忠信以得之, 驕泰以失之.

鄭注 '도道'는 다닐 때 경유하는 길이다. '道', 行所由.

章句 '군자君子'는 지위로 말한 것이다. '도道'는 자신의 지위에 있으면서 자신을 닦고 남을 다스리는 기술(術)이다. 자신을 드러낼 때 자신의 마음을 다하는 것이 '충직함'(忠)이다. 외물을 따르면서 어기지 않는 것이 '신실함'(信)이다. '교만함'(驕)은 거만하고 자신을 높게 생각하는 것이다. '호사함'(泰)은 사치한다는 뜻이다. 이 장은 위에서 인용한 「문왕文王」과 「강고康誥」를 이어서 말한 것이다. 이 장 안에서 세 번 득실得失을 말하였는데, 이 구절

의 말이 더욱 절실하다. 대개 여기에 이르러 천리天理를 보전하거나 상실하는 분기가 결정된다. '君子', 以位言之. '道', 謂居其位而修己治人之術. 發己自盡爲'忠'. 循物無違謂'信'. '驕'者, 矜高. '泰'者, 侈肆. 此因上所引「文王」·「康誥」之意而言. 章內三言得失, 而語益加切. 蓋至此而天理存亡之幾決矣.

【대학 61】

재화를 생산하는 데에는 큰 도리가 있다. 생산하는 자가 많고 소비하는 자가 적으며, 일하는 것은 빨리 하고 사용하는 것은 여유가 있게 하면, 재화는 항상 충분하다.

生財有大道. 生之者衆, 食之者寡, 爲之者疾, 用之者舒, 則財恒足矣.

鄭注 이것은 봉록이 줄어들지 않기를 위해 힘쓰지 않고 백성에게 농사로 권면하는 것이다. 是不務祿不肖, 而勉民以農也.

章句 여씨呂氏(여대림呂大臨)는 말한다. "나라에 놀고먹는 백성이 없으면 생산하는 사람이 많아진다. 조정에 요행으로 지내는 자리가 없으면 녹을 받는 자가 적어진다. 농사짓는 시기를 빼앗지 않으면 일을 하는 것이 빨라진다. 수입을 헤아려서 지출을 행하면 사용하는 것이 넉넉해진다." 내가 생각건대, 이 장은 "땅을 얻고" "재화를 얻는 것"을 이어서 말한 것으로, 나라를 풍족하게 하는 도리가 근본에 힘쓰고 재정을 절약하는 데 있으며, 반드시 근본을 외적인 것으로 여기고 말단을 자신의 일로 삼은 뒤에 재화가 모일 수 있는 것이 아님을 밝혔다. 이 장부터 끝까지 모두 한 뜻이다. 呂氏曰: "國無游民, 則生者衆矣; 朝無幸位, 則食者寡矣; 不奪農時, 則爲之疾矣; 量入爲出,

則用之舒矣." 愚按, 此因"有土"·"有財"而言, 以明足國之道, 在乎務本而節用, 非必外本內末而後財可聚也. 自此以至終篇, 皆一意也.

【대학 62】

어진 사람은 재화를 가지고 자신을 일으키고, 어질지 않은 사람은 자신을 가지고 재화를 일으킨다.

仁者以財發身, 不仁者以身發財.

鄭注 '발發'은 일어난다는 뜻이다. 어진 사람은 재화가 있으면 베풀고 주는 것에 힘써서 그로써 몸을 일으켜 자신의 아름다운 이름을 이루지만, 어질지 않은 사람은 자신이 재화를 모으는 것에 욕심이 있어 그로써 재화를 일으켜 부富를 이루는 데 힘쓴다. '發', 起也. 言仁人有財, 則務於施與, 以起身成其令名, 不仁之人, 有身貪於聚斂, 以起財務成富.

章句 '발發'은 일어난다는 뜻과 같다. 어진 사람은 재화를 풀어 주어서 백성을 얻지만, 어질지 않은 사람은 자신을 잃으면서 재화를 늘린다. '發', 猶起也. 仁者散財以得民, 不仁者亡身以殖貨.

【대학 63】

이제껏 위에서 어진 것을 좋아하는데 아래에서 의로운 것을 좋아하지 않은 경우가 없었고, 의로운 것을 좋아하는데 그 일을 마치지 못한 경우가 없었고, 창고의 재화가 있는데 자신의 재화가 되지 않은 경우가 없었다.

未有上好仁而下不好義者也，未有好義其事不終者也，未有府庫財非其財者也.

鄭注 군주가 어진(仁) 도리를 실행하면 그 신하는 반드시 의롭다. 의로움으로써 행하는 일은 이루지 못하는 경우가 없다. 그 행하는 것이 진실로 그렇게 되는 것은 자신의 창고가 때에 맞게 자신의 소유가 되는 것과 같다. 言君行仁道, 則其臣必義. 以義擧事, 無不成者. 其爲誠然, 如己府庫之時爲己有也.

章句 윗사람이 인을 좋아하여 자신의 아랫사람을 소중히 여기면, 아랫사람은 의로움을 좋아하여 자신의 윗사람에게 충직하게 대한다. 따라서 일마다 반드시 마침이 있고, 창고의 재화는 어긋나게 나가는 우환이 없다. 上好仁以愛其下, 則下好義以忠其上. 所以事必有終, 而府庫之財, 無悖出之患也.

【대학 64】

맹헌자孟獻子가 말하였다. "네 필의 말을 기르면(畜馬乘), 닭과 돼지의 수량에 대하여 골몰하지 않는다. 얼음을 채취하는 집안에서는 소와 양을 기르지 않는다. 백승百乘(사백필의 말)을 소유한 집안에서는 부세賦稅를 거두는 것을 급선무로 삼는 신하를 두지 않는다. 부세를 거두는 데 골몰하는 신하를 두기보다는 차라리 자신의 재산을 축내는 신하를 둔다." 이것은 나라는 재화의 이익을 이익으로 삼지 않고 의로움으로 이익을 삼음을 말한다.

孟獻子曰: "畜馬乘, 不察於雞豚. 伐冰之家, 不畜牛羊. 百乘之家, 不畜聚斂之臣. 與其有聚斂之臣, 寧有盜臣." 此謂國不以利爲利, 以義爲利也.

鄭注 '맹헌자孟獻子'는 노魯나라 대부 중손멸仲孫蔑이다. '네 필의 말을 기른다'(畜馬乘)는 것은 사士의 신분에서 처음 대부大夫로 임용된 사람을 가리킨다. '얼음을 채취하는 집안'(伐冰之家)은 경대부 이상으로 상사와 제사에 얼음을 사용하는 자를 말한다. '백승百乘(사백필의 말)을 소유한 집안'(百乘之家)은 봉토(采地)를 소유한 자를 가리킨다. '닭과 돼지', '소와 양'은 백성이 길러서 재산으로 삼는 것이다. 국가는 의로움을 이익으로 여기고 재화를 이익으로 삼지 않는데, 도둑질하는 신하는 재산을 축낼 뿐이고, 부세를 많이 거두는 것을 급선무로 삼는 신하가 곧 의로움을 손상시킨다. 『논어』에서 말한다. "계씨季氏는 주공周公보다도 더 부유한데, 구求는 계씨를 위해 부세를 거두는 것에 골몰하니, 내 제자가 아니다. 너희들은 북을 울려서 그를 성토해도 된다"[29]라고 하였다. '孟獻子', 魯大夫仲孫蔑也. '畜馬乘', 謂以士初試爲大夫也. '伐冰之家', 卿大夫以上, 喪·祭用冰. '百乘之家', 有采地者也. '雞豚'·'牛羊', 民之所畜養以爲財利者也. 國家利義不利財, 盜臣損財耳, 聚斂之臣乃損義. 『論語』曰: "季氏富於周公, 而求也爲之聚斂, 非吾徒也. 小子鳴鼓而攻之, 可也."

章句 '맹헌자孟獻子'는 노魯나라의 뛰어난 대부인 중손멸仲孫蔑을 가리킨다. '네 필의 말을 기른다'(畜馬乘)는 것은 사士의 신분에서 처음 대부로 임용된 사람을 말한다. '얼음을 채취하는 집안'(伐冰之家)은 경대부 이상으로 상사喪事와 제사에서 얼음을 사용하는 자를 말한다. '백승百乘(사백필의 말)을 소유한 집안'(百乘之家)은 봉토(采地)를 소유한 자를 가리킨다. 군자는 자신의 재산을 잃을지언정, 차마 백성의 재력을 손상시키지 못한다. 그러므로 차

라리 자신의 재산을 축내는 신하를 둘지언정 백성에게서 부세를 거두는 것을 급선무로 삼는 신하를 두지 않는다. "이것은 말한다"(此謂) 이하 부분은 맹헌자의 말을 풀이한 것이다. '孟獻子', 魯之賢大夫仲孫蔑. '畜馬乘', 士初試爲大夫者也. '伐冰之家'卿大夫以上, 喪祭用冰者也. '百乘之家', 有采地者也. 君子寧亡己之財, 而不忍傷民之力. 故寧有盜臣而不畜聚斂之臣. "此謂"以下, 釋獻子之言也.

【대학 65】

국가의 우두머리가 되어 재화와 재정을 급선무로 삼는 것은 반드시 소인(의 유인)으로부터 나온다. 저 군주가 정치를 잘 하고자 하면서 소인에게 국가의 일을 다스리게 하면[30] 재해가 함께 이르니, 비록 잘하는 것이 있다고 해도 또한 대처할 수 없다. 이것은 나라는 재화의 이익을 이익으로 삼지 않고 의로움으로 이익을 삼음을 말한다.

長國家而務財用者, 必自小人矣.① 彼爲善之, 小人之使爲國家, 菑害並至, 雖有善者, 亦無如之何矣.② 此謂國不以利爲利, 以義爲利也.

鄭注 ① 재화를 축적하여 자신의 재정으로 삼는 것에 힘쓰는 자는 반드시 의로움을 잊으니 이것은 소인이 하는 짓임을 말한 것이다. 言務聚財爲己用者, 必忘義, 是小人所爲也.

② '피彼'는 군주를 가리킨다. 군주가 장차 어진 것과 의로운 것으로 정치를 잘 하고자 하면서도 소인小人에게 그 국가의 일을 다스리게 하여 환난이 빈번하게 이르면 비록 잘하는 것이 있다고 해도 구제할 수 없다. 그 악이

이미 현저하기 때문이다. '彼', 君也. 君將欲以仁義善其政, 而使小人治其國家之事, 患難猥至, 雖云有善, 不能救之, 以其惡之已著也.

章句 '저 사람이 그를 위해서 잘한다'(彼爲善之)는 이 구절 위와 아래로 빠진 문장과 잘못된 글자가 있는 듯하다. '자自'는 말미암는다는 뜻으로 소인이 유도하는 것에서 말미암는다는 뜻이다. 이 한 구절은 재화의 이익을 이익으로 삼는 것의 폐해를 깊이 밝혀서 거듭 말하여 총결한 것이다. 그 간절한 뜻이 절실하다. ○ 이상은 전의 제10장으로 "나라를 다스림"(治國)과 "천하를 화평하게 함"(平天下)을 풀이하였다. 이 장의 뜻은 그 중점이 백성과 더불어 좋아하고 싫어하는 것을 같이 하여 이익을 독차지 하지 않는 것에 있다. 모두 법도로 판단하는 것(絜矩)의 뜻을 미루어 확대한 것이다. 이와 같이 할 수 있다면, 현인을 친애하고 이익을 즐거워하여 각각 제 자리를 얻어 천하가 화평해진다. 전체 전 10장 가운데 앞의 4장은 강령과 취지를 통괄해서 논하였고, 뒤의 6장은 세부 조목과 공부를 자세히 논하였다. 제5장은 곧 선함을 밝히는 것(明善)의 요체이고, 제6장은 자신을 진실하게 하는 것(誠身)의 근본으로, 초학자에게 더욱 힘써야 될 급무가 되니 독자는 그 말이 천근하다고 홀시해서는 안 된다. '彼爲善之'此句上下, 疑有闕文誤字. '自', 由也, 言由小人導之也. 此一節深明以利爲利之害, 而重言以結之. 其丁寧之意切矣. ○ 右傳之十章, 釋"治國"·"平天下". 此章之義, 務在與民同好惡, 而不專其利. 皆推廣絜矩之意也. 能如是, 則親賢樂利, 各得其所, 而天下平矣. 凡傳十章, 前四章統論綱領指趣, 後六章細論條目工夫. 其第五章乃明善之要, 第六章乃誠身之本, 在初學尤爲當務之急, 讀者不可以其近而忽之也.

역주

1) 태학 : 「王制」에 "小學은 公宮 남쪽의 왼편에 있고, 大學은 郊에 있다"(小學在公宮南之左, 大學在郊)라고 하였다.

2) 복희 : 전설상 三皇 중 한 인물이다. 宓羲·炮犧·庖犧·包犧·犧皇·皇羲·虙羲·太昊 등 여러 명칭으로 불린다. 『史記』에서는 華胥氏의 아들, 少典의 아버지, 炎黃의 선조로 기술되어 있다. 백성들에게 그물을 짜는 법을 가르쳐 어업과 수렵 그리고 목축을 하였으며, 八卦를 창안하였다고 전한다.

3) 신농 : 전설상 三皇 중 한 인물이다. 烈山氏·稱連山氏로도 불린다. 사람들에게 의료와 농경을 가르쳤다고 전한다.

4) 사도 : 고대 토지와 교화의 일을 관장하였던 관직명이다. 『주례』에 地官大司徒로 되어 있고, 동한시대 이후로 司徒로 명칭이 바뀌었다.

5) 전악 : 조정의 樂을 담당하였던 관직명이다. 『書』「舜典」에 그 명칭이 보인다.

6) 원자 : 천자의 적장자로 아직 태자로 책봉되지 않았을 때 부르는 호칭이다. 제후의 적장자로 아직 세자로 책봉되지 않았을 때에도 같은 호칭으로 부른다.

7) 「제자직」 : 『대대례기』의 한 편이다.

8) 전의 : 주희는 「대학」의 내용을 공자의 말을 증자가 조술한 經 1장과, 이 공자의 말에 대하여 증자가 해설을 부가한 傳 9장의 체제로 구성되어 있다고 파악하였다. 傳義는 곧 증자가 공자의 말에 대하여 부가한 설명을 의미한다.

9) 허무 : 마음이 외물에 동요되지 않는 지평을 뜻하며, 도교의 설을 가리킨다.

10) 적멸 : 생멸의 업을 일으키는 마음이 소멸한 지평을 뜻하며, 불교의 설을 가리킨다.

11) 오대 : 당이 멸망하고 북송이 성립하기 전 907~960년 사이의 시기를 가리키며, 五代十國으로도 불린다. 華北 지역에서는 後梁·後唐·後晉·後漢·後周 등 5왕조가 있었고, 華南과 주변 지역에서 吳·南唐·吳越·閩·荊南(또는 南平)·楚·南漢·前蜀·後蜀·北漢 등 10국이 있었다.

12) '친'은 ~ 옳다 : 이 말은 『二程集』「伊川先生改正大學」에 나온다.

13) 정자가 정한 순서 : 程顥와 程頤가 「大學」에 대하여 각각 순서를 개정하였다. 『二程集』에 그 내용이 「明道先生改正大學」과 「伊川先生改正大學」으로 수록되어 있다. 이정이 개정하였던 체제는 경과 전의 구분이 없는데, 주희는 전체적으로 경 1장과 전 9장으로 구분하였다. 또한 각 장의 배치에서도 달리 한 부분이 많다.

14) 주나라가 ~ 최근이었네 : 공영달의 소에는 "주나라가 예전에 제후의 나라였지만, 하늘의 명을 받아 오직 천자가 되면서 바뀌었다"(周雖舊是諸侯之邦, 其受天之命, 唯爲天子而更新也)라고 하였다. 주희는 주나라가 전통이 오래된 나라이지만 문왕이 덕을 밝게 함에 이르러서 비로소 천명을 받았다고 시기의 측면에 중점을 두어 풀이하였고, 공영

달은 제후국이었다가 천명을 받아 천자의 나라로 바뀌었다는 나라의 위상 변화에 중점을 두어 풀이하였다.

15) 維 : 『예기주소』에는 '惟'로 되어 있다.

16) 인한 ~ 있겠는가 : 이 말은 『논어』 「里仁」에 나온다.

17) 쓸데없이 ~ 문장이다 : 『二程集』 「河南程氏經說」 권5, 「伊川先生改正大學」에 "네 글자는 쓸데없이 들어간 말이다"(四字衍)라고 하였다.

18) '신유'의 ~ 옳다 : 『二程集』 「河南程氏經說」 권5, 「伊川先生改正大學」에 "心 자가 되어야 옳다"(當作心)라고 하였다.

19) 譬 : 판본에 따라 '辟'이 '譬'로도 되어 있다. '譬'는 正字이고 '辟'은 假借字이다.

20) 그것을 ~ 것이다 : 『春秋公羊傳』, 隱公 5년조, "봄에 은공이 棠에서 물고기를 구경하였다"(春, 公觀魚于棠)의 傳에 "어째서 기록하였는가? 기롱한 것이다. 어째서 기롱하였는가? 멀기 때문이다. 은공은 무엇 때문에 멀리까지 와서 물고기를 구경하였는가? 얻고자 한 것이다"(何以書? 譏. 何譏爾? 遠也. 公曷爲遠而觀魚? 登來之也)라고 하였다. 傳의 원문에는 "登來之"로 되어 있다. 何休의 注에 "'登來'는 '得來'로 읽는다. '得來之'는 제나라 사람의 말이다. 제나라 사람들은 얻으려고 구하는 것을 '得來'라고 한다. '登來'로 된 것은 그 말하는 소리가 크고 급한데 구두로 전해주어서 그런 것이다"('登來', 讀言'得來'. '得來之'者, 齊人語也. 齊人名求得爲'得來'. 作'登來'者, 其言大而急, 由口授也)라고 하였다. 『춘추공양전』의 기사는 은공이 서울을 두고 멀리까지 와서 물고기를 구경한 것은 물고기를 취득하여 이익을 챙기려는 의도였음을 밝혀, 군주가 되어서 백성들과 이익을 다투는 것을 기롱한 것이다. 傳의 '登來'를 鄭玄은 '登戾'로 인용하고 '戾'가 이익, 또는 이득을 탐한다는 뜻을 나타내는 사례로 삼았다.

21) 정백의 ~ 엎어졌다 : 이 말은 『춘추좌씨전』, 隱公 3年조 傳에 나온다.

22) 혈구의 도리 : 정현은 '絜矩'를 "법도를 몸에 지니고 다닌다"고 풀이하였고, 주희는 "법도를 가지고 헤아린다"고 풀이하였다.

23) 우리 ~ 대접한다 : 이 말은 『맹자』 「梁惠王上」에 나온다.

24) 儀 : 『詩』 「文王」에는 '宜'로 되어 있다.

25) 감추는 ~ 두텁다 : 이 말은 王弼本 『노자』 44장에 나온다.

26) 觀射父 : 『예기정의』 注에 "'射父'에서 '射'의 음은 食과 亦의 반절(석) 또는 食과 夜의 반절(사)이다. '父'의 음은 '보'이다"('射父', 食亦反, 又食夜反. '父'音甫)라고 하였다. 여기에서는 음을 관석보라고 읽는다.

27) 현인을 ~ 잘못이다 : 정현의 해석에 따르면, 이 구절은 "현인을 보고도 천거하지 못하고 천거하고도 군주가 먼저 앞세우게 하지 못하면 태만한 것(命)이다. 선하지 않음을 보고도 물리치지 못하고 물리쳐도 군주가 멀리 하게 하지 못하면 잘못이다"의 뜻이 된다.

28) 정자 : 程頤를 가리킨다. 『二程集』 「河南程氏經說」 권5, 「伊川先生改正大學」에 나온다.

29) 계씨는 ~ 된다 : 이 말은 『논어』 「先秦」에 나온다. 현재 통행되는 『논어』에는 "계씨가

周公보다 부유한데 冉求가 그를 위해 賦稅을 거두는데 골몰해서 재산을 늘려주었다. 선생께서 '내 제자가 아니다. 너희들은 북을 울려서 그를 성토해도 된다'라고 하였다.(季氏富於周公, 而求也爲之聚斂而附益之. 子曰: '非吾徒也. 小子鳴鼓而攻之, 可也')로 되어 있고, "而附益之. 子曰" 부분이 빠져 있다. 季氏는 魯나라의 실권자 季孫氏를 가리킨다. '周公'은 '周나라의 公侯'라는 뜻으로 여기서는 武王과 成王을 도와 周를 안정시킨 뒤 魯에 분봉되어 시조가 된 姬旦을 가리킨다. 冉求는 공자의 제자로 계씨의 家臣이 되었는데, 여기서는 계씨를 위해 賦稅의 수입을 늘리기 위해 골몰하는 것을 공자가 비판한 것이다.

30) 저 군주가 ~ 하면 : 이 부분 원문 "彼爲善之, 小人之使爲國家"에 대하여 주희는 "彼爲善之" 위아래로 문장이 빠졌거나 글자가 잘못되었을 것이라고 추정하고 그 의미에 대하여 해석하지 않았다. 여기서는 일단 정현의 해석에 맞추어 번역하였다. 송대 학자 史繩祖는 『學齋佔畢』에서 '善'가 '不善'으로 되어야 옳다고 여기고, "彼爲不善之小人之使爲國家" 곧 "저 선하지 않은 일을 행하는 소인에게 나라의 일을 다스리게 하면"의 뜻으로 해석하였다. 청대 학자 俞樾은 『群經平議』「禮記」에서 '彼'가 군주가 아니라 小人을 가리키며, '善'은 '잘한다'(能)의 뜻이라고 보고, "彼爲善之"를 "(재화의 이익에 힘쓰는 것을) 저 소인이 잘하여"라고 해석하였다.

예기역주 권29

관의 제43
冠義

정현의 『예기목록』에서 말한다. "「관의冠義」라고 제목을 붙인 것은 관례에서 성인이 되는 뜻을 기록하였기 때문이다. 이 편은 유향劉向의 『별록別祿』에서는 「길사吉事」에 속해 있다."

鄭『目錄』云: "名曰「冠義」者, 以其記冠禮成人之義. 此於『別錄』屬「吉事」."

소疏에서 말한다. "관례가 언제 시작되었는지, 전해지는 글에 제대로 된 문장이 없다. 『사기』 「세본世本」에서는 '황제黃帝가 기(旒)와 면冕을 만들었다'고 하였다. 이것은 면冕이 황제에게서 시작되었다는 것이다. 황제 이전에는 깃털과 가죽으로 관冠을 만들었는데 이후에 베와 비단을 사용하게 되었다. 관례를 하는 나이는 천자와 제후가 모두 12세이다." ○ 여씨呂氏(여대림呂大臨)는 말한다. "관례冠禮·혼례昏禮·사례射禮·향음주례鄕飮酒禮·연례燕禮·빙례聘禮는 천하에 통용되는 예이다. 『의례』에 실려서 예禮라고 부르는 것은 예의 경經이다. 『예기』에 실려서 의義라고 부르는 것은 모두 그 경의 절차와 제도를 들어서 그 제작制作한 의리를 기술한 것이다."

疏曰: "冠禮起早晚, 書傳無正文. 「世本」云, '黃帝造旒冕.' 是冕起於黃帝也. 黃帝以前, 以羽皮爲冠, 以後乃用布帛. 其冠之年, 天子諸侯皆十二." ○ 呂氏曰: "冠·昏·射·鄕·燕·聘, 天下之達禮也. 『儀禮』所載謂之禮者, 禮之經也. 『禮記』所載謂之義者, 皆擧其經之節文, 以述其制作之義也."

【관의 1】

무릇 사람이 사람다워지는 이유는 예의禮義 때문이다. 예의의 시작은 몸가짐(容體)을 바르게 하고 안색을 정제하고 말을 화순하게 하는 데 있다. 몸가짐이 바르고 안색이 정제되고 말이 화순한 뒤에야 예의가 갖추어진다. 예의를 갖춤으로써 임금과 신하의 관계를 바르게 하고 아버지와 자식의 관계를 친하게 하고 나이 많은 이와 나이 어린 이를 화목하게 한다. 임금과 신하의 관계가 바르고 아버지와 아들의 관계가 친하고 나이 많은 이와 나이 어린이가 화목한 뒤에야 예의가 성립된다. 그러므로 관을 한 뒤에 복색이 갖추어지고 복색이 갖추어진 후에 몸가짐이 바르고 안색이 정제되고 말이 화순하다. 그러므로 "관례는 예의 시작이다"라고 한다. 이 때문에 옛날에 성왕은 관례를 중시하였다.

凡人之所以爲人者, 禮義也. 禮義之始, 在於正容體, 齊顔色, 順辭令.① 容體正, 顔色齊, 辭令順, 而後禮義備. 以正君臣, 親父子, 和長幼.② 君臣正, 父子親, 長幼和, 而后禮義立.③ 故冠而后服備, 服備而后容體正, 顔色齊, 辭令順.④ 故曰: "冠者, 禮之始也." 是故古者聖王重冠.

鄭注 ① 사람이 예를 행하는데 이 세 가지로 시작함을 말한다. 言人爲禮, 以此三者爲始.

② 세 가지의 시작이 갖추어져야 그것으로 세 가지 행실을 추구할 수 있음을 말한다. 言三始旣備, 乃可求以三行也.

③ '선다'(立)는 것은 이루어진다는 뜻과 같다. '立', 猶成也.

④ 복색이 갖추어지지 못한 자는 세 가지의 시작을 추구할 수 없음을 말한다. 동자童子의 복색은 채의采衣[1])를 입고 계紒[2])의 머리를 한다. 言服未備者, 未可求以三始也. 童子之服, 采衣紒.

集說 방씨方氏(방각方慤)는 말한다. "몸가짐(容體)은 법도가 될 만하기를 바라므로 바르다고 한다. 안색은 볼 만하기를 바라므로 정제되었다고 한다. 말은 따를 만하기를 바라므로 화순하다고 한다." 方氏曰: "容體欲其可度, 故曰正. 顔色欲其可觀, 故曰齊. 辭令欲其可從, 故曰順."

【관의 2】

옛날에 관례를 할 때에 관례를 하는 날을 점치고 관을 씌워 줄 빈객을 점치는 것은 관례의 일을 공경하기 위함이요, 관례의 일을 공경하는 것은 예를 중시하기 위함이요, 예를 중시하는 것은 나라의 근본이 되기 때문이다.

古者冠禮, 筮日·筮賓, 所以敬冠事, 敬冠事所以重禮, 重禮所以爲國本也.

鄭注 나라는 예로써 근본을 삼는다. 國以禮爲本.

集說 여씨呂氏(여대림呂大臨)는 말한다. "예를 중시하면 인도人道가 세워진다. 이것이 나라가 나라다운 나라로 되는 근거이다. 그러므로 '나라의 근본이 된다'고 하였다." ○ 방씨方氏는 말한다. "'관례를 하는 날을 점치는 것'은 하늘의 길함을 구하는 것이다. '관을 씌워줄 빈객을 점치는 것'은 사람이 어진가를 가리는 것이다. 그런데 시초점을 치고 거북점을 치지 않는 것은 무

엇 때문인가? 대개 옛날에 큰일에는 거북점을 쓰고 작은 일에는 시초점을 썼다. 천하의 일에서 시작(始)은 작은 일이 되고 마침(終)은 큰일이 되는데, 관례는 예의 시작이 된다. 성왕이 중시한 것은 그 시작을 중시한 것일 따름이요, 큰일은 아니다. 그러므로 단지 시초점을 쓴다. 상례나 제례와 같이 마침을 신중하게 행하는 경우에 이르면 큰일이라고 일컫는다. 그러므로 이에 대해서는 거북점을 쓴다." 呂氏曰: "禮重則人道立. 此國之所以爲國也. 故曰'爲國本'." ○ 方氏曰: "'筮日', 所以求夫天之吉. '筮賓', 所以擇夫人之賢. 然筮而不卜, 何哉? 蓋古者大事用卜, 小事用筮. 天下之事, 始爲小, 終爲大, 冠爲禮之始. 聖王之所重者, 重其始而已, 非大事也. 故止用筮焉. 至於喪祭之愼終, 則所謂大事也. 故於是乎用卜."

【관의 3】

그러므로 섬돌(阼 사당에서 주인이 다니는 동쪽 계단) 위에서 관례를 행하는 것은 자식이 아버지를 대신하는 의리를 드러내는 것이다. 빈객의 자리(서쪽 계단 위)에서 초례醮禮를 행하며 세 차례 점점 존귀한 관을 씌우는 것은 성인의 일이 더해감이 있음을 나타내는 것이다. 이미 관례하고 나면 자字를 지어 부르는 것은 성인成人의 도이다.

故冠於阼, 以著代也. 醮於客位, 三加彌尊, 加有成也.① 已冠而字之, 成人之道也.②

鄭注 ① '섬돌'(阼)은 주인의 북쪽을 말한다. 적자適子는 동쪽 섬돌 위에서 관례를 한다. 만약 예례醴禮[3]를 하지 않을 경우에는 빈객의 자리에서 술을 사용하여 초례醮禮[4]를 하는데, 공경하여 성인成人으로서 대하는 것이다. 출입문(戶) 서쪽은 빈객의 자리다. 서자庶子는 방문 밖에서 관례를 행하고 또

이어서 초례醮禮를 행하는데, 아버지를 대신하지 않기 때문이다. 관례를 행한다는 것은 처음에 치포관緇布冠을 씌우고 다음에 피변皮弁을 씌우고 다음에 작변爵弁을 씌우는 것이다. 매번 더욱 존귀한 관을 씌우는 것은 성인成人으로서의 일을 더욱 더해 가는 것이다. '阼', 謂主人之北也. 適子冠於阼. 若不醴, 則醮用酒於客位, 敬而成之也. 戶西爲客位. 庶子冠於房戶外, 又因醮焉, 不代父也. 冠者, 初加緇布冠, 次加皮弁, 次加爵弁. 每加益尊, 所以益成也.

② '자字'는 서로 존중하기 위한 것이다. '字', 所以相尊也.

集說 여씨呂氏는 말한다. "주인이 당에 올라가 당의 담벽(序)[5] 끝에서 서쪽을 향하여 선다. 찬자贊者는 당의 동쪽 담벽(東序)의 약간 북쪽에서 서쪽을 향하여 자리를 깐다. 장차 관례를 할 사람은 자리에 나아가 관례를 한다. 이 자리는 주인과 마찬가지로 섬돌 위에 있다. 아버지가 늙으면 아들에게 (권한을) 전해주는데, (섬돌에서 관례를 하는 것은) 그 전하여 맡기는 뜻을 드러내기 위한 것이다. 술잔을 받고서 되돌려서 따라 올리는 절차가 없는 것을 '초醮'라고 한다. 출입문 서쪽에서 남쪽을 향하여 초례醮禮를 하는데, 곧 빈객의 자리다. 빈객을 예우하는 예로써 그 자식을 예우하는 것은 성인으로 공경하기 위함이다. 처음에 치포관을 쓰고 다시 피변을 쓰고 다음에 작변을 쓴다. 세 번 관을 쓰면서 복색이 더욱 존귀해지는 것도 성인으로 공경하기 위함이다. 섬돌 위에서 관례를 하고 빈객의 자리에서 초례를 하는 것은 적자適子의 경우이다. 서자庶子의 경우에는 방 밖에서 남쪽을 향하여 관례를 하고 이어서 초례를 한다. 두 경우가 다른 까닭은 서자는 아버지를 대신하는 것을 나타내지 않기 때문이다. 옛날에 동자童子는 비록 귀한 신분이라고 해도 이름을 불렀을 뿐이고, 관례를 하고 난 뒤에야 성인成人의 도로서 빈객이 자字를 지어주었다. 그러므로 그 이름을 공경하는 것이다." 呂氏曰: "主人升立于序端西面. 贊者筵于東序少北西面. 將冠者卽筵而冠. 是位

與主人同在阼也. 父老則傳之子, 所以著其傳付之意也. 酌而無酬酢曰'醮'. 醮于戶西南面, 賓位也. 以禮賓之禮, 禮其子, 所以爲成人敬也. 始加緇布冠, 再加皮弁, 次加爵弁. 三加而服彌尊, 亦所以爲成人敬也. 冠於阼, 醮於客位者, 適子也. 若庶子, 則冠于房外南面, 遂醮焉. 所以異者, 不著代也. 古者童子雖貴, 名之而已, 冠而後, 賓字之以成人之道. 故敬其名也."

【관의 4】

어머니를 뵈면 어머니가 그에게 배례拜禮를 하고, 형제를 뵈면 형제가 그에게 배례를 하는 것은 성인이 되었으므로 더불어 예를 행하는 것이다. 현관玄冠과 현단玄端의 복색으로 임금에게 폐백을 올리고, 폐백을 가지고 향대부鄕大夫와 향선생鄕先生을 뵙는 것은 성인成人의 예로 뵙는 것이다.

見於母, 母拜之, 見於兄弟, 兄弟拜之, 成人而與爲禮也. 玄冠·玄端, 奠摯於君, 遂以摯見於卿大夫·鄕先生, 以成人見也.

鄭注 '향선생鄕先生'은 향로鄕老와 같지만 벼슬에서 물러난 사람이다. 현관玄冠을 쓰고 현단복玄端服을 입는 것은 조복朝服과 달리 하는 것이다. 鄕先生, 同[6]鄕老而致仕者. 服玄冠·玄端, 異於朝也.

集說 어머니가 아들에게 배례를 하는 것에 대해 선유先儒가 의심하였다. 소疏에서는 포脯가 종묘 안으로부터 왔기 때문에 그것에 대하여 배례를 하고 받는 것이지 아들에게 배례를 하는 것이 아니라고 여겼다. 여씨呂氏는 어머니에게는 아들을 따르는 도리가 있기 때문에 공경을 받는 평소의 도리를 굽혀서 특정한 상황에서 잠시 공경하는 도리를 편 것으로 여겼다. 방씨

方氏는 소疏의 뜻을 따랐다. 그러나 모두 옳지 않다. 이것은 '성인成人이 되었으므로 더불어 예를 행하는 것'이라는 한 구절이 관례를 하는 모든 경우에 다 그렇게 하는 것처럼 보여서 독자에게 의혹을 야기한 것이다. 석량왕씨石梁王氏만 "기록한 자는 이 예가 적자適子를 위한 것임을 몰랐다. 장자長子로서 아버지를 대신하여 할아버지를 계승한 자는 할아버지와 정체正體가 된다. 그러므로 예가 중자衆子의 경우와는 다르다"고 했는데, 이 말이야말로 뜻을 다 밝혀주고 있다. '현관玄冠'은 재계할 때 쓰는 관이다. '현단복玄端服'은 천자가 사적으로 편안히 거처할 때의 복색이고, 제후와 경·대부·사가 재계할 때 하는 복색이다. 폐백에는 꿩을 쓴다. '향선생'은 고을(鄕)에서 나이와 덕망이 모두 높은 사람으로 혹 관직에서 은퇴한 사람이다. 母之拜子, 先儒疑焉. 疏以爲脯自廟中來, 故拜受, 非拜子也. 呂氏以爲母有從子之義, 故屈其庸敬以伸斯須之敬. 方氏從疏義. 皆非也. 此因'成人而與爲禮'一句, 似乎凡冠者皆然, 故啓讀者之疑. 惟石梁王氏云: "記者不知此禮爲適. 長子代父承祖者, 與祖爲正體. 故禮之異於衆子也", 斯言盡之矣. '玄冠', 齊冠也. '玄端服', 天子燕居之服, 諸侯及卿·大夫·士之齊服也. 摯用雉. '鄕先生', 鄕之年德俱高者, 或致仕之人也.

【관의 5】

성인으로 대우한다는 것은 성인의 예를 요구하려는 것이다. 성인의 예를 요구한다는 것은 사람의 아들이 되고, 아우가 되고, 신하가 되고, 젊은이가 되는 자로서의 예를 행할 것을 요구하려는 것이다. 사람에게 장차 네 가지의 행실을 요구하려는 것이니 그 예가 중하지 않을 수 있겠는가? 그러므로 효孝·제弟·충忠·순順의 행실이 세워진 뒤에야 사람이 될 수 있고, 사람이 될 수 있은 후에야 사람을 다스릴 수 있다. 그러므로 성왕이 예를 중시한 것이다. 그래서 "관례冠禮란 예의 시작이고 가례嘉禮에서 가장 중요한 것이다"라고 한다. 이러한 까닭에 옛날에 관례를 중시하였다. 관례를 중시하므로 종묘에서 거행하였다. 종묘에서 거행하는 것은 중요한 일로 존중하기 위함이다. 중요한 일로 존중하므로 중요한 일을 감히 마음대로 하지 않는 것이다. 중요한 일을 감히 마음대로 하지 않음은 자기를 낮추고 조상을 높이기 위함이다.

成人之者, 將責成人禮焉也. 責成人禮焉者, 將責爲人子·爲人弟·爲人臣·爲人少者之禮行焉. 將責四者之行於人, 其禮可不重與?① 故孝弟忠順之行立, 而后可以爲人, 可以爲人, 而后可以治人也. 故聖王重禮. 故曰: "冠者, 禮之始也, 嘉事之重者也." 是故古者重冠. 重冠, 故行之於廟. 行之於廟者, 所以尊重事. 尊重事而不敢擅重事. 不敢擅重事, 所以自卑而尊先祖也.②

鄭注 ① 대례大禮로써 다른 사람에게 요구한다는 것은 자기가 응접하는 것을 구차히 할 수 없음을 말한다. 言責人以大禮者, 己接之不可以苟.

② '가사嘉事'는 가례嘉禮이다. 종백宗伯은 오례五禮를 관장한다. 길례吉禮가 있고 흉례凶禮가 있고 군례軍禮가 있고 가례가 있는데 관례는 가례에 속한다. 『주례』「춘관·대종백大宗白」에서 "혼례와 관례로써 남녀를 서로 친하게 하고 성인이 되게 한다"고 하였다. '嘉事', 嘉禮也. 宗伯掌五禮. 有吉禮, 有凶禮, 有賓禮, 有軍禮, 有嘉禮, 而冠屬嘉禮. 『周禮』曰: "以昏冠之禮, 親成男女也."

集說 여씨呂氏(여대림呂大臨)는 말한다. "성인成人이라고 하는 것은 사지와 피부가 어린아이와 다른 것을 말하는 것이 아니요, 반드시 인륜을 갖출 것

을 아는 것이다. 친속을 친하게 여기고, 존귀한 사람을 존귀하게 여기고, 연장자를 연장자로 여김에 있어서, 그 윤서倫序를 잃지 않는 것을 갖추었다고 한다. 이것이 사람의 아들이 되고, 아우가 되고, 신하가 되고, 젊은이가 되는 자로서의 예를 행하여, 효孝·제弟·충忠·순順의 행실이 세워지는 이유이다. 자기에게 갖춘 뒤에야 다른 사람에게 요구할 수 있다. 그러므로 성인成人이 된 뒤라야 사람을 다스릴 수 있다. 옛날에 중대한 일은 반드시 종묘 안에서 거행하였다. 혼례婚禮에서는 납채納采에서 친영親迎에 이르기까지 다 주인이 종묘에 자리를 깔고 궤几를 설치하였다. 빙례聘禮에서는 임금이 직접 대문 밖에서 배례를 하고 맞이하여 종묘에서 향례享禮를 받았다. 덕이 있는 사람에게 작위를 내리고 공이 있는 사람에게 녹을 줄 때에는 임금이 친히 종묘에서 책명策命을 내렸다. 상례는 계빈啓殯을 하면 종묘에서 조상을 뵈었다.[7] 모두 높이는 바가 있어서 감히 마음대로 하지 못함을 보이기 위한 것이다. 관례란 인도人道의 시작이므로 뒤로 미루어 할 수 없는 것이다. 효자가 부모를 섬김에 있어서 큰일이 있으면 반드시 사당에 고유하고 나서 행하고, 돌아가면 상제喪祭를 사당에서 행하는 것은 오히려 이러한 의리다. 그러므로 '대효大孝는 몸을 마칠 때까지 부모를 섬긴다'[8]라고 한 것은 부모의 몸을 마칠 때까지가 아니라 자기의 몸을 마칠 때까지를 말하는 것이다." 呂氏曰: "所謂成人者, 非謂四體膚革異於童稚也, 必知人倫之備焉. 親親貴貴長長不失其序之謂備. 此所以爲人子·爲人弟·爲人臣·爲人少者之禮行, 孝弟忠順之行立也. 有諸己, 然後可以責諸人. 故成人然後可以治人也. 古者重事必行之廟中. 昏禮, 納采至親迎, 皆主人筵几於廟. 聘禮, 君親拜迎於大門之外而廟受. 爵有德, 祿有功, 君親策命于廟. 喪禮, 既啓則朝廟. 皆所以示有所尊而不敢專也. 冠禮者, 人道之始, 所不可後也. 孝子之事親也, 有大事, 必告而後行, 沒則行諸廟, 猶是義也. 故'大孝終身慕父母者', 非終父母之身, 終其身之謂也."

역주

1) 채의 : '采衣'는 관례를 치르지 않은 미성년자의 복장이다. 검은 색의 베로 만든 옷에 비단으로 가선을 둘러 문식을 한 것이다. 따라서 문식하였다는 의미로 '彩衣'라고도 한다.

2) 계 : '紒'는 관례를 치르지 않은 미성년자의 머리 양식으로, 머리를 땋아 묶어서 상투를 트는 것을 말한다. 보통 양쪽 귀 뒤로 한 개씩의 머리 다발을 묶고 끈(總)으로 동여매어 장식하는데, 그 모습이 동물의 머리에 두 개의 뿔이 돋아나 있는 것처럼 보이기 때문에 '總角'이라고 한다.

3) 예례 : 의례가 끝난 후에 예주를 따라주어 노고를 위로하는 의식절차를 말한다. 관례나 혼례 등 주인이 빈에게 예주를 따라주어 예례를 행하는 것을 '醴賓', 관례에서 빈이 관을 쓴 아들에게 예주를 따라주어 예례를 행하는 것을 '醴子', 혼례에서 시부모가 며느리에게 예주를 따라주어 예례를 행하는 것을 '醴婦'라고 칭한다. 『三禮辭典』(錢玄), 1262쪽 참조.

4) 초례 : 醴酒가 아닌 일반적인 술을 사용하여 술잔을 권하는 예로, 술잔을 받고 보답하여 올리지 않는 것을 醮禮라고 한다. 「증자문」(10) 각주 참조.

5) 당의 담벽 : 堂의 동서 담벽을 말한다.

6) 同 : 阮元의 『校勘記』에 따르면, 宋本·岳本·嘉靖本·『考文』은 모두 '同'으로 되어 있다. 閩本·監本·毛本과 陳澔의 『禮記集說』은 '謂'로 잘못되어 있다.

7) 계빈을 ~ 뵈었다 : 喪葬禮에서 啓殯 후에 시신을 실은 관이 종묘에 가서 영결을 고하는 朝祖의 의례를 말한다.

8) 대효는 ~ 섬긴다 : 이 말은 『맹자』 「萬章上」에 나온다.

예기역주 권29

혼의 제44
昏義

정현의 『예기목록』에서 말한다. "「혼의昏義」라고 제목을 붙인 것은 아내를 맞이하는 뜻을 기록하였기 때문이니, 집안의 교육이 말미암아 이루어지는 바이다. 이 편은 유향劉向의 『별록別祿』에서는 「길사吉事」에 속해 있다."

鄭『目錄』云: "名曰「昏義」者, 以其記娶妻之義, 內教之所由成也. 此於『別錄』屬「吉事」也."

소疏에서 말한다. "혼昏이라고 한 것은 아내에게 장가드는 예는 저녁(昏)을 혼례의 시기로 삼기 때문에 이로 인해서 이름을 붙인 것이다. 반드시 저녁에 하는 것은 양陽이 가고 음陰이 오는 의리를 취한 것이다." ○ 여씨呂氏(여대림呂大臨)는 말한다. "사물이 구차하게 합해질 수 없다. 그러므로 문식하는 것(賁)으로 받아들인다.[1] 천하의 모든 정情은 합하지 않으면 이루지 못한다. 그 합하는 방식에 있어, 공경하면 끝까지 잘 마치지만, 구차하면 이반離反하기 쉽다. 반드시 문식함을 극진히 하는 것을 통해서 받아들이는 것은 공경하고 구차하지 않으려는 것이다. 혼례란 그 문식함을 받아들이는 의리인 것이다!"

疏曰: "謂之昏者, 娶妻之禮, 以昏爲期, 因名焉. 必以昏者, 取陽往陰來之義." ○ 呂氏曰: "物不可以苟合而已. 故受之以賁. 天下之情不合則不成. 而其所以合也, 敬則克終, 苟則易離. 必受之以致飾者, 所以敬而不苟也. 昏禮者, 其受賁之義乎!"

【혼의 1】

혼례란 장차 두 성姓이 좋아하는 마음을 합하여 위로는 종묘宗廟를 섬기고 아래로는 후세를 이으려는 것이다. 그러므로 군자가 중시하였다. 그러므로 혼례는 납채納采[2]·문명問名[3]·납길納吉[4]·납징納徵[5]·청기請期[6]의 과정을 모두 주인이 종묘에 자리를 깔고 궤几를 설치하여, 문 밖에서 배례를 하고 맞이한 뒤, 들어가서는 읍揖하고 사양하면서 당에 올라, 종묘에서 명령을 듣는다. 이것은 혼례를 공경하고 삼가며 존중하고 바르게 하려는 것이다.

昏禮者, 將合二姓之好, 上以事宗廟, 而下以繼後世也. 故君子重之. 是以昏禮納采·問名·納吉·納徵·請期, 皆主人筵几於廟, 而拜迎於門外, 入揖讓而升, 聽命於廟. 所以敬愼重正昏禮也.

鄭注 '청명聽命'은 주인이 사자使者가 전해주는 신랑 집안의 명령(命)을 듣는 것을 말한다. '聽命', 謂主人聽使者所傳壻家之命.

集說 방씨方氏는 말한다. "'납채納采'란 기러기를 바쳐서 채택하는 예로 삼는 것이다. '문명問名'이란 신부될 여자를 낳은 어머니의 이름과 성씨를 묻는 것이다. '납길納吉'이란 길한 점을 얻어서 바치는 것이다. '납징納徵'이란 폐백을 바쳐서 혼인하는 증표로 삼는 것이다. '청기請期'란 혼인할 날짜를 청하는 것이다. 채택하는 것은 나로부터 나오지만 이름과 성씨는 상대방에게 있다. 그러므로 납채의 예를 가장 먼저 하고 다음에 문명의 예를 행한다. 이들 절차는 사람이 도모하는 것을 빌어서 전달하는 것이다. 서로 도달하면 마땅히 귀신이 도모하는 것을 귀하게 여겨서 그로써 결단을 한다. 그러므로 또 다음에 납길로써 하는 것이다. 사람이 도모하는 것과 귀신이 도모하

는 것이 다 서로 도와서 따르게 되면, 그 후에 납폐로써 증표를 삼고 혼례 날짜를 청해서 기약을 한다. 그러므로 그 차례가 이와 같다." 方氏曰: "'納采'者, 納鴈以爲采擇之禮也. '問名'者, 問女生之母名氏也. '納吉'者, 得吉卜而納之也. '納徵'者, 納幣以爲昏姻之證也. '請期'者, 請昏姻之期日也. 夫采擇自我, 而名氏在彼. 故首之以納采, 而次之以問名. 此資人謀以達之也. 謀旣達矣, 則宜貴鬼謀以決之. 故又次之以納吉焉. 人謀鬼謀皆協從矣, 然後納幣以徵之, 請日以期之. 故其序如此."

【혼의 2】

아버지가 친히 아들에게 초례를 하여 친영親迎할 것을 명하는 것은 남자가 여자보다 앞서는 것이기 때문이다. 아들이 명을 받들어 친영을 가면, 주인(신부의 아버지)은 종묘에 자리를 깔고 궤를 설치한 뒤, 문 밖에서 배례를 하고 맞이한다. 신랑이 기러기를 잡고 들어와서 읍하고 사양하면서 당堂으로 올라가 재배再拜를 하고 기러기를 올린다. 이는 신부의 부모로부터 신부를 직접 받음을 보이는 것이다. 신랑은 서쪽 계단으로 내려와 대문을 나가서 신부의 수레를 모는데, (신부가 수레에 올라탈 때) 신랑은 수레의 끈을 신부에게 준다. 신랑이 직접 수레를 바퀴가 세 번 돌 때까지 몬다. 신랑은 자신의 집으로 먼저 가서 침문寢門 밖에서 기다린다. 신부가 이르면 신랑이 신부에게 읍揖을 하여 맞이하고 들어온다. 희생을 함께하여 먹고 표주박 술잔을 합하여 술을 마시는 것은 몸을 합하여 존귀하고 비천함을 함께 함으로써 친하게 하기 위한 것이다.

父親醮子而命之迎, 男先於女也. 子承命以迎, 主人筵几於廟, 而拜迎於門外. 壻執鴈入, 揖讓升堂, 再拜奠鴈. 蓋親受之於父母也. 降出, 御婦車, 而壻授綏. 御輪三周. 先俟于門外. 婦至, 壻揖婦以入. 共牢而食, 合巹而酳, 所以合體同尊卑, 以親之也.

鄭注 술잔을 올리고서 되돌려 술잔을 받음이 없는 것을 '초醮'라고 한다. 초례醮禮는 관례에서의 초례와 같을 것이다. 다른 것은 혼례의 경우 침寢에서 초례를 한다는 것이다. 신랑이 신부의 수레를 몰아 수레바퀴가 세 번 돌고 나서 마부가 대신 수레를 몰며, 신랑은 자기의 수레를 스스로 타고 앞서서 인도하여 집으로 돌아간다. '희생을 함께하여 먹고 표주박 술잔을 합하여 술을 마신다'(共牢而食, 合巹而酳)는 것은 신부가 되는 것을 이루었다는 의미다. 酌而無酬酢曰'醮'. 醮之禮, 如冠醮與. 其異者, 於寢耳. 壻御婦車, 輪三周, 御者代之, 壻自乘其車, 先道之歸也. '共牢而食, 合巹而酳', 成婦之義.

集說 소疏에서 말한다. "'희생을 같이하여 먹는다'는 것은 하나의 희생을 같이 먹고 희생을 달리하지 않는 것이다. '표주박 술잔(巹)을 합하여 술을 마신다'는 것은, 하나의 표주박을 갈라서 두 개의 표주박을 만든 것을 표주박 술잔이라고 하는데, 신랑과 신부가 각각 한 쪽을 잡고서 술을 마시는 것이다. '술을 마신다'는 것은 입을 가시는 것이다. 식사를 마치고 술을 마셔 그 기운을 개운하고 편안하게 하는 것이다." ○ 정자程子는 말한다. "기러기를 올리는 것은 기러기가 두 번 짝짓지 않는 뜻을 취하는 것이다." ○ 주자朱子는 말한다. "그 음과 양이 오고 가는 것에 순응하는 뜻을 취한 것이다." ○ 방씨方氏는 말한다. "종묘에 자리와 궤를 설치하는 것은 귀신과 교접하여 자리에 모시고 귀신을 받들어 편안케 하려는 것이다. 아버지가 반드시 직접 초례를 행하는 것은 자식을 중시해서가 아니라 예를 중시해서

일 따름이다. 자기 신부의 수레를 모는 것은 신부를 존중하기 때문이고, 수레의 끈을 신부에게 주는 것은 신부를 편안하게 하기 위해서이다. 수레바퀴가 세 번 도는 것으로 절도를 삼는 것은 음양의 홀수와 짝수가 셋으로 이루어지는 뜻을 취한 것이다. 바퀴가 세 번 돌고 나서는 마부가 대신 수레를 몬다. 희생을 같이하는 것은 다른 희생을 쓰지 않는 것이고, 표주박 술잔을 함께하는 것은 다른 술잔(爵)을 쓰지 않는 것이다. 표주박 술잔을 합하는 것은 몸을 합하는 뜻이 있고, 희생을 같이하는 것은 존귀함과 비천함을 같이하는 뜻이 있다. 몸이 합해지면 존귀함과 비천함이 같고, 존귀함과 비천함이 같으면 서로 친하여 서로 떨어지지 않는다." 疏曰: "'共牢而食'者, 同食一牲, 不異牲也. '合巹而酳'者, 以一瓠分爲兩瓢, 謂之巹, 壻與婦各執一片以酳. '酳', 演也. 謂食畢飮酒, 演安其氣也." ○ 程子曰: "奠鴈, 取其不再偶." ○ 朱子曰: "取其順陰陽往來之義也." ○ 方氏曰: "筵几於廟者, 交神以筵之, 奉神以安之也. 父必親醮, 非重子也, 重禮而已. 御其婦車, 所以尊之也, 授之綏, 所以安之也, 以輪三周爲節者, 取陰陽奇偶之數成也. 旣三周則御者代之矣. 共牢則不異牲, 合巹則不異爵. 合巹有合體之義, 共牢有同尊卑之義. 體合則尊卑同, 同尊卑則相親而不相離矣."

【혼의 3】

공경하고 삼가며 존중하고 반듯하게 한 뒤에 친애하는 것이 예의 큰 원칙(大體)이니 그것으로서 남자와 여자 사이의 구별을 이루고 남편과 아내 사이의 의리를 세운다. 남자와 여자 사이에 구별이 있은 뒤에야 남편과 아내 사이에 의리가 있다. 남편과 아내 사이에 의리가 있은 뒤에야 아버지와 아들 사이에 친함이 있다. 아버지와 아들

사이에 친함이 있은 뒤에야 임금과 신하 사이에 올바름이 있다. 그러므로 "혼례란 예의 근본이다"라고 한다. 무릇 예는 관례에서 시작하고, 혼례에 근간根幹을 두며, 상례와 제례에서 그 융중隆重함을 체현하고, 조례朝禮와 빙례聘禮에서 존경함을 나타내고, 향음주례鄕飮酒禮와 사례射禮에서 친화를 다진다. 이것이 예의 큰 원칙이다.

敬愼重正, 而后親之, 禮之大體, 而所以成男女之別, 而立夫婦之義也. 男女有別, 而後夫婦有義. 夫婦有義, 而後父子有親. 父子有親, 而後君臣有正. 故曰: "昏禮者, 禮之本也."① 夫禮始於冠, 本於昏, 重於喪祭, 尊於朝聘, 和於鄕射. 此禮之大體也.②

鄭注 ① 자식이 기를 이어받음에 성품이 순화純和하면 효도를 하고, 효도를 하면 충직하다. 言子受氣, 性純則孝, 孝則忠也.

② '시작한다'(始)는 것은 뿌리를 둔다는 뜻과 같다. '근본을 둔다'(本)는 것은 근간으로 삼는다는 뜻과 같다. '향鄕'은 향음주례이다. '始', 猶根也. '本', 猶幹也. '鄕', 鄕飮酒.

集說 '아버지와 아들 사이가 친한 뒤에야 임금과 신하의 사이가 바르게 된다'는 것은 "아버지를 섬기는 도리로 임금을 섬기는데, 공경하는 마음은 똑같다"7)는 것이다. '父子親而後君臣正'者, "資於事父以事君, 而敬同也."

【혼의 4】

새벽에 일어나 신부는 목욕을 하고 시부모를 뵙기를 기다린다. 날이 밝을 무렵 찬자贊者가 신부가 시부모를 뵙게 한다. 신부는 대추와 밤과 단수段脩(포를 두드려 부드럽게 한 뒤 생강이나 계피로 조미한 것)를 넣은 폐백 상자(笲)를 들고 뵙는다. 찬자가 시부모를 대신하여 신부에게 상을 차려서 대접한다. 신부가 포脯(말린 고기)와 해醢(젓갈)를 고수레하고 단술을 고수레하는 것은 며느리가 되는 예를 이루는 것이다. 시부모가 적침(室)에 들어가면 며느리가 새끼 돼지로 음식을 올리는데 며느리로서 효순함을 밝히는 것이다.

夙興, 婦沐浴以俟見. 質明, 贊見婦於舅姑. 婦執笲, 棗·栗·段脩以見. 贊醴婦. 婦祭脯醢, 祭醴, 成婦禮也.① 舅姑入室, 婦以特豚饋, 明婦順也.②

鄭注 ① 며느리가 되는 예를 이룬 것이다. '찬예부贊醴婦'의 '예醴'는 '예禮'가 되어야 한다. 소리가 비슷하여 잘못 쓰인 것이다. 成其爲婦之禮也. '贊醴婦', 當作'禮'. 聲之誤也.

② 음식을 올림으로써 며느리로서 효순함을 밝히는 것은, 이바지하여 봉양하는 예는 효순함을 주로 하기 때문이다. 以饋明婦順者, 供養之禮主於孝順.

集說 '질명質明'은 혼례를 치른 다음 날, 날이 밝아질 무렵이다. '찬贊'은 예를 돕는 사람이다. '변笲'은 그릇 생김새가 광주리(筥)와 비슷한데, 대나무나 갈대로 만들어 푸른 비단을 입혀서, 여기에 대추·밤·단수 등 폐백을 담는다. '수脩'는 말린 고기(脯)다. 생강과 계피를 넣어 손질한 것을 '단수段脩'라고 한다. '찬자가 시부모를 대신하여 신부에게 상을 차려서 대접한다'(贊醴婦)는 것은, 신부가 방문(戶)과 창(牖)의 사이에 자리하고, 찬자가 술을 따라서 신부의 자리 앞에 놓으면 신부가 서쪽에 자리하여 동쪽을 향해 배례하고 받고, 찬자가 서쪽 계단 위에서 북향하여 배례하고 보낸다. 또 포脯(말린 고기)와 해醢(젓갈)를 배례하고 올린다. 신부가 자리에 올라가서 왼손

으로는 술잔(觶)을 잡고 오른손으로는 포와 해를 고수레하기를 마치고 국자(柶)로 단술을 세 번 고수레한다. 포와 해를 고수레하고 단술을 고수레하는 것은 그 며느리가 된 예를 이루기 위함이다. 시부모가 적침適寢(室)에 들어가면 신부가 손을 씻고 음식을 올린다. 새끼돼지를 좌우로 갈라 함께 정鼎에 넣어두고 이것을 나누어 담는데, 왼쪽 고기는 시아버지의 조俎에 담고, 오른쪽 고기는 시어머니의 조에 담는다. 말린 생선포(魚腊)를 올리지 않고 기장(稷)을 올리지 않는다. 시부모가 함께 서남쪽 아랫목에서 동향하여 남쪽을 윗자리로 삼아 앉고 예찬禮饌도 마찬가지 방향으로 진설한다. 이것은 그 며느리로서 효순함을 행하는 뜻을 밝히는 것이다. '質明', 昏禮之次日正明之時也. '贊', 相禮之人也. '笲'之爲器似筥, 以竹或葦爲之, 衣以靑繒, 以盛此棗栗段脩之贄. '脩', 脯也. 加薑桂治之曰'段脩'. '贊醴婦'者, 婦席於戶牖間, 贊者酌醴置席前, 婦於席西東面拜受, 贊者西階上北面拜送. 又拜薦脯醢. 婦升席, 左執觶, 右祭脯醢訖, 以柶祭醴三. 是祭脯醢祭醴者, 所以成其爲婦之禮也. 舅姑入于室, 婦盥饋. 特豚合升而分載之, 左胖載之舅俎, 右胖載之姑俎. 無魚腊, 無稷. 舅姑並席于奧, 東面南上, 饌亦如之. 此明其爲婦之孝順也.

【혼의 5】

혼례를 치른 다음 날 시부모가 함께 일헌一獻의 예로서 며느리에게 향례饗禮를 베풀어주는데, 시어머니가 며느리에게서 받은 술잔을 마시지 않고 내려놓으면 정식 예가 끝난다(奠酬).[8] 시부모가 먼저 서쪽 계단으로 내려간 후에 며느리가 동쪽 계단으로 내려가는데, 그럼으로써 시부모의 일을 대신하게 되었음을 나타낸다.

厥明, 舅姑共饗婦以一獻之禮, 奠酬. 舅姑先降自西階, 婦降自阼階, 以著代也.

鄭注 일헌一獻의 예를 하고 나서 며느리에게 가사(室事)를 전수하는 것을 말한다. '내려간다'(降)는 것은 각각 자기의 연침燕寢으로 돌아가는 것이다. 며느리는 시부모의 적침適寢에서 시부모를 뵙고 음식을 올리며 음식을 대접 받는다. 『의례』「사혼례士昏禮」에서 '그 다음날'(厥明)이라고 말하지 않았는데 여기서 말한 것은 대부 이상은 예禮가 많아 더러 날을 달리 할 수도 있기 때문이다. 言旣獻之, 而授之以室事也. '降'者, 各還其燕寢. 婦見及饋饗於適寢. 「昏禮」不言'厥明', 此言之者, 容大夫以上禮多, 或異日.

集說 '궐명厥明'(그 다음날)은 혼례를 치른 다음 날이다. 「사혼례士昏禮」의 정현鄭玄 주註에 "시부모가 함께 며느리에게 향례를 베풀어주는데, 시아버지가 작爵으로 헌주獻酒하고 시어머니가 포와 해를 베풀어준다"라고 하였고, 또 "시아버지가 남쪽의 세洗에서 씻는다는 것은 작爵을 씻어서 며느리에게 헌주獻酒하는 것이요, 시어머니가 북쪽 세洗에서 씻는다는 것은 작爵을 씻어서 며느리에게 술을 따라 되돌려준다(酬)는 뜻이다"[9]라고 하였다. 가공언賈公彦의 소疏에 "시아버지가 헌주獻酒를 하고 시어머니가 술을 따라 잔을 되돌려 주는 것이 함께 일헌一獻을 이루므로 시어머니가 포脯와 해醢를 올리는 것에 문제될 것이 없다"고 하였는데, 이 설명이 옳다. 다만 며느리가 시아버지에게 술잔을 올릴 때, 작爵(술잔)을 새로운 것으로 바꾸어서 사용하고 스스로 포와 해를 올리는 것이다. 가공언의 소에 또 말하기를 "받은 술잔을 마시지 않고 내려놓거나 술잔을 따라 올리는 것에서 다 장소를 말하지 않았다"라고 하였는데, 예例로써 미루어 보건대 시부모의 자리는 당연히 며느리가 시부모를 뵐 때 시아버지는 조계阼階 위에 자리하고

시어머니는 방 밖에 자리하여, 며느리가 작爵을 새로운 잔으로 바꾸어 사용하고 스스로 포와 해를 올리는 절차와 술잔을 자리에 놓고 바치는 예禮를 행하는 것과 같이 해야 한다. ○ 소疏에서 말한다. "시아버지가 술을 따라서 동쪽 계단(阼階)에서 며느리에게 주면, 며느리는 서쪽 계단에서 배례하고 받는다. 자리에 나아가 포와 해를 고수레하고 술을 고수레하는 것이 끝나면, 서쪽 계단 위에서 북쪽을 향하여 작의 술을 다 마신다. 며느리가 시아버지에게 술을 올리면 시아버지가 동쪽 계단 위에서 술잔을 받고 다 마신 다음 술을 따라 준다. 며느리가 작을 바꾸어 먼저 스스로 다 마신 다음 다시 술을 따라서 시어머니에게 술을 올린다. 시어머니는 작을 받아서 포와 해의 왼쪽에 놓고 작을 들어 마시지 않으며, 이로써 정례正禮가 완료된다. 계단을 내려오는 것은 각자 연침燕寢으로 돌아가는 것이다." ○ 방씨方氏(방각方慤)는 말한다. "조계阼階는 주인의 계단이다. 자식이 아버지를 대신하여 장차 밖에서 주인 노릇을 하며, 며느리가 시어머니를 대신하여 장차 안에서 주인 노릇을 하게 된다. 그러므로 이 혼례와 관례에서 모두 대신함을 드러낸다고 말하는 것이다." ○ 석량왕씨石梁王氏는 말한다. "이것은 다 총부冢婦[10]가 되는 경우이다. 이제 살피건대, 이 한 구절은 이해하기가 어렵다. 『의례도儀禮圖』에서도 자세히 밝히지 않았다. 설명을 유보하고 아는 사람을 기다린다." '厥明', 昏禮之又明日也. 「昏禮」 註云: "舅姑共饗婦者[11], 舅獻爵, 姑薦脯醢", 又云: "舅洗于南洗, 洗爵以獻婦也, 姑洗于北洗, 洗爵以酬婦也." 賈疏云: "舅獻姑酬, 共成一獻, 仍無妨姑薦脯醢", 此說是也. 但婦酢舅, 更爵自薦. 又云: "奠酬·酬酢, 皆不言處所", 以例推之, 舅姑之位當如婦見, 舅席于阼, 姑席于房外, 而婦行更爵自薦, 及奠獻之禮歟. ○ 疏曰: "舅酌酒于阼階獻婦, 婦西階上拜受. 卽席祭薦, 祭酒畢, 於西階上北面卒爵. 婦酢舅, 舅於阼階上受酢, 飮畢乃酬. 婦更爵先自飮畢, 更酌酒以酬姑. 姑受爵奠於薦左, 不擧爵, 正禮畢也. 降階, 各還燕寢也." ○ 方氏曰: "阼者, 主人之階. 子之代父, 將以爲主於外, 婦之代姑, 將以爲主於內. 故此與冠禮並言著代也." ○ 石梁王氏

曰: "此皆爲冢婦也. 今按, 此一節難曉. 『儀禮圖』亦不詳明. 闕之以俟知者."

【혼의 6】

신부가 되는 예를 이루고 며느리의 효순함을 밝히고 또 거듭해서 시어머니를 대신함을 드러내는 것은 며느리의 효순함을 무겁게 요구하기 위한 것이다. 며느리의 효순함이란 시부모에게 효순하고 집안사람들과 화목한 뒤에 남편과 잘 맞추어, 누에치고 길쌈하여 베와 비단 짜는 일을 이루며 가산을 모으고 저장하는 일을 잘 살펴서 지키는 것이다. 이러한 까닭에 며느리가 효순한 덕행이 갖추어진 뒤에 집안이 화목하게 잘 다스려지고, 집안이 화목하게 잘 다스려진 뒤에야 가업이 오래갈 수 있는 것이다. 그러므로 성왕이 부녀자의 효순함을 중시하였다.

成婦禮, 明婦順, 又申之以著代, 所以重責婦順焉也. 婦順者, 順於舅姑, 和於室人, 而後當於夫, 以成絲麻布帛之事, 以審守委積蓋藏.① 是故婦順備而後內和理, 內和理而後家可長久也. 故聖王重之.②

鄭注 ① '집안사람'(室人)은 손위 시누이와 손아래 시누이, 손위 동서와 손아래 동서를 말한다. '당當'은 잘 맞춘다는 뜻과 같다. 남편과 잘 맞추는 것을 나중에 말한 것은, 시부모에게 효순하지 않고 집안사람과 어울리지 못하면, 비록 훌륭한 점이 있더라도 남편과 잘 맞추지 못하게 된다. '室人', 謂女姑[12] 女叔諸婦也. '當', 猶稱也. 後言稱夫者, 不順舅姑, 不和室人, 雖有善者, 猶不爲稱夫也.

② '효순한 덕행이 갖추어진다'(順備)는 것은 행실이 집안사람들과 화목하고 남편과 잘 맞추며, 집안의 일이 이루어지고 잘 관리되는 것이다. '順備'者, 行和當, 事成審也.

集說 방씨方氏는 말한다. "시부모에 대해서는 효순함을 말하고 집안사람들에 대해서는 화목함을 말하는 것은, 대개 위와 아래가 서로 따르는 것을 순하다고 하는데 순하면 거스르지 않고, 좋든 싫든 서로 이루어주는 것을 화목함이라고 하는데 화목하면 편을 짓지 않기 때문이다. 시부모에 대한 예는 지극히 높으므로 따를 수는 있되 거스를 수는 없고, 집안사람들에 대한 예는 서로 동등한 것이므로 화목하게 하더라도 편을 지을 필요는 없으니, 이것이 구별되는 점이다." 方氏曰: "於舅姑言順, 於室人言和者, 蓋上下相從謂之順, 順則不逆, 可否相濟謂之和, 和則不同. 舅姑之禮至隆也, 故可順而不可逆, 室人之禮, 相敵也, 故雖和而不必同, 玆其別歟."

【혼의 7】

이러한 까닭에, 옛날에 (임금과 동성인) 신부가 시집가기 석 달 전, 고조高祖의 묘廟가 아직 훼천毁遷 되지 않았으면 임금의 종묘(公宮)에서 가르침을 받는다. 고조의 묘가 훼천되었으면 대종大宗의 집(宗室)에서 가르침을 받는다. 신부다운 덕과 신부다운 언사와 신부다운 몸가짐과 신부로서 해야 할 일을 가르친다. 가르침이 이루어지면 조상에게 아뢰고 제사를 지내는데, 희생으로 물고기를 쓰고 빈채(蘋)와 조채(藻)를 섞어 넣고 국을 끓이는 것은 부녀자의 효순한 덕을 이루었음을 나타내는 것이다.

是以古者婦人先嫁三月，祖廟未毁，教于公宮．祖廟既毁，教于宗室．教以婦德·婦言·婦容·婦功．教成，祭之，牲用魚，芼之以蘋藻，所以成婦順也．

鄭注 (시집가는 여자가) 천자나 제후와 동성인 경우를 말한다. 딸을 시집보내는 이는 반드시 딸을 높은 이에게 나아가 가르침을 이루게 해야 한다. 가르침을 이루어주는 자는 여사女師이다. '조묘祖廟'는 여자가 나온 바의 조상이다. '공公'은 임금(君)이다. '종실宗室'은 종자宗子의 집이다. '신부다운 덕'(婦德)은 바르고 순함이다. '신부다운 언사'(婦言)은 예의에 맞는 언사이다. '신부다운 몸가짐'(婦容)은 유순함이다. '신부로서 해야 할 일'(婦功)은 누에치고 길쌈하는 것이다. '제사를 지낸다'(祭之)는 것은 자기가 나온 바의 조상에게 제사지내는 것이다. '물고기'(魚)·'빈채와 조채'(蘋藻)는 다 물에서 나는 것으로 음陰의 종류이다. 물고기는 조俎에 담는 제수로 쓰기 위한 것이요, 빈채와 조채는 국거리로 쓰기 위한 것이다. 제사에 희생이 없는 것은 일을 고유告由하는 것일 뿐, 정식 제사가 아니기 때문이다. 메(齊盛)는 기장을 쓴다고 한다. 임금이 유사有司를 시켜서 고유하게 한다. 종자의 집에서 만약 그 조묘祖廟가 이미 훼천毁遷[13]되었으면 단壇을 만들어서 고유한다.
謂與天子諸侯同姓者也．嫁女者，必就尊者教成之．教成之者，女師也．'祖廟'，女所出之祖也．'公'，君也．'宗室'，宗子之家也．'婦德'，貞順也．'婦言'，辭令也．'婦容'，婉娩也．'婦功'，絲麻也．'祭之'，祭其所出之祖也．'魚'·'蘋藻'，皆水物，陰類也．魚爲俎實，蘋藻爲羹菜．祭無牲牢，告事耳，非正祭也．其齊盛用黍云．君使有司告之．宗子之家，若其祖廟已毁，則爲壇而告焉．

集說 '조묘祖廟가 아직 훼천되지 않았다'는 것은 이 시집갈 여자가 아직 이 선조에 대해서 오복五服 관계 안에 있으므로 임금에게 친속이 됨을 말

한다. 그러므로 여사女師로 하여금 임금의 궁궐에서 가르치게 한다. 임금의 궁궐은 조상을 모신 종묘이다. '이미 훼천되었다'는 것은 오복 관계를 벗어나서 임금에 대해 친속 관계에서 멀어졌음을 말한다. 그러므로 종자의 집에서 가르친다. '(신부다운) 덕'은 바르고 순함이다. '말'은 예의에 맞는 언사[14]이다. '몸가짐'은 유순함이다. '해야 할 일'은 누에치고 길쌈하는 일이다. '제사를 지낸다'는 것은 자기가 나온 선조에게 제사지내는 것이다. '물고기'와 '빈채 · 조채'는 다 물에서 나는 것으로 음陰의 종류이다. '섞어 넣고 끓인다'(芼之)는 것은 국을 만드는 것이다. '祖廟未毁'者, 言此女猶於此祖有服也, 則於君爲親. 故使女師敎之于公宮. 公宮祖廟也. '旣毁', 謂無服也, 則於君爲疏. 故敎之于宗子之家. '德', 貞順也. '言', 辭令也. '容'則婉娩, '功'則絲麻. '祭之'者, 祭所出之祖也. '魚'與'蘋藻', 皆水物, 陰類也. '芼之'爲羹也.

【혼의 8】

옛날에 천자의 왕후는 6궁宮 · 3부인夫人 · 9빈嬪 · 27세부世婦 · 81어처御妻를 세워서 천하의 일 가운데 안을 다스리는 일(內治)을 관장하였고 부녀의 효순함을 밝게 드러내었다. 그러므로 천하에 안(內)이 화목하고 집안이 다스려졌다. 천자는 6관官 · 3공公 · 9경卿 · 27대부大夫 · 81원사元士를 세워서 천하의 일 가운데 바깥을 다스리는 일(外治)을 관장하였고 모든 남자들의 교화를 밝게 드러내었다. 그러므로 바깥(外)이 화목하고 나라가 다스려졌다. 그러므로 "천자는 남자들의 교화를 관장하고 왕후는 부녀자의 효순함을 관장한다. 천자는 양陽의 도를 다스리고 왕후는 음陰의 덕을 다스린다. 천자는 바깥의 다스림을 관장하고 왕후는 안의 일을 관장한다. 교화와 효순함이 아름다운 풍속을 이루고 바깥과 안이 화목하여 서로 따르면 나라와 집안이 다스려진다. 이것을 성대한 덕이라고 한다"라고 하였다.

古者天子后立六宮・三夫人・九嬪・二十七世婦・八十一御妻, 以聽天下之內治, 以明章婦順. 故天下內和而家理. 天子立六官・三公・九卿・二十七大夫・八十一元士, 以聽天下之外治, 以明章天下之男教. 故外和而國治. 故曰: "天子聽男教, 后聽女順. 天子理陽道, 后治陰德. 天子聽外治, 后聽內職. 教順成俗, 外內和順, 國家理治. 此之謂盛德."

鄭注 천자는 6침寢으로, 왕후의 6궁宮이 뒤에 있고 6관官이 앞에 있는 것은 후사를 잇고 안팎의 정교政教를 베풀기 위해서이다. 3부인夫人 이하 120인人은 주周나라의 제도이다. 3공公 이하 120인은 하夏나라 때의 제도인 듯하다. 둘을 합해서 말한 것은 하나라의 제도와 주나라의 제도가 서로 상응함에는 큰 수를 본뜨는 바가 있음을 취한 것이다. '안을 다스리는 일'(內治)이란 부녀자가 배워야 할 법도이다. '음陰의 덕'이란 천자를 모시는 일(陰事)과 천자의 명령(陰令)을 주관하는 것이다.[15] 天子六寢, 而六宮在後, 六官在前, 所以承嗣, 施外內之政也. 三夫人以下百二十人, 周制也. 三公以下百二十人, 似夏時也. 合而言之, 取其相應有象大數也. '內治', 婦學之法也. '陰德', 謂主陰事陰令也.

集說 방씨方氏는 말한다. "6관官은 천지天地와 사시四時의 관官이다. 6경卿이 있는데, 또 9경卿이 있는 것은 3공公을 포함해서 헤아리면 9경이라고 하기 때문이다. 공公에서 사士에 이르기까지 그 셋을 단위로 세어서 배로 더해나간다. 9에서 멈추는 것은 양의 수가 3에서 이루어지고 9에서 끝나는

데, 그 다스리는 도리가 양陽의 도道이기 때문에 그 수가 이와 같다. 왕후는 음陰의 덕德을 다스리는데 그 수가 또한 같은 것은 아내는 남편을 따르기 때문이다. 6궁宮은 대침大寢 하나에 소침小寢이 다섯이다. 먼저 6궁을 말한 뒤에 6관을 말한 것은 나라를 다스리고 싶으면 먼저 그 집안을 다스린다는 뜻이기 때문이다." 方氏曰: "六官, 天地四時之官也. 有六卿而又有九卿者, 兼三公數之, 則謂之九卿. 由公至士, 其數三而倍之. 止於九者, 陽成於三而窮於九, 以其理陽道, 故其數如此. 后治陰德, 而其數亦如之者, 婦人從夫故也. 六宮, 謂大寢一, 小寢五也. 先言六宮而后言六官者, 欲治其國, 先齊其家之意也."

【혼의 9】

이러한 까닭에 남자의 교화됨(男教)이 닦이지 않아 양陽의 일들이 이루어지지 못하면, 책망함이 하늘에서 나타나 해에 일식日蝕이 생긴다. 부녀자의 효순함(婦順)이 닦이지 않아 음陰의 일들이 이루어지지 못하면, 책망함이 하늘에 나타나 달에 월식月蝕이 생긴다. 그러므로 일식이 일어나면 천자가 소복素服을 하고 6관官의 직무를 정비하며 천하의 잘못된 양陽의 일들을 쓸어 없앤다. 월식이 일어나면 왕후가 소복을 하고 6궁宮의 직무를 정비하며 천하의 잘못된 음陰의 일들을 쓸어 없앤다. 그러므로 천자가 왕후와 함께하는 것은 해가 달과 함께하는 것과 같고 음이 양과 함께하는 것과 같아서, 서로 의지한 뒤에 이루어지는 것이다. 천자가 남자의 교화됨를 닦는 것은 아버지의 도리이고, 왕후가 여자의 효순함을 닦는 것은 어머니의 도리다. 그러므로 "천자가 왕후와 함께하는 것은 아버지가 어머니와 함께하는 것과 같다"고 한다. 그러므로 천자를 위해서 참최복斬衰服을 하는 것은 아버지를 위해서 복을 하는 의리이고, 왕후를 위해서 자최복齊衰服을 하는 것은 어머니를 위해서 복을 하는 의리다.

是故男教不脩, 陽事不得, 適見於天, 日爲之食. 婦順不脩, 陰事不得, 適見於天, 月爲之食. 是故日食則天子素服而脩六官之職, 蕩天下之陽事. 月食則后素服而脩六宮之職, 蕩天下之陰事. 故天子之與后, 猶日之與月, 陰之與陽, 相須而后成者也.① 天子脩男教, 父道也, 后脩女順, 母道也. 故曰: "天子之與后, 猶父之與母也." 故爲天王服斬衰, 服父之義也, 爲后服齊衰, 服母之義也.②

鄭注 ① '적適'이란 말은 책망함을 뜻한다. '식食'이란 도道에 이지러지고 손상됨이 있음을 나타내는 것이다. '탕蕩'은 더럽고 악한 것들을 쓸어서 씻어내는 것이다. '適'之言責也. '食'者, 見道有虧傷也. '蕩', 蕩滌去穢惡也.

② 부모란 며느리와 자식에게 교령敎令을 베푸는 자이다. 그러므로 (천자·왕후에 대한 복은 부모와) 상복喪服이 같다. '자資'는 '자齊'가 되어야 한다. 소리가 비슷해서 잘못 쓴 글자이다. 父母者, 施敎令於婦子者也. 故其服同. '資', 當爲'齊'. 聲之誤也.

集說 정씨鄭氏(정현鄭玄)는 말한다. "'적適'이란 말은 책망함을 뜻한다. '탕蕩'은 더럽고 악한 것들을 쓸어서 씻어내는 것이다." ○ 주자朱子는 말한다. "왕이 된 자가 덕을 닦아 정교를 시행하고 현능한 자를 등용하고 간악한 자를 제거함으로써 양이 왕성하여 음을 이기고 음이 쇠퇴하여 양을 침범할 수 없게 한다면, 해와 달의 운행에 비록 이지러져 손상되는 상황(일식과 월

식)을 맞더라도 이지러지고 손상되지 않는다. 만약 나라에 정교가 없어서 신하가 임금을 배반하고 처첩이 지아비를 이기며 소인이 군자를 능멸하고 오랑캐가 중국을 침범하면 음이 왕성하고 양이 쇠미해져, 이지러져 손상되는 상황(일식과 월식)을 만나면 반드시 이지러지고 손상될 것이며, 비록 해의 운행이 정상적인 도수度數로 운행하여도 실은 예사롭지 않은 변고가 되는 것이다." ○ 엽씨葉氏(엽몽득葉夢得)는 말한다. "일식과 월식은 이치 상 정상적으로 있는 일이다. 그것을 음과 양의 일에 비추어 돌이켜보는 것은 몸소 자신의 덕을 독실하게 하는 도리다. 천자는 남자가 교화되는 도리로 천하의 아들된 자들을 권면하니 그 도리가 아버지와 같다. 그러므로 천자가 죽으면 천하 사람들이 그를 위하여 참최복을 한다. 왕후는 여자가 효순하는 도리로 천하의 며느리된 자들을 교화하니 그 도리가 어머니와 같다. 그러므로 왕후가 죽으면 천하 사람들이 그를 위하여 자최복을 한다. 부모를 위해서 복을 하는 것은 그 은혜에 보답하는 것이다. 왕과 왕후를 위해서 복을 하는 것은 그 의義에 보답하는 것이다." 鄭氏曰: "'適'之言責也. '蕩', 蕩滌其穢惡也." ○ 朱子曰: "王者, 脩德行政, 用賢去姦, 能使陽盛足以勝陰, 陰衰不能侵陽, 則日月之行, 雖或當食, 不食也. 若國無政, 臣子背君父, 妾婦乘其夫, 小人陵君子, 夷狄侵中國, 則陰盛陽微, 當食必食, 雖日行有常度, 實爲非常之變矣." ○ 葉氏曰: "日月之食, 理所常有也. 反之陰陽之事者, 躬自厚之道也. 天子以男教勉天下之爲子者, 其道猶父也. 故其卒也, 天下爲之服斬衰. 后以女順化天下之爲婦者, 其道猶母也. 故其亡也, 天下爲之服齊衰. 父母, 爲之服者, 報其恩也. 王與后, 爲之服者, 報其義也."

역주

1) 사물이 ~ 받아들인다 : 이 말은 원래 『역』 「序卦」에 "사물은 구차하게 합할 수 없다. 그러므로 「賁」괘로 이어받는다. '賁'는 문식한다는 뜻이다"(物不可以苟合而已. 故受之以賁. '賁'者, 飾也)라고 하였다. 여기서는 '賁'를 괘이름으로 해석하지 않고 문식하는 것이라는 단어 자체의 의미로 해석하였다.

2) 납채 : 신랑 집에서 신부 집에 使者를 보내서 혼인하고자 하는 의사를 전하는 예이다. 『의례』 「士昏禮」에 "(신랑 측에서 신부 집으로 중매인을 보내) 혼인의 뜻을 전달하게 한다. (신부 측에서 허락을 하면 신랑 측에서 使者를 보내) 納采의 禮를 행하는데 기러기를 예물로 사용한다"(下達, 納采用鴈)한 것에 대해 鄭玄은 注에서 "기러기를 예물로 사용하는 것은 음양의 왕래에 순종하는 기러기의 성정을 취한 것이다"(用鴈爲摯者, 取其順陰陽往來)라고 하였다.

3) 문명 : 신랑 집에서 신부 집에 使者를 보내서 신부 될 여자의 이름을 묻는 예이다. 장차 그 길흉을 점치기 위해서이다. 이때의 여자 이름에 대하여 태어나서 3개월 만에 지어주는 이름이 아니라 笄禮 후에 지어준 字를 말한다는 설과, 신부 될 여자 어머니의 성명으로 보는 설이 있다. 전자의 설은 『의례』 「士昏禮」, 가공언의 소에 나오고, 후자의 설은 본 경문에 대한 공영달의 소에 나온다.

4) 납길 : 신랑 집에서 혼인에 대해 점쳐서 길조를 얻으면 신부 집에 使者를 보내서 그 결과를 알리는 예이다.

5) 납징 : 신랑 집에서 신부 집에 使者를 통해 폐백을 보냄으로써 定婚을 하는 예이다.

6) 청기 : 신랑 집에서 혼례 날짜를 점쳐서 吉日을 잡은 뒤에 신부 집에 使者를 보내서 알리는 예이다.

7) 아버지를 ~ 똑같다 : 인용문은 「喪服四制」(3)에 나온다.

8) 시부모가 ~ 끝난다 : 공영달의 소에 따르면, "며느리에게 대접하는 一獻의 예는 먼저 시아버지가 阼階 위에서 며느리에게 술을 따라 올리면, 며느리가 배례를 하고 받고, 자리에 나아가 음식과 술을 고수레하는 절차를 행한다. 그리고 또 서쪽 계단 위에서 북쪽을 향해 술을 다 마신다. 며느리가 받은 술잔을 시아버지에게 다시 올리면, 시아버지가 되돌린 잔을 阼階 위에서 받아 마시고 며느리에게 다시 술을 따라 준다. 며느리는 먼저 따라서 스스로 다 마신 다음, 다시 술을 따라 시어머니에게 올린다. 시어머니가 그 술잔을 받아서 마시지는 않고 내려놓으면, 정식 예가 끝난다."(舅酌酒于阼階獻婦, 婦西階上拜受, 卽席, 祭薦祭酒畢. 又西階上北面卒酌. 婦酢舅, 舅于阼階上受酢, 飮畢, 乃酬婦. 先酌自飮畢, 更酌酒以酬姑. 姑受爵奠于薦左, 不擧爵, 正禮畢也)

9) 시아버지가 ~ 뜻이다 : 이 인용문은 정현의 주에 보이지 않는다. 楊復이 『儀禮圖』에서 한 말이다. 진호가 착오를 일으킨 것으로 보인다. 진호의 인용이 착오라는 지적은 『陳氏禮記集說補正』에 보인다.

10) 총부 : 嫡長子의 妻를 말한다.

11) 者 : 『의례』의 정현 주 원문에는 '者'가 없다.

12) 姑 : 『예기정의』에 '妐'으로 되어 있다. 李學勤의 校勘記에 따르면 '妐'이 옳다.

13) 훼천 : 毁遷은 자기가 제사로 모셔야 할 범위를 넘어선 조상의 신주를 종묘에서 거두어서 옮기는 것이다. 「祭法」에 의하면 國君은 四代祖인 高祖까지, 大夫는 三代祖인 曾祖까지, 適士는 二代祖인 祖父까지를 종묘에서 제사지낸다.

14) 예의에 ~ 언사 : 辭命은 각급의 인간관계를 소통시키는 禮에 맞는 언사를 말한다.

15) 천자를 ~ 것이다 : 『주례』「春官·內小人」"掌王之陰事陰令"의 정현 주에 陰事는 群妃가 천자를 모시는 일을 뜻하고, 陰令은 왕이 北宮에서 수행하도록 요구하는, 가령 천자의 옷을 수선하는 등의 일을 뜻한다고 하였다. 北宮은 王后의 六宮이다.

예기역주 권29

향음주의 제45

鄕飮酒義

정현의 『예기목록』에서 말한다. "「향음주의鄕飮酒儀」라고 제목을 붙인 것은 향대부鄕大夫가 상서庠序에서 빈賓을 모시고 술을 마시는 예에서 현자를 높이고 노인을 봉양하는 의리를 기록하였기 때문이다. 이 편은 유향劉向의 『별록別祿』에서는 「길사吉事」에 속해 있다."

鄭『目錄』云: "名曰「鄕飮酒義」者, 以其記鄕大夫飮賓于庠序之禮, 尊賢養老之義. 此於『別錄』屬「吉事」."

여씨呂氏(여대림呂大臨)는 말한다. "'향음주鄕飮酒'란 향인鄕人들이 때에 따라 모여서 술을 마시는 예이다. 향음주례에 이어서 활을 쏘면 향사례鄕射禮라고 한다. 정현鄭玄이 '3년마다 대비大比(인사고과)를 하여 현명한 자와 유능한 자를 승진시키면, 향로鄕老[1]와 향대부鄕大夫[2]가 관리들과 무리들을 이끌고 예禮로써 그들을 대접한다'고 한 것이 이 예이다. 3년에 한 번 거행하는데, 제후의 향대부가 자신의 군주에게 사士를 천거할 때 대개 또한 그와 같이 한다. 당정黨正은 해마다 나라에서 귀신들을 찾아서 제사지내는데[3] 이때 예로써 백성들을 모아서 서序에서 음주飮酒의 예를 행한다. 다만 이 예가 간략하여 싣지 않은 것이지만, 당정이 납향제(蜡祭)[4]를 지내고 이어 술을 마시는데 또한 이 예이다. 선유先儒는 향음주례鄕飮酒禮에 네 가지가 있다고 하였는데,[5] 첫째 삼 년마다 현명한 자와 유능한 자를 뽑아 빈객으로 대접하는 것이다. 둘째 향대부가 나라 안의 현명한 자에게 술을 대접하는 것이다. 셋째 주장州長이 활쏘기를 익히게 하는 것이다. 넷째 당정黨正이 납향제(蜡祭)에서 행하는 것이다. 그러나 향인鄕人들은 일반적으로 모이는 일들이 있으면 응당 이 예를 행하니 이 네 가지 일에서만 행하는 것이 아니다. 『논어』에서 '마을 사람들(鄕人)과 함께 술을 마실 때는 어른이 나가시면 그제야 나가셨다'[6]고 한 것도 또한 향인을 가리켜서 말한 것이다."

呂氏曰: "'鄕飮酒'者, 鄕人以時會聚飮酒之禮也. 因飮酒而射, 則謂之鄕射. 鄭氏謂, '三年大比, 興賢者・能者, 鄕老及鄕大夫率其吏與其衆以禮賓之', 則是禮也. 三年乃一行, 諸侯之鄕大夫貢士於其君, 蓋亦如此. 黨正每歲國索鬼神而祭祀, 則以禮屬民而飮酒于序. 但此禮略而不載, 則黨正因蜡飮酒, 亦此禮也. 先儒謂鄕飮有四, 一則三年賓賢能. 二則鄕大夫飮國中賢者. 三則州長習射. 四則黨正蜡祭. 然鄕人凡有會聚, 當行此禮, 恐不特四事也. 『論語』'鄕人飮酒, 杖者出斯出矣', 亦指鄕人而言之."

【항음주의 1】

항음주례鄕飮酒禮의 뜻이다. 주인이 상庠의 문 밖에서 배례하여 빈객을 맞이하고, 문 안에 들어갈 때 세 차례 서로 읍揖을 한 뒤에 당의 계단에 이르고, 세 차례 서로 사양한 뒤에 당에 오르는 것은 존중하고 사양하는 마음을 바치는 것이다. 주인이 손을 씻고서 술잔(觶)을 씻어 빈객에게 술잔을 올리는 것은 정결함을 바치는 것이다. 주인은 빈객이 와준 것에 배례하고, 빈객은 주인이 술잔을 씻어 준 것에 배례하고, 주인이 올린 술잔을 받으면서 배례하고, 빈객에게 술잔을 올린 뒤 주인이 배례하고, 빈객은 다 마신 뒤에 배례하는 것 등은 공경하는 마음을 바치는 것이다. 존중하고 사양하며, 정결히 하고, 공경하는 것은 군자가 서로 교제하는 방법이다. 군자는 존중하고 사양하므로 다투지 않고, 정결히 하고 공경하므로 거만하지 않다. 거만하지 않고 다투지 않으면 싸우고 따지는 일에서 멀어진다. 싸우고 따지지 않으면 광포한 변란의 화禍가 발생하지 않는다. 이것이 군자가 다른 사람으로 인한 화란禍亂을 당하지 않는 까닭이다.

鄕飮酒之義. 主人拜迎賓于庠門之外, 入三揖而后至階, 三讓而后升, 所以致尊讓也.① 盥洗揚觶, 所以致絜也.② 拜至, 拜洗, 拜受, 拜送, 拜旣, 所以致敬也.③ 尊讓·絜·敬也者, 君子之所以相接也. 君子尊讓則不爭, 絜·敬則不慢. 不慢不爭, 則遠於鬪·辨矣. 不鬪·辨, 則無暴亂之禍矣. 斯君子所以免於人禍也.

鄭注 ① '상庠'은 향학鄕學(지방의 학교)이다. 주州와 당黨에서는 '서序'라고 부른다. '庠', 鄕學也. 州·黨曰'序'.

② '양揚'은 술잔을 올리는 것이다. 오늘날의 예에서는 다 '등騰'이라고 한다. '揚', 擧也. 今禮皆作'騰'.

③ '주인은 빈객이 와준 것에 배례한다'(拜至)는 것은 처음 당에 올라가서 배례하는 것으로, 빈객이 와준 것에 대해 (감사하다고) 배례하는 것이다. '拜至', 謂始升時拜, 拜賓至.

集說 정씨鄭氏(정현鄭玄)는 말한다. "'상庠'은 향학鄕學(지방의 학교)이다. 주州와 당黨에서는 '서序'라고 부른다. '양揚'은 술잔을 올리는 것이다." ○ 소疏에서 말한다. "이것은 향대부의 경우를 말한 것이다. 그러므로 빈객을 상庠의 문 밖에서 맞이한다. 만약 주장州長이나 당정黨正의 경우라면 서序의 문 밖에서 맞이한다. '손을 씻고서 술잔을 씻어 빈객에게 올린다'(盥洗揚觶)는

것은 주인이 빈객에게 술을 올리려 할 때 물로 손을 씻고서 잔을 씻은 뒤에 술잔을 올리는 것이다. '주인이 빈객이 와준 것에 대해 배례한다'(拜至)는 것은 빈객과 주인이 당에 올라가 주인이 동쪽 계단 위에서 북쪽을 향하고 두 번 배례하는 것이다. '주인이 술잔을 씻어 준 것에 빈객이 배례한다'(拜洗)는 것은 빈객이 와준 것에 주인이 두 번 배례하는 절차가 끝난 뒤, 주인이 잔(爵)을 씻어서 당에 올라가면 빈객이 서쪽 계단 위에서 북쪽을 향하여 두 번 배례하는 것으로, 주인이 잔을 씻어준 것에 대해 감사하다고 배례하는 것이다. '술잔을 받을 때 배례한다'(拜受)는 것은 빈객이 서쪽 계단 위에서 배례하고 술잔을 받는 것이다. '주인은 술잔을 올린 뒤 배례한다'(拜送)는 것은 주인이 동쪽 계단 위에서 빈객에게 잔을 보내고서 (공경의 표시로) 배례하는 것이다. '빈객이 다 마신 뒤에 배례한다'(拜旣)는 것에서 '기旣'는 다 마셨다는 것이다. 빈객이 술을 다 마신 뒤에 배례하는 것이다." 鄭氏曰: "'庠', 鄕學也. 州·黨曰'序'. '揚', 擧也." ○ 疏曰: "此謂鄕大夫. 故迎賓于庠門外. 若州長·黨正, 則於序門外也. '盥洗揚觶'者, 主人將獻賓, 以水盥手而洗爵揚觶也. '拜至'者, 賓主升堂, 主人於阼階上, 北面再拜也. '拜洗'者, 主人拜至訖, 洗爵而升, 賓於西階上北面再拜, 拜主人之洗也. '拜受'者, 賓於西階上拜受爵也. '拜送'者, 主人於阼階上拜送爵也. '拜旣'者, '旣', 盡也. 賓飮酒旣盡而拜也."

【향음주의 2】

그러므로 성인이 원칙(道)으로 그것들을 제정하였다. 향인鄕人·사士·군자君子는 방과 방문(戶) 사이에 술동이(尊)를 놓고 빈객과 주인이 함께 마신다. 술동이 중에는 현주도 놓는데 그 질박함을 귀하게 여기는 것이다. 음식(羞)은 동쪽 방에서 내오고 주인이 바친다. 세洗(물받이 항아리)는 동쪽 처마와 마주하는 위치의 뜰에 진설하는데 주인이 그 물로 자신을 정결히 하여서 빈객을 모시기 위함이다.
故聖人制之以道.① 鄕人·士·君子, 尊於房戶之間, 賓主共之也. 尊有玄酒, 貴其質也.② 羞出自東房, 主人共之也.③ 洗當東榮7), 主人之所以自絜而以事賓也.④

鄭注 ① '원칙'(道)은 이 향음주례를 말한다. '道', 謂此禮.

② '향인鄕人'은 향대부鄕大夫이다. '사士'는 주장州長과 당정黨正이다. 군자는 경·대부·사이다. 경·대부·사로서 국國 안의 현자를 위해 음주례를 행할 경우에도 또한 이 예를 사용한다. 존귀한 자와 함께 마시는 것은 신하가 된 사람은 비천하므로 감히 큰 은혜를 혼자서 차지하지 못하기 때문이다. '鄕人', 鄕大夫也. '士', 州長·黨正也. 君子, 謂卿·大夫·士也. 卿·大夫·士飮國中賢者, 亦用此禮也. 共尊者, 人臣卑, 不敢專大惠.

③ '음식'(羞)은 사사로운 연회이므로 자기 마음대로 할 수 있다. '羞', 燕私, 可以自專也.

④ '결絜'은 깨끗하다는 뜻과 같다. '絜', 猶淸也.

集說 소疏에서 말한다. "'향인鄕人'은 향대부鄕大夫를 말한다. '사士'는 주장州長과 당정黨正을 가리킨다. '군자'는 경·대부를 말한다. '방과 방문(戶) 사이에 술동이(尊)를 놓고 빈객과 주인이 함께 마신다'는 것은 동쪽 방(東房)의 서쪽, 방문(室戶)의 동쪽에 술동이를 진설한 것이니 빈객과 주인의 사이에 있는 것이다. 술은 비록 주인이 차렸지만 빈객도 그 술로 주인에게 술잔을 되돌려 따라주므로 '빈객과 주인이 함께 마신다'고 한 것이다. 북쪽을 향하여 술동이를 진설할 때 현주玄酒가 왼쪽에 놓이는 것은 술동이의 서쪽에

놓이는 것이다. 땅의 도(地道)는 오른쪽을 높인다. 현주를 서쪽에 진설한 것은 그 질박한 바탕을 귀하게 여기기 때문이다. '주인이 바친다'(共之)는 것은 빈객에게 바치는 것이다. '처마'(榮)는 처마 끝이다. 세洗(물받이 항아리)[8]를 지붕의 처마와 마주하는 위치의 뜰에 진설한다. 반드시 동쪽에 두는 것은 주인이 이 물로 자신을 정결하게 하여 빈객을 모신다는 뜻을 보여주는 것이다. 「관의冠義」 이후로, 기록하는 이가 모두 『의례』 경문을 위에 함께 싣고 그 뜻을 아래에 진술하여 풀이하고 있다. 다른 것도 모두 이를 따른다." 疏曰: "'鄕人', 謂鄕大夫也. '士', 謂州長·黨正也. '君子', 謂卿·大夫也. '尊於房戶之間, 賓主共之'者, 設酒尊於東房之西室戶之東, 在賓主之間. 酒雖主人之設, 而賓亦以之酢主人, 故云'賓主共之'也. 北面設尊, 玄酒在左, 是在酒尊之西也. 地道尊右. 設玄酒在西者, 貴其質素故也. '共之'者, 供於賓也. '榮', 屋翼也. 設洗於庭當屋之翼. 必在東者, 示主人以此自絜而事賓也. 從「冠義」以來, 皆記者疊出『儀禮』經文於上, 而陳其義於下以釋之. 他皆倣此."

【항음주의 3】

빈賓(주빈)과 주인은 하늘과 땅을 형상形象[9]하는 것이요, 개介와 준僎은 음과 양을 형상하는 것이요, 중빈衆賓(여러 빈객들)의 세 우두머리는 하늘의 세 별(三光)을 형상하는 것이다.

賓主, 象天地也, 介僎, 象陰陽也, 三賓, 象三光也.

鄭注 '음양陰陽'은 천지가 만물을 기르고 완성하는 것을 돕는 기다. '중빈衆賓의 세 우두머리는 하늘의 세 별을 형상한다'는 것은 하늘에 매달려 있기 때문이다. 고문古文으로 된 『예禮』에는 '선僎'이 모두 '준遵'으로 되어 있다.

'陰陽', 助天地養成萬物之氣也. '三賓, 象天三光'者, 繫於天也. 古文『禮』'僎'皆作'遵'.

集說 찬황호재贊皇浩齋는 말한다. "빈을 세우는 것으로 하늘을 형상形象하는 것은 높이기 위함이다. 주인을 세우는 것으로 땅을 형상形象하는 것은 기르기 위함이다. 개介로써 빈객을 돕고 준僎으로써 주인을 돕게 하는 것은 음양이 천지를 돕는 것을 형상하는 것이다. '세 우두머리'(三賓)란 중빈衆賓(여러 빈객들)의 우두머리다. 그들로써 빈賓을 돕게 하는 것은 세 별(三光)이 하늘을 돕는 것과 같다. '세 별'(三光)은 별 가운데 큰 것으로 셋이 있는데, 그 이름은 알 수 없다. 선유先儒는 '세 개의 큰 별(大辰)이다'라고 하는데[10] 심수心宿가 큰 별이고, 벌성伐星이 큰 별이며, 북극성(北辰)이 또한 큰 별이니, 이치상 그럴 수 있겠다." 贊皇浩齋曰: "立賓以象天, 所以尊之也. 立主以象地, 所以養之也. 介以輔賓, 僎以輔主人, 象陰陽之輔天地也. '三賓', 衆賓之長也. 其以輔賓, 猶三光之輔于天也. '三光', 星之大者有三, 其名不可得而考. 先儒謂, '三大辰', 心爲大辰, 伐爲大辰, 北辰亦爲大辰, 理或然也."

【향음주의 4】

사양하기를 세 차례 하는 것은 달이 사흘이 되면 월백月魄[11]이 생기는 것을 형상形象하는 것이다.

讓之三也, 象月之三日而成魄也.

集說 유씨劉氏는 말한다. "월백月魄(달의 어두운 부분)으로 생각해보면 보름 뒤에 백魄이 생기게 되지만, 사람들이 여지껏 그 백을 본 적이 없는 것은 대개 충분히 밝으면 백魄을 볼 수 없기 때문이다. 월백을 볼 수 있는 때는 오직 그믐 사흘 전의 아침 달이 동쪽에서 나올 때 밝음이 사라지려고 하면

서 백魄을 볼 수 있고, 초하루 사흘 뒤의 저녁에 달이 서쪽에서 지려고 할 때 밝음이 처음 생기면서 백魄을 볼 수 있다. 이때를 지나면 밝음이 점차 커져서 백魄을 다시는 볼 수 없다. 대개 밝음이 백魄에게 양보를 하면 백魄이 나타나고 밝음이 백魄에게 양보하지 않으면 백魄은 숨어서 보이지 않는다. 백은 음이니 빈객을 형상하고 밝음은 양이니 주인을 형상한다. 주인이 빈객에게 사양하는 것이 세 번에 이르는 것은 밝음이 백에게 양보하는 것이 전후 사흘에 있음을 형상한 것이다. 그러므로 '사양하기를 세 차례 하는 것은 달이 사흘이 되면 월백月魄이 생기는 것을 형상하는 것이다'라고 하였다. 劉氏曰: "以月魄思之, 望後爲生魄, 然人未嘗見其魄, 蓋以明盛則魄不可見. 月魄之可見, 惟晦前三日之朝, 月自東出, 明將滅而魄可見, 朔後三日之夕, 月自西將墮, 明始生而魄可見. 過此則明漸盛, 而魄不復可見矣. 蓋明讓魄則魄現, 明不讓魄則魄隱. 魄陰象賓, 明陽象主. 主人讓賓至於三, 象明讓魄在前後三日. 故曰'讓之三也, 象月之三日而成魄也'."

【향음주의 5】

사면의 자리는 네 계절을 형상形象한다.

四面之坐, 象四時也.

集說 호재浩齋는 말한다. "빈객과 주인과 개介와 준僎의 자리는 봄·여름·가을·겨울을 형상한다. 어떤 이는 말하기를, '개介에는 강직하게 분변한다는 뜻이 있고 준僎에는 공손하게 들어간다는 뜻이 있으니 각각 그 부류를 따라 이루어졌다'고 하였는데 이치상 그럴 수도 있겠다." 浩齋曰: "謂賓·主·介·僎之坐, 象春夏秋冬也. 或曰, '介有剛辨之義, 僎有巽入之義, 各從其類', 理或然歟."

【향음주의 6】

천지간에 엄숙하고 응축된 기氣는 서남쪽에서 시작하여 서북쪽에서 왕성하다. 이 기는 천지의 존엄함을 드러내는 기요, 천지의 의기義氣[12]다. 천지간에 따뜻하고 두터운 기는 동북쪽에서 시작하여 동남쪽에서 왕성하다. 이 기는 천지의 성대한 덕을 나타내는 기요, 천지의 인기仁氣[13]다. 주인主人이 된 이는 빈賓을 높이므로 빈을 서북쪽에 앉히고 개介를 서남쪽에 앉혀서 빈을 돕게 한다. 빈賓이란 의義로써 남과 교접하는 자이므로 서북쪽에 앉는다. 주인이란 인仁으로써 두터운 덕으로써 남과 교접하는 자이므로 동남쪽에 앉고, 준僎을 동북쪽에 앉혀서 주인을 돕게 한다. 인仁과 의義가 교접하여 빈과 주인은 적절히 행하는 일이 있고 조俎와 두豆가 도수度數에 합당하면, 그것을 성聖(빈주의 뜻이 통함)이라고 한다. 성聖이 (일정한 제도로) 세워져 공경으로 받들어 행하는 것을 예禮라고 한다. 예로써 장유長幼의 도리를 체인하는 것을 덕이라고 한다. 덕이란 자기 몸에 획득하는 것을 말한다. 그러므로 "옛날 사람이 기예와 도리를 배웠던 것은 이것으로 자기 몸에 획득하려는 것이었다. 그러므로 성인聖人이 여기에 힘썼다"라고 한 것이다.

天地嚴凝之氣, 始於西南而盛於西北. 此天地之尊嚴氣也, 此天地之義氣也. 天地溫厚之氣, 始於東北而盛於東南. 此天地之盛德氣也, 此天地之仁氣也.① 主人者尊賓, 故坐賓於西北, 而坐介於西南以輔賓. 賓者, 接人以義者也, 故坐於西北.② 主人者, 接人以仁以德厚者也, 故坐於東南, 而坐僎於東北, 以輔主人也.③

仁義接, 賓主有事, 俎豆有數, 曰聖. 聖立而將之以敬曰禮. 禮以體長幼曰德.④ 德也者, 得於身也. 故曰: "古之學術道者, 將以得身也. 是故聖人務焉."⑤

鄭注 ① '응축한다'(凝)는 것은 이룬다는 뜻과 같다. '凝', 猶成也.

② '빈이란 의로써 남과 교접하는 자'(賓者, 接人以義)라는 것은 빈이 와서 주인의 덕을 이루어줌을 말한다. '賓者, 接人以義', 言賓來以成主人之德.

③ 손僎으로 주인을 돕게 하는 것은 그가 벼슬하여 하는 일이 담당한 관직에 있기 때문이다. 以僎輔主人, 以其仕在官也.

④ '성聖'은 통한다는 뜻이다. 빈과 주인의 뜻을 통하게 하는 것이기 때문이다. '장將'은 받든다는 뜻이다. '聖', 通也. 所以通賓主之意也. '將', 猶奉也.

⑤ '술術'은 기예(藝)이다. '몸에 획득한다'(得身)는 것은 자기의 아름다운 이름을 이루고 형벌을 받는 데서 벗어나는 것을 말한다. '기예와 도리를 배운다'(學術道)고 말한 것은 이 향음주례가 현명한 이와 유능한 이를 빈객으로 예우하는 예를 설명하고 있기 때문이다. '術', 猶藝也. '得身'者, 謂成己令名, 免於刑罰也. 言'學術道', 則此說賓賢能之禮.

集說 주인이 그 음식의 예를 두텁게 하는 것은 인의 도리다. 빈賓이 된 자가 그 나아가고 물러나는 절도를 삼가는 것은 의義의 도리다. 천지의 기氣에서 구하여 그 빈과 주인의 자리를 정한다. 조俎와 두豆의 진설에 이르러서도 또한 마땅히 그렇게 해야 하는 수數가 있지 않음이 없다. '성聖'은 통하여 밝은 것이니, 예의禮義가 있는 곳이 막힘없이 통하여서 밝게 드러남을 말한다. 그 천리의 의절儀節을 공경하고 저 인륜의 차서를 체인體認함에 얻은 바가 모두 내 자신의 실리實理다. "공자가 향음주례를 보고 왕도를 행하는 일이 쉽다는 것을 아셨다"[14]고 하였으니 그것으로 충분히 자기 몸을

바르게 하고 나라를 편안하게 할 수 있음을 말한다. '성인이 여기에 힘썼다'고 하였으니 어찌 의도하는 바가 없겠는가! ○ 호재浩齋는 말한다. "천하의 예의禮義가 통하지 않음이 없고 기수器數가 모두 자연自然에 부합함이 있는 것을 성聖(통하여 밝은 것)이라고 한다. 통하지 않는 바가 없고 공경하지 않는 바가 없음은 예禮가 제정되는 근거이다. 예를 실행하는 것은 다른 곳에 있지 않고 장유의 도리를 행하는 나의 분수에 있을 따름이니, 본성의 덕이다. 예가 내 몸에 획득된 것을 덕이라고 말한다. 배움을 통한 뒤에 내 몸에 획득하면, 인심이 모두 그러한 것을 자신의 몸에 먼저 얻은 성인聖人[15]과도 또한 다름이 없다. 그러므로 '옛날 사람이 기예와 도리를 배웠던 것은 이것으로 자기 몸에 획득하려는 것이었다'라고 한 것이다." 主人者厚其飮食之禮, 仁之道也. 爲賓者謹其進退之節, 義之道也. 求諸天地之氣, 以定其主賓之位. 至於俎豆, 亦莫不有當然之數焉. '聖', 通明也, 謂禮義所在通貫而顯明也. 敬其天理之節, 體夫人倫之序, 所得者皆吾身之實理也. "孔子觀於鄕而知王道之易易", 謂其足以正身而安國也. '聖人務焉', 豈無意哉! ○ 浩齋曰: "天下之禮義無所不通, 而器數皆有合於自然者, 聖之謂也. 無所不通, 無所不敬, 禮之所由制也. 禮之行不在乎他, 在吾長幼之分而已, 性之德也. 禮得於身之謂德. 由學而後得於身, 則與先得於人心之同然者亦無異矣. 故曰'古之學術道者, 將以得身也'."

【향음주의 7】

빈이 음식을 먹기 전에 (포脯·해醢로) 고수레하고, 술로 고수레하는 것은 주인의 예에 대하여 공경하는 것이다. 조俎에 담긴 폐肺를 맛보는 것은 주인의 예에 대하여 맛보는 것이다. 술을 맛보는 것은 주인의 예를 이루어주는 것으로 자리의 (서쪽) 끝에서 한다. 이것은 자리의 바른 곳인 가운데가 오로지 음식을 먹기 위한 것만은 아니요, 예를 행하기 위한 곳임을 나타낸다. 이것은 예를 귀하게 여기고 재물을 천하게 여기는 것이다. 빈이 술잔을 비우는 예는 서쪽 계단 위에서 담긴 술을 다 마시는 것이니, 자리 위(가운데)가 오로지 음식을 먹기 위한 것만이 아님을 말하는 것이다. 이것은 예를 먼저 하고 재물을 나중에 하는 의리다. 예를 먼저 하고 재물을 나중에 하면 백성들이 공경하고 사양하는 기풍을 일으켜 다투지 않는다.

祭薦, 祭酒, 敬禮也. 嚌肺, 嘗禮也. 啐酒, 成禮也, 於席末. 言是席之正, 非專爲飮食也, 爲行禮也. 此所以貴禮而賤財也. 卒觶, 致實於西階上, 言是席之上, 非專爲飮食也. 此先禮而後財之義也. 先禮而後財, 則民作敬讓而不爭矣.

鄭注 '오로지 음식을 먹기 위한 것만은 아니다'(非專爲飮食)라는 것은 예로써 서로 공경하는 것에 주안점이 있음을 말한다. '담긴 술을 다 마신다'(致實)는 것은 술을 끝까지 다 마시는 것이다. 술은 술잔(觴)에 담긴 술이다. 빈이 음식을 먹기 전에 포脯·해醢로 고수레하고, 술로 고수레하고, 조俎에 담긴 폐肺를 맛보는 것은 자리 가운데에서 하는데, 술을 맛보는 것만 자리의 끝부분에서 한다. '非專爲飮食', 言主於相敬以禮也. '致實', 謂盡酒也. 酒爲觴實. 祭薦·祭酒·嚌肺於席中, 唯啐酒於席末也.

集說 소疏에서 말한다. "'음식을 먹기 전에 (포脯와 해醢로) 고수레한다'(祭薦)는 것은 주인主人이 빈賓에게 술을 따라 올리면 빈은 자리에 나아가 차려진 포脯(말린 고기)와 해醢(젓갈)로 고수레하는 것이다. '술로 고수레한다'(祭酒)는 것은 빈이 포와 해로 고수레한 뒤 또 술로 고수레하는 것이다. 이것

은 빈이 주인의 예禮에 대하여 공경하고 존중하는 것이다. 빈이 이미 술로 고수레한 뒤에, 일어나서 조俎 위의 폐를 취해서 이로 맛을 보는 것은 주인의 예禮에 대하여 감상하기 위함이다. '술을 맛본다'(啐)는 것은 주인이 준 술을 마시어 목으로 넘기는 것을 말하니 주인의 예를 이루어주기 위함이다. '자리의 끝'(席末)은 자리의 서쪽 끝이다. 『의례』를 살펴보면 빈이 음식을 먹기 전에 포脯, 해醢로 고수레하고, 술로 고수레하며, 조俎에 담긴 폐肺를 맛보는 것 등은 모두 자리 가운데에서 하고, 술을 맛보는 것만 자리의 끝부분에서 한다. 또 폐를 맛보는 절차가 앞에 있고 술로 고수레하는 것이 뒤에 오는데, 여기서는 먼저 '술로 고수레한다'라고 말하였다. 그것은 '제嚌'는 맛만 본다는 뜻의 말이고 '술로 고수레한다'는 것은 마시기 전의 일을 일컫는 것이므로 술로 고수레하는 것과 음식을 맛보는 것을 서로 연이어 기술하여 주인의 예에 대하여 존중하고 공경하는 일임을 나타낸 것이다. 주인이 차린 음식을 공경하므로 빈이 음식을 먹기 전에 포脯, 해醢로 고수레하고, 술로 고수레하며, 조俎에 담긴 폐肺를 맛보는 것 등은 모두 자리 가운데에서 한다. 술을 맛보는 것은 자기에게 속하므로 자리의 끝에서 한다. 자리의 윗부분에서 하는 것은 예를 귀하게 여기기 때문이요, 자리의 끝에서 술을 맛보는 것은 재물을 천하게 여기기 때문이다. '술을 맛보는 것'(啐)은 겨우 처음 목으로 넘기는 것이어서 그래도 자리 끝에서 하지만, '술잔을 비우는 것'(卒觶)은 잔의 술을 다 마시는 것이므로 멀리 서쪽 계단 위에서 한다. '술잔을 비우는 것'(卒觶)이라고 말한 것은 장차 술잔을 비우려고 하는 일에 대해 말하는 것이고 '담긴 술을 다 마신다'(致實)는 것은 술을 다 마시는 내용에 대해 말하는 것이다. 술은 술잔(觴) 속에 담겨 있는 술이다. 이제 이 담긴 술을 다 마시는 것이다." ○ 여씨呂氏는 말한다. "공경함은 예이고, 음식은 재물이다. 사람이 다투는 이유는 예를 무시하고 재물에 뜻을 두기 때문이다. 만일 예를 귀하게 여기고 재물을 천하게 여기며, 예를 먼저하고 재물을 나중에 하는 의리義理를 안다면 공경하고 사양하는 것이 실행될 것이다."
疏曰: "'祭薦'者, 主人獻賓, 賓卽席祭所薦脯醢也. '祭酒'者, 賓旣祭薦又祭酒也. 此是賓敬重主人之禮也. 賓旣祭酒之後, 興, 取俎上之肺嚌齒之, 所以嘗主人之禮也. '啐', 謂飮主人酒而入口, 所以成主人之禮也. '席末', 席西頭也. 按『儀禮』, 祭薦·祭酒·嚌肺皆在席之中, 惟啐酒在席末. 又嚌肺在前, 祭酒在後, 此先云'祭酒'者. '嚌'是嘗嚌之名, '祭酒'是未飮之稱, 故祭酒與祭薦相連, 表其敬禮之事. 敬主人之物, 故祭薦·祭酒·嚌肺皆在席中. 啐酒入於己, 故在席末. 於席上者, 是貴禮, 於席末啐酒是賤財也. '啐'纔始入口, 猶在席末, '卒觶'則盡爵, 故遠在西階上. 云'卒觶'者, 論其將欲卒觶之事, '致實', 則論其盡酒之體. 酒爲觴中之實. 今致盡此實也." ○ 呂氏曰: "敬, 禮也, 食, 財也. 人之所以爭者, 無禮而志於財也. 如知貴禮而賤財, 先禮而後財之義, 則敬讓行矣."

【향음주의 8】

향음주례鄕飮酒禮에서 60세인 사람은 앉고 50세인 사람이 서서 모시면서 행례行禮의 명을 듣는 것은 연장자를 존중하는 뜻을 밝히기 위함이다. 60세인 사람에게는 두豆를 3개 진설하고, 70세인 사람에게는 두를 4개 진설하고, 80세인 사람에게는 두를 6개 진설하고, 90세인 사람에게는 두를 6개 진설하는 것은 노인을 봉양하는(養老) 뜻을 밝히기 위함이다. 백성들이 연장자를 존중하고 노인을 봉양할 줄을 안 뒤에야 집안에 들어가서는 효도하고 공손할 수 있다. 백성들이 집안에 들어가서 효도하고 공손하며, 집밖에 나가서는 연장자를 존중하고 노인을 봉양한 뒤에야 교화가 이루어진다. 교화가 이루어진 뒤라야 나라가 편안할 수 있다. 군자가 말하는 효도는 집집마다 이르러서 날마다 살펴보는 것이 아니다. 향사례에 모이게 하고 향음주례를 가르치면 효도하고 공손하는 것의 실행이 확립된다.

鄕飮酒之禮, 六十者坐, 五十者立侍, 以聽政役, 所以明尊長也. 六十者三豆, 七十者四豆, 八十者五豆, 九十者六豆, 所以明養老也. 民知尊長養老, 而后乃能入孝弟. 民入孝弟, 出尊長養老而后成教. 成教而后國可安也. 君子之所謂孝者, 非家至而日見之也. 合諸鄕射, 教之鄕飮酒之禮, 而孝弟之行立矣.

鄭注 여기서 말하는 '향음주례鄕飮酒禮'는 『주례』「지관 · 당정黨正」에서 "나라에서 귀신을 찾아서 제사를 지낼 때, 예로써 백성들을 모아서 서序에서 음주飮酒의 예를 행하여 나이에 따른 지위를 바르게 한다"고 한 예禮를 말한다. '향사鄕射'는 『주례』「지관 · 주장州長」에서 "봄가을에 예로써 백성들을 모아 주州의 서序에서 활쏘기를 한다"고 한 예이다. '향鄕'이라고 하는 것은 주州와 당黨으로 향鄕에 속한 것이다. 혹은 향의 관아가 있는 주와 당의 경우, 향대부가 몸소 주인이 된다. 오늘날 군郡과 국國 휘하에 있는 영令이나 장長이 향사례나 향음주례를 행할 때 태수太守나 상相이 직접 와서 감독하는 예를 행할 때 시종侍從하는 것과 같다. 此說鄕飮酒, 謂「黨正」"國索鬼神而祭祀, 則以禮屬民而飮酒于序, 以正齒位"之禮也. 其鄕射, 則「州長」"春秋以禮會民而射于州序"之禮也. 謂之'鄕'者, 州 · 黨, 鄕之屬也. 或則鄕之所居州 · 黨, 鄕大夫親爲主人焉. 如今郡 · 國下令 · 長, 於鄕射 · 飮酒, 從大守 · 相臨之禮也.

集說 '앉는다'는 것은 당 위에 앉는 것이요, '선다'는 것은 당 아래에 서 있는 것을 말한다. 두豆의 수는 짝수로 늘리거나 줄여야 한다. 여기에서는 다만 십 년에 두豆 하나를 더하였는데, 바른 예(正禮)가 아니다. 구설舊說에

이것은 당정黨正이 백성들을 모아서 향음주례를 행하여 나이에 따른 지위를 바르게 하는 예라고 하였으니, 현명한 자와 유능한 자를 빈으로 삼아 선발하기 위해 행하는 향음주례鄕飮酒禮가 아니다. '坐'者, 坐于堂上, '立'者, 立于堂下. 豆當從偶數. 此但十年而加一豆, 非正禮也. 舊說此是黨正屬民飮酒正齒位之禮, 非賓興賢能之飮也.

【향음주의 9】

공자가 말하기를 "내가 향음주례를 보고 왕도를 행하는 일이 쉽다는 것을 알았다"고 하였다. 주인이 몸소 빈賓과 개介의 집에 미리 찾아가 초대하지만 중빈衆賓은 스스로 알아서 와 문 밖에 이르고, 주인이 빈賓과 개介에게 배례하지만 중빈衆賓은 스스로 들어오니, 귀하고 천함의 의리가 구별된다. 세 번 읍하여 계단에 이르고 세 번 사양하여 빈과 함께 당에 오르고, 주인이 빈을 향해 와준 것에 감사하다고 배례하고, 헌수獻酬를 하고 사양하는 의절이 성대하나, 개에 이르면 예를 줄이며, 중빈에 이르면 서쪽 계단 위에서 술잔을 받고, 앉아서 술로써 제사지내며, 일어서서 술을 마시고, 주인에게 술잔을 돌리지 않고 당 아래로 내려가니, 높이고 줄이는 의리가 분변된다.

孔子曰: "吾觀於鄕, 而知王道之易易也."① 主人親速賓及介, 而衆賓自從之, 至于門外, 主人拜賓及介, 而衆賓自入, 貴賤之義別矣.② 三揖至于階, 三讓以賓升, 拜至, 獻酬辭讓之節繁, 及介, 省矣, 至于衆賓, 升受·坐祭·立飮·不酢而降, 隆殺之義辨矣.③

鄭注 ① '향鄕'은 향음주례이다. '쉽다'(易易)는 것은 교화의 근본이 현명한 사람을 존중하고 나이 많은 사람을 높이는 것일 따름임을 말한다. '鄕', 鄕飮酒也. '易易', 謂敎化之本, 尊賢尚齒而已.

② '청한다'(速)는 것은 집에 나아가 초빙하는 것이다. '별別'은 밝은 것과 같다. '速', 謂卽家召之. '別', 猶明也.

③ '번繁'은 성대하다는 뜻과 같다. 조금 줄이는 것을 '성省'이라고 한다. '변辨'은 구별하는 것과 같다. 존귀한 사람에 대해서는 예를 더하고 비천한 사람에 대해서는 예를 줄이면 존비가 구별되는 것이다. '繁', 猶盛也. 小減曰'省'. '辨', 猶別也. 尊者禮隆, 卑者禮殺, 尊卑別也.

集說 소疏에서 말한다. "주인이 그가 와준 것에 대해 배례를 하고나면 술을 따라서 빈에게 올리고(獻) 빈은 주인에게 술을 올린다(酢). 주인은 또 술을 따라서 스스로 마시고 나서 빈에게 술을 올린다(酬). 개는 주인에게 술을 올리면(酢) 그친다. 주인은 개에게 술을 따라주지 않으니 이것은 개에게 예를 줄이는 것이다. 주인이 서쪽 계단 위에서 중빈에게 술을 올리면, 빈이 술잔을 받고 앉아서 술로 고수레하고, 일어서서 술을 마시고, 주인에게 술을 올리지 않고 내려온다. 빈에 대해서는 예를 더 융성하게 하고 중빈에 대해서는 예를 줄이는데, 이것이 더하고 줄이는 의리가 분별되는 것이다." ○ 방씨方氏(방각方慤)는 말한다. "주인이 빈에게 술을 따라서 올리는 것이 헌獻이요, 빈이 주인에게 답주를 올리고, 주인은 또 빈에게 답하여 술을 올리는 것이 수酬이니 이것이 예이다. 중빈衆賓의 세 우두머리에게는 예를 갖추어서 행하고, 개介에 이르면 주인이 다시 답하여 술을 올리는 것(酬)을 생략하고, 중빈에게 이르러서는 또 중빈이 주인에게 답하여 술을 올리는 것(酢)을 생략한다. '서쪽 계단 위에서 헌주를 받고, 앉아서 술로써 제사지내며, 일어서서 술을 마신다'는 것은 올라가서 술잔을 받은 사람이 술로 고수

례할 때만 앉을 수 있고 술을 마실 때는 서서 하는 것을 말한다. 대개 술을 마시는 것은 늙음을 보양하기 위한 것이므로, 비천한 사람은 감히 앉아서 그 보양을 받는 것을 감당하지 못하기 때문이다. 이것이 중빈衆賓의 세 우두머리에 대해서 예禮를 줄이는 이유이다." 疏曰: "主人旣拜其來至, 又酌酒獻賓, 賓酢主人. 主人又酌而自飮以酬賓. 介酢主人則止. 主人不酢介, 是及介省矣. 主人獻衆賓于西階上, 受爵, 坐祭, 立飮, 不酢主人而降. 於賓禮隆, 衆賓禮殺, 是隆殺之義別矣." ○ 方氏曰: "主酌賓爲獻, 賓答主, 主又答賓爲酬, 是禮也. 三賓則備之, 至於介則省酬焉, 至於衆賓則又省酢矣. '升受, 坐祭, 立飮'者, 其升而受爵者, 惟祭酒得坐, 飮酒則立也. 蓋飮酒所以養老, 以其卑不敢坐而當其養故也. 此所以殺於三賓."

【향음주의 10】

4명의 악공樂工이 들어가 당에 올라서 세 번 음악을 연주하며 노래하고 나면 주인이 그들에게 술을 올린다. 4명의 생笙을 연주하는 악공이 들어와 세 번 음악을 연주하고 나면 주인이 그에게 술을 올린다. 당 위의 악공과 당 아래의 생을 연주하는 악공이 교대로 세 번 노래하고 연주하고, 합악合樂으로 세 번 연주하며 노래하고 나서, 악정樂正이 빈賓에게 악樂이 모두 완료되었음을 아뢰고 드디어 나간다. 한 사람이 술잔을 들어 빈에게 술을 올리면 이때 주인은 사정司正을 세운다. 여수旅酬의 예禮가 화락하면서도 방종한 데로 흐르지 않음을 알 수 있다.

工入, 升歌三終, 主人獻之. 笙入三終, 主人獻之. 間歌三終, 合樂三終, 工告樂備, 遂出. 一人揚觶, 乃立司正焉. 知其能和樂而不流也.

鄭注 '공工'은 악정樂正을 말한다. 악정이 악이 다 갖추어졌음을 아뢰고 내려온다. '드디어 나간다'(遂出)고 말한 것은 여기서부터 물러날 때까지 다시 당에 오르지 않는다는 말이다. '흐른다'(流)는 것은 예禮를 잃는 것이다. 사정을 세워서 예를 바로 잡으면 예를 잃지 않으리라는 것을 알 수 있다. '일인一人'은 다른 판본에는 '이인二人'으로 되어 있기도 하다. '工', 謂樂正也. 樂正旣告備而降. 言'遂出'者, 自此至去不復升也. '流', 猶失禮也. 立司正以正禮, 則禮不失可知. '一人'或爲'二人'.

集說 (4명의) 악공樂工이 들어가서 당堂에 올라 「녹명鹿鳴」·「사모四牡」·「황황자화皇皇者華」를 연주하며 노래하는데 한 편이 끝날 때마다 1종終(종료)이 된다. 세 편이 종료되면 주인은 술을 따라서 악공에게 술을 올린다. (4명의) 생笙을 연주하는 악공이 당 아래에 들어와 「남해南陔」·「백화白華」·「화서華黍」를 연주하는데 역시 한 편이 끝날 때마다 1종終이 된다. 세 편이 끝나면 주인이 역시 술을 따라서 그에게 술을 올린다. '간間'이란 교대로 이어서 하는 것이다. 생生을 연주하는 것과 노래하는 것이 다 끝나면 당 위와 당 아래에서 번갈아가며 이어서 연주를 한다. 당 위에서 먼저 「어려魚麗」를 연주하며 노래하면 당 아래에서 생笙은 「유경由庚」을 연주하는데 이것이 1종終이 된다. 다음은 당 위에서「남유가어南有嘉魚」를 연주하며 노래하면, 당 아래에서 생笙이 「숭구崇丘」를 연주하는데 이것이 2종이 된다. 또 다음은 당 위에서 「남산유대南山有臺」를 연주하며 노래하면 당 아래에서 생笙이 「유의由儀」를 연주하는데 이것이 3종이 된다. '합악合樂으로 세 번 연주하며 노래한다'는 것은 당 위에서 시詩를 노래하고 슬瑟을 연주하는 것과 당 아래에서 생笙을 연주하는 것을 동시에 함께 행하는 것이다. 악공이 「관저

關雎」를 연주하며 노래하면 당 아래의 생笙은 「작소鵲巢」를 불어서 합주한다. 악공이 「갈담葛覃」을 연주하며 노래하면 생笙이 「채번采蘩」을 불어서 합주한다. 악공이 「권이卷耳」를 연주하며 노래하면 생笙이 「채빈采蘋」을 불어서 합주한다. 이와 같이 합주하는 것이 다 끝나면, 악공樂工이 악정樂正에게 악樂이 다 완료되었음을 아뢰고, 악정樂正이 다시 빈賓에게 아뢰고 나서 드디어 물러나온다. 대개 악정樂正은 이로부터는 다시 당에 오르지 않기 때문에 '드디어 나간다'고 한 것이다. '한 사람'이란 주인의 관리다. 이 사람이 잔을 올린 뒤에 주인은 예를 돕는 사람 1인을 사정司正으로 삼는다. 여수旅酬의 예禮를 할 때에 나태해져서 예절을 잃을까 두려워하여 그로 하여금 살피고 바로잡게 하는 것이다. 이와 같다면 화락하면서도 방종한 데로는 흐르는데 이르지 않는다. 工入而升堂, 歌「鹿鳴」·「四牡」·「皇皇者華」, 每一篇而一終. 三篇終, 則主人酌以獻工焉. 吹笙者入於堂下, 奏「南陔」·「白華」·「華黍」, 亦每一篇而一終. 三篇終, 則主人亦酌以獻之也. '間'者, 代也. 笙與歌皆畢, 則堂上與堂下更代而作. 堂上先歌「魚麗」, 則堂下笙「由庚」, 此爲一終. 次則堂上歌「南有嘉魚」, 則堂下笙「崇丘」, 此爲二終. 又其次堂上歌「南山有臺」, 則堂下笙「由儀」, 爲三終也. '合樂三終'者, 謂堂上下歌瑟及笙並作也. 工歌「關雎」, 則笙吹「鵲巢」合之. 工歌「葛覃」, 則笙吹「采蘩」合之. 工歌「卷耳」, 則笙吹「采蘋」合之. 如此皆竟, 工以樂備告樂正, 樂正告于賓而遂出. 蓋樂正自此不復升堂矣, 故云'遂出'也. '一人'者, 主人之吏也. 此人擧觶之後, 主人使相禮者一人爲司正. 恐旅酬時有懈惰失節者以董正之也. 如此則雖和樂而不至於流放矣.

【향음주의 11】

빈賓이 주인에게 술을 올리면(酬), 주인은 개介에게 술을 올리고,

개介는 중빈衆賓에게 술을 올리며, 젊은이와 연장자가 나이 순서대로 서로 술을 올리고, 세洗에 물을 대는 사람에게까지 이르고 마친다. 향음주례鄉飮酒禮가 젊은이와 연장자 누구도 빠뜨리지 않음을 알 수 있다.
賓酬主人, 主人酬介, 介酬衆賓, 少長以齒, 終於沃洗者焉. 知其能弟長而無遺矣.

鄭注 '빠뜨린다'(遺)는 것은 빠진다는 뜻과 같으니 잊어버리는 것이다. '遺', 猶脫也, 忘也.

集說 호재浩齋는 말한다. "앞에서 개介가 술을 올리는 것(酬)이 없고 중빈衆賓이 술을 올리는 것(酢)이 없다고 한 것은 아직 노래하기 전이다. 이 경문에서 빈賓이 주인에게 술을 올리고(酬), 주인이 개介에게 술을 올리며(酬), 개介가 중빈衆賓에게 술을 올린다(酬)고 말한 것은 이미 노래가 끝난 뒤에 여수旅酬의 예禮를 행할 때이다. 세洗에 물을 대는 사람이란 청소하는 사람이다. 비록 지극히 미천하지만 여수의 예를 할 때에는 나이를 기준으로 행하므로 존귀한 사람이라는 것을 알 수 있다. 귀한 사람에서부터 천한 사람에 이르기까지 나이 순서대로 하지 않음이 없으니 이것이 향음주례가 젊은이와 연장자 누구도 빠뜨리지 않음을 알 수 있는 이유이다." 浩齋曰: "前言介之無酬, 衆賓之無酢者, 蓋未歌之時也. 此言賓酬主人, 主人酬介, 介酬衆賓者, 旣歌之後, 行旅酬之時也. 沃洗者, 滌濯之人也. 雖至賤, 旅酬之際, 猶以齒焉, 則貴者可知矣. 自貴及賤無不序齒, 此所以知其能弟長而無遺矣."

【향음주의 12】

빈賓과 주인이 당에서 내려와서 신을 벗고 다시 당에 올라가 앉으면, 잔의 횟수를 세지 않고 서로 술을 든다. 술을 마시는 절도는 아침에 정사의 처리를 폐하지 않고 저녁에 사적인 사안의 처리를 폐하지 않을 정도여야 한다. 빈賓이 물러나가면 주인은 배례를 하며 전송하여, 예의 절도節度와 문채文采가 끝까지 펼쳐진다. 향음주례가 즐거움에 편안해하면서도 광란에 이르지 않음을 알 수 있다.

降, 說屨升坐, 脩爵無數. 飮酒之節, 朝不廢朝, 莫不廢夕. 賓出, 主人拜送, 節文終遂焉. 知其能安燕而不亂也.

鄭注 '아침'(朝)·'저녁'(夕)은 아침과 저녁으로 일을 처리하는 것이다. 일을 처리하는 것을 폐하지 않는 것은 조회를 마치고 나서 마시고 저녁 전에 끝내는 것이 바른 예이기 때문이다. '끝까지 펼쳐진다'(終遂)는 것은 충분히 갖추어졌다는 뜻과 같다. '朝'·'夕', 朝·莫聽事也. 不廢之者, 旣朝乃飮, 先夕則罷, 其正也. '終遂', 猶充備也.

集說 호재浩齋(여대림呂大臨)[16]는 말한다. "이 경문 이전 단계에서는 다 서서 예를 행하고 아직 조俎를 거두지 않았으므로 신을 벗지 않았다. 여기서 조를 거둔 후에는 신을 벗고 올라가 앉으니 앉아서 연회를 한다. '수脩'는 든다는 뜻이다. '잔을 들어 마시는데 정해진 수가 없다'는 것은 '잔의 횟수를 세지 않는다'[17]는 말이 그것이다. 무릇 일을 다스리는 것은 아침에 정사를 처리하고 향음주례는 정사의 처리가 끝나고 비로소 시행한다. 이것이 '아침에 정사의 처리를 폐하지 않는다'는 것이다. 저녁에 정령을 처리하는데, 향음주례가 끝났으므로 오히려 사적인 일들을 처리할 수 있다. 이것이

'저녁에 사적인 사안의 처리를 폐하지 않는다'는 것이다. 만약 당정黨正이 향음주례를 하여 온 나라가 광란하게 한다면 취하지 않는 자가 없을 것이다. '예의 절도節度와 문채文采가 끝까지 펼쳐진다'(節文終遂)는 말에서 '종終'은 끝까지라는 뜻이고, '수遂'는 펼친다는 뜻이다. 비록 향음주례가 끝나도 주인은 여전히 배례를 하여 빈을 전송함을 말한다. 절도 있고 문채 있는 예가 끝까지 펼쳐져 완수되고 이지러짐이 없으니, 기쁘고 즐거움에 편안해하면서도 광란에 이르지 않음을 알 수 있다." 浩齋曰: "前此皆立而行禮, 未徹俎, 故未說屨. 至此徹俎之後, 乃說屨升坐而坐燕也. '脩', 擧也. '脩爵無數', '無算爵'是也. 凡治事者, 朝以聽政, 而鄕飮聽政罷方行. 是'朝不廢朝'也. 夕以脩令, 而鄕飮禮畢, 猶可以治私事. 是'莫不廢夕'也. 若黨正飮酒, 一國若狂則無不醉矣. '節文終遂'者. '終', 竟也, '遂', 猶申也. 言雖禮畢, 主人猶拜以送賓. 節文之禮, 終申遂而無所缺, 則知其安於燕樂而不至於亂矣."

【향음주의 13】

귀하고 천함의 구별이 분명하고, 더하고 줄이는 법도가 분별되고, 화락하면서도 예를 잃지 않고, 젊은이와 연장자 누구도 빠뜨리지 않고, 즐거움에 편안해하면서도 광란에 이르지 않으니, 이 다섯 가지 행실이면 자신을 바르게 하고 나라를 편안히 할 수 있다. 저 나라가 편안하면 천하가 편안하다. 그러므로 "내가 향음주례를 보고 왕도를 행하는 일이 쉽다는 것을 알았다"고 한 것이다.

貴賤明, 隆殺辨, 和樂而不流, 弟長而無遺, 安燕而不亂, 此五行者, 足以正身安國矣. 彼國安而天下安. 故曰: "吾觀於鄕而知王道之易易也."

集說 위 글의 다섯 가지 일의 절목을 총결하였다. 總結上文五事之目.

【향음주의 14】

향음주례鄕飮酒禮의 뜻에 빈賓(주빈)을 세워서 하늘을 본뜨고, 주인을 세워서 땅을 본뜨고, 개介와 준僎을 세워서 해와 달을 본뜨고, 중빈衆賓의 세 우두머리를 세워서 세 큰 별(三光)을 본뜬다. 고대에 예를 제정할 때, 하늘과 땅으로 경經(기준)으로 삼고, 해와 달로 기紀(기준)로 삼고, 세 큰 별로 참용參用하였으니, 정교政敎의 근본이 된다. 鄕飮酒之義, 立賓以象天, 立主以象地, 設介僎以象日月, 立三賓以象三光. 古之制禮也, 經之以天地, 紀之以日月, 參之以三光, 政敎之本也.

鄭注 해는 동쪽에서 나오니 준僎이 있는 곳이다. 달은 서쪽에서 나오니 개介가 있는 곳이다. '삼광三光'은 세 개의 큰 별이다. 하늘의 정교政敎는 큰 별에서 나온다. 日出於東, 僎所在也. 月生於西, 介所在也. '三光', 三大辰也. 天之政敎, 出於大辰焉.

集說 호재浩齋(여대림呂大臨)는 말한다. "향음주례鄕飮酒禮에서는 빈賓과 주인보다 우선하는 것이 없다. 빈을 세워서 하늘을 본뜨고 주인을 세워서 땅을 본뜨는 것은 예의 경經(기준)이다. 그 다음에 개介와 준僎을 세워서 돕게 하는 것은 예의 기紀(기준)이다. 그 다음에 중빈衆賓의 세 우두머리를 세워

서 따르게 하는 것은 예를 참용參用하는 것이다. 정교를 세움에 반드시 경經이 있고 기紀가 있고 참용함(參)이 있은 뒤에라야 실행할 수 있다. 그러므로 향음주례에는 반드시 빈賓과 주인, 개介와 준僎, 중빈衆賓의 세 우두머리를 둔 뒤에야 거행할 수 있다. 그러므로 '정교의 근본이 된다'라고 한 것이다. 앞에서는 개介와 준僎을 음양이라고 하고 여기서는 해와 달을 본뜬다고 말한 것은 앞 장에서는 기氣를 말했으므로 음양으로 본뜨고, 이 장에서는 체體를 말하므로 해와 달로 본뜬 것이다. 준僎이 동북쪽에 있는 것은 해가 뜨는 것을 본뜬 것이다. 개介가 서남쪽에 있는 것은 달이 뜨는 것을 본뜬 것이다. 삼광三光을 세 큰 별이라고 하는 (정현의) 설명에 대하여 『예기정의禮記正義』 공영달의 소에서 다음과 같이 말하였다. "소공昭公 17년에 큰 별에 혜성이 있었다'는 구절에 대하여 『춘추공양전』에서는 '큰 별이란 대화大火성이다. 벌伐성이 큰 별이 되고 북극성(北辰)이 또한 큰 별이 된다'라고 하였다. 『이아爾雅』에서는 '(큰 별은) 방房성 · 심心성 · 미尾성이다'라고 하였다. 대화大火성을 '큰 별'(大辰)이라고 부르고, 북극성을 '북신北辰'이라고 부른다. (하휴何休는 이르기를), '대화성과 벌성은 하늘이 백성들에게 시절의 이르고 늦음을 나타내는 것으로, 천하가 올바름을 취하는 바이다'라고 하였다. 이것이 또한 정교가 나오는 바이다."" 浩齋曰: "飮酒之禮, 莫先於賓主. 立賓象天, 立主象地, 禮之經也. 其次立介僎以輔之者, 紀也. 其次立三賓以陪之者, 參也. 政教之立, 必有經有紀有參, 然後可行. 故飮酒之禮, 必有賓主 · 介僎 · 三賓, 然後可行. 故曰'政教之本也'. 前言介僎陰陽, 此言象日月者, 前章言氣, 故以陰陽象之, 此章言體, 故以日月象之也. 僎在東北, 象日出也. 介在西南, 象月出也. 以三光爲三大辰, 『正義』「'按昭公十七年有星孛于大辰', 『公羊』曰, '大辰者, 大火也. 伐爲大辰, 北辰亦爲大辰.' 『爾雅』'房 · 心 · 尾.' 大火謂之'大辰', 北極謂之'北辰'. '大火與伐, 天所以示民時早晚, 天下之所取正.' 是亦政教所出也.」"

【향음주의 15】

동쪽에서 개고기를 익히는 것은 양기가 동쪽에서 발생하는 것을 본받는 것이다. 조계阼階 아래에 세洗를 설치하고 그것에 사용할 물을 세의 동쪽에 두는 것은 천지의 왼쪽에 바다가 있는 것을 본받는 것이다.

亨狗於東方, 祖陽氣之發於東方也.① 洗之在阼, 其水在洗東, 祖天地之左海也.②

鄭注 ① '조祖'는 본받는 것과 같다. '개'(狗)는 빈을 봉양하는 것이다. '양기陽氣'는 만물을 낳고 기른다. '祖', 猶法也. '狗', 所以養賓. '陽氣', 生養萬物.

② 바닷물이 모이는 것이다. 海水之委也.

集說 방씨方氏는 말한다. "바다는 네 방향에 있는데 바로 동쪽을 말한 것은 (강)물이 회귀하는 곳이기 때문이다. 물의 방위는 감坎(북쪽)에 있으나 흘러서 동쪽으로 돌아가는 것은 그것이 천일天一에서 생겨서 땅 속으로 다니기 때문이다. 하늘은 서북쪽으로 기울어져서 충족하지 않으므로 물의 발원이 이곳으로부터 생긴다. 땅은 동남쪽이 이지러져 차 있지 않으므로 물의 흐름은 이 지세를 따라 움직인다. 하늘이 기울어진 것과 땅이 이지러진 것은 그 형세가 내려가는 모양인데, 아래로 내려가는 것을 좋아하는 것은 물의 성질이므로 그 이치가 이와 같다. 그러므로 물의 방위가 북쪽에 있는 것은 하늘의 방위요, 흘러서 동쪽으로 돌아가는 것은 땅의 형세를 따르는 것이다. 남과 북이 합해져 있는데, 물의 방위가 북쪽에 있고 흘러서 남쪽으로 돌아가지 않는 것은, 대개 동방의 덕이 목木인데 나무는 물이 낳는 것이고 남쪽의 덕은 불인데 불은 물이 이기는 것이다. 생겨나게 하는 것은 이로움이 되고 이기는 것은 해로움이 되는데, 이롭게 하는 것을 좋아함은 물

의 덕이기 때문에 그 물이 낳는 곳으로 나아가는 것이다." ○ 호재浩齋(여대림呂大臨)는 말한다. "개를 삶아서 빈을 봉양하고, 양기로써 만물을 봉양한다. 따라서 그것을 이어서 본받아 동쪽에서 삶는다. 바다는 물이 모이는 곳이다. 천지 사이에 바다는 동쪽에 있다. 동쪽은 왼쪽이다. 그러므로 세洗를 조계阼階 쪽에 진설할 때, 그 물은 세洗의 동쪽에 두니, 왼쪽에 바다가 있는 의리를 취한 것이다."○ 천지의 자리는 남쪽이 앞이고 북쪽이 뒤이다. 그러므로 동쪽을 왼쪽으로 삼는다. 方氏曰: "海有四, 正言東者, 取夫水之所歸也. 水位居坎, 而其流歸東者, 由其生於天一, 行於地中故也. 天傾西北而不足, 故水之源自此而生. 地缺東南而不滿, 故水之流順此而行. 天之所傾, 地之所缺, 則其形下矣, 而善下者, 水之性也, 故其理如此. 然則水位居北者, 本天位也, 其流歸東者, 因地勢也. 南與北合, 水位居北而流不歸南者, 蓋東方之德木, 木則水之所生, 南方之德火, 火則水之所勝. 生之爲利, 勝之爲害, 而善利者水之德也, 故趨其所生焉." ○ 浩齋曰: "烹狗以養賓, 陽氣以養萬物. 故祖而法之, 烹于東方焉. 海, 水之委也. 天地之間, 海居于東. 東則左也. 故洗之在阼, 其水在洗東, 有左海之義焉." ○ 天地之位, 南前而北後. 故以東爲左.

【항음주의 16】

술동이(尊)에 현주를 담은 것이 있는 것은 근본을 잊지 않는 것을 백성들에게 가르치는 것이다.

尊有玄酒, 敎民不忘本也.

鄭注 태고적에는 술이 없었고 물을 사용했을 뿐이다. 大古無酒, 用水而已.

集說 태고적 세상에는 술이 없었고 물로 예를 행했다. 그러므로 후세에 이로 인하여 물을 현주玄酒라고 부른다. '근본을 잊지 않는다'는 것은 예가

유래한 바를 생각하는 것이다. 玄古之世無酒, 以水行禮. 故後世因謂水爲玄酒. '不忘本'者, 思禮之所由起也.

【향음주의 17】

빈은 반드시 남쪽을 향한다. 동방은 봄의 방위다. 봄은 소생하여 움직인다(蠢)는 뜻으로, 만물을 낳는 것이 성聖(성스러움)이다. 남방은 여름의 방위다. 여름은 크다(假)는 뜻으로, 기르고, 자라게 하고, 크게 해주는 것이 인이다. 서방은 가을의 방위다. 가을은 수렴한다는 뜻으로 시절의 밝게 살핌으로 거두어들이는 것이 의義를 지키는 것이다. 북방은 겨울의 방위다. 겨울은 속(中)이란 뜻으로 속(中)은 저장하는 것(藏)이다. 이러한 까닭에 천자가 서 있을 때, 성聖(성스러움)을 왼쪽에 두고 인을 향하며, 의義를 오른쪽에 두고 저장하는 것을 뒤에 둔다.

賓必南鄕. 東方者春. 春之爲言蠢也, 産萬物者聖也. 南方者夏. 夏之爲言假也, 養之·長之·假之, 仁也. 西方者, 秋. 秋之爲言愁也, 愁之以時察, 守義者也. 北方者, 冬. 冬之爲言中也, 中者藏也. 是以天子之立也, 左聖鄕仁, 右義偝[18]藏也.

鄭注 '춘春'은 준蠢(꿈틀대다)과 같다. '준蠢'은 움직인다는 뜻으로 살아나는 모습이다. '성聖'이라는 말은 생生(태어나다, 살아나다, 소생하다)이라는 뜻이다. '가假'는 크다는 듯이다. '수愁'는 추揫로 읽는다. '추揫'는 거두어들인다는 뜻이다. '찰察'은 찰찰察察(명확히 살핌)과 같은 뜻으로, 냉엄하게 죽이는 모습이다. 남향은 인仁을 향하는 것이니 만물을 길러서 크게 하는 것을 귀하게

여기는 것이다. '찰察'은 어떤 본에서는 '살殺'로 되어 있다. '春', 猶蠢也. '蠢', 動, 生之貌也. '聖'之言生也. '假', 大也. '愁', 讀爲揫. '揫', 斂也. '察'猶察察, 嚴殺之貌也. 南鄕鄕仁, 貴長大萬物也. '察'或爲'殺'.

集說 '준蠢'은 만물이 소생하여 움직이는 모양이다. 천지의 큰 덕을 생生(낳음)이라고 한다. 성인은 천지와 덕이 합치된다. 그러므로 '만물을 낳는 것이 성聖(성스러움)이다'라고 한 것이다. '가假'는 크다는 뜻이다. '추揫'는 거두어들이는 모습이다. '찰察'은 찰찰察察(명확히 살핌)과 같은 뜻으로 엄숙하다는 뜻이다. '시절의 분명하게 살피는 것으로 거두어들인다'는 것은 가을의 엄숙한 기氣로 수렴하는 것을 말한다. 사물을 저장하는 것은 반드시 밖으로부터 안으로 넣는다. 그러므로 '속(中)이란 간직하는 것이다'라고 한 것이다. 천자가 남쪽을 향하여 서면, 왼쪽이 동쪽, 오른쪽이 서쪽, 남쪽이 앞, 북쪽이 뒤가 된다. '蠢'者, 物生動之貌. 天地大德曰生. 聖人德合天地. 故曰'產萬物者聖也'. '假', 大也. '揫', 斂縮之貌. '察', 猶察察, 嚴肅之意. '揫之以時察', 言揫斂之以秋時嚴肅之氣也. 物之藏必自外而入內. 故曰'中者藏也'. 天子南面而立, 則左東右西, 南前北後也.

【향음주의 18】

개介는 반드시 동쪽을 향하는데 개는 빈과 주인의 중간에 있는다. 주인은 반드시 동쪽에 있다. 동쪽이란 봄의 방향이고, 봄이란 소생하여 움직인다(蠢)는 뜻으로 만물을 낳는 것이다. 주인이 음식을 만드니 만물을 낳는 것이다. 달은 삼 일이면 백을 이루고 석 달이면 한 계절을 이룬다. 이렇기 때문에 예에는 세 번 양보하는 의절儀節

이 있고, 나라를 세우면 반드시 세 명의 경卿을 세운다. 중빈衆賓의 세 우두머리는 정교의 근본이니 예가 중요하게 참용參用한 것이다.
介必東鄉, 介賓・主也.① 主人必居東方. 東方者春, 春之爲言蠢也, 產萬物者也. 主人者造之, 產萬物者也.② 月者三日則成魄, 三月則成時. 是以禮有三讓, 建國必立三卿. 三賓者, 政敎之本, 禮之大參也.③

鄭注 ① 주인이 빈에게 술을 따라 올리고 빈이 주인에게 술을 따라 올리는 예를 행할 때, 주인은 (빈이 있는) 서쪽으로 가고 빈은 (주인이 있는) 남쪽으로 가게 되는데, 개介는 그 사이에 있다. 獻酬之禮, 主人將西, 賓將南, 介覸其間也.

② 예禮에서 제공하는 것이 주인으로부터 나옴을 말한다. 言禮之所共, 由主人出也.

③ 예란 음陰이므로 큰 수(大數)는 달에서 취하여 본받음을 말한다. 言禮者, 陰也, 大數取法[19]於月也.

集說 장자張子(장재張載)[20]는 말한다. "자리에 네 자리가 있는 것은 예가 주인을 공경하는 것을 위주로 하지 않고 현능한 사람을 존중하고자 해서이다. 만약 빈과 주인이 서로 상대하는 경우라면, 예는 주인을 공경하는 것을 위주로 한다. 그러므로 그 자리 배치에서 빈과 주인이 서로 상대하게 하지 않고 개와 손을 그 사이에 배치하여 현능한 사람을 빈賓으로 삼는 의리를 보인 것이다. 이로 인해서 네 계절의 자리가 모두 가리키는 뜻이 있음을 말하였으니 사실은 현능한 사람을 존중하는 것을 밝히고자 한 것이다."
○ 여씨呂氏(여대림呂大臨)는 말한다. "천자가 남쪽을 향하여 서는데, 빈賓도 남쪽을 향해 있도록 한 것은 빈을 존중함이 지극한 것이다. '개介'는 사이

(閒)라는 뜻이다. 빈과 주인의 사이에 있도록 배치함은 사이에 있도록 하는 것이다." ○ 방씨方氏(방각方慤)는 말한다. "음식 봉양은 주인이 만든 것이다. 만물을 생산하는 형상이 있으므로 동쪽에 머무는 것이다." 張子曰: "坐有四位者, 禮不主於敬主, 欲以尊賢. 若賓主相對, 則是禮主於敬主矣. 故其位賓主不相對, 坐介僎於其間, 以見賓賢之義. 因而說四時之坐皆有義, 其實欲明其尊賢." ○ 呂氏曰: "天子南面而立, 而坐賓亦南鄕者, 尊賓之至也. '介', 間也. 坐賓主之間, 所以間之也." ○ 方氏曰: "飮食之養, 則主人之所造也. 而有産萬物之象, 所以居東."

역주

1) 향로 : 『주례』「地官」에 속한 관직이다. 2개의 鄕마다 하나의 鄕老를 둔다. 鄕老는 전임직이 아니며 三公이 겸임한다. 곧 6향의 체제에서 삼공이 鄕老가 된다. 관할 향의 현명한 자와 유능한 자의 추천, 관리의 업무에 대한 평가 등을 담당한다.

2) 향대부 : 『주례』「地官」에 속한 관직이다. 司徒에 소속된 관직으로 군주직할지(國)에 있는 한 鄕의 정무(政敎禁令)를 관장하는데, 병역과 노역의 징발, 현명한 자와 유능한 자의 추천, 한 해 말에 시행하는 향의 서리에 대한 업적 평가 등을 담당한다. 나라에 중대사가 발생하여 정부에서 자문해오면, 鄕人들을 인솔하여 外朝에 이르고, 급박한 사태에 직면하면 백성들에게 閭를 지키면서 정부의 명령을 기다리게 한다. 鄕은 12,500家를 기준으로 편제된 행정 단위다.

3) 당정은 ~ 제사지내는데 : 『주례』「地官」, "國索鬼神而祭祀"의 가공언 소에서는 이것을 매년 12월에 黨正이 齒位를 바르게 하는 禮로 보고, 납향제(蜡祭)와는 다른 것으로 본다. 단지 蜡祭와 같은 12월 달에 거행하기 때문에 이러한 표현을 한 것일 뿐이라고 한다.

4) 납향제 : 연말에 온갖 신을 모아놓고 合祭하는 제사를 말한다. 「郊特牲」(46 · 47)에 관련 내용이 나온다. "납향제에서는 신농씨를 주신으로 삼으면서 후직에게 제사지낸다. 백곡의 신에게 제사를 지내 농사에 공로가 있는 것에 대하여 보답한다"(蜡之祭也, 主先嗇而祭司嗇也. 祭百種, 以報嗇也)라고 하였다.

5) 선유는 ~ 하였는데 : 先儒는 가공언을 가리킨다. 가공언의 말은 『의례』「鄕飮酒禮」疏에 나온다.

6) 마을 사람들과 ~ 나가셨다 : 이 말은 『논어』「鄕黨」에 나온다.

7) 東榮 : 방의 동쪽 처마이다. 『의례』「士冠禮」, "夙興設洗, 直於東榮"의 정현 주, "榮, 屋翼也."

8) 세 : 손이나 술잔을 씻고 난 후 버리는 물을 받는 기구를 말한다. 시종하는 사람이 구기(枓)를 이용하여 미리 물을 담아둔 물 항아리(洗罍)에서 물을 따라 부어주면, 손이나 술잔을 씻는 사람은 그 물로 손이나 술잔을 씻은 후 그 물을 버리는데, 이 버리는 물을 받는 기물을 洗라고 한다.

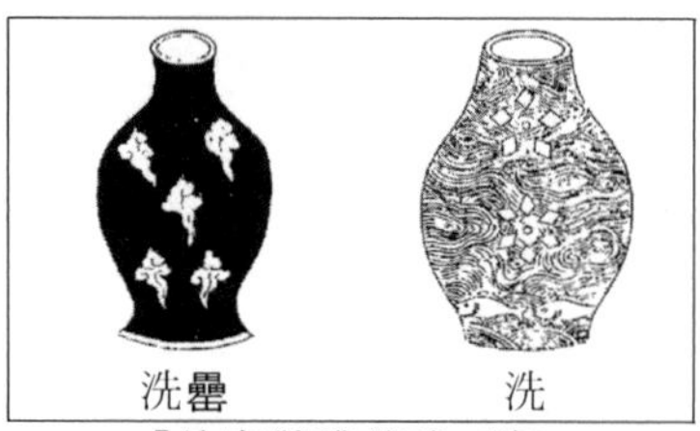

『欽定儀禮義疏』(淸)

9) 형상 : 경문의 원문은 '象'으로 본뜨다, 본받다, 상징하다, 의미를 나타내다는 뜻이다. 가령 '象天'은 하늘이 지니는 의미를 본뜨고 본받아서 나타낸다는 뜻이다. 이러한 의미를 함축하는 뜻으로 여기서는 '形象'이라는 단어를 사용한다. 곧 본 역주에서 사용하는 形象은 '본뜨고 본받아서 그 의미를 어떤 형태로 표현한다' 또는 표현한 것을 뜻한다.

10) 선유는 ~ 하는데 : 先儒는 정현을 가리킨다. 인용문은 『禮記義疏』「鄕飮酒義」, '三光'의 주에 나온다.

11) 월백 : 月魄은 달이 처음 떠서 생기는 밝지 않은 둥근 부분이나 또는 처음 이지러질 때 생기는 밝지 않은 둥근 부분을 가리킨다.

12) 의기 : 仁·義·禮·智·信 등 五常을 자연의 氣와 연관시켜 표현한 개념이다. 음양오행 사상에서 義는 金(五行)·백색(색깔)·서쪽(방위)·가을(시기)에 해당한다. 따라서 恭敬·尊尊·別異·斷制 등의 人倫을 표상하는 義는 자연의 氣와 연계되어 서쪽과 가을의 특성인 肅殺·收穫 등의 의미를 함께 내포한다.

13) 인기 : 仁·義·禮·智·信 등 五常을 자연의 氣와 연관시켜 표현한 개념이다. 음양오행 사상에서 仁은 木(五行)·청색(색깔)·동쪽(방위)·봄(시기)에 해당한다. 따라서 親愛·親親·同和 등의 人倫을 표상하는 仁은 자연의 氣와 연계되어 동쪽과 봄의 특성인 資生·興作 등의 의미를 함께 내포한다.

14) 공자가 ~ 아셨다 : 이 말은 「鄕飮酒義」(9) 이외에 『荀子』「樂論」에도 나온다.

15) 인심이 ~ 성인 : 『맹자』「告子上」에 "마음이 함께 그러한 것은 무엇인가? 理며 義다. 聖人은 내 마음이 함께 그러한 것을 먼저 얻었을 뿐이다. 그러므로 理와 義가 내 마음을 기쁘게 하는 것이 맛있는 음식이 내 입을 즐겁게 하는 것과 같다"(心之所同然者何也? 謂理也義也. 聖人先得我心之所同然耳. 故理義之悅我心, 猶芻豢之悅我口)라고 하였다.

16) 호재 : 북송의 학자 呂大臨(1040~1092)의 別號이다. 張載와 二程에게 수학하였으며, 『역』과 三禮書에 밝았다. 저서로 『禮記解』·『禮記傳』·『大學解』·『呂氏家禮』·『考古圖』·『易章句』 등이 있다.

17) 잔의 ~ 않는다 : 이 말은 『의례』「有司徹」에 나온다.

18) 偝 : 대전본에는 '偕'로 되어 있으나 『예기정의』에 따라 바로 잡는다.

19) 法 : '法'은 惠棟校宋本·宋監本·岳本·嘉靖本·衛氏集說이 같다. 閩·監·毛本 위에는 '象' 자가 衍文으로 더 있다.

20) 장자 : 北宋의 유학자 張載를 가리킨다. 인용문은 『張載語錄』에서 취한 것이다.

예기역주 권30

사의 제46
射義

정현의 『예기목록』에서 말한다. "「사의射儀」라고 제목을 붙인 것은 연사燕射와 대사大射의 예에서 덕행德行을 관찰하여 (제사를 도울 사람을) 사士에서 선발하는 뜻을 기록하였기 때문이다. 이 편은 유향劉向의 『별록別祿』에서는 「길사吉事」에 속해 있다."

鄭『目錄』云: "名曰「射義」者, 以其記燕射・大射之禮, 觀德行取於士之義. 此於『別錄』屬「吉事」."

소疏에서 말한다. "『역易』「계사繫辭」에서는 '반원형의 나무로 활을 만들고, 날카로운 나무로 화살을 만든다'고 하였다. 또 『세본世本』[1]에서는 '휘揮가 활을 만들었고 이모夷牟가 화살을 만들었다'고 하였고, 그 주註에서 '두 사람은 황제의 신하이다'라고 하였다. 『서書』「익직益稷」에서는 '과녁을 맞히는 것으로 참설讒說의 진위를 밝힌다'고 하였으니, 하夏와 은殷에서는 기록이 없었으나 주周에서 갖추어졌다."

疏曰: "「繫辭」云, '弦木爲弧, 剡木爲矢.' 又『世本』云, '揮作弓, 夷牟作矢', 註云, '二人, 黃帝臣.' 『書』云, '侯以明之', 夏殷無文, 周則具矣."

【사의 1】

옛날에 제후의 활쏘기에서는 반드시 먼저 연례燕禮를 거행하였고, 경·대부·사의 활쏘기에서는 반드시 향음주례鄕飮酒禮를 먼저 거행하였다. 그러므로 연례란 임금과 신하 사이의 의리를 밝히는 것이요, 향음주례란 어른과 아이의 차례를 밝히는 것이다.

古者諸侯之射也, 必先行燕禮, 卿·大夫·士之射也, 必先行鄕飮酒之禮. 故燕禮者, 所以明君臣之義也, 鄕飮酒之禮者, 所以明長幼之序也.

鄭注 존귀한 자와 비천한 자, 나이 든 자와 나이 어린 자를 분별한다. 그런 뒤에 활쏘기를 하여 덕행을 관찰한다. 言別尊卑老稚. 然後射, 以觀德行也.

集說 여씨呂氏(여대림呂大臨)는 말한다. "제후의 활쏘기는 대사大射이다. 경·대부·사의 활쏘기는 향사鄕射이다. 활쏘기는 남자의 일이다. 반드시 예악으로 활쏘기에 문식을 가하는 것은 그것으로 사람의 덕을 길러 행동거지가 두루 예에 맞도록 하려는 것이다. 연례燕禮와 향음주례鄕飮酒禮에서는 잔치로 빈객을 즐겁게 하는데 예가 없어서는 안 되므로 대사와 향사의 예를 행하고, 예에 의義가 없어서는 안 되므로 임금과 신하 사이의 의리와 어른과 아이의 차례를 밝힌다." 呂氏曰: "諸侯之射, 大射也. 卿·大夫·士之射, 鄕射也. 射者男子之事. 必飾之以禮樂者, 所以養人之德, 使之周旋中禮也. 蓋燕與鄕飮, 因燕以娛賓, 不可以無禮, 故有大射·鄕射之禮, 禮不可以無義, 故明君臣之義與長幼之序焉."

【사의 2】

그러므로 활 쏘는 사람은 나아가고 물러가며 두루 움직이는 행동거지가 반드시 예禮에 맞게 해야 한다. 안으로 뜻이 바르고 밖으로 몸가짐이 곧은 뒤에야 활을 잡는 것이 정확하고 견고하다. 활을 잡는 것이 정확하고 견고한 뒤에야 '적중한다'고 말할 수 있다. 이 때문에 활쏘기를 통해 덕행을 볼 수 있는 것이다.

故射者, 進退周還必中禮. 內志正, 外體直, 然後持弓矢審固. 持弓矢審固, 然後可以言'中'. 此可以觀德行矣.

鄭注 '안으로 뜻이 바르고 밖으로 몸가짐이 곧다'(內正外直)는 것은 예악을 익혀서 덕행이 있는 사람을 말한다. '정곡正鵠'이라는 이름은 여기서 나왔다. '內正外直', 習於禮樂有德行者也. '正鵠'之名, 出自此也.

集說 여씨呂氏는 말한다. "예에서 활 쏘는 사람은 반드시 먼저 두 사람씩 짝(耦)을 짓는다. 그러므로 하나의 짝에는 모두 상우上耦와 하우下耦가 있으며, 모두 활을 잡고 화살을 시위에 건다. 나아갈 때 계단을 마주하거나 계단에 이르렀을 때, 물物(사대射臺)을 마주하거나 물에 이르렀을 때, 모두 읍揖을 한다. 물러날 때도 이와 같이 한다. 그 움직임에 왼쪽으로 또는 오른쪽으로 하는 구분이 있고, 올라가고 내려감에 먼저하고 나중에 하는 순서가 있다. 활을 쏠 때는 모두 서로 번갈아 쏘는데, 화살통(福)에서 활을 취할 때 처음 나아가면서 읍하고, 화살통과 마주하여 읍하고, 화살을 취하고 읍하고, 화살을 오른쪽 허리춤에 꽂고 화살을 시위에 걸고 읍하고, 물러나오면서 나아가려는 자에게 읍한다. 화살을 취할 때는 (왼손으로) 활을 남쪽으로 눕혀 들고, 오른손을 아래로 내리고, 화살을 활의 손잡이에 대고, 화살

의 깃털을 고르고, 교대로 화살을 취하는 등의 의절이 있다. 활쏘기를 끝내고 술을 마시는데 이긴 쪽은 왼쪽 팔의 소매를 걷고, 엄지손가락에 깍지를 끼고, 왼쪽 어깨에 가죽으로 만든 어깨보호대를 차고, 시위를 건 활을 든다. 이기지 못한 쪽은 팔소매를 내려 옷을 바로 입고, 깍지와 어깨보호대를 벗고, 시위를 푼 활을 오른손에 올려놓고, 당에 올라가 술을 마시는데, 서로 읍하는 것을 처음과 같이 한다. 그러므로 '나아가고 물러가며 두루 움직이는 것이 반드시 예에 맞음'을 볼 수 있다. 선왕이 예를 제정하는 것이 어찌 번다한 수식과 말단의 의절에 거리껴서 사람들로 하여금 실행하기 어렵게 하려는 것이겠는가! 또한 그로써 사람을 잘 기르는 것일 따름이다. 군자는 천하의 일에 있어서 반드시 절도에 들어맞지 않음이 없게 된 뒤에야 덕을 이루며, 반드시 힘써 실행한 뒤에야 공이 있다. 사지는 안일하고자 하니 진실로 공경하는 마음이 이겨내지 못하면, 게으르고 오만한 기운이 생겨 두루 행하는 행동거지가 절도에 맞을 수 없어 몸은 비록 안일하나 마음은 편안하지 않게 된다. 그 편안하지 않은 바를 편안하게 여기면 손과 발을 어디에 두어야 할 지 모른다. 그러므로 방일하고 치우치고 사치하여, 본분을 넘어서 윗사람을 어기게 됨이 하지 못하는 바가 없게 되니, 천하의 어지러움이 여기서 시작된다. 성인이 그것을 근심하였으므로 번다한 수식과 말단의 의절에 대해서도 항상 삼가 주의하여, 그것으로 일삼는 바가 없는 때에 사람을 길러서, 그것을 익히고 번거로움을 꺼려하지 않게 하였다. 그러므로 불손한 행실이 또한 말미암아 일어남이 없으니, 오래 익혀 편안하게 여기게 됨에 이르러서는 예가 아닌 것은 행하지 않고 어디를 가든 의義에 맞지 않음이 없게 된다. 군자는 공경함으로써 내면을 곧게 하고 의로써 밖을 방정하게 한다. 내면에 보존하는 것이 공경하면 밖으로 드러나는 것이 장중하다. 안과 밖이 서로 닦이면 일에서 행하는 것이 절도에 들어맞게 된다. 활쏘기는 하나의 기예技藝이다. 용모는 예禮에 비견되고 절도는 악樂

에 비견된다. 쏘아서 정곡을 놓치지 않음은 반드시 의리에서 즐거워하고, 공경함을 오래도록 하고, 뜻을 냄에 흐트러지지 않는 마음이 있은 뒤에야 가능한 것이다. 따라서 행동거지가 예악에 맞아 활을 쏨에 적중하는 이는 그 덕이 어떠한 지를 알 수 있는 것이다." 呂氏曰: "禮, 射者必先比耦. 故一耦皆有上耦下耦, 皆執弓而挾矢. 其進也, 當階及階, 當物及物, 皆揖. 其退也, 亦如之. 其行有左右, 其升降有先後. 其射皆拾發, 其取矢于楅也, 始進揖, 當楅揖, 取矢揖, 旣搢挾揖, 退與將進者揖. 其取矢也, 有橫弓 · 卻手 · 兼弣 · 順羽 · 拾取之節焉. 卒射而飮, 勝者袒決遂執張弓. 不勝者襲, 說決拾, 加弛弓, 升飮, 相揖, 如初. 則'進退周旋必中禮'可見矣. 夫先王制禮, 豈苟爲繁文末節, 使人難行哉! 亦曰以善養人而已. 蓋君子之於天下, 必無所不中節然後成德, 必力行而後有功. 其四肢欲安佚也, 苟恭敬之心不勝, 則怠惰傲慢之氣生, 動容周旋不能中乎節, 體雖佚而心亦爲之不安. 安其所不安, 則手足不知其所措. 故放辟邪侈, 踰分犯上, 將無所不至, 天下之亂自此始矣. 聖人憂之, 故常謹於繁文末節, 以養人於無所事之時, 使其習之而不憚煩. 則不遜之行, 亦無自而作, 至於久而安之, 則非禮不行, 無所往而非義矣. 君子敬以直內, 義以方外. 所存乎內者敬, 則所以形乎外者莊矣. 內外交脩, 則發乎事者中矣. 射, 一藝也. 容比於禮, 節比於樂. 發而不失正鵠, 是必有樂於義理, 久於敬恭, 用志不分之心, 然後可以得之. 則其所以得之者, 其爲德可知矣."

【사의 3】

사례射禮에서 음악의 절주(節)[2]를 세울 때, 천자의 경우 「추우騶虞」를 절주로 삼고, 제후는 「이수貍首」를 절주로 삼고, 경과 대부는 「채빈采蘋」을 절주節奏로 삼고, 사는 「채번采蘩」을 절주로 삼는다. 「추우」는 관직이 잘 갖추어진 것을 즐거워하는 것이다. 「이수」는 조회하는 때를 즐거워하는 것이다. 「채빈」은 법도를 준수하는 것을 즐거워하는 것이다. 「채번」은 직분을 잃지 않는 것을 즐거워하는 것이다. 이러한 까닭에 천자는 관직을 잘 갖추었음을 나타내는 음악으로 절을 맞추고, 제후는 천자에게 때맞추어 조회함을 나타내는 음악으로 절을 맞추고, 경·대부는 법도를 따름을 나타내는 음악으로 절을 맞추고, 사는 직분을 잃지 않음을 나타내는 음악으로 절을 맞춘다. 그러므로 그 절의 뜻을 밝혀서 각자의 맡은 일을 잃지 않으면 공업功業이 이루어지고 덕행이 세워진다. 덕행이 세워지면 거칠고 어지러운 화가 없고, 공업이 이루어지면 나라가 평안하다. 그러므로 "사례란 성대한 덕을 볼 수 있는 방법이다"라고 한다.

其節, 天子以「騶虞」爲節, 諸侯以「貍首」爲節, 卿大夫以「采蘋」爲節, 士以「采蘩」爲節. 「騶虞」者, 樂官備也. 「貍首」者, 樂會時也. 「采蘋」者, 樂循法也. 「采蘩」者, 樂不失職也. 是故天子以備官爲節, 諸侯以時會天子爲節, 卿大夫以循法爲節, 士以不失職爲節. 故明乎其節之志, 以不失其事, 則功成而德行立. 德行立, 則無暴亂之禍矣, 功成則國安. 故曰: "射者, 所以觀盛德也."

鄭注 '「추우騶虞」'·'「채빈采蘋」'·'「채번采蘩」'은 『모시毛詩』의 시편 이름이다. '「이수貍首」'는 일실된 시로, 아래에서 "왕의 증손인 제후가"라고 한 부분이 그것이다. '관직이 잘 갖추어진 것을 즐거워한다'(樂官備)는 것은 「추우」에서 "한 번 쏘아 암퇘지 다섯 마리를 잡았다네"라고 한 구절이 현능한 인재를 많이 얻음을 비유하고, "아, 추우로다"라는 구절이 어진 사람에 대해 감탄하는 것임을 가리킨다. '조회하는 때를 즐거워한다'(樂會時)는 것은 「이

수」에서 "크고 작은 관리들 관소에 한가히 머물지 않고 임금이 계신 곳에서 모시고 있네"라고 한 것이다. '법을 준수하는 것을 즐거워한다'(樂循法)는 것은 「채빈」에서 "네가래를 뜯네, 남쪽 골짜기 물가에서"라고 한 구절이 골짜기 물가를 따라 네가래를 뜯는 것으로 법도를 따라서 임금의 일을 이루는 것을 비유하였음을 가리킨다. '직분을 잃지 않는 것을 즐거워한다'(樂不失職)는 것은 「채번」에서 "다리머리의 공손함이여, 밤낮으로 공소公所에 있네"라고 한 것을 가리킨다. '「騶虞」'·'「采蘋」'·'「采蘩」', 『毛詩』篇名. '「貍首」'逸, 下云"曾孫侯氏"是也. '樂官備'者, 謂「騶虞」曰: "壹發五豝", 喻得賢者多也, "于嗟乎騶虞", 歎仁人也. '樂會時'者, 謂「貍首」曰: "小大莫處, 御于君所." '樂循法'者, 謂「采蘋」曰: "于以采蘋, 南澗之濱", 循澗以采蘋, 喻循法度以成君事也. '樂不失職'者, 謂「采蘩」曰: "被之僮僮, 夙夜在公."

集說 '절節'이란 시를 노래하여 화살을 쏘는 절도節度로 삼는 것을 말한다. 한 번 끝나는 것이 한 절이 된다. 『주례』「사인射人」에서 "「추우騶虞」는 9절, 「이수貍首」는 7절, 「채빈采蘋」과 「채번采蘩」은 모두 5절이다"라고 하였다. 존귀하고 비천한 신분에 따른 절이 비록 많고 적음에서 같지 않지만, 4절로써 4발의 화살을 다 쏘는 것은 같다. 「추우」의 9절인 경우, 먼저 5절을 노래하는 것을 듣고 나머지 4절로 4발을 쏜다. 7절인 경우, 3절을 먼저 듣는다. 5절인 경우, 1절을 먼저 듣는다. 네 가지 시에서 「이수」만이 일실되었다. '추騶'는 마구간을 관장하는 관리다. '우虞'는 산택山澤을 관장하는 관리다. 이 두 관직 모두 관리가 모자라지 않으면, 관원이 갖추어졌음을 알 수 있다. ○ 여씨呂氏(여대림呂大臨)는 말한다. "'저기 쑥쑥 뻗은 것은 갈대요'란 초목이 생장을 이룬 것이다. '한 번 쏘아 암돼지 다섯 마리를 잡았다네'란 새와 짐승이 많이 번식한 것이다. '아, 추우로다'는 두 관리에게 공을 돌리는 것이다. 천자의 활쏘기에서 이것으로 절주를 삼는 것은 천자는 하늘

을 계승하였으므로 생生을 좋아하는 천지의 덕을 미루어서 만물을 길러야 한다는 것을 말하는 것이다. 이것이 '관직이 잘 갖추어진 것을 즐거워하는' 것이다. 「이수」의 시는 망실되었는데, 『예기』에 있는 원양原壤이 노래한 것[3]과 이 편에서 인용한 '왕의 증손인 제후가'라는 구절이 아마도 모두 「이수貍首」의 시 구절인 듯하다. 너구리 머리(貍首)는 사냥에서 잡은 것으로 사물 가운데 지극히 천한 것이다. 군자가 서로 만날 때 (예물이) 미천하고 박하다는 이유로 예禮를 폐하지 않는다. 제후는 연례燕禮와 사례燕射로 그의 사와 대부를 모이게 하는데, 예물은 천하나 정성은 지극하여, 임금과 신하가 서로 더불어 예를 익히고 우호를 다진다. 천자를 받들어 조정 일을 정비하므로 제후가 활을 쏠 때에는 이 「이수貍首」로 절주를 삼으니 '조회하는 때를 즐거워하는' 것이다. 「채빈采蘋」의 시는 대부의 처가 (시집가기 전) 집에서 어머니가 가르친 법도를 따라 (시집 와서) 조상을 받들고 제사에 이바지할 수 있음이 경과 대부가 이미 작명을 받고 나서 그가 벼슬하기 전에 배운 선왕의 법을 따라서 국정에 참여할 수 있는 것과 같음을 뜻한다. 그러므로 경과 대부가 활을 쏠 때에는 이것으로 절주를 삼으니 '법을 준수하는 것을 즐거워하는' 것이다. 「채번采蘩」의 시는 부인이 직분을 잃지 않음을 말했으니 부인은 바깥일이 없고 제사가 그 직분이다. 공경으로써 종사하면 이것이 직분을 잃지 않는 것이다. 사가 임금을 섬기는 것이 이것과 무엇이 다르겠는가? 그러므로 사士가 활을 쏠 때 이로써 절주를 삼는 것은 '직분을 잃지 않는 것을 즐거워하는' 것이다." '節'者, 歌詩以爲發矢之節度也. 一終爲一節. 『周禮』「射人」云: "「騶虞」九節, 「貍首」七節, 「采蘋」·「采蘩」皆五節." 尊卑之節雖多少不同, 而四節以盡乘矢則同. 如「騶虞」九節, 則先歌五節以聽, 餘四節則發四矢也. 七節者, 三節先以聽. 五節者, 一節先以聽也. 四詩惟「貍首」亡. '騶', 廐官. '虞', 山澤之官. 此二職皆不乏人, 則官備可知. ○ 呂氏曰: "'彼茁者葭[4]', 則草木遂其生矣. '一發五豝', 則鳥獸蕃殖矣. '吁嗟乎騶虞'者, 所以歸功於二官也. 天子之射以是爲節者,

言天子繼天, 當推天地好生之德以育萬物. 此所以'樂官備'也. 「貍首」詩亡, 『記』有原壤所歌, 及此篇所引'曾孫侯氏', 疑皆「貍首」詩也. 貍首, 田之所獲, 物之至薄者也. 君子相會, 不以微薄廢禮. 諸侯以燕・射會其士・大夫, 物薄誠至, 君臣相與習禮而結歡. 奉天子而脩朝事, 故諸侯之射以是爲節, 所以'樂會時'也. 「采蘋」之詩, 言大夫之妻, 能循在家母教之法度, 乃可承先祖共祭祀, 猶卿大夫已命, 能循其未仕所學先王之法, 乃可以與國政矣. 故卿大夫之射以是爲節, 所以'樂循法'也. 「采蘩」之詩, 言夫人不失職, 蓋夫人無外事, 祭祀乃其職也. 惟敬以從事, 是爲不失職. 士之事君, 何以異此? 故士之射以此爲節者, 所以'樂不失職'也."

【사의 4】

이러한 까닭에 옛날에 천자는 사례射禮로써 제후・경・대부・사를 가려 뽑았다. 활쏘기는 남자의 일로, 활쏘기를 따라 예악으로 문식하였다. 그러므로 일 가운데 예악禮樂을 다 갖추면서도 자주 거행하여 덕행을 세울 수 있는 것으로 활쏘기만한 것이 없다. 따라서 성왕聖王이 이 일에 힘썼다.

是故古者天子以射選諸侯・卿・大夫・士. 射者, 男子之事也, 因而飾之以禮樂也. 故事之盡禮樂, 而可數爲以立德行者, 莫若射. 故聖王務焉.

鄭注 사를 선발하는 것은 먼저 덕행을 살핀 뒤에 활쏘기에서 결정하는 것이다. 남자는 태어나서부터 활 쏘는 일과 관련을 맺고[5] 자라서는 예악을 배워 문식한다.[6] 選士者, 先考德行, 乃後決之於射. 男子生而有射事, 長學禮樂以飾之.

集說 小疏에서 말한다. "제후는 비록 선대를 계승함으로써 제후가 되고, 경과 대부는 공로가 있으면 승진하니, 오로지 활쏘기만으로 선발하는 것이 아니다. 그러나 이미 제후 · 경 · 대부가 되었으면, 또 그 덕행을 살피고, 다시 활쏘기로써 그 재주와 기예의 높고 낮음을 판단한다. 곧바로 활쏘기로만 선발하여 처음 등용함을 말하는 것이 아니다. '활쏘기는 남자의 일이다'라는 것은, 남자가 태어나면 문에 활을 걸어두는 의리가[7] 있음을 말한다."
疏曰: "諸侯雖繼世而立, 卿 · 大夫有功乃升, 非專以射而選也. 但旣爲諸侯 · 卿 · 大夫, 又考其德行, 更以射辨其材藝之高下. 非謂直以射選補始用之也. '射者, 男子之事', 謂生有懸弧之義也."

【사의 5】

그러므로 옛날 천자의 제도에, 제후는 천자에게 해마다 나라 일에 관한 문서와 공물을 바치고 (삼 년에 한 번) 사士를 천거하는데, 천자는 사궁射宮[8]에서 사士를 시험하였다. 그 몸가짐이 예에 부합하고 그 동작의 절도가 악에 부합하면서 활쏘기에서 적중함이 많은 사람은 제사에 참여할 수 있었다. 그 몸가짐이 예에 부합하지 않고 그 동작의 절도가 악에 부합하지 않아 활쏘기에서 적중함이 적은 사람은 제사에 참여할 수 없었다. 제사에 자주 참여하면 군주에게 포상이 주어지고, 제사에 자주 참여하지 못하면 군주에게 견책이 주어졌다. 자주 포상을 받으면, 봉지를 더 증대시켜주었고, 자주 견책을 받으면 봉지를 깎았다. 그러므로 "활쏘기란 활을 쏘아 제후가 되는 것이다"라고 말한 것이다. 이 때문에 제후국의 군주와 신하는 모두 활쏘기에 마음을 다하고 그것을 통해 예악을 익힌다. 군주와 신하가 모두 예악을 익히고도 내쳐지고 망한 경우는 이제껏 없었다.
是故古者天子之制, 諸侯歲獻, 貢士於天子, 天子試之於射宮. 其容體比於禮, 其節比於樂, 而中多者, 得與於祭. 其容體不比於禮, 其節不比於樂, 而中少者, 不得與於祭. 數與於祭而君有慶, 數不與於祭而君有讓. 數有慶而益地, 數有讓則削地. 故曰: "射者, 射爲諸侯也."① 是以諸侯君臣盡志於射, 以習禮樂. 夫君臣習禮樂而以流亡者, 未之有也.②

鄭注 ① '해마다 바친다'(歲獻)는 것은 나라 일에 관한 문서와 상계하는 공물을 바치는 것이다. 삼 년마다 사士를 천거하는데 구설舊說에 따르면 "대국은 3인, 차국은 2인, 소국은 1인"이라고 한다. '歲獻', 獻國事之書及計偕物也. 三歲而貢士, 舊說云: "大國三人, 次國二人, 小國一人."

② '유流'는 추방한다는 뜻과 같다. 『서書』「순전舜典」에서 "공공씨共工氏를 유주幽州로 추방하였다"고 하였다. '流', 猶放也. 『書』曰: "流共工于幽州."

集說 정씨鄭氏(정현鄭玄)는 말한다. "삼 년마다 사士를 천거하는데 구설舊說에서 '대국은 3인, 차국은 2인, 소국은 1인'이라고 하였다." ○ 소疏에서 말한다. "『서전書傳』에 '옛날에 제후가 천자에게 삼 년에 1번 사士를 바친다. 제후가 천자에게 한 번 가면 덕을 좋아한다고 하고, 두 번 가면 현능한 자를 현능하게 여긴다고 하고, 세 번 가면 공이 있다고 한다. 한 번 가지 않으면 허물을 지었다고 하고, 두 번 가지 않으면 오만하다고 하고, 세 번 가지 않으면 업신여긴다고 한다'라고 하였다." 鄭氏曰: "三世而貢士, 舊說'大國三人, 次國二人, 小國一人.'" ○ 疏曰: "『書傳』云, '古者諸侯之於天子也, 三年一貢士. 一適謂

之好德, 再適謂之賢賢, 三適謂之有功. 一不適謂之過, 再不適謂之傲, 三不適謂之誣.'"

【사의 6】

그러므로 『시詩』에서 "왕의 증손인 제후가 네 차례의 헌주를 모두 올렸네. 대부大夫인 군자로부터 여러 사士에 이르기까지 크고 작은 관리들 관소에 한가히 머물지 않고 임금 계신 곳에서 모시고 있네. 연례燕禮를 베풀고 사례射禮를 행하니 안락하고 영예롭네"라고 하였다. 이는 임금과 신하가 서로 더불어 활쏘기에 마음을 다하면서 예악을 익히므로 안락하고 영예롭다는 것을 말한다. 이러한 까닭에 천자는 사례射禮를 제정하고 제후들은 이에 힘쓴다. 이것이 천자가 제후를 기름에 병기를 사용하지 않아도 제후들이 스스로 바르게 되는 방법인 것이다.

故『詩』曰: "曾孫侯氏, 四正具舉. 大夫君子, 凡以庶士, 小大莫處, 御于君所. 以燕以射, 則燕則譽." 言君臣相與盡志於射, 以習禮樂, 則安則譽也. 是以天子制之, 而諸侯務焉. 此天子之所以養諸侯而兵不用, 諸侯自爲正之具也.

鄭注 이 '증손'의 시는 제후가 활쏘기를 할 때의 절주이다. '사정四正'은 정례正禮의 헌작을 네 차례 행하는(四行) 것이다. 네 차례 행한다는 것은 빈에게 올리고, 공에게 올리고, 경에게 올리고, 대부에게 올리는 것으로 그런 뒤에 음악이 연주되고 활쏘기를 하는 것이다. '막처莫處'는 자기의 관소官所에 편안히 머물러 있는 자가 없다는 것이다. '어御'는 모신다는 뜻과 같다. '연례를 베풀고 사례를 행한다'(以燕以射)는 것은 먼저 연례를 베푼 뒤에 사

례를 행하는 것이다. '안락하고 영예롭네'(則燕則譽)라는 것은 나라가 편안하면 명예가 있음을 말한다. '예譽'는 어떤 본에서는 '여與'로 되어 있다. 此'曾孫'之詩, 諸侯之射節也. '四正', 正爵四行也. 四行者, 獻賓・獻公・獻卿・獻大夫, 乃後樂作而射也. '莫處', 無安居其官次者也. '御', 猶侍也. '以燕以射', 先行燕禮乃射也. '則燕則譽', 言國安則有名譽. '譽'或爲'與'.

集說 '왕의 증손인 제후'란 제후가 처음 봉해진 군주로 거슬러 올라가 뿌리를 두므로 '증손'이라고 말한 것이다. 『좌전』의 "증손曾孫 괴외蒯聵"와 같은 유형의 표현이 그것이다. '사정四正'은 정작正爵[9]을 들어서 빈에게 올리고, 군에게 올리고, 경에게 올리고, 대부에게 올리는 것으로 모두 네 차례이다. '구具'는 모두라는 말이다. 이 네 차례의 헌작이 모두 끝난 뒤에 활쏘기를 한다. 이때에 대부大夫인 군자에서 아래로 여러 사士에 이르기까지 관직의 크고 작음을 막론하고 자기의 관소에 머무르면서 오지 않는 자가 없으며, 모두 임금의 처소에서 모시고 있다. '연례燕禮를 베풀고 사례射禮를 행한다'는 것은 먼저 연례를 행한 뒤에 활쏘기를 하는 것이다. '안락하고 영예롭네'에서 연燕은 편안한 것이니, 임금과 신하의 상하가 활쏘기로써 예악을 익히면 안락하고 명예가 있음을 말한다. 천자가 제후를 예악으로써 기르면 정벌과 토벌을 일삼을 것이 없으니, 이 재예는 또한 제후들이 스스로 자신을 바르게 하고 나라를 편안하게 하는 도구인 것이다. 옛 설에는 '왕의 증손인 제후' 이하의 여덟 구절이 「이수貍首」의 문장이라고 하였다. '曾孫侯氏'者, 諸侯推本始封之君, 故以'曾孫'言. 如『左傳』"曾孫蒯聵"之類是也. '四正', 謂擧正爵以獻賓, 獻君, 獻卿, 獻大夫, 凡四也. '具', 皆也. 此四獻皆畢, 然後射. 此時大夫君子下及衆士, 無問大小之官, 無有處其職司而不來者, 皆御侍于君所也. '以燕以射', 言先行燕禮而後射也. '則燕則譽'者, '燕', 安也, 言君臣上下以射而習禮樂, 則安樂而有名譽也. 天子養諸侯以禮樂, 則無所事征討矣, 而此藝者, 又諸侯所以自爲正身安國之具也.

舊說'曾孫侯氏'以下八句,「貍首」篇文.

【사의 7】

공자가 확상矍相에 있는 밭에서 사례를 익히는데 구경하는 사람이 담처럼 에워쌌다. 사례射禮의 진행이 사마司馬를 세울 때에 이르러, 자로子路를 시켜 활과 화살을 들고 문을 나가 활쏘기에 참여하고 싶은 사람들을 활 쏘는 데로 나아가게 하면서 말하기를 "패한 군대의 장수, 나라를 망하게 한 대부, 남의 후사가 되는 데 참여하는 사람은 들어오지 못한다. 그 외에는 다 들어오라"라고 하였다. 대체로 떠난 사람이 절반이고 들어온 사람이 절반이었다.

孔子射於矍相之圃, 蓋觀者如堵牆.① 射至于司馬, 使子路執弓矢出延射曰: "賁軍之將, 亡國之大夫, 與爲人後者, 不入, 其餘皆入." 蓋去者半, 入者半.②

鄭注 ① '확상矍相'은 지명이다. 채소를 심는 곳을 '포圃'라고 한다. '矍相', 地名也. 樹菜蔬曰'圃'.

② 먼저 향음주례를 거행하고서, 활쏘기를 하려고 할 때 사정을 사마로 삼는다. '자로를 시켜 활과 화살을 들고 문을 나가 활쏘기에 참여하고 싶은 사람들을 활 쏘는 데로 나아가게 하였다'(子路執弓矢出延射)는 것은 사사司射가 된 것이다. '연延'은 나아가게 하는 것이다. 문을 나가 구경하는 사람과 활쏘기를 하고 싶은 사람들을 나아가게 하는 것이다. '분賁'은 '분僨'으로 읽는다. 분은 패배하는 것과 같다. '나라를 망하게 했다'(亡國)는 것은 임금의 나라를 망하게 한 자를 말한다. '여與'는 기奇(의탁한다)와 같다. 남의 후사가

되는 자는 한 사람일 뿐이다. 이미 후사로 된 사람이 있는데 가서 그에게 의탁하는 것은 재물을 탐내는 것이다. 자로가 이 세 가지 경우를 말하자 구경하는 사람들이 그 의리를 두려워하였다. 그리하여 떠나기도 한 것이다. '연延'은 '서誓'로 되어 있기도 하다. 先行飮酒禮, 將射, 乃以司正爲司馬. '子路執弓矢出延射', 則爲司射也. '延', 進也. 出進觀者欲射者也. '賁', 讀爲'僨'. 僨猶覆敗也. '亡國', 亡君之國者也. '與', 猶奇也. 後人者, 一人而已. 旣有爲者, 而往奇之, 是貪財也. 子路陳此三者, 而觀者畏其義. 則或去也. '延'或爲'誓'.

集說 '확상矍相'은 지명이다. '담처럼 에워쌌다'는 것은 빙 둘러싸서 구경하는 사람이 많은 것을 말한다. 향음주례에서 여수旅酬의 례를 진행하려고 할 때 상자相者(일을 돕는 유사) 1인을 시켜 사정司正이 되게 하고, 활쏘기를 할 때에 이르러 사정을 바꾸어 사마司馬로 삼는다. 그러므로 '사례射禮의 진행이 사마司馬를 세울 때에 이르러'라고 하였다. '연延'은 활 쏘는 데로 나아가게 하는 것이다. 대중에게 현능한 사람을 뽑을 것을 맹세하고 구경하거나 활쏘기에 참여하고 싶은 사람을 활 쏘는 데로 나아가게 하는 것이다. '분賁'은 분僨과 같으니 패배한다는 뜻이다. '나라를 망하게 한다'는 것은 자기 임금의 나라를 망하게 한 것이다. '남의 후사가 되는 데 참여한다'는 것은 어떤 사람이 자식이 없이 죽어서 종족이 그를 위하여 후사後嗣를 세웠는데, 이 사람이 또 다시 그의 후사가 되기를 요구하는 것이다. 패한 군대의 장수는 용기가 없고, 나라를 망하게 한 신하는 충성스럽지 않고, 남의 후사가 되기를 요구하는 자는 부모를 잊고 이익을 탐낸다. 이 세 경우의 사람들은 모두 내버려야 할 자들이므로 들어오지 못하게 한 것이다. 그 나머지는 모두 활 쏘는 데로 나아가도록 허용할 수 있다. '矍相', 地名. '如堵牆', 言圍繞而觀者衆也. 鄕飮之禮, 將旅酬, 使相者一人爲司正, 至將射, 則轉司正爲司馬. 故云'射至于司馬'也. '延', 進也. 誓衆選賢, 而進其來觀欲射之人也. '賁', 與僨同, 覆敗也. '亡國', 亡

其君之國也. '與爲人後', 言人有死而無子者, 則宗族旣爲之立後矣, 此人復求爲之後也. 賁軍之將無勇, 亡國之臣不忠, 求爲人後者忘親而貪利. 此三等人皆在所當棄, 故不使之入. 其餘則皆可與之進也.

【사의 8】

또 (여수례를 행할 때에) 공망구公罔裘와 서점序點을 시켜 술잔(觶)을 들어 올리며 말하게 하였다. 공망구가 술잔을 들어 올리며 말하였다. "젊어서는 효도하고 공경하였고 늙어서도 예禮를 좋아하여 잘못된 풍속을 따르지 않고 죽을 때까지 자신을 수양하는 사람, 있지 않는가? 그런 사람은 이 빈賓의 자리에 있어야 한다." 대체로 떠난 사람이 절반이고 자리에 머물러 있는 사람이 절반이었다.

又使公罔之裘·序點揚觶而語. 公罔之裘揚觶而語曰: "幼壯孝弟, 耆耋好禮, 不從流俗, 脩身以俟死者, 不? 在此位也." 蓋去者半, 處者半.

集說 '공망公罔'은 성이다. '구裘'는 이름이다. '지之'는 어조사이다. '서序'는 성이다. '점點'은 이름이다. '양揚'은 들어 올리는 것이다. 활쏘기가 끝나면 주인의 찬자贊者(일을 돕는 유사) 2인을 시켜 빈賓과 대부大夫에게 술잔(觶)을 올리게 한다. 『의례』「향사례鄕射禮」에서 "옛날에 여수旅酬의 예禮를 행할 때 좋은 말을 하였다"고 하였다. 그러므로 구裘가 술잔을 들며 말하기를 '젊어서는 효도와 공경의 도리를 다하고, 늙어서도 예를 좋아하는 마음을 지켜서, 잘못된 풍속을 따라 그 퇴폐하기를 함께한 적 없이 죽을 때까지 선한 도리를 지키는 이 없는가?'라고 하였다. 그 뜻은 이제 이 여러 사람들 가운

데 이와 같은 사람이 있지 않은지, 있다면 마땅히 이 빈賓의 자리에 있어야 한다고 말한 것이다. 그러자 앞서 들어왔던 사람들 가운데에서 또 절반이 떠난 것이다. '公罔', 姓. '裘', 名. '之', 語助也. '序', 姓. '點', 名也. '揚', 擧也. 射畢, 則使主人之贊者二人, 擧觶于賓與大夫. 『儀禮』云: "古者於旅也語." 故裘擧觶曰'幼壯而盡孝弟之道, 老耄而守好禮之心, 不與流俗同其頹靡, 而守死善道者, 不?' 言今此衆人之中, 有如此樣人否, 當在此賓位也. 於是先時之入者又半去矣.

【사의 9】

서점序點이 또 술잔(觶)을 들어 올리며 말하기를 "배우기를 좋아하여 게을리하지 않고 예를 좋아하여 바꾸지 않아서, 백 세가 되도록 도를 말함에 잘못됨이 없는 사람, 있지 않는가? 그런 사람은 이 빈賓의 자리에 있어야 한다"라고 하였다. 대개 남아 있는 사람이 (떠난 사람 수보다) 적었다.

序點又揚觶而語曰: "好學不倦, 好禮不變, 旄期稱道不亂者, 不? 在此位也." 蓋廑有存者.

鄭注 '지之'는 발어사이다. 활쏘기가 끝나고 또 이 2인으로 하여금 치를 들어 올리게 하는 것은 옛날에 여수旅酬의 예를 행하면서 좋은 말을 하는 것으로, '좋은 말을 한다'(語)는 것은 의리義理를 말하는 것이다. 삼십 세를 '장壯'이라고 한다. '기耆 · 질耋'은 모두 늙은이다. '유속流俗'은 잘못된 풍속이다. '처處'는 머무른다는 뜻과 같다. 나이가 팔십과 구십이 되면 '모旄'라고 하고, 백 세가 된 것을 '기이期頤'라고 부른다. '칭稱'은 말한다는 뜻과 같다. '도道'는 행실과 같다. '자부者不'는 이와 같은 행실이 있는가, (그렇다

면) 이 빈의 자리에 머물 수 있다고 말하는 것이다. '서점序點'은 '서점徐點'으로 되어 있기도 하다. '장壯'은 '장將'으로, '모기旄期'는 '모근旄勤'으로 되어 있기도 하다. 지금의 『예禮』에 '양揚'은 모두 '등騰'으로 되어 있다. '之', 發聲也. 射畢, 又使此二人擧觶者, 古者於旅也語, '語', 謂說義理也. 三十曰'壯'. '耆·耋', 皆老也. '流俗', 失俗也. '處', 猶留也. 八十·九十曰'旄', 百年曰'期頤'. '稱', 猶言也. '道', 猶行也. '者不', 言有此行不, 可以在此賓位也. '序點'或爲'徐點'. '壯'或爲'將', '旄期'或爲'旄勤'. 今『禮』'揚'皆作'騰'.

集說 팔십·구십을 '모旄'라고 한다. 백세를 '기期'라고 한다. 나이가 비록 많아도 도를 말함에 어긋나고 잘못됨이 없기 때문에 '도를 말함에 잘못됨이 없다'고 하였다. '남아있는 사람이 적었다'는 것은 대개 떠난 사람이 많고 머물러 있는 사람이 적은 것이다. 자로가 활쏘기에 나아가게 할 때는 잘못된 것을 곧바로 지적하여 배제하였기 때문에 그런 잘못이 없는 사람이 스스로 들어왔다. 공망구公罔裘와 서점序點이 술잔을 들어 올릴 때는 훌륭한 점을 들어서 머무르게 하였기 때문에 그에 해당되는 사람이 아니면 스스로 물러났다. 공망구의 말은 대략 배제하는 것이었지만, 서점의 말은 보다 엄밀하게 하는 것이었다. 八十·九十曰'旄'. 百年曰'期'. 年雖高而言道無所違謬, 故云'稱道不亂'也. '蓋有存'者, 蓋去者多而留者寡矣. 子路之延射, 直指惡者而斥之, 則無此惡者自入. 裘·點之揚觶, 但擧善者而留之, 則非其人者自退. 裘之言尙疏, 點之言則愈密矣.

【사의 10】

활을 쏜다(射)는 말은 늘어놓는다(繹)는 뜻이다. 어떤 이는 머문다는 뜻이라고도 한다. 늘어놓는다(繹)는 것은 각자 자신의 뜻을 늘어놓는다는 것이다. 그러므로 마음이 화평하고 몸이 단정하면 활을 잡는 것이 정확하고 견고하다. 활을 잡는 것이 정확하고 견고하면 쏘는 것이 적중한다. 그러므로 "아버지가 된 사람은 아버지의 정곡으로 삼고, 남의 자식이 된 사람은 자식의 정곡으로 삼고, 임금이 된 사람은 임금의 정곡으로 삼고, 신하가 된 사람은 신하의 정곡으로 삼는다"라고 한다. 그러므로 활쏘기란 각자 자신의 정곡을 쏘는 것이다. 천자의 대사례는 사후射侯라고 한다. 사후란 활을 쏘아 제후가 되는 것이다. 쏘아서 적중하면 제후가 될 수 있지만, 쏘아서 적중하지 못하면 제후가 되지 못하는 것이다.[10]

射之爲言者繹也. 或曰舍也. 繹者, 各繹己之志也. 故心平體正, 持弓矢審固. 持弓矢審固則射中矣. 故曰: "爲人父者以爲父鵠, 爲人子者以爲子鵠, 爲人君者以爲君鵠, 爲人臣者以爲臣鵠." 故射者, 各射己之鵠. 故天子之大射, 謂之射侯. 射侯者, 射爲諸侯也. 射中則得爲諸侯, 射不中則不得爲諸侯.

鄭注 '대사大射'는 제사를 지내려 할 때 사士를 선발하기 위한 활쏘기다. '모某[11]의 정곡正鵠으로 삼는다'(爲某鵠)는 것은 활을 쏘려고 머리를 돌려 과녁의 중앙을 볼 때, 마음속으로 '이 정곡은 모某의 정곡이니, 내가 그것을 맞추면 모某의 노릇을 하는 사람이 되는 것이요, 맞추지 못하면 되지 못하는 것이다'라고 생각하는 것이다. '제후가 될 수 있다'(得爲諸侯)는 것은 포상이 있음을 말하는 것이요, '제후가 되지 못한다'(不得爲諸侯)는 것은 견책이 있음을 말하는 것이다. '大射', 將祭, 擇士之射也. 以'爲某鵠'者, 將射, 還視侯中之時, 意曰此鵠乃爲某之鵠, 吾中之則成人, 不中之則不成人也. '得爲諸侯', 謂有慶也, '不得爲諸侯', 謂有讓也.

集說 '자기의 뜻을 늘어놓는다'는 것은 각자 자신이 수행해야 할 도리의 소재를 찾는 것이다. '자기의 과녁을 쏜다'는 것은 각자 자신의 도리로서 마땅히 그렇게 해야 하는 바에 맞게 하는 것을 말한다. '사舍'는 머문다는 것이다. 도리에 따라 머무는 것은 가령 임금은 인仁에 머물고 아버지는 자애로움에 머무는 것과 같은 종류이다. ○ 정씨鄭氏(정현鄭玄)는 말한다. "'제후가 될 수 있다'는 것은 포상이 있음을 말한다. '제후가 되지 못한다'는 것은 견책이 있음을 말한다." 또 『주례』 「사구司裘」의 주注에서 정현은 "후侯란 그 활을 쏘는 곳이다. 호랑이·곰·표범·큰사슴의 가죽으로 그 가장자리를 꾸민다. 또 네모지게 규격을 나누어[12] 표적을 삼고 그것을 곡鵠이라고 하는데, 과녁의 중앙에 나타난다"고 하였고, 또 "곡鵠이라고 하는 것은 간곡鳱鵠[13]에서 이름을 취한 것이다. 간곡은 작은 새여서 맞추기가 어렵다. 그러므로 그것을 맞추는 것을 뛰어난 것으로 여겼다"고 하였다. ○ 여씨呂氏(여대림呂大臨)는 말한다. "가죽 과녁을 펼쳐서 곡을 정해놓는데, 네모지게 규격을 나누고 과녁의 중앙에 놓아서 표적으로 삼는 것이다." '繹己之志'者, 各尋其理之所在也. '射己之鵠'者, 各中其道之當然也. '舍', 止也. 道之所止, 如君止於仁, 父止於慈之類. ○ 鄭氏曰: "'得爲諸侯', 謂有慶也. '不得爲諸侯', 謂有讓也." 又「司裘」註云: "侯者, 其所射也. 以虎·熊·豹·麋之皮飾其側. 又方制之以爲準, 謂之鵠, 著于侯中", "謂之鵠者, 取名於鳱鵠. 鳱鵠小鳥難中. 是以中之爲雋." ○ 呂氏曰: "張皮侯而棲鵠, 方制之, 置侯之中以爲的者也."

【사의 11】

천자가 제사를 거행하려 할 때 반드시 먼저 택궁澤宮에서 사례를 익히게 한다. 택澤이란 사士를 선발하려는 것이다. 택궁에서 사례를 익힌 뒤에 사궁射宮에서 사례를 거행한다. 활을 쏘아서 맞춘 사람은 제사에 참여할 수 있고, 맞추지 못한 사람은 제사에 참여하지 못한다. 제사에 참여하지 못하는 사람에게는 견책으로 땅을 삭감한다. 제사에 참여할 수 있는 사람에게는 포상으로 땅을 더 준다. (포상할 땐 먼저) 작위를 승진시키고, (견책할 땐 먼저) 땅을 삭감하는 것이 이것이다.

天子將祭, 必先習射於澤. 澤者, 所以擇士也. 已射於澤, 而后射於射宮. 射中者得與於祭, 不中者不得與於祭. 不得與於祭者, 有讓削以地. 得與於祭者, 有慶益以地. 進爵·絀地是也.

鄭注 '택澤'은 건물의 이름이다. '사士'는 제후로서 조회온 자, 여러 신하들, 그리고 공물貢物로 바쳐진 사이다. 모두 먼저 택궁澤宮에서 사례를 연습하게 하고 나서 사궁射宮에서 사례射禮를 거행하여 맞추는지 못 맞추는지를 시험한다. 제후로서 (과녁을 적중하여) 포상 받을 자들에 대해서는 작위를 승진시켜주는 것을 먼저 하고, (과녁을 적중하지 못하여) 견책을 받을 자들에 대해서는 땅을 삭감하는 것을 먼저 한다. '澤', 宮名也. '士', 謂諸侯朝者·諸臣及所貢士也. 皆先令習射於澤, 已乃射於射宮, 課中否也. 諸侯有慶者先進爵, 有讓者先削地.

集說 '택澤'은 궁궐의 이름이다. 그 소재는 자세히 알 수 없다. 소疏에서 말한다. "넓고 한적한 곳으로 수택水澤 가까이에 만든다"고 하였다. '사궁射宮'은 학궁學宮이다. '작위를 승진시키고' '땅을 삭감한다'는 것에 대하여 소疏에서 "승진의 경우 작위가 땅보다 가벼운 것이므로 먼저 작위를 승진시키고 나중에 땅을 더 준다. 견책하는 것에서는 땅이 작위보다 가벼운 것이

므로 먼저 땅을 삭감하고 나중에 작위를 낮춘다"고 하였다. '澤', 宮名. 其所在未詳. 疏云: "於寬閑之處, 近水澤而爲之." '射宮', 卽學宮也. '進爵'·'絀地'者, 疏云: "進則爵輕於地, 故先進爵而後益以地也. 退則地輕於爵, 故先削地而後絀爵也."

【사의 12】

그러므로 남자 아이가 태어나면 뽕나무 활에 쑥대 화살 6대를 천지와 사방에 쏜다. 천지와 사방은 남자가 일을 하는 영역이다. 그러므로 반드시 일을 하는 곳에 먼저 뜻을 두도록 하고, 그런 뒤에야 감히 곡식을 사용하는데, 밥을 먹이는 것을 뜻한다.

故男子生, 桑弧蓬矢六, 以射天地四方. 天地四方者, 男子之所有事也. 故必先有志於其所有事, 然後敢用穀也, 飯食之謂也.

鄭注 남자 아이가 태어나면 문 왼쪽에 활을 걸어둔다. 사흘이 되면 그를 업고 다른 사람이 그를 위해서 활쏘기를 하고서야 점을 치고 아이에게 밥을 먹인다. 男子生, 則設弧於門左. 三日負之, 人爲之射, 乃卜食子也.

集說 우주 안의 일을 모두 내 직분의 일로 삼는 것, 이것이 남자의 뜻이다. 신하가 되는 것은 먼저 직분의 일을 다 한 뒤에 감히 임금의 녹을 먹는 자가 되는 것이다. 남자 아이가 처음 태어났을 때 먼저 천지와 사방에 활을 쏜 뒤 어머니에게 그를 먹이도록 하기 때문에 '밥을 먹이는 것을 뜻한다'라고 한 것이다. '밥을 먹인다'는 것은 태어난 아이에게 먹이는 것을 뜻한다. 宇宙內事, 皆己分內事, 此男子之志也. 人臣, 所以先盡職事, 而後敢食君之祿者. 正以始生之時, 先射天地四方, 而後使其母食之也, 故曰'飯食之謂也'. '飯食', 食子也.

【사의 13】

활을 쏘는 것은 인仁의 도이다. 활을 쏘는 것은 자신에게서 바름을 찾는 것이다. 자신이 바르게 된 뒤에 쏘며, 쏘아서 맞지 않으면 자기를 이긴 사람을 원망하지 않고 돌이켜 자신에게서 찾을 뿐이다.
射者, 仁之道也. 射[14]求正諸己. 己正而后發, 發而不中則不怨勝己者, 反求諸己而已矣.

鄭注 '제諸'는 어於와 같다. '諸', 猶於也.

集說 인仁을 행하는 것은 자신으로부터 나오는 것이요, 활을 쏘아 적중하고 못하고의 여부도 역시 자신에게서 말미암는 것으로 다른 사람이 간여할 수 있는 것이 아니다. 그러므로 자기를 이긴 사람을 원망하지 않고 오직 돌이켜서 자기 자신에게서 찾을 뿐이다. 爲仁由己, 射之中否, 亦由己, 非他人所能與也. 故不怨勝己者, 而惟反求諸其身.

【사의 14】

공자가 말하였다. "군자는 경쟁하는 일이 없지만, 있다면 반드시 활쏘기일 것이다! 읍揖하여 사양하고서 당에 올라가고 내려오며, 술을 마시니, 그 경쟁함이 군자답다."
孔子曰: "君子無所爭, 必也射乎! 揖讓而升下, 而飮, 其爭也君子."

鄭注 '반드시 활쏘기일 것이다!'(必也射乎!)라고 한 것은 군자가 활쏘기에 이르러서는 경쟁함이 있음을 말한다. '하下'는 내려오는 것이다. 활을 쏘고

벌주를 마시는 사람도 또한 읍揖하여 사양하고서 올라가고 내려간다. 이긴 쪽은 왼쪽 팔소매를 걷고, 엄지손가락에 깍지를 끼고, 왼쪽 팔에 어깨보호대를 차고, 시위를 건 활을 든다. 이기지 못한 쪽은 팔소매를 내리고, 깍지와 어깨보호대를 벗고, 왼손을 올리고 오른손으로 시위를 푼 활을 왼 손위에 올려놓은 뒤 (두 손으로 활을 가로로 잡고) 당에 올라가 술을 마신다. 군자는 그것을 부끄러워하므로 활쏘기를 하면 적중하려고 경쟁한다. '必也射乎!', 言君子至於射, 則有爭也. '下', 降也. 飮射爵者, 亦揖讓而升降. 勝者, 袒決遂, 執張弓. 不勝者襲, 說決拾, 卻左手, 右加弛弓於其上而升飮. 君子恥之, 是以射則爭中.

集說 주자朱子는 말한다. "'읍揖하여 사양하고서 당 위에 오르는 것'은, 대사례大射禮에서 짝지어 나아가 세 번 읍한 뒤에 당에 오르는 것이다. '내려와서 술을 마시는 것'은, 활쏘기를 마치면 읍하고 내려와서 여러 짝들이 다 내려오기를 기다렸다가, 이긴 사람은 읍하고 이기지 못한 사람은 올라가서 술잔(觶)을 들고 서서 술을 마시는 것이다. 군자는 삼가고 양보하여 남과 경쟁하지 않는다. 오직 활쏘기를 할 때 이르러 경쟁함이 있다. 그러나 그 다툼도 온화하고 여유로워 읍하며 양보함이 이와 같으니 그 경쟁함도 군자다워서 소인들이 경쟁하는 것과는 같지 않다." ○ 이제 살펴보건대, '읍하여 양보하고서 당에 오르는 것'은 아직 활쏘기를 하기 전일 때이다. '내려왔다가 다시 올라가서 술을 마시는 것'은 활쏘기가 끝난 뒤이다. "읍양이승하揖讓而升下" 이 다섯 글자는 정현鄭玄의 주注에 따라서 구절을 삼아야할 것이다. 朱子曰: "'揖讓而升'者, 大射之禮, 耦進三揖而後升堂也. '下而飮', 謂射畢揖降, 以俟衆耦皆降, 勝者乃揖, 不勝者升, 取觶立飮也. 言君子恭遜不與人爭. 惟於射而後有爭. 然其爭也, 雍容揖遜乃如此, 則其爭也君子, 而非若小人之爭矣." ○ 今按, '揖讓而升', 未射時也. '下而復升以飮', 則射畢矣. "揖讓而升下"五字, 當依鄭註爲句.

【사의 15】

공자가 말하였다. "활 쏘는 사람은 어떻게 활을 쏘는 것일까? 어떻게 악절을 듣는 것일까? 악절에 따라서 활을 쏘고 쏘아서 정곡을 놓치지 않는 사람은 오직 현명한 사람뿐이다! 부족한 사람 같은 경우 그가 어떻게 맞힐 수 있겠는가?" 『시詩』에서 말하기를 "저 과녁을 쏘아서 그대가 벌주를 마시기를 바라네"라고 하였다. 기祈는 바라는 것이다. 정곡을 맞혀서 술잔을 사양할 수 있기를 바라는 것이다. 술이란 늙은이를 보양해주고 병든 사람을 보양해주는 것이다. 정곡을 맞혀서 술잔을 사양할 수 있기를 바란다는 것은 보양받기를 사양하는 것이다.

孔子曰: "射者何以射? 何以聽? 循聲而發, 發而不失正鵠者, 其唯賢者乎! 若夫不肖之人, 則彼將安能以中?"① 『詩』云: "發彼有的, 以祈爾爵." 祈, 求也. 求中以辭爵也. 酒者, 所以養老也, 所以養病也. 求中以辭爵者, 辭養也.②

鄭注 ① '어떻게'(何以)라는 것은 그것이 어려움을 말한다. '성聲'은 악절樂節을 말한다. 베에 그린 것이 '정正'이고 가죽에 자리한 것이 '곡鵠'이다. '정正'이란 바르다는 말이다. '곡鵠'이란 곡梏(곧음)이란 뜻이다. 곡梏은 곧은 것이니, 사람이 바르고 곧아야 적중할 수 있음을 말한다. '발發'이 어떤 본에서는 '사射'로 되어 있다. '何以', 言其難也. '聲', 謂樂節也. 畫布'正', 棲皮曰'鵠'. '正'之言正也. '鵠'之言梏也. 梏, 直也, 言人正直乃能中也. '發'或爲'射'.

② '발發'은 쏜다는 뜻과 같다. '적的'은 쏘아 맞히는 부분을 표시한 것이다. 과녁을 쏘아서 반드시 그것을 맞히려고 애쓰는 것은 너의 벌주를 마시지

않으려고 하는 것이다. '보양을 사양한다'(辭養)는 것은 보양받는 것을 사양하는 것이다. '이爾'는 '유有'라고도 되어 있다. '發', 猶射也. '的', 謂所射之識也. 言射的必欲中之者, 以求不飮女爵也. '辭養', 讓見養也. '爾'或爲'有'.

集說 「교특생郊特牲」(23)을 보면, "공자께서 말씀하였다. '활을 쏠 때 음악을 수반하는데, 어떻게 음악을 듣는 것인가? 어떻게 활을 쏘는 것인가?'"라고 하였는데, 이는 활 쏘는 사람이 어떻게 활 쏘는 자세의 의절을 잃지 않으면서도 악의 음절을 들을 수 있는 것인지, 어떻게 악의 음절을 들으면서도 활 쏘는 자세와 악의 음절이 상응하도록 할 수 있는지를 말하는 것이니, 그 어려움을 말하면서 찬미하는 것이다. '소리를 따라서 쏜다'는 것은 활 쏘는 사람이 악의 소리에 맞추어 화살을 쏘는 것을 말한다. 베에 그린 것을 '정正'이라고 하고 가죽에 자리한 것을 '곡鵠'이라고 한다. 현명한 사람은 활을 잡는 것이 정확하고 견고하므로 과녁을 맞힐 수 있다. 부족한 사람은 하지 못한다. '『시詩』'는 「소아小雅 · 빈지초연賓之初筵」 편이다. '발發'은 쏘는 것과 같다. '작爵'은 벌주의 술잔이다. 맞히면 벌 받는 것을 면하므로 '맞혀서 술잔을 사양하기를 구한다'고 하였다. 술은 늙은이와 병든 사람을 보양하는 것이다. 이제 술잔을 받는 벌에서 벗어나고자 하는 것은 자기가 늙은 사람이나 병든 사람이 아니어서 그 보양받는 예를 감히 받지 않겠다는 것 때문이니, 이는 사양하는 도리다. 「郊特牲」"孔子曰: '射之以樂也, 何以聽? 何以射?'", 謂射者何以能不失射之容節, 而又能聽樂之音節乎, 何以能聽樂之音節, 而使射之容與樂之節相應乎, 言其難而美之也. '循聲而發', 謂射者依循樂聲而發矢也. 畫布曰'正', 棲皮曰'鵠'. 賢者持弓矢審固, 故能中的. 不肖者不能也. '『詩』', 「小雅 · 賓之初筵」. '發', 猶射也. '爵', 謂罰酒之爵. 中則免於罰, 故云'求中以辭爵也'. 酒所以養老病. 今求免於爵者, 以己非老者病者, 不敢當其養禮耳, 此讓道也.

역주

1) 『세본』: 戰國시대 趙나라 역사서이다. 당대에는 唐太宗 李世民의 이름을 휘하여 『系本』·『代本』 등으로 명칭을 바꾸었다. 皇帝 이래의 역사를 기록하고 있는데, 司馬遷이 『史記』를 지을 때 참고하였다고 한다. 원래는 15편으로 「帝系篇」·「王侯世」·「卿大夫世」·「氏姓篇」·「作篇」·「居篇」 등만 현재 전한다. 1957년 商務印書館에서 『世本八種』을 영인하여 간행하였다. 인용문은 「作篇」에 나온다. 宋衷의 註에 揮와 夷牟는 黃帝의 신하라고 하였다.

2) 절주 : 활을 쏠 때 『詩』를 노래하고 북을 쳐서 활쏘는 것과 박자를 맞추는 것을 말한다. 시 한 구절을 노래하고 북을 한 번 치면 활을 한 번 쏘는 형식으로 네 차례 한다. 곧 4개의 화살을 쏘는 것으로 활쏘기가 완료된다.

3) 원양이 노래한 것 : 原壤은 孔子의 친구이다. 「檀弓下」(127)에 원양의 어머니가 죽자 공자는 그를 도와서 관을 만들어주었는데, 원양이 만들어진 관목에 올라가 관목의 무늬를 보고 '너구리 머리처럼 알록달록하구나'(如貍首之斑)라고 노래를 불렀다는 내용이 기록되어 있다.

4) 蕸 : 『예기집설대전』에는 '瑕'로 되어 있으나 오기이므로 바로잡는다.

5) 남자는 ~ 맺고 : 남자 아이가 태어나면 대문 왼쪽에 활을 걸어 두는 일을 가리킨다. 「內則」(87)참조.

6) 자라서는 예악을 배워 문식한다 : 13세가 되면 악기를 배우고 『詩』를 암송하며, 「勺」을 추는 것을 익힌다. 成童이 되면 「象」을 추는 것을 익히고 활쏘기와 수레 모는 법을 배운다. 20세가 되면 「大夏」를 추는 것을 익히는 등의 일을 가리킨다. 「內則」(109~110)참조.

7) 남자가 ~ 의리가 : 자식이 태어났을 때 아들이라면 문 왼쪽에 활을 걸어두고, 딸이라면 문 오른쪽에 수건을 걸어두어 남자와 여자를 표시한다. 「內則」(87) 참조.

8) 사궁 : 射禮를 행하는 곳이다.

9) 정작 : 古代 投壺의 예에서 壺에 화살을 던져 이긴 자가 진 상대에게 술을 따라 주는 잔을 '正爵'이라고 한다. 공영달은 禮에서 이긴 사람이 진 사람에게 술을 따라 주는 것은 정식의 禮이기 때문에 그 잔을 正爵이라고 한다고 설명하였다. 「投壺」(5)의 "正爵旣行, 請爲勝者立馬"에 대한 공영달 소 참조.

10) 후 :

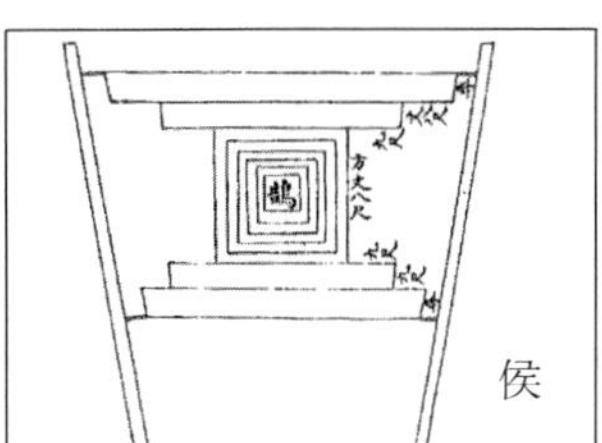

『欽定儀禮義疏』(淸)

11) 모 : 활을 쏘는 당사자의 신분으로, 이를 테면 천자 · 제후 · 대부 · 사 또는 아버지 · 자식 등으로서의 신분을 통칭한 것이다.

12) 네모지게 ~ 나누어 : 『주례』 「天官 · 司裘」의 가공언 소에 "네모지게 규격을 만들어 그 과녁을 세 부분으로 나누는데 鵠은 그 하나를 차지한다"(方制之, 三分其侯, 鵠居其一)라고 하였다.

13) 간곡 : 『주례』 「天官 · 司裘」의 가공언 소에 "풍속에서는 鳱鵠이라고 하며, 작은 새로서 빠르고 영리하다"(俗云鳱鵠, 是小鳥捷黠者也)라고 하였다.

14) 射 : 대전본에는 '射' 자가 없으나 『예기정의』에 따라 보충한다.

예기역주 권30

연의 제47
燕義

정현의 『예기목록』에서 말한다. “「연의燕義」라고 제목을 붙인 것은 군주와 신하가 연회를 열어 술을 마시는 예에서 위와 아래가 서로 존중하는 의리를 기록하였기 때문이다. 이 편은 유향劉向의 『별록別錄』에서는 「길사吉事」에 속해 있다.”

鄭『目錄』云: “名曰「燕義」者, 以其記君臣燕飮之禮, 上下相尊之義. 此於『別錄』屬「吉事」.”

이것은 임금과 신하가 연회를 열어 술을 마시는(燕飮) 의리를 밝혔다.

此明君臣燕飮之義.

【연의 1】

옛날 주나라 천자의 관직에는 서자庶子라는 관직이 있다. 서자의 관직은 제후·경·대부·사의 여러 적자適子로서 아버지를 보좌하는 부관(卒)들을 관장하는데, 그 계령戒令의 일과 덕행德行을 닦고 도예道藝를 배우는 일을 관장하고 그들의 등급을 분별하고 그들의 지위를 바로잡는다. 나라에 큰일(大事)[1)]이 있으면 서자는 국자國子들을 통솔하여 태자大子에게 바치는데, 오직 태자가 전적으로 부리는 바가 된다. 전쟁이 일어나면 서자는 그들에게 전차와 무기를 주어서 졸卒과 오伍[2)]를 통솔시키고 유사有司를 두어 군법軍法으로 다스리게 한다. 사마司馬는 군사의 일이 있어도 그들을 징발하지 못한다. 나라의 일반적인 정사政事에서는 국자들을 유졸游卒로 남겨두어 덕행을 닦고 도예를 배우게 하며, 봄에는 태학大學에 가을에는 사궁射宮에 집합시켜 그들의 도예를 시험해서 진급시키거나 물러나게 한다.

古者, 周天子之官有庶子官. 庶子官職諸侯・卿・大夫・士之庶子之卒, 掌其戒令與其敎治, 別其等, 正其位.① 國有大事, 則率國子而致於大子, 唯所用之. 若有甲兵之事, 則授之以車甲, 合其卒伍, 置其有司, 以軍法治之. 司馬弗正.② 凡國之政事, 國子存游卒, 使之脩德學道, 春合諸學, 秋合諸射, 以考其藝而進退之.③

鄭注 ① '직職'은 주관한다는 뜻이다. '서자庶子'는 제자諸子와 같다. 『주례』에 제자諸子의 관직은 사마司馬 소속이다. '졸卒'은 다 쉬倅(부관)로 읽는다. 제자諸子로서 아버지를 보좌하고 대신하는 자이다. '계령戒令'은 태자에게 바치는 일이다. '교치敎治'는 덕행을 닦고 도예를 배우는 것이다. '지위'(位)는 조정에서의 지위다. '職', 主也. '庶子', 猶諸子也. 『周禮』諸子之官, 司馬之屬也. '卒', 讀皆爲倅. 諸子副代父者也. '戒令', 致於大子之事. '敎治', 脩德學道. '位', 朝位也.
② '국자國子'는 제자諸子이다. 군법에 100명이 졸卒이 되고 5명이 오伍가 된다. '불弗'은 부不이다. 국자는 태자에게 소속되어 있어, 사마司馬는 비록 군

사의 일이 발생해도 이들을 징발하지 못한다. '國子', 諸子也. 軍法, 百人爲卒, 五人爲伍. '弗', 不也. 國子屬大子, 司馬雖有軍事, 不賦也.

③ '유졸游卒'은 아직 벼슬하지 않은 자이다. '학學'은 태학大學이다. '사射'는 사궁射宮이다. 「연례燕禮」에 서자의 관직이 있으므로 「연의燕義」에서 이 내용을 실어서 설명하였다. '游卒', 未仕者也. '學', 大學也. '射', 射宮也. 「燕禮」有庶子官, 是以「義」載此以爲說.

集說 '서자庶子'는 『주례』 「하관夏官 · 제자직諸子職」의 제자諸子로 하대부下大夫 2인人이 맡는다. '그 계령戒令을 관장하고'(掌其戒令) 이하 부분은 모두 『주례』의 문장이다. '졸卒'은 '쉬倅'로 읽는다. 보좌하는 부관(副貳)이다. 이 (서자의) 관직은 제후 이하의 여러 자제들로서 아버지의 일을 보좌하는 부관들을 전담한다. '계령戒令'은 정역征役[3]의 일을 맡게 하는 것을 말한다. '교치敎治'는 덕행을 닦고 도예를 배우는 것이다. '그 등급을 분별한다'(別其等)는 것은 귀하고 천한 등급을 분별하는 것이다. 여기 속하는 자들은 모두 아직 작명命을 받지 않았으므로 아버지의 작위를 가지고 신분의 상하를 따진다. '그들의 지위를 바로잡는다'(正其位)는 것은 조정에서의 지위는 작위를 높이고 학교에서의 지위는 나이를 높이는 것이다. '대사大事'는 대규모의 제사祭祀, 큰 상사喪事, 대규모의 빈객賓客, 대규모의 연향燕享과 같은 것이다. '전적으로 부리는 바'(唯所用之)라는 것은 오직 태자가 부리는 바라는 뜻이다. 100인人이 졸卒이 되고 5인人이 오伍가 된다. '유사有司'는 졸卒과 오伍를 통솔하는 사람이다. '사마司馬는 그들에게 조세와 부역을 징발하지 못한다'(司馬弗征)는 것은 그들을 통솔하는 권한이 태자에게 속해있기 때문에 사마司馬는 그들을 군사의 일로 징발하지 못함을 뜻한다. '나라의 일반적인 정사'(凡國之政事)는 위 글에서 말한 '대사大事'가 아닌 일들이다. '아직 벼슬 없는 자'(游卒)는 보좌하는 자로서 아직 벼슬하지 않은 사람이다. 이것은 소

소한 일로서 백성들이 하는 것이므로 아직 벼슬하지 않은 국자들에게 시키지 않는다. 아마도 남겨두어서 덕행을 닦고 도예를 배워 그 재덕才德을 이루도록 하려는 것이다. 그러므로 봄에는 태학大學에서 그들을 모으고 가을에는 사궁射宮에서 그들을 모아, 도예를 시험해서 진급하거나 물러나게 하였다. ○ 소疏에서 말한다. "'서庶'는 여럿이라는 뜻이다. 적자適子가 여럿으로 많으므로 서자庶子로 총칭한 것이지 적자의 여러 동생들(庶弟)이어서 서자라고 칭한 것이 아니다. 적자임을 명확히 알 수 있는 것은 그 '쉬倅'라는 말이 아버지를 보좌하여 대신한다는 말이기 때문이다." ○ 여씨呂氏는 말한다. "『의례』「연례燕禮」에 '주인이 서쪽 계단으로 올라가서, 동쪽 섬돌(阼階) 위에서 서자에게 술을 올린다'고 하였고, 또 '(서자는) 밤이 되면 동쪽 섬돌 위에서 촛불을 들고 있는다'라고 하였다. 그러므로 이 편은 서자관이 관장하는 일을 진술하면서 이어 또 그 관직을 세운 의미를 밝힌 것이다." '庶子', 卽「夏官·諸子職」也, 下大夫二人. '掌其戒令'以下, 皆『周禮』文. '卒', 讀爲'倅'. 副貳也. 此官專主諸侯以下衆庶之子, 副倅於父之事. '戒令', 謂任之征役也. '敎治', 謂脩德學道也. '別其等'者, 分別其貴賤也. 此屬皆未命, 以父之爵爲上下也. '正其位'者, 朝廷之位尙爵, 學校之位尙齒也. '大事'謂大祭祀·大喪紀·大賓客·大燕享之類也. '唯所用之', 唯太子之所役使也. 百人爲卒, 五人爲伍. '有司', 統領卒·伍者也. '司馬弗征'者, 以其統屬於太子, 故司馬不得而征役之也. '凡國之政事', 非上文所言'大事'也. '游卒', 倅之未仕者也. 此旣小事, 乃民庶所爲, 不使國子之未仕者爲之. 蓋欲存之使脩德學道以成其材也. 故春則合聚之於大學, 秋則合聚之於射宮, 考藝而爲之進退焉. ○ 疏曰: "'庶'者, 衆也. 適子衆多, 故總謂之庶子, 非適子庶弟而稱庶子也. 必知適子者, 以其'倅'是副貳於父之言." ○ 呂氏曰: "「燕禮」有'主人升自西階, 獻庶子阼階之上', 又'宵則執燭於阼階上.' 故此篇因陳庶子官之所掌, 且明所以建官之義也."

【연의 2】

제후가 연례燕禮를 거행할 때 절차들의 의미다. 임금이 동쪽 계단(阼階)의 동남쪽에 서서, 남쪽을 보고 경에게 읍揖하고 가까이 오게 하면, 대부는 모두 조금 앞으로 나오는데, 자리를 정하기 위해서이다. 임금이 동쪽 계단 위에 자리를 잡는 것은 주인의 자리에 있음을 의미한다. 임금이 혼자서 당에 올라가 자리 위에 서서 서쪽을 보고 홀로 서는 것은 감히 필적하는 자가 없다는 의미다.

諸侯燕禮之義. 君立阼階之東南, 南鄉爾卿, 大夫皆少進, 定位也. 君席阼階之上, 居主位也. 君獨升立席上, 西面特立, 莫敢適之義也.

鄭注 '자리를 정한다'(定位)는 것은 여러 신하들이 처음에 들어와서 삼가고 어려워하므로 읍揖하고 편안히 자리를 정하게 하기 위함이다. '定位'者, 爲其始入踧踖, 揖而安定也.

集說 '이爾'는 가깝다(邇)와 같다. '남쪽을 보고 경에게 읍揖하여 가까이 오게 하고'(南鄉爾卿)에서 구절을 끊고, '대부는 조금 앞으로 나온다'(大夫皆少進)에서 구절을 끊는다. '조금 앞으로 나온다'(少進)는 것은 앞쪽으로 조금 나오는 것이다. '자리를 정한다'(定位)는 것은 여러 신하의 자리를 정하는 것이다. '적適'은 적敵으로 읽는다. 이 장부터 아래로는 다 기록한 자가 『의례』의 정문正文을 들어서 그 뜻을 해석하였다. '爾'與邇同. '南鄉爾卿'句絶, '大夫皆少進'句絶. '少進', 稍前也. '定位'者, 定諸臣之位也. '適', 讀爲敵. 自此以下皆記者擧『儀禮』正文, 而釋其義也.

【연의 3】

빈객과 주인을 세우는 것은 술을 마시는 예이다. 재부宰夫로 하여금 술을 올리는 주인이 되게 하는 것은 신하가 감히 임금과 더불어 대등하게 예를 행할 수 없기 때문이다. 공公과 경卿을 빈객으로 삼지 않고 대부를 빈객으로 삼는 것은, (존비가 분변되지 못하는) 의심이 생기기 때문으로, 혐의嫌疑를 명확히 분별하려는 의미다. 빈객이 뜰 가운데에 들어서면 임금이 한 계단 내려와서 읍을 하는 것은 그를 빈객으로 예우하는 것이다.

設賓主, 飲酒之禮也. 使宰夫爲獻主, 臣莫敢與君亢禮也. 不以公卿爲賓, 而以大夫爲賓, 爲疑也, 明嫌之義也. 賓入中庭, 君降一等而揖之, 禮之也.

鄭注 '빈객과 주인을 세운다'(設賓主)는 것은 술을 마시며 즐거움을 이루기 위해서이다. '재부宰夫'는 음식 올리는 것을 주관하는 관리다. 천자는 선재膳宰를 시켜서 주인이 되게 한다. '공公'은 고孤이다. '견준다'(疑)는 것은 아랫자리에서 윗자리로 이른다는 의미의 말이다. 공公과 경卿은 존귀한 신분인데 다시 빈객까지 삼는다면 존귀함이 임금과 너무 서로 가깝게 된다. '設賓主'者, 飲酒致歡也. '宰夫', 主膳食之官也. 天子使膳宰爲主人. '公', 孤也. '疑', 自下上至之辭也. 公・卿尊矣, 復以爲賓, 則尊與君大相近.

集說 술을 올리는 주인은 주인을 대신해서 잔을 들어 빈객에게 술을 올린다. 임금은 존귀하므로 신하는 감히 빈객과 주인의 예로 대등하게 대하지 못한다. '재부宰夫'는 음식을 올리는 것을 주관하는 관리다. 신분이 낮으므로 대등한 예를 행하여도 혐의가 없다. 『의례』「연례燕禮」의 「기記」에서

"경卿과 연음燕飮을 할 때는 대부가 빈객이 된다"고 한 것은 본국의 신하와 연음을 할 때에 그렇다는 것이다. 만약 이웃 나라의 신하인 경우에는 상개上介를 빈객으로 삼는다. '공公'은 고孤이다. 상공上公의 나라에는 고考를 한 사람 둘 수 있다. 공公과 경卿의 존귀함은 임금 다음인데, 다시 그를 빈객으로 삼는다면, 존귀함과 비천함이 분변되지 못하는 의심이 생기고 또 임금을 핍박하는 혐의가 생긴다. 대부는 지위가 낮으므로 비록 잠시 그를 높여서 빈객을 삼더라도 혐의하는 바가 없다. ○ 방씨方氏는 말한다. "이미 '의심이 생기기 때문이다'라고 하고서 또 '혐의를 명확히 분별하려는 의미이다'라고 말한 것은 대체로 의심이 아직 혐의하는 데에 이르지는 않아서 다만 혐의를 밝힌다는 의미다." 獻主代主人擧爵獻賓也. 君尊, 臣不敢抗行賓主之禮. '宰夫', 主膳食之官也. 卑故抗禮無嫌. 「記」曰: "與卿燕則大夫爲賓", 謂與本國之臣燕則然. 若隣國之臣則以上介爲賓也. '公', 孤也. 上公之國, 得置孤一人. 公卿之尊, 次於君, 復以之爲賓, 則疑於尊卑無辨, 且嫌於偪上也. 大夫位卑, 雖暫尊之爲賓, 無所嫌疑也. ○ 方氏曰: "旣曰'爲疑', 而又曰'明嫌'者, 蓋疑未至於嫌, 特明嫌之義而已."

【연의 4】

임금이 술잔을 들어서 빈객에게 서열 순서에 따라 술을 권하고, 신하가 임금이 신하에게 하사한 술잔을 받으면, 모두 당에서 내려와 머리가 지면에 닿도록 하여 두 번 배례한 뒤에 당에 올라가서 (다시 머리가 지면에 닿도록 하여 두 번 배례를 함으로써) 배례를 마친다. 그렇게 하는 것은 신하의 예를 밝히는 것이다. 임금이 이에 대해 답배를 하는 것은 예에 답례가 없을 수 없는 것으로서 임금의 예를 밝히는 것이다. 신하가 힘껏 능력을 다하여 나라에 공을 세우면 임금은 반드시 작위와 봉록으로 그에 보답한다. 그러므로 신하들은 모두 힘껏 능력을 다하여 공을 세우고 이로 인해 나라는 안정되고 임금은 평안하다. 예에 답례하지 않음이 없는 것은 임금이 신하에게 이유 없이 공로를 취하지 않음을 말한다. 임금은 반드시 정당한 도로써 백성들을 인도하고 백성들이 인도에 따라 성과를 이룬 뒤, 그 십분의 일을 취하기 때문에 임금은 재용이 충족되고 백성들은 궁핍하지 않다. 이로써 위아래가 화평하고 친목하여 서로 원망하지 않는다. 화목하고 평안한 것은 예를 사용하는 이유이다. 이것이 임금과 신하, 위와 아래가 지켜야 할 큰 의리다. 그러므로 "연례燕禮란 임금과 신하의 의리를 밝히기 위한 것이다"라고 하였다.

君擧旅於賓, 及君所賜爵, 皆降, 再拜稽首, 升成拜. 明臣禮也. 君答拜之, 禮無不答, 明君上之禮也. 臣下竭力盡能以立功於國, 君必報之以爵祿. 故臣下皆務竭力盡能以立功, 是以國安而君寧. 禮無不答, 言上之不虛取於下也. 上必明正道以道民, 民道之而有功, 然後取其什一, 故上用足而下不匱也. 是以上下和親而不相怨也. 和寧, 禮之用也. 此君臣上下之大義也. 故曰: "燕禮者, 所以明君臣之義也."

鄭注 성인이 예를 제정하는 것은 일을 따라서 정사政事에 의리를 부여하는 것이다. 신하가 머리가 지면에 닿도록 하여 두 번 배례를 하는 것은 자기의 힘을 다하는 것을 나타낸다. 임금이 그에 답하여 배례하는 것은 그에게 봉록과 은혜로 보답하는 것을 나타낸다. 言聖人制禮, 因事以託政. 臣再拜稽首, 是其竭力也. 君答拜之, 是其報以祿惠也.

集說 먼저 재부가 주인을 대신해서 술잔에 술을 따라서 빈객에게 권한 뒤에, 임금은 하대부 2인에게 술잔에 술을 따라 올리도록 명한다. 임금은 이 올리는 술잔(媵爵)을 받아서 빈객에게 권한다. 빈객은 서쪽 계단의 위에서 서열 순서대로 술을 권한다. '여旅'는 서열 순서이다. 서열 순서대로 경卿과 대부大夫에게 술을 마실 것을 권하는 것이다. 이것을 '임금이 술잔을 들어서 빈객에게 서열 순서에 따라 술을 권하는 것'이라고 한다. '임금이 하사한 술잔'(君所賜爵)은 특별히 신하에게만 하사한 잔이다. 이 두 가지의 경우, 빈객은 다 서쪽 계단 아래로 내려와 머리가 지면에 닿도록 하여 두 번 배례하고 임금이 소신으로 하여금 대신 사양하는 말을 하도록 명하면, 빈객이 당에 올라와 배례를 마치는데, 다시 머리가 지면에 닿도록 하여 두 번 배례하는 것을 말한다. 앞서서는 임금이 사양하는 말을 하기 때문에 예가 아직 완성되지 않았던 것이므로 '배례를 마친다'(成拜)고 하였다. ○ 양씨楊氏는 말한다. "살피건대 '임금이 올리는 술잔을 받아서 빈객에게 권하는 것'(公取媵爵以酬賓) 이것은 별도의 예禮로서 일반적으로 빈객에게 술을 권하는 예와는 다르다. 이것은 이른바 '임금이 빈객을 위하여 술잔을 들어서 서열 순서대로 술을 권한다'는 것이다. 연례燕禮에서 '재부宰夫로 하여금 술을 올리는 주인이 되게 하는 것은 신하가 감히 임금과 더불어 대등하게 예를 행할 수 없기 때문이다.' 그런데 이제 임금이 서쪽 계단 위에서 술잔(觶)을 들어서 빈객에게 술을 권하니, 옳은 것인가? 임금과 신하의 사이는 그 구분이 매우 엄격하면서 그 정리는 매우 친하다. 재부로 하여금 술을 올리는 주인이 되게 하는 것은 임금과 신하의 구분을 엄격히 하기 위해서이다. 이제 술잔을 들어서 빈객에게 술을 권하면 빈객은 서쪽 계단 아래에서 배례를 하고, 소신이 임금을 대신하여 사양하는 말을 하면 빈객은 당에 올라가 배례를 마친다. 임금이 술잔을 내려놓고 두 번 배례하여 답한 뒤에

술잔(觶)의 술을 다 마신다. 빈객이 당에서 내려와 배례를 하면 임금이 두 번 배례하여 답한다. 권세의 구분을 잠시 떠나 그 겸양하고 낮춤을 지극하게 하니, 이것이 임금과 신하의 정을 통하게 하는 방법이다. 주註에서 '경문에서 임금이 서쪽 계단 위에서 빈객에게 술을 권하는 것과 임금이 제자리로 돌아오는 것에 대해서 언급하지 않은 것은 임금을 존중하여 그 문장을 생략한 것이다'[4]라고 하였다. 이것 또한 임금과 신하의 구분을 엄격히 하는 것이다." 先是宰夫代主人行爵酬賓之後, 君命下大夫二人媵爵. 公取此媵爵以酬賓. 賓以旅酬於西階上. '旅', 序也. 以次序勸卿大夫飮酒也. 此之謂'君擧旅於賓'也. '君所賜爵', 則特賜臣下之爵也. 此二者, 賓皆降西階下, 再拜稽首, 公命小臣辭, 則賓升而成拜, 謂復再拜稽首也. 先時以君辭之, 於禮未成, 故云'成拜'也. ○ 楊氏曰: "按公取媵爵以酬賓, 此別是一禮, 與尋常酬賓不同. 此所謂公爲賓擧旅也. 燕禮, 君使宰夫爲獻主, 以臣莫敢與君抗禮也. 今君擧觶於西階之上以酬賓, 可乎? 蓋君臣之際, 其分甚嚴, 其情甚親. 使宰夫爲獻主, 所以嚴君臣之分. 今擧觶以酬賓, 賓西階下拜, 小臣辭, 升成拜. 公奠觶, 答再拜, 公卒觶. 賓下拜, 公答再拜. 略去勢分, 極其謙卑, 所以通君臣之情也. 註云: 不言君酬賓於西階上, 及君反位, 尊君, 空其文也. 此又所以嚴君臣之分也."

【연의 5】

자리를 설치할 때, 소경小卿의 자리를 상경上卿의 자리 다음에 설치하고, 대부의 자리는 소경의 자리 다음에 설치한다. 사士와 서자庶子는 동쪽 섬돌 아래에 서열 순서에 따라 자리로 나아간다. 주인이 임금에게 술을 올리면 임금이 술잔을 들어 서열 순서대로 술을 권한다. 그런 뒤에 주인이 경에게 술을 올리면 경이 술잔을 들어 서열 순서대로 술을 권한다. 그런 뒤에 주인이 대부에게 술을 올리면 대부가 술잔을 들어 서열 순서대로 술을 권한다. 그런 뒤에 주인이 사에게 술을 올리면 사가 술잔을 들어 서열 순서대로 술을 권한다. 그런 뒤에 주인이 서자에게 술을 올린다. 진설한 조俎와 두豆, 희생 고기, 말린 고기와 젓갈과 여러 반찬들에 모두 차등을 두는 것은 존귀한 자와 비천한 자의 등급을 밝히기 위한 것이다.

席, 小卿次上卿, 大夫次小卿. 士·庶子以次就位於下. 獻君, 君擧旅行酬. 而后獻卿, 卿擧旅行酬. 而后獻大夫, 大夫擧旅行酬. 而后獻士, 士擧旅行酬. 而后獻庶子. 俎豆·牲體·薦羞, 皆有等差, 所以明貴賤也.

鄭注 '희생 고기'(牲體)는 조俎에 담은 것이다. '천薦'은 말린 고기와 젓갈을 말한다. '수羞'는 여러 반찬들이다. '牲體', 俎實也. '薦', 謂脯醢也. '羞', 庶羞也.

集說 자리를 설치하는 위치는, 상경上卿은 빈객의 자리 동쪽에 있고 소경小卿은 빈객의 자리 서쪽에 있다. 모두 남쪽을 향하고 동쪽을 윗자리로 삼아, 멀리 떨어져서 서로 차례를 이룬다. 이것이 '소경小卿의 자리를 상경上卿의 자리 다음에 설치한다'는 것이다. 대부는 소경의 서쪽에 있다. 이것이 '대부의 자리는 소경의 자리 다음에 설치한다'는 것이다. 사士는 서쪽 계단 위에서 올린 술을 받고 동쪽 섬돌 아래로 물러나와 서는데, 서쪽을 향하고 북쪽을 윗자리로 삼는다. 서자庶子는 올린 술을 동쪽 섬돌 위에서 받고 역시 동쪽 섬돌 아래로 물러나와 서는데, 서자의 자리는 사의 다음이다. 이것이 '사士와 서자庶子는 동쪽 섬돌 아래에 순서에 따라 자리로 나아간다'는 것이다. '임금에게 술을 올린다'(獻君)는 것은 주인이 술을 따라서 올리는 것이다. 임금이 올린 술잔을 받아서 빈객에게 권하면 빈객은 서쪽 계단 위에

서 순서대로 술잔을 권한다. 이것이 '주인이 임금에게 술을 올리면 임금이 술잔을 들어 순서대로 술을 권한다'는 것이다. 그 후에 '경에게 술을 올린다'(獻卿)는 것도 주인이 올리는 것이다. 임금이 또 술잔에 술을 따르는데 이 잔 역시 술잔을 올리는 자(媵者)가 갖다 놓은 술잔이다. 경卿과 빈객은 임금이 술잔을 권하는 것에 따르며, 경도 서쪽 계단의 위에서 서열 순서대로 술을 권하는데 예가 또한 처음 (대부에게) 할 때와 같다.[5] 이 또한 임금이 술잔을 들어서 서열 순서대로 술을 권하는 것인데, '경이 술잔을 든다'고 말한 것은 대개 임금이 경을 위하여 술잔을 들기 때문이다. 아래에서 '대부가 술잔을 들어서 서열 순서대로 술을 권한다', '사가 술잔을 들어서 서열 순서대로 술을 권한다'라고 말한 것도 그 의미가 같다. '이후에 대부에게 술을 올린다'(而後獻大夫)는 것도 주인이 올리는 것이다. 임금이 또 놓여 있는 술잔(觶)을 들어서 하사하는데 이것이 대부를 위하여 술잔을 들어 순서대로 술을 권하는 것이다. 주인이 사에게 술을 올리면 임금이 다시 하사하는데 이것이 사를 위하여 술잔을 들어 순서대로 술을 권하는 것이다. 임금이 여수旅酬의 예를 행하는 것은 사士까지이고, 서자庶子에게는 미치지 않는다. 이후에 '서자에게 술을 올린다'(而后獻庶子)는 것은 주인이 동쪽 계단의 위에서 올리는 것이다. 희생으로는 개를 쓴다. ○ 소疏에서 말한다. "임금과 경·대부·사 등에게 올리는 희생 고기, 말린 고기와 젓갈과 여러 반찬들에 모두 차등이 있는 것에 대해 「연례燕禮」는 기록하지 않았다." 設席之位, 上卿在賓席之東, 小卿在賓席之西. 皆是南面東上, 而遙相次. 此所謂'小卿次上卿'也. 大夫在小卿之西. 是'大夫次小卿'也. 士受獻於西階之上, 退立于阼階下, 西面北上. 庶子受獻于阼階上, 亦退立于阼階下, 庶子次於士. 是'士·庶子以次就位于下'也. '獻君'者, 主人酌以獻也. 公取媵爵以酬賓, 賓以旅酬於西階上. 此所謂'獻君, 君擧旅行酬'也. 而后'獻卿'者, 亦主人獻之也. 公又行一爵, 亦媵者之爵也. 若卿若賓, 惟公所酬, 卿亦以旅于西階之上, 禮亦如初. 此亦是君擧旅, 而言'卿擧'者, 蓋君爲卿擧耳. 下言'大夫

擧旅', '士擧旅', 其義同. '而後獻大夫', 亦主人之獻也. 公又擧奠觶以賜, 是爲大夫擧旅也. 主人獻士, 公復賜之, 是爲士擧旅也. 公擧旅之禮止於士, 不及庶子矣. '而后獻庶子'者, 主人獻之于阼階之上也. 牲, 狗也. ○ 疏曰: "公及卿大夫士等, 牲體薦羞之等差, 「燕禮」不載."

역주

1) 큰일 : 일반적으로 大事라고 하면 제사와 전쟁 두 가지를 의미한다. 여기서는 전쟁 등으로 군사를 동원하는 일을 뜻한다.

2) 졸과 오 : 卒과 伍는 군사 100명과 5명의 단위다. 『주례』 「地官·小司徒」에 "5인이 伍를 이루고, 5伍(25인)가 兩을 이루고, 4兩(100인)이 卒을 이루고, 5졸(500인)이 旅를 이루고 5려(2,500인)가 師를 이루고 5師(12,500인)가 軍을 이룬다"(五人爲伍, 五伍爲兩, 四兩爲卒, 五卒爲旅, 五旅爲師, 五師爲軍)라고 하였다.

3) 정역 : 전쟁의 참여 등 군사의 일을 가리킨다.

4) 경문에서 ~ 것이다 : 인용문은 『의례』 「燕禮」의 정현 주에 나온다.

5) 임금이 ~ 같다 : 이는 陳澔가 『의례』 「燕禮」의 正文을 끌어다가 해설하는 내용이다.

빙의 제48
聘義

정현의 『예기목록』에서 말한다. "「빙의聘義」라고 제목을 붙인 것은 제후의 나라 사이에 서로 빙문聘問하는 예에서 예를 중시하고 재물을 가볍게 여기는 의리를 기록하였기 때문이다. 이 편은 유향劉向의 『별록別錄』에서는 「길사吉事」에 속해 있다."

鄭『目錄』云: "名曰「聘義」者, 以其記諸侯之國交相聘問之禮, 重禮輕財之義也. 此於『別錄』屬「吉事」."

여씨呂氏(여대림呂大臨)는 말한다. "천자가 제후와 함께하고, 제후가 이웃 나라들과 함께하는데 모두 조례朝禮가 있고 빙례聘禮가 있다. 조朝는 서로 만나보는 것이고, 빙聘은 서로 문안하는 것이다. 조朝·종宗·근覲·우遇·회會·동同은 다 조朝이다. 존存·조頫·성省·빙聘·문問은 모두 빙聘이다. 그러므로 빙례에는 천자가 제후를 위무하는 것이 있다. 「대행인大行人」에서, '해마다 두루 존存을 하고, 삼 년마다 두루 조頫를 하며, 오 년마다 두루 성省을 한다'고 말한 것이 그것이다. 제후가 천자를 섬기는 방식이 있으니, 「대행인」에서, '일이 있을 때면 빙聘을 하여서 제후끼리의 우호를 맺고, 후복侯服의 제후들과 나머지 제후들이 보낸 경卿들이 모여서(殷)[1] 조頫를 하여 방국邦國의 악행을 제거한다'라고 말한 것이 그것이다. 이웃 나라끼리 교류하여 그 우호를 다지는 것이 있다. 「대행인」에서, '제후의 나라들이 교류하여 해마다 서로 문問을 하고, 중간에 일이 없을 때(殷)[2] 서로 빙聘을 하는 것'이 이것이다. 『의례』에 실린 것은 이웃 나라끼리 교류하여 빙聘을 하는 예이다. 「빙의聘義」는 빙례의 의리를 해석한 것이다."

呂氏曰: "天子之與諸侯, 諸侯之與隣國, 皆有朝禮有聘禮. 朝則相見, 聘則相問也. 朝・宗・覲・遇・會・同, 皆朝也. 存・頫・省・聘・問, 皆聘也. 故聘禮有天子所以撫諸侯者. 「大行人」'歲徧存, 三歲徧頫, 五歲徧省', 是也. 有諸侯所以事天子者, 「大行人」'時聘以結諸侯之好, 殷頫以除邦國之慝', 是也. 有隣國交脩其好者. 「大行人」'諸侯之邦交, 歲相問, 殷相聘', 是也. 『儀禮』所載, 隣國交聘之禮也. 「聘義」者, 釋聘禮之義."

【빙의 1】

빙례를 행할 때 상공上公의 나라는 7명의 개介를 보내고, 후侯・백伯의 나라는 5명의 개를 보내고, 자子・남男의 나라는 3명의 개를 보내는데, 이로써 제후국의 귀하고 천한 등급을 밝히는 것이다.

聘禮, 上公七介, 侯伯五介, 子男三介, 所以明貴賤也.

鄭注 이것은 모두 사신으로 출국하는 경卿이 빙례를 행하러 갈 때 동행하는 개介의 인원수이다. 『주례』「추관・대행인大行人」에서 대행인의 직무는 언급하면서 "무릇 제후의 경卿은 그 예가 각각 자신의 임금보다 2등급 낮춘다"고 하였다. 此皆使卿出聘之介數也. 「大行人」職曰: "凡諸侯之卿, 其禮各下其君二等."

集說 이것은 경卿이 빙례를 행하기 위해 출국할 때 동행하는 개介의 인원수이다. '상공上公의 나라는 7명의 개介를 보낸다'고 한 것은, 상공上公이 직

접 빙례를 행할 경우는 개가 9명인데, 제후의 경卿은 그 예가 제후보다 2등급이 낮으므로 개가 7명이 되기 때문이다. 그 아래의 경우들도 이와 같이 계산한다. ○ 여씨呂氏(여대림呂大臨)는 말한다. "옛날에 빈객은 반드시 개介를 두었다. '개介'는 부관이다. 이 일을 거행하는 것을 돕고, 이 예에 대해서 문식文飾을 다하려는 것이다." 此言卿出聘之介數. '上公七介'者, 上公親行, 則介九人, 諸侯之卿, 禮下於君二等, 故七介也. 以下放此. ○ 呂氏曰: "古者, 賓必有介. '介', 副也. 所以輔行斯事, 致文於斯禮者也."

【빙의 2】

개介가 연이어서 본국 임금의 명命을 전달하는 것은, 군자는 존귀한 이에 대해 직접 상대하지 않기 때문이니, 공경함이 지극한 것이다.
介紹而傳命, 君子於其所尊弗敢質, 敬之至也.

鄭注 '직접 상대한다'(質)는 것은 곧바로 자신이 상대하는 것이다. '質', 謂正自相當.

集說 '연이어'(紹)는 잇는 것이다. 그 자리대로 서로 받들어 잇는 것이다. 앞서서 상빈上賓이 들어와서 주군主君의 명을 받고 나가 승빈承賓에게 전하면 승빈이 말빈末賓에게 전하는데, 이것이 전하여 내려가는 것이다. 빈객의 말개末介가 말빈末賓에게 명을 받아 차개次介에게 전하면 차개가 상개上介에게 전하고 상개가 빈객에게 전하는데, 이것이 전하여 올라가는 것이다. 이것을 '개介는 본국 임금의 명命을 한 명씩 연이어 전달한다'(介紹而傳命)고 한다. '직접 상대한다'(質)는 것은 직접 한다는 뜻이다. 존귀한 자에 대해서는 감히 직접 자신이 상대하지 못하므로 개介를 통해서 명을 전달하니, 공

경함이 지극한 것이다. 빈객은 대문 밖의 서쪽에서 북쪽을 향해 서있고, 개介가 남쪽에서부터 북쪽으로 차례지어 서 있는다. 주군主君(주최국의 군주)은 안에서 맞이하고 빈자擯者(주인 쪽의 전령)가 대문을 나와서 북쪽에서부터 남쪽으로 차례지어 서 있는다. '紹', 繼也. 其位相承繼也. 先時上擯入受主君之命, 出而傳與承擯, 承擯傳與末擯, 此是傳而下也. 賓之末介受命於末擯, 而傳與次介, 次介傳與上介, 上介傳與賓, 是傳而上也. 此所謂'介紹而傳命'也. '質', 正也. 於所尊者不敢正自相當, 故以介傳命, 敬之至也. 賓在大門外西北面, 介自南向北爲序. 主君在內迎, 擯者出大門自北向南爲序.

【빙의 3】

사자使者가 세 번 사양한 뒤에 본국 임금의 명命을 전달하고, 세 번 사양한 뒤에 묘문廟門에 들어서고, 세 번 읍례揖禮를 한 뒤에 당堂의 계단 앞에 이르고, 세 번 사양한 뒤에야 당에 오르는 것은 존경과 겸양을 다하기 위해서이다.

三讓而后傳命, 三讓而后入廟門, 三揖而后至階, 三讓而后升, 所以致尊讓也.

鄭注 이 경문의 '읍례를 한다'(揖)·'사양한다'(讓)는 것은 빈객을 위주로 말하는 것이다. '세 번 사양한 뒤에 본국 임금의 명을 전달한다'(三讓而後傳命)는 것은 빈객이 대문大門)에 이르고 주인主人이 일을 요청할 때이다. 빈객은 주인이 빈자擯者를 갖추어 대객大客의 예로써 자신을 대하는 것을 보고 세 번 사양하고서 허락을 받지 못하면 이에 자기 본국 임금의 빙문하는 명命을 전달한다. '세 번 사양한 뒤에야 묘문에 들어선다'(三讓而後入廟門)는 것은

주인이 빙문聘問하는 예를 종묘廟에서 받는 것에 대하여 사양하는 것이다. 『주례』「소행인小行人」에서 소행인의 직무를 언급하면서 "사방에서 온 사자使者가 대객大客일 경우에는 빈자擯者를 두어 맞아들이고, 소객小客일 경우에는 (종묘 문 밖에서 빙문을 받는 나라의 신하가) 그 폐백을 받고, 군주는 (자신의 신하가 받고 들어와 전하는) 그 언사(辭)[4]를 듣는다"고 하였다.

此'揖'·'讓', 主謂賓也. '三讓而後傳命', 賓至廟門, 主人請事時也. 賓見主人陳擯, 以大客禮當己, 則三讓之, 不得命, 乃傳其君之聘命也. '三讓而後入廟門', 讓主人廟受也. 「小行人」職曰: "凡四方之使者, 大客則擯, 小客則受其幣, 聽其辭."

集說 소疏에서 말한다. "'세 번 사양한 뒤에 본국 임금의 명命을 전달한다'(三讓而后傳命)는 것은 빈객이 대문 밖에 있을 때 주인이 빈자擯者를 갖추어 대객大客의 예로써 자신을 대하는 것을 보고서 스스로 감히 받지 못하고 세 번 사양하며, 주인이 허락하지 않은 뒤에 빙빈聘賓의 명을 전달하는 것을 말한다. '세 번 사양한 뒤에 묘문廟門에 들어선다'(三讓而后入廟門)는 것은 빈객이 이미 본국 임금의 명을 전달한 뒤에, 주군主君이 빈객을 인도하여 들어와 묘廟에 이르러 종묘에서 빙문의 예를 받고자하면 빈객이 그것을 감당하지 못하므로 세 번 사양한 뒤에야 들어감을 말한다. 주군은 동쪽에 있고 빈객은 조금 물러나 서쪽에 있는데 서로를 향하여 세 번 사양한 뒤에 (주인이 먼저) 묘문廟門으로 들어간다. '세 번 읍례揖禮를 한 뒤에 당堂의 계단 앞에 이른다'(三揖而后至階)는 것은 처음 묘문에 들어가면서 읍을 하는데 첫 번째 읍례이고, 계단에 이르러 북쪽을 향하고서 또 읍을 하는데 두 번째 읍례이며, 비碑[5]에 이르러서 또 읍을 하는데 세 번째 읍례이다. '세 번 사양한 뒤에야 당에 오르는 것'(三讓而後升)은 주군이 빈객에게 읍을 하고 계단에 이르러 주군이 빈객에게 먼저 당에 오르도록 사양하면, 빈객이 주군에게 사양하는데, 이와 같이 세 번 하고서 주군이 먼저 오르면 빈객이 이어서 오르

는 것을 말한다." 疏曰: "'三讓而后傳命'者, 謂賓在大門外, 見主人陳擯, 以大客之禮待己, 己不敢當, 三度辭讓, 主人不許, 乃後傳聘賓之命也. '三讓而后入廟門'者, 謂賓旣傳命之後, 主君延賓而入, 至廟, 將欲廟受, 賓不敢當之, 故三讓而後入. 主君在東, 賓差退在西, 相向三讓, 乃入廟門也. '三揖而後至階'者, 初入廟門, 一揖也, 當階北面又揖, 二揖也, 當碑又揖, 三揖也. '三讓而後升'者, 謂主君揖賓至階, 主君讓賓升, 賓讓主君, 如此者三, 主君乃先升, 賓乃升也."

【빙의 4】

주군主君은 사士를 보내어 국경에서 사신을 맞이하고, 대부를 보내어 교외에서 사신의 노고를 위로하며, 주군이 대문大門 안에서 몸소 맞이하고 묘廟에서 빙문의 예를 받은 뒤에, 북쪽을 향하여 보내준 선물(貺)에 배례함으로써 빙군聘君(빙문을 보낸 군주)이 일부러 명하여 사자로 빙문하러 온 것에 대하여 답배하는데, 공경함을 다하기 위한 것이다. 공경하고 사양하는 것은 군자가 서로 접대하는 도리다. 그러므로 제후가 공경하고 사양함으로써 서로 접대하면, 서로 침범하고 능멸하지 않는다.

君使士迎于竟, 大夫郊勞, 君親拜迎于大門之內而廟受, 北面拜貺, 拜君命之辱, 所以致敬也.① 敬讓也者, 君子之所以相接也. 故諸侯相接以敬讓, 則不相侵陵.②

鄭注 ① '황貺'은 선물을 뜻한다. 빈객이 본국 임금의 명을 전달하면 주군(公)이 상인방(楣)에서 두 번 배례拜禮한다. 빙군聘君이 보내온 선물에 배례하는 것은 빙군聘君이 일부러 사자에게 명하여 와서 빙문해준 것에 답배하

는 것이다. '眖', 賜也. 賓致命, 公當楣再拜. 拜聘君之恩惠, 辱命來聘者也.

② 군자가 서로 접대할 때 빈객은 사양하고 주인은 공경한다. 君子之相接, 賓讓而主人敬也.

集說 '교외에서 사신의 노고를 위로하는 것'(郊勞)은 근교近郊에서 위로하는 것이다. 속백束帛을 사용한다. '북쪽을 향해 보내준 선물에 배례한다'는 것 또한 주군이 하는 것이다. 그 배례拜禮는 동쪽 섬돌(阼階) 위에서 한다. '빙군聘君이 사자에게 명하여 빙문해준 수고에 대하여 배례한다'(拜君命之辱)는 것은 '북쪽을 향하여 보내준 선물에 배례하는' 뜻을 해석한 것이다. '郊勞', 勞之于近郊也. 用束帛. '北面拜眖', 亦主君之拜也. 其拜於阼階上. '拜君命之辱'者, 釋'北面拜眖'之義也.

【빙의 5】

경卿이 상빈上擯이 되고 대부가 승빈承擯이 되고 사士가 소빈紹擯이 된다. 주군은 몸소 빈객을 예우하고, 빈객은 주국의 경대부를 개인적으로 만나는 예와 주군을 개인적으로 뵙는 예를 행한다. 주군은 사자使者에게 죽은 희생과 산 희생을 보내주고, 규圭와 장璋을 돌려주며, 빙군에게 보낼 예물(賄)을 주고 빈객에게 예물(贈)을 보내주며, 사자에게 향례饗禮와 사례食禮와 연례燕禮를 베풀어준다. 이것은 주인과 빈객, 임금과 신하 사이의 의리를 밝히는 것이다.

卿爲上擯, 大夫爲承擯, 士爲紹擯. 君親禮賓, 賓私面私覿. 致饔餼, 還圭璋, 賄贈, 饗·食·燕. 所以明賓客君臣之義也.

鄭注 대례大禮를 베푸는 것은 빈객으로 대하는 것이다. 임금이 몸소 거행하지 않고 신하를 시키는 경우는 임금과 신하의 사이로 대하는 것이다. 設大禮, 則賓客之也. 或不親而使臣, 則爲君臣也.

集說 '경卿'은 주국主國의 경이다. '승빈承擯'은 상빈上擯을 받들어 보좌한다. '소빈紹擯'은 승빈을 뒤이어 보좌한다. 빈객이 빙문하는 일을 거행하기를 마치면 주국의 임금이 몸소 예주醴酒를 들고 빈객을 예우하는데, 이것이 '주군이 몸소 빈객을 예우한다'(君親禮賓)는 것이다. '주국의 경대부를 개인적으로 만나는 예'(私面)는 개인적으로 자기의 예물을 가지고 주국의 경 · 대부를 만나는 것이다. '주군을 개인적으로 찾아뵙는 예'(私覿)는 개인적으로 자기의 예물을 가지고 주국의 임금을 뵙는 것이다. 희생에 대하여 죽은 것을 '옹饔'이라고 하고 살아있는 것을 '희餼'라고 한다. '죽은 희생과 산 희생을 보내주는 것'은 빙문의 예와 주국의 임금을 뵙는 예를 다 마치고 빈객과 개介가 관사館舍로 가면 주군이 경으로 하여금 잡은 희생과 산 희생을 빈객에게 보내주는 것이다. '규圭와 장璋을 돌려주는 것'(還圭璋)은 빈객이 올 때 이것을 가지고 신표로 삼았던 것을 주군이 받았다가 이제 빈객이 떠나려할 때 주군이 경을 시켜서 빈객의 관사로 보내 돌려주는 것이다. 옥을 돌려주는 것이 끝나면, 빙군聘君에게 보낼 예물(賄)을 주고 빈객에게 예물(贈)을 보내주는 예를 더한다. 『의례』「빙례聘禮」에서는 "빙군에게 보내는 예물에는 한 속束의 실타래를 사용한다"고 했는데, '실타래'(紡)는 지금의 명주실(絹)이다. 향례饗禮와 사례食禮는 모두 조정에서 하고 연례燕禮는 침寢에서 한다. 한 번의 사례와 두 번의 향례를 하며 연례는 정해진 회수가 없다. ○ 여씨呂氏(여대림呂大臨)는 말한다. "빈자擯者는 주국의 임금이 빈객을 접대하도록 한 사람이다. 주인에게 빈擯이 있는 것은 빈객에게 개介가 있는 것과 같다. 빈擯에 세 명이 있는 것은 많은 것을 문文[6]으로 삼기 때문이다. 대종백大宗

伯은 조朝·근覲·회會·동同의 예에서 상상上相이 되는데, 상相이 바로 빈擯이다. 조례詔禮에 들었을 때는 상相이라고 하고, 나와서 빈객을 응접할 때는 빈擯이라고 한다. 종백宗伯은 경卿이다. 그러므로 '경이 상빈上擯이 된다'고 한다. 『주례』「추관·소행인小行人」에서 '(소행인은) 제후가 왕에게 조회하러 올 때 승빈承擯이 된다'라고 하였는데, 행인行人은 대부이다. 그러므로 '대부가 승빈承擯이 된다'고 한 것이다. 사는 직분이 비천하므로 관직이 모자라는 것에 충당하여 빈擯의 일을 이어 보좌한다. 그러므로 '사는 소빈紹擯이 된다'고 한 것이다. 사신使臣의 의리는 빙문을 하는 주군主君에게 그 임금과 신하 관계에서의 공경함을 다하는 것이고, 주군의 의리는 빙문 온 사신에게 그 빈객과 주인 관계에서의 공경함을 다하는 것이다." '卿', 主國之卿也. '承擯'者, 承副上擯也. '紹擯'者, 繼續承擯也. 賓行聘事畢, 主國君親執醴以禮賓, 是'君[7]親禮賓'也. '私面', 謂私以己禮物面見主國之卿大夫也. '私覿', 私以己禮物覿見主國之君也. 牲殺者曰'饔', 生者曰'餼'. '致饔餼'者, 聘覿皆畢, 賓介就館, 主君使卿致饔餼之禮於賓也. '還圭璋'者, 賓來時執以爲信, 主君旣受之矣, 今將去, 君使卿送至賓館以還之也. 還玉畢, 加以賄贈之禮. 『經』云: "賄用束紡", '紡', 今之絹也. 饗禮·食禮皆在朝, 燕禮在寢. 一食再饗, 燕無常數. ○ 呂氏曰: "擯者, 主國之君所使接賓者也. 主之有擯, 猶賓之有介也. 擯有三者, 以多爲文也. 大宗伯, 朝覲會同則爲上相, 相, 卽擯也. 入詔禮曰相, 出接賓曰擯. 宗伯, 卿也. 故曰'卿爲上擯'. 「小行人」'諸侯入王, 則爲承而擯', 行人, 大夫也. 故曰'大夫爲承擯'. 士職卑, 承官之乏以繼擯之事. 故曰'士爲紹擯也'. 使臣之義, 則致其君臣之敬於所聘之君, 主君之義, 則致其賓主之敬於來聘之臣也."

【빙의 6】

그러므로 천자가 제후에 대한 제도를 정하는데, 해마다 서로 소빙

小聘을 하고 삼 년마다 서로 대빙大聘을 하여 제후들이 서로 예로써 권면하도록 하였다. 사신使臣으로 온 자가 빙례를 행하다가 잘못을 하면 주군은 향례와 사례를 몸소 베풀어주지 않는다. 이것은 그가 부끄러움을 느끼고 바로잡게 하려는 것이다. 제후들이 서로 예로써 권면하면 나라 밖으로는 서로를 침략하지 않고 나라 안에서는 서로를 능멸하지 않는다. 이것이 천자가 제후를 기르는 방법이다. 무력을 사용하지 않고도 제후가 스스로 바르게 되도록 하는 도구인 것이다.

故天子制諸侯, 比年小聘, 三年大聘, 相厲以禮. 使者聘而誤, 主君弗親饗食也. 所以愧厲之也. 諸侯相厲以禮, 則外不相侵, 內不相陵. 此天子之所以養諸侯. 兵不用, 而諸侯自爲正之具也.

鄭注 '해마다 소빙小聘[8]을 한다'(比年小聘)는 것은 "해마다 서로 문問을 하는 것"[9]을 말한다. '삼 년마다 대빙大聘[10]을 한다'(三年大聘)는 것은 "중간에 일이 없을 때 서로 빙聘을 하는 것"[11]을 말한다. '比年小聘', 所謂"歲相問"也. '三年大聘', 所謂"殷相聘"也.

集說 '천자가 제후에 대한 제도를 정한다'는 것은 천자가 이 빙례를 제정하여 제후로 하여금 실행하게 하는 것이다. '비년比年'은 매년을 말한다. '소빙'은 대부를 정사正使로 보내는 경우이고, '대빙'은 경卿을 정사正使로 보내는 경우이다. '잘못을 한다'(誤)는 것은 예의 절차에 잘못이 있는 것이다. ○ 여씨呂氏(여대림呂大臨)는 말한다. "윗사람과 아랫사람이 교류하지 않으면 천하에 나라가 유지될 수 없고 사람의 도리에 있어서 무리를 이룰 수 없다. 그러므로 선왕이 제후를 통솔함에 서로 교류함으로써 우호를 다지게 하는데 반드시 서로 공경함으로써 그 교류를 온전하게 유지하도록 하였다.

서로 교류하는 것은 반드시 적게 하고 빈번하게 하는 것 사이의 적절한 중도를 추구한다. 그러므로 해마다 소빙小聘을 하고 삼 년마다 대빙大聘을 한다. 서로 공경하는 방법은 반드시 예禮로써 서로 권면한다. 그러므로 사신으로 간 자가 잘못을 하면 주군은 향례饗禮와 사례食禮를 몸소 베풀어주지 않음으로써 그가 부끄러움을 느끼고 바로잡게 한다. 그런 뒤에야 인仁이 이루어지고 예가 실행되어, 밖으로는 사방의 이웃이 서로 친하여 서로를 침략하지 않고, 안으로는 임금과 신하 관계의 의리가 있어서 서로를 능멸하지 않는다. 선왕은 예를 제정하여 아무 일이 없을 때에 사람을 잘 기르도록 하였는데, 올라가고 내려가는 의절과 술잔을 주고 돌려받는 절차가 번다하여 빈객과 주인, 유사有司가 예를 모두 다 실행해내지 못할 것을 우려함이 있다. 그래도 선왕이 미처 바꾸지 않은 것은 이로써 그 덕행에 대한 의지를 길러 이 예를 편하게 여겨서 꺼리지 않게 하려는 것이다. 그러므로 구차하고 게으름을 편안하게 여기지 않고 예를 실행하는 것을 편안히 여기며, 서로에게 자신을 낮추는 것을 수치스러워하지 않고 예가 없음을 수치스러워하게 한다. 천자는 이것으로 제후를 기르고 제후는 이것으로 그의 사대부를 기르므로 윗사람과 아랫사람이 교류하여 서로를 기른다. 이것이 무력이 사용되지 않는 이유이고 천하가 평안해지는 근거이다. 절차와 의식이 번다한 것은 빙례와 사례射禮이니 사람을 기르는 것이 지극한 것이다. 제후가 사례射禮와 빙례聘禮를 통해 스스로 바르게 되니, 두 의례의 의리에는 천자가 제후를 기르는 취지가 깊은 것이다. 그러므로 그 의미를 설명하면서 모두 '무력을 사용하지 않아도 스스로 바르게 되도록 하는 도구이다'라고 하였다." '天子制諸侯'者, 天子制此禮而使諸侯行之也. '比年', 每歲也. '小聘', 使大夫, '大聘', 使卿. '誤', 謂禮節錯誤也. ○ 呂氏曰: "上下不交, 則天下無邦, 人道所以不能群也. 故先王之御諸侯, 使之相交以脩其好, 必使之相敬以全其交. 其相交也, 必求乎疏數之中. 故比年小聘, 三年大聘也. 其相敬也, 必相厲以禮. 故使者之誤, 主君不

親饗食, 以愧厲之. 然後仁達而禮行, 外則四隣相親而不相侵, 內則君臣有義而不相陵也. 先王制禮, 以善養人於無事之際, 多爲升降之文·酬酢之節, 賓主有司有不可勝行之憂. 先王未之有改者, 蓋以養其德意, 使之安於是而不憚也. 故不安於偸惰, 而安於行禮, 不恥於相下, 而恥於無禮也. 天子以是養諸侯, 諸侯以是養其士大夫, 上下交相養. 此兵所以不用, 天下所以平也. 節文之多惟聘射, 養人之至者也. 諸侯自爲正於射禮·聘禮二禮之義, 天子養諸侯之意爲深. 故其義皆曰'兵不用, 自爲正之具也'."

【빙의 7】

규圭와 장璋을 가지고 빙례를 행하는 것은 예를 중시하는 것이다. 빙례를 하고 나면 규와 장은 돌려준다. 이것은 재물을 가볍게 여기고 예를 중시하는 뜻이다. 제후들이 재물을 가볍게 여기고 예를 중시하는 것으로써 서로 권면하면, 백성들에게 겸양하는 기풍이 일어난다.

以圭璋聘, 重禮也. 已聘而還圭璋. 此輕財而重禮之義也. 諸侯相厲以輕財重禮, 則民作讓矣.

鄭注 '규圭'는 서옥瑞玉이다. 규圭와 장璋을 존경하는 것은 같은 종류이다. 그것을 사용하는 것과 그것을 돌려주는 것 모두 예를 중시하는 것이다. 예는 반드시 몸소 행하지만, 자기의 서옥을 가지고 직접 갈 수 없기 때문에 멀리서 되돌려주는 것이다. '재물'(財)은 벽璧과 종琮과 올리는 폐백(享幣)을 말한다. 그것을 받는 것이 재물을 가볍게 여김이 되는 것은, 재물은 멀리서 다시 돌려줄 수 있기 때문인데, "빙군에게 보낼 예물(賄)과 보답하는 폐백(反幣)을 넉넉하게 한다"[12]는 것이 이것이다. '圭', 瑞也. 尊圭·璋之類也. 用之

還之, 皆爲重禮. 禮必親之, 不可以己之有, 遙復之也. '財', 謂璧·琮·享幣也. 受之爲輕財者, 財可遙復, "重賄·反幣", 是也.

集說 빙문 온 사신이 주군에게 예를 행할 때는 규圭를 사용하고, 부인에게 예를 행할 때는 장璋을 사용한다. 그가 주군에게 향례享禮를 행할 때는 속백束帛에 벽璧을 더하고, 부인에게는 종琮을 사용한다. '향享'은 올리는 것이다. 예가 끝나고 나서 그 규와 장을 돌려주는 것은 규와 장이 예를 행하는 기물이기 때문에 그것을 존중하여서 감히 받지 못하기 때문이다. 벽과 종과 폐백은 다 재물이다. 재물을 가볍게 여기는 것이기 때문에 받고 돌려주지 않는다. 그러므로 '이것은 재물을 가볍게 여기고 예를 중시하는 뜻이다'라고 하였다. ○ 여씨呂氏(여대림呂大臨)는 말한다. "제후들이 재물을 가볍게 여기고 예를 중시하는 것으로써 서로 권면하면 이익을 멀리하고 염치를 가지기 때문에 백성들에게 겸양하는 기풍이 일어나는 것이다." 聘使之行禮於君則用圭, 於夫人則用璋. 其行享禮於君則束帛加璧, 於夫人則琮. '享', 猶獻也. 及禮畢則還其圭璋者, 以圭璋是行禮之器, 故重之而不敢受也. 璧·琮與幣, 皆財也. 財在所輕, 故受而不還. 故曰'此輕財而重禮之義也'. ○ 呂氏曰: "諸侯相厲以輕財而重禮, 則遠利而有恥, 所以民作讓."

【빙의 8】

주국主國이 빈객을 접대하는데 있어, 출국할 때와 입국할 때에 세 차례 꼴과 땔나무와 곡식을 공급해주며, 빈객에게 죽은 희생과 산 희생을 관사로 보내준다. 5뢰牢를 갖추어 관사의 문안에 진설하고, 쌀 30수레, 벼 30수레, 벼 양의 두 배가 되는 꼴과 땔나무를 모두 관사의 문밖에 진설한다. 날짐승(乘禽)을 날마다 5쌍씩 공급한다. 여러 개介들에게도 모두 죽은 희생과 산 희생을 보내주며, 한 번의 사례와 두 번의 향례를 베풀어주고 연례와 새로 나온 시물時物을 보내는 것은 제한된 횟수 없이 한다. 이것은 풍성한 예우로써 예를 중시하는 것이다. 옛날에 재물을 사용하는 것이 모두 이와 같이 할 수는 없었다. 그러나 빙례에서 이처럼 풍성하게 재물을 사용하는 것은 예에 맞게 극진히 실행하는 것을 뜻한다. 예에 맞게 극진히 실행하면, 나라 안에서는 임금과 신하가 서로를 능멸하지 않고 나라 밖으로는 서로를 침략하지 않는다. 그러므로 천자가 빙례를 제정하였으니, 제후들은 이것의 실천에 힘쓸 따름이다.

主國待客, 出入三積, 餼客於舍. 五牢之具陳於內, 米三十車, 禾三十車, 芻薪倍禾, 皆陳於外. 乘禽日五雙. 群介皆有餼牢, 壹食, 再饗, 燕與時賜無數. 所以厚重禮也.① 古之用財者, 不能均如此. 然而用財如此其厚者, 言盡之於禮也. 盡之於禮, 則內君臣不相陵, 而外不相侵. 故天子制之, 而諸侯務焉爾.②

鄭注 ① '풍성한 예우로써 예를 중시한다'(厚重禮)는 것은 이 빙례를 풍성하게 거행하는 것이다. '厚重禮', 厚此聘禮也.

② '모두 이와 같이 할 수는 없었다'(不能均如此)는 것은 재물이 없으면 그 실정에 따라 행하는 것을 말한다. '예에 맞게 극진히 실행하였다'(盡之於禮)고 말한 것은 부유한 자가 과도하게 행하지 않게 하려는 것이다. '不能均如此', 言無則從其實也. 言'盡之於禮', 欲令富者不得過也.

集說 '출국할 때'(出)는 이미 출발한 것이다. '입국할 때'(入)는 처음 도착한

것이다. '적積'은 뢰례牢禮의 규모로 쌀과 벼와 꼴과 땔나무 등을 공급해주는 것이다. 그 올 때와 갈 때에 다 세 차례 공급해준다. 그러므로 '출국할 때와 입국할 때에 세 차례 쌀과 벼와 땔나무를 공급해준다'(出入三積也)고 하였다. '빈객에게 잡은 희생과 산 희생을 관사로 보내준다'(餼客於舍)는 것은 죽은 희생과 산 희생(饔餼)을 빈객의 관사에 보내주는 것이다. 세 가지 희생을 갖춘 것이 1뢰牢가 된다. '5뢰牢를 갖추어 관사의 문안에 진설한다'(五牢之具陳於內)는 것은 익힌 고기(飪) 1뢰는 빈객 관사의 서쪽 계단에 두고, 익히지 않은 고기(腥) 2뢰는 빈객 관사의 동쪽 계단에 두며, 산 희생(餼) 2뢰는 빈객 관사의 문 안 서쪽에 두는 것이다. '벼'는 볏짚과 이삭을 함께 베어낸 것이다. 쌀을 실은 수레는 문 동쪽에 두고, 벼를 실은 수레는 문 서쪽에 둔다. '벼의 두 배'(倍禾)는 그 수를 벼보다 두 배로 하는 것이다. 『주례』「추관秋官·장객掌客」의 주注에 "땔나무의 규모는 쌀의 양에 맞추고 꼴의 규모는 벼의 양에 맞춘다"라고 하였다. 소疏에서 말한다. "땔나무로 밥을 짓는다. 그러므로 쌀의 양에 따른 것이다. 꼴로는 말을 먹인다. 그러므로 벼의 양에 따른 것이다. 이 네 가지 것은 다 문 밖에 둔다. '날짐승'은 쌍을 이루어서 무리지어 다니는 날짐승으로 기러기나 오리 등이다. 『주례』「추관秋官·장객掌客」에서, '빈객을 대하는 예는 나라가 새로 건립되면 예를 줄이고, 재앙이나 흉년이 있으면 예를 줄이며, 돌림병으로 상사喪事가 있으면 예를 줄이고, 병란이나 재해가 있으면 예를 줄이며, 야지野地나 기외畿外에서는 예를 줄여서 행한다'고 하였다. 그러므로 '옛날에 재물을 사용하는 것이 모두 이와 같이 할 수는 없었다'고 한 것이니, 다 이처럼 풍성하게 할 수는 없음을 말한다. 그런데도 빙례에서 재물을 사용하는 것이 이처럼 풍성한 것은, 예를 극진히 행하고자 한 것이다. 재물을 사용하는 것을 풍성하게 한다 해도 예를 극진히 하는 것에 그치며, 감히 더 아름답게 하여 예를 함몰시키지 않는다. 그러므로 나라 안에서 서로 능멸하지 않고 나라 밖으로 서로 침략하지 않는 것은 다 예를 제정하여 절제시켰기 때문이다." '出', 既行也. '入', 始至也. '積', 謂饋之牢禮米禾·芻薪之屬. 其來與去, 皆三饋之積. 故云'出入三積'也. '餼客於舍', 謂致饔[13]餼於賓之館舍也. 三牲備爲一牢. '五牢之具陳於內', 謂飪一牢在賓館西階, 腥二牢在賓館東階, 餼二牢在賓館門內之西也. '禾', 稾實幷刈者也. 米車設於門東, 禾車設於門西. '倍禾', 倍其數也. 『禮』註云: "薪從米, 芻從禾." 疏云: "薪以炊爨. 故從米. 芻以食馬. 故從禾. 此四物皆在門外. '乘禽', 乘行群匹之禽, 鴈鶩之屬也. 「掌客」云, '凡禮賓客, 國新殺禮, 凶荒殺禮, 札喪殺禮, 禍烖殺禮, 在野在外殺禮.' 故曰'古之用財者, 不能均如此', 言不能皆如此豐厚也. 然而於聘禮, 則用財如此之厚者, 是欲極盡之於禮也. 用財雖厚, 盡禮而止, 不敢加美以沒禮. 故內不相陵, 外不相侵, 皆爲有禮以制之故也."

【빙의 9】

빙례聘禮와 사례射禮는 가장 성대한 예이다. 날 밝을 무렵에 행사를 시작하여 정오가 거의 다 된 후에야 예가 완성된다. 강건하여 힘이 있는 자가 아니면 실행해낼 수가 없다. 그러므로 강건하여 힘이 있는 자라야 빙례와 사례를 실행할 수 있다. 비록 술은 맑고 사람은 목이 마르다 해도 감히 마시지 못하며, 고기가 잘 말라있고 사람은 허기가 진대도 감히 먹지 못한다. 날이 저물어 사람들이 피곤해도 여전히 장중하고 반듯하여 감히 나태하지 못한다. 이로써 예의 절차를 완성하고, 이로써 임금과 신하의 관계를 바르게 하고, 이로써 아버지와 아들이 서로 친애하게 하고, 이로써 어른과 아이가 서로 화목하게 한다. 이것은 일반 사람들이 행하기 어려운 것으로 군자라야 실행한다. 그러므로 그것을 실행함이 있다고 하는 것이다. 실행함이 있다는 것은 의義가 있다는 것이다. 의가 있다는 것은 용감하다는 것이다. 그러므로 용감한 자를 귀하게 여기는 것은 그가 의를 세울 수 있음을 귀하게 여기는 것이다. 의를 세우는 자를 귀하게 여기는 것은 그가 실행함이 있음을 귀하게 여기는 것이다. 실행함이 있는 자를 귀하게 여기는 것은 그가 예를 실행함을 귀하게 여기는 것이다. 그러므로 용감한 자를 귀하게 여기는 것은 그가 예로써 의롭게 됨(禮義)을 실행하는 데 용감함을 귀하게 여기는 것이다. 그러므로 용감하고 강건하게 힘이 있는 이는 천하가 태평할 때에는 예로써 의롭게 되는 일(禮義)에 힘쓰고 천하에 어지러운 일이 있으면 전쟁에서 이기는 것에 힘쓴다. 전쟁에서 이기는 것에 힘을 쓰면 대적할 적이 없게 되고 예의에 힘을 쓰면 순조롭게 다스려진다. 밖으로 대적할 적이 없고 안으로 순조롭게 다스려지는 이것을 성대한 덕이라고 한다. 그러므로 성왕이 용감하고 강건하게 힘이 있는 자를 귀하게 여기는 것이 이와 같았다. 용감하고 강건하게 힘이 있으면서 예로서 의롭게 되는 일과 전쟁에서 이기는 것에 힘을 쓰지 않고 싸우고 다투는 것에 힘을 쓰면 그를 난리를 일으키는 사람이라고 한다. 형벌이 나라에 시행될 때, 처벌할 대상은 난리를 일으키는 사람이다. 그와 같이 형벌을 시행하면 백성들은 순조롭게 다스려지고 나라는 평안해진다.

聘·射之禮, 至大禮也. 質明而始行事, 日幾中而后禮成. 非强有力者, 弗能行也. 故强有力者將以行禮也.① 酒淸人渴而不敢飮也, 肉乾人飢而不敢食也. 日莫人倦, 齊莊正齊, 而不敢解惰. 以成禮節, 以正君臣, 以親父子, 以和長幼. 此衆人之所難, 而君子行之. 故謂之有行. 有行之謂有義. 有義之謂勇敢. 故所貴於勇敢者, 貴其能以立義也. 所貴於立義者, 貴其有行也. 所貴於有行者, 貴其行禮也. 故所貴於勇敢者, 貴其敢行禮義也. 故勇敢·强有力者, 天下無事則用之於禮義, 天下有事則用之於戰勝. 用之於戰勝則無敵, 用之於禮義則順治. 外無敵, 內順治, 此之謂盛德. 故聖王之貴勇敢·强有力如此也. 勇敢·强有力而不用之於禮義·戰勝, 而用之於爭鬪, 則謂之亂人. 刑罰行於國, 所誅者亂人也. 如此, 則民順治而國安也.②

鄭注 ① '예가 완성된다'(禮成)는 것은 예가 끝나는 것이다. 어떤 본에서는 '실행이 완성된다'(行成)라고 되어 있다. '禮成', 禮畢也. 或曰'行成'.

② '이긴다'(勝)는 것은 적을 이기는 것이다. 어떤 본에서는 '진陳'(진 군사의 배치)으로 되어 있기도 하다. '勝', 克敵也. 或爲'陳'.

集說 여씨呂氏(여대림呂大臨)는 말한다. "절차와 문식이 많은 것은 빙례와 사례가 그러하다. 그러므로 '빙례와 사례는 가장 성대한 예이다'라고 하였다. 임금과 신하, 아버지와 아들, 어른과 아이 사이의 의리는 다 절차와 문식 안에서 모습이 드러난다. 남들은 어려워하는 것이지만 나는 편안해하고, 남들은 나태하게 하는 것이지만 나는 공경하니, 이를 실행해낼 수 있는 자는 군자이다. 군자는 스스로 그 강건하게 힘쓰고 용감하게 행하는 기상을 길러, 그 기상을 예로써 의롭게 되는 일(禮義)과 전쟁에서 이기는 일(戰勝)에만 오로지 힘쓰면 교화가 실행된다. 이것이 나라가 평안해지는 이유이다. 사례射禮에서 제후의 사례인 경우는 연례燕禮를 먼저 거행하고, 경·대부·사의 사례인 경우는 향음주鄕飮酒의 예를 먼저 거행하는데, 술잔을 돌리며

올리는 절차가 극히 번쇄하다. 그러므로 비록 술이 맑고 고기가 잘 말라있어도 감히 마시고 감히 먹지 못하는 것이 있다. 빙례 같으면, 빙문과 향례享禮를 받고 주군을 뵙기를 청한 뒤에 예주醴酒를 따라서 빈객을 예우하므로, 술이 맑고 고기가 말라있을 일은 없고, 다만 절차와 문식이 번다한 것이 사례射禮와 같을 뿐이다. 모두 날이 정오가 거의 다 된 후에야 예의가 완성되기 때문에, 사례射禮와 겸해서 말한 것이다." 呂氏曰: "節文之多, 惟聘射之禮爲然. 故曰'至大禮也'. 君臣 · 父子 · 長幼之義, 皆形見於節文之中. 人之所難, 我之所安, 人之所懈, 我之所敬, 故能行之者, 君子也. 君子自養其强力勇敢之氣, 一用之於義禮戰勝, 而敎化行矣. 此國之所以安也. 射禮, 諸侯之射必先行燕禮, 卿大夫士之射必先行鄕飮酒之禮, 酬獻之節, 極爲繁縟. 故有酒淸肉乾而不敢飮食者. 若聘禮則受聘受享請覿, 然後酌醴禮賓, 無酒淸肉乾之事, 特以節文之繁, 與射禮等. 皆至日幾中而后禮成, 故與射禮兼言之也."

【빙의 10】

자공子貢이 공자孔子에게 물었다. "감히 묻습니다. 군자가 옥을 귀하게 여기고 옥돌을 천하게 여기는 것은 무엇 때문입니까? 옥은 적고 옥돌은 많기 때문입니까?" 공자가 대답하였다. "옥돌이 많기 때문에 천하게 여기고 옥이 적기 때문에 귀하게 여기는 것이 아니다. 옛날에 군자는 덕을 옥에 비유하였다. 따듯하고 윤택한 것은 인仁과 같고 치밀하여 견고한 것은 지知와 같고 반듯하게 각이 졌지만 베어서 다치게 하지 않는 것은 의義와 같고 아래로 떨어질 듯이 드리워지는 것은 예禮와 같다. 두드리면 그 소리가 맑게 퍼져서 길게 이어지지만 끊듯이 마치는 것은 악樂과 같다. 티가 고운 부분을 가리지 않고 고운 부분이 티를 가리지 않는 것은 충忠과 같다. 미덥고 진실한 것은 신信과 같다. 기운이 흰 무지개와 같은 것은 천天과 같다. 정기精氣가 산천에 드러나는 것은 지地와 같다. 폐백 없이 규圭와 장璋만으로 전달되는 것은 덕德과 같다. 천하 사람들이 귀하게 여기지 않는 이가 없는 것은 도道와 같다. 『시詩』에서는 '나는 군자를 그리워하니, 그 온화하기가 옥과 같네'[14]라고 하였다. 그러므로 군자가 옥을 귀하게 여기는 것이다."

子貢問於孔子曰: "敢問, 君子貴玉而賤瑉者何也? 爲玉之寡而碈之多與?"① 孔子曰: "非爲碈之多故賤之也, 玉之寡故貴之也. 夫昔者, 君子比德於玉焉. 溫潤而澤, 仁也,② 縝密以栗, 知也,③ 廉而不劌, 義也,④ 垂之如隊, 禮也.⑤ 叩之, 其聲淸越以長, 其終詘然, 樂也.⑥ 瑕不揜瑜, 瑜不揜瑕, 忠也.⑦ 孚尹旁達, 信也.⑧ 氣如白虹, 天也. 精神見于山川, 地也.⑨ 圭璋特達, 德也.⑩ 天下莫不貴者, 道也.⑪ 詩云, '言念君子, 溫其如玉.' 故君子貴之也."⑫

鄭注 ① '옥돌'(碈)은 옥과 비슷한 돌이다. 민玟으로도 되어 있다. '碈', 石似玉. 或作玟也.

② 색이 부드럽고 따듯하고 윤택한 것이 인仁과 비슷하다. '윤潤'이 어떤 본에서는 '유濡(젖다)'로 되어 있다. 色柔溫潤, 似仁也. '潤'或爲'濡'.

③ '촘촘함'(縝)은 치밀함이다. '율栗'은 단단한 모양이다. '縝', 緻也. '栗', 堅貌.

④ '베다'(劌)는 상하는 것이다. 의로운 사람은 남을 일부러 해치지 않는다. '劌' 傷也. 義者, 不苟傷人也.

⑤ 예는 겸양하고 낮추는 것을 숭상한다. 禮尙謙卑.

⑥ 음악은 시작되면 소리가 있고 그치면 아무 소리도 없다. '월越'은 퍼지는 것과 같다. '굴詘'은 끊어서 그친 모양이다. 「악기樂記」(85)에 "그치면 마른 나무와 같다"라고 하였다. 樂作則有聲, 止則無也. '越', 猶揚也. '詘', 絶止貌也. 「樂記」曰: "止如槀木."

⑦ '티'(瑕)는 옥의 흠진 부분이다. '고운 부분'(瑜)은 그 중간에 아름다운 것이다. 옥의 성질이 좋고 나쁜 부분들이 서로를 가리지 않으니 충忠과 같다. '瑕', 玉之病也. '瑜', 其中間美者. 玉之性, 善惡不相揜, 似忠也.

⑧ '부孚'는 부浮로 읽는다. '윤尹'은 대나무의 푸른 껍질인 균筠과 같이 읽는다. 부균浮筠은 옥의 빛깔을 말한다. 빛깔이 널리 통하여 숨기는 것이 없음이 신信과 같다. '부孚'는 부姇로도 되어 있고, 부扶로도 되어 있다. '孚', 讀爲浮. '尹', 讀如竹箭之筠. 浮筠謂玉采色也. 采色旁達, 不有隱翳, 似信也. '孚', 或作姇或爲扶.

⑨ '정신精神'은 정기精氣를 말한다. '무지개'(虹)는 하늘의 기운이다. '산천山川'은 땅이 기를 통하는 바이다. '精神', 亦謂精氣也. '虹', 天氣也. '山川', 地所以通氣也.

⑩ '폐백 없이 규와 장만으로 전달된다'(特達)는 것은 그것으로 조빙朝聘하는 것을 말한다. 벽璧과 종琮은 폐백이 있다. 덕이 있는 자는 통하지 않는 곳이 없어서 기다리는 것이 있지 않고도 이루어진다. '特達', 謂以朝聘也. 璧琮則有幣. 惟有德者無所不達, 不有須而成也.

⑪ 도道란 사람이 그로 말미암지 않음이 없다. 道者, 人無不由之.

⑫ '언言'은 나(我)이다. 옥을 귀하게 여기는 것은 그것이 군자와 같기 때문이다. '言', 我也. 貴玉者, 以其似君子也.

集說 정씨鄭氏(정현鄭玄)는 말한다. "'옥돌'(碈)은 옥과 비슷한 돌이다. '촘촘함'(縝)은 치밀함이다. '율栗'은 단단한 모양이다. '베다'(劌)는 상하는 것이다.

의로운 사람은 일부러 남을 해치지 않는다. '월越'은 펴지는 것과 같다. '굴詘' 끊어서 그친 모양이다. 「악기樂記」에서 '그쳐서 말라죽은 나무와 같다'고 하였다. '티'(瑕)는 옥의 흠진 부분이다. '고운 부분'(瑜)은 그 중간에 아름다운 것이다." ○ 육씨陸氏(육전陸佃)[15]는 말한다. "'윤尹'은 바른 것이다. '부윤孚尹'은 미덥고 바르다고 말하는 것과 같다." ○ 응씨應氏는 말한다. "'윤尹'은 윤允이 되어야 한다. 부孚와 윤允은 모두 미더운 것이다." ○ 소疏에서 말한다. "'폐백 없이 규圭와 장璋만으로 전달된다'는 것은 빙례를 거행할 때에 규와 장만을 잡고도 단독으로 통하여 전달될 수 있어서 나머지 폐백을 더하지 않는 것을 말한다." ○ 마씨馬氏는 말한다. "부드러울 수 있고 강할 수 있으며, 억제할 수 있고 펴져나갈 수 있으며, 수렴할 수 있고 드러낼 수 있어서, 정미하고도 거친 아름다움을 갖춤으로써 하늘과 사람의 도道를 온전히 할 수 있는 것이 옥이라는 물건이다. 부드러울 수 있어 따뜻하고 윤택하므로 인仁이 된다. 강할 수 있어 반듯하게 각이 졌지만 베어서 다치게 하지 않으므로 의義가 된다. 억제할 수 있어 아래로 떨어질 듯이 드리워지므로 예禮가 된다. 펴져나갈 수 있어 그 소리가 맑게 펴져서 길게 이어지지만 끊듯이 마치므로 악樂이 된다. 수렴할 수 있어 치밀하여서 견고하므로 지智가 된다. 드러낼 수 있어 티가 고운 부분을 가리지 않고 고운 부분이 티를 가리지 않으므로 충忠이 된다. 속에서 미덥고 바르며 밖으로 널리 통하므로 신信이 된다. 인仁으로 시작해서 신信으로 완성하니, 이것은 모두 거칠어서 사람의 도道가 된다. 기氣에 있어서는 흰 무지개와 같으므로 천天이 된다. 정신精神이 산천에 나타나므로 지地가 된다. 규圭와 장璋만으로 통하므로 덕德이 된다. 천하 사람들이 귀하게 여기지 않는 이가 없으므로 도道가 된다. 이것은 모두 정미하여서 하늘의 도가 된다. 일곱 가지를 합해서 말하면 다 덕德이라고 한다. 군자가 귀하게 여기는 것은 이 덕 때문이다. 따뜻한 것은 덕의 시작이다. 시작을 말함으로써 마침을 나타낸다. 『논어論

語』에서는 공자의 다섯 가지 덕을 말하였는데 따뜻함에서 시작한다. 기夔가 네 가지 덕으로써 귀족의 장자(冑子)들을 가르칠 때도 역시 따뜻함에서 시작하였다. 『시詩』에서도 '따뜻하고 공경스러운 사람이여, 덕의 기틀이다'[16]라고 하였다. 옛사람들이 옥을 사용한 것은 다 그 아름다움을 상징한 것이다. 제후들을 복종시킬 경우에는 규로써 제후를 소집하고, 재앙이나 흉년을 구휼하는 것은 그 인仁을 사용하는 것이다. 재계할 때에 옥을 갈아서 먹는 것(食玉)[17]은 그 지智를 사용한 것이다. 아장牙璋으로 군사를 일으키는 것은 그 의義를 사용하는 것이다. 국군이 서옥瑞玉으로써 서로 만나고 벽璧으로 서로 진헌하는 것은 그 예禮를 사용하는 것이다. 악樂에 명구鳴球[18]가 있고 복색에 패옥佩玉이 있는 것은 그 악樂을 사용하는 것이다. 방국邦國에 옥절玉節이 있는 것은 그 신信을 사용하는 것이다. 완琬으로 우호를 맺고 염琰으로 사특함을 제거하는 것은 그 충忠을 사용하는 것이다. 양규兩圭로 땅에 제사지내고 황종黃琮으로 땅에 예를 올리는 것은 그 땅에 통할 수 있음을 사용하는 것이다. 사규四圭로 하늘에 제사지내고 창벽蒼璧으로 하늘에 예를 올리는 것은 그 하늘에 통할 수 있음을 사용하는 것이다. 규圭와 장璋만으로 전달하는 것은 그 덕에 통할 수 있음을 사용하는 것이다. 빙례를 마치고 나서 규와 장을 돌려주고 조회를 마치고 나서 서瑞를 나누어 돌려준다. 이것은 모두 옛날에 기물을 만들면서 옥의 아름다움을 사용한 것이다. 옛날에는 군자를 옥에 잘 비유하였다. '군자를 생각하니 온화함이 옥과 같네'[19]라고 하였고, '그 문장을 조각함이여, 금과 옥이 바탕이네'[20]라고 하였고, '규와 같고 벽과 같다'고 하였으며, '여기에 아름다운 옥이 있는데, 함에 싸서 감춰 두어야 하는가!'[21]라고 하였고, '옥으로 거두어서 조리條理를 마친다'[22]고 하였으며, '아름다운 옥에도 티가 있다'[23]고 하였고, '옥과 같고 옥돌과 같으며 이에 단청으로 변하였다'[24]고 하였다. 이것들은 옛사람들이 군자를 옥에 비유한 것이다." ○ 석량왕씨石梁王氏가 말한다. "빙례에서 옥을 사용했기 때문에 옥의 덕을 논하는 것으로 이 편을 끝맺었다." 鄭氏曰: "'碈'石似玉. '縝', 緻也. '栗', 堅貌. '劌', 傷也. 義者, 不苟傷人. '越'猶揚也. '詘', 絶止貌. 「樂記」曰, '止如槀木.' '瑕', 玉之病也. '瑜', 其中間美者." ○ 陸氏曰: "'尹', 正也. '孚尹'猶言信正." ○ 應氏曰: "'尹', 當作允. 孚允, 皆信也." ○ 疏曰: "'圭璋特達', 謂行聘之時, 惟執圭璋特得通達, 不加餘幣也." ○ 馬氏曰: "能柔·能剛·能抑·能揚·能斂·能彰, 而能備精粗之美以全天人之道者, 玉之爲物也. 能柔則溫潤而澤, 所以爲仁. 能剛則廉而不劌, 所以爲義. 能抑則垂之如隊, 所以爲禮. 能揚則其聲淸越以長, 其終詘然, 所以爲樂. 能斂則縝密以栗, 所以爲智. 能彰則瑕不揜瑜, 瑜不揜瑕, 所以爲忠. 孚尹於中, 旁達於外, 所以爲信. 始之以仁, 而成之以信, 凡此皆粗而爲人道也. 於氣如白虹, 所以爲天. 精神見于山川, 所以爲地. 圭璋特達, 所以爲德. 天下莫不貴之, 所以爲道. 凡此皆精而爲天道也. 七者合而言之, 皆謂之德. 君子所貴以此德也. 溫者, 德之始. 言始所以見終. 『論語』言孔子之五德, 則始於溫. 夔敎胄子以四德, 亦始於溫. 『詩』亦曰, '溫溫恭人, 惟德之基.' 古人用玉, 皆象其美. 若鎭, 圭以召諸侯, 以恤凶荒, 用其仁也. 齊有食玉, 用其智也. 牙璋以起軍旅, 用其義也. 國君相見以瑞, 相享以璧, 用其禮也. 樂有鳴球, 服有佩玉, 用其樂也. 邦國玉節, 用其信也. 琬以結好, 琰以除慝, 用其忠也. 兩圭祀地, 黃琮禮地, 用其能達於地也. 四圭祀天, 蒼璧禮天, 用其能達於天也. 圭璋特達, 用其能達於德也. 已聘而還圭璋, 已朝而班瑞. 此皆古之爲器而用玉之美者也. 古之善比君子於玉者. 曰, '言念君子, 溫其如玉', 曰'追琢其章, 金玉其相', 曰'如圭如璧', 曰'有美玉於斯, 韞匵而藏諸!', 曰'玉振終條理', 曰'瑾瑜匿瑕', 曰'如玉如瑩, 爰變丹靑.' 此古人比君子於玉者也." ○ 石梁王氏曰: "因聘禮用玉, 故論玉之德以結此篇."

역주

1) 경들이 모여서 : 『주례』「春官 · 大宗伯」'殷頫'에 대한 정현 주에서는 '殷'을 '衆'으로 해석한다.

2) 중간에 ~ 때 : 『주례』「秋官 · 大行人」'殷聘'에 대한 정현 주에서는 '殷'을 '中'으로 해석한다.

3) 대문 : 정현 주에는 '廟門'으로 되어 있지만, 가공언의 소에 '廟' 자는 잘못 들어간 것으로 大門을 뜻한다고 풀이하였다. 가공언의 설에 따라 번역하였다.

4) 그 언사 : 빙문하러 온 상대국의 군주가 사신을 통해 빙문을 받는 나라의 군주에게 전하는 말을 가리킨다.

5) 비 : 종묘 대문 안뜰에 犧牲을 매어놓기 위해 박아둔 돌을 말한다. 『三禮辭典』 '碑' 항목 참조.

6) 문 : 文采라고도 하며, 아름답게 꾸미는 文飾을 말한다. 길례에서 상대를 공경하는 것을 아름답게 꾸미는 것을 통해서 나타낸다. 그것은 행하는 예의 규모를 통해서 표현된다. 곧 규모가 클수록 문식을 많이 가하는 것이고, 상대를 그만큼 더 공경하는 것이 된다.

7) 君 : 『예기집설대전』에는 '吾'로 되어 있으나 오기이므로 바로잡는다.

8) 소빙 : 제후가 大夫를 正使로 파견하여 천자나 다른 제후에게 빙문하는 것으로 '問'이라고도 한다. 『三禮辭典』, 129쪽 참조.

9) 해마다 ~ 하는 것 : 『주례』「秋官 · 大行人」에서 인용한 말이다.

10) 대빙 : 제후가 卿을 正使로 파견하여 천자나 다른 제후에게 빙문하는 것을 말한다. 제후 자신이 직접 빙문하는 경우는 朝라고 한다. 『三禮辭典』, 107쪽 참조.

11) 중간에 ~ 하는 것 : 『주례』「秋官 · 大行人」에서 인용한 말이다.

12) 빙군에게 ~ 한다 : 이 말은 『의례』「聘禮」에서 인용한 것이다. 정현은 「聘禮」 인용문의 주에서 '보답하는 폐백'(反幣)은 禮玉, 1속의 비단(束帛), 1승의 가죽(乘皮) 등으로 聘君의 享禮에 보답하는 것이라고 하였다.

13) 甕 : 『예기집설대전』에는 '饔'으로 되어 있으나 오기이므로 바로잡는다.

14) 나는 ~ 같네 : 이 말은 『詩』「秦風 · 小戎」에서 인용한 것이다.

15) 육전 : 1042~1102. 山陰陸氏로 부른다. 자는 農師, 호는 陶山이다. 王安石에게 師事하였으나, 그의 新法에 반대하였다. 저서로 『埤雅』, 『春秋後傳』, 『禮象』이 있다

16) 따듯하고 ~ 기틀이다 : 이 말은 『詩』「大雅 · 抑」에 보인다.

17) 옥을 ~ 것 : 이 말은 『주례』「天官 · 玉府」에 보인다. "王制, 則共食玉"의 정현 주, '옥으로 장식된 식기'로 해석하기도 한다.

18) 명구 : 石磬을 가리킨다. 玉磬이라고도 한다.

19) 군자를 ~ 같네: 이 말은 『시』「小戎」에 보인다.

20) 그 문장을 ~ 바탕이네 : 이 말은 『詩』「大雅·棫樸」에 보인다.

21) 여기에 ~ 하는가! : 이 말은 『論語』「子罕」에 보인다.

22) 옥으로 ~ 마친다 : 이 말은 『맹자』「萬章下」에 보인다.

23) 아름다운 ~ 있다 : 이 말은 『左傳』, 宣公 16년 조에 보인다.

24) 옥과 ~ 변하였다 : 이 말은 揚雄의 『法言』「吾子」에 보인다.

예기역주 권30

상복사제 제49
喪服四制

정현의 『예기목록』에서 말한다. "「상복사제喪服四制」라고 제목을 붙인 것은 상복의 제도가 인仁 · 의義 · 예禮 · 지知에서 취한 것임을 기록하였기 때문이다. 이 편은 유향劉向의 『별록別錄』에서는 구설舊說에 따라 「상복喪服」에 속해 있다."

鄭『目錄』云: "名曰「喪服四制」者, 以其記喪服之制, 取於仁 · 義 · 禮 · 知也. 此於『別錄』舊說屬「喪服」."

소疏에서 말한다. "(편명을 「상복사제」라고 한 것은) 상복의 제도를 기술함에 인仁 · 의義 · 예禮 · 지智에서 취하였기 때문이다."[1]

疏曰: "以其記喪服之制取於仁義禮智也."

【상복사제 1】

모든 예의 대체大體는 천지를 본받고, 사시를 법도로 삼고, 음양을 법칙으로 삼고, 인정에 따르는 것이다. 그러므로 '예禮'라고 한다. 이를 헐뜯는 자는 예가 나오는 바를 알지 못하기 때문이다. 무릇 예에서 길례와 흉례가 그 도리를 달리하여 서로 관여하지 못하는 것은 음과 양에서 취한 것이다. 상喪에 네 가지 제도를 두어, 변화를 주는 것을 상황에 맞게 하는 원리에 따라서 함은 사시의 변화에서 취한 것이다. 은恩(은혜)이 있고 리理(의리)가 있으며 절節(절도)이 있고 권權(권도)이 있는 것은 인정人情에서 취한 것이다. 은恩은 인仁에 속하고, 리理는 의義에 속하고, 절節은 예禮에 속하고, 권權은 지知에 속한다. 인·의·예·지에서 인간의 도리가 갖추어진다.

凡禮之大體, 體天地, 法四時, 則陰陽, 順人情. 故謂之'禮'. 訾之者, 是不知禮之所由生也.① 夫禮, 吉凶異道, 不得相干, 取之陰陽也.② 喪有四制, 變而從宜, 取之四時也. 有恩有理, 有節有權, 取之人情也. 恩者仁也, 理者義也, 節者禮也, 權者知也. 仁·義·禮·知, 人道具矣.③

鄭注 ① 예禮의 뜻은 체體(본받음)이다. 그러므로 예禮라고 부른다. 본래 법칙法則(본받는 것)이 있어서 나왔음을 말한다. 말로 훼방하는 것을 '자訾'(헐뜯음)라고 한다. 禮之言體也. 故謂之禮. 言本有法則而生也. 口毁曰'訾'.

② '길례와 흉례가 그 도리를 달리한다'(吉禮·凶禮異道)는 것은 의복과 용모 그리고 기물을 가리킨다. '吉禮·凶禮異道', 謂衣服·容貌及器物也.

③ '사시에서 취한다'(取之四時)는 것은 도수度數를 가리킨다. '인정에서 취한다'(取之人情)는 것은 그 제도를 가리킨다. '取之四時'謂其數也. '取之人情'謂其制也.

集說 천지를 본받아 높고 낮음을 정하고, 사시를 본받아 오고 감을 삼고, 음양을 본받아 길함과 흉함을 구별하고, 인정에 순응하여 높이고 줄이는 것을 행한다. 선왕이 예를 제정할 때에는 모두 여기에 근본을 두었으니, 상례喪禮에서만 그렇게 한 것이 아니다. 그러므로 '모든 예의 대체大體'라고

한 것이다. '길례와 흉례는 도리를 달리한다'라고 말한 것 이하에서 비로소 오로지 상례만을 가지고 말하였다. '상례에 네 가지 제도가 있다'(喪有四制)는 것은 '은혜에 따라 제정하는 것', '의리에 따라 제정하는 것', '절도에 따라 제정하는 것', '권도權道로 제정하는 것'을 말한다. 體天地以定尊卑, 法四時以爲往來, 則陰陽以殊吉凶, 順人情以爲隆殺. 先王制禮, 皆本於此, 不獨喪禮爲然也. 故曰'凡禮之大體'. '吉凶異道'以下, 始專以喪禮言之. '喪有四制', 謂'以恩制'·'以義制'·'以節制'·'以權制'也.

【상복사제 2】

그 은恩이 두터운 이에 대해서는 그 상복이 무겁다. 그러므로 아버지를 위해 참최斬衰 3년의 복을 하니 은恩에 따라 제정한 것이다. 其恩厚者其服重. 故爲父斬衰三年, 以恩制者也.

鄭注 상복에서 참최斬衰보다 더 무거운 복은 없다. 服莫重斬衰也.

集說 소疏에서 말한다. "아버지는 은恩이 제일 깊다. 그러므로 특별히 아버지를 사례로 들어 말한 것이다. 사실은 집안의 여러 친족들에 대하여 상복을 하는 것 모두 은恩에 따라 제정한 것이다." 疏曰: "父最恩深. 故特擧父而言之. 其實門內諸親爲之著服, 皆是恩制也."

【상복사제 3】

집안(門內)의 상사喪事를 처리할 때는 은恩으로 의義를 가리고, 집밖

(門外)의 상사를 처리할 때는 의義로 은恩을 끊는다.[2] 아버지를 섬기는 도리로 군주를 섬기는데, 공경하는 마음은 똑같다.[3] 귀한 이를 귀하게 여기고 높은 이를 높이는 것은 의義의 커다란 것이다.[4] 그러므로 군주를 위해서 (아버지의 경우와 마찬가지로) 또한 참최 3년의 복을 하니, 의義에 따라 제정한 것이다.

門內之治恩揜義, 門外之治義斷恩. 資於事父以事君, 而敬同. 貴貴尊尊, 義之大者也. 故爲君亦斬衰三年, 以義制者也.

鄭注 '자資'는 붙잡는다는 뜻과 같다. '귀한 이를 귀하게 여긴다'(貴貴)는 것은 대부大夫와 국군國君이 된 경우를 가리킨다. '높은 이를 높인다'(尊尊)는 것은 천자와 제후가 된 경우를 가리킨다. '資'猶操也. '貴貴'謂爲大夫・君也. '尊尊'謂爲天子・諸侯也.

集說 집안(門內)에서는 은恩을 위주로 하기 때문에 항상 공의公義를 가리고 덮는다. 집 밖(門外)에서는 의義를 위주로 하기 때문에 항상 사적인 은恩을 단절한다. 부모의 상을 당하였을 때 3년 동안 정사에 종사하지 않는 것은 은으로 의를 가리는 것이다. 군주의 상이 났을 때 자신에게 복이 있으면 감히 사적인 상복을 하지 못하는 것은 의로 은을 단절하는 것이다 '자資'는 취한다(取)・쓴다(用)는 뜻과 같다. 아버지를 섬기는 도리를 취하여 군주를 섬긴다. 그러므로 그 공경함이 똑같은 것이다. 신하가 군주를 위해 무거운 상복을 하는 것은 바로 귀한 이를 귀하게 여기고 높은 이를 높이는 커다란 의리다. 그러므로 '의리에 따라 제정한 것이다'(以義制者)라고 한 것이다. 그러나 오복五服에 모두 의복義服이 있으니, 또한 의리에 따라 제정한 것이다. 이 경문은 무거운 복의 경우를 들어 말한 것이다. 門內主恩, 故常揜蔽公義. 門外主義, 故常斷絶私恩. 父母之喪, 三年不從政, 恩揜義也. 有君喪服於身, 不敢私服,

義斷恩也. '資'猶取也用也. 用事父之道, 以事君. 故其敬同也. 人臣爲君重服, 乃貴貴尊尊之大義. 故曰'以義制者'也. 然五服皆有義服, 亦是以義制. 此擧重者言之耳.

【상복사제 4】

3일 만에 음식을 먹고, 3개월 만에 목욕을 하고, 1년 만에 연제練祭를 지내는데, 몸을 훼손시키는 경우는 있지만 목숨을 잃지 않게 한다. 죽은 이로 인해서 살아 있는 사람을 해쳐서는 안 되는 것이다. 상례는 3년을 넘기지 않으며, 삼베로 만든 상복은 다 헤져도 깁지 않으며, 분묘는 흙을 두 번 올리지 않는다. 대상제大祥祭를 지내는 날에 장식이 없는 거문고(素琴)를 타는 것은 백성에게 상례가 끝났음을 알리는 것이다. 이는 절도에 따라 제정한 것이다.

三日而食, 三月而沐, 期而練, 毁不滅性. 不以死傷生也. 喪不過三年, 苴衰不補, 墳墓不培. 祥之日鼓素琴, 告民有終也. 以節制者也.

鄭注 '식食'은 죽을 먹는다는 뜻이다. '목沐'(머리를 감는다)은 우제虞祭를 지내고자 할 때이다. '보補'와 '배培'는 보수한다는 뜻과 같다. '금슬을 탄다'(鼓素琴)는 것은 처음으로 음악(樂)을 다루어보는 것이다. "3년 동안 음악을 다루지 않으면 음악이 무너진다."5) '食', 食粥也. '沐'謂將虞祭時也. '補'・'培'猶治也. '鼓素琴', 始存樂也. "三年不爲樂, 樂必崩."

集說 '3일 만에 음식을 먹는다'(三日而食)는 것은 처음으로 죽을 먹기 시작한다는 뜻이다. 매장을 하고 우제虞祭를 지낼 때 처음으로 목욕을 한다. '상복을 깁지는 않는다'는 것은 비록 다 헤어져도 수선하지 않는다는 뜻이다. '북돋지 않는다'(不培)는 것은 한 번 무덤을 만든 뒤에는 다시 그 위에 흙을

더하지 않는다는 뜻이다. '상일祥日'은 대상大祥의 날을 가리킨다. '소금素琴'은 옻칠의 장식이 없음을 말한다. 소궤素几[6] · 소조素俎[7]라고 할 때의 '소素'와 같은 의미다. '三日而食', 始食粥也. 葬而虞祭始沐. '不補', 雖破不補完也. '不培', 一成丘壟之後, 不再加益其土也. '祥日', 大祥之日也. '素琴', 無漆飾也. 與素几 · 素俎之'素'同.

【상복사제 5】

아버지를 섬기는 도리로 어머니를 섬기는데, 사랑하는 마음은 똑같다.[8] 하늘에는 두 개의 태양이 없고, 땅에는 두 왕이 없으며, 나라에는 두 군주가 없고, 집안에는 두 명의 존귀한 이가 없다. 한 사람이 다스리는 것이다. 그러므로 아버지가 살아 계실 때 어머니를 위해 자최 기년의 복을 하는 것은 두 명의 존귀한 이가 없음을 보여주는 것이다.

資於事父以事母, 而愛同. 天無二日, 土無二王, 國無二君, 家無二尊. 以一治之也. 故父在爲母齊衰期者, 見無二尊也.

集說 자최복은 기년이 되면 상복을 벗고, 심상心喪으로 3년을 마치는 것이다. 齊衰之服, 期而除之, 以心喪終三年.

【상복사제 6】

지팡이를 하는 것은 무엇 때문인가? 작위 때문이다. (상을 당한 지)

3일 만에 아들에게 지팡이를 주고, 5일 만에 대부에게 지팡이를 주고, 7일 만에 사에게 지팡이를 준다. (작위가 없으면서 지팡이를 하는 것에 대해) 어떤 사람은 첨주擔主(상주)이기 때문이라고 하고, 어떤 사람은 병든 몸을 부지하기 위한 것이라고 한다. 미성년의 부인과 미성년의 사내는 지팡이를 하지 않는다. 병이 들지 않을 것이기 때문이다. 백관이 갖추어져 있고 백물이 구비되어서 명령을 하지 않아도 상사喪事가 행해질 수 있는 천자와 제후의 경우는 남의 부축을 받으면서 일어난다. 명령을 내려야 상사가 행해지는 대부와 사의 경우는 지팡이를 짚고서 일어난다. 자신이 직접 일을 집행해야 이루어지는 서인의 경우는 얼굴에 때가 끼게 할 뿐이다. 대머리인 부인은 좌髽(부인이 상중에 묶는 머리 양식)를 하지 않고, 곱사등이는 단袒을 하지 않으며, 절뚝발이는 용踊을 하지 않고, 노인과 병자는 술과 고기를 금지시키지 않는다. 이 여덟 가지는 임시적으로 제정된 것이다.

杖者, 何也? 爵也. 三日授子杖, 五日授大夫杖, 七日授士杖. 或曰擔[9]主, 或曰輔病. 婦人·童子不杖. 不能病也. 百官備, 百物具, 不言而事行者, 扶而起. 言而后事行者, 杖而起. 身自執事而后行者, 面垢而已. 禿者不髽, 傴[10]者不袒, 跛者不踊, 老病不止酒肉. 凡此八者, 以權制者也.

鄭注 '5일 만에, 7일 만에 지팡이를 준다'(五日·七日授杖)는 것은 군주를 위해 상복을 하는 경우이다. '남의 부축을 받으면서 일어난다'(扶而起)는 것은 천자와 제후가 상복을 하는 경우이다. '지팡이를 짚고서 일어난다'(杖而起)는

것은 대부와 사가 상복을 하는 경우이다. '얼굴에 때가 끼게 할 뿐이다'(面垢而已)라는 것은 서민이 상복을 하는 경우이다. '좌髽'(부인이 상중에 묶는 머리 양식)는 부인이 하는 것이다. 남자는 문免을 착용하고 부인은 좌髽를 한다. '좌髽'는 더러 '문免'으로 되어 있는 곳도 있다. '五日・七日授杖'謂爲君喪也. '扶而起'謂天子・諸侯也. '杖而起'謂大夫・士也. '面垢而已'謂庶民也. '髽', 婦人也. 男子免而婦人髽. '髽'或爲'免'.

集說 소疏에서 말한다. "지팡이를 마련하는 것은 본래 병든 몸을 부지하기 위한 것인데, 작위가 있는 사람은 덕이 있어서 그 은혜가 반드시 깊고 그 병이 반드시 중하다. 그러므로 지팡이는 작위가 있는 사람을 위해서 마련하는 것이다. 그러므로 '작위 때문이다'(爵也)라고 하고, 이어서 작위를 가진 사람을 일일이 서술하였다. 그러므로 '(상을 당한 지) 3일 만에 아들에게 지팡이를 주고, 5일 만에 대부에게 지팡이를 주고, 7일 만에 사에게 지팡이를 준다'고 한 것이다. 『의례』「상복전喪服傳」에서 '작위가 없는데도 지팡이를 하는 것은 무엇 때문인가? 첨주擔主(상주)이기 때문이다'라고 하였는데, '첨擔'은 빌린다는 뜻이다. 그가 첨주(상주)임을 높여서 그에게 지팡이를 빌려주는 것이다. '어떤 사람은 병든 몸을 부지하기 위한 것(輔病)이라고 말한다'는 것은 『의례』「상복전」에 '첨주가 아니면서 지팡이를 하는 것은 무엇 때문인가? 병든 몸을 부지하기 위해서이다'라고 하였는데, 서인 이하의 사람이 (적자가 아니라도) 모두 지팡이를 하는 것은 병든 몸을 부지하기 위한 것임을 가리킨다. '부인婦人'은 아직 성년이 되지 못한 부인을 가리키고, '동자童子'는 미성년의 사내를 가리킨다. '백관이 갖추어졌다'(百官備)는 것은 왕후王侯를 가리킨다. 백관에게 일을 맡겨놓았으므로 스스로 말을 하지 않아도 일이 행해질 수 있다. 그러므로 아들이 병이 깊게 드는 것이 허용되어, 비록 병든 몸을 부축하는 지팡이가 있어도 일어나지 못한다. 그러므로 반

드시 다른 사람의 부축을 받아야 일어난다. 대부와 사에게는 백관百官과 백물百物이 없는데다, 반드시 자신이 말을 한 후에 상사喪事가 행해진다. 그러므로 아프기를 극심하게 하는 것은 허락되지 않으며, 지팡이를 짚고 일어나고 다른 사람의 부축을 받지 않는 것이다. 서인은 신분이 낮아서 시킬 수 있는 사람이 없고, 단지 자신이 직접 일을 집행하기 때문에 병이 드는 것이 허용되지 않는다. 그러므로 지팡이가 있어도 사용하지 못하며, 단지 얼굴에 때가 낀 모습을 하게 할 뿐이다. 아들은 부모에 대해서 귀하든 천하든 심정이 똑같지만, 아픈 것은 똑같을 수 없다. 그러므로 임시적인 제도를 만드는 것이다. 대머리(禿)는 머리카락이 없다. 여자는 대머리가 되면 좌髽를 하지 않는다. 그러므로 남자 역시 대머리가 되면 문免을 착용하지 않는다. '단袒'은 옷을 벗는 것이다. 곱사등이(傴者)는 보기가 흉하므로 단을 하지 않는다. '용踊'은 뛰는 것이다. 절뚝발이(跛人)는 다리가 저리기 때문에 뛰지 못한다. 노인과 병자는 몸이 약하고 수척하며, 또 예禮를 다 갖추게 한다면 반드시 목숨을 잃는 데까지 이르게 될 것이다. 그러므로 술과 고기로 그들을 보양시켜 준다. '이 여덟 가지'(此八者)라는 것은 지팡이를 해야 하는데 지팡이를 하지 않고, 지팡이를 해서는 안 되는데 지팡이를 하는 것이 첫째이고, '부축을 받으면서 일어나는 것'이 둘째이고, '지팡이를 짚고서 일어나는 것'이 셋째이고, '얼굴에 때가 끼는 것'이 넷째이고, '대머리'가 다섯째이고, '곱사등이'가 여섯째이고, '절뚝발이'가 일곱째이고, '노인과 병자'가 여덟째이다. 「상대기喪大記」(23)에서 대부와 사의 상에 모두 '(상을 당한 지) 3일 만에 아들에게 지팡이를 준다'고 한 것은 부모를 위해 상복을 하는 경우를 말한 것이고, 이 경문에서 '5일 만에'·'7일 만에'라고 한 것은 군주를 위해 상복을 하는 경우를 말한 것이다." 疏曰: "杖之所設, 本爲扶病, 而以爵者有德, 其恩必深, 其病必重. 故杖爲爵者而設. 故云'爵也', 遂歷敘有爵之人. 故云'三日授子杖, 五日授大夫杖, 七日授士杖'. 「喪服傳」云'無爵而杖者, 何? 擔主也', '擔', 假也. 尊

其爲主, 假之以杖. '或曰輔病'者, 「喪服傳」云'非主而杖者, 何? 輔病也', 謂庶子以下皆杖, 爲輔病故也. '婦人', 未成人之婦人, '童子', 幼少之男子. '百官備', 謂王侯也. 委任百官, 不假自言而事得行. 故許子病深, 雖有扶病之杖, 亦不能起. 故又須人扶, 乃起也. 大夫·士, 旣無百官·百物, 須己言而后喪事乃行. 故不許極病, 所以杖而起, 不用扶也. 庶人, 卑无人可使, 但身自執事, 不可許病. 故有杖不用, 但使面有塵垢之容而已. 子於父母, 貴賤情同, 而病不得一. 故爲權制. 禿者, 無髮. 女禿不髽. 故男子禿亦不免[11]也. '袒'者露膊. 傴者可憎, 故不袒[12]也. '踊'是跳躍. 跛人脚蹇, 故不跳躍也. 老及病者, 身已羸瘠, 又使備禮, 必至[13]滅性. 故酒肉養之. 此八者, 謂應杖不杖不應杖而杖, 一也, '扶而起', 二也, '杖而起', 三也, 面垢, 四也, 禿者, 五也, 傴者, 六也, 跛者, 七也, 老病者, 八也. 「喪大記」大夫與士之喪, 皆云'三日授子杖', 謂爲親也, 此云'五日·七日', 爲君也."

【상복사제 7】

처음 죽었을 때, 3일 동안 곡하는 소리가 끊이지 않고(不怠), 3개월 동안 옷을 벗지 않고(不解), 1년 동안 슬퍼하고(悲哀), 3년 동안 근심하는(憂) 것은 은혜에 따른 감정(恩)이 줄어들기 때문이다. 성인은 줄어드는 감정에 의거하여 절도를 제정하였다. 이것이 상례를 3년 동안 하는 까닭이다. 어진 이도 이를 넘지 못하고, 못난 이도 이에 미치지 않을 수 없는 것이다. 이것이 상례의 중용이며, 왕자가 항상 행하는 바이다. 『서書』「열명상說命上」에서 "고종高宗(은나라 武丁)은 양암諒闇을 하면서 3년 동안 말을 하지 않았다"고 한 것은 훌륭하게 여긴 것이다.

始死, 三日不怠, 三月不解, 期悲哀, 三年憂, 恩之殺也. 聖人因殺以制節.① 此喪之所以三年. 賢者不得過, 不肖者不得不及. 此喪之中庸也, 王者之所常行也. 『書』曰: "高宗諒闇, 三年不言", 善之也.②

鄭注 ① '불태不怠'(게을리하지 않음)는 곡하는 소리가 끊어지지 않음을 뜻한다. '불해不解'(벗지 않음)는 옷을 벗지 않고 거처함에 나태하고 편히 쉬지 않음을 말한다. '不怠', 哭不絶聲也. '不解', 不解衣而居不倦息也.

② '양諒'은 옛날에는 '양梁'으로 썼다. 문미(楣 처마 또는 차양)를 양梁이라고 한다. '암闇'은 '순암鶉鵪'이라고 할 때의 '암鵪'의 발음으로 읽는다. '암闇'은 의려(廬)의 뜻이다. 의려에 들보가 있는 것이 이른바 주미柱楣(기둥과 처마)이다. '諒'古作'梁'. 楣謂之梁. '闇', 讀如'鶉鵪'之'鵪'. '闇'謂廬也. 廬有梁者, 所謂柱楣也.

集說 '3일 동안 곡하는 소리가 끊이지 않는 것'에서 '3년 동안 근심하는 것'에 이르는 사이 그 슬픔이 점차 줄어들고 가벼워진다. 그러므로 '은혜에 따른 감정(恩)이 줄어든다'고 한 것이다. ○ 정씨鄭氏(정현鄭玄)는 말한다 "'양諒'은 옛날에는 '양梁'으로 썼다. 문미(楣)를 양梁이라고 한다. '암闇'은 '순암鶉鵪'이라고 할 때의 '암鵪'의 발음으로 읽는다. '암闇'은 의려(廬)의 뜻이다. 들보를 쓴 것이 이른바 주미柱楣(기둥과 처마)이다." 自'三日不怠', 以至於'三年憂', 其哀漸殺而輕. 故曰'恩之殺也'. ○ 鄭氏曰: "'諒', 古作'梁'. 楣謂之梁. '闇', 讀如'鶉鵪'之'鵪'. '闇'謂廬也. 廬用梁者, 所謂[14]柱楣也."

【상복사제 8】

왕이 된 자가 이 예를 행하지 않는 이가 없는데 어찌하여 유독 홀륭하다고 여기는가? 고종高宗은 무정武丁이다. 무정은 은나라의 현명한 왕이다. 대를 이어 왕위에 올라 상喪에 효성스럽고 어질었다. 이때 은나라가 쇠하였지만 다시 흥기하였고, 예가 폐해졌지만 다시 일어났기 때문에 훌륭하게 여긴 것이다. 훌륭하게 여겼기 때문에 『서書』에 기록하고 높게 여겼다. 그러므로 시호를 '고종高宗'이라고 한 것이다. 3년 동안의 상에 군주는 말을 하지 않는다. 『서書』에 "고종은 양암諒闇을 하면서 3년 동안 말을 하지 않았다"고 한 것은 이를 두고 한 말이다. 그런데 "말을 문식하지 않았다"고 한 것은 신하를 두고 한 말이다.

王者莫不行此禮, 何以獨善之也? 曰高宗者, 武丁. 武丁者, 殷之賢王也. 繼世卽位, 而慈良於喪. 當此之時, 殷衰而復興, 禮廢而復起, 故善之. 善之, 故載之『書』中而高之. 故謂之'高宗'. 三年之喪, 君不言. 『書』云: "高宗諒闇, 三年不言", 此之謂也. 然而曰: "言不文"者, 謂臣下也.

鄭注 '말을 문식하지 않는다'(言不文)는 것은 상사喪事에 받들어 행해야 할 바를 구별하지 않음을 말한다. 『효경설孝經說』에 "'말을 문식하지 않는다'는 것은 사士와 민民을 가리킨다"라고 하였다. '言不文'者, 謂喪事辨不所當共也. 『孝經說』曰: "'言不文者', 指士·民也."

集說 '군주는 말을 하지 않는다'(君不言)는 것은 백관과 백물이 갖추어져 있어서 말을 하지 않아도 상사喪事가 행해짐을 가리킨다. 신하는 이와 같이 할 수 없고 반드시 말을 한 후에 상사가 행해진다. 다만 그 말을 문식하지 않을 뿐이다. 그러므로 '말을 문식하지 않았다'고 한 것은 신하를 가리킨다'고 말한 것이다. '君不言', 謂百官·百物, 不言而事行者也. 臣下不能如此, 必

言而後事行. 但不文其言辭耳. 故曰'言不文者, 謂臣下也'.

【상복사제 9】

예에서 참최斬衰의 상喪에는 응하기만 하고 말로 대답하지 않으며, 자최齊衰의 상에는 말로 대답하고 먼저 다른 사람에게 말을 걸지 않으며, 대공大功의 상에는 다른 사람에게 먼저 말을 걸더라도 다른 일을 두루 논하지는 않는다. 시마緦麻와 소공小功의 상에는 다른 일을 논하더라도 즐거워하는 데에는 이르지 않는다.

禮, 斬衰之喪, 唯而不對, 齊衰之喪, 對而不言, 大功之喪, 言而不議. 緦·小功之喪, 議而不及樂.

鄭注 이 경문은 상주가 빈객과 함께하는 것을 말한다. '응하기만 하고 대답하지 않는다'(唯而不對)는 것은 돕는 이(侑者)가 그를 위해서 대답하기 때문이다. '말을 한다'(言)는 것은 먼저 말을 꺼내는 것을 뜻한다. 此謂與賓客也. '唯而不對', 侑者爲之應耳. '言'謂先發口也.

集說 설명은 「간전間傳」(3)에 보인다. 說見「間傳」.

【상복사제 10】

부모의 상에 상주는 상복을 하고 숫마로 만든 끈을 단 관(冠繩纓)을 쓰고,[15] 엄짚신(菅屨)을 신는다. 3일 만에 죽을 먹고, 3개월 만에 목욕을 하고, 13개월 되는 때에 연관練冠[16]으로 갈아 쓰고, 3년 만에 상제祥祭를 지낸다. 이 세 가지 절목을 마침에 이르면, 어진 자(仁者)의 경우 그 사랑함을 볼 수 있고, 지혜로운 자(知者)의 경우 그 이치를 볼 수 있고, 굳센 자(彊者)의 경우 그 의지를 볼 수 있다. 예로써 다스리고, 의로써 바로잡으니, 효성스러운 아들(孝子)과 공손한 동생(弟弟)과 절개가 곧은 부인(貞婦)을 이러한 것들을 통해서 살필 수 있다. 父母之喪, 衰, 冠繩纓, 菅屨. 三日而食粥, 三月而沐, 期十三月而練冠, 三年而祥. 比終茲三節者, 仁者可以觀其愛焉, 知者可以觀其理焉, 彊者可以觀其志焉. 禮以治之, 義以正之, 孝子·弟弟·貞婦皆可得而察焉.

鄭注 '어질다'(仁)는 것은 은혜를 입음이 있는 것이다. '리理'는 이치(義)이다. '살핀다'(察)는 것은 알아본다는 뜻과 같다. '仁', 有恩者也. '理', 義也. '察', 猶知也.

集說 '비比'는 이른다(及)는 뜻이다. 3개월이 한 절목이고, 연제練祭가 한 절목이고, 대상제大祥祭가 한 절목이다. 어진 자(仁者)가 아니면 부모를 사랑하는 도리를 다하는 것이 충분하지 않다. 그러므로 어진 자에게서 그 사랑함을 볼 수 있다. 지혜로운 자(知者)가 아니면 거상의 이치(理)를 충분히 궁구할 수 없다. 그러므로 지혜로운 자에게서 그 이치를 볼 수 있다. 굳센 자(强者)가 아니면 예를 실천하는 의지를 충분히 지킬 수 없다. 그러므로 굳센 자에게서 그 의지를 볼 수 있다. 일설에 '리理'는 다스린다(治)는 뜻이라고 한다. 염斂·빈殯·장葬·제祭의 일을 다스린다는 뜻이다. 오직 지혜로운 자만이 일을 후회스럽지 않게 할 수 있다. 그러므로 '그 다스림을 살펴본다'(觀其理)고 한 것이다. 편 머리에서 인·의·예·지가 네 가지 원리

의 근본이라고 하였는데, 이곳에서 단지 '예로써 다스리고, 의로써 바로 잡는다'고 한 것은 은恩(=仁)은 또한 의義를 겸하며, 권權(=知)은 예禮에 어긋나는 것이 아니기 때문이다. 효성스러운 아들(孝子)과 공손한 동생(弟弟)과 절개가 곧은 부인(貞婦)은 오로지 집안의 다스림을 가지고 말한 것이다. 군주와 신하에 대해 언급하지 않은 것은 또한 이 편 첫머리에서 오로지 부모의 상을 말하여 은恩에 의거하여 제정하는 것을 네 가지 제정 원리의 처음으로 삼았기 때문이다. '比', 及也. 三月, 一節也, 練, 一節也, 祥, 一節也. 非仁者, 不足以盡愛親之道. 故於仁者觀其愛. 非知者, 不足以究居喪之理. 故於知者觀其理. 非强者, 不足以守行禮之志. 故於强者觀其志. 一說, '理', 治也. 謂治斂殯葬祭之事. 惟知者, 能無悔事也. 故曰'觀其理'. 篇首言仁義禮知爲四制之本, 此獨曰'禮以治之, 義以正之'者, 蓋恩亦兼義, 權非悖禮也. 孝子・弟弟・貞婦, 專言門內之治. 而不及君臣者, 亦章首專言父母之喪, 而恩制爲四制之首故也.

역주

1) 편명은 ~ 때문이다 : 정현의 『目錄』에는 "편명을 「喪服四制」라고 한 것은 상복 제도의 기술을 인 · 의 · 예 · 지 네 가지에서 취했기 때문이다. 이 편은 劉向의 『別祿』의 舊說에서는 「喪服」에 속한다"고 하였다. 정현이 舊說이라고 한 것은 생각건대, 『별록』에는 「喪服四制」의 문장이 없고, 다만 舊說에서 이 喪服의 편이 「喪服」에 속한다고 말했던 것이다. 그러나 앞의 여러 편에서는 편명에 '義' 자가 붙었는데, 이 편에서 「喪義」라고 하지 않고, 「喪服四制」라고 한 것은, 앞의 편들은 모두 『의례』의 해당 편들의 의리를 기록하고 있어 편명에 '義'를 붙였지만, 이 편은 기록자가 별도로 喪服의 四制를 기록한 것으로 『의례』 「喪服」의 편을 기록한 것이 아니기 때문이다. 그러므로 '「喪服之義」'라고 하지 않은 것이다. 『예기정의』, 1951쪽 참조.

2) 집의 ~ 끊는다 : '門內'와 '門外'의 '門'은 사당의 대문을 가리킨다. 곧 선조가 같은 친족의 상사와 선조가 달라 친족 관계가 없지만 신분상의 존비관계가 있는 경우를 구분하는 표현이다. 구체적으로는 부모의 상과 군주의 상을 처리하는 원칙으로 주로 사용된다. 『공양전』의 "3년의 부모상이 있으면 군주도 그의 집에서 나오도록 부르지 못한다"는 말은 私恩을 위해 公義를 행하지 않을 수 있는 것을 나타낸다면, 「曾子問」(63)의 "삼년상에 卒哭을 하였다면, 전쟁의 일에 참여하는 것을 피하지 않는다"는 말은 반대로 公議를 위해 私恩을 억제하는 것을 나타낸다. 恩과 義를 함께 고려해야 하는 상황은 喪事뿐이 아니어서 이 경문의 원칙은 일반적인 원칙으로도 종종 사용된다.

3) 아버지를 ~ 똑같다 : 아버지를 섬기를 도리를 가지고 군주를 섬기면 군주를 공경하는 예가 아버지와 같은 것이다. 『예기정의』, 1953쪽, 공영달의 소 참조.

4) 귀한 ~ 것이다 : '귀귀'는 대부의 신하가 대부를 섬겨서 군주로 삼는 것을 말한다. 대부부터 '尊'의 대상에 들어간다. 그래서 '귀한 이'(貴)가 된다. 신하들이 이 군주에게 공경을 다하기 때문에 '귀한 이를 귀하게 여긴다'(貴貴)고 한 것이다. '존존'은 천자 · 제후의 신하가 천자 · 제후를 섬겨서 군주로 삼는 것이다. 천자 · 제후는 똑같이 남면을 하니, 이것이 '尊'이다. 신하는 이들 군주를 지극히 공경하기 때문에 '높은 이를 높인다'(尊尊)고 한 것이다. 의로 은을 끊으면 안과 밖이 한결같아서 비록 대부와 왕후의 차이는 있지만 그 신하의 공경은 다르지 않다. 그래서 '의의 커다란 것'이라고 한 것이다. 『예기정의』, 1953쪽, 공영달의 소 참조.

5) 3년 ~ 무너진다 : 이 말은 『논어』 「陽貨」에 나온다.

6) 소궤 : 흰색의 안석으로서, 상례에 사용된다. 『주례』 「春官 · 司几筵」에서 "무릇 喪事에 갈대로 만든 돗자리를 설치하고, 오른 쪽에 소궤를 놓는다"(凡喪事, 設葦席, 右素几)고 하였다. 흰색 흙을 안석에 칠한 것이다. 『三禮辭典』, 670쪽 참조.

7) 소조 : 제사 때에 희생을 올려놓는 흰색 나무로 만든 禮器다.

8) 아버지를 ~ 똑같다 : 아버지를 섬기는 도리로 어머니를 섬기는데 恩愛의 마음은 똑같다. 은애의 마음은 같은데 상복을 입는 데에 차이가 있는 것은 감히 두 사람을 동시에 높일

수 없기 때문이다.

9) 擔 : 음은 '瞻'이다.

10) 傴 : 음은 '其'와 '縷'의 반절이다.

11) 免 : 『예기정의』, 1955쪽 공영달의 소에는 '免'이 '髽'로 되어 있고, 『예기집설』에는 '免'으로 되어 있다.

12) 袒 : 『예기정의』, 1955쪽 공영달의 소에는 '袒'이 '露'로 되어 있고, 『예기집설』에는 '袒'으로 되어 있다.

13) 至 : 『예기정의』, 1955쪽 공영달의 소에는 '至'가 '致'로 되어 있고, 『예기집설』에는 '至'으로 되어 있다.

14) 謂 : 『예기집설대전』에는 '以'로 되어 있으나 오기이므로 바로잡는다.

15) 숫마로 ~ 쓰고 : 가공언은 경문의 '冠繩纓'에 대해서 "6升의 베로 관을 만들고, 또 한 가닥의 줄을 구부려서 관의 테두리(武)를 만들고, 아래로 늘어뜨려 끈을 만든다"(以六升布爲冠, 又屈一條繩爲武, 垂下爲纓)고 하였고, 또 "齊衰의 관끈은 베를 이용하므로, 이곳의 줄로 만든 관끈은 苴麻(암마)를 이용하지 않고, 枲麻(숫마)를 이용함을 알 수 있다"(齊衰冠纓用布, 則知此繩纓不用苴麻, 用枲麻)고 하였다. 『儀禮注疏』, 625~626쪽 참조.

16) 연관 : 喪禮에서 小祥의 제사를 지낼 때 쓰는 관으로, 누인 베로 만들기 때문에 '練冠'이라고 한다. 「檀弓上」(131)에 "小祥에는 누인 명주로 만든 中衣를 입는데, 황색으로 안감을 대고 옅은 분홍색 비단(縓)으로 깃과 가선을 장식한다"(練, 練衣, 黃裏, 縓緣)고 한 것에 대해 정현은 "소상에는 누인 명주로 지은 관과 중의를 입는데, 황색으로 안을 대고 옅은 진홍색 가선으로 꾸민다"(小祥練冠·練中衣, 以黃爲內, 縓爲飾)고 하였다.

◦ ㅇ ◦